DIREITO EMPRESARIAL

O GEN | Grupo Editorial Nacional – maior plataforma editorial brasileira no segmento científico, técnico e profissional – publica conteúdos nas áreas de concursos, ciências jurídicas, humanas, exatas, da saúde e sociais aplicadas, além de prover serviços direcionados à educação continuada.

As editoras que integram o GEN, das mais respeitadas no mercado editorial, construíram catálogos inigualáveis, com obras decisivas para a formação acadêmica e o aperfeiçoamento de várias gerações de profissionais e estudantes, tendo se tornado sinônimo de qualidade e seriedade.

A missão do GEN e dos núcleos de conteúdo que o compõem é prover a melhor informação científica e distribuí-la de maneira flexível e conveniente, a preços justos, gerando benefícios e servindo a autores, docentes, livreiros, funcionários, colaboradores e acionistas.

Nosso comportamento ético incondicional e nossa responsabilidade social e ambiental são reforçados pela natureza educacional de nossa atividade e dão sustentabilidade ao crescimento contínuo e à rentabilidade do grupo.

DIREITO EMPRESARIAL

SÍLVIO DE SALVO **VENOSA**
CLÁUDIA **RODRIGUES**

13ª edição revista e atualizada

- Os autores deste livro e a editora empenharam seus melhores esforços para assegurar que as informações e os procedimentos apresentados no texto estejam em acordo com os padrões aceitos à época da publicação, e todos os dados foram atualizados pelos autores até a data de fechamento do livro. Entretanto, tendo em conta a evolução das ciências, as atualizações legislativas, as mudanças regulamentares governamentais e o constante fluxo de novas informações sobre os temas que constam do livro, recomendamos enfaticamente que os leitores consultem sempre outras fontes fidedignas, de modo a se certificarem de que as informações contidas no texto estão corretas e de que não houve alterações nas recomendações ou na legislação regulamentadora.

- Fechamento desta edição: *14.02.2025*

- Os autores e a editora se empenharam para citar adequadamente e dar o devido crédito a todos os detentores de direitos autorais de qualquer material utilizado neste livro, dispondo-se a possíveis acertos posteriores caso, inadvertida e involuntariamente, a identificação de algum deles tenha sido omitida.

- **Atendimento ao cliente:** (11) 5080-0751 | faleconosco@grupogen.com.br

- Direitos exclusivos para a língua portuguesa
  Copyright © 2025 by
  Editora Atlas Ltda.
  Uma editora integrante do GEN | Grupo Editorial Nacional
  Travessa do Ouvidor, 11 – Térreo e 6º andar
  Rio de Janeiro – RJ – 20040-040
  www.grupogen.com.br

- Reservados todos os direitos. É proibida a duplicação ou reprodução deste volume, no todo ou em parte, em quaisquer formas ou por quaisquer meios (eletrônico, mecânico, gravação, fotocópia, distribuição pela Internet ou outros), sem permissão, por escrito, da Editora Atlas Ltda.

- Capa: Aurélio Corrêa

- **Dados Internacionais de Catalogação na Publicação (CIP) de acordo com ISBD**

V464d

Venosa, Silvio de Salvo
  Direito Empresarial / Silvio de Salvo Venosa, Claudia Rodrigues. – 13. ed. – São Paulo : Atlas Jurídico, 2025.
  408 p.

ISBN: 978-65-5977-738-9

1. Direito. 2. Direito Empresarial. I. Rodrigues, Claudia. II. Título.

CDD 346.07
2025-833
CDU 347.7

Elaborado por Vagner Rodolfo da Silva – CRB-8/9410

*A vocês, meus filhos, para que saibam
escolher e trilhar os bons caminhos,
cada vez mais árduos para encontrar.*

Sílvio de Salvo Venosa

*A você, Beto, que sem reservas ousa
me amar, apoiar e fortalecer.*

Cláudia Rodrigues

SOBRE OS AUTORES

SÍLVIO DE SALVO VENOSA

Foi juiz no Estado de São Paulo por 25 anos. Aposentou-se como membro do extinto Primeiro Tribunal de Alçada Civil, passando a integrar o corpo de profissionais de grande escritório jurídico brasileiro. Atualmente é sócio consultor desse escritório. Atua como árbitro em entidades nacionais e estrangeiras. Redige pareceres em todos os campos do Direito Privado. Foi professor em várias faculdades de Direito no Estado de São Paulo. É professor convidado e palestrante em instituições docentes e profissionais em todo o País. Membro da Academia Paulista de Magistrados. Membro fundador e efetivo da Academia Brasileira de Direito Civil. Autor de diversas obras jurídicas.

CLÁUDIA RODRIGUES

Mestre em Direito Negocial pela Universidade Estadual de Londrina. Doutoranda em Direito Comercial pela PUC/SP. Assessora e consultora na área empresarial. Foi professora de várias faculdades de Direito em Londrina e na região, bem como convidada de diversos cursos de pós-graduação. Autora de obras e artigos jurídicos.

SUMÁRIO

Parte I
Teoria Geral da Empresa

1 Introdução ao Direito de Empresa 3
   1.1 Considerações gerais 3
   1.2 Escorço histórico: do direito comercial ao direito de empresa 3
   1.3 Fontes do direito comercial 5
   1.4 Regime jurídico da livre concorrência 12
      1.4.1 Infração à ordem econômica 15
      1.4.2 Concorrência desleal 18

2 Empresa e Empresário 21
   2.1 Caracterização do empresário 21
      2.1.1 O empresário rural 23
      2.1.2 O pequeno empresário 24
   2.2 Atividades não empresariais 25
   2.3 Inscrição do empresário 26
      2.3.1 Requisitos da inscrição 27
      2.3.2 Forma da inscrição e efeitos 28
      2.3.3 Estabelecimento secundário 29

3 Capacidade Empresarial 31
   3.1 Dos impedidos de exercer a empresa 31
   3.2 Incapacidade superveniente para o exercício da empresa 32
      3.2.1 Procedimento judicial de autorização 33
      3.2.2 Bens do superveniente incapaz 33
      3.2.3 Registro de sociedades que envolvam sócio incapaz 34
   3.3 Prova da aquisição antecipada e perda superveniente da capacidade empresarial 34

3.4 Sociedade entre cônjuges 34
    3.4.1 Alienação de bens sociais 36
    3.4.2 Publicidade dos atos de modificação patrimonial 36

4 Estabelecimento Empresarial 39
4.1 Conceito de estabelecimento 39
4.2 Natureza jurídica 40
4.3 Alienação do estabelecimento 41
    4.3.1 Sucessão e responsabilidade solidária 42
    4.3.2 Efeitos da alienação 44
    4.3.3 Interdição da concorrência 46
4.4 Comércio eletrônico e estabelecimento virtual 48

5 Registro 51
5.1 Estrutura do Registro Público de Empresas Mercantis 51
5.2 Atos e fatos abrangidos pelo registro 52
5.3 Verificação da regularidade das publicações 54
5.4 Condições para a efetivação do registro 54
5.5 Efeitos do registro quanto a terceiros 57

6 Nome Empresarial 59
6.1 Conceito e função do nome empresarial 59
6.2 O nome do empresário individual 61
6.3 Formações do nome empresarial 62
6.4 Inalienabilidade do nome empresarial 64
6.5 Proteção ao nome empresarial 65
6.6 Alteração do nome empresarial 67

7 Prepostos 69
7.1 A figura do preposto 69
7.2 Preposto com representação 70
7.3 O gerente 71
7.4 Poderes de representação e responsabilidade 72
7.5 O contabilista 74
7.6 Atos dos prepostos praticados dentro e fora do estabelecimento 74

8 Escrituração 77
8.1 A escrituração 77

8.2	Os livros empresariais		78
	8.2.1	Livro Diário	79
	8.2.2	Livro de balancetes diários e balanços	80
	8.2.3	O inventário	81
	8.2.4	Balanço patrimonial e de resultado	82
8.3	Requisitos da escrituração		83
8.4	Responsabilidade pela escrituração		84
8.5	O sigilo dos livros empresariais		85
	8.5.1	Exibição parcial ou total	85
	8.5.2	Exceção ao sigilo	86
8.6	Guarda e conservação dos livros		87

9 Propriedade Industrial 89

9.1	Tutela da propriedade industrial		89
9.2	Invenção e modelos de utilidade		90
	9.2.1	Titularidade da patente	90
	9.2.2	Criações patenteáveis e não patenteáveis	90
	9.2.3	Requisitos da patenteabilidade	91
	9.2.4	Procedimento da patenteabilidade	92
	9.2.5	Efeitos da patente	93
9.3	Desenhos industriais		94
9.4	Marcas. Conceito e requisitos		97
	9.4.1	Classificação e apresentação da marca	99
	9.4.2	Titularidade e proteção	100
	9.4.3	Perda dos direitos	102
9.5	Indicações geográficas		102

Parte II
Teoria Geral do Direito Societário

10 Introdução ao Direito Societário 107

10.1	Contrato de sociedade		107
10.2	Classificação das sociedades		110
10.3	Constituição das sociedades		113
10.4	Personalidade jurídica		113
	10.4.1	Desconsideração da personalidade jurídica	114

11 Sociedades Não Personificadas 121
11.1 Sociedade em comum 121
11.1.1 Prova escrita da existência da sociedade 122
11.1.2 Formação de patrimônio e proteção dos credores 123
11.1.3 Responsabilidade dos sócios 124
11.2 Sociedade em conta de participação 124
11.2.1 Relação entre os sócios e com terceiros 125
11.2.2 Patrimônio especial e seus efeitos 126
11.2.3 Ingresso de novo sócio e liquidação da sociedade 126

12 Sociedades Personificadas 129
12.1 Sociedade simples 129
12.1.1 O contrato social 130
12.1.2 Convenção de arbitragem no contrato social 133
12.1.3 Formalidades de constituição 134
12.1.4 Modificação do contrato social 134
12.1.5 Direitos e obrigações dos sócios 135
12.1.6 Substituição dos sócios e transferência das quotas 135
12.1.7 Formação do capital social 137
12.1.8 Participação nos lucros e nas perdas 139
12.1.9 Administração da sociedade 140
12.1.10 Relações com terceiros 144
12.1.11 Resolução da sociedade em relação a um sócio 147
12.1.12 Dissolução da sociedade 152
12.2 Sociedade em nome coletivo 155
12.3 Sociedade em comandita simples 157
12.4 Sociedade limitada 159
12.4.1 Regime jurídico da limitada 160
12.4.2 Contrato social 161
12.4.3 Capital social 163
12.4.4 Cessão das quotas 163
12.4.5 Sócio remisso e reposição dos lucros 164
12.4.6 Administração da limitada 165
12.4.7 Conselho fiscal 169
12.4.8 Deliberações sociais 171
12.4.9 Redução e aumento do capital social 176

		12.4.10	Dissolução e resolução da sociedade em relação a sócios minoritários	179
12.5	Sociedade limitada unipessoal			181
12.6	Sociedade anônima			183
	12.6.1	Modalidades de companhias		183
	12.6.2	Constituição das sociedades anônimas		185
		12.6.2.1	Providências preliminares	185
		12.6.2.2	Constituição	185
		12.6.2.3	Formalidades complementares	186
	12.6.3	Capital social		187
		12.6.3.1	Aumento do capital social	188
		12.6.3.2	Redução do capital social	189
	12.6.4	Ações		189
		12.6.4.1	Categorias de ações	190
		12.6.4.2	Circulação das ações	192
		12.6.4.3	Oneração das ações	193
	12.6.5	Valores mobiliários		193
	12.6.6	Organização da companhia		195
		12.6.6.1	Assembleia Geral	196
		12.6.6.2	Diretoria	197
		12.6.6.3	Conselho fiscal	198
		12.6.6.4	Conselho de administração	199
	12.6.7	Acionista		200
		12.6.7.1	Direitos extrapatrimoniais	201
			12.6.7.1.1 Direito de participar da vida da sociedade: voto, participação e informação	201
			12.6.7.1.2 Direito de negociar suas ações	201
			12.6.7.1.3 Direito de recesso	202
		12.6.7.2	Direitos patrimoniais	202
			12.6.7.2.1 Direito aos dividendos e a uma parte do capital social	202
		12.6.7.3	Poder de controle	203
		12.6.7.4	Acordo de acionistas	203
	12.6.8	Demonstrações financeiras		205
		12.6.8.1	Lucros, reservas e dividendos	206
	12.6.9	Dissolução e liquidação da companhia		208
12.7	Sociedade em Comandita por Ações			210
12.8	Sociedade Cooperativa			211

12.8.1	Características	212
12.8.2	Responsabilidade dos sócios	214
12.8.3	Regime jurídico	215
12.9	Sociedades coligadas	215
12.9.1	Sociedade controlada	217
12.9.2	Sociedades coligadas ou filiadas	217
12.9.3	Sociedade de simples participação	218
12.9.4	Participação recíproca	218
12.10	Liquidação da sociedade	218
12.10.1	Deveres e responsabilidade do liquidante	220
12.10.2	Pagamento das dívidas sociais	222
12.10.3	Prestação de contas e encerramento da liquidação	223
12.10.4	Liquidação judicial	224
12.11	Reorganização societária	225
12.11.1	Transformação	225
12.11.2	Incorporação	227
12.11.3	Fusão	229
12.11.4	Cisão	230
12.11.5	Os credores na reorganização societária	230
12.12	Grupos de sociedades: concentração empresarial	231
12.12.1	Modalidades de concentração empresarial	232
12.12.2	*Joint venture*	232
12.12.3	Consórcio	233
12.12.4	Sociedades de Propósito Específico	234
12.13	Sociedades dependentes de autorização	235
12.13.1	Sociedade nacional	236
12.13.2	Sociedade estrangeira	239

Parte III
Teoria Geral dos Títulos de Crédito

13	Títulos de Crédito: Atos Unilaterais	**245**
13.1	Generalidades. Conceito. Características. O Código de 2002	245
13.2	Notícia histórica	249
13.3	Legislação dos títulos de crédito	252
13.4	Requisitos essenciais	252

13.5	Título de crédito em branco	254
13.6	Saque, aceite, endosso, aval e outros institutos típicos do direito cambial	256
	13.6.1 Saque	256
	13.6.2 Aceite	256
	13.6.3 Endosso	257
	13.6.4 Aval	262
13.7	Títulos ao portador	265
13.8	Títulos nominativos	268
13.9	Vencimento. Pagamento. Prescrição	268

14 Protesto ... 271

14.1	Origem histórica	271
14.2	Conceito. Natureza jurídica	272
14.3	Classificação	273
14.4	Protesto de outros documentos de dívida na Lei nº 9.492/97	274
14.5	Sentido metajurídico do protesto e a posição do legislador	276
14.6	Sustação e cancelamento do protesto	278

15 Rol dos Títulos de Crédito ... 281

15.1	Letra de Câmbio	282
	15.1.1 Conceito e requisitos	282
	15.1.2 Aceite, endosso e aval	283
	15.1.3 Vencimento e pagamento	283
15.2	Nota promissória	284
	15.2.1 Requisitos essenciais e formais	285
	15.2.2 Outras considerações	287
15.3	Cheque	288
	15.3.1 Emissão e forma	288
	15.3.2 Transmissão e aval	292
	15.3.3 Apresentação e pagamento	293
	15.3.4 Ação por falta de pagamento	297
15.4	Duplicata	298
	15.4.1 Conceito e requisitos	298
	15.4.2 Remessa e devolução	300
	15.4.3 Pagamento, protesto e cobrança	302
	15.4.4 Duplicata virtual e boleto bancário	304

15.5 Outros instrumentos de pagamento e crédito 306
    15.5.1 Títulos representativos 307
    15.5.2 Títulos de financiamento 308
    15.5.3 Títulos de investimento 309
    15.5.4 Títulos de crédito do agronegócio 309

Parte IV
Empresas em Dificuldades e Processo Concursal

16 Empresas em Dificuldades e Processo Concursal. Recuperação Judicial e Falência 313
16.1 Crise da empresa e processo concursal 313
16.2 Os processos concursais na Lei nº 14.112/2020 314
16.3 Disposições comuns à recuperação judicial e à falência 315
    16.3.1 Legitimidade e competência 315
    16.3.2 Verificação e habilitação dos créditos 317
    16.3.3 Administrador judicial 321
    16.3.4 Comitê de credores 326
    16.3.5 Assembleia geral de credores 328
16.4 Recuperação extrajudicial 333
    16.4.1 Abrangência e requisitos 334
    16.4.2 Processamento do plano de recuperação 335
16.5 Recuperação judicial 338
    16.5.1 Pressupostos, extensão e meios de recuperação 339
    16.5.2 Pedido e processamento 340
    16.5.3 Plano de recuperação e processamento 343
    16.5.4 Recuperação para microempresas e empresas de pequeno porte 349
    16.5.5 Convolação da recuperação judicial em falência 350
    16.5.6 Cumprimento da recuperação 351
16.6 Da falência 352
    16.6.1 Considerações gerais 352
    16.6.2 Classificação dos créditos 353
16.7 Pedido de restituição 356
16.8 Procedimento para a decretação da falência 357
16.9 Direitos e deveres do falido 361
16.10 Arrecadação e custódia dos bens 363

16.11 Efeitos da decretação da falência sobre as obrigações do devedor 365
16.12 Ineficácia e revogação de atos praticados antes da falência 369
16.13 Realização do ativo 371
16.14 Pagamento aos credores 374
16.15 Encerramento da falência e extinção das obrigações do falido 374

Bibliografia 377

Índice Remissivo **383**

Parte I
TEORIA GERAL DA EMPRESA

1

INTRODUÇÃO AO DIREITO DE EMPRESA

1.1 CONSIDERAÇÕES GERAIS

A atividade econômica se realiza por meio da produção e circulação de riquezas, bens necessários para a satisfação da sociedade. Pela atividade econômica são criadas novas utilidades: a atividade econômica é geradora de riquezas. Aqueles que produzem e oferecem esses bens mediante a perspectiva de lucro são denominados empresários, em sentido essencialmente econômico. Devem reunir, para essa atividade, espírito criativo, capacidade de iniciativa, intuição e organização (COTTINO, 2000, p. 79). Como sujeitos do setor privado, têm sua eficiência proporcionalmente calculada à intensidade da competição que enfrentam e à possibilidade de contar com insumos e tecnologias modernas.

Juridicamente, porém, o conceito de empresário exige a observância de alguns requisitos para que o sujeito esteja sob a tutela do direito empresarial.

O processo de reformas para a regulamentação da atividade empresarial no Brasil foi lento e o risco jurídico derivado da má qualidade das leis ou do seu descompasso com o momento histórico arrastou-se por muitas décadas, penalizando a competitividade.

O Código Civil procurou uma forma de minimizar o risco jurídico, sistematizando a atividade empresarial e criando um quadro regulatório de aparente baixo risco de modo a encorajar o investidor privado. Melhor seria, contudo, que a legislação empresarial estivesse sob as vestes de outro microssistema, fora do Código Civil. A excessiva flexibilidade do Judiciário na sua aplicação, aliada a um Poder Executivo criador de risco político pela ausência de um modelo econômico e Legislativo cúmplice de segmentos significativos da economia nacional, tornam frágeis as regras criadas pelo Código na tutela da empresa.

1.2 ESCORÇO HISTÓRICO: DO DIREITO COMERCIAL AO DIREITO DE EMPRESA

As primeiras manifestações do comércio surgiram nos núcleos familiares na Antiguidade. A economia era fundada na produção e posteriormente na troca. As relações intersubjetivas de troca eram intermediadas por indivíduos que buscavam os produtos nos núcleos familiares e efetivavam o escambo. Surgem, assim, os comerciantes, que são os sujeitos que realizavam as trocas mediante uma compensação em pecúnia como retribuição à intermediação.

A estrutura então fechada e tribal dessa sociedade primitiva torna-se autossuficiente e ultrapassa fronteiras terrestres, encontrando no comércio marítimo sua porta para expansão. A fase da troca é superada na Idade Média e a venda com a divisão dos lucros entre produtor e intermediador (comerciante) é adotada como prática do comércio.

Nesse cenário, torna-se inevitável a regulamentação dessa prática econômica, denominada de comércio. Surgem então na Idade Média as Corporações de Ofício, poderosas entidades burguesas que passam a ditar as regras para a regulamentação dessas relações econômicas e das profissões em geral. Cada Corporação tinha suas regras próprias destinadas a disciplinar as relações entre seus membros. Desponta, assim, um direito comercial consuetudinário, porém estatutário, fundado nos usos e costumes de cada corporação. Essa jurisdição particular dos mercadores vinculava em princípio apenas os membros das corporações. O aumento do poder econômico das corporações nos séculos XIII e XIV levou à extensão de seu poder, passando a abranger todos que praticavam atos ligados a "matéria do comércio", pois na época ainda não estava bem clara a noção de "ato de comércio", que se consolidaria muito depois. Esse período é chamado de subjetivo, porque a tutela do direito comercial é determinada a partir do sujeito.

Esse perfil subjetivo manteve-se até a ascensão do liberalismo com a promulgação do Código Comercial francês em 1808. Esse novo sistema classifica as relações de direito privado em civis e comerciais, estabelecendo regras próprias para cada regime. A tutela comercial firma-se na prática de determinados atos: os atos de comércio, que vinham arrolados de forma detalhada nesse diploma legal.

O Brasil, seguindo o estatuto francês, adotara a teoria dos atos de comércio com o Código Comercial de 1850. Nessa fase, a qualificação de comerciante não tinha mais sua importância como sujeito da ação, mas na prática de atos denominados comerciais. Assim, qualquer pessoa capaz que praticasse atos de comércio de forma habitual e profissional poderia ser qualificada como comerciante. O nosso Código Comercial, entretanto, não elencou os atos de comércio, os quais, porém, foram normatizados pelo famoso Regulamento 737, de 1850, com o intuito de definir quais matérias estariam afetas aos Tribunais do Comércio, entre elas: (a) compra e venda de bens móveis e semoventes no atacado ou varejo, para revenda ou aluguel; (b) indústria; (c) bancos; (d) logística; (e) espetáculos públicos; (f) seguros; (g) armação e expedição de navios.

A expansão do capitalismo amplia sobremaneira o rol de atividades criadoras de riquezas, gerando consequentemente necessidade de ampliar o rol de atividades econômicas suscetíveis da tutela comercial. Os italianos, atentos a essa urgente necessidade de nova regulamentação, criam, em 1942, um novo sistema de disciplina das atividades privadas, a edição do Código Civil italiano de 1942. Nesse estatuto, ocorre a unificação do direito privado e a adoção da teoria da empresa que coloca o direito comercial no fulcro da organização da atividade econômica.

Pela teoria da empresa, toda atividade econômica exercida de forma organizada passa a contar com a tutela do direito comercial, abrangendo, inclusive, a atividade rural, a prestação de serviços, a atividade imobiliária e, não obstante não regulamentado especificamente pelo Código Civil, o comércio eletrônico, o qual vem assumindo papel destacado na sociedade.

O descompasso da realidade econômica com a legislação comercial no Brasil de 1850 levou à adoção paulatina pelo Judiciário da teoria da empresa no Brasil nos moldes da italiana. Igualmente, o Código de Defesa do Consumidor (1990) e a Lei de Locação Predial e Urbana (1991) inspiraram-se em maior ou menor medida na teoria da empresa. Foi, entretanto, com a edição do Código Civil de 2002 que a teoria da empresa se consagra unitariamente no sistema nacional.

O Código Civil de 2002, seguindo o modelo italiano, unificou o direito privado, trazendo a regulamentação do então Código Comercial para seu bojo. Longe está de concluirmos que tenha sido a solução mais acertada, em época legislativa governada majoritariamente por microssistemas. Aguarda-se a próxima modificação do nosso Código Civil, que deve traçar novos rumos para esse campo jurídico. Trata-se de unificação legislativa que tem fins eminentemente didáticos, não retirando a autonomia do provecto direito comercial, hoje denominado direito de empresa. Tentativas de um novo Código Empresarial se mostram acanhadas e plenas de defeitos, razão pela qual festejamos seu definitivo arquivamento.

O Livro II da Parte Especial do Código Civil trata do "Direito de Empresa" e conta com quatro títulos: Título I – Do Empresário, que trata da caracterização, inscrição e capacidade do empresário; Título II – Da Sociedade, subdividindo-se em dois títulos: sociedades não personificadas e personificadas; Título III – Do Estabelecimento; e Título IV – Dos Institutos Complementares, que trata do registro do empresário, seu nome, prepostos e sua escrituração. Diante da codificação, restou parcialmente revogado o Código Comercial de 1850, subsistindo, entretanto, a vigência de sua segunda parte, que regula a atividade marítima.

1.3 FONTES DO DIREITO COMERCIAL

Fonte possui um sentido metafórico tradicional no estudo do Direito. Trata-se de expressão absolutamente consagrada pela doutrina. O Direito, apesar de seu dinamismo, contém muitas ideias permanentes, que se conservam presentes no curso da História. Sob esse prisma, o estudo das fontes pode-se limitar a esse campo, aos antecedentes históricos dos vários institutos jurídicos, inclusive do direito comercial, hoje empresarial. Trata-se também de pesquisa fundamental para a cultura jurídica. Sem o exame das raízes históricas, qualquer estudo do Direito restará deficiente, sem sustentação lógica, por vezes incompreensível. Como em todas as manifestações culturais, também no Direito a História é mestra da vida.

Noutro sentido, a doutrina trata das fontes materiais ou formais, isto é, dos meios pelos quais o Direito se manifesta em um ordenamento jurídico.

Entendem-se como *fontes formais* os modos, meios, instrumentos ou formas pelos quais o Direito se manifesta perante a sociedade, tal como a lei e o costume. São os meios de expressão do Direito. Criam o Direito introduzindo no ordenamento normas jurídicas.

Fontes materiais são as instituições ou grupos sociais que possuem capacidade de editar normas, como o Congresso Nacional, as assembleias legislativas estaduais ou o Poder Executivo, em determinadas hipóteses. Sob esse sentido, fonte é vista sob o prisma da autoridade que pode emitir material e legitimamente o Direito.

Ocupamo-nos, aqui, das manifestações formais do Direito Comercial. Assim, aqui se colocando de lado as fontes materiais que têm o Estado como poder emanador, a doutrina tradicional costuma classificar *a lei e o costume* como fontes formais *primárias ou imediatas* do direito comercial e *a doutrina e a jurisprudência* como fontes *secundárias ou mediatas*, algo que atualmente não nos parece verdadeiro.

Há, porém, outros fenômenos a serem considerados. A Lei de Introdução ao Código Civil (Decreto-lei nº 4.657/42), atual Lei de Introdução às Normas do Direito Brasileiro, que não é simplesmente uma introdução ao Código Civil, mas a todo ordenamento jurídico brasileiro, apresenta em seu art. 4º como fontes: a lei, a analogia, os costumes e os princípios gerais de Direito.

Entendem-se por fontes diretas, imediatas ou primárias aquelas que, de *per si*, têm potencialidade suficiente para gerar a regra jurídica. As fontes mediatas ou secundárias são as que, não possuindo o mesmo vigor criativo das primeiras, esclarecem, contudo, os espíritos dos aplicadores da lei e servem de precioso substrato, auxílio ou adminículo para a aplicação global do Direito. Desse modo, estabelecendo-se ao lado da *lei* e do *costume*, estes como fontes primárias, a *doutrina*, a *jurisprudência*, a *analogia*, os *princípios gerais de direito* e a *equidade* postam-se como fontes secundárias, segundo essa visão, sem que estritamente todos estes últimos institutos possam considerar-se fontes típicas. Advirta-se, porém, que não há unanimidade na doutrina quanto a essa classificação. A jurisprudência vem ganhando cada vez mais espaço, atingindo quase um patamar de fonte primária nos países de orientação romano-germânica. Nosso país é um exemplo patente. Por outro lado, nos países de influência anglo-saxônica, cada vez mais a lei, em detrimento dos precedentes, ganha território, em interessante fenômeno dos dias atuais.

A *lei* e o *costume*, sem dúvida, podem exclusivamente ser considerados fontes formais do Direito. Os outros institutos gravitam em torno da noção de estratégias para aplicação do Direito.

As relações econômicas são dinâmicas e a instrumentalização dessas transformações nem sempre acompanha seu momento histórico. Prova desse descompasso é o parcialmente revogado Código Comercial de 1850, que regeu as relações econômicas até o início do século XXI, de forma inidônea.

Não obstante esse desencontro, a lei é a fonte primária do direito empresarial.

A Constituição Federal é fonte do direito empresarial no tocante à regulamentação de matéria pertinente, como ocorre em relação às suas disposições acerca da ordem econômica e financeira (arts. 170 ss.).

Em nível infraconstitucional, o Código Civil é a fonte primordial do direito de empresa, porque regulamenta de forma abrangente sua disciplina, a atividade econômica explorada com organização e assim, também, as disposições de direito societário. Estamos a merecer, no país, um microssistema organizado de direito empresarial, não sendo o Código Civil a melhor colocação para esse desiderato.

O Código Comercial ainda se conserva como fonte infraconstitucional do direito marítimo. Várias são as leis ordinárias e complementares que tratam de matéria empresarial, como a Lei das Sociedades Anônimas, das Infrações à Ordem Econômica, legislação sobre títulos de crédito, entre outras. Na verdade, como sempre temos afirmado, ao parafrasear Euclides da Cunha em seu afamado *Os sertões*, o jurista brasileiro é antes de tudo um forte, nessa barafunda e emaranhado de leis.

A hipertrofia legislativa em matéria empresarial, todavia, encontra nos costumes ou práticas comerciais, bem como na jurisprudência, doutrina e princípios gerais de direito, substrato para preenchimento das lacunas ou orientação para a solução de controvérsias.

O costume brota da consciência coletiva, de um grupo social mais ou menos amplo. Exige-se que o costume tenha amplitude, isto é, que seja geral, largamente disseminado no meio social. Não é necessário, porém, que a sociedade em geral tenha dele consciência. O costume pode ser setorizado. Seu maior campo de atuação é, sem dúvida, o provecto direito comercial, hoje empresarial, com suas práticas, todas elas de origem costumeira. Assim, por exemplo, no setor atacadista de cereais em região central da cidade de São Paulo, há costumes próprios dos negociantes do local, só por eles conhecidos. Assim também ocorre com setores da agricultura e da indústria. Geralmente, o costume é aceito em parcela mais ou menos ampla da sociedade.

Para que o uso possa ser considerado costume, é fundamental que ocorra uma *prática constante e repetitiva*, durante prazo mais ou menos longo de tempo. O costume leva tempo e instala-se quase imperceptivelmente na consciência da sociedade. Assim nasceu, por exemplo, toda a teoria da letra de câmbio e dos títulos de crédito, cuja origem está nas feiras e nas cidades medievais. Há um momento no qual o legislador entende ser necessário que o costume seja trasladado para a lei. Aliás, esse é o fenômeno que ocorreu nas sociedades mais antigas, como acentuamos.

Usos e costumes tornaram-se importante fonte de direito concernente às relações comerciais em ambiente virtual, já que os costumes impõem a consciência social da obrigatoriedade de determinado comportamento ainda não previsto em lei.

Para que se converta em fonte do Direito, *dois requisitos* são enunciados como imprescindíveis ao costume: um de *ordem objetiva ou material*, o *corpus*, qual seja, o uso continuado, a exterioridade, a percepção tangível de uma prática ou conduta; outro de *ordem subjetiva ou imaterial*, o *animus*, a consciência coletiva de obrigatoriedade da prática. Este último requisito é o aspecto distintivo do uso e de outras práticas reiteradas, como as religiosas ou morais.

Os costumes não devem ser confundidos com as chamadas cláusulas de estilo, simples praxe ou repetição automática, inserida nos contratos e em outros negócios jurídicos.

Assim, por exemplo, costuma-se colocar no fecho do contrato: *"assinam o presente em duas vias de igual teor para a mesma finalidade"*, ou algo semelhante.

O costume obriga quando há um sentimento e consciência social e geral de obrigatoriedade. Uma das principais barreiras ao costume é justamente a dificuldade de se identificar a prática reiterada, dependendo do caso concreto, o que traria incerteza e insegurança. Porém, o costume possui a grande vantagem de assimilar perfeitamente as necessidades sociais, algo que nem sempre o legislador logra conseguir. O costume tem sua razão de ser justamente em sua espontaneidade brotada da sociedade, o que não ocorre comumente na lei. É fato que as sociedades atuais, convivendo sob Estados fortemente organizados e hierarquizados, relegam pouca margem criativa aos costumes. É certo, porém, que, em um país tão extenso como o nosso, há costumes geograficamente localizados, que devem ser levados em conta pelos julgadores. É o que ocorre, por exemplo, com compra e venda de gado, com particularidades próprias em cada região. Com o fenômeno cada vez mais presente da globalização, açodada pelo universo das comunicações plenas e imediatas, devem paulatinamente desaparecer os costumes regionais perante o contemporâneo agronegócio.

Pode-se concluir que é a consciência da obrigatoriedade que dá força ao costume. Quando esse uso reiterado e consciente é aceito pelos tribunais, estará o costume solidificado como fonte do Direito. O costume nasce de sua própria eficácia. *"No costume, ao contrário da lei, a eficácia constitui um prius em relação à vigência que lhe é um posterius"* (POLETTI, 1996, p. 206). Na repetição da prática se percebe o aspecto material do costume, seu elemento externo objetivo, ao lado do qual se coloca a consciência da sua obrigatoriedade.

A influência dos costumes nos sistemas jurídicos de direito escrito é reduzida, mas sua influência não pode ser subestimada, na medida em que se percebe da profusão muito grande das leis, que mais confundem do que esclarecem. O atual Código Civil brasileiro, mais do que o estatuto anterior, faz várias referências aos usos, que se colocam na base dos costumes. Essa mais recente lei, também, acentua a utilização do costume como fonte subsidiária de interpretação em várias oportunidades (arts. 569, II, 596, 599, 615, 965, I, 1.297, § 1º). O costume, por vezes, torna-se instrumento precioso para o preenchimento de lacunas no Direito escrito.

No direito contratual e nas práticas mercantis, o recurso ao costume das partes e do local da celebração será meio importante para sua interpretação. É justamente nesses dois campos jurídicos que o costume se aplica mais acentuadamente.

Apesar de o costume ser considerado fonte sob nosso ordenamento, de acordo com o art. 4º da Lei de Introdução às Normas do Direito Brasileiro, Lei nº 12.376, de 30-12-2010, é ele, sem dúvida, fonte formal, porém fonte subsidiária, uma vez que o legislador estatuiu que, na omissão da lei, o juiz decidirá de acordo com a analogia, os costumes e os princípios gerais de Direito.

Considerado dessa forma entre nós, como fonte subsidiária ou secundária, o costume deverá gravitar em torno da lei, não podendo, em princípio, a ela ser contrário.

No estágio atual do nosso Direito, porém, vivendo nosso ordenamento de pletora de leis, não existe relevância maior para a posição do costume como fonte do Direito. O princípio geral pelo qual os juízes devem conhecer o Direito (*iura novit curia*) dispensa as partes de provar a existência da lei ou do direito invocado, o que não ocorre com os costumes. O art. 376 do Código de Processo Civil determina que a parte que alegar direito costumeiro deverá provar o teor e a vigência, se assim for determinado pelo juiz. Essa instabilidade é, de fato, como vimos, o maior obstáculo para que o costume possa ter relevância em nosso sistema.

O substantivo *jurisprudência* é um coletivo. Significa, modernamente, um conjunto de decisões dos tribunais. Desse modo, não há que se entender que um acórdão ou uma sentença seja jurisprudência; fazem sim parte da jurisprudência. Cuida-se do direito vivo; da resposta que os juízes e tribunais superiores dão às quezílias que atormentam a nação. Fenômeno absolutamente dinâmico como a sociedade, os vários institutos jurídicos trazem respostas diversas nos vários períodos da história. A resposta dos tribunais em suas decisões procura sempre amoldar-se às transformações sociais. A decisão mais injusta é aquela anacrônica, a que se vale de valores do passado ou que tenta prever valores do futuro. O juiz justo é o que decide de acordo com sua sociedade e seu tempo.

A jurisprudência pode ser vista sob um *sentido amplo*, como a coletânea de decisões proferidas por juízes e tribunais sobre determinada matéria, fenômeno ou instituto jurídico, podendo, dessa forma, agasalhar decisões contraditórias. Em *sentido estrito*, costuma-se referir à jurisprudência como o conjunto de decisões uniformes, isto é, no mesmo sentido, acerca de determinada questão. Na verdade, ambos os padrões de exame da jurisprudência se tocam, pois cabe ao operador do Direito estar ciente de todas as correntes jurisprudenciais. Com a crescente utilização da arbitragem entre nós, passa a jurisprudência arbitral a desempenhar também importante papel.

Sob tais premissas, embora a jurisprudência seja fonte subsidiária, seu papel é fundamental na produção do Direito. Ainda que não seja obrigatória, sua contribuição é importantíssima para a formação viva do Direito, no preenchimento de lacunas da lei e na sua interpretação. Sob esse prisma, os tribunais, mormente entre nós o Supremo Tribunal Federal e o Superior Tribunal de Justiça, possuem um peso efetivo na atividade jurisdicional.

Outro aspecto importante a ser considerado é o fato de a jurisprudência exercer enorme influência sobre o legislador. Como é um retrato vivo das necessidades sociais, o legislador absorve as decisões para converter em lei a orientação jurisprudencial. Muito das inovações constantes do Código Civil de 2002 representa consolidação legal daquilo que a jurisprudência decidira no século passado. *"Em muitas matérias, portanto, a jurisprudência antecipa-se ao legislador, chegando mesmo a abalar conceitos tradicionais"* (MONTORO, 2000, p. 354). Há, pois, um poder criador vital no papel da jurisprudência que o iniciante perceberá à medida que for aprofundando sua teoria e sua prática nos campos do Direito. A jurisprudência se firma como um lençol que paulatinamente vai cobrindo os fatos sociais. A repetição contínua e constante de julgados em determinada direção é fonte importante do Direito.

Ainda que não mencionada a jurisprudência em textos legais como fonte, é inafastável esse seu papel. Trata-se, como se vê, de fonte informativa e ilustrativa. A lei e as condições sociais de sua promulgação envelhecem, perdem a atualidade, distanciam-se dos fatos originários; cabe aos tribunais dar novos matizes, novos caminhos na aplicação da lei. É papel da jurisprudência atualizar o entendimento da lei, abrir horizontes, dando-lhe uma interpretação atual que atenda às necessidades do momento dos fatos. A jurisprudência é dinâmica. O juiz deve ser arguto pesquisador das necessidades sociais, decidindo como um homem de seu tempo e do seu meio, não se prendendo a premissas ultrapassadas ou preconceitos renitentes. Aí se coloca toda a grandeza do papel da jurisprudência.

A doutrina, embora não seja fonte direta do Direito, opina, orienta, critica, interpreta, mostra caminhos ao magistrado, sugere modificações ao legislador, constrói e destrói mitos e dogmas. A opinião maior é no sentido de negar mesmo à doutrina a categoria de fonte do Direito.

Na realidade, no nosso sistema, a doutrina forma a base dos conhecimentos jurídicos de nossos profissionais, pois é ela quem os instrui nas escolas de Direito. A doutrina atua diretamente sobre as mentes dos operadores jurídicos por meio de construções teóricas que atuam sobre a legislação e a jurisprudência. Somente por meio da obra de estudiosos temos acesso à visão sistemática do Direito. A simples leitura de textos legais, por si só, assemelha-se a um corpo sem alma, por vezes complexo e inatingível.

É na obra dos doutrinadores que se encontram muitos dos caminhos trilhados pelo legislador e pelo juiz. Os estudos dos juristas estão sempre a arejar a jurisprudência e os textos legais, aclimatando-os às mais recentes necessidades sociais. O cientista do Direito, antes de tudo, é um cientista social, deve ser um investigador: sua busca da verdade e da melhor solução deve ser isenta de paixões, mas atenta à realidade. Sua responsabilidade social é ampla, pois é um formador de opiniões.

O valor da obra jurídica baseia-se no fato de não se limitar a repetir conceitos estratificados no sistema, nem lições cansadamente repetidas por outros, mas de buscar novas soluções, avaliar os caminhos do direito comparado, criticar a injustiça e as lacunas de nosso sistema legislativo, enfim, preparar o espírito para as reformas que se fizerem necessárias e dar alento aos julgadores para partirem para voos mais elevados e decisões socialmente mais profundas, não os deixando relegados a meros escravos aplicadores da lei ou seguidores de conceitos ultrapassados pelo desenvolvimento social e tecnológico.

A doutrina, portanto, do escrito ou manual mais singelo ao mais completo tratado, traz sempre um novo sopro alentador à aplicação do Direito. Trata-se da denominada *autoridade moral* da doutrina.

Nenhuma das fontes subsidiárias deve ser levada à supremacia, porém. Nem sempre o direito dos cientistas, fechados em seus gabinetes ou universidades, é o melhor e mais efetivo para a sociedade. Como lembra Ronaldo Poletti (1996, p. 213), *"a justiça é incompatível com a frieza dos escritórios, onde elaboradas, em abstrato, as normas. A lei lógica não é, necessariamente, a lei justa"*. Acrescentamos nós que mui raramente os trabalhos estampados em dissertações de mestrado e teses de doutorado, que proliferam em nossas faculdades por imposições didáticas e governamentais, atingem um nível de praticidade que possibilite atuar diretamente como fonte, sendo geralmente escritos prolixos, obscuros e inúteis para os operadores do Direito. As modernas necessidades dos operadores do Direito em nosso país e no mundo ocidental exigem que as obras jurídicas exprimam, além de base teórica sólida, uma profunda experiência e aplicabilidade prática.

Ressalte-se, ainda, ser a doutrina e jurisprudência estrangeira fonte de pesquisa importante, porquanto muitas vezes encontramos nas Cortes e nos autores estrangeiros doutrina e decisões acerca de matérias até então não tratadas em nosso ordenamento. Em especial, por semelhança com nosso direito, já que derivam igualmente do direito romano, a produção francesa e italiana são fontes de valor expressivo para pesquisa.

O ideal seria o ordenamento jurídico preencher todos os acontecimentos, todos os fatos sociais. Sabido é que isto é impossível. Sempre existirão situações não descritas ou previstas pelo legislador.

O juiz nunca pode deixar de decidir por não encontrar norma aplicável no ordenamento, pois vigora o postulado da *plenitude da ordem jurídica*, consoante expresso no art. 140 do Código de Processo Civil.

O magistrado deve decidir sempre. Na ausência de lei que regule a matéria sob exame, o julgador recorrerá às fontes subsidiárias, vários métodos, entre os quais a analogia está colocada. Advirta-se que a analogia não constitui propriamente uma técnica de interpretação, como a princípio possa parecer, mas verdadeira fonte do Direito, ainda que subsidiária e assim reconhecida pelo legislador no art. 4º da Lei de Introdução às Normas do Direito Brasileiro, Lei nº 12.376, de 30-12-2010. O processo analógico faz parte da heurística jurídica, qual seja, a descoberta do Direito. A analogia, ao lado dos princípios gerais, situa-se como método de criação e integração do Direito.

Nosso legislador, a exemplo de outras legislações, coloca os princípios gerais de direito como fonte subsidiária, no citado art. 4º da atual Lei de Introdução às Normas do Direito Brasileiro, Lei nº 12.376, de 30-12-2010, como último elo a que o juiz deve recorrer perante a lacuna legal. Como recorda Paulo Nader (2003, p. 193), apesar de o legislador se referir ao juiz nessa hipótese, na realidade está se referindo à sociedade em geral. Os princípios gerais de direito são, em última instância, uma regra de convivência. Também são referidos simplesmente como *princípios fundamentais* ou denominações similares.

Por meio desses princípios, o intérprete investiga o pensamento mais elevado da cultura jurídica universal, buscando orientação geral do pensamento jurídico.

Equidade é forma de manifestação de justiça que tem o condão de atenuar, amenizar, dignificar a regra jurídica. Como lembram Stolze Gagliano e Pamplona Filho (2002, p. 25), a equidade, na concepção aristotélica, é a *"justiça do caso concreto"*. O conceito, porém, admite profundas reflexões. A regra jurídica é geral e, em determinadas situações, pode não atender aos ideais de justiça no caso concreto.

São frequentes as situações com que se defronta o julgador ao ter que aplicar uma lei, oportunidade em que percebe que, no caso concreto, afasta-se da noção do que é justo. O trabalho de aplicação do Direito por equidade é de precipuamente aparar as arestas na aplicação da lei dura e crua, para que uma injustiça não seja cometida. A equidade é um trabalho de abrandamento da norma jurídica no caso concreto. A equidade flexibiliza a aplicação da lei. Por vezes, o próprio legislador, no bojo da norma, a ela se refere.

Entenda-se, no entanto, que a equidade é antes de qualquer raciocínio uma posição filosófica para a qual cada aplicador do Direito dará uma valoração própria, mas sempre com a finalidade do abrandamento da norma. Como se nota, há muito de subjetivismo nesse aspecto.

O Código de 2002 não menciona a equidade como forma direta de aplicação do Direito, porém, esse diploma faz referência, em várias oportunidades, à fixação da indenização ou pagamento de forma equitativa, o que implica raciocínio por equidade por parte do legislador (arts. 413, 479, 738, 928, parágrafo único, 944, 953, parágrafo único).

Entendidas as fontes subsidiárias do Direito dentro de seus limites, algumas nem mesmo, como vimos, verdadeiras fontes, mas formas de raciocínio para aplicação da lei, resta lembrar, sob os mesmos aspectos, o mundo negocial, dos contratos, os negócios jurídicos em geral e o poder normativo dos grupos sociais.

Nos contratos e nos negócios jurídicos unilaterais, como o testamento, há sem dúvida uma rica fonte jurídica. O contrato é o negócio jurídico bilateral mais típico. Cuida-se, na verdade, de normas individuais, elaboradas no interesse privado. Nesse campo, as normas contratuais são as mais relevantes. Um contrato altera a relação social entre as partes que dele participam. No campo contratual, ergue-se sobranceira a autonomia da vontade, como baluarte do direito privado e poder de criação do Direito. Nesse universo, o ser humano gera formas e modelos jurídicos de ação, vinculando-se a direitos, deveres e obrigações.

É inafastável que esse poder negocial é fonte criadora do Direito empresarial. Assim se postam os indivíduos quando produzem sua própria regulamentação jurídica tanto no contrato como no estatuto social.

Veja o que falamos sobre esta matéria no nosso volume introdutório de Direito Civil.

1.4 REGIME JURÍDICO DA LIVRE CONCORRÊNCIA

Princípio geral de nosso ordenamento constitucional é a liberdade de iniciativa econômica privada pela qual qualquer sujeito pode iniciar e desenvolver atividade econômica, incluindo a atividade empresarial (art. 170).[1]

---

[1] "Mandado de segurança – Empresa que atua no ramo de estética corporal e possui equipamento de bronzeamento artificial – Risco de autuação ou interdição com base na Resolução 56/2009 da ANVISA – Descabimento – Impetrante detentora de direitos reconhecidos por sentença proferida pela 24ª Vara Federal de São Paulo, nos autos da Ação Coletiva de nº 0001067-62.2010.4.03.6100, que lhe permitem a exploração do bronzeamento artificial, em virtude de anulação da referida Resolução – Violação à garantia do livre exercício de atividade econômica (art. 170, parágrafo único, da CF) – Direito líquido e certo e interesse processual presentes – Sentença concessiva da segurança mantida – Precedentes deste Egrégio Tribunal. Reexame necessário e recurso voluntário desprovidos" (*TJSP* – Ap Remessa Necessária 1006566-26.2024.8.26.0577, 26-7-2024, Rel. Oscild de Lima Júnior).

"Ação cominatória (regularização cadastral de sociedade limitada perante órgãos públicos e regularização de garantias prestadas por sócios originários), ajuizada por cedentes de quotas sociais contra cessionária. Atividade empresarial (posto de gasolina) sujeita a regulamentação fazendária estadual específica (Portaria CAT 02/2001). Ação julgada parcialmente procedente. Apelação dos autores. (...) A solução da lide há de resguardar a consecução do principal desígnio das partes contratantes, isto é, o de que se dê, concreta e efetivamente, a passagem do estabelecimento. Com a regular continuidade da atividade empresária, impostos continuam a ser arrecadados, empregos gerados, combustível de boa e certificada procedência disponibilizado aos consumidores, previnem-se problemas ambientais decorrentes de mau funcionamento do posto 'etc.'; enfim, ganha a coletividade. Sempre se deve lembrar que ao juiz, frente a causas de Direito Empresarial, cabe distribuir Justiça na aplicação teleológica dos postulados constitucionais da livre-iniciativa justiça social. **Art. 170 da Constituição Federal:** 'A ordem econômica, fundada na valorização do trabalho humano e na livre-iniciativa, tem por fim assegurar a todos existência digna, conforme os ditames da justiça social, observados os seguintes princípios: (...) III – função social da propriedade; IV – livre concorrência; (...) V – defesa do consumidor; VI – defesa do meio ambiente ...; (...) VIII – busca do pleno emprego; (...)'. Anulação da sentença recorrida, com determinação de expedição de ofício a repartição pública, prosseguindo-se, após, até novo julgamento. Nessa ocasião, diante do mais completo quadro probatório possível, o Juízo de primeiro grau estatuirá definitivamente acerca da responsabilidade das partes pelo adimplemento da obrigação contratual 'sub judice', de viabilização da transferência do posto de gasolina. Apelação provida, com determinações" (*TJSP* – Ap 1000893-38.2019.8.26.0606, 3-5-2023, Rel. Cesar Ciampolini).

"Reexame Necessário – Mandado de segurança – Exercício da atividade disponibilizada pelo aplicativo Uber no município de Mogi das Cruzes – Pretensão mandamental voltada ao reconhecimento do suposto direito líquido e certo do impetrante de exercer livremente sua atividade econômica, obstando a autoridade apontada como coatora de atuar fora de suas competências legais – Cabimento – **Prevalência dos princípios da liberdade de iniciativa, liberdade de concorrência e do livre exercício de qualquer trabalho** – Natureza privada do transporte individual de passageiros desempenhado pelo impetrante, cujo exercício foi previsto pelos arts. 3º e 4º da Lei Federal nº 12.857/12 e que independe de prévia regulamentação do Poder Público – LM nº 4.285/94, alterada pela LM nº 5.018/2000, que regulamentou tão somente a execução dos serviços de transporte público de passageiros – O mesmo se sucede com a LM nº 5.947/2006, revogada pela LM nº 6.727/2012, que tratam do transporte de passageiros por taxistas – Sentença concessiva da ordem de segurança mantida, em reexame necessário" (*TJSP* – RNC 1004477-09.2018.8.26.0361, 29-5-2019, Rel. Paulo Barcellos Gatti).

"Agravo de instrumento – Ação Ordinária – Tutela Antecipada – Exercício da atividade disponibilizada pelo aplicativo Uber no município de Santos – Pretensão liminar voltada em antecipação de tutela, que a Administração Municipal seja compelida a se abster de praticar quaisquer atos que restrinjam ou impossibilitem o postulante de exercer livremente suas atividades profissionais de transporte privado individual de passageiros, como parceiro do Uber – Decisão agravada que indeferiu a medida liminar pleiteada, ante a ausência dos requisitos necessários ao deferimento da tutela de urgência – Inteligência do art. 300, do CPC/15 – Relevância dos argumentos deduzidos em Juízo, associada ao risco de ineficácia do provimento jurisdicional – Prevalência dos princípios da liberdade de iniciativa, liberdade de concorrência e do livre exercício de qualquer trabalho – Natureza privada do transporte individual de passageiros desempenhado pelo impetrante, cujo exercício foi previsto pelos arts. 3º e 4º da Lei Federal nº 12.857/12 e que não depende de prévia regulamentação do Poder Público – Inconstitucionalidade da Lei Municipal nº 3.213/2015, que proibiu a execução do serviço de transporte particular, em verdadeira afronta ao princípio da livre-iniciativa – Decisão reformada – Recurso provido, com observação" (*TJSP* – AI 2195616-20.2016.8.26.0000, 24-3-2017, Rel. Paulo Barcellos Gatti).

"Compra e venda – Bem móvel – Resina fabricada por empresa situada no exterior – Pedido de compra feito a pessoa jurídica brasileira, representante da estrangeira – Não atendimento – Ação

> **Caso 1 – Liberdade de iniciativa econômica privada**
>
> Princípio geral de nosso ordenamento constitucional é a liberdade de iniciativa econômica privada pela qual qualquer sujeito pode iniciar e desenvolver atividade econômica, incluindo a atividade empresarial. A política da concorrência é instrumento essencial para um mercado eficaz, cuja razão de ser permite à empresa competir em igualdade de condições. Na economia moderna, a competitividade favorece o sucesso econômico, promovendo a concorrência entre empresas, produtos ou serviços, tutelando de forma melhor os interesses dos consumidores. A atividade econômica não pode se desenvolver em contraste com a utilidade social, a segurança, a liberdade, a dignidade e com outros limites decorrentes das exigências de programação econômica.

A novel Lei nº 13.874/2019 instituiu a Declaração de Direitos de Liberdade Econômica, estabelecendo garantias de livre mercado, análise de impacto regulatório e dá outras providências.

O objetivo dessa lei, sem dúvida, foi diminuir a ingerência do Estado na atividade econômica. O texto prevê, entre outras providências, o fim da prévia autorização para atividades de baixo risco, trazendo, em tese, a possibilidade de menor burocracia para licenças, registros e alvarás como condição prévia para o exercício da atividade. Aguarda-se o que isso efetivamente representará na prática.

O texto baseia-se em princípios de liberdade de empreender, modernizar e contratar, bem como liberdade econômica. Trata-se de incentivo para agentes econômicos nacionais e estrangeiros exercerem atividade no País, com o objetivo de dinamizar nossa competitividade internacional.

No art. 1º, descortina-se o desiderato da lei: *"Fica instituída a Declaração de Direitos de Liberdade Econômica, que estabelece normas de proteção à livre-iniciativa e ao livre exercício de atividade econômica e disposições sobre a atuação do Estado como agente normativo e regulador..."*.

Esse texto legal deverá ser observado na aplicação e na interpretação do direito civil, empresarial, econômico, urbanístico e do trabalho, bem como na ordenação pública sobre o exercício das profissões, juntas comerciais, produção e consumo e proteção do meio ambiente (§ 1º).

Essa nova norma traz o desafio dos intérpretes e aplicadores adotarem uma nova postura, buscando não só a sua clareza e compreensão, mas especialmente revelar seu sentido mais adequado para a vida real.

---

de obrigação de fazer com preceito cominatório proposta pela interessada na compra – Sentença de procedência – Condição de não fabricante da empresa brasileira – Irrelevância – Inexistência de outra fornecedora da matéria-prima – Obrigação da intermediadora de atender o pedido de compra – Função social do contrato – Artigo 421 do Código Civil – Domínio de mercado – Exercício abusivo de posição dominante – Afronta aos princípios da livre concorrência e da livre-iniciativa – Apelação desprovida" (*TJSP* – Ap 0220229-13.2008.8.26.0100 – São Paulo – 29ª CDPriv. – Rel. Carlos Henrique Miguel Trevisan – *DJe* 6-10-2015).

A política da concorrência é instrumento essencial para um mercado eficaz, cuja razão de ser permite à empresa competir em igualdade de condições. Na economia contemporânea, a competitividade favorece o sucesso econômico, promovendo a competitividade entre empresas, produtos ou serviços, tutelando de forma melhor os interesses dos consumidores.

É por meio da livre concorrência que a livre iniciativa se corporifica, possibilitando àqueles que exploram a atividade econômica criar mecanismos para oferecer aos consumidores melhores condições de preços, no desenvolvimento de tecnologias ou produtos mais avançados. E ademais, a concorrência é extremamente salutar não só para o consumidor como para a própria sociedade, uma vez que impõe aos empresários a necessidade de sempre buscar melhorar seu desempenho de produto ou serviço, bem como sua comercialização.

Procura-se com a livre concorrência a captação de clientes, consumidores, para o empresário alcançar seu objetivo, o sucesso do negócio. Nesse sentido, o Estado só deve intervir para regular práticas que atentem contra a concorrência salutar e cause lesão ao direito do consumidor, em nível legislativo ou em nível repressivo.

Assim, o princípio da harmonização dos partícipes no mercado de consumo e a coibição e repressão eficientes de abusos devem coexistir e não conflitar. A atividade econômica não pode se desenvolver em contraste com a utilidade social, a segurança, a liberdade, a dignidade e com outros limites decorrentes das exigências de programação econômica. Por isso, o empresário que opera no mercado pode realizar as práticas e estratégias que entender oportunas para expandir sua empresa, mas esse comportamento não deve ultrapassar os limites éticos e legais para a obtenção da finalidade constitucional, mas ser inspirado na correção e lealdade (PAOLUCCI, 2008, p. 73).

Comportamentos que coloquem em risco a concorrência sadia, equilibrada e, portanto, exponham a risco o desenvolvimento do mercado, são sancionados pelo ordenamento, estando agrupados em duas categorias: (a) infração à ordem econômica e (b) concorrência desleal.

1.4.1 Infração à ordem econômica

O art. 173, § 4º, da Constituição Federal dispõe: "*A lei reprimirá o abuso do poder econômico que vise à dominação dos mercados, à eliminação da concorrência e ao aumento arbitrário dos lucros*".

A Lei nº 12.529/2011, Lei Antitruste, cria mecanismos para regulamentar a tutela constitucional, tratando da prevenção e repressão às infrações contra a ordem econômica.

A caracterização de infração à ordem econômica independe de culpa ou da efetiva concretização de dano. Necessário somente que o ato seja potencialmente danoso ou idôneo a prejudicar o negócio de outrem.

O art. 36 da Lei 12.529/2011, Lei de Infração à Ordem econômica – LIO, estabelece os fundamentos das condutas que constituem infração à ordem econômica: I – limitar, falsear ou de qualquer forma prejudicar a livre concorrência ou a livre-iniciativa;

II – dominar mercado relevante de bens ou serviços; III – aumentar arbitrariamente os lucros; e IV – exercer de forma abusiva posição dominante.

A conquista de mercado é processo natural fundado na maior eficiência do agente econômico em relação aos seus competidores. Qualquer tentativa de burlar o natural de conquista do mercado caracteriza infração à ordem econômica. Como observa Calixto Salomão Filho (2002, p. 239), quando a criação de poder no mercado decorre da eliminação dos concorrentes, há, sem dúvida, comportamentos ilícitos caracterizadores da concorrência desleal ou de atuação tendente à dominação do mercado.

O § 3º do citado artigo da LIOE elenca condutas típicas que caracterizam infração à ordem econômica. Esse rol é exemplificativo. Somente serão consideradas infrações quando presentes os pressupostos do art. 36, isto é, desde que caracterizado o exercício do poder econômico por meio de condutas que visem prejudicar a livre concorrência e iniciativa ou configurar domínio de mercado ou abuso de posição econômica.

Assim, a conduta do inciso I – prática de preços em acordo com o concorrente – só será considerada infração à ordem econômica punível se esse ato puder levar à limitação da concorrência ou à dominação do mercado, por exemplo.[2]

---

[2] "Concorrência Desleal – Ação cominatória, cumulada com pedidos de índole indenizatória, visando obrigar a ré a alterar conjunto imagem ('trade dress') utilizado em seus estabelecimentos comerciais. Decisão que indeferiu tutela antecipada requerida 'inaudita altera' parte. Agravo de instrumento da autora. Ausência de provas suficientes para demonstrar o risco de dano em se aguardar o crivo do contraditório. Estabelecimentos que, em um primeiro exame, possuem diferenças relevantes. Risco de irreversibilidade da medida. Manutenção da decisão agravada. Agravo de instrumento desprovido" (*TJSP* – AI 2213559-79.2018.8.26.0000, 12-2-2019, Rel. Cesar Ciampolini).
"Agravo interno no agravo em recurso especial – Art. 535 do CPC/1973 – Violação – Ausência de configuração – Direito de marca – Utilização indevida – Violação – **Concorrência Desleal** – Danos Materiais – Reexame de provas – Súmula nº 7/STJ – 1 – Não subsiste a alegada ofensa ao art. 535 do CPC/1973, pois o tribunal de origem enfrentou as questões postas, não havendo no aresto recorrido omissão, contradição ou obscuridade. 2 – Por demandar incursão no acervo fático-probatório carreado nos autos, rever as conclusões da Corte local – Referentes à prescrição, ao direito da autora e à própria natureza da sua marca e à possibilidade de julgamento antecipado da lide – É tarefa interditada a esta Corte Superior, na via especial, a teor do que dispõe a Súmula nº 7/STJ. 3 – Agravo interno não provido" (*STJ* – AGInt-AG-REsp 820.998 – (2015/0284786-0), 1-9-2016, Rel. Min. Ricardo Villas Bôas Cueva).
"Civil – Processual civil – Agravo regimental no agravo em recurso especial – Ação inibitória, c/c ação de remoção de ilícito e ação indenizatória julgada procedente – Supermercado – Propaganda desleal contra o concorrente – Comprovação – Tribunal que dirimiu a controvérsia com base nos fatos da causa – Reforma – Incidência da Súmula nº 7 do STJ – Dissídio jurisprudencial não comprovado – suporte fático dessemelhante – 1- O Tribunal local, com base no substrato fático dos autos, reconheceu não se tratar de hipótese de propaganda comparativa, mas sim de concorrência desleal, apta a afetar a honra subjetiva da empresa concorrente. Reforma do julgado. Incidência da Súmula nº 7 desta Corte. 2- A admissão do apelo nobre pela alínea c do permissivo constitucional requer a inequívoca demonstração do dissenso interpretativo invocado. 3- Hipótese em que o suporte fático se mostra dessemelhante, na medida em que o recorrente colaciona, como paradigmas, julgados nos quais se admite a propaganda comparando preços e produtos através de cartazes com o nome do concorrente; E o acórdão recorrido, por sua vez, afastou a

Outra situação ocorre quando é celebrado acordo de cooperação entre os concorrentes para adoção de uma conduta comercial uniforme com a finalidade de eliminar alguma disfunção do mercado. Nesse caso, não obstante realizada a conduta reprimida do § 3º, não se caracteriza a infração à ordem econômica, porque a finalidade da cooperação empresarial não foi prejudicar a concorrência, tampouco dominar o mercado ou exercer de forma abusiva posição dominante.

Domínio de mercado e abuso de posição dominante são figuras cujo significado deve ser examinado, não obstante a própria lei traga as definições.

Nos termos do § 2º do art. 36,

> *"Presume-se posição dominante sempre que uma empresa ou grupo de empresas for capaz de alterar unilateral ou coordenadamente as condições de mercado ou quando controlar 20% (vinte por cento) ou mais do mercado relevante, podendo este percentual ser alterado pelo Cade para setores específicos da economia."*

Ainda, o parágrafo seguinte encerra uma presunção legal de posição dominante, estabelecendo o percentual de 20% de ocupação como fator da presunção.

De se observar que a dominação do mercado não pode ser definida somente em relação à posição que uma empresa ocupa no mercado com base nos elementos meramente quantitativos, mas deve-se levar em conta sua faculdade de exercitar sobre o funcionamento do mercado uma influência considerável e previsível para uma empresa dominante. Uma empresa que pode eliminar do mercado quando desejar outra empresa concorrente pode já dispor de uma posição dominante e determinar de modo decisivo o comportamento de outras pessoas jurídicas (GHIROTTI, 2008, p. 65).

Prova da relatividade da presunção legal quantitativa de posição dominante encontra seu fundamento no art. 53 da LIOE, no qual o legislador confere competência ao Conselho Administrativo de Defesa Econômica (CADE) para o exame e controle dos atos e contratos que possam limitar ou de qualquer forma prejudicar a livre concorrência ou resultar em dominação de mercados relevantes.

Aliás, não se pode compreender o alcance do conceito de posição dominante sem considerar o aspecto do mercado de referência. Para poder avaliar se uma empresa desfruta abusivamente de posição dominante ou do poder econômico que detém, é indispensável circunscrever o mercado sob o qual goza tal posição e tais comportamentos.

O abuso de posição dominante, por sua vez, ocorre quando uma empresa desfruta excessivamente de sua posição num determinado mercado, e utilizando as oportunidades

---

ocorrência da propaganda comparativa, reconhecendo a presença da concorrência desleal, apta a afetar a imagem do supermercado demandante. Dissídio não comprovado. 4- Não sendo a linha argumentativa apresentada pela agravante capaz de evidenciar a inadequação dos fundamentos invocados pela decisão agravada, o presente agravo não se revela apto a alterar o conteúdo do julgado impugnado, devendo ele ser integralmente mantido em seus próprios termos. 5- Agravo regimental não provido" (*STJ* – AgRg-AG-REsp. 625.347 – (2014/0288646-3) – 3ª T. – Rel. Min. Moura Ribeiro – *DJe* 2-9-2015 – p. 1.271).

proporcionadas para alcançar benefícios que não obteria na presença de uma concorrência eficaz (GHIROTTI, 2008, p. 69).

Infração à ordem econômica enseja repressão administrativa, sendo o CADE assistido pela Superintendência-Geral órgão competente para averiguar preliminarmente os fatos e instaurar processo administrativo.[3]

Compete ao CADE não só trabalhar em nível repressivo, mas também atuar preventivamente, validando ou não contratos entre particulares que possam influenciar na livre concorrência (art. 53).

As sanções administrativas previstas na lei são: multa, publicação na imprensa da decisão condenatória, proibição de contratar com o poder público ou com instituições financeiras oficiais, inscrição do infrator no Cadastro Nacional de Defesa do Consumidor, recomendação de licenciamento obrigatório de patente titularizada pelo infrator, de negativa de parcelamento dos tributos ou cancelamento de benefício fiscal, bem como a indicação de atos societários como cisão ou transferência de controle compulsórios e proibição do exercício do comércio (arts. 37 e 38). As penas podem ser aplicadas isolada ou cumulativamente, em razão da gravidade dos fatos ou o interesse público geral.

1.4.2 Concorrência desleal

Atos de concorrência desleal são todos os contrários à ética em matéria industrial ou comercial. O art. 173 da Constituição Federal encerra proibição de adoção, por parte dos sujeitos concorrentes, de condutas inidôneas capazes de alterar o correto jogo da concorrência.

Dois são os pressupostos para a aplicação da disciplina da concorrência desleal. O primeiro é que o sujeito seja empreendedor, entendendo-se aqui não só o empresário, mas também todos os sujeitos que exploram atividade econômica com estrutura relevante.

---

[3] "Direito constitucional, administrativo e regulatório – Proibição do livre exercício da atividade de transporte individual de passageiros – Inconstitucionalidade – Estatuto constitucional das liberdades – Princípios constitucionais da livre-iniciativa e do valor social do trabalho (art. 1º, IV), da liberdade profissional (art. 5º, XIII), da livre concorrência (art. 170, *caput*), da defesa do consumidor (art. 170, V) e da busca pelo pleno emprego (art. 170, VIII) – Impossibilidade de estabelecimento de restrições de entrada em mercados – Medida desproporcional – Necessidade de revisão judicial – Mecanismos de freios e contrapesos – ADPF julgada procedente" (*STF* – ADPF 449 – Distrito Federal – TP – Rel. Min. Luiz Fux – *DJe* 02.09.2019).

"Direito marítimo – Prestação de serviços – Movimentação e segregação de contêineres em áreas portuárias – Cobrança da tarifa 'THC2' para remunerar prestação de serviço não abrangida pela § cobrança da 'THC'. Oligopólio dos terminais portuários, que operam na zona primária ou porto molhado. Concorrência entre os 5 terminais portuários e os terminais retroportuários alfandegados, com operações na zona secundária ou porto seco – Oligopolização do porto seco por vias transversas. Inadmissibilidade. – Inocorrência de prestação de serviço em favor do recinto o alfandegado. Inexistência de relação jurídica entre operador portuário e terminal retroportuário alfandegado – Ilicitude da cobrança da tarifa denominada 'THC2' – Procedência da demanda. Recurso provido para esse fim, com expedição de ofício ao CADE" (*TJSP* – Ap 0029746-61.2009.8.26.0562, 4-5-2015, Rel. Luiz Sabbato).

Segundo requisito é a existência entre os empreendedores de relação de concorrência próxima; concorrência que há quando os sujeitos, ativo e passivo, oferecem no mesmo mercado bens ou serviços idôneos a satisfazer necessidades idênticas ou similares, para captação da mesma clientela (PAOLUCCI, 2008, p. 74).

A repressão à concorrência desleal encontra abrigo no art. 195, da Lei de Propriedade Industrial. As condutas lá tipificadas são consideradas crimes contra a propriedade industrial. A concorrência desleal consiste na prática de atos com a finalidade reprovável de desviar a clientela do concorrente ou, na lição de José Carlos Tinoco Soares (1980, p. 19):

> "A concorrência desleal se apresenta sob os mais variados aspectos, visando sempre atingir o industrial, o comerciante (entendido este no sentido mais genérico, eis que dentre os mesmos podemos incluir as pessoas que praticam atividades profissionais e aquelas prestadoras de serviços), tirando-lhes direta ou indiretamente a sua clientela, causando ou não prejuízo."

O comportamento visando levar vantagem em tudo é atacado de forma veemente pelos especialistas e defensores da livre iniciativa, inerente ao sistema econômico capitalista. Observa o saudoso Carlos Alberto Bittar (1989, p. 37):

> "A doutrina tem considerado como de concorrência desleal todo ato do concorrente que, valendo-se de força econômica de outrem, procura atrair indevidamente sua clientela. Definindo seus contornos, pode-se dizer que existe concorrência desleal em toda ação do concorrente que se aproveita indevidamente de criação ou de elemento integrante do aviamento alheio, para captar, sem esforço próprio, a respectiva clientela."

Os atos de concorrência desleal podem ser abarcados em três categorias:

1. *atos de concorrência desleal por confusão:* são atos idôneos a criar confusão com a atividade do concorrente, como o uso de nome ou de marca confundível com o usado pelo concorrente ou a imitação do produto do concorrente. Nessa modalidade, o concorrente cria falso convencimento sobre produto ou serviço. Não é necessário verificar-se episódio concreto de confusão, bastando o risco de confusão para caracterizar a conduta desleal, levando-se em consideração a capacidade do consumidor médio para incorrer em engano;

2. *atos de concorrência por denegrição e vanglória:* nessa categoria, a conduta do concorrente influi indevidamente sobre os elementos de apreciação do público. Os atos de denegrição da imagem, de ocorrência muito comum tratando-se de desvio de clientela ou captação indevida, são aqueles que têm por objetivo prejudicar a reputação do concorrente ou seu negócio. Tais atos

> "se concretizam por tornar pública falsa afirmação em detrimento do concorrente, ou divulgar falsa informação a fim de causar prejuízo. Os atos denigridores, portanto, podem atingir tanto a pessoa do concorrente como seu negócio, atingindo seus produtos" (ALMEIDA, 2004, p. 160).

No ato de vanglória, o empresário pérfido atribui ao seu produto ou serviço qualidade inexistente, pertencendo o mérito ao concorrente;

3. *atos de correção profissional:* são atos praticados em desconformidade com princípios morais e éticos. O concorrente age com o fim precípuo de danificar o negócio alheio, com práticas evasivas, imorais, contra os bons costumes e a ordem pública. Exemplo frequente é o parasitismo, pelo qual se apropria injustificadamente do trabalho de outro. Haverá ato parasitário toda vez que um concorrente tenta se beneficiar de esforço industrial, comercial, publicitário e promocional realizado por outro comerciante (CLÉMENT; DÉFOSSEZ, 2007, p. 429).

Na esfera contratual, a concorrência desleal manifesta-se com a violação de acordos proibitivos, usualmente inseridos em cláusulas de interdição de concorrência, presentes em geral nos contratos de *franchising* e de distribuição. Nesse caso, limita-se a liberdade de iniciativa econômica no período sucessivo ao fim do contrato, com a finalidade de evitar o desvio de clientela adquirida no curso do negócio contratual, por meio do uso do *know-how* e cognição técnica adquirida pelo contratado. Essa matéria está ligada inexoravelmente à publicidade e suas regras éticas.

2

EMPRESA E EMPRESÁRIO

2.1 CARACTERIZAÇÃO DO EMPRESÁRIO

Seguindo o modelo italiano de 1942 e diante das necessidades de ampliação da tutela mais ampla para determinadas atividades econômicas surgidas com o passar das décadas como fonte de circulação de riquezas, o legislador brasileiro adotou o conceito de empresário presente no *caput* do art. 966 do Código Civil. Assim, empresário é aquele que exerce profissionalmente atividade econômica organizada, ou, talvez melhor, atividade economicamente organizada.[1]

---

[1] "Agravo de instrumento. Execução de título extrajudicial. Inconformismo do exequente contra decisão que indeferiu pedido de inclusão do sócio proprietário da empresa devedora no polo passivo da demanda. Empresário individual. Conforme se extrai da inteligência do **artigo 966 do Código Civil**, não há separação patrimonial entre o empresário individual e a pessoa física respectiva. Tendo em vista a inexistência de patrimônios distintos, a penhora de bens do sócio da empresa individual prescinde da instauração de incidente de desconsideração da personalidade jurídica. Precedentes do C. STJ. Decisão mantida. Recurso improvido" (*TJSP* – AI 0006814-91.2024.8.26.0000, 24-6-2024, Rel. Décio Rodrigues).

"Agravo de instrumento – Decisão que deferiu o processamento da recuperação judicial dos agravados. Competência para o Decreto de falência. Juízo do local do principal estabelecimento do devedor. Inteligência do art. 3º da Lei nº 11.101/05. Recuperação judicial de empresários produtores rurais. Natureza declaratória do registro dos produtores rurais na JUCESP reconhecida. Art. 971 do CC. Aplicação da teoria da empresa. Conceito jurídico de empresário determinado pelo efetivo exercício de atividade econômica organizada para a produção ou circulação de bens ou serviços, nos termos do art. 966, *caput*, do CC. Art. 48, *caput*, da LRF que apenas exige que o empresário que pleiteia a recuperação judicial exerça suas atividades há mais de dois anos, nada dispondo sobre a necessidade de registro na Junta Comercial por igual período. Processamento da recuperação que depende apenas da verificação formal dos requisitos objetivos dos arts. 48 e 51 da LRF. Litisconsórcio ativo de empresas integrantes do mesmo grupo econômico de fato. Possibilidade de reunião das recuperações judiciais. Intenso vínculo negocial existente entre os agravados. Recurso improvido" (*TJSP* – AI 2152473-10.2018.8.26.0000, 13-11-2019, Rel. Hamid Bdine).

A profissionalidade decorre da exploração não ocasional dessa atividade. Essa conduta ou atividade não pode exaurir-se em um ato singular, mas consiste em série de atos para atingir um objetivo comum. A profissionalidade indica, destarte, a habitualidade no exercício da empresa. A organização a que o legislador se refere, embora natural do conceito econômico de empresário, representa o aparato produtivo que coordena os meios de produção (PAOLUCCI, 2008, p. 5) por meio da reunião de quatro fatores de produção: capital, mão de obra, tecnologia e insumos. Assim, o empresário se vale do trabalho de outras pessoas, capitaliza-se com recursos próprios ou de terceiros e com esse capital e trabalho busca fim produtivo, com intuito de lucro. Sem essa organização, a atividade econômica não será considerada profissional e, portanto, não será abrangida pelo direito empresarial.

Além dessa hipótese do *caput*, ainda deve ser considerada empresária a atividade rural desde que o sujeito que a explora o faça de forma organizada e esteja inscrito na Junta Comercial, nos termos do que dispõe o art. 971 do CC[2], bem como a atividade

---

[2] "Execução de título extrajudicial. Duplicatas emitidas contra empresa executada. Não localização de bens em nome da pessoa jurídica. Pedido do exequente para extensão das pesquisas patrimoniais em nome das pessoas físicas, produtoras rurais. Indeferimento do pedido na instância de origem. Insurgência. Quanto ao produtor rural pessoa física, é cediço que ele conta com tratamento diferenciado se comparado com o empresário comercial. Dicção dos arts. 970 e 971 do Código Civil. *In casu*, a agravada realizou sua inscrição perante o CNPJ com o intuito de exercer **atividade rural** enquanto pessoa física, ao optar pelo código 412-0, no ato de sua inscrição. Não há, por conseguinte, que se falar em autonomia patrimonial entre a pessoa jurídica executada e as pessoas físicas que a compõe. Há, sim, confusão patrimonial dos seus bens, respondendo reciprocamente uns pelos outros. Precedentes. Decisão reformada para deferir a penhora de bens a ser realizada em face da empresa bem como dos seus representantes. Recurso provido" (*TJSP* – AI 2203050-50.2022.8.26.0000, 6-9-2023, Rel. Anna Paula Dias da Costa).

"Recuperação judicial – produtor rural – **empresários individuais rurais** – confinamento de gado – Insurgência do credor, que alega o não preenchimento dos pressupostos legais, notadamente o registro na Junta Comercial em período inferior a dois anos anteriores ao pedido de recuperação judicial – Não acolhimento – Documentos juntados pelos autores que comprovam suficientemente o exercício da atividade empresarial – Registro dos produtores rurais pleiteado em período inferior a dois anos – Possibilidade – Necessidade, apenas, de demonstração de exercício da atividade econômica empresarial por mais de dois anos – Registro que tem natureza declaratória, e não constitutiva, importando apenas que tenha sido feito antes do pedido de recuperação judicial – Leitura dos arts. 970 e 971 do Código Civil – Infere-se de tais dispositivos que o produtor rural deve receber tratamento favorecido, diferenciado e simplificado. E para caracterizar a atividade rural, é preciso efetivo exercício há mais de dois anos. Porém, o registro na Junta Comercial, sendo mera opção do produtor rural, é requisito para ser considerado empresário, e não necessariamente para ajuizar o pedido de recuperação judicial. Tempo de atividade é, portanto, distinto do tempo de registro, para fins de autorizar o processamento da recuperação judicial – Ausência de verossimilhança da alegação de que os agravados se utilizaram da recuperação judicial para blindar seus patrimônios – Decisão mantida – Recurso desprovido" (*TJSP* – AI 2207173-96.2019.8.26.0000, 5-5-2020, Rel. Sérgio Shimura).

"Agravo de instrumento – Recuperação judicial de empresários produtores rurais – Natureza declaratória do registro dos produtores rurais na JUCESP reconhecida. Art. 971 do CC. Aplicação da teoria da empresa. Conceito jurídico de empresário determinado pelo efetivo exercício de atividade econômica organizada para a produção ou circulação de bens ou serviços, nos termos do art. 966,

empresária dos clubes de futebol, nos termos do parágrafo único, inserido pela Lei 14.193/2021. Desse modo, será considerado empresário agrícola quem explora atividade rural profissionalmente criando riquezas. Também, independentemente do seu objeto, é considerada empresária a sociedade por ações (art. 982, parágrafo único). Trata-se de opção legislativa de natureza cogente. Sociedade por ações ou sociedade anônima sempre será empresária. O parágrafo único acrescentado, certamente em local impróprio, dá um passo em prol da atividade empresária dos clubes de futebol, algo muito importante em nosso país, já um sucesso em muitos países estrangeiros. Contudo, apenas são dados os primeiros passos nesse sentido. Há, sem dúvida, necessidade de legislação específica que coordene e abranja os chamados "clubes-empresa", não só no futebol, mas em várias modalidades esportivas.

Sob a premissa do empresário, já não mais se pode utilizar a terminologia *direito comercial* para a provecta disciplina que compreendia o complexo de normas reguladoras dos antigos atos de comércio e tudo o mais que deles derivasse. Na atualidade, há o *direito empresarial*, terminologia consagrada pelo legislador. A empresa como pessoa jurídica, ainda que constituída por vezes por uma só pessoa, constitui o centro polarizador para a matéria tratada pelo provecto direito comercial.

2.1.1 O empresário rural

A atividade rural no Brasil à época de vigência do Código Comercial não era considerada empresária, pois não estava incluída como ato do comércio, na vetusta classificação. A exploração dos recursos rurais, em qualquer de suas modalidades (agricultura, pecuária etc.), era concebida como simples exercício do direito de propriedade ou outro direito real ou obrigacional que tivesse por objeto a exploração da terra. Era exercida por núcleos familiares que trabalhavam a terra sem a finalidade precípua de produzir riquezas, não obstante dela tirassem seu sustento.

Essa realidade sofreu profundas modificações. A atividade rural foi experimentando modificações nesse perfil para atender a novas necessidades do mercado de consumo, interno e externo, principalmente com novas tecnologias.

---

caput, do CC. Art. 48, *caput*, da LRF que apenas exige que o empresário que pleiteia a recuperação judicial exerça suas atividades há mais de dois anos, nada dispondo sobre a necessidade de registro na Junta Comercial por igual período. Processamento da recuperação que depende apenas da verificação formal dos requisitos objetivos dos arts. 48 e 51 da LRF. Recurso não conhecido no que diz respeito aos créditos sujeitos ou não à recuperação. Questão a ser apreciada oportunamente, conforme decidido nos autos do AI. nº 2251128-51.2017.8.26.0000. Reconhecimento da natureza extraconcursal de um crédito específico que não afasta a possibilidade de processamento do pedido de recuperação judicial. Contagem de prazo de suspensão do art. 6º, § 4º, da LRF, que deve ser feita em dias úteis de acordo com o art. 219 do CPC. O cômputo dos dias úteis contribui para a segurança jurídica ao estabelecer critério objetivo ao mesmo tempo em que favorece a eficiência da recuperação judicial e maior oportunidade para a recuperanda cumprir os atos processuais que visam à recuperação judicial em prol de sua própria preservação (art. 47 da LRF). Recurso não conhecido em parte e parcialmente provido na parte conhecida, prejudicado o agravo regimental" (TJSP – AI 2062908-35.2018.8.26.0000, 16-7-2018, Rel. Hamid Bdine).

Ao reconhecer a atividade rural como empresária, o Código rompe verdadeiro dogma do nosso passado rural. A ideia é que hoje a empresa está no campo e nunca mais pode abandoná-lo, embora ainda exista longo caminho a ser percorrido em nosso país.

Desse modo, aos pequenos grupos familiares foram agregados insumos e tecnologia para a produção mais eficiente. Pode-se afirmar que atualmente há duas espécies de atividades rurais: o agronegócio e a agricultura familiar, com evidentes interpenetrações. Àquele que explora o agronegócio certamente interessa fazê-lo de forma empresarial. Para tanto, o legislador, atento a essa necessidade, possibilitou o exercício da atividade rural de forma empresarial, desde que seja ultimada a respectiva inscrição na Junta Comercial. A atividade das empresas dedicadas ao crédito rural tem papel importante no agronegócio.

2.1.2 O pequeno empresário

A atividade econômica empresarial é o meio mais amplo de circulação de riquezas. Sua importância na Economia é indiscutível, pois cria prosperidade econômica para a coletividade, produzindo riquezas e aportando resultado útil para toda a sociedade[3].

Entretanto, a atividade econômica empresarial constitui conduta eminentemente de risco, razão pela qual cumpre conferir certa proteção ou criar prerrogativas para incentivar sua exploração. Assim, o risco do processo de produção e venda das utilidades legitima o empresário a obter lucro, sendo seu principal incentivo (COTTINO, 2000, p. 79).

A limitação da responsabilidade patrimonial, decorrente das sociedades de responsabilidade limitada e das sociedades unipessoais limitadas, pessoa jurídica de uma só pessoa, também é forma de incentivo, pois o patrimônio particular do sócio, como regra geral, não sofre extensão da responsabilidade, senão quando ocorre fraude. Mas esse incentivo não é de *per si* suficiente. Diante desse quadro, o legislador criou outros incentivos direcionados a classes que, embora fossem capazes de produzir de forma organizada, não o faziam diante de inúmeras exigências legais.

Assim, os pequenos empresários com potencial, no setor rural e urbano, mas que não se arriscavam na atividade empresarial, foram beneficiados por ordenamento com incentivo para ingressarem na empresa formal, nos termos do disposto no art. 970. Essa norma tem caráter programático, estando em sintonia com preceitos constitucionais.

O art. 170, IX, da Constituição Federal traz como um dos princípios básicos da ordem econômica o tratamento diferenciado, favorecendo empresas de pequeno porte, desde que obedecida a legislação ordinária. O art. 185, parágrafo único, da Constituição Federal menciona genericamente o mesmo princípio para a empresa rural.

Uma das formas encontradas, no tocante ao empresário rural e aos micro e pequenos empresários em geral, foi a simplificação de algumas obrigações, como a dispensa da apresentação de certos documentos para a inscrição e a dispensa da escrituração na

---

[3] A Lei nº 13.999/2020 instituiu o Programa Nacional de Apoio às Microempresas e Empresas de Pequeno Porte (Pronampe), para o desenvolvimento e o fortalecimento dos pequenos negócios.

forma mercantil, exigindo-se apenas escrituração simplificada e resumida, bem como a manutenção de livro caixa, entre outras benesses encontradas em leis esparsas.

A legislação civil empresarial do País tem se modernizado enormemente, e vem oferecendo cada vez mais ótimas possibilidades para a formalização de negócios e incentivos para os empreendedores. Nesse sentido, algumas alternativas foram criadas para que pequenos empreendedores possam trabalhar legalizados. São elas:

- **MEI** – Esta é a sigla para o Microempreendedor Individual. Trata-se de empresário individual, criado pela Lei Complementar nº 123/2006. O tipo foi criado pela Lei Complementar nº 123/2006 e alterado pela LC 155/2016, devendo ter faturamento anual de até R$ 81 mil, podendo se ajustar ao Simples Nacional[4]. O MEI não pode ter participação em outra empresa como sócio ou titular. Em contrapartida, pode ter um empregado que receba salário-mínimo ou o piso da categoria. Será enquadrado no Simples Nacional e fica isento dos tributos federais (Imposto de Renda, PIS, Cofins, IPI e CSLL). Paga apenas o valor fixo mensal pequeno dependendo da categoria que será destinado à Previdência Social e ao ICMS ou ao ISS. Essas quantias são atualizadas anualmente, de acordo com o salário mínimo.

- **Empresário Individual** – Muitos acham que é o mesmo que MEI, mas não é. Eles se diferenciam principalmente com relação à restrição de atividades, ao faturamento anual e ao número de obrigações acessórias. O Empresário Individual também é um profissional que trabalha por conta própria, mas seu faturamento anual máximo pode chegar a até R$ 360 mil, sendo considerado ME (Microempresa), ou até 4,8 milhões, sendo EPP (Empresa de Pequeno Porte).

- **Sociedade unipessoal limitada** – Trata-se de uma empresa constituída por apenas uma pessoa, detentora de 100% do capital, sem valor mínimo, estabelecendo apenas que o patrimônio social da empresa não esteja comprometido em casos de dívidas do negócio, exceto em hipótese do uso abusivo para fins de cometer fraudes.

- **A primeira tentativa de viabilizar a exploração da atividade empresarial de forma individual veio com a edição da Lei nº 13.874/19 que criou** a EIRELI e foi uma forma encontrada para brecar o modelo de sociedades de responsabilidade limitada, constituídas apenas para fins de limitação patrimonial, em que um dos sócios era detentor de geralmente 99% do capital social e outro com apenas 1%. Entretanto, com a criação da sociedade unipessoal limitada, a figura do Empresário Individual tende a desaparecer, uma vez que não apresenta vantagem alguma diante da sociedade unipessoal.

2.2 ATIVIDADES NÃO EMPRESARIAIS

Explorar uma atividade econômica de forma organizada, no sentido de produzir riquezas, é requisito necessário para a condição de empresário. Não é condição única

---

[4] A Lei Complementar nº 188/2021 alterou a Lei Complementar nº 123/2006 (Estatuto Nacional da Microempresa e da Empresa de Pequeno Porte) para modificar a composição e o funcionamento do Comitê Gestor do Simples Nacional (CGSN) e ampliar o âmbito de aplicação de seu regime tributário.

e suficiente, posto que há atividades que consistem na produção de bens ou serviços, exercidas profissionalmente, não dando lugar, porém, a uma empresa.

Essas atividades são descritas no parágrafo único do art. 966 do CC – as atividades profissionais intelectuais ou artistas. Aqui, se colocam médicos, advogados, engenheiros, administradores, economistas, contadores, escultores, pintores, atores, cantores, escritores etc. e, hodiernamente, os *"influencers"* como novos prestadores de serviços, nem sempre muito úteis e eficientes, além de outras novas profissões surgidas, especialmente, no campo midiático.

Essa regra comporta a exceção prevista na parte final do parágrafo: os profissionais intelectuais e os artistas adquirem a condição de empresários quando desenvolvem uma atividade distinta da intelectual ou artística e considerada em si mesmo empresária. É o caso, por exemplo, do professor que administra uma instituição de ensino privada, do médico que administra um hospital ou clínica, do músico que administra sua banda, pois, nesse caso, tornam-se empresários, explorando atividades típicas de empresa. A atividade intelectual se organiza como empresa.

Os profissionais liberais são criadores de riquezas como qualquer empresário, uma vez que, na maioria das vezes, desenvolvem atividade profissional de forma organizada, não se diferenciando, assim, de qualquer prestadora de serviços. Não se vê razão real para essa diferenciação. O contexto é mais ético do que jurídico.

2.3 INSCRIÇÃO DO EMPRESÁRIO

Para que a atividade econômica seja considerada empresária, é imprescindível e primeira obrigação do empresário realizar a sua inscrição na Junta Comercial. O Registro Público de Empresas Mercantis e Atividades Afins está disciplinado na Lei nº 8.934/94, com as modificações trazidas pelas Leis nº 13.874/2019, que institui a Declaração de Direitos de Liberdade Econômica, e nº 14.195/2021, que, entre outros aspectos, facilita a abertura e desburocratização das empresas.

A inscrição na Junta Comercial é o primeiro ato de publicidade do empresário com relação a terceiros, chamado de publicidade-notícia (PAVONE LA ROSA, 2001, p. 107). A inscrição produz eficácia imediata, sendo seu primeiro efeito a aquisição da condição de empresário. Cuida-se do efeito constitutivo da inscrição.

Explorar essa atividade sem a competente inscrição sujeita o agente a sanções, especialmente de natureza patrimonial. Sem a inscrição, a sociedade não adquire personalidade jurídica (art. 985) e, assim, se submete às regras de caráter punitivo da sociedade em comum, uma das modalidades de sociedade despersonificada.

A necessidade de personificar a sociedade decorre primeiramente da limitação da responsabilidade patrimonial dos sócios; em segundo plano, confere certeza jurídica aos interessados, terceiros e sociedade em geral.

A principal consequência da ausência de inscrição é a extensão ou ampliação da responsabilidade patrimonial aos sócios da entidade, visto que com a personificação há limitação da responsabilidade patrimonial como forma de compensar os riscos do negócio.

Assim, sem a inscrição na Junta Comercial, a sociedade é considerada irregular, submetendo-se às regras da sociedade em comum, respondendo todos os sócios solidária e ilimitadamente pelas obrigações sociais (art. 990, CC).[5] Contudo, as sanções impostas pela falta de inscrição não se limitam a essa responsabilidade. O empresário irregular sujeita-se a sanções de natureza fiscal e administrativa, como a impossibilidade de inscrição da pessoa jurídica no Cadastro Nacional de Pessoas Jurídicas (CNPJ), bem como sua matrícula junto ao INSS, além de sanções pecuniárias.

2.3.1 Requisitos da inscrição

Como visto, a primeira obrigação do empresário é inscrever-se na Junta e consequentemente ficar amparado pelo direito empresarial. Essa inscrição é feita por requerimento que deverá conter os requisitos exigidos do art. 968, os quais têm a finalidade de colher dados acerca do empresário, atribuindo-lhe as consequentes responsabilidades do seu *status*. A recente Lei nº 14.195/2021, em seu art. 11-A, estabelece um sistema de simplificação do registro, desburocratizando o procedimento por meio do uso de dados nos cadastros já existentes.

O primeiro requisito é a qualificação do peticionário ou dos sócios da pessoa jurídica. Essa qualificação é importante, tendo em vista as restrições impostas pela

---

[5] "Recurso inominado. Ação de cobrança. Cheque. Prescrição. Inocorrência. Devedor solidário. Dívida anterior a retirada do sócio. 1.003 do CC. Ilegitimidade passiva. Inocorrência. Cheque emitido para pagamento de serviços prestados aos réus. Alegada ausência de responsabilidade do sócio. Inocorrência. Sociedade de fato. **Sócios que respondem solidária e ilimitadamente pelas obrigações**. Nos termos do art. 990 do Código Civil. Recurso desprovido" (*TJPR* – Ap 0000773-93.2020.8.16.0205, 5-4-2024, Rel. Helder Luis Henrique Taguchi).

"Agravo de instrumento. Cumprimento de sentença. Insurgência contra decisão que estendeu a execução ao sócio da executada. Alegação de inexistência dos requisitos para desconsideração da personalidade jurídica e de necessidade de instauração do incidente. Descabimento. Decisão fundada na irregularidade da agravante, que não teria registro na Junta Comercial e autorização para funcionamento no Brasil. Fatos não impugnados pela recorrente. Reconhecimento de sociedade despersonalizada, que engendra a aplicação das regras da sociedade em comum (art. 986, CC) e impõe ao sócio a responsabilidade ilimitada e solidária pelo adimplemento das obrigações sociais (**art. 990, CC**). Decisão mantida. Recurso conhecido e não provido" (*TJSP* – AI 2161292-57.2023.8.26.0000, 11-7-2023, Rel. Almeida Sampaio).

"Sociedade – Responsabilidade do ex-sócio – Obrigações contraídas após sua retirada – Impossibilidade – Agravo interno no agravo em recurso especial. Responsabilidade do ex-sócio pelas obrigações contraídas após sua retirada da sociedade. Impossibilidade. Precedente específico. Agravo improvido. 1. O acórdão recorrido encontra-se em perfeita consonância com a jurisprudência desta Corte no sentido de que, 'na hipótese de cessão de quotas sociais, a responsabilidade do cedente pelo prazo de até 2 (dois) anos após a averbação da modificação contratual restringe-se às obrigações sociais contraídas no período em que ele ainda ostentava a qualidade de sócio, ou seja, antes da sua retirada da sociedade' (REsp 1.537.521/RJ, Rel. Min. Ricardo Villas Bôas Cueva, *DJe* 12.02.2019). Destarte, inafastável, no caso em tela, a incidência da Súmula nº 83/STJ. 2. Agravo interno a que se nega provimento" (*STJ* – Ag Int-AREsp 1403976/SP, 16-5-2019, Rel. Min. Marco Aurélio Bellizze).

lei a determinadas pessoas para certas atividades econômicas. Aqueles casados sob o regime de comunhão de bens sofrem limitação na atividade empresarial coletiva apenas entre si, como forma de conferir proteção patrimonial ao casal. Os estrangeiros têm limitada ou proibida participação em algumas áreas. Esses são exemplos que demonstram a importância da qualificação exigida pelo inciso I.

O segundo requisito está relacionado com o nome empresarial: trata-se da firma com a respectiva assinatura do seu responsável, que poderá ser substituída pela assinatura autenticada com certificação digital ou meio equivalente que comprove a sua autenticidade, observada a dispensa estabelecida na citada lei para os micro e pequenos empresários. A Lei Complementar nº 147, de 2014, traz importante alteração ao inciso II do art. 968, dispondo que a firma, com a respectiva assinatura autógrafa, poderá ser substituída pela assinatura autenticada com certificação digital ou meio equivalente que comprove a sua autenticidade.

A firma constitui a identidade do empresário assim como a sua assinatura, razão pela qual a firma atribui a responsabilidade a quem a utiliza, empresário individual ou administrador da entidade.

A declinação do capital social vem prevista como terceiro requisito. O capital social é valor referencial formado pela contribuição dos sócios, pela soma dos recursos que cada um aportará para a formação do patrimônio social.

Por fim, o requerimento de inscrição deverá enunciar o objeto e a sede da empresa. Deverá declinar qual o objeto da atividade empresarial, bem como a localidade do seu centro de interesses. Esse requisito, não fosse pelos demais campos do Direito, possui profundos reflexos na tributação.

Optando o empresário individual em associar-se e explorar a empresa de forma coletiva, deverá proceder às anotações pertinentes acerca da transformação perante a Junta Comercial, observando as disposições referentes ao regime de reorganização da empresa na modalidade escolhida.

2.3.2 Forma da inscrição e efeitos

Apresentados o contrato social e os documentos que instruem o pedido de inscrição, a Junta organizará um prontuário atribuindo um número de identificação do registro de empresas (NIRE).

Posteriormente, realizará, depois da análise da regularidade formal, a inscrição do empresário no Registro Público de Empresas Mercantis em livro próprio. O número atribuído inicialmente será adotado para todo ato posterior do empresário, bem como para todos os cadastros federais. É forma de identificação do empresário para fins de individualização e atribuição de responsabilidades, não só pelo órgão notarial, mas também pelos demais órgãos públicos, principalmente tributários.

O Registro Público da atividade empresarial tem como principal finalidade a publicidade. Esta, por sua vez, tem como função atestar a situação jurídica constante nos atos do registro, bem como torná-la conhecida de terceiros.

Todos os registros públicos, inclusive o da atividade empresarial, objetivam atribuir autenticidade e legalidade aos atos de empresa, bem como conferir segurança por meio das informações registrárias, uma vez que o registro estabelece presunção relativa de veracidade. Assim está na letra do art. 1º da Lei nº 8.934/94.[6]

Porém, o principal efeito desse é constitutivo. A partir dele os efeitos jurídicos são produzidos. Por essa razão, todas as modificações decorrentes do exercício da atividade da pessoa jurídica só produzirão efeitos a partir de arquivadas na Junta Comercial.

Os atos modificativos não produzem efeito antes do respectivo arquivamento, com consignação à margem da inscrição.

2.3.3   Estabelecimento secundário

As Juntas Comerciais são órgãos regionais do Sistema Nacional de Registro de Empresas Mercantis (SINREM). Possuem funções de execução e administração dos serviços de registro público de empresas mercantis e atividades afins.

Sendo órgão estadual, só pode atuar no seu território. Daí a necessidade de toda sucursal, filial ou agência ser inscrita no domicílio em que se encontra instalada se em Estado diverso da matriz. Não há um controle unificado em patamar nacional passível de acesso de toda Junta Comercial nacional.

Assim, para que seja possível o acesso a todas as informações, a inscrição de atos registrais das sucursais, filiais ou agências fica subordinada à Junta Comercial da jurisdição estadual correspondente.

Não há unanimidade na lei ou na doutrina acerca da conceituação de sucursal, filial ou agência. Geralmente, entende-se por filial o estabelecimento mais amplo, que mais se aproxima da atividade da matriz, enquanto sucursal e agência são estabelecimentos menores, com menor espectro de atividades, geralmente dedicados à coleta de pedidos e divulgação de atividades do estabelecimento matriz. Sucursal é terminologia mais utilizada para empresas jornalísticas e de comunicação em geral.

---

[6] Com as alterações introduzidas na Lei nº 13.874/2019. Para atividades empresariais classificadas como de "baixo risco", não haverá a necessidade de "ato público de liberação", conforme definido na Lei nº 13.874/2019. O Ministério da Economia editou a Resolução nº 51/2019 na qual há uma lista de atividades classificadas como de "baixo risco".

3

CAPACIDADE EMPRESARIAL

3.1 DOS IMPEDIDOS DE EXERCER A EMPRESA

A lei civil prevê que quem tiver 18 anos, como regra, está apto para o exercício pessoal e a aquisição de direitos e obrigações, exceto quando incidente alguma das causas legais excepcionais. Lembre-se também de que há situações nas quais o menor de 18 anos pode adquirir a plena capacidade, como com o casamento. O inciso V do art. 5º do CC manteve a emancipação decorrente de estabelecimento com economia própria, já presente no estatuto de 1916, algo difícil de ocorrer na prática.

Entretanto, ainda que o agente seja capaz para o exercício da atividade econômica, o legislador impõe algumas limitações. Há impedimentos à exploração da empresa a alguns agentes com capacidade de fato. Essa vedação ordinária encontra seu fundamento e validade na Constituição Federal, que em seu art. 5º, XIII, estabelece que o exercício da profissão estará sujeito ao atendimento dos requisitos previstos em lei ordinária.

Essas limitações decorrem ordinariamente do cargo ou função exercidos. Tal ocorre, por exemplo, com os juízes, promotores de justiça, militares e funcionários públicos em geral.

Esses servidores estão impedidos por lei de explorar atividade empresarial como sócios administradores de sociedades, visto que ocupando esse polo na sociedade podem sofrer sanções patrimoniais e criminais ligadas ao administrador decorrentes de infrações no exercício de seu mister. Essa limitação também decorre da possibilidade de criar concorrência desleal no mercado gerada pela vantagem na obtenção de informações e dados, como, por exemplo, com leiloeiros e agentes de seguro, para dizer o mínimo.

As limitações dessa ordem são plenas, impedindo até mesmo a condição de sócio capitalista.

Ainda, a limitação pode decorrer do risco que determinadas pessoas possam impor a seus credores, posto que já demonstraram sua inaptidão para a condução dos negócios de forma reta, como os falidos, que só poderão voltar a explorar a atividade empresária após a reabilitação assim como aqueles sujeitos condenados por crime cuja pena impeça o acesso à atividade empresarial.

As limitações trazidas pelo legislador impedem parcial ou totalmente o exercício; são definidas em leis especiais, geralmente nos estatutos que regulamentam a atividade laboral desses agentes.

Nesse sentido, cumpre observar a regra inserta no art. 2º da Lei nº 13.146/15 (Estatuto da Pessoa com Deficiência), que chama a atenção para as limitações que algumas pessoas com deficiência possam sofrer e que lhes impeçam de explorar atividade econômica.

Ao impor limitações ao exercício da empresa a pessoas capazes, o legislador levou em conta a necessidade de tutelar o interesse público e de terceiros envolvidos. Esse fundamento fica claro quando se impõe ao falido não reabilitado a vedação a exploração da atividade empresarial, por exemplo, pois diante dessa proibição, o objetivo é resguardar os interesses da sociedade.

Não obstante essa vedação, aqueles que agirem em desacordo com ela sofrerão sanções de ordem administrativa e criminal, como ocorre, por exemplo, com o servidor público que poderá perder a função quando participar da gerência ou administração de sociedade empresária, consoante prevê o seu Estatuto específico nos arts. 117 e 132 (Lei nº 8.112/90). Na esfera criminal, é tipificada como Contravenção Penal (art. 47 da Lei de Contravenções Penais) o exercício de profissão ou atividade econômica sem o preenchimento das condições legais.

Para fins da tutela empresarial, entretanto, a sanção imposta àquele que explora a empresa apesar de legalmente impedido situa-se na impossibilidade de se escusar ao cumprimento da obrigação perante terceiros. A sanção desnuda-se no próprio cumprimento da obrigação. Não pode o impedido alegar a nulidade ou anulabilidade da obrigação para se escusar a cumpri-la.

3.2 INCAPACIDADE SUPERVENIENTE PARA O EXERCÍCIO DA EMPRESA

A incapacidade trazida pelo legislador no art. 974 é a superveniente ao início da exploração da empresa. O inabilitado, por limitação mental, por exemplo, não pode iniciar o exercício da empresa, mas pode continuar o seu exercício, uma vez que a continuação seja autorizada judicialmente, sob a batuta de um curador.

Nessas condições, tornando-se empresário, será dada oportunidade de prosseguir na atividade, desde que representado ou assistido, pelos pais, bem como por seus representantes legais, se estiverem sob tutela ou curatela ou pelo autor da herança.

Várias são as causas de incapacidade superveniente, qualquer delas implicando em representação ou assistência. O contrato social pode prever a impossibilidade da continuidade na eventualidade de incapacidade superveniente, hipótese em que a vontade dos sócios no contrato social prevalece. Os haveres do sócio incapaz devem ser apurados e pagos aos representantes ou assistentes.

3.2.1 Procedimento judicial de autorização

A representação ou assistência no caso de incapacidade superveniente do sujeito não se opera de pleno direito, sendo necessário deduzir pedido judicial para a continuidade da empresa.

Nesse pedido, deverão ser trazidos elementos para que o Juiz analise a situação fática e pondere acerca da viabilidade da continuidade do negócio do incapaz. Essa análise deve ser feita com amparo em especialistas em administração empresarial.

A realidade do mundo negocial e consequente exploração da atividade econômica exigem conhecimentos específicos. A decisão judicial, de seu lado, não pode colocar em risco a empresa, empregos e sua função social, devendo ser coerente.

O Juiz, nesse caso, deve colher elementos fáticos, contábeis e testemunhais dos envolvidos não só na empresa, mas também dos responsáveis pelo incapaz. Com ou sem a continuidade, os direitos adquiridos de terceiros serão preservados e as obrigações cumpridas, tanto quanto possível.

No caso de impedimento do representante ou do assistente ao exercício da empresa, será nomeado pelo Juiz um gerente *ad hoc* para a continuidade da atividade econômica.

Esse gerente poderá ser nomeado ainda que o representante ou assistente não estejam legalmente impedidos, se demonstrada a sua oportunidade e conveniência. Na hipótese de nomeação de gerente pelo representante ou assistente, ainda que houver a aprovação do Juiz, tal não exime os nomeantes da responsabilidade pelos atos que o gerente praticar, respondendo por culpa *in eligendo*, visto terem o dever inderrogável de fiscalizar os atos gerenciais.

3.2.2 Bens do superveniente incapaz

A questão tratada no § 2º do art. 974 é repetitiva em termos de responsabilidade patrimonial.

O patrimônio pessoal do sócio não se comunica com o da pessoa jurídica, observado que na grande maioria das sociedades empresárias o regime societário escolhido é o de responsabilidade limitada. Excetuam-se os casos de fraude ou abuso, consoante prevê o art. 50 do CC.

Tratando-se, entretanto, de empresário individual, quando não há separação patrimonial com relação aos bens pessoais do empresário, quis o legislador proteger os bens até a eclosão da incapacidade, quais sejam, os adquiridos pelo empresário individual e que em tese sempre respondem pelas obrigações empresariais. Esses bens permanecem preservados, não podendo responder pelas obrigações decorrentes da atividade empresarial.

No entanto, o legislador não deixou clara a situação no tocante aos direitos adquiridos de sujeitos que contraíram obrigações com o empresário individual quando esse ainda era capaz. A interpretar-se essa disposição consoante exposta no parágrafo, a conclusão é que o ato jurídico perfeito e o direito adquirido do credor não seriam respeitados, fato que no ordenamento jurídico é inadmissível.

3.2.3 Registro de sociedades que envolvam sócio incapaz

A Lei nº 12.399, de 1º de abril de 2011, inseriu o § 3º ao art. 974 do Código Civil, para dispor sobre o registro de contratos e alterações contratuais de sociedade que seja integrada por sócio incapaz. O texto acrescido dispõe: *"O Registro Público de Empresas Mercantis a cargo das Juntas Comerciais deverá registrar contratos ou alterações contratuais de sociedade que envolva sócio incapaz, desde que atendidos, de forma conjunta, os seguintes pressupostos: I – o sócio incapaz não pode exercer a administração da sociedade; II – o capital social deve ser totalmente integralizado; III – o sócio relativamente incapaz deve ser assistido e o absolutamente incapaz deve ser representado por seus representantes legais."*

Em verdade, a Instrução Normativa nº 98, de 23 de dezembro de 2003, do Departamento Nacional de Registro do Comércio (DNRC), já regulamentava a necessidade de representação ou assistência do sócio incapaz, bem como vedava ao incapaz o exercício da administração da sociedade, isto é, elencava a incapacidade como impedimento para ser administrador. O DNRC foi extinto e substituído pelo DREI (Departamento de Registro Empresarial e Integração).

Diante disso, as inovações são basicamente duas: a regulamentação por lei federal para que as Juntas Comerciais procedam ao registro e alterações de contratos sociais de empresas que possuam sócios incapazes, desde que atendidos os pressupostos legais de seus incisos, e a necessidade de integralização do capital social já no ato do registro, exigência utilizada como forma de proteger o patrimônio do incapaz. Destarte, sem essa integralização não poderá a empresa operar com sócios incapazes.

3.3 PROVA DA AQUISIÇÃO ANTECIPADA E PERDA SUPERVENIENTE DA CAPACIDADE EMPRESARIAL

O Registro Público de Empresas Mercantis tem a função precípua de dar publicidade aos atos praticados pelo empresário. Por essa publicidade, confere-se segurança a terceiros. Por isso, o empresário está obrigado a informar à Junta Comercial todos os atos relevantes realizados durante a atividade empresarial.

Havendo mudança de presentante, como no caso de incapacidade superveniente ou cassação de autorização, essa alteração deve ser necessariamente informada no Registro para arquivamento.

Caberá ao presentante, representante legal, assistente, gerente ou menor emancipado, o uso da firma para a validade dos negócios.

3.4 SOCIEDADE ENTRE CÔNJUGES

A regra do art. 977 decorre de vezo distorcido de nossos legisladores: legislar sob premissa de fraudes. Nessa norma, o legislador partiu da ideia de que a sociedade formada exclusivamente entre marido e mulher é constituída com finalidade fraudatória. A crítica foi geral. Propugna-se por sua derrogação.

A limitação imposta pelo legislador no tocante à sociedade formada exclusivamente entre marido e mulher casados no regime de comunhão universal de bens representa um retrocesso ao incentivo à exploração da atividade econômica como fonte de renda familiar.

Milhares de sociedades constituídas antes do advento do Código Civil de 2002 são formadas por marido e mulher, não exclusivamente entre aqueles que são casados sob o regime de comunhão universal de bens, mas também no regime de comunhão parcial.

A razão desse modelo de constituição decorre da necessidade do sujeito proteger-se do risco dessa atividade, protegendo, assim, seu patrimônio familiar.

A limitação imposta à constituição de sociedade exclusivamente entre marido e mulher sob o regime de comunhão universal é corolário de que o legislador entendeu que essa constituição enseja confusão patrimonial e, portanto, permite fraudar credores. Tal entendimento é equivocado, porque fraude não se presume, havendo necessidade de ser provada caso a caso.[1]

Diante dessa disposição, dividem-se os entendimentos. Uma corrente se posta, a nosso ver com razão, no sentido de que essas sociedades, entre cônjuges, devem ser preservadas na sua forma original, visto estarem amparadas pelo direito adquirido e ato jurídico perfeito.

Outros entendem deva haver a adaptação da sociedade à norma em exame em razão do disposto no art. 2.031 do CC e desse entendimento decorrem duas possibilidades: ou o ingresso de um terceiro na sociedade deixando de ser constituída exclusivamente por marido e mulher ou os cônjuges sócios realizam a mudança de regime matrimonial, a teor do permissivo inserto no § 2º do art. 1.639 do CC. Ou então, por força da posição obtusa da lei, os cônjuges simulam um divórcio, partilham seus bens e atendem ao requisito canhestro e mal colocado. A questão ainda é controvertida.

---

[1] "Agravo de instrumento. Incidente de desconsideração de personalidade jurídica. Decisão interlocutória de indeferimento. Recurso da parte credora. Desconsideração de personalidade jurídica. Descabimento no caso concreto. Tese de constituição irregular da sociedade. Sócios que, à época da abertura da empresa, eram casados pelo regime da comunhão universal de bens. **Vedação do art. 977, do CC.** Vício que não implica em automático reconhecimento de confusão patrimonial exigida pela legislação para autorizar a desconsideração da personalidade jurídica. Abuso da personalidade jurídica não comprovado. Art. 50, do CC. Requisito com viés subjetivo que não comporta presunção. Precedentes. Recurso conhecido e não provido" (*TJPR* – AI 0020195-48.2024.8.16.0000, 1-7-2024, Rel. Dilmari Helena Kessler).

"Ação de dissolução parcial de sociedade simples de responsabilidade limitada, constituída por cônjuges casados sob regime de comunhão universal de bens após promulgação do Código Reale – Sentença pela procedência – Apelação da sócia remanescente, a alegar violação ao art. 977 deste 'Codex', requerendo, assim, o reconhecimento de nulidade do ato constitutivo da empresa. Conduta contraditória, na medida em que participou da constituição e aguardou mais de 13 anos para alegar a irregularidade. Vedação ao 'venire contra factum proprium'. Doutrina de Alfredo de Assis Gonçalves Neto acerca da impossibilidade, de alegação de nulidade pelos próprios sócios constituintes da empresa. Manutenção da sentença. Apelação da ré a que se nega provimento" (*TJSP* – AC 1104207-68.2016.8.26.0100, 7-5-2019, Rel. Cesar Ciampolini).

A limitação à constituição de sociedade entre marido e mulher casados sob o regime de separação obrigatória de bens encontra fundamento na possibilidade de burlar o regime imposto. Aqui, a questão é menos controvertida, visto poder-se, no máximo, arguir a inconstitucionalidade da vedação em razão da regra da livre iniciativa inserta na Constituição Federal.

Com a possibilidade de criação de empresas de responsabilidade limitada com apenas um sócio, o desuso da sociedade constituída entre marido e mulher tornou-se evidente, porquanto na maioria das vezes, um dos cônjuges era erigido à condição de sócio, somente para fins de limitação da responsabilidade patrimonial. A próxima reforma do Código Civil certamente tratará da matéria.

3.4.1 Alienação de bens sociais

A pessoa jurídica e a natural têm existência distinta e, por essa razão, o legislador deixou claro a possibilidade de o empresário coletivo poder alienar os imóveis que integrem o patrimônio da empresa ou gravá-los com ônus real. O legislador proíbe a alienação do patrimônio da pessoa natural casada sem a outorga de seu cônjuge, com o fim de preservar o patrimônio familiar.

Mesmo sem a regra do art. 978, as regras do direito de família, proibindo a alienação dos bens imóveis sem a outorga conjugal, nunca trouxeram limitação alguma à alienação livre do patrimônio social, ficando clara a independência patrimonial da pessoa natural e da pessoa social.

Não tratou o legislador, entretanto, da outorga uxória para a concessão de aval, instituto introduzido pelo Código. Há que se entender que o aval para a expansão dos negócios da empresa, ou exclusivamente ligado à empresa, não exige, em princípio, a referida outorga. A questão, no entanto, é por demais tormentosa, requerendo exame do caso concreto.

3.4.2 Publicidade dos atos de modificação patrimonial

A necessidade de arquivamento dos pactos antenupciais, doações, herança, legados e consequentes cláusulas de incomunicabilidade e inalienabilidade de bens pertencentes ao empresário ou sócios decorre da necessidade de conferir-se proteção patrimonial aos credores.

O texto do art. 979 não menciona a cláusula de impenhorabilidade, em cochilo do legislador, a qual parece evidente que também deve constar do registro.

A obrigação patrimonial sempre é do empresário. Sendo ele individual, é seu patrimônio pessoal que responde pelas obrigações de sua empresa, uma vez que nessa condição não há separação patrimonial da pessoa natural. Não há limitação da responsabilidade patrimonial em relação ao empresário individual.

Já em se tratando de sociedade empresarial, como regra, há limitação da responsabilidade patrimonial, não sendo os sócios responsáveis patrimonialmente senão no caso de utilização da pessoa jurídica para fins de fraude, nos termos do disposto no art. 50 do CC. Como regra, o patrimônio pessoal dos sócios não responde pelas obrigações sociais.

Em razão dessas regras, o legislador exige seja informada qualquer alteração patrimonial também no Registro Público de Empresas Mercantis, isto é, exige o arquivamento dos atos de limitação patrimonial na Junta Comercial.

Os atos jurídicos de separação judicial ou sua revogação, como também o divórcio olvidado inexplicavelmente pelo texto, podem importar em modificação da situação patrimonial do empresário.

Não é incomum o uso do expediente de separação judicial com a alienação de todo o patrimônio ao cônjuge que não é empresário individual ou sócio de sociedade empresária para fins de esvaziar o patrimônio. A finalidade precípua é deixar os credores sem garantia. A exigência do art. 980, portanto, é clara para que possa surtir efeitos em relação a terceiros.

Somente com o arquivamento desses atos jurídicos o credor poderá ter conhecimento da situação patrimonial do empresário e realizar os negócios com segurança ou tomar as medidas necessárias.

4

ESTABELECIMENTO EMPRESARIAL

4.1 CONCEITO DE ESTABELECIMENTO

O legislador suprimiu a locução *empresarial* do título, deixando apenas a nominação de *estabelecimento*, pois o sujeito que explora atividade econômica não empresarial pode ser titular de um estabelecimento, não obstante não seja corrente.

Entretanto, mesmo com a supressão, o conceito refere-se ao complexo de bens organizado, *"para exercício da empresa, por empresário, ou por sociedade empresária"*. A pureza do conceito não inibe o uso comum da locução *estabelecimento comercial ou empresarial*, como dantes utilizado. Basta compreender que o titular do estabelecimento também pode não ser empresário.

Existe uma relação de meio e fim entre empresa e estabelecimento, pois este é o conjunto de bens materiais e imateriais utilizados como instrumento da empresa.

O estabelecimento é um complexo de bens funcionalmente destinados ao exercício de atividade econômica. Trata-se de organismo econômico utilizado pelo sujeito para explorar atividade econômica ou empresa, o que é mais comum. Em outras palavras, o estabelecimento constitui o aparato instrumental que o empresário deve dispor e organizar, para adequá-lo ao exercício da empresa (PAOLUCCI, 2008, p. 47).

Os bens que integram o estabelecimento são todos necessários para a atividade, incluindo bens móveis, imóveis, inclusive incorpóreos. Entre os primeiros, podem ser citados maquinários, estoques, instalações, matéria-prima etc. e, entre os últimos, o ponto empresarial, marcas, desenhos industriais, título do estabelecimento, *softwares*, entre outros. A organização desses bens forma o aparato para a atividade da empresa.

A reunião desses bens de forma organizada cria a capacidade de gerar resultados econômicos, proveito que não se obteria sem tal organização. Essa aptidão de gerar resultados denomina-se aviamento, fundo de comércio ou, em expressão consagrada, *goodwill*. O aviamento consiste no *"resultado de um conjunto de variados fatores pessoais, materiais e imateriais, que conferem a dado estabelecimento* in concreto *a aptidão de produzir lucros"*, na expressão do saudoso Oscar Barreto Filho (1988, p. 169).

Entre os bens que compõem o estabelecimento, o ponto empresarial assume valor relevante. Ponto empresarial é o local em que se situa o estabelecimento, não se confundindo com o imóvel onde o estabelecimento opera e se situa. A relevância do ponto empresarial está nos efeitos que produz em relação ao empresário. Os dois principais efeitos são de agregar ao estabelecimento um valor de localização e o de proteção locatícia decorrente da prerrogativa de exercício da renovação compulsória da locação, conforme nossa decantada Lei de Luvas, atualmente inserida na Lei do Inquilinato.

A clientela não é considerada bem propriamente dito para efeitos de composição do estabelecimento, embora seja fator relevante e fundamental para o sucesso da empresa. Não se trata de bem incorpóreo, mas do conjunto de pessoas que ocasional ou permanentemente consome produtos ou serviços da empresa.

A clientela, observa Yves Chaput (2004, p. 34), é o resultado do poder de atração exercido sobre os clientes; a confiança destes está sempre presente na formação e na manutenção da clientela. Por isso, esta não é um bem susceptível de apropriação ou de transação.

O valor da clientela é econômico, não podendo ser agregado ao estabelecimento, uma vez que se trata de pessoas e não bens passíveis de cessão.

Com a tecnologia da informática, há estabelecimentos virtuais sofisticados, utilizados com o emprego exclusivo da transmissão eletrônica de dados. O estabelecimento virtual é fisicamente inacessível, mas conserva a função de ser o aparato organizado utilizado pelo empresário para explorar a empresa. O futuro já chegou e a tendência universal, à medida que as sociedades se sofisticam, é aumentar cada vez mais o comércio virtual. Atualmente, já é possível negociar, investir, acessar contas bancárias de qualquer parte do globo, sem acessar o estabelecimento material. A velha casa de armarinhos de nossos pais e avós transformou-se em megaestabelecimentos virtuais.

Virtual ou real, único ou múltiplo, rural ou urbano, o estabelecimento, como uma universalidade de fato, é uma necessidade para a atuação da empresa.

4.2 NATUREZA JURÍDICA

A natureza jurídica do estabelecimento sempre foi objeto de discussão na doutrina.

O estabelecimento constitui, segundo majoritária corrente, uma universalidade de fato ou de bens (*universitas rerum*), em razão de todo o complexo de que é composto. Não se confunde com a empresa, pois esta pode ser vista como uma universalidade de direito (*universitas juris*).

O estabelecimento em si não tem personalidade jurídica, a qual pertence à empresa. Assim, pode a empresa alienar, sem prejuízo de sua existência, um ou mais de seus estabelecimentos, como um todo unitário cada um deles, como a universalidade que é. Assim, quando o estabelecimento é colocado como objeto de um negócio, nele se incluem débitos e créditos, aviamento, ponto comercial etc.

O estabelecimento empresarial tem realmente natureza *sui generis*. Trata-se de entidade composta dos mais diversos elementos, corpóreos e incorpóreos, formando um organismo econômico fisicamente aparelhado para o exercício da empresa.

Lembre-se da distinção clássica entre universalidade de direito e universalidade de fato: a primeira compreende um conjunto de bens, direitos e obrigações, entre os quais a lei estabelece um ponto de dependência, e a última um conjunto de vários bens materiais de mesma natureza.

O estabelecimento pode ser objeto unitário ou mais propriamente universal de direito quando considerado como simples conjunto de bens e, portanto, universalidade de fato. Pode ser tomado como conjunto de bens aplicado a uma entidade, abrangendo as situações decorrentes do exercício dessa atividade e, assim pode ser entendido como uma universalidade de direito. Ambas as correntes de entendimento trazem argumentos ponderáveis.

Dentro desta perspectiva, pode-se compreender o estabelecimento como uma universalidade mista. Independentemente de sua natureza, as relações jurídicas que incidem sobre o estabelecimento devem ser compatíveis com sua natureza.

Considerado o estabelecimento como um objeto unitário de direitos, pode ser passível de usufruto, penhora, locação, comodato, alienação etc. Já em relação à hipoteca, a sua incompatibilidade é evidente, porque não se trata de bem imóvel. Se o estabelecimento for constituído de um imóvel, este poderá ser efetivamente objeto de hipoteca. Cada um dos elementos do estabelecimento pode ser tratado individualmente.

4.3 ALIENAÇÃO DO ESTABELECIMENTO

O estabelecimento pode constituir o único patrimônio da empresa, suportando a garantia dos credores. Hodiernamente, mercê da internet e da informática, há muitos empresários que atuam sem estabelecimento físico, mas apenas virtual. É uma nova era no comércio e na empresa. Veja o que falamos a seguir.

A alienação do estabelecimento até a criação da regra inserta no art. 1.145 era um expediente utilizado por empresários que se encontravam em dificuldades ou mesmo até por má-fé, como forma de exonerarem-se das obrigações. Alienavam o estabelecimento, recebiam o preço, não ficando responsáveis pelo passivo.

O legislador agiu bem ao criar a regra desse artigo condicionando a alienação ao pagamento de todos os credores ou sua anuência, quando não restarem outros bens suficientes. Se o empresário tiver outros bens e outros estabelecimentos, poderá continuar solvente. Importa examinar a situação concreta.

A eficácia da fórmula fica condicionada ao pagamento ou anuência de todos para o ato de cessão patrimonial.

O procedimento para a alienação do estabelecimento é composto de duas etapas. A parte formal do procedimento consiste no arquivamento do trespasse (contrato de alienação do estabelecimento) e sua publicação na imprensa oficial, a teor do que dispõe o art. 1.144. Ainda, na hipótese de o empresário necessitar do consentimento unânime dos credores, deve comunicá-los por meio direto e hábil para que não se alegue ignorância posteriormente, em razão de o credor não ter acesso a imprensa oficial.

A etapa material seguinte consiste no pagamento de todos os credores, ou o respectivo consentimento unânime, expresso ou tácito. Note que se há de distinguir os credores do empresário dos credores do estabelecimento porque na alienação deste último haverá, como regra, cessão de posição contratual, podendo o estabelecimento suceder como devedor.

Os credores afetados analisarão a suficiência patrimonial para o pagamento de seus créditos e podem não concordar com o negócio. Será necessário um exame de análise financeira.

4.3.1 Sucessão e responsabilidade solidária

O art. 1.146 cria a regra da responsabilidade solidária entre alienante e adquirente do estabelecimento. Essa diretriz reforça a garantia dos credores, bem como a noção de universalidade do estabelecimento. O Código fixou responsabilidade solidária por um ano entre o alienante e o adquirente do estabelecimento.

Desde que regularmente escriturada, o adquirente tem condições de avaliar a viabilidade da aquisição, tornando-se responsável pelo cumprimento, pelo prazo de um ano, solidariamente com o alienante.

Trata-se de inovação do Código de 2002. O alienante não respondia pelo passivo no caso do trespasse.[1]

---

[1] "Agravo de instrumento – Incidente de desconsideração da personalidade jurídica – Sucessão empresarial – **Trespasse** – Pretensão da exequente de que seja a companhia telefônica incluída no polo passivo da execução, para responder pelo débito contraído pela executada – Descabimento – Hipótese em que a exequente alega que a companhia teria adquirido estabelecimentos empresariais de pessoa jurídica associada à executada por instrumento celebrado em janeiro de 2010, mas a dívida que é objeto da execução foi constituída em junho de 2010 e aditada em outubro do mesmo ano – Impossibilidade de, nos termos do artigo 1.146 do Código Civil, responsabilizar a suposta adquirente dos estabelecimentos por dívidas posteriores ao trespasse que a exequente alega ter ocorrido – Recurso desprovido" (*TJSP* – AI 2090952-54.2024.8.26.0000, 21-8-2024, Rel. Ana de Lourdes Coutinho Silva da Fonseca).

"Recurso – Agravo – Ofensa ao princípio da dialeticidade – Inocorrência – A recorrente declinou o porquê do pedido de reexame da decisão e possibilitou às agravadas a apresentação de resposta, formando-se o imprescindível contraditório em sede recursal – Preliminar afastada. Sociedade – Desconsideração da personalidade jurídica – Execução – Inclusão de terceira no polo passivo da execução – Inadmissibilidade – Ausência de elementos que permitam concluir ter havido sucessão da executada pela empresa indicada pela exequente – Embora a alegada sucessora funcione em local próximo e realize mesma atividade da recorrida, não há qualquer prova de que houve efetivo **trespasse** com observação da exigência contida no art. 1.146 do CC – Ausentes, ainda, indícios de confusão patrimonial ou elementos de fraude ou abuso de personalidade para ensejar a desconsideração da personalidade jurídica por sucessão irregular ou por formação de grupo econômico – Não bastam meras suspeitas, mas é preciso que haja elementos objetivos do abuso da personalidade jurídica que autorizem a desconsideração – Decisão mantida. Recurso desprovido" (*TJSP* – AI 2093345-20.2022.8.26.0000, 7-8-2023, Rel. Álvaro Torres Júnior).

"**Trespasse** – Ação de resolução de contrato cumulada com pedido condenatório ao pagamento de indenização por perdas e danos e danos morais. Inadimplemento da vendedora não demonstrado. Reconvenção parcialmente procedente. Condenação das compradoras, reconvindas, ao pagamento

O passivo oculto não obriga o adquirente nem desobriga o alienante, exceto com relação às dívidas fiscais (art. 133 da CTN) e trabalhistas (arts. 10 e 488 da CLT). Nesse caso, o adquirente terá assegurado o direito de regresso contra o alienante para ressarcir-se do valor pago.[2]

Nada obsta, também, que alienante e adquirente, na ocasião do trespasse, pactuem a exclusão da responsabilidade solidária, e nesse caso, a cláusula só opera efeitos entre as partes, não podendo ser oposta aos credores. Portanto, aquele que é excluído da responsabilidade pelo pacto interno, alienante ou o adquirente, continua responsável perante terceiros no prazo estipulado de um ano. Realizado qualquer pagamento, fica assegurado o direito de regresso.

---

do preço ajustado e ao cumprimento de obrigação de fazer à realização do registro/averbação do contrato de trespasse na Junta Comercial. Reconhecimento da responsabilidade das reconvindas apenas em relação aos débitos do estabelecimento posteriores à contratação. Sentença correta. Recurso não provido" (*TJSP* – AC 0049065-78.2011.8.26.0001, 17-12-2019, Rel. Gilson Delgado Miranda).

"Agravo de instrumento – Antecipação de tutela pleiteada para garantir, aos autores, a gestão da pessoa jurídica acerca da qual efetuado contrato de **trespasse** que buscam resolver. Réus, agravados, que concordam com a rescisão, não se opondo à concessão da tutela requerida. Decisão reformada. Recurso provido" (*TJSP* – AI 2218068-24.2016.8.26.0000, 8-5-2017, Rel. Claudio Godoy).

"Agravo de instrumento – Ação de cobrança – **Trespasse** – Sociedade limitada – Omissão de dívidas da sociedade na época da formalização do negócio. Ilegitimidade passiva da sócia quotista minoritária não configurada. Reconhecimento da responsabilidade patrimonial de ambas as sócias por eventuais dívidas não elencadas no anexo que integrou o contrato de trespasse firmado entre as partes, sem qualquer ressalva. Irrelevância de a sócia minoritária deter apenas 1% do capital social da empresa. Responsabilidade pelo inadimplemento contratual com fundamento no art. 389 do CC, respeitada a proporção das cotas de cada alienante. Recurso improvido" (*TJSP* – AI 2020407-37.2016.8.26.0000, 29-3-2016, Rel. Hamid Bdine).

"Agravo de instrumento – **Trespasse** – Discussão envolvendo 'suposto passivo oculto' (ambiental, fiscal e créditos perante instituições financeiras) que supera o valor do contrato – Pretensão à revisão do contrato e ressarcimento – Defesa pautada na lisura do contrato de cessão de cotas de sociedade empresarial, na qual, os autores declaram-se cientes do passivo existente até a data do ajuste – Reconvenção na qual se discute o inadimplemento contratual dos autores, consistente no não pagamento do preço ajustado, inércia quanto à alteração societária perante a Jucesp e ressarcimento de prejuízos – Tutela antecipada amplamente requerida pelos réus reconvintes, rejeitada na origem – Somente por meio de instrução processual adequada, será possível constatar o eventual desequilíbrio contratual suscitado – Evidente, entretanto, enquanto não houver pronunciamento judicial em sentido contrário, vige o princípio *pacta sunt servanda* – Significa que não se pode permitir que os agravados discutam por anos a lisura do contrato, sem ao menos, garantir o adimplemento de sua parte, ainda que os valores permaneçam em juízo até que se decida a quem caberá levantá-los – Exegese da Súmula nº 380 do E. STJ – Tutela parcialmente deferida para determinar a comprovação dos pagamentos na forma pactuada ou o depósito dos valores – Agravo parcialmente provido. Dispositivo: Dão parcial provimento" (*TJSP* – AI 2051697-07.2015.8.26.0000, 23-6-2015, Rel. Ricardo Negrão).

[2] A Lei 13.467/2017 buscou disciplinar a matéria de forma expressa, sanando dúvidas que existiam sobre a questão. Editou-se o art. 448-A da CLT, nos seguintes termos: *Caracterizada a sucessão empresarial ou de empregadores prevista nos arts. 10 e 448 desta Consolidação, as obrigações trabalhistas, inclusive as contraídas à época em que os empregados trabalhavam para a empresa sucedida, são de responsabilidade do sucessor. Parágrafo único. A empresa sucedida responderá solidariamente com a sucessora quando ficar comprovada fraude na transferência.*

Esse prazo de um ano é contado quanto aos créditos vencidos, a partir da publicação a que se refere o art. 1.144 e, quanto aos vincendos, da data do seu vencimento.

Decorrido o prazo legal da responsabilidade solidária, desaparece esse reforço de garantia. O prazo é decadencial, fluindo, portanto, sem interrupções ou suspensões.

> **➤ Caso 2 – Alienação de estabelecimento comercial – Trespasse**
> O estabelecimento em si não tem personalidade jurídica, a qual pertence à empresa. Assim, pode a empresa alienar, sem prejuízo de sua existência, um ou mais de seus estabelecimentos, como um todo unitário cada um deles, como a universalidade que é. Assim, quando o estabelecimento é colocado como objeto de um negócio, nele se incluem débitos e créditos, aviamento, ponto comercial etc. O estabelecimento pode constituir o único patrimônio da empresa, suportando a garantia dos credores. A alienação do estabelecimento até a criação da regra inserta no art. 1.145 era um expediente utilizado por empresários que se encontravam em dificuldades ou mesmo até por má-fé, como forma de exonerarem-se das obrigações. Alienavam o estabelecimento, recebiam o preço, não ficando responsáveis pelo passivo. O legislador agiu bem ao criar a regra desse artigo condicionando a alienação ao pagamento de todos os credores ou sua anuência, quando não restarem outros bens suficientes. Se o empresário tiver outros bens e outros estabelecimentos, poderá continuar solvente. Importa examinar a situação concreta.

4.3.2 Efeitos da alienação

Os arts. 1.144, 1.148 e 1.149 enumeram efeitos da alienação em relação às obrigações existentes.

A publicidade dos atos praticados pelo empresário no exercício da empresa é regra geral. Não fogem a essa regra os contratos que envolvam o estabelecimento.

O legislador enumerou casuisticamente, *sem numerus clausus,* os contratos de trespasse, usufruto e arrendamento do estabelecimento como relevantes para a aplicação da regra da publicidade e eficácia.

O contrato que tem por objeto a alienação da universalidade do estabelecimento é denominado de trespasse. Trata-se, na verdade, de *compra e venda* do estabelecimento.

O trespasse não se confunde com a cessão de quotas sociais da sociedade limitada, tampouco com a alienação de controle de companhia. Todos são meios de transferência da empresa, mas no trespasse o estabelecimento deixa de integrar o patrimônio do alienante e passa a integrar o do adquirente, ao passo que, na cessão de quotas e alienação de controle, o estabelecimento não muda de titular.

A validade do trespasse não fica somente condicionada à simples inscrição no registro competente como timidamente dispõe a regra do art. 1.144.[3]

---

[3] "Apelação. Ação Monitória. Compra e venda de produtos agropecuários. Justiça gratuita. Sentença que acolheu a impugnação à Justiça Gratuita. Inconformismo da parte ré. Não acolhimento. Analisando a documentação contida nos autos, não restaram preenchidos os requisitos para

Todos os contratos que envolvam o estabelecimento e não só o de trespasse, arrendamento e usufruto, têm a eficácia em relação a terceiros condicionada à sua inscrição no registro próprio. O Código refere-se à inscrição junto ao Registro Público de Empresas Mercantis, porque trata especificamente de estabelecimento empresarial, sem qualquer referência à hipótese da titularidade do estabelecimento pertencer a sujeito que explora atividade econômica não empresarial, o que é possível.

Já a publicação na Imprensa Oficial é requisito de eficácia apenas para os contratos enumerados no artigo citado; uma forma de ampliar a publicidade acerca da mudança de titularidade, ainda que provisória, como ocorre nas hipóteses do arrendamento e usufruto.

Outro efeito da alienação refere-se à sub-rogação contratual. No silêncio das partes, a alienação do estabelecimento compreende todos os bens e todos os negócios jurídicos, ativos e passivos, que dele façam parte. Trata-se de exemplo de negócio entre vivos no qual se transfere uma universalidade.

O adquirente, arrendatário ou o usufrutuário se sub-rogam em todos os contratos de exploração do estabelecimento, estando excluídos dessa regra, por opção legal, os contratos de caráter pessoal. Assim, não existe uma multiplicidade de cessões da posição contratual, mas esse efeito se atinge pelo contrato de cessão de uma universalidade, não sendo necessária a concordância dos contratantes com o estabelecimento ou a empresa.

Tratando-se de trespasse, a regra passa a ser a da transmissão de toda posição negocial que não tenha caráter pessoal. Assim, os contratos para a exploração do estabelecimento seguem, forçadamente, o destino do estabelecimento, como ocorre, por exemplo, com o contrato de locação do imóvel onde está situado, contratos de manutenção, fornecimento etc.

Mesmo havendo na lei de locação dispositivo que prevê o consentimento do locador para a cessão da locação (art. 13 da Lei nº 8.245/1991), essa previsão não se aplica quando se tratar de alienação do estabelecimento. Consoante adverte Gonçalves Neto (2008, p. 599),

> *"a norma especial, que prevê a continuidade dos contratos de natureza não pessoal em caso de alienação do estabelecimento, visando à preservação de sua já referida e identificada aptidão funcional, prevalece sobre a fixada para as cessões de locação em geral, onde essa particular funcionalidade do objeto locado não esteja em jogo".*

---

a concessão dos benefícios da gratuidade processual. Mérito. Trespasse não levado a registro, mostrando-se ineficaz em relação a terceiros. **Inteligência do artigo 1.144 do Código Civil.** Em virtude dos princípios da economia processual e da celeridade, a denunciação da lide não é medida que se impõe obrigatoriamente. Precedentes. Sentença mantida. Recurso desprovido" (*TJSP* – Ap 1031874-64.2023.8.26.0071, 29-10-2024, Rel. Rogério Murillo Pereira Cimino).

"Obrigação de fazer – **Trespasse** – Dação em pagamento de veículo no ato da posse do estabelecimento comercial – Alegação de exceção de contrato não cumprido – Ausência de reciprocidade de obrigações – Descumprimento contratual por parte das requeridas apelantes – Sentença de procedência mantida – Recurso improvido. Dispositivo: negaram provimento ao recurso" (*TJSP* – AC 0059208-55.2013.8.26.0002, 23-5-2019, Rel. Ricardo Negrão).

Os contratos de caráter pessoal podem ser vistos como aqueles em que há algum tipo de qualidade ou habilidade do contratante e que se eleva a causa determinante para a existência da avença, como, por exemplo, os contratos de serviços de advocacia ou de pinturas artísticas.

O Código possibilita aos terceiros contratantes, inclusive para aqueles cujo contrato não tenha caráter pessoal, o rompimento do pacto que mantinham, se houver justa causa. Por justa causa entende-se, nesse caso, o gravame, o desequilíbrio ou alteração da base do contrato, advindos da transmissão do estabelecimento. Exemplo de justa causa a ensejar a rescisão ocorre quando o contrato contava com garantia fidejussória de pagamento pelo alienante, extinta com a alienação do estabelecimento e não renovada pelo adquirente. Nem precisava a lei especificar esse ponto, pois qualquer contrato se desata por justa causa.

O prazo para pleitear a rescisão é de noventa dias contados da publicação da transferência do estabelecimento e não exime o alienante da responsabilidade se agiu com culpa. Esse prazo refere-se a causa decorrente do trespasse, pois, como é evidente, a qualquer momento que surgir justa causa posteriormente, o contrato pode ser inquinado.

Por fim, os créditos do estabelecimento transferem-se com a cessão. Trata-se de efeito da cessão da universalidade. Os direitos de crédito, portanto, se não houver disposição em contrário no trespasse, são transferidos juntamente com o estabelecimento.

Com a cessão dos créditos, os terceiros devedores assumem a obrigação de pagar ao novo adquirente, sendo necessário que tomem conhecimento da decantada transferência. Essa ciência ocorre com a publicação do trespasse nos termos do disposto no art. 1.144. Trata-se de modificação da regra tradicional da cessão de crédito na qual o devedor deve ser pessoalmente notificado para que pague ao novo credor (art. 290).

Se o devedor ignorar a transferência e pagar, de boa-fé, ao cedente, o pagamento poderá ser considerado válido, diante das circunstâncias do caso concreto, uma vez que o requisito de eficácia da cessão está condicionado à publicação do trespasse.

4.3.3 Interdição da concorrência

A livre concorrência é manifestação da liberdade de iniciativa garantida constitucionalmente, consistindo em fenômeno indispensável ao desenvolvimento e bem-estar da sociedade. Situação diversa, contudo, é a concorrência desleal que, pelo seu caráter ilícito, deve ser reprimida.

Nos trespasses, a observância dos princípios da livre-iniciativa e da livre concorrência manifesta-se, entre outras formas, pela limitação imposta ao alienante de continuidade do exercício da atividade econômica de natureza idêntica à desenvolvida pelo adquirente, a fim de evitar que essa prática assuma feições de concorrência desleal.

Como regra geral, os contratos desse nível são ciosos, preocupando-se com o tema e impondo não apenas lapso temporal, como previsto no art. 1.147, mas também proibição de o alienante se estabelecer geograficamente em região próxima ao estabelecimento negociado ou em área de sua atuação.

A concorrência desleal deve ser vista sob o prisma de ramo idêntico ou análogo ao do estabelecimento alienado. Note que o texto legal também se refere ao arrendamento e ao usufruto. Assim, alienado, arrendado ou concedido em usufruto o estabelecimento constante de uma padaria, o alienante não poderá se estabelecer com outra ou com uma doceria, por exemplo, dentro do prazo legal ou conforme estabelecido no contrato.

A interdição da concorrência é presumida pelo legislador na ausência de previsão expressa no contrato de trespasse. A finalidade do não restabelecimento é impedir que o alienante passe a explorar a mesma ou análoga atividade, com as vantagens de conhecer a clientela e a tecnologia, baixando custos com captação ilegal de clientela.[4]

Prevendo o trespasse cláusula de interdição da concorrência, esta deve conter, para sua validade, limite de tempo e de território, proporcionais aos interesses legítimos a proteger (SIMON, 2009, p. 368). O legislador estabeleceu prazo equivalente ao exigido para o exercício da ação renovatória, lapso coerente para que adquirente se consolide no mercado.

Essa regra se estende aos casos de arrendamento ou usufruto do estabelecimento pelo lapso temporal que durar o contrato. Nada impede, entretanto, que as partes disponham em outro sentido, pois a norma é dispositiva tanto no tocante ao prazo como para exclusão da interdição da concorrência.

Entretanto, no tocante à cessão de quotas sociais não se aplica por analogia, em absoluto, o disposto acerca da interdição da concorrência para o alienante de estabelecimento empresarial, nos termos do art. 1.147 do Código Civil. Isto porque cessão do estabelecimento e cessão de quotas sociais são institutos distintos, tanto em relação aos seus sujeitos quanto aos objetos. A extensão analógica do art. 1.147 à cessão de quotas sociais, especialmente no

---

[4] "Contrato – **Cessão de quotas sociais** e trespasse de estabelecimento comercial – Ação cominatória e indenizatória – Manutenção de atividade concorrente pelo alienante – Confissão do exercício da mesma atividade empresarial nas imediações do estabelecimento alienado – Exame da prova colhida, conjugado o teor da contestação – Descumprimento da proibição prevista no art. 1.147 do CC/2002 – Pedidos cominatório e de ressarcimento por lucros cessantes corretamente deferidos – Sentença mantida – Honorários recursais – Recurso desprovido" (*TJSP* – Ap 1041767-18.2021.8.26.0114, 10-5-2023, Rel. Fortes Barbosa).

"Apelação cível – Competência recursal – **Alienação de cotas sociais** – Autor que imputa à ré o descumprimento de obrigação contratual – Arquivamento do instrumento de alienação societária perante a Junta Comercial (JUCESP) – Matéria de competência de uma das Câmaras Reservadas de Direito Empresarial – Inteligência do artigo 6º da Resolução nº 623/13 do Órgão Especial desta Egrégia Corte – Recurso não conhecido, determinada a redistribuição dos autos" (*TJSP* – AC 1006183-44.2017.8.26.0011, 28-2-2019, Rel. José Carlos Ferreira Alves).

"Agravo de instrumento – Alienação de cotas sociais – Abertura de empresa atuante no mesmo ramo de atividade pelo sócio retirante. Inexistência de cláusula de interdição de concorrência no instrumento de venda e compra de cotas sociais. Impossibilidade de aplicação por analogia da regra prevista no art. 1.147 do CC. Norma que protege o adquirente da concorrência lícita do alienante para garantir que haja real transferência dos bens corpóreos e incorpóreos da sociedade. Cessão de cotas sociais que não se confunde com trespasse. Objetivo da transação realizada é a ampliação na participação social e não aquisição direta dos bens corpóreos ou incorpóreos da sociedade. Possibilidade de comprovação de outros atos de concorrência desleal no curso do processo. Decisão reformada. Recurso provido" (*TJSP* – AI 2085000-75.2016.8.26.0000, 22-8-2016, Rel. Hamid Bdine).

caso de exercício do direito de recesso, tem sido afastada pelas Cortes Italianas de Justiça e servem de paradigma para o caso.[5]

Isso porque na perspectiva codicista italiana, idêntica à brasileira, os efeitos do pacto são considerados em função do interesse das partes e não de terceiros, sendo as consequências do negócio avaliadas no âmbito restrito que liga os participantes enquanto circunscritos a limitados efeitos econômicos. Portanto, no caso, eventual limitação à concorrência deve ser objeto exclusivo de pacto entre as partes e não de aplicação extensiva do art. 1.147 do Código Civil.

Havendo violação da interdição por infração de cláusula contratual ou da presunção legal, cabe ao lesado promover ação visando à interdição do novo comércio e indenização por perdas e danos diante da perda de clientela. O contrato já pode anteprever essas perdas e danos estabelecendo cláusula penal.

Trata-se de obrigação de não fazer e, portanto, deduzido pedido judicial de interdição da concorrência, pode ser imposta multa diária de caráter inibitório (*astreinte*) enquanto perdurar a violação.

4.4 COMÉRCIO ELETRÔNICO E ESTABELECIMENTO VIRTUAL

O mundo hoje é predominantemente digital, e, para acompanhar essa evolução tecnológica, novos modelos de negócios surgem e outros se adaptam a essa era da informação.

Essa "nova forma" de fazer comércio desafia o Direito, seus legisladores e doutrinadores. Em verdade, os "novos negócios" virtuais encontram, na maioria das vezes, sua base legal em institutos já consagrados em nosso ordenamento, sendo necessário apenas redimensioná-los ao momento histórico. É indispensável que a reflexão jurídica não se cinja a modelos postos, mas que seja capaz de transpor esses modelos – quando compatíveis – a essas novas realidades não perfeitamente regulamentadas.

Nesse cenário, a circulação de riquezas sofre uma quebra em seu padrão tradicional. O formato digital de compras se torna uma realidade e o estabelecimento empresarial passa a apresentar um novo protótipo, o virtual, ou seja, o local não físico onde as compras são realizadas. Já se fala dos chamados "smart contracts". Aqueles todos finalizados virtualmente com assinaturas eletrônicas e textos apresentados da mesma forma.

Nesse sentido, o *site,* isto é, endereço ao qual o consumidor dirige-se para realizar suas compras, é considerado o estabelecimento virtual, acessível por meio de um endereço eletrônico chamado de domínio. Assim, é o nome do domínio que identifica o estabelecimento virtual. Ex.: www.cacaurodriguesgastronomia.com.br.

---

[5] Na hipótese específica de recesso do sócio, *"non si determina alcun trasferimento, diretto ne indiretto, della titolarità dell'azienda e non vi sarebbe quindi ragione per porre a carico del sócio receduto um generale divieto di concorrenza análogo a quello che la legge pone a carico dell'alienante dell'azienda (...) non derivandone comunque (...) um situazione in qualche modo assimilabile ad um trasferimento di azienda"* (Cass. 17.4.2003, nº 6.169, JD, in: GHIROTTI, Enrico. *Il patto di non concorrenza nei contratti commerciali.* Milano: Giuffrè, 2008, p. 227).

Importante marco foi trazido pela modificação do § 2º do art. 1.142 do Código Civil pela Lei nº 14.382/2022, que estabeleceu que, em se tratando de atividade empresarial virtual, o endereço informado para fins de registro e consequente citações processuais poderá ser, conforme o caso, o do empresário individual ou o de um dos sócios da sociedade empresária.

Suplementarmente, como não há legislação específica acerca dessa realidade virtual, aplica-se as regras do Código Civil acerca da matéria sobre estabelecimento empresarial.[6]

---

[6] "Apelação. Ação de obrigação de fazer. *E-commerce*. Ação ajuizada por loja varejista de comércio de produtos de barbearia. Terceiro desconhecido que criou website e conta no Instagram com denominações similares àquela dada pela autora ao seu estabelecimento virtual, para venda de mercadorias que, uma vez adquiridas, não eram remetidas aos compradores, lesando consumidores e a boa fama da demandante. Sentença que condenou as rés GoDaddy Serviços Online do Brasil Ltda. e Facebook Serviços On-Line do Brasil Ltda. ao fornecimento dos registros e dados cadastrais do criador e subscritor de referida página eletrônica e perfil no Instagram, bem como a promover a exclusão definitiva das mesmas. Recurso da corré GoDaddy Serviços Online. 1. Obrigação de fazer. Condenação da corré GoDaddy Serviços Online, empresa prestadora de serviço de registro de domínio e hospedagem de websites, ao fornecimento integral dos registros e dados cadastrais do criador e subscritor de página na internet. Corré que, no caso concreto, apenas celebrou contrato de registro de domínio com o responsável pelo website impugnado, sendo a página em questão hospedada por outra empresa. Alegação da recorrente de que não possui ingerência quanto ao conteúdo publicado em referida página, e que por isso só pode fornecer os dados cadastrais do usuário do domínio, tal como pleiteado na petição inicial. Sentença extra petita. Inocorrência. Diante do que foi debatido nos autos, a determinação da sentença, quanto ao fornecimento dos 'registros' do usuário do domínio, refere-se apenas aos elementos do cadastro de posse da corré, e não ao conteúdo da página impugnada. Mera divergência quanto a acepção da palavra 'registro', utilizada pela apelante de acordo com a ressignificação da linguagem na ambiência virtual da internet, mas que não pode desconsiderar o uso do vocábulo em sua acepção comum, tendo em vista que a tecnologia da informação é área relativamente recente do conhecimento humano, e cujos conceitos não são unívocos e nem estão amplamente disseminados na sociedade. De todo modo, observa-se que a obrigação da corré se restringe ao fornecimento dos dados cadastrais do usuário do domínio. 2. Obrigação de fazer. Condenação de empresa prestadora de serviço de registro de domínio a promover a exclusão definitiva página impugnada. Alegação da recorrente de que os domínios (endereços de protocolo da internet, que direcionam o usuário da internet a determinado site, quando inseridos na barra de endereço do navegador) são registrados junto à entidade sem fins lucrativos e de âmbito internacional (ICANN – Internet Corporation for Assigned Names and Numbers), e que a GoDaddy, assim como outras empresas, são meras intermediárias entre aquele que deseja criar um domínio na internet e o órgão responsável por proceder à referida solicitação, em contrato de serviço com prazo determinado, que deve ser renovado pelo usuário antes do termo final, pois, do contrário, o nome de domínio se tornará desimpedido para que outros interessados possam utilizá-lo, inclusive mediante contratação com outras intermediárias do serviço. Suspensão do domínio, pela corré, que só pode perdurar até a data em que se encerra o contrato de serviço com usuário em questão. Impossibilidade do cumprimento da ordem judicial de exclusão definitiva do domínio impugnado. Apelo provido nesse ponto. 3. Sentença reformada. Recurso parcialmente provido, com observação" (*TJSP* – Ap 1074724-46.2023.8.26.0100, 21-8-2024, Rel. Elói Estevão Troly).

"Compra e venda – **Comércio eletrônico** – Ação civil pública fundada em condutas abusivas imputadas a grupo empresarial e apuradas por órgãos de defesa do consumidor mediante reclamações dos lesados. Deferimento parcial da liminar para obrigar as empresas ao cumprimento das normas de

Em resumo, a ausência dessa regulamentação não impede de concluir que o sítio eletrônico que funcione como estabelecimento virtual seja enquadrado como estabelecimento empresarial, pois através dele reúnem-se bens para o exercício da atividade empresarial de venda de mercadorias ou de prestação de serviços.

---

troca e devolução dos produtos, assim como para determinar que se abstenham de oferecer e concluir venda em caso de insuficiência do produto no estoque ou de risco de descumprimento da oferta, sob pena de aplicação de multa. Decisão 'ultra petita' não caracterizada. Manutenção da decisão que se mostra adequada em face do potencial dano coletivo, haja vista a dimensão do grupo empresarial e o volume de negócios concretizados diariamente. Atenção aos princípios da confiança e da boa-fé nas relações de consumo. Pressupostos e requisitos para concessão da tutela jurisdicional de urgência configurados (art. 300 do CPC/2015). Multa por eventual descumprimento corretamente aplicada. Pretensão à redução das *astreintes*. Razoabilidade do montante estimado e de fácil execução pela agravante, mesmo porque afirma que já atua dentro das normas consumeristas. Recurso desprovido. Para a concessão de tutela de urgência exige a norma processual a comprovação de elementos de informação que conduzam à plausibilidade de suas alegações ('fumus boni iuris'), assim como o risco de dano irreparável ou de difícil reparação oriundo da demora na prestação jurisdicional ('periculum in mora'), além da reversibilidade dos efeitos da medida. Há de ser preservado, no caso, o princípio da confiança, uma vez que as empresas que integram o grupo econômico agravante gozam de grande credibilidade no mercado, fato que leva o consumidor a depositar na relação contratual legítima expectativa de alcançar os fins que dela se espera. Assim, melhor será manter a liminar concedida a fim de proteger aqueles que, de boa-fé, efetuam compras junto aos sítios eletrônicos disponibilizados pelas comerciantes em questão e que depositam sua confiança no sucesso dos negócios com elas entabulados. O valor da multa para cumprimento da obrigação de fazer não se revela, neste momento, excessivo, mesmo porque referente a comportamento abusivo imputado à própria ré, não se justificando a exclusão, redução e a limitação da penalidade, haja vista que o objetivo é que seja suficiente para compelir a ré a cumprir a obrigação, que não apresenta maiores dificuldades. Nada impede que esse montante, em fase posterior, seja reavaliado" (*TJSP* – AI 2015201-37.2019.8.26.0000, 3-4-2019, Rel. Kioitsi Chicuta).

"Apelação – 'Ação de obrigação de fazer com pedido de antecipação de tutela c.c – Reparação de danos morais' – **Comércio Eletrônico** – 'Black Friday' – Compra de aparelho celular pela internet – Cancelamento, por parte da vendedora, sob alegação de falta do produto em estoque – Mensagem eletrônica enviada à autora pela ré, ofertando o mesmo aparelho por valor superior – Prática que fere o direito do consumidor – Oferta que deve ser honrada – Danos morais configurados e bem arbitrados – Astreintes corretamente fixadas – Sentença de procedência mantida – Recurso desprovido" (*TJSP* – Ap Ap 0010072-62.2015.8.26.0635, 26-7-2017, Relª Ana Catarina Strauch).

5

REGISTRO

5.1 ESTRUTURA DO REGISTRO PÚBLICO DE EMPRESAS MERCANTIS

O Estado criou o sistema de registros públicos para dar segurança e publicidade a certos atos e negócios jurídicos.

No tocante à atividade econômica, o conhecimento dos atos e negócios é dado, na atividade econômica empresária, pelo Registro Público de Empresas Mercantis a cargo das Juntas Comerciais e, na atividade não empresária, pelo Registro Civil das Pessoas Jurídicas.

O Registro de Empresas Mercantis e Atividades Afins é constituído por três órgãos: o Departamento de Registro Empresarial e Integração (DREI), que tem por funções supervisionar, orientar, coordenar e disciplinar por meio de normas; Juntas Comerciais, que têm as funções de executar e administrar os serviços desse registro público e Delegacias das Juntas Comerciais, que são órgãos locais do SINREM.

O empresário e a sociedade empresária estão vinculados às Juntas Comerciais, posto que estas detêm a função executória dos seus atos. O art. 7º da Lei nº 8.934/94[1] elenca os atos de competência das Juntas Comerciais, enumerando entre eles os de inscrição, arquivamento, autenticação de atos e documentos do empresário. As Juntas Comerciais atuam em nível estadual e o empresário está subordinado à do local no qual explora a empresa.

Tratando-se de atividade econômica não empresária, a sociedade simples pratica seus atos registrais junto ao Registro Civil de Pessoas Jurídicas da sua jurisdição, lembrando que tratando de sociedade de advogados, os atos são praticados perante a OAB.

Se a sociedade simples adotar um dos tipos de sociedade empresária, continuará simples e sujeita ao respectivo registro, apenas devendo observar as normas do Registro

---

[1] O Decreto nº 1.800/96 regulamenta a Lei nº 8.934, que dispõe sobre o Registro Público de Empresas Mercantis e Atividades.

de Empresas Mercantis relativas à modalidade que adotar. Essa interpretação decorre do disposto no art. 983 combinado com os arts. 984 e 1.150.

5.2 ATOS E FATOS ABRANGIDOS PELO REGISTRO

O art. 1.151 trata de todos os atos e fatos abrangidos pelo registro e não só do registro propriamente dito, como anota o *caput*. Registro é o gênero do qual são espécies a inscrição, a matrícula, a averbação, a autenticação, o arquivamento e os assentamentos.[2]

A novel Lei nº 13.874/2019, seguindo sua gênese de desburocratização, simplificou ao determinar que o registro dos atos constitutivos e de suas alterações e extinções ocorram independentemente de autorização governamental prévia. Ainda, estabelece

---

[2] "Ação cominatória (obrigação de fazer), por descumprimento de obrigação de registro de contrato de cessão de quotas de limitada perante o Registro de Comércio. Sentença de procedência. Apelação do autor, em busca de efeitos retroativos e de provimento no sentido de validade da sentença como documento a ser levado ao registro. Impossibilidade de atribuição de efeito retroativo à transferência de quotas. Incidência do art. 36 da Lei 8.834/1994 e dos arts. 1.151 e 1.057 do Código Civil. Eficácia da cessão de quotas a partir da data da concessão do respectivo arquivamento pela Junta Comercial. Art. 501 do CPC: 'Na ação que tenha por objeto a emissão de declaração de vontade, a sentença que julgar procedente o pedido, uma vez transitada em julgado, produzirá todos os efeitos da declaração não emitida'. Isto sucede sem mais formalidades, sem nem mesmo necessidade de intimação do réu: 'Para o caso de emissão da declaração de vontade não emitida, a tutela específica é alcançada pela equivalência da sentença ao ato de declaração omitido. Por isso, dispensa-se a execução e, em consequência, a participação do réu para a efetivação da tutela concedida em razão da procedência da ação.' (...) Apelação a que se dá parcial provimento" (*TJSP* – Ap 1000016-57.2019.8.26.0458, 13-7-2023, Rel. Cesar Ciampolini).
"Ação cominatória, cumulada com pedidos indenizatórios. Decisão de indeferimento de tutela de urgência para compelir os réus a providenciar a transferência de empresas objetos de cessão de quotas para seu nome perante a Junta Comercial e outros órgãos públicos. Agravo de instrumento. Contrato celebrado entre as partes que prevê que o arquivamento da alteração do contrato social perante a JUCESP deve ser feito pelas sociedades cujas quotas foram cedidas. Possibilidade, todavia, de **registro do ato societário** pela própria autora, nos termos do art. 1.151 do Código Civil. Doutrina de Alfredo de Assis Gonçalves neto. Manutenção da decisão agravada. Agravo de instrumento desprovido" (*TJSP* – AI 2016074-66.2021.8.26.0000, 16-3-2021, Rel. Cesar Ciampolini).
"Civil – Processo Civil – Apelação – **Ação de dissolução de sociedade empresária com pedido de apuração de haveres** – I. Preliminar de ilegitimidade passiva e de inépcia da inicial em contrarrazões – ausência de interesse recursal – princípio da primazia da resolução do mérito – não conhecimento – II. Preliminar de cerceamento de defesa. Expedição de ofício para a junta comercial – desnecessidade – publicidade dos atos da junta comercial – produção da prova ao alcance da parte – preliminar rejeitada – III. Mérito – constituição das sociedades personificadas – sociedade limitada – registro – caráter constitutivo – termo de alteração do contrato social – ausência de registro do instrumento na junta comercial – quadro social inalterado – falta de comprovação do ingresso da parte na sociedade e de sua participação ou contribuição para os fins societários – inexistência da condição de sócio de fato ou de direito – inaplicabilidade dos instrumentos e mecanismos de dissolução da sociedade empresária e da apuração de haveres – IV. Honorários recursais – cabimento – nova sistemática do CPC/2015 – apelação conhecida e improvida – sentença mantida" (*TJDFT* – Proc. 20180110089929APC – (1111949), 31-7-2018, Rel. Alfeu Machado).

que atos, documentos e declarações que contenham apenas dados cadastrais sejam automaticamente levados a registro se puderem ser obtidos de outras bases de dados disponíveis em órgãos públicos.[3]

A inscrição é o ato que contém os dados relativos ao empresário, individual ou coletivo, sendo exigida para dar início à exploração regular da atividade econômica (art. 967). Todas as anotações relevantes durante a exploração empresarial são anotadas à sua margem e tornadas públicas.

A matrícula era o ato de inscrição do comerciante junto à sua Corporação e foi perdendo esse sentido, sendo atualmente utilizado como registro próprio e exclusivo dos leiloeiros, tradutores públicos e intérpretes comerciais, trapicheiros e administradores de armazéns gerais.

O arquivamento é ato de depósito, promovido pela autoridade registrária, para guarda e preservação de documentos de interesse do empresário, tais como atos constitutivos, alterações e extinções de sociedades etc. Ao arquivar um documento, a Junta procede ao exame das formalidades legais que nele devem estar presentes.

Averbar significa anotar, em documento já existente, acontecimento relacionado ao seu conteúdo. A averbação, portanto, é o ato pelo qual são feitas anotações relevantes acerca do empresário durante sua atividade, de qualquer documento que materialize ato ou negócio realizado durante a exploração da empresa. O legislador utiliza a expressão genérica *registro*.

A autenticação, por sua vez, é ato pelo qual o órgão registrador chancela ou rubrica instrumento privado, conferindo-lhe legitimidade ou, ainda, atesta que uma cópia do documento é reprodução autêntica de seu original. A autenticação dos livros empresariais obrigatórios é imprescindível para que possam receber fé (art. 226).

O assentamento de usos e costumes, poucos é verdade, por serem estes fontes do direito comercial, ainda é feito nas Juntas Comerciais mediante registro em livro próprio.

O empresário está obrigado a praticar os atos registrais, geralmente por seu administrador ou preposto, quando se tratar de sociedade empresária. Havendo mora na promoção do registro, fica o sócio legitimado ou a qualquer interessado o fazer. Ao se referir a "*qualquer interessado*", logicamente quis o legislador se referir a um terceiro que tenha direito com o registro, como ocorre, por exemplo, com o adquirente do estabelecimento. O DNRC, no item 1.2.30 do Manual de Registro de Atos de Sociedade Limitada, anexo à Instrução Normativa 98, de 2003, definiu terceiro interessado como "*toda pessoa que tem direitos ou interesses que possam ser afetados pelo não arquivamento do ato*". O DNRC foi extinto e substituído pelo DREI (Departamento de Registro Empresarial e Integração). A frase supracitada está revogada e a vigente é a IN 38, de 2-3-2017, a qual institui os Manuais de Registro de Empresário Individual, Sociedade Limitada, Sociedade Unipessoal Limitada, Cooperativa e Sociedade Anônima.

---

[3] A definição de ato, documento e declaração com conteúdo meramente cadastral depende de regulamentação pelo Departamento Nacional de Registro Empresarial e Integração.

O prazo para apresentação dos documentos para registro é de trinta dias, contados da lavratura do ato. O registro produz efeitos desde a data em que é protocolado. Ultrapassado esse prazo, só produzirá efeitos perante terceiros a partir da data em que for formalizado o registro. Entre os partícipes no documento, entretanto, os efeitos produzem-se desde logo.

O descumprimento do prazo para os registros obrigatórios impõe responsabilidade às pessoas obrigadas a fazê-lo, avaliando-se os prejuízos no caso concreto.

5.3 VERIFICAÇÃO DA REGULARIDADE DAS PUBLICAÇÕES

A norma acerca da verificação da regularidade das publicações é dirigida às Juntas Comerciais e aos Ofícios de Registro Civil das Pessoas Jurídicas. Essa obrigação vem repisada no artigo seguinte, quando o legislador se refere à observância das prescrições legais concernentes ao ato ou aos documentos apresentados.

As publicações vinculadas ao regime do empresário e das sociedades empresárias e simples serão feitas no órgão oficial da União, ou do Estado, conforme o local da sede do empresário ou da sociedade, e em jornal de grande circulação. No órgão oficial da União, serão publicados os documentos que tragam fatos vinculados à atuação do Poder Público, como ocorre com a autorização para funcionamento de sociedade. Mas é no órgão estadual que a maioria das publicações vão ocorrer, porque poucos são os atos em que cabe a intervenção do Poder Público em atos empresariais.

As sociedades estrangeiras, entretanto, devem publicar seus atos tanto no órgão oficial da União como no do Estado, por exigência expressa nesse artigo, exceto quando se tratar de reprodução das publicações que deva fazer relativas às suas contas, segundo as leis de seu país de origem, como preceitua o art. 1.140.

Além da publicação oficial, a publicação precisa ainda ser feita em jornal de grande circulação, aquele com edição regular, do Município ou da região onde se encontra a sede da sociedade a que se refira a publicação.

O anúncio de convocação de assembleia de sócios deverá ser publicado ao menos uma vez na imprensa oficial e outras duas em jornal de grande circulação, com espaço temporal de oito dias entre a primeira publicação e de cinco dias para as posteriores.

5.4 CONDIÇÕES PARA A EFETIVAÇÃO DO REGISTRO

O art. 1.153 impõe à Autoridade competente, antes de efetivar o registro, as obrigações de verificar a autenticidade e a legitimidade do signatário do requerimento, bem como fiscalizar a observância das prescrições legais concernentes ao ato ou aos documentos apresentados.[4] Essas obrigações são de ordem formal porque as Juntas Comerciais e os

---

[4] "Recurso inominado. Segunda turma recursal da fazenda pública. Responsabilidade civil. Ação indenizatória. Junta comercial. Registro de alteração contratual incluindo o demandante falsamente como sócio de empresa. Caracterização do dever de indenizar. Dano moral. 1. Comprovada a falsidade documental levada a registro na Junta Comercial do Estado do Rio Grande do Sul,

Ofícios de Registros de Pessoas Jurídicas têm suas competências limitadas basicamente à apreciação da forma do ato submetido ao seu exame.

Apresentado o documento, cabe ao servidor examinar o cumprimento das formalidades legais do ato. Entre essas formalidades, exige-se que seja examinada a autenticidade e a legitimidade do signatário do requerimento.

---

considerando o demandante sócio de empresa em relação a qual nunca teve qualquer participação. 2. O artigo 37, § 6º, da Constituição Federal consigna a responsabilização objetiva do Estado, bastando a prova da fonte do dever de indenizar e do dano. 3. Em se tratando de ação que envolve registro de ato societário perante a Junta Comercial aplica-se o **artigo 1.153 do Código Civil**, o qual consigna dever da autoridade competente em proceder na verificação da autenticidade. 4. A Lei 8.934/1994 consigna em seu artigo 1º que o registro público das empresas mercantis tem como finalidades dar 'garantia', 'autenticidade' e 'segurança', o que não se alcançou no caso vertente. Essas finalidades não são atingidas sem que exista um mínimo dever de assegurar que informações como a efetiva participação societária tenha lastro fático. 5. O artigo 32 combinado com 8º da mesma Lei 8934/1994 aponta a atribuição da Junta Comercial no arquivamento de documentos e autenticação dos instrumentos de escrituração. 6. Por mais que a lei não discipline a exata forma da apresentação dos documentos, por mais que não seja obrigatório reconhecimento de firma, o certo é que somente pode ser registrado o que é efetivamente verdadeiro. Critério norteador da veracidade. 7. As informações constantes do registro da sociedade empresária trazem importantes consequências, cabendo aos responsáveis conferir a efetiva proteção às pessoas envolvidas e/ou atingidas, não permitindo que a ação de fraudadores acabe por atingir os direitos de personalidade e patrimônio de vítima inocente. 8. Dano moral verificado, inclusive porque ao autor foi negado seguro desemprego unicamente em função do registro como sócio na sociedade empresária. Valor da reparação (R$ 5.000,00) adequada no caso concreto, tomando todas as circunstâncias envolvidas. Recurso desprovido" (*TJSP* – Recurso Inominado 50036034320228210073, 20-3-2024, Rel. Daniel Henrique Dummer).

"Apelação – Ação ordinária – Pretensão da apelante à declaração de nulidade da alteração do registro de sua empresa nos cadastros da apelada JUCESP, com condenação desta ao pagamento de indenização por danos morais – Sentença de procedência em parte, tão somente para declarar a nulidade da alteração do registro – Pleito de reforma para que seja deferida também a indenização por danos morais – Cabimento – A apelada JUCESP é uma autarquia estadual em regime especial, com personalidade jurídica própria de direito público, nos termos da Lei Comp. Est. nº 1.187, de 28/09/2012, sendo o ente estadual responsável por executar os serviços previstos no art. 32 da Lei Fed. nº 8.934, de 18/11/1994, dentre eles, o arquivamento dos documentos relativos à constituição, alteração, dissolução e extinção de firmas mercantis individuais, sociedades mercantis e cooperativas e ainda, o **dever de conferir a autenticidade dos registros, nos termos do art. 1.153 do CC** – Fraude com utilização de assinatura falsa para alterar o cadastro de empresa, que não teria ocorrido se a apelada JUCESP tivesse conferido a autenticidade da assinatura – Ausência de anulação administrativa dos registros fraudulentos mesmo após notificação extrajudicial da apelante informando acerca da fraude – Protestos que vieram a ser lançados em nome da apelante posteriormente, os quais teriam sido evitados se a apelada JUCESP tivesse conferido a autenticidade do protocolo ou, ao menos, se tivesse atendido à notificação extrajudicial da apelante – Dano moral 'in re ipsa' decorrente dos protestos, com nexo causal estabelecido com as omissões da apelada JUCESP – Dever de indenizar presente – Condenação da apelada JUCESP ao pagamento de indenização por danos morais fixada em R$ 30.000,00 (trinta mil reais) – Sentença reformada – Apelação provida, para condenar a apelada JUCESP ao pagamento de indenização por danos morais fixada em R$ 30.000,00 (trinta mil reais)" (*TJSP* – Ap 1003573-26.2021.8.26.0347, 17-2-2023, Rel. Kleber Leyser de Aquino).

"Interesse processual – Desnecessidade de esgotamento da via administrativa para o ajuizamento de demanda visando ao cancelamento de atos constitutivos de empresa – Preliminar rejeitada. Legitimidade passiva – Procedimento de inscrição de Microempresário Individual que ocorre em âmbito eletrônico, por meio do Portal de Empreendedor, de responsabilidade do CGSIM, órgão federal – Junta que recebe a documentação, analisa formalmente e procede ao arquivamento – Legitimidade para constar no polo passivo de ação que pede nulidade de registro – Ilegitimidade passiva do Estado que já havia sido reconhecida – Preliminar afastada. Ação de obrigação de fazer c/c indenização – Autor que foi vítima de fraude – Inscrição de Microempresário Individual em seu nome – Necessidade de cancelamento dos atos empresariais, desde a sua constituição – Empresa sediada em Ribeirão Preto/SP, em endereço residencial, incompatível com a descrição de comércio varejista – Autor que reside em Uberaba/MG – **Falha da Administração no dever de verificar a autenticidade e a legitimidade do signatário do requerimento**, conforme dispõe o artigo 1.153 do CC – Todavia, hipótese em que não é devida indenização por danos morais, uma vez que não caracterizada ofensa à integridade moral do autor – Sentença mantida – Recursos não providos" (*TJSP* – AP 0010046-30.2016.8.26.0053, 3-3-2021, Rel. Reinaldo Miluzzi).

"Ação de dissolução parcial de sociedade c/c apuração de haveres – Alteração contratual que não foi levada a registro na junta comercial – Sociedade em comum que é regida, subsidiariamente, pelas normas da sociedade simples – Art. 986, Código Civil – Recurso de apelação que versa tão somente sobre a condenação nas verbas sucumbenciais – desacolhimento – Sentença que, julgando procedente a ação em desfavor da corrés apelantes, condenou-as no pagamento das custas e honorários advocatícios, de 10% sobre o valor atualizado da causa – Apelantes que almejam o afastamento da verba honorária – Descabimento – Caso em que as apelantes não se manifestaram de forma expressa e unânime pela concordância da dissolução – Contestação apresentada com a exposição de toda a matéria de defesa, trazendo as razões de fato e de direito com que impugnaram o pedido do autor, situação que afasta a hipótese de isenção de verba honorária, nos termos do art. 603 , § 1º, do CPC. Recurso desprovido" (*TJSP* – AC 1038652-76.2017.8.26.0001, 18-10-2019, Rel. Sérgio Shimura).

"Prestação de serviços – Ação de cobrança – Contrato de cessão de fundo de comércio – Ausência de **registro na junta comercial** – Efeitos que não atingem terceiros de boa-fé – Artigo 1.144 do Código Civil – Sentença mantida – Recurso improvido – O contrato de cessão de fundo de comércio não produz efeitos em relação a terceiros se ausente seu registro na Junta Comercial, conforme o artigo 1.144 do Código Civil" (*TJSP* – Ap 0065312-34.2011.8.26.0002, 9-5-2016, Rel. Renato Sartorelli).

"Anulação de ato administrativo – **Registro em junta comercial** – Alegação de fraude na documentação apresentada para a alteração do contrato social. Ilegitimidade passiva da Junta Comercial do Estado de São Paulo e da empresa South America São Paulo reconhecidas. Legitimidade da Fazenda do Estado de São Paulo. Nulidade do registro. Cancelamento. Danos morais indevidos. JUCESP que é responsável apenas pela verificação formal dos documentos apresentados. Ato ilícito que não pode ser a ela imputado. Decisão parcialmente reformada, para reconhecer a legitimidade da Fazenda e determinar o cancelamento do registro" (*TJSP* – Ap 0044093-40.2010.8.26.0053, 23-6-2015, Rel. Paulo Galizia).

"**Ação cautelar** – Pedido de anulação de ato administrativo – Suspensão do arquivamento de documentos levados à junta comercial do Estado de São Paulo – Pretensão à transformação do tipo societário, de sociedade limitada em sociedade anônima. Denúncias de fraudes na transferência de quotas e outras irregularidades na cadeia de arquivamentos. Constatação de inconsistências nos atos levados à junta comercial. Legalidade da atuação da autarquia. Dever de revisão das ilegalidades. Verificadas exegese do disposto na súmula nº 473 do Supremo Tribunal Federal. Apelação não provida" (*TJSP* – Ap 0010015-15.2013.8.26.0053, 5-5-2014, Rel. Fermino Magnani Filho).

Se for aferida a existência de algum vício insanável, a autoridade pública deve indeferir o requerimento. Por vício insanável entende-se aquele existente no documento que comprometa sua validade, como, por exemplo, a ausência de uma das cláusulas exigidas no contrato social, a teor do disposto no art. 997.

Na hipótese de vício sanável, o procedimento administrativo deve ser colocado sob exigência, a fim de que a parte interessada tenha oportunidade de saná-lo (§ 1º do art. 40 da Lei nº 8.934/94).

O indeferimento ou a formulação de exigência pelo órgão registral deve ser fundamentado com o respectivo dispositivo legal ou regulamentar (art. 57, § 2º, do Decreto nº 1.800/96, que regulamenta a Lei nº 8.934, de 1994).

O prazo para a regularização é de trinta dias contados da ciência do requerente. Não sendo sanada a irregularidade nesse prazo, somente mediante novo pedido o ato poderá ser ultimado.

5.5 EFEITOS DO REGISTRO QUANTO A TERCEIROS

Somente após o competente registro o ato produzirá seus efeitos. Com relação a terceiros, seus efeitos retroagem à data da prática do ato desde que o registro tenha sido feito no prazo legal de trinta dias. Essa a regra do art. 1.154.

Havendo irregularidade a ser sanada e não retornando o pedido dentro de trinta dias, seus efeitos não retroagirão à data do ato, sendo então produzidos somente a partir da concessão definitiva do registro.

Como a função do registro é dar publicidade aos atos praticados pelo empresário, com a publicação presume-se do conhecimento dos interessados, os quais não poderão alegar ignorância, ainda que com prova incontroversa de que o desconheciam.

Ao terceiro que realize negócios com o empresário, cabe o ônus de investigar a situação deste, sendo a exigência da publicidade o meio eficiente para desincumbir-se desse ônus.

6

NOME EMPRESARIAL

6.1 CONCEITO E FUNÇÃO DO NOME EMPRESARIAL

O nome empresarial ou nome de empresa é a designação do empresário, a forma pela qual ele é individualizado e conhecido no meio negocial. Assim como o nome da pessoa natural é seu elemento de identificação na sociedade, o nome empresarial é o sinal distintivo do empresário e se destina ao exercício da atividade empresarial.

O nome empresarial exige para sua formação a observância dos princípios da novidade ou originalidade, textualmente consagrados no art. 34 da Lei nº 8.934/94.

O legislador preocupou-se em assegurar ao empresário o direito de uso exclusivo do nome empresarial que escolher. Por isso, havendo identidade de nomes ou mesmo similitude que possa levar à confusão, o empresário deve distingui-lo pela adoção de qualquer designação que permita a distinção.

A identidade e a semelhança de nomes empresariais são nocivas a qualquer empresa. Convertem-se em recurso para acirrar concorrência desleal, seja desviando a clientela ou causando confusão na aquisição de produto ou serviço.

Havendo identidade ou semelhança, cabe à Junta Comercial recusar o registro do nome empresarial idêntico ou semelhante a outro já registrado (art. 1.166).[1]

---

[1] "Nome empresarial – Ação inibitória – Questão preliminar rejeitada – Fundamentação suficiente – Colisão entre a propriedade industrial de titularidade da recorrida e nome empresarial registrado pela recorrente – Inocorrência da prática dos atos de violação propostos – Ausência da promoção de confusão junto ao público consumidor – Manutenção de atividades empresariais em unidades federativas diversas, sem a demonstração de efetiva sobreposição – Interpretação do **artigo 1.166 do CC/2002** – O pleito inibitório, tal qual formulado na peça inaugural, induz a afirmação da exclusividade em virtude de titularidade de marcas de natureza mista – Inexistência, no entanto, do uso concomitante dos elementos figurativos e nominativos – Para a análise da colidência de nomes empresariais, há de se levar em conta a utilização de 'termos comuns', que causam, com o fim de proteção, um seríssimo abrandamento na exclusividade – Necessidade de comparação por

Duas são as modalidades de nome empresarial: a firma ou razão social e a denominação. Estruturalmente, a composição da firma e da denominação são diferentes, bem como diferem quanto a sua destinação.

A firma é composta do nome de um ou mais sócios, desde que pessoas naturais, do modo indicativo da relação social e servem para indicar os empresários com características pessoais ou mesmo mistas. A firma será individual quando adotada pelo empresário individual e será formada por seu nome por extenso ou abreviadamente. A firma social é o nome adotado pela sociedade empresária no exercício de sua atividade.

A denominação adota qualquer expressão linguística complementada por seu objeto social e serve para indicar o tipo societário escolhido.

---

inteiro, realçadas as características do 'elemento de fantasia' empregado, em consonância com a IR DREI 81/2020 – Inocorrência de violação marcaria – Improcedência decretada, invertidos os ônus sucumbenciais – Sentença reformada – Recurso provido" (*TJSP* – Ap 1011534-22.2022.8.26.0011, 24-10-2024, Rel. Fortes Barbosa).

"**Nome empresarial** – Ação inibitória e indenizatória – Decreto de improcedência – Impossibilidade de reconhecimento do uso indevido do nome empresarial pela ré – Interpretação do art. 1.166 do CC/2002, com prevalência da anterioridade do registro, conjugada a atuação num mesmo ramo de atividade comercial e na mesma unidade federativa – O pleito inibitório, no entanto, tal qual formulado na peça inaugural, induz a afirmação da exclusividade fundada em termo comum 'Genial' em virtude de titularidade de marcas de natureza mista – Inocorrência de violação marcaria – Inexistência de uso concomitante do elemento figurativo e nominativo – Para a análise da colidência de nomes empresariais, há de se levar em conta a utilização de 'termos comuns', que causam, com o fim de proteção, um seríssimo abrandamento na exclusividade – Necessidade de comparação por inteiro, realçadas as características do 'elemento de fantasia' empregado, em consonância com a IR DREI 81/2020 – Decreto de improcedência mantido – Recurso desprovido" (*TJSP* – Ap 1040312-60.2021.8.26.0100, 30-8-2023, Rel. Fortes Barbosa).

"Prescrição. Ação de abstenção de nome empresarial e marca. Prazo que se inicia do conhecimento do evento danoso. Inocorrência. Propriedade industrial. Autora que ostenta o registro para a marca mista contendo a expressão GRADUS. Proteção ao núcleo nominativo inexistente, limitando-se ao conjunto. **Nome empresarial**. Colidência da expressão GRADUS no nome empresarial das partes. A proteção é restrita ao limite de competência territorial da Junta Comercial (CC, 1.166). Possibilidade de convivência pacífica. Nome de domínio. Núcleo e coincidência do ramo de atividade que permite confusão do consumidor. Ordem de abstenção mantida, considerando que a autora promoveu o registro com antecedência, facultada, no entanto, alteração que promova suficiente distinção, no prazo de trinta dias. Danos morais. Indenização substituída por ordem de alteração do nome de domínio de forma a promover distinção daquele registrado preliminarmente pela autora. Recurso parcialmente provido" (*TJSP* – AP 1002839-11.2019.8.26.0100, 4-5-2021, Rel. Araldo Telles).

"Ação cominatória visando à **proteção de marca e nome empresarial**, com pedido de abstenção de uso, sob pena de multa – Trâmite concomitante de ação de nulidade da marca, concedida pelo I.N.P.I., ajuizada pela ré perante a Justiça Federal do Rio de Janeiro. Ausência de prejudicialidade entre as demandas, consoante reiterada jurisprudência deste Tribunal. Caso em que a marca em disputa ('Flow') é usada pela agravante desde 2011 e pela agravada apenas desde 2017, quando constituída. Prudência em se deferir à primeira o direito de continuar a utilizar-se do sinal, durante o curso da demanda. Decisão de primeiro grau em sentido contrário que se reforma. Agravo de instrumento provido" (*TJSP* – AI 2185387-30.2018.8.26.0000, 16-4-2019, Rel. Cesar Ciampolini).

Não se pode confundir nome empresarial com título do estabelecimento, que é aspecto de direito intelectual, amparado contra uso indevido, sem necessidade de qualquer registro.

A formação do nome empresarial não é livre como ocorre com o nome civil, pois devem ser observados alguns princípios, como o da veracidade, segundo o qual o nome do empresário deve retratar a realidade. Se é formado pelo patronímico de uma pessoa, é necessário que essa pessoa esteja ligada a empresa. Também o princípio da novidade ou originalidade deve ser observado, impondo que o nome seja diferente dos outros nomes empresariais já existentes, de modo a não se confundir. Por fim, o princípio da unicidade que impede tenha o empresário mais de um nome para se identificar nos negócios que realiza.

No tocante ao nome das sociedades simples, associações e fundações, o legislador deixa livre a escolha, assim como faz em relação ao nome civil, embora equipare para efeitos de proteção legal, ao nome empresarial.

O nome das pessoas jurídicas não empresárias só se forma por denominação, ainda que com a denominação das sociedades empresárias não mantenha nenhuma similitude, podendo ser formado livremente. Exceção a essa liberdade ocorre em relação à sociedade de advogados, uma vez que seu nome será formado por razão social, expressa pelo nome completo ou abreviado de um dos advogados responsáveis pela sociedade, não sendo permitido o emprego de nome fantasia nem a adoção de forma ou características mercantis (art. 16 e § 1º da Lei nº 8.906/94). É permitido o nome de sócio fundador, ainda que tenha falecido.

> ➤ **Caso 3 – Nome empresarial**
> O nome empresarial é a designação do empresário, a forma pela qual ele é individualizado e conhecido no meio negocial. Assim como o nome da pessoa natural é seu elemento de identificação na sociedade, o nome empresarial é o sinal distintivo do empresário e se destina ao exercício da atividade empresarial. O nome empresarial exige para sua formação a observância dos princípios da novidade ou originalidade, textualmente consagrados no art. 34 da Lei nº 8.934/94. O legislador preocupou-se em assegurar ao empresário o direito de uso exclusivo do nome empresarial que escolher. Por isso, havendo identidade de nomes ou mesmo similitude que possa levar à confusão, o empresário deve distingui-lo pela adoção de qualquer designação que permita a distinção.

6.2 O NOME DO EMPRESÁRIO INDIVIDUAL

A firma individual é o nome utilizado pelo empresário individual. Pode corresponder ao seu nome civil completo ou abreviado, como, por exemplo, Gastão Pereira ou G. Pereira (art. 1.156).

Lembrando que o nome empresarial deve ser original, sendo vedada a coincidência. Nessa situação, o empresário deve utilizar designação mais precisa da sua pessoa ou do gênero de atividade, como, por exemplo, Gastão Pereira Vidraceiro ou G. Pereira Vidraceiro.

Adotando o empresário individual regime da microempresa ou empresa de pequeno porte, a formação de sua firma deverá se acompanhar também de uma das expressões ME ou EPP respectivamente.

A firma individual é usada no quotidiano como sinônimo de empresário individual. Embora não haja consequências relevantes pelo uso indevido, não se pode dizer que a firma individual constitua uma pessoa jurídica como defendem alguns.

O empresário individual age sozinho na exploração da empresa e possui assinatura que o indica à frente de seus negócios.

6.3 FORMAÇÕES DO NOME EMPRESARIAL

A firma social, segundo o art. 1.157, é o nome utilizado pelas sociedades empresárias que com sócios de responsabilidade ilimitada, embora o legislador abra exceção às sociedades limitadas, permitindo-lhes o uso da firma social (art. 1.158).

Na sociedade de responsabilidade ilimitada, seu nome será formado pelo patronímico dos sócios, por extenso ou abreviadamente, aditado da expressão *e companhia* ou sua abreviatura *e cia*. Assim, por exemplo, uma sociedade em nome coletivo teria seu nome formado pelo patronímico de todos os seus sócios (Bezerra, Menezes e Rocha) ou quando o número de sócios for significativo, adotar a expressão *companhia* para designar os demais (Bezerra, Menezes e Cia.).

O sócio que dá seu nome para a formação da firma social fica solidária e ilimitadamente responsável pelas obrigações contraídas sob firma social, ainda que não tivesse essa responsabilidade em razão da sua condição, como poderia ocorrer numa sociedade em comandita por ações se ocupasse a posição de sócio comanditário. Essa proibição, inclusive, vem expressa no art. 1.047.

No tocante às sociedades limitadas, o Código atribui-lhe natureza híbrida ao possibilitar opção por qualquer das modalidades de nome. O caráter personalista das limitadas, sem dúvida, é prevalente, mas estas podem, quando compostas por número significativo de sócios, adotar fórmula que a aproxime de uma sociedade de capital. Por isso, essa opção do legislador quanto ao nome. Na prática, as limitadas adotam a denominação.

Independentemente da adoção de firma ou denominação, é imprescindível que ao nome seja acrescentada a expressão *limitada*, sob pena de a responsabilidade dos administradores tornar-se solidária e ilimitada, porém subsidiariamente à pessoa jurídica.

A imprescindibilidade do uso da expressão designativa da espécie de responsabilidade da entidade é forma de alertar terceiros sobre a modalidade de responsabilidade societária.

A firma social será composta com o nome de um ou mais sócios, desde que pessoas naturais, de modo indicativo da relação social. Pela dicção do parágrafo, fica proibido a pessoa jurídica sócia de sociedade limitada figurar na razão social.

A denominação social deve designar o objeto da sociedade, sendo permitido nela figurar o nome de um ou mais sócios. Assim, uma limitada poderia adotar a denominação "Venosa e De Salvo Indústria de Calçados Ltda.", por exemplo.

A sociedade cooperativa é uma sociedade simples, por opção legal. Sendo uma sociedade simples, em princípio, a formação de seu nome é livre.

A lei do cooperativismo (Lei nº 5.764/71) refere-se à denominação social das cooperativas em algumas de suas passagens, sem, entretanto, traçar norma para a composição do nome.

O Código contém semelhante regra, impondo a obrigatoriedade do uso da expressão *cooperativa* integrada à denominação desta (art. 1.159).

Na formação da denominação da cooperativa, não é necessária a designação de seu objeto, embora comum essa indicação. As cooperativas podem ser de crédito, de consumo, agrícolas etc. Assim, a denominação de cooperativa agrícola poderia ser "Cooperativa Agrícola de Produtores de Cana do Vale da Ribeira".

As cooperativas podem estabelecer responsabilidade limitada de seus cooperados, identificando-se, assim, como cooperativas de responsabilidade limitada. Como tem a denominação livre, não é necessário constar na denominação a expressão *limitada*, embora seu uso seria corolário do princípio da veracidade. No exemplo citado, sendo de responsabilidade limitada, a denominação poderia ser "Cooperativa Agrícola de Produtores de Cana do Vale da Ribeira Ltda.".

As sociedades anônimas adotam denominação que geralmente não as vincula à pessoa de nenhum dos seus acionistas. Essa regra decorre da natureza capitalista dessas sociedades e do dinamismo do seu quadro societário.

A Lei das Sociedades por Ações dispensa a indicação do objeto na formação da denominação. O Código Civil, por sua vez, com a nova redação dada pela Lei nº 14.382/2022, no art. 1.160 faculta a designação do objeto na formação da denominação.

A denominação da sociedade anônima deve ser composta por uma expressão fantasia qualquer, pela indicação de seu objeto e pelas palavras *Companhia* ou sua forma abreviada *Cia.* ou *Sociedade Anônima*, também podendo adotar sua forma abreviada *S.A.*

As expressões *Sociedade Anônima* ou *S.A* podem estar incluídas em qualquer lugar da denominação. Já em relação às expressões *Companhia* ou *Cia.*, estas só podem constar no início da denominação (art. 3º da Lei nº 6.404/76). Exemplos de denominação de sociedades anônimas têm-se em Cia. de Mineração Vale do Jequitibá ou Mineração Vale do Jequitibá S.A.

Embora não seja de uso corrente, é permitida a utilização do nome do fundador, acionista ou pessoa que tenha concorrido para o bom êxito da formação da empresa na denominação. É uma forma de homenagear o sujeito que com visão empresarial criou uma empresa de sucesso. A utilização do nome do fundador, acionista ou terceiro na denominação das companhias foge à regra de sua participação necessária no quadro social, como ocorre em outras modalidades societárias.

As sociedades em comandita por ações, podem, no lugar de firma, adotar denominação, aditada da expressão "comandita por ações", facultado também o uso da designação do objeto social.

A firma social é composta pelos patronímicos dos sócios, não podendo, todavia, figurar o nome de sócio comanditário, sob pena de sua responsabilidade ser ilimitada. A firma será formada, portanto, pelo patronímico dos sócios comanditados ou de pelo menos um deles seguida da expressa *e Cia.*

À formação da denominação das sociedades em comandita por ações aplicam-se as mesmas regras da denominação das sociedades anônimas: é facultada a menção ao objeto social e também pode ser formada com o nome de um sócio fundador, sócio comanditado ou de outra pessoa que tenha concorrido para o êxito da empresa.

A sociedade em conta de participação é organismo sem nome. A par de vir tipificada como sociedade, em verdade, essa entidade tem mais feição de um contrato participativo do que de sociedade. Não possui personalidade jurídica não sendo sujeito de direito, portanto. Se não existe como sujeito de direito, não é necessário que disponha de nome como elemento identificador.

Quem se obriga nas relações negociais será sempre o sócio ostensivo que atua em seu próprio nome com sua firma individual se for empresário individual ou sua razão social ou denominação se for ente coletivo (art. 991, parágrafo único).

O nome do sócio que vier a falecer, for excluído ou se retirar não pode ser conservado na firma social. Essa norma é corolário do princípio da veracidade, porque o nome social deve retratar a realidade atual da pessoa jurídica. A firma social é formada pelo patronímico dos sócios, segundo a regra do § 1º do art. 1.158. Dela podem participar todos ou alguns sócios, mas os que participarem na formação do nome devem pertencer ao quadro social.

Falecendo sócio cujo patronímico integrava a firma, a retirada de seu nome é medida impositiva, assim como ocorre em relação ao sócio excluído ou que exerce seu direito de recesso.

Nas sociedades anônimas, é permitido o uso do nome do fundador, sócio ou terceiro que tenha contribuído para o êxito da empresa, na sua denominação, mesmo não pertencendo ao quadro social.

Nas sociedades de advogados, o nome do sócio falecido pode permanecer se, no ato constitutivo ou na alteração contratual em vigor, essa possibilidade tiver sido prevista (art. 16, § 1º, da Lei nº 8.906/94).

Enquanto o nome do sócio falecido ou do ex-sócio continuar configurando na firma social, o espólio ou o ex-sócio, continuam a responder pelas obrigações sociais nas mesmas condições em que respondia quando ainda integrava o quadro social.

Cumpre esclarecer que não obstante as siglas ME (microempresa) e EPP (empresa de pequeno porte) acompanhem o nome empresarial, dele não fazem parte, porquanto trata-se de denominação ínsita ao regime tributário adotado.

6.4   INALIENABILIDADE DO NOME EMPRESARIAL

O nome empresarial é inalienável. Trata-se de direito fundamental (art. 5º, XXIX, da CF) e, portanto, pessoal. Não é bem passível de cessão. Essa foi a posição adotada pelo codificador, pondo fim à controversa questão acerca da natureza jurídica do nome empresarial.

Não há uma razão prática que justifique a inalienabilidade do nome empresarial, uma vez que, sendo fator de identificação do empresário, pode representar, dependendo da empresa, um dos elementos de maior sucesso, ao identificar o seu produto ou serviço.

A preocupação do legislador em proibir a alienação do nome empresarial teve certamente o propósito de proteger os credores de adquirentes de nome que não lhes proporcionasse a mesma segurança.

A regra do parágrafo único não é exceção à inalienabilidade, mas possibilita que seja o nome utilizado pelo adquirente do estabelecimento, desde que acordado no trespasse e por ato entre vivos. O uso do nome do alienante, entretanto, deve ser precedido do seu próprio, com a qualificação de sucessor.

6.5 PROTEÇÃO AO NOME EMPRESARIAL

O nome empresarial é protegido constitucionalmente figurando na categoria dos direitos individuais, de criação intelectual, prevista no art. 5º, XXIX, da CF. Também há proteção infraconstitucional conforme trata o Código em seu art. 1.166 e a Lei da Propriedade Industrial, sendo outorgada com o objetivo de coibir atos de concorrência desleal e, assim, preservar a clientela e a credibilidade do empresário (COELHO, 2008, p. 81).

A utilização de nomes idênticos ou assemelhados pode confundir e desviar deslealmente a clientela. O crédito do bom empresário pode ser abalado com protestos de títulos ou pedidos de falência de homônimo patronímico.

O nome empresarial identifica o empresário com sua empresa, seus serviços e produtos, daí a proteção à exclusividade de uso.

A exclusividade de uso é garantida em nível estadual, limitando-se a extensão da proteção administrativa ao território em que está localizada a Junta Comercial do registro da empresa.

A extensão da proteção ao estágio nacional só será possível com o registro do nome em todas as Juntas Comerciais do País, visto que a lei especial a que se refere o legislador no parágrafo único, até o momento, ainda não foi editada. Os mais desatentos podem pensar no registro do nome empresarial no INPI, para fins de proteção nacional, mas isso não é possível, porque o órgão não possui atribuição para esse registro.

A exclusividade do nome é atribuída no momento da inscrição do empresário na Junta Comercial ou decorre da anterioridade do registro do nome, pois é mutável.

As Juntas Comerciais são responsáveis pela fiscalização do nome empresarial e uma vez verificada a identidade ou similitude, devem indeferir o pedido de registro ou determinar sua alteração.

A defesa do direito do uso do nome empresarial pode ser feita a qualquer tempo, mediante ação para anulação da inscrição do nome empresarial (art. 1.167).[2]

---

[2] "Ação de obrigação de fazer – Decisão que deferiu o pedido de bloqueio definitivo de domínios registrados pela agravada contendo **nome empresarial muito similar** ao da autora para uso por

qualquer usuário a qualquer tempo – Inviável a remoção de registros futuros – Pedido genérico – Recurso provido. Dá-se provimento ao recurso" (*TJSP* – AI 2019051-31.2021.8.26.0000, 24-6-2021, Rel. (a) Marcia Dalla Déa Barone).

"Recurso Especial – Comercial e marcário – **Uso de nome comercial** – Registro de marca deferido, com utilização do termo 'supera' – Proibição, pelo acórdão recorrido, de uso do termo no nome comercial – 1. A colidência entre nomes empresariais deve ser examinada tendo em mira o escopo da tutela ao nome comercial, a saber, identificar a empresa, distinguindo-a perante consumidores, fornecedores e o mercado de crédito empresarial, bem como proteger a respectiva clientela de possível confusão com outros agentes atuantes no mesmo âmbito de atividade. Precedentes. 2. Diante da pretensão de registro de marca fraca da autora (que possui apenas depósito de pedido de registro), da distinção entre os nomes comerciais (coincidência de apenas um vocábulo de uso comum) e da diversidade do ramo de atuação, não tem procedência o pedido de anulação do registro do nome comercial da ré. 3. Recurso especial provido" (*STJ* – REsp 1271021/SP, 20-5-2019, Relª Minª Maria Isabel Gallotti).

"Agravo interno em agravo em Recurso Especial – Dois recursos interpostos contra a mesma decisão – Preclusão – Unirrecorribilidade – Propriedade industrial – **Nome Empresarial** – Violação ao art. 1.022 do CPC de 2015 – Súmula 284 do STF – Violação ao art. 129, § 1º, da Lei nº 9.279/96 – Súmula 7 do STJ – 1- Revela-se defeso a interposição simultânea de dois agravos internos contra o mesmo ato judicial, ante o princípio da unirrecorribilidade e a ocorrência da preclusão consumativa, o que reclama o não conhecimento da segunda insurgência. 2- Quanto à alegada ofensa ao art. 1.022 do CPC/2015 não se vislumbra a aduzida violação por falta de articulação de argumentos jurídicos a embasar tal assertiva, caracterizando deficiência de fundamentação. Incidência da Súmula 284 do STF. 3- Em relação à violação ao art. 129, § 1º, da Lei nº 9.279/96, o acolhimento da pretensão recursal demandaria a alteração das premissas fático-probatórias estabelecidas pelo acórdão recorrido, com o revolvimento das provas carreadas aos autos, o que é vedado em sede de recurso especial, nos termos da Súmula 7 do STJ. 4- Agravo interno de fls. 720-724 não conhecido e de fls. 715-719 não provido" (*STJ* – AGInt-AG-REsp 1.104.705 (2017/0116475-4), 25-9-2017, Rel. Min. Luis Felipe Salomão).

"Apelação – Direito Empresarial – **Marca e nome empresarial** – Ação de obrigação de não fazer (abstenção do uso) – Proteção do nome empresarial que decorre automaticamente do arquivamento dos atos constitutivos da empresa no registro próprio e está restrita ao âmbito estadual. Art. 1.166, CC, e art. 33 da Lei nº 8.934/94. Mesmo ramo de atuação. Possibilidade de confusão. Autora que provou ser titular da marca JL. Art. 129, 'caput', da Lei nº 9.279/96. Direito de uso exclusivo no território nacional em seu ramo de atividade econômica. Determinação de abstenção de uso. Sentença mantida. Apelo desprovido" (*TJSP* – Ap 0056711-48.2012.8.26.0602, 1-3-2016, Rel. Pereira Calças).

"Agravo de instrumento – Direito de empresa – Nome empresarial – Antecipação dos efeitos da tutela deferida em primeira instância para determinar à agravante que se abstenha de utilizar a expressão 'GMR' no mesmo ramo de atividade (construção civil) em que atuam ela e a agravada. Ausência dos requisitos legais (CPC, art. 273). Decisão reformada. Agravo a que se dá provimento" (*TJSP* – AI 2219196-50.2014.8.26.0000, 23-3-2015, Rel. Pereira Calças).

"**Agravo regimental no agravo em recurso especial** – Ação de abstenção de uso de nome empresarial, marca e nome de domínio. Empresas que prestam serviço no mesmo ramo de atividades. Similitude das marcas. Descumprimento de determinações judiciais. Multa. Ofensa ao art. 461, § 6º, do CPC. Revisão de matéria fático-probatória. Impossibilidade. Incidência da Súmula 07/STJ. Ausência de fundamentos que justifiquem a alteração da decisão agravada. Agravo regimental desprovido" (*STJ* – AgRg-AG-REsp 428.738 (2013/0369727-8), 15-9-2014, Rel. Min. Paulo de Tarso Sanseverino).

Às Juntas Comerciais cabe controlar os registros de nomes empresariais, não autorizando o registro de nomes idênticos ou similares, como tratado no artigo referido. Contudo, havendo falha do órgão registrador, o prejudicado pode pleitear administrativamente que o outro empresário altere o nome indevido ou, ainda, ingressar com ação judicial.

O próprio empresário detentor legítimo do nome pode notificar diretamente o usurpador e adverti-lo do uso indevido do seu nome, providência essa que pode ser eficiente se o indigitado estiver de boa-fé.

Dificuldade maior ocorrerá quando o empresário usurpador estiver de má-fé e seu objetivo for mesmo desviar a clientela do concorrente. Nesse caso, o lesado pode, além de pleitear a anulação do registro do nome, intentar ação penal (arts. 194 e 195, V e VI, da Lei nº 9.279/96).

Além dessas medidas, o prejudicado pode intentar demanda indenizatória contra a Junta Comercial, provando que os prejuízos advindos da quebra da proteção da exclusividade do nome decorreram de conduta negligente desse órgão.

6.6 ALTERAÇÃO DO NOME EMPRESARIAL

O nome empresarial não é inscrito como dispõe o art. 1.168, sendo apenas indicado na inscrição. Com a cessação da atividade ou com a extinção da sociedade, ultimada a liquidação, haverá o cancelamento do nome empresarial.

A cessação da atividade empresarial pode ocorrer por vontade dos sócios que decidem dissolver a sociedade ou por qualquer outra causa de extinção (arts. 1.033 e 1.034). Também pode ocorrer a cessação da atividade empresarial pelo decurso de prazo sem atividade da empresa.

Da mesma forma, ultimada a liquidação, a sociedade é extinta e, consequentemente, o nome cancelado. Todas as causas tratadas no artigo podem praticamente se resumir ao cancelamento do nome decorrente da extinção. É possível, entretanto, que o empresário modifique apenas o ramo de atuação, sem, contudo, cancelar sua inscrição, caso em que novo nome deve ser adotado para a adequação da atividade.

Há outras hipóteses em que a alteração do nome é feita por permissivo legal: (a) por vontade do empresário; (b) na operação de transformação da sociedade; e (c) no caso de desligamento ou morte do sócio cujo patronímico figura na razão social.

7

PREPOSTOS

7.1 A FIGURA DO PREPOSTO

Na exploração da empresa, o empresário se vale da colaboração de diversos sujeitos. São seus auxiliares e podem ser subordinados ou não ao empresário. Os auxiliares subordinados são aqueles que prestam serviço à empresa sob a condição de assalariados, com vínculo trabalhista, subordinados hierarquicamente ao empresário, ao passo que os auxiliares independentes não se subordinam hierarquicamente, colaborando apenas em relações externas (REQUIÃO, 1977, p. 190).

Os prepostos são agentes dependentes considerados tecnicamente empregados. O preposto não detém necessariamente a posição de mandatário do empresário, como sustentam alguns. O preposto integra a empresa sob a ótica funcional (GONÇALVES NETO, 2008, p. 661), podendo, eventualmente, ser mandatário do empresário, especialmente para fins de representação na esfera trabalhista.

A relação que se analisa nessa sede, entretanto, não é de natureza trabalhista, relativa ao vínculo do empregado e do empregador, tampouco a obrigacional, referente ao mandato. Ao direito de empresa importa regular a relação e seus efeitos entre o empresário e o seu subordinado que o presenta na atividade da empresa.

Independentemente do disposto no regulamento da pessoa jurídica, o Código Civil traça algumas regras na organização do trabalho do preposto.

A substituição do preposto somente poderá ser realizada mediante autorização expressa do empresário (art. 1.169). O preposto é obrigado a realizar pessoalmente as funções inerentes à sua função. Se não atuar pessoalmente, assumirá responsabilidade pelos atos praticados por quem o substituir.

Essa regra decorre da pessoalidade da função de presentante do empresário. Sendo permitida a substituição, o preposto fica desobrigado pelos atos praticados por seu substituto, desde que dentro dos limites da autorização.

Embora com redação ruim, que inicialmente remete a interpretação equivocada do art. 1.170, o legislador prescreveu as regras de negociação para o preposto agir por contra própria ou de terceiro, tendo a intenção de afastar a utilização da estrutura empresarial do preponente para sua atuação.

O preposto não necessita de autorização para seu exercício, como, por exemplo, um vendedor não necessita da autorização para realizar uma venda. O artigo veda, na realidade, a concorrência do preposto decorrente da quebra de seu dever de fidelidade.

Nesse sentido, a norma proíbe que o preposto realize negócios utilizando-se da estrutura e conhecimentos que adquiriu durante o contrato de trabalho, causando prejuízos ao empresário.

Trata-se de interdição da concorrência durante a execução do contrato de trabalho. O preposto somente pode explorar atividade idêntica à do empresário, se houver autorização expressa.

Um preposto pode, por exemplo, trabalhar quatro horas numa determinada empresa e, depois, prestar serviços em outra ou por conta própria, utilizando-se do *know-how* obtido junto ao empresário. Pode, ainda, e infelizmente ocorre com frequência, fornecer, de forma danosa, informações sobre a clientela do preponente. Tal comportamento somente será lícito se houver autorização expressa do empresário, sob pena de configurar-se ato de concorrência desleal e sujeitar o preposto a perdas e danos.

Realizado o ato que importe em violação da interdição da concorrência, o empresário está autorizado a *"reter os lucros da operação"*. Essa autorização parece inócua, uma vez que se o preposto age por conta própria ou de terceiro, a operação não passa pelas mãos do empresário proponente e, portanto, não haverá possibilidade de retenção.

A forma apropriada de ressarcimento pela quebra do dever de lealdade é por meio de ação judicial, na qual será apurada a prática dos atos desleais e se aferirá um valor indenizatório.

A interdição da concorrência, após o término do contrato de trabalho, somente ocorrerá se houver disposição expressa no instrumento nesse sentido, porque não há regra legal, como ocorre em relação ao estabelecimento empresarial (art. 1.147), que proíba a concorrência.

7.2 PREPOSTO COM REPRESENTAÇÃO

O exercício pessoal das atividades da empresa pelo empresário é tarefa quase sempre impossível. Por isso a existência de organização que habilita, entre seus fatores, a mão de obra. Estrutura-se sistema de trabalho no qual são atribuídas funções e limites de ação a cada preposto.

Dentro desse contexto deve ser compreendido o art. 1.171.[1] Recebidos bens ou valores pelo preposto no desempenho de suas funções papéis, sem qualquer ressalva,

---

[1] "Responsabilidade civil – Danos morais – Agressão física e humilhação supostamente sofridas pela autora dentro do estabelecimento da ré, provavelmente por **preposto** – Inexistência de prova da

consideram-se recebidos pelo empresário. O direito, como frequentemente lembramos, não pode prescindir da aparência para possibilitar a convivência e adequação social.

Assim, se o preposto recebe entrega de mercadorias assinando o recebimento, considera-se entregue ao empresário. Tratando-se, entretanto, de auxiliar dependente externo, é necessária a autorização da empresa atribuindo-lhe poderes para tanto. Aqui, a cautela é extremamente necessária, principalmente no tocante a pagamentos feitos a preposto do empresário. O credor deve ser diligente e só efetuar pagamento a preposto do empresário mediante autorização expressa.

Havendo prazo para reclamação, a entrega por si só não traduz recebimento pelo empresário. É o que ocorre, por exemplo, quando o empresário age na condição de consumidor de bem. O recebimento do bem pelo preposto não significa que houve aceitação, uma vez que o Código de Defesa do Consumidor assinala o prazo de sete dias para a desistência do contrato.

O preposto presenta o empresário e, desse modo, sem oposição ou ressalva, consideram-se recebidos pelo empresário quaisquer papéis, documentos ou valores entregues ao primeiro.

7.3 O GERENTE

Gerente é o preposto que exerce função de comando na empresa. É o preposto qualificado com poderes de gestão outorgados pelo empresário. Não se caracteriza por ser apenas o preposto permanente na empresa, como conceituou o legislador.

---

ocorrência de agressão dentro do estabelecimento réu – Responsabilidade civil não configurada – Improcedência mantida – Recurso improvido" (*TJSP* – Ap 1009638-32.2016.8.26.0664, 7-2-2019, Rel. Eduardo Sá Pinto Sandeville).

"Prestação de serviços – Contrato de prestação de serviços de autorização para figuração, em publicidade, do nome da empresa em lista impressa – Contratação que não pode ser validada – **Preposta** da autora que agiu de boa-fé, incorrendo em erro escusável, já que acreditava que se tratava de mera atualização cadastral – Hipótese, ademais, que não há prova de que a preposta tinha poderes de representação para contrair dívidas em nome da empresa – Negativação indevida do nome da autora no SERASA e SCPC – Pessoa jurídica pode sofrer dano moral – Dano moral configurado – Verba devida – Fixação em R$ 10.000,00 – Razoabilidade e proporcionalidade – Recurso provido" (*TJSP* – Ap 0009846-94.2013.8.26.0322, 12-4-2016, Rel. Claudio Hamilton).

"Apelação cível – Ação indenizatória – Alegação de danos morais decorrentes de ato de prepostos de instituição bancária. Travamentos sucessivos e injustificados de porta giratória. Cliente que se despiu da maior parte das roupas que vestia, ingressando na agência. Sentença de improcedência do pedido. Inconformismo do autor. Não acolhimento. Conjunto probatório insuficiente para firmar convicção de ocorrência de ato ilícito. Prova exclusivamente testemunhal que não é suficiente para demonstrar que houve excesso no procedimento destinado a garantir a segurança dos frequentadores da agência bancária. O fato de o autor ter tirado as próprias roupas numa situação como a descrita, se por um lado pode refletir desesperada reação de uma pessoa indignada com tratamento injusto que lhe é dispensado, por outro pode significar ação precipitada de pessoa que não suporta tolerar aborrecimentos cotidianos indesejáveis, reagindo exageradamente diante daquilo que é corriqueiro e pode vitimar toda pessoa que vive em sociedade. Sentença mantida. Negado provimento ao recurso" (*TJSP* – Ap 1048911-66.2013.8.26.0100, 25-6-2015, Relª Viviani Nicolau).

O gerente é a pessoa contratada pelo empresário para exercer funções de chefia, de acordo com sua qualificação técnica. Exerce cargo de confiança e por isso é de livre escolha pelo empresário, sendo exonerável *ad nutum*.

A gerência da empresa pode ser exercida por mais de um gerente, fato comum, o empresário outorgando poderes específicos para cada um deles, vendas, contabilidade, divulgação etc. A escolha recai, geralmente, sobre pessoa qualificada para determinado segmento.

Havendo mais de um gerente para a mesma função, há cogestão (art. 1.173, parágrafo único), com presunção de poderes solidários. Todavia, como regra, as estruturas organizacionais das empresas contam com um gerente geral perante o qual se subordinam os gerentes setoriais.

Os poderes dos gerentes e sua área de atuação não vêm consignados no contrato social, mas determinados na organização e organograma da empresa, em regulamento, contrato de trabalho ou qualquer outra forma eficiente.

O gerente torna-se, de fato, o próprio empresário perante terceiros, posto que se faz presente nos estabelecimentos, sede principal, filial ou sucursal. Não se pode confundir, entretanto, o gerente com o administrador, pois este exerce os poderes de representação da sociedade.

7.4 PODERES DE REPRESENTAÇÃO E RESPONSABILIDADE

A gerência assume relevância dentre as funções na empresa. O gerente pratica todos os atos necessários ao desempenho da função. Ao ser nomeado, recebe poderes de gestão para negócios ordinários, auxiliando o empresário.

Por poderes ordinários entendem-se os de direção, disciplina e controle sobre empregados e bens materiais e imateriais que constituem o estabelecimento empresarial. Esses poderes são, geralmente, os inerentes à função gerencial. Quaisquer outros poderes para atos de outra natureza devem ser expressamente concedidos pelo empresário ou pelo administrador como poderes especiais para alienar, hipotecar, transigir e representar o empresário em juízo.

Havendo distribuição de tarefas entre dois ou mais gerentes, cumpre que se especifiquem as atribuições, sob pena ser conferida gerência conjunta e solidária. Na administração conjunta, os poderes são conferidos de forma igual a todos os outorgados, ficando, qualquer deles, autorizado a exercê-los individualmente, se o documento não exigir presença conjunta.

A prática tem demonstrado que a gerência conjunta é inconveniente, porque possibilita colisão de ordens ou atuações antagônicas.

Os gerentes agindo conforme os poderes respectivos não respondem pessoalmente pelos atos assim praticados. A culpa decorrente de subversão ou desvio dos poderes ou sua omissão no desempenho das funções obrigarão pessoalmente o gerente.

Havendo limitações na concessão de poderes ao gerente, estas só poderão ser opostas a terceiros se o instrumento de outorga estiver arquivado no Registro Público com a devida averbação.

A eficácia originada da publicidade é regra nos atos empresariais. Na prática, entretanto, há situações de difícil comprovação, como no exemplo de o consumidor saber que adquire bem com extensão de garantia dada pelo gerente sem poderes para tal. Nenhum consumidor quando adquire bem ou serviço reporta-se ao exame dos atos arquivados e inscritos no contrato social da empresa para conhecer os poderes e as limitações dos gerentes. Daí ser preponderante a aparência, mormente no âmbito do Código de Defesa do Consumidor.

A interpretação deve ser conforme o CDC, sempre em proteção ao consumidor, com responsabilidade objetiva do fornecedor de produtos ou serviços. Passa a ser irrelevante perante a aparência o registro de poderes na Junta, na esfera do CDC.

Mais coerente a regra do parágrafo único, posto que, geralmente, se há revogação dos poderes do gerente, é porque ele foi demitido, desligado da empresa. Assim, a eficácia da revogação dos poderes de gerência fica condicionada ao arquivamento do ato revocatório, observada a ressalva do conhecimento do terceiro acerca da revogação dos poderes.

O gerente pode agir em nome pessoal e em proveito do empresário, dentro dos poderes que lhe foram outorgados. Se o gerente assim age, o empresário nada pode reclamar, mesmo que tal prática tenha ocorrido contra suas instruções. É o caso, por exemplo, do gerente que vende bens acima do valor permitido pela Administração ou adquire bens furtados.

Diversamente ocorre quando o gerente atua em seu nome e em proveito pessoal. Nesse caso, a responsabilidade decorrente é exclusivamente pessoal. A prática, todavia, tem trazido à colação uma situação que tem se tornado comum e gerado prejuízos aos empresários. É o caso de o gerente ou preposto apresentar-se perante terceiro como representante do empresário ou ostentando posição que revele, pelas circunstâncias, deter poderes para agir em nome daquele. Nesse caso, o empresário fica vinculado ao negócio realizado (art. 1.171), mesmo sem tirar proveito. Cuida-se aqui também da proteção em prol da aparência. Pode voltar-se contra o gerente ou preposto para ressarcir-se dos prejuízos, mas perante o terceiro que participou fica, sem dúvida, vinculado.

O gerente é considerado representante do empresário por presunção legal, inclusive pela Justiça do Trabalho (art. 843, § 1º, e 861 da CLT). O legislador fortaleceu essa presunção com a regra do art. 1.176.

Em decorrência dessa presunção, o gerente está autorizado a receber citações em nome do empresário, com a representação estendida para a propositura de ações que digam respeito a obrigações resultantes do exercício de sua função.

Cuida-se de ação proposta em nome ou em face do empresário, pois não há substituição processual pelo gerente. Ocorre apenas a representação legal do empresário pelo gerente o qual outorga procuração.

Essa regra veio tornar mais eficiente as citações de empresários que sob o argumento de não se encontrarem no estabelecimento deixavam de ser citados ou retardavam o ato. O oficial de justiça, no caso de o empresário ser réu, deve proceder à citação do gerente, ainda que este alegue falta de poderes para recebê-la. Citação realizada na pessoa do gerente é absolutamente válida. Também em relação às sociedades estrangeiras a regra é idêntica (art. 1.138).

7.5 O CONTABILISTA

O preposto encarregado da escrituração da empresa é o contabilista. Nos termos do art. 1.182, a escrituração ficará sob a responsabilidade de contabilista legalmente habilitado, salvo se nenhum houver na localidade, hipótese em que a escrituração ficará a cargo de preposto sem a qualificação exigida.

O contabilista é preposto, interno ou externo, integrante ou não do quadro funcional da entidade, encarregado da escrituração contábil. Trata-se de profissional legalmente habilitado e regularmente inscrito no órgão profissional.

Os livros empresariais, como se verá no próximo capítulo, gozam de presunção de veracidade e, assim, consideram-se verdadeiras as informações ali contidas.

Por essas informações, o empresário é responsável, uma vez que efetuadas por preposto sob sua responsabilidade (art. 1.178). Trata-se de responsabilidade objetiva, não podendo o empresário alegar desconhecimento. Se o preponente, contudo, comprovar a má-fé do contabilista, exonerar-se-á de qualquer responsabilidade, considerando-se ineficazes os lançamentos realizados em fraude por este.

O contabilista que age com má-fé responde perante o empresário pelos prejuízos que assim causar, não exonerando o empresário, entretanto, perante terceiros, especialmente em relação à autoridade fiscal. Se o contabilista, por exemplo, apropria-se de valores fornecidos pelo empresário, destinados ao pagamento de INSS e não recolhe o imposto ao Erário, age de má-fé e será sujeito passivo de ação penal juntamente com o empresário.

O fato de o empresário ter fornecido numerário para o recolhimento do imposto, por si só, não o exonera da responsabilidade pelo não recolhimento, uma vez que é responsável pelos atos de seus prepostos e deve agir com diligência na apuração da realização dos atos atribuídos aos seus prepostos (culpa *in eligendo*).

O contabilista também tem responsabilidade pessoal perante o preponente quando agir com culpa, não desonerando o preponente pelos resultados do ato perante terceiros. No caso de o preponente e preposto agirem solidariamente com dolo, ambos respondem pelos resultados produzidos.

7.6 ATOS DOS PREPOSTOS PRATICADOS DENTRO E FORA DO ESTABELECIMENTO

O art. 1.178 cria regra distinta para a prática de atos pelo preposto dependente interno e dependente externo, para os prepostos que atuam no estabelecimento e fora dele.

Ao preposto dependente interno, o legislador cria a presunção de poderes para praticar os atos inerentes a sua função, bem como atribui a consequente responsabilidade por esses atos ao empresário. Assim, o empresário é responsável pelos atos de seus prepostos internos, desde que estes realizem atos inerentes a sua função, mesmo não tendo poderes expressamente outorgados.

Diversamente ocorre com os prepostos dependentes externos, dos quais são exigidos poderes específicos e por escrito para a prática dos atos. A responsabilidade do preponente, nesse caso, é restrita à prática de atos pelos quais o preposto está autorizado (art. 1.175).

O empresário, assim, tem a sua responsabilidade determinada pelos atos praticados pelo seu preposto nos limites dos poderes a ele conferidos. Pelo excesso, responde o preposto.

Para a prática regular dos atos fora do estabelecimento, o preposto externo necessita de documento escrito com o teor dos poderes, podendo suprir a apresentação desse documento, mediante certidão ou cópia autenticada. Aos terceiros que mantenham negócios com a empresa, é sempre conveniente que exijam a apresentação desse documento.

8

ESCRITURAÇÃO

8.1   A ESCRITURAÇÃO

Todos os empresários, individuais ou coletivos, devem escriturar suas obrigações, observada a dispensa do art. 1.179, § 2º. A tradicional escrituração contábil constitui a história econômica e financeira da empresa, permitindo a seu titular a avaliação, a qualquer tempo, da sua situação, das alterações ocorridas no patrimônio, possibilitando tomar decisões para a redução ou ampliação de sua atividade (MENDONÇA, 1957, p. 187).

Os empresários estão obrigados a seguir sistema de contabilidade, mecanizado ou não, com base na escrituração uniforme de seus livros, em correspondência com a documentação respectiva. Assim, lançam nos livros ou instrumentos de escrituração apropriados, com base em documentos, as operações realizadas durante a exploração da empresa.

Ao impor a obrigação de manter a escrituração, o legislador quis tutelar o interesse dos sócios e de terceiros, fisco e credores, dispondo de um meio de controle da gestão da empresa.

Com a edição da Lei da Liberdade Econômica[1], o Sistema Digital das Obrigações Fiscais, Previdenciárias e Trabalhistas (e-Social) será substituído por um sistema simplificado de escrituração digital e, ainda, uma inovação há muito esperada, principalmente em relação aos órgãos públicos, os documentos digitais e sua reprodução passam a ter o mesmo valor probatório do documento original, para todos os fins de direito, inclusive para atender ao poder fiscalizatório do Estado.

A escrituração é ainda instrumento de defesa do empresário, porque comprova a regularidade da entidade, permitindo ao empresário fazer prova em juízo quando necessário.

A lei descreve os livros obrigatórios facultando ainda outros que se fizerem necessários para assistir na contabilidade (art. 1.180).

---

[1]   Lei nº 13.874/2019.

O legislador dispensa o microempresário e aquele de pequeno porte da manutenção da escrituração na forma disciplinada no capítulo próprio da escrituração, porque nesse caso se presume que a dimensão da atividade não necessita desse nível. Não se trata de dispensa de escrituração pura e simples, mas dispensa de escrituração de forma mercantil com utilização dos livros obrigatórios. Ao pequeno empresário é imposta a obrigação de manter a escrituração de forma simples, mantendo livro caixa e livro de registro de inventário. No primeiro, o pequeno empresário registra o movimento de entrada e saída do numerário; no segundo, descreve a avaliação dos bens.

Outra obrigação legal do empresário em geral é apresentar anualmente balanço patrimonial e de resultado econômico. O balanço demonstra a conclusão da gestão e do resultado da atividade, devendo assim fielmente os ganhos e perdas.

O balanço possui a dupla função de verificar a renda e de declinar a situação patrimonial da empresa, sendo instrumento nodal indispensável de política empresarial (COTTINO, 2000, p. 206).

O Código exige a apresentação anual do balanço patrimonial e do de resultado econômico. O primeiro exprime o patrimônio da empresa, devendo retratar com fidelidade o valor de todos os bens e demais ativos e passivos. O segundo constitui demonstração dos lucros e prejuízos verificados no exercício (arts. 1.188 e 1.189).

A irregularidade da escrituração sujeita o empresário a consequências de ordem obrigacional, penal e profissional que vão da impossibilidade de utilização dos livros para fazer prova em seu favor à tipificação de crime falimentar.

Ressalte-se que, com a expansão da internet, os meios eletrônicos de escrituração[2] são admitidos e regulamentados em órgãos especiais, sendo o principal deles o SPED – Sistema Público de Escrituração Digital, criado pelo Decreto nº 6.022/07. A ECD – Escrituração Contábil Digital – é uma realidade e tem por objetivo substituir a escrituração contábil em papel. São criados, assim, os seguintes livros digitais: I – livro Diário e seus auxiliares; II – livro Razão e seus auxiliares e, III – livro Balancetes Diários, Balanços e fichas de lançamento que comprovem o conteúdo neles transcritos.

8.2 OS LIVROS EMPRESARIAIS

Os livros empresariais podem ser obrigatórios e facultativos. Obrigatórios, exigidos por lei, podem ser: (a) *comuns* a todos os empresários, como o Diário, no qual são registradas todas as operações, centralizando toda a contabilidade e (b) *especiais*, exigidos por lei para certos empresários em atenção ao ramo de atividade, à sua condição especial, ao registro de seus atos de administração, à documentação de determinadas operações. Como exemplo destes, para a sociedade anônima o Livro de Transferência de Ações Nominativas e o Livro de Atas de Assembleia (art. 100 da Lei nº 6.404/76) e para o empresário que emite duplicata mercantil, o Livro de Registro de Duplicatas (art. 19 da Lei nº 5.474/74).

---

[2] Sobre a Escrituração Contábil Digital (ECD), consultar a IN RFB nº 2003, de 18 de janeiro de 2021.

O empresário ainda tem a obrigação de manter outros livros não empresariais, nos quais consignará obrigações fiscais, trabalhistas e previdenciárias.

Facultativos são os livros não obrigatórios, utilizados voluntariamente pelo empresário, tais como o Livro Caixa e o Livro de Conta-Corrente. Os livros facultativos, além de auxiliarem o empresário, podem servir de prova subsidiária, por integrarem sua contabilidade.

8.2.1 Livro Diário

O Diário, que é obrigatório, é o instrumento onde são lançados todos os débitos e créditos dos negócios cotidianos da empresa. É nele, portanto, onde constam todas informações financeiras da empresa, além de conter o balanço patrimonial e de resultado econômico.

O Diário pode ser substituído por fichas no caso de adoção do sistema mecanizado ou eletrônico. Se a escrituração for mecanizada (datilografada) ou eletrônica (informatizada) e, com a adoção de fichas (instrumentos impressos, tais como formulários contínuos, folhas soltas ou cartões), essas deverão ser encadernadas e formatadas como livro, com a autenticação, requisito extrínseco exigido dos livros empresariais para conferir segurança e regularidade à escrituração.

Todas as operações realizadas pela empresa devem ser lançadas no Diário com clareza e com identificação do documento que lhe deu origem. Diariamente, as operações realizadas devem ser consignadas, por escrito ou por meio eletrônico.

A escrituração resumida é autorizada, justificando-se sua adoção por empresas que possuam vários estabelecimentos, principalmente se localizados em praças diferentes. Adotada a forma resumida, serão anotadas todas as operações realizadas num período que não exceda trinta dias, em um livro auxiliar, extraindo-se daí os lançamentos para o livro Diário. Os livros auxiliares devem ser autenticados e conservados, assim como se exige para os livros obrigatórios.

No Diário, serão lançados o balanço patrimonial e o de resultado econômico, que deverão ser assinados pelo contabilista e pela pessoa autorizada pela empresa. A falta de transcrição dos balanços no Livro Diário compromete a regularidade da escrituração e sujeita o empresário às sanções legais.

O legislador abre a opção de a empresa realizar sua escrituração em documento diverso do livro Diário. A sociedade empresária pode adotar sistema de fichas de lançamentos, em substituição ao livro Diário. Essas fichas devem ser encadernadas, com termo de abertura e encerramento e levadas para autenticação no Registro.

Feita a opção por essa forma de escrituração, o empresário substitui o livro Diário por dois outros instrumentos contábeis: as fichas e o livro de Balancetes Diários e Balanços.

Trata-se de sistema mais complexo, somente apropriado para empresas de atividade econômica que necessite de controle diário, como ocorre com a atividade bancária, por exemplo.

Independentemente da forma de escrituração escolhida, os requisitos intrínsecos e extrínsecos devem ser observados, sob pena de a escrituração ser considerada irregular.

8.2.2 Livro de balancetes diários e balanços

O art. 1.186 estabelece qual o conteúdo do livro de balancetes diários e balanços e seu modo de escrituração. Referido livro deverá conter a posição diária de cada uma das contas ou títulos contábeis, pelo respectivo saldo, credor ou devedor, em forma de balancetes diários e transcrever o balanço patrimonial e o de resultado econômico, no encerramento do exercício.[3]

---

[3] "Apelação – Ação ordinária – Pretensão à entrega de '**escrituração contábil digital**' – Sentença de improcedência da ação ordinária, com prosseguimento da ação de execução – Pleito de reforma da sentença – Não cabimento – Conexão reconhecida com ação de execução ajuizada pela apelada, na qual requer o pagamento da quantia inadimplida pela apelante nos meses de agosto, setembro e dezembro de 2016 – Apelada contratada pela apelante para prestar serviços contábeis, mediante pagamento de remuneração mensal – Posterior rescisão do contrato, diante da ausência do supracitado pagamento de parcelas relativas ao ano de 2016, havendo a contratação de nova empresa pela apelante, que se responsabilizou pela entrega da 'Escrituração Contábil Digital' – Impossibilidade de cobrar da apelada a entrega da referida documentação, uma vez que esta obrigação caberia à nova empresa contratada pela apelante – Sentença mantida – Apelação não provida. Majoração dos honorários advocatícios, em segunda instância, nos termos do art. 85, § 11, do CPC" (*TJSP* – AC 1017335-40.2017.8.26.0577, 2-4-2019, Rel. Kleber Leyser de Aquino).

"Agravo de instrumento – Decisão interlocutória que indefere gratuidade processual pessoa jurídica – Súmula 481 do Superior Tribunal de Justiça – Necessidade de comprovação da impossibilidade de arcar com as custas do processo – Escrituração contábil, que por si só, não comprova a impossibilidade de arcar com as custas do processo – Negado provimento ao recurso" (*TJSP* – AI 2134301-54.2017.8.26.0000, 30-8-2017, Relª Lucila Toledo).

"Ação de revisão contratual – Empréstimo para atividade empresarial – Vulnerabilidade não reconhecida – Inaplicabilidade do Código de Defesa do Consumidor – Petição inicial desacompanhada dos documentos destinados à prova do direito – Autores pessoas jurídicas e empresário – Obrigação da manutenção da **escrituração contábil** – Inteligência do art. 1.179 do Código Civil – Não desincumbência do ônus da prova constitutiva do direito – Alegação de cerceamento na produção de prova pericial contábil – Não reconhecimento – Descumprimento do ônus probatório previsto no art. 333, inc. I, CPC/1973 atual art. 373, inc. I, do CPC. Capitalização de juros – Possibilidade – Abusividade de cláusulas não reconhecida – Periodicidade inferior a um ano em contratos bancários celebrados após 31 de março de 2000 – Possibilidade – Recurso especial representativo de controvérsia 973.827/RS e Súmula 539 do STJ – Constitucionalidade formal reconhecida da MP 2.170-36/2001 – RE 592.377/RS (Repercussão Geral). Juros remuneratórios – Legalidade – Súmula 596 do STF – Recurso Especial Representativo de Controvérsia nº 1.061.530. Súmula Vinculante nº 7 – Norma do § 3º do artigo 192 da constituição, revogada pela Emenda Constitucional nº 40/2003, que limitava a taxa de juros reais a 12% ao ano – Aplicação condicionada à edição de lei complementar. Comissão de permanência – Impossibilidade da cobrança cumulada com correção monetária e juros – Súmula 472 do Superior Tribunal de Justiça. Apelo dos autores parcialmente provido" (*TJSP* – Ap 1043731-38.2014.8.26.0002, 28-6-2016, Rel. Antonio Luiz Tavares de Almeida).

"**Ação de prestação de contas.** Contratos de abertura de crédito, capital de giro, conta garantida e demais operações de crédito formalizados por sociedade empresária com instituição financeira. Adequação, em tese, da medida. Súmula nº 259 do Superior Tribunal de Justiça. Irrelevância do envio dos extratos mensais das operações. Eventual discussão de cláusulas dispondo sobre taxa de juros, capitalização e demais encargos pactuados ou fórmulas de cálculos das cobranças dependeu

A adoção desse livro impõe ao empresário a obrigação de diariamente confeccionar balancetes diários: elaborar diariamente um resumo das operações da empresa. Essa técnica é viável para pouquíssimas atividades empresariais com volume considerável de negócios para esse controle. Do contrário, a técnica é onerosa e dispensável, sendo mais producente a adoção do tradicional livro Diário.

8.2.3 O inventário

O inventário nada mais é do que a descrição do rol dos bens da empresa. A obrigatoriedade de manutenção de Livro de Inventário é prevista na legislação fiscal, e o art. 1.187 enumera os critérios para a avaliação dos bens constantes do inventário.

Os bens utilizados pela empresa deverão ser avaliados pelo custo de aquisição, subtraído desse o valor o fator obsolescência. A regra é óbvia, porque os bens geralmente se depreciam com o tempo pelo uso e por fatores externos e naturais. Essa obsolescência deve ser levada na devida conta para integrar o inventário. Faculta a lei que nesse caso seja criado fundo de amortização para que no futuro sejam substituídos ou sofram manutenção e reparação.

Os valores de estoque e matéria-prima destinados a alienação podem ser estimados pelo custo de aquisição ou de fabricação; pelo preço corrente, sempre que o valor de mercado for inferior ao preço de custo ou pelo valor de mercado quando este estiver acima do preço de custo.

O valor das participações societárias e de outros valores mobiliários poderão ser cotados na Bolsa de Valores e aqueles que não têm ali cotação devem ser avaliados pelo seu valor de aquisição. Entende-se aqui que o artigo compreende valores decorrentes não só da cotação em Bolsa, mas também em todo o mercado de capitais e das entidades de pregões similares.

O valor dos créditos a receber deve ser considerado conforme seu presumível valor de realização, aquele consignado no título, deduzidos eventuais abatimentos. Os créditos prescritos e de difícil liquidação não devem ter valor estimado, exceto quanto aos últimos se houver provisão para devedores duvidosos.

---

de ação revisional autônoma, pelo procedimento ordinário. Inaptidão por carência reconhecida. Dever de manutenção da escrituração dos livros balancetes diários e balanços, arts. 1.179, 1.184 e 1.186, I, do Código Civil. Responsabilidade pessoal do administrador no desempenho das funções, art. 1.016 do Código Civil. Processo extinto sem resolução do mérito. Recurso prejudicado" (*TJSP* – Ap 1001727-16.2013.8.26.0068, 11-2-2015, Rel. César Peixoto).

"Apelação. Prestação de contas – Contratos bancários – Financiamentos e abertura de crédito em conta corrente – Sociedade empresária que tem o Dever de manutenção da escrituração contábil regular dos livros com os balancetes diários e balanços, arts. 1.179, 1.184 e 1.186, I, do Código Civil. Responsabilidade pessoal do administrador no desempenho das funções – C. Civil, art. 1.016. Hipótese em que não há entrega de recursos da correntista, mas entrega pela mutuante dos valores mutuados. Descabimento da pretensão genéricas de pedir contas. Precedentes do STJ. Sentença confirmada. RITJSP, art. 252. Recurso improvido" (*TJSP* – Ap 0022718-23.2012.8.26.0405, 14-5-2014, Rel. Maury Bottesini).

Outros valores passíveis de figurar no ativo são enumerados no parágrafo único. O Código permite que se inclua no ativo a amortização das despesas pré-operacionais, aquelas realizadas para a instalação da sociedade até o limite de dez por cento do capital social para cada exercício. Também permite que os juros pagos aos acionistas da sociedade anônima, no período antecedente ao início das operações, sejam computados no ativo, desde que a taxa não ultrapasse doze por cento ao ano.

Por fim, o valor pago a título de aviamento (*goodwill*) de estabelecimento adquirido pelo empresário pode constar do ativo, para fins de amortização anual.

8.2.4 Balanço patrimonial e de resultado

O balanço deve constituir a síntese ordenada do inventário ao expressar o estado econômico da empresa e os resultados de seus negócios em determinado momento (FAZZIO JÚNIOR, 2005, p. 223). Especificamente, o balanço patrimonial é aquele que deve exprimir no final de cada exercício social, com fidelidade e clareza, a situação real do patrimônio empresarial. É elaborado com base nos dados fornecidos pelo inventário indicados no art. 1.187, devendo expressar, distintamente, o ativo e o passivo, observando as disposições constantes de leis especiais.

O balanço patrimonial abrange todos os bens, créditos e débitos da empresa. Indica o ativo permanente (patrimônio imobilizado); o ativo circulante (bens, capital de giro etc.) e ativo realizável a longo prazo e o passivo (dívidas e encargos).

Anualmente, será realizado o balanço patrimonial e, no caso de ser necessária a apuração do valor do patrimônio líquido da sociedade em momento anterior ao término do exercício, levantar-se-á então balanço especial. Este não deve passar de mera atualização do balanço anterior, considerados os fatos ocorridos até o período de realização daquele.

No tocante às sociedades coligadas, lei especial disporá sobre as informações que acompanharão o balanço patrimonial, conforme preceitua o parágrafo único do art. 1.188. Não havendo no momento outra lei que regulamente o assunto, conclui-se que se aplicam as disposições da Lei das Sociedades por Ações nesse particular.

O balanço de resultado econômico é aquele que descreve um panorama geral do lucro ou da perda ocorrida no exercício, porque apura os débitos e créditos do exercício. Nele deverão ser lançadas as receitas e despesas, lucros e perdas, a distribuição dos dividendos, se for o caso, as transferências para reservas, entre outros lançamentos.

A constatação de prejuízos em um período pode ser absorvida pelos lucros do exercício anterior. Por essa razão, embora o balanço de resultado econômico seja realizado em determinado exercício e não consigne dados de períodos anteriores, deve ser comparado com o anterior para se conhecer a real situação da empresa.

O balanço de resultado econômico acompanhará o balanço patrimonial e dele constarão crédito e débito, na forma da lei especial, cuja aplicação do art. 176 da Lei nº 6.404, de 1976, é a recomendada. Esse dispositivo arrola as demonstrações financeiras que deverão acompanhar o balanço patrimonial.

8.3 REQUISITOS DA ESCRITURAÇÃO

A autenticação dos instrumentos de escrituração é exigência legal, considerada requisito extrínseco da escrituração. Tem por finalidade atribuir segurança aos livros empresariais.

O Código, ao instituir a obrigação de autenticação dos livros obrigatórios antes de serem postos em uso, não avaliou o resultado prático da norma.

O Departamento Nacional de Registro Empresarial e Integração, por meio da Instrução Normativa nº 82/2021,[4] institui os procedimentos para a autenticação dos livros contábeis, hodiernamente em sua maioria digitais.

Possibilitou-se, assim, autenticação anterior ou posterior da escrituração quando se tratar de livros, conjunto de folhas ou folhas contínuas, bem como autenticação posterior quando se tratar de microfichas geradas por microfilmagem de saída direta do computador e de livros digitais.

A autenticação posterior dos documentos de escrituração atende às exigências das escriturações eletrônicas, pois não há como autenticar, antes do uso, as folhas emitidas pelo computador.

Assim, a exigência inserta na regra do art. 1.181 vai contra o avanço tecnológico e cria dificuldades injustificadas, quiçá intransponíveis, ao empresário e à própria Junta Comercial, que certamente continuarão adotando o sistema autorizado nas citadas Instruções Normativas.

Os requisitos intrínsecos da escrituração, por sua vez, são aqueles relacionados à técnica contábil e, segundo o disposto nesse artigo, a escrituração deve ser feita em idioma e moeda corrente nacionais e em forma contábil, seguindo ordem cronológica de dia, mês e ano. Não pode haver intervalos em branco entre as anotações, nem entrelinhas, borrões ou rasuras, emendas ou transportes para as margens (interpolações marginais).

A possibilidade do uso de código de números ou de abreviaturas justifica-se pelo volume de operações realizadas pelas empresas de porte. Feita a opção por esse sistema, torna-se obrigatória a manutenção de livro próprio, regularmente autenticado, o qual conterá a decodificação dos números e esclarecerá o significado das abreviaturas. Sem esse livro auxiliar obrigatório, a adoção do sistema de abreviaturas e códigos desnatura a regularidade da escrituração, sujeitando o empresário aos efeitos da escrituração irregular.

Com a informática, os livros empresariais praticamente foram transportados para o computador, fato que possibilita ao contabilista corrigir erros de conteúdo e forma conservando a regularidade da escrituração.

---

[4] Esta Instrução Normativa consolida as normas e diretrizes gerais acerca dos procedimentos a serem observados para autenticação de que tratam os arts. 32, III, e 39, I, da Lei nº 8.934, de 18 de novembro de 1994, sem prejuízo da legislação específica aplicável à matéria.

Independentemente da forma escolhida para manter a escrituração, certo é que em todos os casos os requisitos intrínsecos e extrínsecos devem ser observados na confecção dos livros para que sejam considerados regulares e surtam o efeito de veracidade do seu conteúdo.

8.4 RESPONSABILIDADE PELA ESCRITURAÇÃO

O contabilista é o profissional com habilitação técnica ou nível superior para a realização da contabilidade, tendo suas atribuições definidas pelo art. 25 do Decreto-lei nº 9.295/96, que podem resumir-se a: (a) organizar e executar os serviços de contabilidade em geral; (b) escriturar os livros de contabilidade obrigatórios e os demais para fins de organização contábil e (c) realizar perícias judiciais ou extrajudiciais e revisões de balanços, bem como atuar tecnicamente na assistência dos empresários.

O art. 1.182 atribui ao contabilista, regularmente inscrito no Conselho Regional de Contabilidade, a confecção e a guarda da escrituração do empresário. No regime anterior ao Código de 2002, essa obrigatoriedade já existia, mas a lei referia-se apenas a "profissional habilitado", não sendo expressamente atribuídas essas funções ao contabilista (art. 3º do Decreto-lei nº 486/69).[5]

A exceção trazida pela regra atinge pequenos centros onde não se encontre contabilista habilitado. Dificilmente essa hipótese será verificada nos dias atuais, mas nosso país tem ainda rincões surpreendentes. Nesse caso, o próprio empresário ou

---

[5] "Empresa individual de responsabilidade limitada – Pequeno porte – Opção pelo sistema do simples nacional – Caso em que a lei exige que haja escrituração do livro-caixa – Autora que não possui tais livros em razão da escrituração contábil através dos Livros Diário e Razão – Notificada à apresentação de tais livros, não foram eles apresentados em tempo oportuno – Legalidade da exclusão do regime do simples nacional e da aplicação da multa – Empresa que não tem só direitos, mas também obrigações – Correção da data fixada retroativamente para a exclusão do simples – Recursos improvidos" (*TJSP* – Ap 1000664-96.2018.8.26.0482, 1-4-2019, Rel. José Luiz Gavião de Almeida).

"Ação monitória – Crédito destinado para a atividade Empresarial – Vulnerabilidade – Inadmissibilidade – Inaplicabilidade do Código de Defesa do Consumidor – Cerceamento de defesa – Inocorrência – Documentos comprobatórios das alegações – Empresária Individual – Obrigação de manter **escrituração contábil** – Art. 1.179 do Código Civil – Descumprimento do art. 396 do CPC/1973 correlato ao art. 434 do CPC – Ônus da prova – Incumbência dos réus – contrato – Desconto de cheques – Capitalização – Cláusula Contratual – Previsão da incidência de dedução de taxa de desconto – Não comprovação da prática comissão de permanência – Cobrança cumulada com outros encargos moratórios – Não demonstração – Apelo dos réus não provido" (*TJSP* – Ap 0000238-26.2012.8.26.0575, 23-9-2016, Rel. Antonio Luiz Tavares de Almeida).

"Apelação. Cautelar de exibição de documentos – Contratos bancários – Sociedade empresária – Dever de manutenção da escrituração regular do livro balancetes diários e balanços – C. Civil, artigos 1.179, 1.184 e 1.186, I. Alegação do descumprimento da lei como fundamento do pedido: impossibilidade jurídica. Responsabilidade pessoal do administrador no desempenho das funções, art. 1.016 do C. Civil. Sentença reformada. Recurso provido" (*TJSP* – Ap 0071759-33.2009.8.26.0576, 22-10-2013, Rel. Maury Bottesini).

preposto de sua confiança poderão confeccionar a escrituração e manter os livros e demais documentos sob sua guarda. Os documentos contábeis são exceção à regra do arquivamento dos atos empresariais.

8.5 O SIGILO DOS LIVROS EMPRESARIAIS

O sigilo dos livros empresariais é a regra. O empresário não está obrigado a exibir os livros empresarias, exceto às autoridades fazendárias (art. 1.193). A manutenção da reserva dos livros empresariais justifica-se porque guarda a história profissional e os negócios da empresa, evitando, ainda, a concorrência desleal.

Destarte, o artigo determina que, exceto nos casos previstos em lei, nenhuma autoridade administrativa, juiz ou tribunal, sob qualquer pretexto, poderá fazer ou ordenar diligência para verificar se o empresário ou a sociedade empresária observam, em seus livros e fichas, as formalidades prescritas em lei. No entanto, em Direito nada é peremptório. Provas concretas de crime podem apontar em outra direção.

A inviolabilidade, desse modo, não pode ser absoluta. Consoante dispõem os arts. 1.191 e 1.192, com maior ou menor amplitude, o sigilo da escrituração pode ser desfeito validamente. Também regras acerca da publicidade das demonstrações financeiras das sociedades por ações e outras imposições especiais vêm abrandando a rigidez do princípio do sigilo ou inviolabilidade da escrituração empresarial.

Essa publicização explica-se em virtude de as informações não se resumirem àquelas contidas na escrituração relativa a interesses privados do empresário, mas a assuntos de relevante interesse da coletividade (REQUIÃO, 2003, p. 186).

8.5.1 Exibição parcial ou total

A exibição parcial ou total dos livros é atenuante da inviolabilidade dos livros e justifica-se em casos restritos a interesses sociocomunitários ou públicos, segundo disposto no art. 1.191. Cuida-se aqui de interesse civil e não criminal, cuja perspectiva é outra.

O pedido de exibição total dos livros terá cabimento quando fundado em questões relativas à sucessão, comunhão ou sociedade, administração ou gestão à conta de outrem, ou em caso de falência. Tais possibilidades legais de exibição integral justificam-se, por exemplo, no caso de sucessão *inter vivos* para transferência de quotas ou ações ou, ainda, no caso de falência, para que o Administrador possa elaborar o laudo contábil a ser apresentado em juízo. Nessas hipóteses, o empresário deve apresentar em juízo toda a escrituração pertinente para exame e eventual perícia, ficando em disponibilidade no cartório durante a pendência judicial.

A exibição parcial, por sua vez, pode ser determinada de ofício ou a requerimento da parte interessada, obrigando a exibição sem desapossamento dos instrumentos de escrituração. A exibição parcial geralmente é feita mediante a extração de certidão com a suma que interessar ao litígio.

O exame dos livros, exceto nas hipóteses de falência e recuperação judicial, em que o empresário tem o dever de entregar os livros no juízo onde se processa a medida, deve ocorrer no domicílio do empresário. A empresa não está obrigada a remover os documentos de escrituração de seu estabelecimento ou do escritório de contabilidade onde mantém a guarda desses livros. Pode o juiz, entretanto, determinar a busca e apreensão para que a exibição ocorra na sede do juízo no caso de ocorrer resistência em exibi-los ou em medida cautelar, a fim de preservar seu conteúdo de futuras alterações (GONÇALVES NETO, 2008, p. 717).

Se a demanda estiver em trâmite em local distinto da sede da empresa, é nesta que se fará a exibição, mediante cumprimento de carta precatória.

O descumprimento da ordem judicial de exibição dos instrumentos de escrituração tem consequências diversas, dependendo da espécie de exibição, se total ou parcial.

Havendo ordem de exibição decorrente de pedido de exibição total dos livros, a recusa ao seu cumprimento importa na apreensão judicial desses documentos. A razão dessa sanção decorre do desconhecimento do conteúdo da escrituração e a consequente necessidade de se verificarem valores de operações, lucros e outros itens da escrituração. No caso de os livros não serem encontrados para apreensão, aplica-se, como se sustenta, a solução para os casos de inexistência ou extravio dos instrumentos da escrituração: procede-se à apreensão de todos os documentos pertinentes que possam ser vistoriados e utilizados para extrair a prova pretendida.

Na hipótese de exibição parcial, a recusa à exibição acarreta a presunção de veracidade dos fatos alegados pela parte contrária. Tal presunção, contudo, não é absoluta e pode ser elidida por outro meio de prova.

8.5.2 Exceção ao sigilo

A regra do sigilo dos livros fiscais não se aplica às autoridades fazendárias, no exercício de sua fiscalização tributária, a teor do disposto no art. 1.193.

A legislação tributária, anterior ao Código, já previa a exibição administrativa dos livros (art. 195 do CTN e art. 33, § 1º, da Lei nº 8.212/91) e encontrou reforço na Súmula nº 439 do STF, segundo a qual estão sujeitos a fiscalização tributária ou previdenciária quaisquer livros comerciais, limitado o exame aos pontos objeto da investigação.

A quebra da inviolabilidade dos livros empresariais pelo ente público funda-se no interesse público de arrecadação de tributos. O Estado sustenta-se da exação e, portanto, para poder controlar a arrecadação ou sonegação, deve ter acesso às operações realizadas pelo empresário.

Mesmo sob essa justificativa e com autorização legal, as autoridades fazendárias responsáveis pela fiscalização não podem proceder a uma devassa na escrituração do empresário, devendo limitar-se ao exame das informações necessárias para o fim que se destina a fiscalização. O empresário fica desobrigado de exibir os livros que contenham informações estranhas ao objeto do procedimento de fiscalização.

As autoridades fazendárias, ainda que autorizadas ao exame dos livros, não podem retê-los ou recolhê-los, porquanto não podem ser removidos do estabelecimento em que se encontram (art. 1.191, § 2º).

É vedada às autoridades fazendárias a divulgação das informações obtidas através do exame dos livros, seja em relação à situação econômica ou financeira dos sujeitos passivos ou de terceiros, seja acerca da natureza e o estado dos negócios ou atividades do empresário (art. 198 do CTN).

8.6 GUARDA E CONSERVAÇÃO DOS LIVROS

A empresa tem o dever de conservar em boa guarda toda a escrituração, correspondência e papéis referentes à exploração de sua empresa. Esse dever estende-se às filiais, sucursais ou agências.

A exigência perdura enquanto não vencidos os prazos de prescrição e decadência das obrigações consignadas nos livros. Não há um prazo prescricional ou decadencial comum e a prática de eliminação quinquenal dos instrumentos de escrituração empresariais não é recomendada.

Os livros empresariais têm caráter probatório se regularmente escriturados. A matéria é também tratada no Código de Processo Civil (arts. 417 e 418). Os livros empresariais fazem prova contra o empresário, cabendo a este o ônus de obter prova em contrário. Também podem fazer prova a favor de seu autor nos litígios entre comerciantes e auxiliam a prova documental no caso de litígio contra não comerciante. Portanto, a guarda e conservação idônea dos livros é medida de extrema importância na vida do empresário.

O Código não trata da perda dos instrumentos de escrituração. Permanece em vigor o art. 10 do Decreto-lei nº 486/69, o qual estabelece que no caso de extravio, deterioração ou destruição dos instrumentos de escrituração, o empresário deverá publicar em jornal de grande circulação do local do seu estabelecimento aviso concernente ao fato, com a comunicação em quarenta e oito horas ao órgão competente do Registro do Comércio.

A justificação judicial é medida aconselhável no caso de perda ou deterioração dos instrumentos de escrituração para evitar que a alegação dessa perda ou destruição dos livros venha a ser posta em dúvida, não afastando a adoção da medida a necessidade de comunicação à Junta Comercial (GONÇALVES NETO, 2008, p. 722).

As sociedades estrangeiras são tratadas no Capítulo II e consoante disposto no art. 1.137, ficam subordinadas às leis e aos tribunais brasileiros, quanto às operações realizadas no Brasil.

Essa regra reforça e particulariza a necessidade de observância da legislação nacional para a elaboração da escrituração, por sociedades estrangeiras que mantenham sucursais, filiais ou agências no Brasil.

Independentemente da exigência do país onde a matriz tem sua sede, a escrituração da sucursal, filial ou agência da sociedade estrangeira autorizada deve atender às disposições da legislação nacional, inclusive as constantes desse capítulo específico da escrituração.

A sociedade estrangeira autorizada deve cumprir, ainda, as obrigações dos arts. 1.140, parágrafo único, e 1.152, § 2º, das quais as sociedades brasileiras são dispensadas.

9

PROPRIEDADE INDUSTRIAL

9.1 TUTELA DA PROPRIEDADE INDUSTRIAL

A atividade da empresa, tipicamente explorada em regime de concorrência, tem relação estreita com a invenção industrial. Isto porque não só as invenções nascem fundamentalmente para a empresa, mas na grande maioria são engendradas e trabalhadas na própria empresa, como resposta à exigência de desenvolvimento tecnológico do negócio (GRAZIANI; MINERVINI; BELVISO, 2007, p. 149).

A tutela da propriedade industrial recai sobre a invenção, o modelo de utilidade, o desenho industrial e a marca. A Lei nº 9.279/96 regula direitos e obrigações relativos à propriedade industrial, com o objetivo de favorecer o desenvolvimento tecnológico e econômico do país. De outra parte, confere direitos exclusivos, a fim de permitir ao empresário identificar seus produtos, serviços ou empresa no mercado concorrencial. Esses bens são a força propulsiva do empresário na selva social onde atua (COTTINO, 2000, p. 303).

A materialização da tutela legal efetua-se mediante: (I) concessão de patentes de invenção e de modelo de utilidade; (II) concessão de registro de desenho industrial; (III) concessão de registro de marca; (IV) repressão às falsas indicações geográficas; (V) repressão à concorrência desleal; e (VI) concessão de registro para jogos eletrônicos.[1]

Os direitos de propriedade industrial são considerados, por ficção legal, bens móveis (art. 5º). São bens complementares que se agregam à empresa para constituir seu patrimônio e conferem ao seu titular o monopólio da exploração juridicamente protegido.

A propriedade industrial, portanto, é estudada como matéria do direito empresarial, em razão da sua íntima ligação com a exploração da empresa.

---

[1] A Lei nº 14.852/2024 criou o marco legal para a indústria de jogos eletrônicos e alterou as Leis nºs 8.313, de 23 de dezembro de 1991, 8.685, de 20 de julho de 1993, e 9.279, de 14 de maio de 1996.

9.2 INVENÇÃO E MODELOS DE UTILIDADE

9.2.1 Titularidade da patente

Patente é um título de propriedade expedido pelo Instituto Nacional de Propriedade Intelectual (INPI), que confere ao titular de invenção ou modelo de utilidade o monopólio de sua exploração, em contrapartida da divulgação de uma invenção.

O direito de exploração da invenção ou de modelo de utilidade é concedido pelo Estado ao seu titular, mediante requerimento feito em nome próprio, pelos herdeiros ou sucessores do autor, pelo cessionário ou por aquele a quem a lei ou o contrato de trabalho ou de prestação de serviços apontar a titularidade. Presume-se, até prova em contrário, a legitimidade do requerente para obter a patente (art. 6º).

Tratando-se de invenção ou modelo de utilidade realizado conjuntamente por duas ou mais pessoas, a patente poderá ser requerida por todos ou qualquer delas, mediante nomeação e qualificação das demais, para a ressalva dos respectivos direitos.

Se dois ou mais autores tiverem realizado a mesma invenção ou modelo de utilidade, de forma independente, o direito de obter patente será assegurado àquele que provar o depósito mais antigo, independentemente das datas de invenção ou criação. Depreende-se dessa regra que o legislador não privilegia a criação, elegendo o critério temporal para atribuir a titularidade. Isso porque sendo a invenção e o modelo de utilidades decorrentes de atividade intelectual, sua prova seria extremamente difícil e conturbada, onerando injustificadamente o procedimento de patenteabilidade.

Havendo retirada de depósito anterior sem produção de qualquer efeito, prioriza-se o depósito imediatamente posterior para atribuir a titularidade.

Tratando-se de invenção ou modelo de utilidade realizado por empregado ou prestador de serviço, pertencerá exclusivamente ao empregador quando decorrerem de contrato de trabalho cuja execução ocorra no Brasil e que tenha por objeto pesquisa ou a atividade inventiva, ou resulte esta da natureza dos serviços para os quais o empregado foi contratado (art. 88). Nesse caso, empregado tem sua remuneração restrita ao salário, salvo se, por disposição contratual em contrário, o empregador, titular da patente, conceder ao empregado participação nos ganhos econômicos resultantes da exploração da patente.

Quando o empregado desenvolver invenção ou modelo de utilidade desvinculado do contrato de trabalho e não decorrente da utilização de recursos, meios, dados, materiais, instalações ou equipamentos do empregador, será ele o titular exclusivo da patente. Mas se utilizar recursos, meios, dados, materiais etc. do empregador, a propriedade de invenção ou de modelo de utilidade será comum, em partes iguais. A situação, por vezes, é de difícil deslinde no caso concreto.

9.2.2 Criações patenteáveis e não patenteáveis

Nem todas as criações intelectuais são suscetíveis de proteção por patente. A concessão de monopólio só se justifica se as vantagens são superiores aos inconvenientes resultantes da livre concorrência (SZALEWSLI; PIERRE, 2007, p. 29). Por essa razão, o legislador subordinou a patenteabilidade a uma série de condições que devem ser observadas para a dedução do pedido.

Objeto de patenteabilidade, segundo a Lei de Propriedade Industrial, são as invenções e os modelos de utilidade. O diploma não define *invenção*, apenas apresenta um rol do que não a considera. Pode-se conceituar invenção como sendo o resultado de uma atuação criativa de espírito humano de realização concreta, podendo consistir em novo produto, ou um novo processo ou meio técnico para obtenção de produtos.

Modelo de utilidade, por sua vez, é o objeto de uso prático, ou parte deste, suscetível de aplicação industrial, que apresente nova forma ou disposição, envolvendo ato inventivo, que resulte em melhoria funcional no seu uso ou em sua fabricação (art. 9º).

O art. 10 da LPI traz um rol do que a lei não considera invenção ou modelo de utilidade. Não se subsumem ao arquétipo legal: I – descobertas, teorias científicas e métodos matemáticos; II – concepções puramente abstratas; III – esquemas, planos, princípios ou métodos comerciais, contábeis, financeiros, educativos, publicitários, de sorteio e de fiscalização; IV – as obras literárias, arquitetônicas, artísticas e científicas ou qualquer criação estética; V – programa de computador em si; VI – apresentação de informações; VII – regras de jogo; VIII – técnicas e métodos operatórios ou cirúrgicos, bem como métodos terapêuticos ou de diagnóstico, para aplicação no corpo humano ou animal; e IX – o todo ou parte de seres vivos naturais e materiais biológicos encontrados na natureza, ou ainda dela isolados, inclusive genoma ou germoplasma de qualquer ser vivo natural e os processos biológicos naturais.

As razões encontradas pelo legislador para excluir da tutela industrial essas invenções e modelos de utilidade são variadas. Por faltar-lhes aplicação industrial, estão agrupados os incisos I, II, III e VI; por encontrarem-se tutelados como direito de autor, encontra-se o disposto nos incisos IV e V, por exemplo.

O art. 18, por sua vez, exclui a possibilidade de patenteabilidade por considerar contrárias ao interesse do Estado: I – o que for contrário à moral, aos bons costumes e à segurança, à ordem e à saúde pública; II – as substâncias, matérias, misturas, elementos ou produtos de qualquer espécie, bem como a modificação de suas propriedades físico-químicas e os respectivos processos de obtenção ou modificação, quando resultantes de transformação do núcleo atômico; e III – o todo ou parte dos seres vivos, exceto os microorganismos transgênicos que atendam aos três requisitos da patenteabilidade – novidade, atividade inventiva e aplicação industrial – previstos no art. 8º e que não sejam mera descoberta. Os microorganismos transgênicos são considerados pela lei organismos, exceto no todo ou em parte de plantas ou de animais, que expressem, mediante intervenção humana direta em sua composição genética, uma característica normalmente não alcançável pela espécie em condições naturais.

9.2.3 Requisitos da patenteabilidade

A lei subordina a concessão da patenteabilidade à cumulação de três requisitos: novidade, atividade inventiva e aplicação industrial (art. 8º).

Uma invenção é considerada nova se não está compreendida no "estado da técnica", considerando-se este como o conjunto de informações acessíveis ao público antes da data do pedido de patente no qual se discute a novidade. Informação pertencente ao estado da técnica é uma anterioridade que destrói a novidade da invenção patenteável (SZALEWSKI; PIERRE, 2007, p. 42).

Excepcionalmente uma informação pode destruir a novidade, apesar de não ser acessível ao público na data do depósito do pedido de patente. É o caso de uma invenção ser objeto de dois pedidos de patente sucessivos, sendo que o primeiro não foi ainda publicado na data do segundo, não podendo ser considerado, assim, como anterioridade. Trata-se da chamada "dupla patenteabilidade" e pode ser resolvida considerando-se como incluído no estado da técnica o conteúdo do primeiro pedido, mesmo não publicado na data do depósito do segundo.

Entretanto, não será considerada como estado da técnica a divulgação de invenção ou modelo de utilidade, quando ocorrida durante os doze meses precedentes ao depósito ou a prioridade do pedido de patente se promovida pelo inventor, pelo INPI através de publicação oficial do pedido ou por terceiros, com base em informações obtidas direta ou indiretamente do inventor ou em decorrência de atos por este realizado.

Atividade inventiva é aquela que para um técnico não decorra de maneira evidente ou óbvia do estado da técnica, tratando-se de invenção ou, no caso de modelo de utilidade, não decorra de maneira comum ou vulgar do estado da técnica (arts. 13 e 14).

A invenção e o modelo de utilidade são considerados suscetíveis de aplicação industrial quando possam ser utilizados ou produzidos em qualquer tipo de indústria. Hipóteses de não aplicação industrial encontram-se agrupadas no art. 10, nos incisos I, II, III e VI, já citados.

9.2.4 Procedimento da patenteabilidade

O procedimento da patenteabilidade tem início com a apresentação do pedido junto ao INPI, contendo os requisitos do art. 19, sendo imprescindível definir precisa e claramente as características técnicas da criação a serem protegidas.

Apresentado o pedido, será submetido a exame formal preliminar e, se devidamente instruído, será protocolizado, considerada a data de depósito a da sua apresentação. Não cumpridas as exigências, é assinalado prazo de 30 dias para retificações ou complementação, findo o qual sem o atendimento das providências, procede-se ao arquivamento.

Realizado o depósito, é instaurado o período de sigilo por 18 meses, podendo ser antecipado a requerimento do depositante, uma vez exaurido esse prazo, o pedido é publicado na *Revista da Propriedade Industrial*, órgão oficial do INPI. A publicação é excepcionada em razão do sigilo de interesse à defesa nacional (art. 75). Há invenções bélicas, por exemplo, que não podem ser divulgadas.

Publicado o pedido de patente e até o final do exame, é facultada a apresentação pelos interessados de novos documentos e informações com subsídios para o exame que será iniciado após decorrer 60 dias da data da publicação. Cumpre ao depositante ou a qualquer interessado requerer o exame no prazo de 36 meses, contados da data do depósito, sob pena de arquivamento.

Requerido o exame, é aberto prazo de 60 dias para regularização do processo, realização de buscas de anterioridade, traduções simples e reivindicações de prioridade. Por ocasião do exame técnico, será elaborado o relatório de busca e parecer relativo à patenteabilidade do pedido; adaptação do pedido à natureza reivindicatória; reformulação do pedido ou divisão ou exigências técnicas.

Quando o parecer for pela não patenteabilidade ou pelo não enquadramento do pedido na natureza reivindicada, o depositante será intimado para manifestar-se em 90 dias. Não respondida essa exigência, o pedido será definitivamente arquivado. Com resposta, ainda que não cumprida, ou contestada sua formulação, e havendo ou não manifestação sobre a patenteabilidade ou o enquadramento, dar-se-á prosseguimento ao exame.

Concluído o exame, será proferida decisão deferindo ou indeferindo o pedido de patente. Concedida a patente, o interessado deve pagar a retribuição correspondente, em até 60 dias da data do deferimento. Não ocorrendo o pagamento no prazo legal, prorroga-se por mais 30 dias, independentemente de notificação, sob pena de arquivamento definitivo. Da não concessão da patente cabe recurso com efeitos suspensivo e devolutivo no prazo de 60 dias ao Presidente do INPI. A decisão final pela não concessão é irrecorrível, restando a via judicial.

9.2.5 Efeitos da patente

Efeito primordial da patente é o direito do seu titular impedir que terceiro, sem o seu consentimento, produza, use, coloque à venda, venda ou importe com esse propósito produto objeto de patente ou processo, ou produto diretamente por processo patenteado. Também lhe confere direito de impedir que terceiros contribuam para que outros pratiquem esses atos[2].

Ao titular da patente é assegurado, ainda, o direito de obter indenização pela exploração indevida de seu objeto, inclusive em relação à exploração ocorrida entre a data da publicação do pedido e a da concessão da patente.

A proteção conferida pela patente tem vigência por 20 anos quando se tratar de invenção e 15 anos para modelo de utilidade.

A patente ou o pedido de patente são transferíveis total ou parcialmente por ato *inter vivos* ou em virtude de sucessão, devendo ser averbada no INPI para que produza os efeitos legais de transferência da titularidade.

Além do direito de cessão, o titular da patente ou do pedido de patente pode celebrar contrato de licença para que terceiro explore a invenção ou o modelo de utilidade, sendo imprescindível a averbação da licença no INPI para que produza efeitos em relação a terceiro.

---

[2] Ação indenizatória por violação de patente só pode ser ajuizada após a sua concessão pelo INPI, disponível em: https://www.stj.jus.br/sites/portalp/Paginas/Comunicacao/Noticias/2023/05092023--Acao-indenizatoria-por-violacao-de-patente-so-pode-ser-ajuizada-apos-a-sua-concessao-pelo--INPI.aspx. Acesso em: 10.01.2024.

Por outro lado, o titular da patente ficará sujeito a ter a patente licenciada compulsoriamente se exercer os direitos dela decorrentes de forma abusiva, ou por meio dela praticar abuso de poder econômico, comprovado nos termos da lei, por decisão administrativa ou judicial.

Com a extinção da patente, pela expiração do prazo de vigência, pela renúncia de seu titular, pela caducidade ou por falta de pagamento anual da retribuição, o seu objeto cai em domínio público (art. 78), sendo, entretanto, restaurável mediante pedido no prazo legal (art. 87).

9.3 DESENHOS INDUSTRIAIS

Considera-se desenho industrial para fins de tutela a forma plástica ornamental de um objeto ou o conjunto ornamental de linhas e cores que possa ser aplicado a um produto, proporcionando resultado visual novo e original na sua configuração externa e que possa servir de tipo de fabricação industrial (art. 95).[3]

---

[3] "Desenho industrial – Inibitória c/c indenizatória – Autores que, com lastro em registro de desenho industrial junto ao INPI, requerem seja a ré inibida de fabricar e comercializar poltrona que se utiliza de seu desenho registrado – Registro em questão, entretanto, que, administrativamente, durante o curso da presente demanda judicial, foi reconhecido como nulo pelo INPI, por violação ao **art. 95 da Lei nº 9.279/96** – Questionamento judicial dos autores, junto ao judiciário federal, em relação a referido reconhecimento administrativo da nulidade do registro, que não gera qualquer tipo de prejudicialidade externa em relação ao presente feito – *Decisum* mantido – Apelo não provido, com observação" (TJSP – Ap 1001461-20.2022.8.26.0260, 24-5-2024, Rel. Rui Cascaldi).

"Agravo de instrumento. Ação declaratória de não infração c.c. indenizatória. Deferimento parcial da tutela de urgência. Recurso conhecido em parte, e desprovido na parte conhecida. Agravo de instrumento. Ação declaratória de não infração c.c. indenizatória. Deferimento parcial da tutela de urgência. Insurgência da corré. Efeito suspensivo indeferido. 1. Preliminares de ilegitimidade passiva, prejudicialidade externa e incompetência da justiça estadual. Falta de apreciação pelo Juízo da origem. Descabido o seu conhecimento, pena de supressão de instância. 2. Deferimento parcial da tutela de urgência. Manutenção. **Registro de desenho industrial** concedido automaticamente pelo INPI, sem análise do mérito. Arts. 106 e 111 da LPI. Ausente prova de originalidade e novidade dos desenhos, nos termos dos arts. 95 a 98 da LPI. Agravada que foi impedida de comercializar seus produtos em plataforma da internet. Presentes os requisitos do art. 300 do CPC que fundamentam a concessão da tutela de urgência. Jurisprudência. Recurso conhecido em parte e desprovido na parte conhecida" (TJSP – AI 2128388-81.2023.8.26.0000, 5-9-2023, Rel. J.B. Paula Lima).

"Ação de obrigação de não fazer cumulada com indenizatória. Propriedade industrial. **Desenho industrial**. Contrafação. Comprovação. Honorários advocatícios. Manutenção. Honorários recursais. I. No caso, a autora é titular da marca 'Ipanema', possuindo registro do desenho industrial (DI) referente à configuração aplicada em chinelo, com data de concessão em 03.07.2012. Postula a abstenção da ré em comercializar produto que afirma ser idêntico ao seu, além de indenização por lucros cessantes. II. O direito de propriedade industrial está protegido pela constituição federal e pela lei de propriedade industrial. Inteligência do art. 5º, inciso XXIX, da Carta Magna e do art. 2º, inciso V e 95, da Lei nº 9.279/1996 (lei da propriedade industrial). III. Hipótese em que a própria demandada reconhece a violação ao desenho industrial, sustentando, no entanto, que apenas comercializava o produto contrafeito, fabricado por outra empresa, que, por sua vez, deveria ser

Além do requisito da novidade, já mencionado, de linhas idênticas quanto a sua conceituação e aplicação em relação aos desenhos industriais, exige-se originalidade do desenho, considerada quando dele resulte uma configuração visual distintiva, em relação

---

responsabilizada. Contudo, o ato ilícito decorre não apenas da fabricação do produto contrafeito, mas, também, da sua exposição e comercialização ao mercado, sem distinção do elemento volitivo, ou seja, da boa-fé daquele que o pratica, nos termos do art. 188, da lei nº 9.279/96. IV. Portanto, considerando que a autora comprovou, suficientemente, os fatos constitutivos de seu direito, a teor do art. 373, I, do CPC, não há falar em culpa exclusiva de terceiro, ou defender, nesta hipótese, a ausência de má-fé por parte da requerida, devendo ser mantida a sua responsabilização pela comercialização dos produtos (chinelos) que violaram o desenho industrial. Dessa forma, deve ser mantida a tutela inibitória para determinar que a ré se abstenha de distribuir, comercializar, sob qualquer meio e modo, todo e qualquer produto que copie e imite aquele fabricado pela demandante. V. Quanto aos lucros cessantes, estes foram calculados de acordo com o proveito econômico obtido pela ré com a violação do desenho industrial de titularidade da autora, em observância ao número de produtos (chinelos) adquiridos junto a terceiro, nos termos do inciso II, do art. 210, da Lei nº 9.279/1996. A seu turno, a requerida sequer impugnou, fundamentadamente, o quantum indenizatório fixado na sentença, ou indicou o valor que entendia devido quanto aos lucros cessantes, calculado conforme os seus próprios livros contábeis. Assim, vai mantida a condenação por lucros cessantes, em conformidade à sentença. VI. Manutenção dos honorários advocatícios do procurador da autora, observados os limites do art. 85, § 2º, do CPC, e para afastar o aviltamento da atividade da advocacia. VII. De acordo com o art. 85, § 11, do CPC, ao julgar recurso, o tribunal deve majorar os honorários fixados anteriormente ao advogado vencedor, levando em conta o trabalho adicional realizado em grau recursal, observados os limites estabelecidos nos §§ 2º e 3º para a fase de conhecimento. Apelação desprovida" (*TJRS* – Ap 50003114320138210048, 31-5-2023, Rel. Jorge André Pereira Gailhard).

"**Desenho industrial** – Ação inibitória e indenizatória – Cadeiras de Escritório – Reprodução de desenho industrial registrado – Decreto de procedência – Reconhecimento posterior da nulidade dos registros do desenho industrial objeto da demanda em sede administrativa, pelo INPI, dada violação ao art.95 da Lei 9.279/1996 – Fato novo – Propriedade industrial desconstituída, não se podendo mais admitir a obrigação de não fazer e o dever de indenizar afirmados em primeira instância – Concorrência desleal, também, descaracterizada – Improcedência – Inversão do ônus sucumbenciais – Apelo das rés provido, prejudicado o recurso adesivo" (*TJSP* – AP 1035370-87.2018.8.26.0100, 15-12-2021, Rel. Fortes Barbosa).

"**Propriedade Industrial** – Desenho Industrial – Demanda condenatória em dever de abstenção, ajuizada por sociedade depositante de pedidos de registro de desenhos industriais relativos a estampas aplicáveis a máscaras cirúrgicas descartáveis. Invocação de direito de exclusividade. Alegação de reprodução indevida por parte da ré. Descabimento. Depósito do pedido de registro que não confere ao depositante direito de exclusividade quanto ao desenho industrial. Inteligência do art. 109 da Lei nº 9.279/96. Precedentes das C. Câmaras Reservadas de Direito Empresarial. Pedidos de registro que, após o ajuizamento da demanda, foram arquivados pelo INPI. Violação a direito de propriedade industrial não caracterizada. Inexistência por outro lado de elementos concretos indicativos de tentativa de aproveitamento parasitário ou de captação indevida de clientela. Expressa indicação da empresa fabricante, na embalagem do produto da ré, que torna remota a possibilidade de os consumidores o confundirem com o desenvolvido pela autora, ou mesmo de o associarem a esta última. Concorrência desleal não caracterizada. Sentença que julgou a autora carecedora de ação pela falta da propriedade dos registros. Solução que, na verdade, envolveu apreciação do mérito da pretensão inicial. Pedido inibitório improcedente. Retificação da conclusão da sentença, com adequação da fundamentação jurídica. Apelo da autora não provido, com observação" (*TJSP* – AC 1003889-10.2014.8.26.0533, 3-5-2019, Rel. Fabio Tabosa).

a outros objetos anteriores. Nesse sentido, cumpre realçar a lição do consagrado Gama Cerqueira (1946, p. 317):

> *"Os desenhos e modelos devem revestir-se de certa originalidade para fazerem jus à proteção legal. Os desenhos e modelos são protegidos como criações intelectuais e o direito que a lei assegura aos seus autores origina-se do fato da criação, tendo o mesmo fundamento que o direito dos inventores e dos autores de obras literárias e artísticas. Daí a necessidade de ser o desenho ou modelo 'original', pois seria injusto conferir-se a qualquer pessoa direito exclusivo sobre coisas que não resultaram de seu trabalho e pertencem ao domínio público ou ao patrimônio comum das artes e das indústrias."*

Charles Édouard Jeanneret-Gris, ou simplesmente, Le Corbusier, surpreendeu Paris ao apresentar no Salão de Outono de Paris de 1929 sua famosa e hoje conhecida *Chaise Le Corbusier*. A originalidade do desenho segue as linhas naturais do corpo numa estrutura de metal e couro. O início do século XX foi marcado pela originalidade dos desenhos no setor de mobília, como, por exemplo, as cadeiras Wassily, Egg e Swan, desenhos que não gozam mais de proteção pelo decurso do registro e que servem de inspiração para outras criações e mesmo para reprodução em massa.

Mas o resultado visual original pode, inclusive, decorrer da combinação de elementos conhecidos. Nesse sentido, Tinoco Soares (1997, p. 98) observa que

> *"original é o feito sem modelo, que tem caráter próprio, não obstante possa até ser composto de elementos conhecidos e assim será porque hoje em dia, na grande e irrecusável realidade, o que se encontra é a adaptação do existente, posto que original mesmo, ao que tudo indica, só se verificou em longínquo passado".*

Exemplo de um número expressivo de adaptações de desenhos industriais decorrem dos modelos de poltronas 'Esteirinha' e 'Dar', criadas pelo casal Charles e Ray Eames.

Não haverá originalidade quando se tratar de forma necessária comum ou vulgar do objeto ou, ainda, aquela determinada essencialmente por considerações técnicas ou funcionais.

Com o advento da internet e a expansão das mídias sociais, é corriqueira a criação de produtos utilizando essas formas vulgares, como, por exemplo, desenhos de corações e frases estrangeiras em louças. Vozes desinformadas que operam e titularizam perfis em redes sociais puxam para si a criação como se contassem com originalidade ao inserir um desenho de coração em uma xícara. Parece um fato insignificante, mas muitos desses conflitos já chegaram aos Tribunais.

A vulgarização dos institutos levadas a cabo por meio das mídias sociais é um reflexo da desinformação do internauta que hodiernamente se socorre de informações equivocadas publicadas na própria rede.

Importante salientar que obra de arte não é considerada desenho industrial, em razão de seu caráter puramente artístico, sendo tutelada como criação artística pelo direito do autor. O desenho industrial tem função utilitária e não meramente estética ou decorativa como a obra de arte.

O desenho industrial não é patenteável e sim registrável, consoante opção legislativa, sendo seu procedimento legal composto de quatro fases: (a) pedido (arts. 101, 104 e 105); (b) exame formal (art. 102), (c) processamento e decisão (arts. 103 e 106) e (d) recurso.

Os efeitos da concessão do registro são os mesmos conferidos pela patenteabilidade da invenção e do modelo de utilidade. Sua vigência é de dez anos contados da data do depósito, prorrogável por três períodos sucessivos de cinco anos cada (art. 108). No demais, aplicam-se as disposições gerais da propriedade industrial.

9.4 MARCAS. CONCEITO E REQUISITOS

A marca é o sinal distintivo do produto. Comumente se diz que a marca é um indicador de proveniência, no sentido que exprime a ligação com o produto de uma empresa. Nesse sentido, quanto mais a marca exercita uma sugestão em si, tanto mais é provável que se coloque essencial e precipuamente como sinal distintivo do produto, como uma qualidade.

Uma marca bem trabalhada, objeto de publicidade prudente e persuasiva opera como fator de estímulo a aquisição do produto, não só porque atesta direta ou indiretamente sua qualidade, mas porque é vista como uma honra do produto (ABRIANI; COTTINO; RICOLFI, 2001, p. 24).

Para ser tutelada como marca, a entidade abstratamente suscetível de registro individual descrita anteriormente deve conter cumulativamente determinados requisitos de validade: (a) capacidade distintiva; (b) licitude; (c) verdade e (d) novidade.

A capacidade distintiva ou originalidade refere-se à aptidão de transmitir ao produto ou serviço um *plus* adicional relacionado a uma fonte produtiva ou distributiva. Vários são os símbolos desprovidos de tal capacidade por indicarem a denominação genérica do produto ou a simples indicação descritiva, de outro lado, por se originarem do uso comum de linguagem. O citado art. 124 alberga vários desses símbolos, razão pela qual os exclui do registro como marca. Não se pode considerar como idôneo para constituir marca, por exemplo, a palavra *medicamento* para designar um fármaco, ou as expressões de uso comum de linguagem como *standard* e *super*.

A licitude decorre da formação da marca por sinais registráveis nos termos da LPI, que considera suscetíveis de registro como marca os sinais distintivos visualmente perceptíveis, não compreendidos nas proibições legais (art. 122). Os sinais excluídos do registro são os enumerados no art. 124:

> I – brasão, armas, medalha, bandeira, emblema, distintivo e monumento oficiais, públicos, nacionais, estrangeiros ou internacionais, bem como a respectiva designação, figura ou imitação;
>
> II – letra, algarismo e data, isoladamente, salvo quando revestidos de suficiente forma distintiva;
>
> III – expressão, figura, desenho ou qualquer outro sinal contrário à moral e aos bons costumes ou que ofenda a honra ou imagem de pessoas ou atente contra liberdade de consciência, crença, culto religioso ou ideia e sentimento dignos de respeito e veneração;

IV – designação ou sigla de entidade ou órgão público, quando não requerido o registro pela própria entidade ou órgão público;

V – reprodução ou imitação de elemento característico ou diferenciador de título de estabelecimento ou nome de empresa de terceiros, suscetível de causar confusão ou associação com estes sinais distintivos;

VI – sinal de caráter genérico, necessário, comum, vulgar ou simplesmente descritivo, quando tiver relação com o produto ou serviço a distinguir, ou aquele empregado comumente para designar uma característica do produto ou serviço, quanto à natureza, nacionalidade, peso, valor, qualidade e época de produção ou de prestação do serviço, salvo quando revestidos de suficiente forma distintiva;

VII – sinal ou expressão empregada apenas como meio de propaganda;

VIII – cores e suas denominações, salvo se dispostas ou combinadas de modo peculiar e distintivo;

IX – indicação geográfica, sua imitação suscetível de causar confusão ou sinal que possa falsamente induzir indicação geográfica;

X – sinal que induza a falsa indicação quanto à origem, procedência, natureza, qualidade ou utilidade do produto ou serviço a que a marca se destina;

XI – reprodução ou imitação de cunho oficial, regularmente adotada para garantia de padrão de qualquer gênero ou natureza;

XII – reprodução ou imitação de sinal que tenha sido registrado como marca coletiva ou de certificação por terceiro, observado o disposto no art. 154;

XIII – nome, prêmio ou símbolo de evento esportivo, artístico, cultural, social, político, econômico ou técnico, oficial ou oficialmente reconhecido, bem como a imitação suscetível de criar confusão, salvo quando autorizados pela autoridade competente ou entidade promotora do evento;

XIV – reprodução ou imitação de título, apólice, moeda e cédula da União, dos Estados, do Distrito Federal, dos Territórios, dos Municípios, ou de país;

XV – nome civil ou sua assinatura, nome de família ou patronímico e imagem de terceiros, salvo com consentimento do titular, herdeiros ou sucessores;

XVI – pseudônimo ou apelido notoriamente conhecidos, nome artístico singular ou coletivo, salvo com consentimento do titular, herdeiros ou sucessores;

XVII – obra literária, artística ou científica, assim como os títulos que estejam protegidos pelo direito autoral e sejam suscetíveis de causar confusão ou associação, salvo com consentimento do autor ou titular;

XVIII – termo técnico usado na indústria, na ciência e na arte, que tenha relação com o produto ou serviço a distinguir;

XIX – reprodução ou imitação, no todo ou em parte, ainda que com acréscimo, de marca alheia registrada, para distinguir ou certificar produto ou serviço idêntico, semelhante ou afim, suscetível de causar confusão ou associação com marca alheia;

XX – dualidade de marcas de um só titular para o mesmo produto ou serviço, salvo quando, no caso de marcas de mesma natureza, se revestirem de suficiente forma distintiva;

XXI – a forma necessária, comum ou vulgar do produto ou de acondicionamento, ou, ainda, aquela que não possa ser dissociada de efeito técnico;

XXII – objeto que estiver protegido por registro de desenho industrial de terceiro; e

XXIII – sinal que imite ou reproduza, no todo ou em parte, marca que o requerente evidentemente não poderia desconhecer em razão de sua atividade, cujo titular seja sediado ou domiciliado em território nacional ou em país com o qual o Brasil mantenha acordo ou que assegure reciprocidade de tratamento, se a marca se destinar a distinguir produto ou serviço idêntico, semelhante ou afim, suscetível de causar confusão ou associação com aquela marca alheia.

O requisito da veracidade é extraído das disposições dos incisos X, XIII, XVII e XXIII, que se resumem a proibição de registro de marca que contenha indicação enganosa para o público. A marca não pode ser idônea a induzir o destinatário do bem ou serviço a engano quanto a proveniência ou procedência do produto ou serviço, sua qualidade ou natureza. A "confusão" pode ser causada pelo uso de elementos similares de cores, formas e expressões de outra marca, mas o "potencial enganoso" deve ser avaliado levando-se em consideração o consumidor médio.

Último requisito de validade da marca é a novidade, que ocorre quando a marca não é idêntica ou similar à marca anterior de um terceiro e os produtos ou serviços a que se refere, para os quais é solicitada a proteção não sejam idênticos ou similares àquele para o qual a marca anterior é tutelada. É vedado o registro da marca que possua identidade ou semelhança com outra e que por afinidade de mercado de bens ou serviços possa determinar um risco de confusão para o público, podendo consistir na associação entre as marcas (ABRIANI; COTTINO; RICOLFI, 2001, p. 54).

O mercado concorrencial, infelizmente, é alimentado pela malícia, sendo a marca um instrumento potencialmente mascarador de práticas de angariação desleal de clientela, especialmente pelo uso de expedientes aptos a causar confusão no consumidor quando da aquisição de produtos ou serviços.

9.4.1 Classificação e apresentação da marca

As espécies de marcas catalogadas pelo legislador são: marca de produto ou serviço, marca de certificação e marca coletiva (art. 123); marca de alto renome (art. 125) e marca notória (art. 126).

Marca de produto ou serviço é aquela usada para distinguir produto ou serviço de outro idêntico, semelhante ou afim, de origem diversa, como por exemplo, EMBRATUR Turismo, NOKIA Celulares.

Marca de certificação é a usada para atestar a conformidade de um produto ou serviço com determinadas normas ou especificações técnicas, notadamente quanto à qualidade, natureza, material utilizado e metodologia empregada. É a chamada marca de garantia instituída por setores com o fim de atestar a conformidade do produto ou serviço dentro de padrões da qualidade relevantes. Exemplos podem ser citados: Associação Brasileira da Indústria do Café (ABIC), Instituto Nacional de Metrologia, Normalização e Qualidade Industrial (INMETRO).

Coletiva é a marca usada para identificar produtos ou serviços provindos de membros de uma determinada entidade. Essa espécie de marca traz ínsita a ideia de garantia no ânimo do consumidor e pode, assim, constituir instrumento publicitário eficiente da categoria. A marca coletiva congrega empresários de um determinado produto, ou de certa região, como ocorre com *Spumanti di Asti, Prosciutto di Parma* ou, no Brasil, COTRIGUAÇU Cooperativa Central.

Marca notoriamente conhecida é aquela que em seu ramo de atividade, nos termos do art. 6º *bis* (I) da Convenção de Paris para Proteção da Propriedade Industrial, goza de proteção especial, independentemente de estar previamente depositada ou registrada no Brasil. É a marca que não necessita de registro ou qualquer outra formalidade porque o que é notório já é do conhecimento geral. As marcas que assim são consideradas, destaca José Carlos Tinoco Soares (1997, p. 2004),

> *"muitas vezes perdem o seu efetivo valor pelo uso inadequado, levando-as à generalização, como já ocorreu para com as marcas: Victrola, Electrola, Vaseline, Escalator, Bakeline etc., e outras estão seguindo esse caminho, como a 'Xerox', a 'Isopor', a 'Teflon', se cuidados não forem tomados de imediato".*

De igual, a Danone e Cotonetes.

A marca de alto renome difere da notoriamente conhecida na sua extensão de aplicação, porque é conhecida além dos limites do segmento do público consumidor do produto; é conhecida pela universalidade dos consumidores, mesmo os não relacionados à atividade comercial conexa ao produto que ela assinala. Exemplos de marcas de alto renome são Coca-Cola, Pepsi-Cola, Pirelli, Moça (Nestlé), Gillette, entre outras.

Quanto à sua forma de apresentação ou ao seu conteúdo, as marcas podem ser nominativa, figurativa, mista ou tridimensional.

Marca nominativa é a constituída por uma ou mais palavras do alfabeto, compreendendo também os neologismos e nomes pessoais, como, por exemplo, Fiat, McDonald's, Nívea e Nescafé. Figurativa é a marca constituída por imagem, figura ou qualquer forma estilizada de número e letra, como Lacoste (jacaré), ou Apple (maçã).

A marca mista é constituída pela combinação de elementos nominativos e elementos figurativos, como ocorre com o Guaraná Antarctica, Ponto Frio, Pão de Açúcar e FGV. Tridimensional, por sua vez, é a marca que se refere à forma do produto ou de sua confecção, a embalagem propriamente, como uma caneta BIC, Citroën e CNN, por exemplo, cuja forma tem capacidade distintiva em si mesma.

9.4.2 Titularidade e proteção

A legitimação para requerer o registro da marca é atribuída às pessoas físicas ou jurídicas de direito público ou de direito privado (art. 128). As pessoas de direito privado só podem requerer o registro de marca relativo à atividade que exerçam efetiva e licitamente, de modo direto ou por empresas que controlem direta ou indiretamente, declarando, no próprio requerimento, essa condição.[4]

---

[4] Danos morais gerados a pessoa jurídica por venda de produtos falsificados podem ser presumidos, decide Terceira Turma. Disponível em: https://www.stj.jus.br/sites/portalp/Paginas/Comunicacao/

O registro da marca coletiva só pode ser requerido por pessoa jurídica representativa da coletividade, a qual poderá exercer atividade distinta da de seus membros. Essa disposição decorre do próprio conceito de marca coletiva porque ela constitui interesse de mais de uma ou de um grupo de empresas, que façam uso comum da mesma marca. Dentre as pessoas jurídicas que podem requerer o registro da marca coletiva se destacam as cooperativas, associações, entidades e outras (SOARES, 1982, p. 9-27).

No tocante à marca de certificação, seu registro só pode ser requerido por pessoa sem interesse comercial ou industrial direto no produto ou serviço atestado, dada sua natureza atributiva de padrões de qualidade (ISO).

Ao titular da marca ou ao depositante é assegurado o direito de fazer uso exclusivo da marca para distinguir produtos ou serviços, objeto de sua atividade de produção ou troca. Nesse sentido, tem a prerrogativa de ceder seu registro ou pedido de registro, desde que o cessionário atenda os requisitos legais respectivos. A cessão deverá compreender todos os registros ou pedidos, em nome do cedente, de marcas iguais ou semelhantes, relativas a produto ou serviço idêntico, semelhante ou afim, sob pena de cancelamento dos registros ou arquivamento dos pedidos não cedidos.

Ainda, é direito do titular da marca ou depositante licenciar seu uso (art. 139) e zelar pela sua integridade material ou reputação. Havendo ameaça ou violação da integridade material ou reputação da marca, seu titular dispõe de mecanismos de tutela específica para afastar a ameaça ou remover o ilícito. A propriedade industrial não guarda relação com a tutela ressarcitória, sendo essencialmente extrarressarcitória. Nesse sentido, a tutela inibitória tem se mostrado eficiente para colocar o titular do direito na mesma posição que estaria se não houvesse a ameaça ou violação do direito tutelado.

O titular da marca, entretanto, não poderá:

> I – impedir que comerciantes ou distribuidores utilizem sinais distintivos que lhes são próprios, juntamente com a marca do produto, na sua promoção e comercialização;
>
> II – impedir que fabricantes de acessórios utilizem a marca para indicar a destinação do produto, desde que obedecidas as práticas leais de concorrência;
>
> III – impedir a livre circulação de produto colocado no mercado interno, por si ou por outrem com seu consentimento, com as ressalvas legais; e
>
> IV – impedir a citação da marca em discurso, obra científica ou literária ou qualquer outra publicação, desde que sem conotação comercial e sem prejuízo para seu caráter distintivo.

Noticias/05102020-Danos-morais-gerados-a-pessoa-juridica-por-venda-de-produtos-falsificados--podem-ser-presumidos--decide.aspx-.

Marca famosa sem alto renome não impede registro em segmento distinto com base na proteção contra diluição. Disponível em: https://www.stj.jus.br/sites/portalp/Paginas/Comunicacao/Noticias/25102021-Marca-famosa-sem-alto-renome-nao-impede-registro-em-segmento-distinto--com-base-na-protecao-contra-diluicao.aspx.

9.4.3 Perda dos direitos

O registro da marca se extingue pela *expiração do prazo* de vigência. O registro da marca vigorará pelo prazo de dez anos, contados da data da concessão do registro, prorrogável por períodos iguais e sucessivos.

Também é causa de extinção do registro a *renúncia*, total ou parcial, em relação aos produtos ou serviços assinalados pela marca. Nessa hipótese, não obstante configure causa voluntária, é preciso que a renúncia seja formulada junto ao INPI pelo seu titular ou, no caso de procurador, dispor de poderes específicos para esse fim.

A terceira causa de extinção da marca ocorre pela *caducidade*, pela não utilização no Brasil ou pela interrupção do seu uso por mais de cinco anos consecutivos, ou se, no mesmo prazo, a marca tiver sido usada com modificação que implique alteração de seu caráter distintivo original. A justificação do desuso devidamente lastreada elide a caducidade. O uso da marca deverá compreender produtos ou serviços constantes do certificado, sob pena de caducar parcialmente o registro em relação aos não semelhantes ou afins daqueles para os quais a marca foi comprovadamente usada.

Embora não enumerada expressamente como causa de extinção, a declaração de *nulidade do registro* (art. 167) também se insere nesse rol. Considera-se nulo o registro quando concedido em desacordo com as disposições da LPI, podendo a nulidade ser parcial ou total, sendo condição para a nulidade parcial o fato de a parte subsistente poder ser declarada registrável.

Interessante hipótese de extinção da marca aparece no direito italiano: trata-se da vulgarização *(volgarizzazione)* da marca que ocorre quando ela se transforma em denominação genérica de um produto ou serviço, perdendo, assim, sua capacidade distintiva. Foi o caso da marca *Cellophane*, cuja vulgarização foi declarada da Cass. 11 decembre 1978, nº 5.833 (GRAZIANI; MINERVINI; BELVISO, 2007, p. 103).

9.5 INDICAÇÕES GEOGRÁFICAS

Constitui indicação geográfica a sinalização de procedência ou a denominação de origem. A indicação geográfica visa, principalmente, distinguir a origem de um produto ou serviço, por diferenciada qualidade ou método de manufatura, ou a fama de uma área geográfica pela comercialização ou obtenção de determinado produto, como a região de *Champagne*.

De acordo com a Lei nº 9.279/96, as indicações geográficas podem ser classificadas em uma simples dicotomia: (a) denominação de origem; ou (b) indicação de procedência.

A indicação de procedência aponta determinada área geográfica que se tenha tornado conhecida como centro de extração, produção ou fabricação de determinado produto ou de prestação de determinado serviço, como, por exemplo: região de Franca (SP), para calçados.

A denominação de origem, por sua vez, é caracterizada por uma área geográfica delimitada, precisamente demarcada, produtora de determinado produto influenciado por suas características geográficas, meteorológicas e humanas. Exemplos de denominação de origem temos em Champagne, Bordeaux, Parma.

A primeira indicação geográfica genuinamente brasileira foi concedida ao Vale dos Vinhedos, conhecida região da Serra Gaúcha produtora de vinhos finos, entre as cidades de Bento Gonçalves e Garibaldi.

A proteção às indicações geográficas estendem-se às representações gráficas ou figurativas da indicação geográfica, bem como à representação geográfica de país, cidade, região ou localidade de seu território cujo nome seja indicação geográfica.

O nome geográfico que não constitua indicação de procedência ou denominação de origem poderá servir de elemento característico de marca para produto ou serviço, desde que não induza falsa procedência.

A indicação geográfica do produto vale como seu certificado de qualidade, afirmando sua origem e garantindo o controle rígido de suas características. Igualmente, a escolha de produtos de proveniência controlada agrega um *plus* ao seu valor em razão da confiança adquirida com a manutenção e controle das características inerentes ao produto.

Foi o que mostrou Charles Goemaere, responsável pela proteção da apelação de origem do espumante na Comissão Interprofissional do vinho de Champagne. Segundo Goemaere, a proteção do nome e o controle da qualidade são os diferenciais decisivos na indicação geográfica: *"A certificação é um diferencial que permite aumentar o valor do nosso produto e, portanto, torna-se essencial para vencer a competição no mercado e gerar consumidores fiéis"*. Lembrou, ainda, que o champagne chega a custar oito vezes mais que o espumante francês sem certificação (Portal do INPI – notícias: 160 anos de lucros com a Indicação Geográfica).

Não obstante a proteção conferida pela indicação geográfica, esta é vítima de seu próprio sucesso, sendo a falsificação e a usurpação do nome armas de concorrência desleal corrente.

Parte II
TEORIA GERAL DO DIREITO SOCIETÁRIO

10

INTRODUÇÃO AO DIREITO SOCIETÁRIO

10.1 CONTRATO DE SOCIEDADE

Há interesses e tarefas que não podem ser realizados apenas por indivíduos isoladamente. Esforços são unidos por duas ou mais pessoas em prol de objetivo comum. Ao redor deste, passa a gravitar um conjunto de pessoas ou um patrimônio distinto de seus membros.

Desse modo, assim como o ordenamento atribui capacidade à pessoa humana, reconhece também capacidade a esses organismos criados pela vontade de duas ou mais pessoas, buscando a consecução de um fim, por meio da criação da pessoa jurídica. Essa entidade nasce da celebração de um pacto denominado contrato de sociedade.

O contrato de sociedade é um negócio jurídico plurilateral, posto que duas ou mais pessoas reúnem-se com vontade convergente para a realização de um mesmo fim; um contrato com duas ou mais partes, cujas prestações de cada uma enfeixam-se para a obtenção de objeto comum. Diversamente do que ocorre nos contratos bilaterais em geral, nos quais a prestação de cada parte realiza diretamente o interesse da outra, nos contratos de sociedade o interesse de cada um somente se realiza como consequência da atividade comum para a qual estão destinadas às prestações. Trata-se de um contrato de contribuição.

A contribuição para a formação do contrato de sociedade, segundo se depreende da norma do art. 981 do CC, pode ser em bens ou serviços. A norma possibilita a existência de sócios capitalistas e sócios chamados de indústria ou operários; os primeiros contribuindo com capital e os segundos, com serviços, obrigações de dar e fazer respectivamente. Independentemente da natureza da prestação, bens ou serviços, os aportes formam um fundo comum, pois transferem a propriedade dos bens dos sócios para a sociedade.

Esse patrimônio formado com a contribuição dos sócios fica vinculado à destinação específica, o desenvolvimento em comum pelos sócios da atividade econômica e durante toda a existência da sociedade, esses bens constituem seu patrimônio. Esse patrimônio responde pelas obrigações sociais decorrentes da exploração coletiva da atividade econômica.

O desenvolvimento em comum da atividade tem por finalidade a obtenção de um resultado econômico, de um proveito para os sócios que, uma vez obtido, deve ser distribuído entre eles. É necessário, assim, que a sociedade seja explorada com o objetivo de lucro ou proveito, não obstante às vezes esse resultado seja negativo, o que não altera a sua finalidade.

O pacto social, elemento mais importante da sociedade, faz com que cada sócio a ele se submeta como manifestação de vontade coletiva. Além da participação de todos os sócios nos lucros e perdas, é importante destacar na sociedade empresarial a *affectio societatis*: a intenção de associação e cooperação recíprocas.[1] Esse aspecto é fundamental

---

[1] "Apelação – Dissolução de sociedade – Ação de reconhecimento, dissolução e liquidação de sociedade – Sentença que indeferiu o pedido de justiça gratuita e reconheceu a prescrição do feito – Inconformismo manifestado em apelação – Pretensão de reversão do julgado – Cabimento parcial à apelação – Quanto à justiça gratuita, a constatação de tratar-se de advogado atuando em causa própria não afasta a presunção de boa-fé inicialmente considerada para deferir o benefício – Documentos que cumprem as exigências do artigo 4º da Lei n. 1.060/50 – Benefício que deve ser deferido – Quanto à prescrição, a alegação de que a relação empresarial estabelecida entre as partes se perpetuou no tempo, não merece prosperar – A relação empresarial entre as partes, na verdade, se encerrou com a rescisão do contrato de compra e venda da empresa Blackalt junto a terceiro, seu antigo titular – Presume-se o fim da pretendida ***affectio societatis*** com a propositura da ação em 2005, que retrocedeu o negócio jurídico ao seu 'status quo ante', logo, a apelada deixou de ser proprietária do estabelecimento onde as atividades empresariais comuns às partes seriam desenvolvidas – Aplicação do prazo prescricional do art. 205 do Código Civil – Ocorrência da prescrição decenal, considerando-se a propositura da presente demanda apenas em 02/06/2023 – Apelação parcialmente provida, tão somente para deferir ao apelante a assistência judiciária" (*TJSP* – Ap 1007640-19.2023.8.26.0006, 11-7-2024, Rel. Rui Cascaldi).

"Embargos de declaração. Decisão do STJ que anulou o acórdão anterior, determinando novo julgamento, visando sanar omissão. Ação de dissolução parcial de duas sociedades. Tema relativo à possibilidade de dissolução parcial da sociedade por inexequibilidade, decorrente da **quebra da *affectio societatis***, fundada no artigo 1.034 do Código Civil. Alegação de omissão em face de acórdão que negou provimento ao recurso de apelação do ora embargante. Primeiro julgamento por esta Câmara que rejeitou os embargos de declaração. Acórdão anulado pelo C. STJ, nos termos de decisão monocrática prolatada pela eminente Ministra Nancy Andrighi (Agravo em Recurso Especial nº 1761215/SP), para sanar omissão reconhecida pela Corte Superior. Apreciação da tese de possibilidade da dissolução parcial das sociedades por inexequibilidade, decorrente da quebra da '*affectio societatis*'. Não acolhimento. Caso em que a dissolução parcial pretendida equivale, na verdade, a um pedido de divisão do capital social na forma especificada na inicial. Questão já apreciada na decisão saneadora, no ano de 2010, e não impugnada oportunamente. Impossibilidade, de toda forma. Dissolução parcial da sociedade que requer a morte, retirada, recesso, exclusão ou expulsão de sócio. Autor que pretende a sua retirada de uma sociedade e a 'retirada' forçada de seus irmãos da outra sociedade, o que somente poderia ocorrer pela exclusão ou expulsão dos demais sócios, hipóteses apreciadas na sentença e no acórdão embargado. Hipótese prevista no art. 1.034 do Código Civil (inexequibilidade) que, ademais, é reservada aos casos de dissolução total da sociedade, diversos dos autos, em que não se busca a dissolução total. Mera quebra da '*affectio societatis*' que, no caso concreto, não conduziria, de toda forma, à inexequibilidade dos objetos sociais. Omissão sanada. Embargos acolhidos, sem efeito modificativo, mantendo-se o desprovimento do recurso de apelação" (*TJSP* – ED 0005446-70.2009.8.26.0615, 26-9-2023, Rel. Viviani Nicolau).

"Apelação cível. Direito civil. Responsabilidade civil. Danos morais. Sociedade limitada. Desentendimento entre sócios. **Perda da *affectio societatis*.** Recusa de homologação de distrato social. Situação que não enseja reparação por dano moral. Recurso conhecido e não provido. 1. Dano moral consubstancia lesão de bem que integra os direitos de personalidade, como a vida, a integridade corporal e psíquica, a honra, a liberdade, a intimidade, a imagem, o bom nome, a dignidade da pessoa humana, como pode se inferir dos artigos 1º, III, e 5º, V e X da Constituição Federal e que acarreta ao lesado dor, sofrimento, tristeza, vexame e humilhação em proporção relevante. 2. No caso, não há ato ilícito tampouco abuso de direito a respaldar indenização por danos morais. Conjunto probatório carreado aos autos é no sentido de perda da *affectio societatis* por parte da apelante e aborrecimentos decorrentes da recusa dos apelados em homologar o distrato social na Junta Comercial competente. E como se sabe, 'a caracterização dos danos morais demanda a comprovação de uma situação de tamanha gravidade que abale a honra ou provoque abalo psicológico considerável no indivíduo, coloque em risco a integridade física e a saúde dele, ou mesmo provoque um agravamento do seu estado, que não se configura pelo mero desentendimento dos sócios quanto ao fim da sociedade' (Acórdão 1413117, 07062303220208070006, Relator: Robson Teixeira de Freitas, 8ª Turma Cível, data de julgamento: 31.03.2022, publicado no *DJE*: 12/4/2022. Pág.: Sem Página Cadastrada.). 3. Recurso conhecido e não provido" (*TJDFT* – Ap 07346745620218070001, 26-09-2023, Rel. Maria Ivatônia).

"Sociedade de Fato – **Ação de reconhecimento e dissolução e apuração de haveres** – Decreto de parcial procedência – Contratação de sociedade incontroversa – Enquadramento no art. 981 do CC/2002 – Não foi criada uma pessoa jurídica e cada qual, conforme sua disponibilidade e as necessidades concretas do momento, contribuiu para o desempenho da atividade comum, conjugando-se o esforço derivado do engenho próprio, que não poderia ser medido e avaliado, mas não pode ser deixado de lado e meramente esquecido – Partilha do patrimônio comum feita com observância da mesma proporção com que os resultados eram atribuídos a cada sócio, ou seja, meio a meio – Sentença mantida – Litigância de má fé descaracterizada – Recurso desprovido" (*TJSP* – AP 1003112-58.2018.8.26.0606, 24-6-2021, Rel. Fortes Barbosa).

"Ação de dissolução parcial e apuração de haveres – Perda da '*affectio societatis*' incontroversa – Dissolução parcial da sociedade decretada, haja vista a concordância das partes – Apuração de haveres em ulterior liquidação de sentença com pagamento em parcela única, uma vez considerado o curso do processo a não impor maior onerosidade aos sócios retirantes, caso observado o parcelamento do pagamento dos haveres em 24 parcelas, conforme contrato social – Precedente do STJ – Interesse processual dos apelados quanto ao pedido de declaração de dissolução parcial da sociedade evidenciado, haja vista que no acordo nada se ajustou sobre o registro da retirada de sócios no registro da sociedade junto à JUCESP – Sentença de procedência mantida. Ação de obrigação de fazer – Pretendida imposição de alteração do contrato social – Perda superveniente do objeto – Verbas de sucumbência carreadas aos autores – Princípio da causalidade – Hipótese em que, consideradas as circunstâncias do caso concreto, no momento em que houve o acordo quanto a dissolução parcial da sociedade nada se ajustou a respeito do registro de seus termos no registro da sociedade na JUCESP – Ademais, persistindo a divergência apenas quanto aos valores a serem apurados, as verbas de sucumbência devem ser estabelecidas nos mesmos fundamentos dispostos no art. 603, § 1º, do CPC – Honorários de sucumbência indevidos – Sentença de extinção (CPC, art. 485, VI) reformada neste tópico. Recurso parcialmente provido" (*TJSP* – AC 1079455-61.2018.8.26.0100, 1-10-2019, Rel. Maurício Pessoa).

"Agravo de instrumento – Decisão recorrida que indeferiu a tutela provisória de urgência e não manteve a agravante no quadro societário da empresa. Insurgência. Nulidade da decisão por carência de fundamentação. Inocorrência. Decisão agravada bem fundamentada. Alegação de ilegalidade

para estabelecer a natureza jurídica do contrato de sociedade. Sem esse vínculo, o liame negocial entre os participantes não será de sociedade.

A atividade explorada, consoante esclarece o parágrafo único do art. 981, pode se restringir à realização de um ou mais negócios determinados. Exemplos típicos são o consórcio para certa obra ou empreitada e as *joint ventures*. Também têm se tornado comum os acordos associativos.

10.2 CLASSIFICAÇÃO DAS SOCIEDADES

As classificações possuem papel didático que facilita o estudo, porque classificam em grupos os institutos de acordo com pontos em comum. Várias são as classificações das sociedades. Embora a linha divisória do Direito Civil e do velho Direito Comercial mostre-se cada vez mais inconsistente, mormente com o Código Civil de 2002, nosso sistema acolhe, sem muita clareza, é verdade, a distinção de *sociedades mercantis* ou *empresárias* e *sociedades civis ou simples*, conforme a finalidade a que se propõem.

Nas sociedades empresariais, necessariamente, haverá um patrimônio e finalidade lucrativa. Em nosso ordenamento, apenas as sociedades empresárias sujeitam-se à recuperação judicial ou extrajudicial e à falência. As sociedades civis subordinam-se aos princípios da insolvência do CPC.

As sociedades empresariais podem tomar, em princípio, a estrutura de: nome coletivo, comandita simples, comandita por ações, capital e indústria, conta de participação, quotas de responsabilidade limitada e por ações ou sociedades anônimas. Existem subdivisões e as cooperativas não podem ser esquecidas.

Segundo o vigente Código Civil, a sociedade que tenha por objeto o exercício da atividade própria de empresário sujeito a registro será considerada sociedade empresária, enquanto as demais serão consideradas simples. O parágrafo único desse dispositivo

---

na exclusão. Requisitos da exclusão previsto no art. 1.085 do CC. Ausência de comprovação de assembleia para esse fim, necessidade de prévia previsão no contrato social, bem como a cientificação da agravante para exercício da ampla defesa e do contraditório. Mera quebra da *affectio societatis* que não autoriza a exclusão do sócio. Decisão reformada. Recurso provido" (*TJSP* – AI 0000215-83.2017.8.26.0000, 6-6-2017, Rel. Hamid Bdine).

"Agravo de instrumento – Cumprimento de sentença – Dissolução parcial de sociedade – Alegação da quebra de '*affectio societatis*' – Adiantamento de haveres – Impossibilidade – Necessidade de prévia apuração de haveres para constatação da real situação da sociedade – Recurso provido" (*TJSP* – AI 2086906-03.2016.8.26.0000, 19-9-2016, Rel. Augusto Rezende).

"**Apelação** – Ação de reconhecimento e dissolução de sociedade com apuração de haveres – Sentença de parcial procedência – Declaração da existência e da dissolução da sociedade – Apuração de haveres que ocorrerá em sede de liquidação – Inconformismo da ré – Não acolhimento – Preliminar de nulidade da sentença por cerceamento defensório – Julgamento antecipado da lide, porém, que observou o artigo 330, inciso I, do CPC. Partes que se obrigaram reciprocamente para a prestação de serviços odontológicos com divisão de lucros. Quebra da *affectio societatis*. Dissolução que é mesmo de rigor. Manutenção da sentença por seus próprios fundamentos, nos termos do artigo 252 do Regimento Interno deste E. Tribunal de Justiça. Negado provimento ao recurso" (*TJSP* – Ap 0015045-38.2010.8.26.0602, 27-3-2015, Relª Viviani Nicolau).

ainda acrescenta que será considerada empresária a sociedade por ações e as cooperativas, sociedades simples. Por outro lado, o art. 966 considera "empresário" quem exerce profissionalmente atividade econômica organizada para a produção ou a circulação de bens ou de serviços.

O Código ainda engloba as sociedades em dois grupos, levando em consideração possuírem ou não personalidade jurídica. Cuida-se das denominadas sociedades não personificadas e personificadas. No primeiro grupo, encontram-se a sociedade em comum e a em conta de participação. São personificadas sociedade simples, em nome coletivo, em comandita simples, de responsabilidade limitada e sociedade anônima.

A principal consequência dessa classificação recai na responsabilidade patrimonial, visto que nas não personificadas os sócios têm responsabilidade pessoal, ao passo que nas personificadas, a responsabilidade é do próprio ente constituído.

Outra classificação merecedora de destaque é a que leva em consideração a participação do sócio na exploração da atividade. Assim, considera-se sociedade de pessoas aquela em que a figura do sócio é determinante para a sua constituição; o *affectio societatis* é elemento essencial de sua constituição, e como consequência é vedada a cessão de quotas, senão com o consentimento unânime de todos. Ao contrário, na sociedade de capital não importa quem é o titular das quotas sociais, destacando-se o caráter patrimonial da quota apenas. Por isso, a cessão das quotas independe de autorização ou consentimento de quaisquer dos sócios, sendo livre sua negociação.

A consequência dessa classificação possui efeitos práticos relevantes, principalmente quando há a retirada ou morte de algum dos sócios, visto que nesses casos, como regra, não é possível a entrada de novo sócio ou dos herdeiros, senão com o consentimento dos demais.

Ainda é possível oferecer uma classificação levando em consideração a extensão ou não da responsabilidade patrimonial dos sócios. Assim, fala-se em sociedade de responsabilidade limitada quando o limite da responsabilidade do sócio está restrito ao investimento ou promessa de investimento feito na sociedade. Ao contrário, quando a responsabilidade do sócio não encontra esse limite, a sociedade é de responsabilidade ilimitada. Um terceiro gênero nessa classificação encontra as duas classes de sócios reunidas: os de responsabilidade limitada e ilimitada. Nesse grupo, encontram-se as sociedades em comandita simples e as sociedades por ações, por exemplo.

Em razão de inovação esperada há anos, foi introduzida no Código Civil por meio da Lei nº 12.441, de 11 de julho de 2011, a empresa individual de responsabilidade limitada (EIRELI), um marco em termos de limitação da responsabilidade patrimonial. Entretanto, a Lei 14.382/2022 revogou tal dispositivo e trouxe uma nova figura, mais elaborada e de fácil manejo por aquele empresário que deseja explorar a atividade empresarial sem associar-se e comprometer todo o seu patrimônio: a sociedade unipessoal limitada.

É realidade em nosso ordenamento as sociedades limitadas serem constituídas até então somente como contrapartida do risco inerente à atividade econômica. Por tal razão, o legislador, numa última fase do processo evolutivo da limitação dos riscos, inseriu-a no rol das pessoas jurídicas de direito privado, como modelo de limitação de responsabilidade.

Vozes contrárias à criação do instituto são correntes, sob o argumento de assim ser possível franquearem-se abusos de toda sorte, com relação ao não pagamento de dívidas. Esse entendimento, todavia, é equivocado, especialmente porque a fraude sempre é possível em qualquer tipo societário e, ademais, não se pode impor como regra a má-fé do ser humano, pois, ao assim entender, estar-se-ia violando frontalmente o princípio da eticidade do Código Civil. Ademais, não se vai a lugar algum se raciocinarmos unicamente sob o prisma da fraude. Se o legislador encontrou um instrumento que permita ao empresário ao mesmo tempo organizar-se administrativamente e ter acesso ao crédito, sem comprometer todo o seu patrimônio, esse instituto, sem dúvida, é de fundamental importância (SALOMÃO FILHO, 2006, p. 200).

Embora inócua a discussão acerca da natureza jurídica do instituto, porquanto o legislador nada mais fez do que reconhecer uma situação de fato e seus efeitos práticos, uma breve notícia acerca das duas principais teorias é oportuna. O debate repousa sob a dicotomia das formas societárias e não societárias. Pela primeira, entende-se possível o reconhecimento da sociedade unipessoal, aquela constituída por um único sócio e que personifica o empresário individual, criando, como nas demais sociedades, patrimônio próprio.

A forma não societária lastreia-se no argumento de ser impossível formar-se sociedade sem a pluralidade de sócios, porquanto, é de sua essência a vontade coletiva, órgão coletivo e fim coletivo. Entende que não há o surgimento de um novo ente, porque já existe um sujeito de direito que é o próprio empresário. O efeito da limitação da responsabilidade alcança apenas o campo patrimonial, no qual determinados bens do patrimônio do empresário são afetados e destinados a responder pelas dívidas assumidas pelo sujeito em sua condição especial. Trata-se de *"um núcleo patrimonial constituído com certa finalidade específica, que tem um regime especial de responsabilidade por dívidas estabelecido por lei e que deve ser administrado de acordo com essa finalidade"* (ALMEIDA, 1988, p. 277). A dificuldade aqui reside exatamente em delimitar-se esse patrimônio de afetação, sendo certo que a contrapartida mínima da limitação da responsabilidade será a garantia do capital social.

Nesse sentido, levando-se em consideração a presença de apenas uma pessoa ou um grupo, uma nova classificação pode ser apresentada: sociedade unipessoal, aquela constituída por um único ente natural e a coletiva, onde reúnem-se duas ou mais pessoas com o intuito de explorar a atividade econômica.

Importante lembrar que, mesmo em se tratando de sociedade de responsabilidade ilimitada, esta é sempre subsidiária, ou seja, o sócio só responde com seu patrimônio após o exaurimento dos bens da entidade e sua consequente insuficiência.

Por fim, uma última classificação de relevo em razão da sua consequência patrimonial leva em consideração a extensão ou não da responsabilidade patrimonial aos sócios. Assim, fala-se em sociedade de responsabilidade limitada quando o limite da responsabilidade do sócio está limitado ao investimento ou promessa de investimento feito na sociedade. Ao contrário, quando a responsabilidade do sócio não encontra esse limite, a sociedade é de responsabilidade ilimitada. Um terceiro gênero nessa classificação encontra as duas classes de sócios reunidas: os de responsabilidade limitada e ilimitada. Nesse grupo, encontram-se as sociedades em comandita simples e as sociedades por ações, por exemplo.

Importante lembrar-se de que, mesmo se tratando de sociedade de responsabilidade ilimitada, esta é sempre subsidiária, ou seja, o sócio só responde com seu patrimônio após o exaurimento dos bens da entidade e sua consequente insuficiência.

10.3 CONSTITUIÇÃO DAS SOCIEDADES

As sociedades empresárias e as sociedades simples distinguem-se pelo objeto social, pela atividade exercida. Essa distinção é relevante porque a sociedade que explora atividade empresarial deve obrigatoriamente constituir-se segundo um dos tipos de sociedade regulados no Código Civil: nome coletivo (art. 1.039); comandita simples (art. 1.045); limitada (art. 1.052); anônima (art. 1.088) e comandita por ações (art. 1.090). A afetação das sociedades empresárias a uma dessas modalidades é obrigatória.

Tratando-se, entretanto, de sociedade que explora atividade não empresarial, denominada sociedade simples, não é exigida forma alguma em particular, prevalecendo o princípio geral da liberdade de forma, como ocorre com a atividade intelectual. Entretanto, no caso de a entidade ser constituída segundo uma das modalidades previstas para as sociedades empresárias, a disciplina a ser aplicada é aquela própria sociedade escolhida.

No tocante às cooperativas e às sociedades anônimas, a disciplina societária subordina-se à lei especial inserta em diplomas autônomos, consoante dispõe o parágrafo único do art. 983.

A atividade rural na época do Código anterior não era considerada atividade empresarial, mas apenas como exercício do direito de propriedade ou outro direito, que tivesse por objeto a terra.

Atualmente, a atividade rural é tida como empresarial, desde que atendidos os requisitos legais: a organização e a inscrição na Junta Comercial. Adquiriu importância por ser uma atividade que se desenvolve profissionalmente. Trata-se de atividade produtiva, assim como ocorre com a atividade industrial, sendo geradora de riqueza. Sendo a atividade rural atividade de transformação e de alienação de produtos agrícolas sob forma organizada, o seu titular – individual ou coletivo – pode explorá-la de forma mercantil, caso em que deve proceder sua inscrição no registro Público de Empresas Mercantis (art. 984).

Por essa regra, o legislador permite ao empreendedor rural organizar-se da forma que melhor satisfaça seu objetivo (Buonocore, 2000, p. 92). É facultado ao titular da atividade rural, nesse caso, a escolha do regime societário, devendo apenas se observarem as regras próprias dos regimes societários, principalmente no que toca ao processo de transformação.

10.4 PERSONALIDADE JURÍDICA

O contrato de sociedade representa seu próprio ato constitutivo. O registro ou procedimento legal posterior exigido pela lei não se confunde com a constituição da sociedade, que é anterior. Nessa senda, o art. 985 observa que *"a sociedade adquire personalidade jurídica com a inscrição, no registro próprio e na forma da lei, dos seus atos constitutivos".*

Enquanto não inscritos os atos constitutivos, a sociedade atua como entidade irregular ou de fato, ou como sociedade em comum, como denomina o Código (arts. 986 ss).

O contrato social ou estatuto social instituidor, além de vincular as partes como qualquer outro, tem como primeira função, na lição de Géraldine Goffaux-Callebaut (2008, p. 25), organizar a estrutura social, ordenando internamente a instituição, constituindo sua lei interna. O contrato regula, portanto, a relação entre os sócios, associados ou membros e a atuação da pessoa jurídica perante terceiros, somente produzindo efeitos criadores, modificadores ou extintivos de obrigações a partir de sua inscrição, na Junta Comercial, se empresária, no Registro de Pessoas Jurídicas ou, tratando-se de sociedade de advogados, na Ordem dos Advogados do Brasil.

A sociedade, portanto, só adquire personalidade jurídica e se torna sujeito de direito com sua inscrição. Como ente autônomo em relação a seus membros, há a separação dos respectivos patrimônios, bem como das obrigações sociais.

10.4.1 Desconsideração da personalidade jurídica

A autonomia patrimonial é a tônica para a exploração da atividade econômica, *"uma armadura jurídica para realizar de modo mais adequado os interesses dos homens"* (Francesco Ferrara. *Trattato di diritto civile italiano*. Roma: Athenaeum, 1921, p. 598, tradução livre de *"La personalità non è che un'armatura giuridica per realizzare in modo più adeguato interessi di uomini"*), porquanto é a contrapartida ao risco experimentado pelo empresário e, assim, limitador de prejuízos pessoais, a desconsideração representa a retirada da limitação de prejuízos.

A personificação das sociedades é a chave do sucesso da atividade empresarial e, consequentemente, dotada de fundamental valor para o ordenamento jurídico. O interesse colimado com a personificação – progresso e desenvolvimento econômico – só cederá espaço quando a finalidade social do direito e não simplesmente o interesse do credor for lesado.

A responsabilidade patrimonial, assim, caracteriza-se pela sujeitabilidade do patrimônio de alguém às medidas executivas destinadas à realização do direito material já decidido. Portanto, constitui regra geral do nosso sistema jurídico, que os bens dos sócios não respondem pelas dívidas da sociedade, senão quando a ação predatória tiver sido realizada contra disposições legais ou disposições contratuais ou estatutárias. Da mesma forma, a sociedade não responde por dívidas de seus sócios, obviamente.

Na abalizada lição de Luigi Filippo Paolucci:

> *"Il creditore particulare del socio non può, in nessun caso, agire sul patrimônio sociale, né ha alcun diritto sui beni social, che, in virtù dell'autonomia patrimoniale, sono destinati all'esercizio dell' attivittà econômica e non possono essere sottratti a questa peculiare destinazione"* (*Manuale di diritto commerciale*. Milano: CEDAM, 2008, p. 133. Tradução livre: o credor particular do sócio não pode, em nenhuma hipótese, agir sobre o patrimônio social, nem tem direito sobre os bens sociais que, em virtude da autonomia patrimonial, são destinados ao exercício da atividade econômica e não podem ser subtraídos da sua peculiar destinação).

A pessoa jurídica explorada sob o regime societário de responsabilidade limitada (limitação e anônimas) não se confunde com os sócios/acionistas e, portanto, idêntico tratamento é dispensado aos patrimônios. Essa autonomia patrimonial foi bem pontuada na recente Lei nº 13.874/2019, que inseriu o art. 49-A, com a seguinte redação:

> *"A pessoa jurídica não se confunde com os seus sócios, associados, instituidores ou administradores.*
>
> *Parágrafo único. A autonomia patrimonial das pessoas jurídicas é um instrumento lícito de alocação e segregação de riscos, estabelecido pela lei com a finalidade de estimular empreendimentos, para a geração de empregos, tributo, renda e inovação em benefício de todos."*

Essa mesma lei alterou a redação do art. 50 do Código Civil[2], que trata da matéria, modificando substancialmente a extensão e a compreensão para a caracterização da desconsideração da personalidade jurídica, o que nos parece oportuno já que proporcionará decisões mais justas.

Assim, deve ser utilizada a desconsideração sempre que a personalidade jurídica seja utilizada para fraude. Quando a pessoa age para fugir de suas finalidades ou lesar terceiros, deve ser desconsiderada, isto é, deve ser atingido o patrimônio dos sócios ou terceiros que tenham se valido do estratagema.

O art. 50 do Código Civil aponta dois requisitos de ordem objetiva autorizativos da desconsideração da personalidade jurídica: (a) desvio de finalidade da pessoa jurídica e (b) confusão patrimonial. Sob o aspecto subjetivo é requisito para a desconsideração o dolo, ou seja, a vontade livre e deliberada de praticar ato fraudulento por meio de uma das condutas apontadas com o intuito de prejudicar credores.[3]

---

[2] "Art. 50. Em caso de abuso da personalidade jurídica, caracterizado pelo desvio de finalidade ou pela confusão patrimonial, pode o juiz, a requerimento da parte, ou do Ministério Público quando lhe couber intervir no processo, desconsiderá-la para que os efeitos de certas e determinadas relações de obrigações sejam estendidos aos bens particulares de administradores ou de sócios da pessoa jurídica beneficiados direta ou indiretamente pelo abuso."

[3] "Direito processual civil. Agravo de instrumento. Execução de título extrajudicial. Reconhecimento de grupo econômico. **Desconsideração da personalidade jurídica. Art. 50 do Código Civil**. Ausência de prova de confusão patrimonial ou desvio de finalidade. Requisitos não preenchidos. Recurso não provido. I. Caso em exame 1. Agravo de instrumento interposto contra decisão que indeferiu o pedido de reconhecimento de grupo econômico e desconsideração da personalidade jurídica. O agravante sustenta a existência de confusão patrimonial e a prática de atos que justificariam a desconsideração da personalidade jurídica, requerendo a inclusão da empresa coligada no polo passivo da ação de execução. II. Questão em discussão 2. Há duas questões em discussão: (i) definir se estão presentes os requisitos para o reconhecimento de grupo econômico entre as empresas; (ii) determinar se há elementos que justifiquem a desconsideração da personalidade jurídica, nos termos do art. 50 do Código Civil, nesta fase processual. III. Razões de decidir 3. O artigo 50 do Código Civil prevê que a desconsideração da personalidade jurídica exige a comprovação de desvio de finalidade ou confusão patrimonial, caracterizados pelo uso abusivo da pessoa jurídica para lesar credores. 4. No presente caso, as provas apresentadas pelo agravante, como a existência de atividades comerciais similares, localização próxima e o uso de e-mails semelhantes

Na nova redação, o legislador definiu claramente os conceitos de desvio de finalidade e de confusão patrimonial, tarefa que antes nem sempre era desempenhada com

---

entre as empresas, não são suficientes para caracterizar a confusão patrimonial ou o desvio de finalidade, elementos necessários para a aplicação da desconsideração da personalidade jurídica. 5. Embora as empresas tenham proximidade física e atuem no mesmo ramo, esses fatos, por si só, não comprovam a prática de atos fraudulentos ou o uso indevido da personalidade jurídica com o objetivo de prejudicar credores. 6. A desconsideração da personalidade jurídica é medida excepcional, cabível somente quando comprovada a prática de abuso de direito por meio de fraude ou confusão patrimonial, o que não restou demonstrado no caso concreto. 7. O entendimento jurisprudencial majoritário, incluindo precedentes desta Câmara, reforça que a desconsideração da personalidade jurídica exige prova cabal de abuso, o que não foi apresentado pelo agravante. IV. Dispositivo e tese 8. Recurso não provido. Tese de julgamento: 1. A desconsideração da personalidade jurídica, nos termos do art. 50 do Código Civil, exige a comprovação de confusão patrimonial ou desvio de finalidade, sendo inadmissível sem a demonstração efetiva de abuso de direito. 2. A mera existência de proximidade física e atuação em ramos semelhantes entre empresas não é suficiente para justificar a desconsideração da personalidade jurídica ou o reconhecimento de grupo econômico. Dispositivos relevantes citados: CC/2002, art. 50. Jurisprudência relevante citada: STJ, REsp nº 1647362/SP, Rel. Ministra Nancy Andrighi, j. 03.08.2017; TJSP, AI nº 2234819-08.2024.8.26.0000, Rel. Des. Vicentini Barroso, j. 24.09.2024; TJSP, AI nº 2030246-08.2024.8.26.0000, Rel. Des. Ramon Mateo Júnior, j. 16.04.2024" (*TJSP – AI 2328372-12.2024.8.26.0000, 4-11-2024, Rel. Achile Alesina*).

"Agravo de instrumento – desconsideração da personalidade jurídica. Decisão que acolheu o **incidente de desconsideração da personalidade jurídica**, para, com fulcro no artigo 50 do Código Civil, declarar a desconsideração da personalidade jurídica da executada. Cabimento. Demonstração de desvio de finalidade e confusão patrimonial por parte da empresa executada. Ausência prolongada de movimentações financeiras e deslocamento irregular de endereço sem devida comunicação. Princípio da boa-fé objetiva violado pela conduta da empresa que omite informações relevantes e se esquiva de responsabilidades. Necessidade de medidas efetivas para garantir a satisfação das execuções judiciais e resguardar direitos dos credores. Decisão mantida. Recurso desprovido" (*TJSP – AI 2204804-90.2023.8.26.0000, 11-11-2023, Rel. Israel Góes dos Anjos*).

"**Incidente de desconsideração da personalidade jurídica**. Rejeição do incidente, diante da prova de que a inclusão do suposto sócio no quadro societário da empresa foi fraudulenta. Exequente sequer manifestou interesse em produzir prova contrária. Ainda, ausentes os requisitos estabelecidos no art. 50, do Código Civil. Medida excepcional que reclama indispensável demonstração do abuso da personalidade jurídica com o intuito fraudulento ou confusão patrimonial, vale dizer, prova concreta e bastante no sentido de que a empresa tenha agido com dolo ou intuito de fraudar credores. Circunstância não evidenciada nos autos. Falta de provas consistentes a apoiar as alegações genericamente aduzidas pela exequente/agravante. Manutenção da r. decisão agravada. Recurso não provido" (*TJSP – AI 2107900-76.2021.8.26.0000, 10-9-2021, Rel. Cauduro Padin*).

"**Desconsideração da personalidade jurídica**. Embargos à execução. Cerceamento de defesa por falta de designação de perícia e oitiva de testemunhas. Inocorrência. Execução de escritura pública de confissão de dívida com pacto adjeto de hipoteca. Fraude negocial constatada no decorrer da ação – o imóvel não existe. Embargante que é sócio da empresa. Caracterizado o dolo dos administradores da empresa na condução dos negócios, abuso da personalidade jurídica e fraude visando lesar credores, nos termos do artigo 50, do Código Civil. Precedentes. Sentença mantida. Recurso desprovido" (*TJSP – AP 1000931-79.2015.8.26.0286, 18-8-2021, Relª Anna Paula Dias da Costa*).

clareza pelos operadores do direito. Desvio de finalidade é o uso inadequado da pessoa jurídica, fora dos fins a que se presta a personificação. Ou seja, segundo o § 1º, desvio de finalidade é a utilização dolosa da pessoa jurídica com o propósito de lesar credores e para a prática de atos ilícitos de qualquer natureza. A personificação sendo um dos pilares do desenvolvimento econômico visa amenizar os riscos da atividade econômica e, por essa razão, não pode ser utilizada com fins estranhos ao seu fundamento.

O desvio de finalidade como requisito da desconsideração ocorre quando os fins buscados no manejo da pessoa jurídica são ilícitos. Simples desvio de finalidade sem propósito ilícito não realiza esse requisito. Essa ilicitude decorre da utilização de artifícios maliciosos para prejudicar terceiros; decorre da prática de fraude. Inclusive, o próprio legislador pontuou, no § 5º do art. 50 em comento, não constituir desvio de finalidade a mera expansão ou a alteração da finalidade original da atividade econômica da pessoa jurídica.

A confusão patrimonial, por sua vez, ocorre quando há amálgama de patrimônios da sociedade e de seus sócios, com a quebra da fronteira da autonomia patrimonial.

Para que se configure a confusão patrimonial, não basta, entretanto, simples mescla de contas do sócio e da sociedade. Como salienta Francesco Galgano, citando a *teoria dos acionistas tiranos*, a confusão patrimonial em análise caracteriza-se quando,

> *"el acionista trata los bienes sociales como suyos, haciendo retiros de las cajas sociales a su antojo y, por el contrario, paga las deudas sociales con dinero proprio o garantiza sistematicámente el pago con su próprio patrimônio"* (Derecho comercial. Sociedades. Bogotá: Temis, 1999, p. 260. Tradução livre: "o acionista trata os bens sociais como seus, fazendo retiradas sociais à vontade e, pelo contrário, paga as dívidas sociais com dinheiro próprio ou garante dívidas com seu próprio patrimônio").

Com a nova redação do art. 50, as condutas que caracterizam a confusão patrimonial vieram claramente descritas:

> *I – cumprimento repetitivo pela sociedade de obrigações do sócio ou do administrador ou vice-versa;*
> *II – transferência de ativos ou de passivos sem efetivas contraprestações, exceto de valor proporcionalmente insignificante e;*[4]

---

4 "Agravo de instrumento. Incidente de desconsideração personalidade jurídica. Decisão de improcedência. Inconformismo do requerente. 1. Existência de provas sólidas no sentido de que o devedor e sua esposa se valeram das empresas de 'holding' patrimonial e de alteração de regime de casamento para blindagem de bens. 2. O executado se retirou das empresas desconsiderandas para ingresso de sua esposa. Nada obstante, ele seguiu aportando capital às sociedades. No mais, os cônjuges realizaram alteração de regime de bens, no qual o executado transferiu todos os imóveis da família a sua esposa. Todavia, ela passou a alienar fiduciariamente seus imóveis para pagamento de dívidas da empresa do marido, sem qualquer contraprestação. 3. Configurada, no caso concreto, a confusão patrimonial tipificada no art. 50, II, do Código Civil, qual seja a **transferência de ativos sem efetivas contraprestações**.

III – outros atos de descumprimento da autonomia patrimonial.[5]

Quaisquer das condutas descritas exigem para sua configuração o dolo do agente; a prática de ato ilícito consciente, porquanto a pessoa jurídica não existe para permitir seja utilizada para fins ilícitos ou escusos, mas para garantir o tráfico jurídico da boa-fé (Rolf Serick. *Apariencia y realidad em las sociedades mercantiles: El abuso de derecho por médio de la persona jurídica*. Barcelona: Ariel, 1958, p. 52).

Decisão reformada. Recurso provido" (*TJSP* – AI 2130301-64.2024.8.26.0000, 10-9-2024, Rel. Regis Rodrigues Bonvicino).

"Agravo de instrumento – Execução de título extrajudicial – Pedido de desconsideração direta e inversa da personalidade jurídica e formação de grupo econômico – 'Decisum' que deferiu o pedido. Cerceamento de defesa – Inocorrência – Prova testemunhal e pericial – Desnecessidade – Conjunto probatório documental suficiente para formação do convencimento do juízo. Desconsideração e formação de grupo econômico – Requisitos do art. 50 do Código Civil demonstrados – Conjunto probatório suficiente para se reconhecer o desvio de finalidade e a confusão patrimonial – **Transferência de ativos sem efetivas contraprestações**, notadamente em relação à operação de compra e venda de caminhões entre os Grupos Tonin e Seta – Precedentes deste E. Tribunal. Provas e indícios constantes dos autos que permitem reconhecer a presença dos requisitos legais para se autorizar a desconsideração da personalidade jurídica e formação de grupo econômico entre os ora agravantes e os executados – Decisão mantida. Agravo improvido" (*TJSP* – AI 2082047-94.2023.8.26.0000, 19-10-2023, Rel. Afonso Celso da Silva).

"Agravo de instrumento. Ação de execução de título extrajudicial. Resistência da sociedade empresária em quitar o débito ou indicar bens à penhora. **Desconsideração da personalidade jurídica**. Deferimento. Irresignação. Norma insculpida no Art. 50, do Código Civil, que enseja, para a desconsideração da personalidade jurídica, prova de seu abuso, caracterizado pelo desvio de finalidade ou pela confusão patrimonial. Como cediço, nos termos do §4º, a mera existência de grupo econômico, sem a presença dos requisitos de que trata o caput do Art. 50, do CC, não autoriza a desconsideração. Caso concreto, entretanto, em que restou provada a **transferência de ativos entre empresas sócias**, sem provas suficientes de efetivas contraprestações. Subsunção do caso ao Art. 50, § 2º, inciso II, do CC/02, com redação dada pela Lei Federal 13.874/19. Demandados que não comprovaram se tratar de aportes de capital, ônus de prova que lhes competia, à luz do Art. 373, II, CPC. Precedentes. Decisão mantida. Recurso desprovido" (*TJSP* – AI 2224524-48.2020.8.26.0000, 16-12-2021, Rel. Rodolfo Pellizari).

[5] "Desconsideração da personalidade jurídica. Decisão exarada sob a égide do CPC de 1973. Teoria Maior. Requisitos do artigo 50 do Código Civil não preenchidos. Ausência de demonstração de utilização fraudulenta ou abusiva das empresas pelo agravante, tampouco a **confusão patrimonial**, capaz de justificar a superação da autonomia patrimonial existente entre a pessoa jurídica e seu sócio. Decisão reformada. Recurso provido" (*TJSP* – AI 2065451-35.2023.8.26.0000, 29-8-2023, Rel. Gilson Delgado Miranda).

"Agravo de instrumento – **Incidente de desconsideração da personalidade jurídica** da executada baseado na confusão patrimonial – Procedência – Inconformismo do sócio – Cabimento – Diligências efetuadas no sentido da busca de bens a penhorar malsucedidas – Sócios que deram bens particulares para garantir obrigação da pessoa jurídica - Não evidenciado o intuito fraudulento capaz caracterizar a **confusão patrimonial**, nos termos do artigo 50, § 2º do Código Civil – Manobra que visou à preservação da sociedade empresária e não violou a autonomia patrimonial – Decisão reformada – Recurso provido" (*TJSP* – AI 2097579-79.2021.8.26.0000, 14-7-2021, Rela. Daniela Menegatti Milano).

As modalidades de fraude são infindáveis, não se podendo aprioristicamente descrevê-las. Daí por que o texto adverte que não há número fechado de hipóteses e menciona no inciso III do § 2º *"outros casos de descumprimento de autonomia patrimonial"*. Nem sempre a caracterização da fraude será facilmente descoberta. Poderá ser necessária prova técnica que somente o caso concreto poderá constatar.

Certo é que para a desconsideração da personalidade jurídica é fundamental a prova cabal, material, concreta da ocorrência de uma das condutas fraudulentas: abuso de finalidade ou confusão patrimonial.

Portanto, para a desconsideração, é imprescindível a prova concreta da ocorrência de fraude, isto é, *"da distorção intencional da verdade com o intuito de prejudicar terceiros"* (Alexandre Couto Silva. *Aplicação da desconsideração da personalidade jurídica no direito brasileiro*. São Paulo: LTr, 1999, p. 36). A presunção de fraude esbarra no nexo de causalidade necessário para caracterizar o ato fraudulento e o uso inadequado da pessoa jurídica para a sua consecução: a pessoa jurídica pode praticar atos fraudulentos sem, entretanto, ter relação com a utilização da autonomia patrimonial.

O grau de certeza da prova necessária para a caracterização da fraude para fins autorizativos da quebra da autonomia patrimonial reside exatamente no citado nexo de causalidade entre o ato e sua consecução por meio da autonomia patrimonial. O resultado obtido com a conduta deliberada de praticar ato fraudulento deve decorrer exclusivamente da possibilidade de sua concretização pela pessoa jurídica. Isso porque é possível que a pessoa jurídica cometa fraudes, como, por exemplo, a emissão de cheque sem provisão de fundos, sem qualquer relação com a utilização da autonomia patrimonial.

A medida excepcional de suspensão dos efeitos da personificação depende, portanto, da prova da ocorrência da fraude, sendo o ônus da prova do credor, porquanto como já referido, o único interesse que prevalece à personificação é a preservação da finalidade social do direito e não o seu interesse privado.

Com o advento do Código de Processo Civil de 2015, o legislador criou a figura do incidente de desconsideração da personalidade jurídica (arts. 133-137), cabível em qualquer fase do processo de conhecimento, no cumprimento de sentença e na execução fundada em título executivo extrajudicial, sendo suspensivo o seu efeito. Dispensa-se a aplicação do incidente quando a desconsideração da personalidade jurídica for requerida na petição inicial.

De igual, com a Reforma Trabalhista de 2017 (Lei nº 13.467/2017). Por meio do art. 855-A da CLT colocou-se uma pá de cal sobre a controvérsia acerca do procedimento da desconsideração perante a Justiça do Trabalho, uma vez que era realizado sem a observância de qualquer procedimento legal. A norma é clara ao impor ao juiz trabalhista a imprescindibilidade de observância do procedimento processual para fins de imputação da responsabilidade ao sócio.

Efeito do acolhimento do pedido de desconsideração é a decretação de ineficácia do ato traslativo da propriedade de bens, havido em fraude a execução.

Note-se que, pelo prescrito no § 3º do novel art. 50, a desconsideração também deve ser aplicada aos sócios e administradores da pessoa jurídica, a saber, quando essas pessoas naturais desviam bens próprios para pessoa jurídica para finalidades fraudatórias. Cuida-se do que se denomina *desconsideração inversa da pessoa jurídica*.[6]

---

[6] "Embargos de declaração. Contradição. Inocorrência. **Desconsideração inversa da personalidade jurídica.** Responsabilização da sócia da empresa requerida, genitora do executado. Impossibilidade. Art. 50, § 3º, do Código Civil. Doutrina. Desconsideração inversa da personalidade jurídica. Inclusão da sociedade e de sua sócia, mãe do executado, no polo passivo da execução. Agravo parcialmente provido para indeferir a inclusão da sócia no polo passivo. Acórdão que reconhece a atuação da agravante como 'interposta pessoa' na sociedade, mas dá parcial provimento ao agravo para indeferir a sua inclusão no polo passivo da execução. Inexistência de contradição. Ausência de comprovação de desvio de finalidade ou confusão patrimonial por parte da sócia agravante. A desconsideração inversa visa a responsabilização da pessoa jurídica pelas obrigações do seu sócio, nos casos em que este abusa da personalidade jurídica daquela, seja mediante desvio de finalidade ou confusão patrimonial. Art. 50, § 3º, do Código Civil. Doutrina. Embargos de declaração rejeitados" (*TJSP* – ED 2153987-85.2024.8.26.0000, 4-10-2024, Rel. J.B. Paula Lima).

"Agravo de instrumento – Incidente de desconsideração da personalidade jurídica – Decisão que reconhece a formação de bloco econômico e a responsabilidade solidária das empresas autorizadas a constarem no polo passivo da demanda - Inconformismo que aduz a inexistência dos requisitos autorizadores da desconsideração da personalidade jurídica – Argumentos que não convencem diante das circunstâncias fáticas comprovadas nos autos – Observância do **artigo 50, § 3º, do Código Civil**, bem como disposto no artigo 28, §5º, do Código do Consumidor – Recurso desprovido" (*TJSP* – AI 2036227-52.2023.8.26.0000, 31-3-2023, Rel. José Carlos Ferreira Alves).

"Recurso – Agravo de instrumento – Responsabilidade civil – Acidente de trabalho – Ação de reparação de danos materiais e morais – Cumprimento de sentença – Incidente de desconsideração da inversa da personalidade jurídica. Insurgência contra respeitável decisão que indeferiu pedido de **desconsideração inversa da personalidade jurídica dos executados** (agravados), fundada na ausência de demonstração dos requisitos legais para tanto. Alegação de desvio de bens dos sócios da executada para outras empresas com sócios comuns, com o intuito de fraudar credores, não demonstrada. Exegese do artigo 50, § 3º, do Código Civil, com a redação dada pela Lei 13.874/2019. A ausência de bens da executada passíveis de penhora, ou mesmo o seu encerramento irregular, não bastam para o deferimento da desconsideração, sendo necessária a prova do abuso da personalidade jurídica, caracterizado pelo desvio de finalidade e/ou confusão patrimonial, na forma da lei. Precedentes do C. STJ e deste E. TJSP. Decisão mantida. Recurso de agravo de instrumento não provido" (*TJSP* – AI 2204436-52.2021.8.26.0000, 4-11-2021, Rel. Marcondes D'Angelo).

11

SOCIEDADES NÃO PERSONIFICADAS

11.1 SOCIEDADE EM COMUM

Inexistindo ou sendo inválido o contrato de sociedade, agindo os interessados como se sociedade houvesse, há sociedade de fato ou irregular. Pode ocorrer que o grupo ainda amorfo tenha travado contato negocial com terceiros que os tinham como participantes de sociedade. No que toca à entidade societária, os princípios gerais relativos à nulidade são aplicados com mitigação. Ainda que inexistente, irregular, nulo ou anulável o contrato constitutivo, pode ocorrer que a entidade tenha participado do universo negocial, não se podendo prescindir de certos efeitos, em prol do princípio da aparência e da estabilidade social.

Costuma-se distinguir a sociedade irregular da sociedade de fato. Na primeira, os requisitos do contrato não se encontram completos, não possibilitando perfeita higidez jurídica; na segunda, o contrato encontra-se inquinado de nulidade ou nem mesmo existe.

Em ambas as situações, não ocorre a higidez da personalidade jurídica outorgada pelo ordenamento. No entanto, como enfatizamos na obra introdutória (*Direito Civil: parte geral*, Capítulo 14), o Direito reconhece personalidade incompleta a essas entidades, que inserimos entre os *grupos com personificação anômala*. Nesse sentido, o CPC, no art. 75, IX, dispõe que as sociedades sem personalidade jurídica serão representadas no processo pela pessoa a quem couber a administração de seus bens. O texto refere-se, sem dúvida, às sociedades de fato ou irregulares. Se há sociedade no mundo fático, independentemente de ato constitutivo ou de registro, o Direito não pode abstrair todos os efeitos. O patrimônio da entidade responde perante terceiros pelas obrigações e, subsidiariamente, responderão os bens dos sócios na proporção de sua entrada de capital.

Com a ausência de personalidade, a sociedade está impedida de acionar terceiros, bem como seus próprios sócios. A irregularidade de sua constituição acarreta comunhão patrimonial e jurídica entre estes. O estatuto processual protege ainda terceiros ao proibir que as sociedades sem personalidade, quando demandadas, possam opor sua irregularidade como matéria de defesa.

No período que medeia entre a criação da sociedade e seu registro, os atos praticados por ela são considerados de sociedade irregular, podendo ser, contudo, ratificados. O ato de registro, todavia, não é retroativo. Em situação semelhante, posicionam-se as sociedades que necessitam de autorização governamental, atuando com anomalia até a devida autorização que possibilitará o registro.

O Código deste século trata da sociedade irregular ou de fato entre as sociedades não personificadas, denominando-as *"sociedade em comum".* Sua organização intestina, enquanto não regularizada, rege-se pelos princípios das sociedades simples estampados no Código de 2002, como manda o dispositivo em comento.

11.1.1 Prova escrita da existência da sociedade

Os terceiros podem provar a existência da sociedade em comum de qualquer modo; os sócios, nas relações recíprocas e com terceiros, somente podem provar por escrito a existência da sociedade (art. 987). O legislador considerou necessária a existência de um contrato social carente apenas de inscrição para fins de aquisição da personalidade jurídica restrita da sociedade.[1]

---

[1] "Ação de reconhecimento de sociedade de fato – Cerceamento de defesa – Inocorrência – Princípio da comunhão das provas – Elementos dos autos que são suficientes para a análise de todas as questões postas pelas partes – Instrução probatória que se destina ao convencimento do juiz, cabendo-lhe decidir sobre a pertinência e utilidade da sua produção – E se o fato já estiver provado por documentos, não se há falar em prova oral (art. 443, I do CPC). Além disso, no caso, além da prova documental, duas testemunhas indicadas pelo autor apelante foram ouvidas em audiência – Incidência do princípio da comunhão das provas (art. 371, CPC) – Recurso desprovido nesse tópico. Ação de reconhecimento de sociedade de fato – Sentença de improcedência – Inconformismo do autor, que sustenta a existência de sociedade de fato juntamente com os réus, dentre eles, com Roberto (seu irmão) – Não acolhimento – **O reconhecimento de sociedade de fato exige prova escrita (art. 987, Código Civil)** – E o conjunto probatório demonstra a existência apenas de relação de trabalho entre as partes, e não de sociedade de fato – Autor que, ao deixar de prestar serviços para empresa ré documental, anunciou que iria ajuizar reclamação trabalhista na Justiça do Trabalho, situação que reforça a inexistência de sociedade de fato ou *affectio societatis* – Recurso desprovido nesse tópico" (*TJSP* – Ap 1087227-75.2018.8.26.0100, 31-10-2024, Rel. Sérgio Shimura).

"Sociedade em comum – Ação declaratória e indenizatória voltada para o reconhecimento da celebração do contrato de sociedade e de sua posterior dissolução, a apuração de haveres e a reparação de danos materiais e morais – Decreto de improcedência – Exame de depoimentos e documentos – Prova oral e documental confirmatórias do anunciado vínculo societário – Ficaram constatados o comparecimento diuturno no estabelecimento, auxiliando no atendimento de clientes, a guarda, depois de fechado o estabelecimento, dinheiro mantido em caixa em sua própria residência, o compartilhamento da prática de atos de gestão, sobretudo celebrando contrato fundamental para o desenvolvimento da atividade empresarial com o envolvimento de seu genitor, ter sido dado publicamente como partícipe do empreendimento, inclusive mediante declaração em rede social de grande divulgação – **Interpretação do art. 987 do CC/2002** – Termos inicial e final fixados, determinada a apuração de haveres em sede de liquidação, na forma do art. 509, II do CPC/2015 – As indenizações por danos materiais pleiteadas na petição inicial confundem-se com os haveres de sócio, descabendo o ressarcimento em si mesmo – Danos morais não configurados – Sentença reformada – Ação parcialmente procedente – Sucumbência recíproca – Recurso parcialmente provido" (*TJSP* – Ap 1030841-57.2020.8.26.0196, 4-10-2023, Rel. Fortes Barbosa).

O legislador não levou em consideração, para fins de elaboração dessa norma, o momento de formação da sociedade que anteceda a existência do contrato social. O legislador, aqui, parece pender apenas para uma das modalidades de sociedade despersonificada, a irregular. Como expusemos, a despersonificação pode decorrer tanto da ausência de um contrato social, como de sua existência sem registro, o que caracterizaria, no primeiro caso, sociedade de fato e, no segundo, sociedade irregular. Assim, a sociedade de fato, aquela na qual duas ou mais pessoas exercitam em comum uma atividade econômica, comportando-se como sócios de fato, sem acordo expresso, escrito ou oral, ficaria carente de prova perante terceiros e mesmo entre os próprios sócios.

É possível a elaboração de contrato preliminar de sociedade, o qual pode e deve conter a indicação dos elementos essenciais do futuro contrato definitivo, ou, suficiente determinação dos elementos indispensáveis para a individualização da sociedade (BUONOCORE, 2000, p. 141). Esse contrato serviria para os sócios provarem entre si ou em relação a terceiros a existência da sociedade. Na Itália, esse tipo de contrato é expressamente previsto no Codice Civile (arts. 1.351 e 1.352) e exige forma especial para sua celebração, ou seja, deve ser celebrado por instrumento público e conter imprescindivelmente o regime societário a ser adotado pela sociedade. Entre nós, o contrato preliminar está previsto nos arts. 462 a 466, podendo ser utilizado, em princípio, para todas modalidades contratuais.

11.1.2 Formação de patrimônio e proteção dos credores

Os bens e dívidas sociais constituem patrimônio especial, tendo como titulares os sócios. Caberá provar, no caso concreto, os limites desse patrimônio comum especial, para distingui-lo do patrimônio dos sócios. Nem sempre a prova será fácil

---

"**Ação de dissolução parcial de sociedade** – Sociedade despersonificada – Pedido inaugural restrito à dissolução parcial da sociedade – Ré que, conquanto tenha anuído com a dissolução parcial da sociedade, formulou pedido de apuração de haveres em sede de contestação – Impossibilidade de prosseguimento da ação para fins de apuração dos haveres em liquidação de sentença – Princípios da adstrição e da congruência (CPC, arts. 141 e 492) – Apuração de haveres que constitui direito exclusivo da ré e apenas a ela interessa – Ressalva no sentido de que a pretensão autônoma da ré pressupunha reconvenção (art. 343 do CPC/15) ou futura ação própria – Sentença mantida – Sem honorários recursais – Recurso desprovido" (*TJSP* – AC 1000788-95.2018.8.26.0315, 3-10-2019, Rel. Maurício Pessoa).

"Apelação cível – Direito privado não especificado – **Ação de dissolução parcial de sociedade despersonificada** – Sociedade em comum – Preliminar. Caso em que a sentença se mostra *ultra petita*, uma vez que não houve pedido de declaração de direito sobre 45% do patrimônio social, impondo-se extirpar da decisão a parcela incongruente. Prescrição. Inocorrência, no caso, sobretudo por não se tratar de ação de cobrança, quedando inaplicável o art. 206, § 5º, I, do CCB. Mérito. Consoante se colhe dos autos, as partes constituíram uma sociedade em comum, não personificada e, exaurida a *affectio societatis*, busca o autor a restituição do aporte de capital inicial ou a apuração de haveres, em cumulação imprópria alternativa de ações. Procedência do segundo pedido, que tem por desdobramento lógico a instauração da fase de liquidação de sentença, a fim de que seja realizada a apuração de haveres. Preliminar acolhida. Apelação parcialmente provida" (*TJRS* – AC 70071602072, 18-5-2017, Relª Desª Mylene Maria Michel).

e o patrimônio especial poderá ser desconsiderado, se presentes os pressupostos de desconsideração da pessoa jurídica.

Essa regra decorre da responsabilidade solidária e ilimitada existente entre os sócios da sociedade em comum. A ausência de limitação da responsabilidade dos sócios foi forma encontrada pelo legislador para proteger credores da sociedade dessa categoria, sem personalidade jurídica.

Os bens sociais respondem pelos atos de gestão praticados pelos sócios, como regra geral. Se há pacto expresso limitativo de poderes, somente será oponível perante terceiros se estes dele tiverem conhecimento real ou presumido.

Ato limitativo algum de responsabilidade patrimonial pode ser oposto perante terceiro ignorante da regra interna. Somente com a publicidade da limitação patrimonial os efeitos do pacto operam com relação a terceiro que contraiu obrigação.

11.1.3 Responsabilidade dos sócios

Todos os sócios na sociedade em comum respondem solidária e ilimitadamente pelas obrigações sociais (art. 990). Esse dispositivo é expresso em excluir o benefício de ordem previsto no art. 1.024: não devem ser excutidos primeiramente os bens da sociedade; todos os bens dos sócios respondem pelos débitos.

Assim, o terceiro credor pode optar por demandar a sociedade para o cumprimento da obrigação ou a seus sócios ou todos ou alguns conjuntamente.

Em caso de o credor acionar todos os sócios, a condenação deve ser solidária. Entretanto, a opção do credor em acionar apenas um dos sócios não faz presumir que tenha renunciado em relação aos demais, dado que a solidariedade é consequência das obrigações dos sócios (NISSEN, 2001, p. 98).

11.2 SOCIEDADE EM CONTA DE PARTICIPAÇÃO

O contrato participativo ou contrato de participação é negócio jurídico celebrado para a exploração da atividade econômica pelo regime da sociedade em conta de participação. O contrato participativo é celebrado entre pessoas – naturais ou jurídicas – que desejam explorar ou participar em determinada atividade econômica, quando nem todas as pessoas – os sócios – desejam figurar nessa condição e, mais importante, não pretendem assumir responsabilidade patrimonial pelas obrigações do empresário.

O escopo dos sócios participantes é evitar que a sociedade responda perante terceiros, fazendo com que a responsabilidade patrimonial recaia sobre o patrimônio do sócio ostensivo (BUONOCORE, 2000, p. 134).

Conforme o art. 991, a atividade do objeto social é exercida unicamente pelo sócio ostensivo, em seu nome individual e sob sua própria responsabilidade, participando os demais dos resultados correspondentes. O sócio (ou sócios) que figurarem no contrato social, tendo toda a responsabilidade patrimonial e pessoal, são chamados de *sócio ostensivo*, sendo os ocultos denominados de sócios participantes. Tanto os ostensivos como os participantes podem ser uma ou mais pessoas.

Portanto, são duas relações jurídicas que nascem dessa espécie de contrato: uma entre o sócio ostensivo e os terceiros que com ele celebram contratos; outra entre o sócio ostensivo e os sócios participantes. Assim, na hipótese de inadimplemento de obrigação perante fornecedor, por exemplo, será do sócio ostensivo exclusivamente a responsabilidade patrimonial, observado, é claro, o regime societário pelo qual a atividade empresarial é por ele explorada. Poderá, entretanto, o sócio ostensivo voltar-se contra os sócios participantes se houver previsão de regresso no contrato participativo.

Embora utilizado em pequena escala, o contrato participativo constitui um instrumento de proteção patrimonial e pessoal, pois toda espécie de responsabilidade decorrente da exploração da atividade empresária é atribuída apenas ao sócio ou sócios ostensivos.

O contrato de participação não exige formalidade específica para a sua constituição, podendo ser verbal ou escrito. Sua existência depende somente da vontade das partes. Trata-se de sociedade que não conhece exigências de forma. Para fins de prova, no entanto, a forma escrita facilita sua oposição perante terceiros e opera como excludente de responsabilidade dos sócios participantes perante eles.

Embora não seja registrada na Junta Comercial, a sociedade em conta de participação é sociedade regular e por isso tem proteção legal. A ausência de exteriorização do vínculo social é irrelevante e decorre da flexibilidade do direito societário. O sócio ostensivo adquire obrigações perante terceiros e por elas é responsável pessoalmente, na condição de empresário individual, ou na condição de sociedade empresária.

11.2.1 Relação entre os sócios e com terceiros

Dois são os planos de efeitos do contrato participativo: externo e o interno.

No plano externo, o contrato participativo opera seus efeitos em relação ao sócio ostensivo e terceiros, formando uma relação jurídica em que as obrigações vinculam ambos. No plano interno, entretanto, a relação jurídica produz seus efeitos entre o sócio ostensivo e os participantes, obrigando os fundos sociais. Ainda, no plano interno, as partes mantêm todos os direitos e obrigações próprias dos sócios como a distribuição dos lucros ou perdas, por exemplo. Essa vinculação interna decorre do contrato social celebrado por ocasião da formação da sociedade em conta de participação. Qualquer registro realizado junto aos órgãos registrais, Junta Comercial, ou Cartório de Registro de Pessoas Jurídicas não confere personalidade à sociedade em conta de participação, uma vez que sua natureza despersonificada decorre de norma impositiva, imutável por vontade das partes.

É da natureza da sociedade em conta de participação que os sócios participantes tão somente aportem capital, os sócios participantes apenas prestam seu capital para o sócio ostensivo explorar a atividade empresarial em seu nome.

O descumprimento dessa determinação cria para o sócio participante responsabilidade patrimonial pessoal perante terceiros juntamente com o sócio ostensivo, relativamente aos negócios em que o primeiro intervier.

O sócio participante não pode, assim, participar da atividade negocial objeto da sociedade, mas tem o direito de fiscalizar a administração do sócio ostensivo, bem como exigir-lhe as contas e exibição dos livros, guardando o sigilo a respeito das informações que obtiver.

11.2.2 Patrimônio especial e seus efeitos

Por não ter personalidade jurídica, a sociedade em conta de participação não existe como sujeito de direitos e obrigações, embora seja uma sociedade regularmente constituída. Por isso, não é titular de um patrimônio.

Entretanto, para que a atividade econômica seja explorada, é necessário que os sócios, ostensivo e participantes, reservem um capital específico em forma de conta de participação, distinto do capital do sócio ostensivo, que como já foi dito, pode ser coletivo. Os bens sempre serão de propriedade dos sócios, mas essa propriedade está afetada por uma destinação (GALGANO, 1999, p. 67). Essa destinação assemelha-se ao patrimônio de afetação.

Essa especialização patrimonial somente produz efeitos em relação aos sócios, mas cada um deles mantém seu patrimônio pessoal, respondendo por suas próprias obrigações diante dos seus credores.

Falindo o sócio ostensivo, dissolve-se de pleno direito a sociedade em conta de participação, cabendo ao síndico da falência liquidar a respectiva conta. Havendo resultado favorável ao sócio participante, este habilitará seu crédito como quirografário, sujeitando-se aos efeitos do concurso de credores.

No caso de falência do sócio participante, cabe ao síndico decidir se a sociedade em conta de participação subsiste ou se será dissolvida, aplicando-se, assim, as mesmas regras dos contratos unilaterais e bilaterais do falido (arts. 117 e 118 da LREF).

11.2.3 Ingresso de novo sócio e liquidação da sociedade

A sociedade em conta de participação é entidade eminentemente de pessoas. Isso fica claramente caracterizado levando-se em consideração a vedação legal (art. 995), o ingresso e a transmissibilidade da qualidade de sócio sem o consentimento dos sócios participantes.[2]

---

[2] "Ações apensadas. Processos físicos. Julgamento conjunto. Ação de reconhecimento e dissolução de sociedade em conta de participação (SCP) c/c liquidação de haveres. Sentença de procedência. Reconhecimento e dissolução da SCP, da participação da ré (belaldeia) em 33%, como sócia oculta, exclusão da ré, por justa causa, em agosto/2012, e haveres fixados em R$ 84.642,67 até dezembro/2011, devendo a diferença devida até agosto/2012 ser apurada em liquidação de sentença. Ação declaratória incidental movida pela ré (belaldeia), a fim de que fosse declarada a sua participação na sociedade na proporção de 50%, a inexistência da relação jurídica com uma das coautoras da ação principal, e para que fosse desconsiderada a personalidade jurídica da 'SPE', ou reconhecida a ineficácia da alienação do imóvel, para que seja considerado no patrimônio especial da SCP para fins de apuração de haveres. Insurgência apenas quanto ao percentual de participação da apelante na SCP, e quanto aos direitos patrimoniais que devem ser considerados na apuração dos haveres. Limites objetivos do recurso. Hipótese de reforma parcial da sentença,

Nessa modalidade societária, o *affectio societatis* ultrapassa seus limites, sendo a confiança recíproca sua sustentação. A sociedade em conta de participação, consoante assevera Géraldine Goffaux-Callebaut (2008, p. 29-30), se apresenta como um instrumento de cooperação, de simplicidade, rapidez e discrição. Entretanto – embora fuja da

---

apenas para julgar improcedentes os pedidos formulados na ação principal em relação à segunda coautora. **Ausência de consentimento expresso da apelante, sócia oculta, para o ingresso da referida coautora como nova sócia.** Necessidade, conforme art. 995, do CC. Ajustes meramente verbais na constituição da SCP. Exigência da proprietária do imóvel de no mínimo 3 investidores que não autoriza a sócia ostensiva a impor novos sócios à sócia oculta apelante. Fato de não ser reconhecida a participação de uma das coautoras, bem como de ter se retirado da SCP uma anterior e terceira sócia oculta, que não implica no reconhecimento da participação da recorrente com 50%. Investimentos adicionais, para aquisição de cotas da sócia retirante não comprovados pela apelante. Fixação dos haveres em R$ 84.642,67 até dezembro/11, e a diferença devida até agosto/2012 a ser apurada em liquidação de sentença. Manutenção. Valor certo fixado com base em planilha juntada pela apelante, comprovando os investimentos realizados até dezembro/11. Investimentos adicionais não demonstrados. Prática de atos considerados como falta grave pela apelante ainda na fase de meros estudos de viabilidade do empreendimento. Valor do imóvel no qual seria implementado o loteamento, caso houvesse aprovação pela associação proprietária, que não pode ser considerado na apuração de haveres, assim como valores de vendas, receitas de unidades, etc., já que a recorrente não participou dessa fase do empreendimento. Apelação da beladeia em relação a ação principal parcialmente provida e em relação a ação declaratória incidental não provida" (*TJSP* – AP 0020089-30.2013.8.26.0506, 16-6-2021, Rel. Alexandre Lazzarini).

"**Sociedade em conta de participação** – Ação de dissolução de sociedade, apuração de haveres e indenizatória – Tutela de urgência parcialmente deferida para que seja impedida a alienação do 'aparelho de sistema de tomografia por emissão de positrons PET/CT Gemini' – Alegação do agravante de que está sofrendo prejuízos consistentes nas despesas mensais suportadas com o equipamento enfocado – Decisão reformada para que seja autorizada a alienação do produto, desde que o preço seja submetido a depósito diretamente efetuado nos autos pelo eventual adquirente – Recurso parcialmente provido" (*TJSP* – AI 2239748-94.2018.8.26.0000, 20-2-2019, Rel. Fortes Barbosa).

"Agravo regimental no agravo em recurso especial – Direito empresarial e processual civil – **Sociedade em conta de participação** – Administração comum de bem móvel (incinerador de lixo) – Assunção da administração exclusiva contrariamente às cláusulas contratuais – Tese recursal que parte de alegações incompatíveis com os pressupostos de fato assentados no acórdão de origem – Caracterização de violação à boa-fé objetiva – Aplicação dos Enunciados nº 5 e 7 da Súmula do STJ – Agravo regimental improvido – 1 – Não é possível alterar a conclusão assentada pelo Tribunal local, com base no exame das cláusulas contratuais e das provas nos autos, ante os óbices dos Enunciados nº 5 e 7 da Súmula do STJ. 2 – Na hipótese, atacar a conclusão do Tribunal de origem quanto ao evidente não cumprimento das cláusulas contratuais por parte da recorrente, demandaria interpretação das cláusulas contratuais e reexame do conjunto fático-probatório dos autos, o que é obstado em recurso especial. 3 – Agravo regimental a que se nega provimento" (*STJ* – AgRg-AG-REsp 763.480 – (2015/0198847-6), 3-3-2016, Rel. Min. Marco Aurélio Bellizze).

"**Agravo de instrumento** – Sociedade em conta de participação – Ação de dissolução, cumulada com pedido de restituição do aporte financeiro – Concessão de tutela antecipada, autorizando o bloqueio de numerário, via Bacenjud – Valor obtido insuficiente – Decisão agravada que indeferiu o pedido de pesquisa de bens dos agravados – Reforma que se impõe – Alegações verossimilhantes, além do inolvidável risco de prejuízo irreparável ou de difícil reparação dos agravantes – Agravo provido" (*TJSP* – AI 2145741-52.2014.8.26.0000, 23-6-2015, Rel. Ramon Mateo Júnior).

natureza dessa modalidade de vínculo – nada obsta que essa exigência seja dispensada e autorizado o livre ingresso de outro sócio ostensivo.

Seu regime jurídico é o correspondente àquele adotado pelo sócio ostensivo, empresário individual ou coletivo. Na falta de norma legal do tipo societário, como regra geral do direito de empresa adotado, aplicam-se subsidiariamente as regras da sociedade simples a esse tipo societário.

A liquidação da sociedade em conta de participação não segue a regra geral do art. 1.102 ss., que impõe ao liquidante várias obrigações (art. 1.103), simplificando o procedimento a uma prestação de contas. Não há em verdade uma liquidação, mas um acerto de contas entre os sócios. Essa simplificação não compromete as obrigações celebradas com terceiros, visto que perante esses o sócio ostensivo tem a responsabilidade seguindo o modelo de limitação do regime por ele escolhido.

12

SOCIEDADES PERSONIFICADAS

12.1 SOCIEDADE SIMPLES

A sociedade simples vem regulamentada no Código Civil para reger a atividade econômica não empresarial. Veja nosso estudo a respeito dessa entidade no volume inicial da nossa coleção de direito civil.

Entretanto, a importância de sua regulamentação reside no fato de ter sido eleita pelo legislador como legislação supletiva das sociedades limitadas (art. 1.053) e de outros tipos menores (arts. 1.040 e 1.046) de sociedades empresárias. Havendo lacunas da sua regulamentação, aplicam-se, subsidiária e obrigatoriamente, as normas correspondentes às sociedades simples, no que couber, observada a exceção no tocante àquelas cujo contrato social preveja a opção pela regência supletiva da Lei das Sociedades Anônimas.

De se observar que a escolha da regência supletiva das limitadas pela simples e não pela sociedade anônima, encontra sua razão de ser na natureza personalista das primeiras, em contraponto às sociedades de capitais. Nas sociedades simples e limitada, a qualidade dos sócios prevalece, ao passo que na sociedade de capitais, como a anônima, o fator preponderante é a organização (COSTA, 2004, p. 107), daí a compatibilidade apontada. Essa sociedade simples é um protótipo ou arcabouço de toda categoria de sociedade de pessoas.

A sociedade simples é concebida como um tipo genérico de sociedade, identificável com base em critérios meramente negativos, prestando-se, em abstrato, a uma série ilimitada de utilizações que se estendem por todo o âmbito das atividades que não sejam empresariais (GALGANO, 1999, p. 80).

A constituição da sociedade simples não demanda qualquer forma em particular, sendo necessária apenas a celebração de um contrato social por instrumento particular ou público, com a consequente inscrição no Registro Civil das Pessoas Jurídicas do local de sua sede.

12.1.1 O contrato social

O contrato de sociedade simples deve conter, além das cláusulas estipuladas pelos sócios, as obrigatórias contidas nos incisos do art. 997.

> *I – nome, nacionalidade, estado civil, profissão e residência dos sócios, se pessoas naturais, e a firma ou a denominação, nacionalidade e sede dos sócios, se jurídicas;*

Esse requisito refere-se à qualificação das partes, pessoas naturais ou jurídicas. Tratando-se de pessoa natural, os sócios devem declinar seu nome e a nacionalidade, esta para fins de verificação de alguma limitação à exploração da atividade. Também é importante o conhecimento do estado civil dos sócios para a análise da vedação imposta à constituição de sociedade exclusivamente entre marido e mulher. É importante também declinar se o participante convive em união estável, tendo em vista os efeitos dessa situação perante terceiros. A profissão também pode interferir na capacidade para o exercício da atividade, daí a necessidade da declinação. O endereço para fins de fixação da residência e do domicílio também faz parte da qualificação do sócio.[1]

Tratando-se de sócio pessoa jurídica, além da nacionalidade para o mesmo fim anteriormente elencado, ainda é necessário a declinação da firma ou denominação, forma pela qual a pessoa jurídica é individualizada, a declinação de seu nome, por uma das formas previstas em lei. Igualmente a necessidade da declinação da sede atua como fixador do domicílio do sócio coletivo.

---

[1] "Sociedade – **Instrumento de alteração de contrato social** – Assinatura reconhecida pelo autor e declarada autêntica pelo perito judicial – Afirmação do autor de que não consentiu com sua inclusão no quadro societário – Vício de consentimento não descrito – Improcedência do pedido de declaração de inexistência de relação jurídica – Apelação improvida Dispositivo: negam provimento" (*TJSP* – AC 0108922-57.2008.8.26.0002, 24-6-2019, Rel. Ricardo Negrão).

"Agravo de instrumento – Ação cautelar inominada – Alvará de suprimento de consentimento de sócio minoritário – Alteração Contratual – Mudança de endereço – Possibilidade – Alteração de procurador – Impossibilidade – Necessidade de dilação probatória – O Código Civil prevê que o contrato social da sociedade empresária deve conter, necessariamente, a sede da sociedade. De acordo com o disposto no art. 999 do Código Civil, qualquer modificação que tenha por objeto matéria indicada no art. 997, como é o caso da sede da sociedade, depende do consentimento de todos os sócios. Não há razão para manter o contrato social desatualizado quanto ao local da sede da sociedade, especialmente considerando a necessidade de informar ao fisco a correta localização da sociedade. A pretensão de suprimento judicial para alteração do procurador da segunda agravante demanda necessidade de dilação probatória. Agravo de instrumento parcialmente provido" (*TJDFT* – AI 20150020307978 – (921183), 1-3-2016, Rel. Des. Hector Valverde Santanna).

"**Cobrança.** Autora pretende receber valores referentes a sua retida de empresa da qual nunca foi sócia. Sentença de improcedência. Artigos 987 e 997 do Código Civil a inviabilizar meras tratativas verbais para aceitar uma sociedade, constituída formalmente. Recurso desprovido" (*TJSP* – Acórdão Apelação Cível 0194.274-77.2008.8.26.0100, 12-4-2012, Rel. Des. Teixeira Leite).

II – denominação, objeto, sede e prazo da sociedade;

A sociedade simples adotará o nome sob a forma de denominação, segundo a regra do parágrafo único do art. 1.155.

O objeto social define o conteúdo da atividade empresarial, razão pela qual sua especificação é de extrema importância, até mesmo para fins de tributação, quando se leva em consideração a natureza da atividade para que determinada regra de incidência se concretize. Também é pelo objeto que se afere se a sociedade adota a forma empresarial.

A sede é o domicílio da empresa (art. 75, IV), o lugar onde o centro de decisões se localiza. Pode ocorrer de a sociedade ter outros pontos de funcionamento, filiais, sucursais ou agências, devendo nesse caso constar do registro.

O prazo de duração da sociedade pode ou não ser determinado. Feita a escolha pelos sócios, estes devem observar, no caso de a sociedade ser constituída por prazo determinado, seu prazo de expiração, uma vez que se quiserem proceder à prorrogação, devem manifestar a vontade expressamente, sob pena de a sociedade expirar de pleno direito pelo decurso do prazo (art. 1.033, I). Não havendo expressa menção ao prazo de duração, presume-se constituída por tempo indeterminado. É a situação mais corriqueira.

III – capital da sociedade, expresso em moeda corrente, podendo compreender qualquer espécie de bens, suscetíveis de avaliação pecuniária;

O contrato social constitui um programa de ação econômica ou mais precisamente de ação econômica lucrativa (DIDIER, 1970, p. 237). Com a constituição da sociedade, surge para os sócios a obrigação de constituir o fundo social mediante suas contribuições. O capital social deve ser expresso em moeda corrente, podendo compreender qualquer espécie de bens suscetíveis de avaliação e sendo utilizados para alcançar o objeto social. Tratando-se de subscrição do capital social em bens móveis, a sociedade torna-se proprietária do bem, diversamente do que ocorre se a subscrição for feita sobre direitos de uso, como o usufruto, no qual os riscos permanecem por conta do nu-proprietário do bem, não se transferindo a sociedade. Também podem integrar o capital social direitos de crédito do sócio, respondendo este pela eventual insolvência do devedor.

IV – a quota de cada sócio no capital social, e o modo de realizá-la;

Esse inciso complementa o anterior, sendo também de fundamental importância. O contrato social deve prever o capital social constituído para a exploração da atividade econômica e sua forma de constituição, não só em valores e bens, mas também no percentual de participação de cada sócio e a forma de realização.

A participação de cada sócio será individualizada em percentuais. O momento da subscrição e o da integralização podem não coincidir, decorrendo disso a participação do sócio à vista ou a prazo na constituição do fundo social. Ocorrendo a subscrição, que é a promessa feita pelo sócio dos termos da sua participação, e a integralização que é a efetiva entrega do dinheiro ou bens no mesmo momento, fala-se em integralização à vista.

É comum que o fundo social seja constituído paulatinamente, com os sócios realizando suas contribuições em prazos diversos. Tem-se aí a integralização a prazo, sendo certo que é imprescindível que o contrato social preveja cada um desses prazos e valores respectivos a serem integralizados. A integralização a prazo atinge diretamente a responsabilidade dos sócios no caso de sociedade com responsabilidade limitada (art. 1.052).

V – as prestações a que se obriga o sócio, cuja contribuição consista em serviços;

Na participação do sócio na sociedade com serviços, este se obriga a desenvolver atividade produtiva correndo o risco de ser excluído se o labor a qual se obrigou não for desenvolvido a contento (PAOLUCCI, 2008, p. 126). O sócio de lavor não é empregado da sociedade e não tem direito a salário; sua contraprestação, igualmente a dos demais sócios, surge na forma da remuneração obtida com a divisão dos lucros ou mesmo com da retirada de pró-labore.

VI – as pessoas naturais incumbidas da administração da sociedade, e seus poderes e atribuições;

Administrar a sociedade significa estar investido de poderes de gestão, podendo realizar todas as operações e negócios da sociedade para o objeto social. Ser seu representante, todavia, é deter poderes de realizar operações em nome e no interesse da sociedade e de obrigá-la perante terceiros. Essas duas figuras podem fundir-se numa mesma pessoa.

A administração da sociedade pode ser individual ou conjunta. Assim, pode caber a apenas um dos sócios ou, por deliberação deles, ser exercida por alguns ou por todos os sócios. A administração conjunta obriga os sócios administradores a tomar decisões em consenso, salvo se estabelecerem em contrário no contrato social, como, por exemplo, pactuarem pelo voto da maioria, simples, absoluta ou qualificada.

É muito importante que o contrato social estabeleça o limite dos poderes e atribuições do administrador, visto ter essa responsabilidade pessoal perante terceiros.

VII – a participação de cada sócio nos lucros e nas perdas;

Todos os sócios têm direito de participar na distribuição dos lucros, sendo igualmente responsáveis pelas perdas sociais. Tanto os lucros como as perdas são aferidos conforme o percentual de participação de cada um no contrato social, exceto se houver disposição em contrário (art. 1.007). Entretanto, não pode haver previsão de exclusão de algum sócio na repartição dos lucros. Qualquer cláusula nesse sentido é nula (art. 1.008). Participar nas perdas significa contribuir suplementarmente em uma situação de necessidade da capitalização da sociedade, sendo, nesse caso, necessário estabelecer-se a extensão do direito de contribuir (art. 1.004, *caput*).

VIII – se os sócios respondem, ou não, subsidiariamente, pelas obrigações sociais.

Esse inciso prevê opção aos sócios da sociedade simples que eles não possuem. Explica-se. A responsabilidade nessa modalidade societária é subsidiária e ilimitada como deixa clara a disposição do art. 1.023. Isso significa que os sócios, uma vez exaurido o patrimônio social, respondem pessoalmente e sem limitação de valor, obedecida a proporção de sua participação ajustada. Assim, se a sociedade não possuir mais patrimônio e dever 1.000, o sócio que tem 10% da participação nas perdas pagará 100 e o que tem 90% pagará 900 dessa dívida (GONÇALVES NETO, 2004, p. 110). No entanto, é possível tornar solidária essa responsabilidade, bastando inserir no contrato social cláusula nesse sentido (art. 1.023, parte final), pois sabido é que a solidariedade decorre de lei ou de vontade das partes.

Essa regra é controvertida dividindo-se a doutrina e em sua interpretação, a ser aplicada, seria possível aos sócios da sociedade simples estabelecer a exclusão da responsabilidade pessoal pelas dívidas da sociedade, contrariando a regra do art. 1.023 (GONÇALVES NETO, 2004, p. 110; VERÇOSA, 2006, p. 310). De outro lado, entende-se que a exclusão da responsabilidade subsidiária é possível mediante pacto expresso nesse sentido e do conhecimento dos credores, sob pena de, não o conhecendo, não ter eficácia (PAOLUCCI, 2008, p. 132; GRAZIANI; MINERVINI; BELVISO, 2007, p. 194).

O parágrafo único desse artigo trata de ineficácia em relação a terceiros de qualquer pacto separado, contrário ao disposto no instrumento do contrato. A publicidade é inerente ao pacto social. Todos os atos da sociedade necessitam estar arquivados no Registro competente, sob pena de não ter eficácia perante terceiros. Trata-se do princípio da transparência dos registros públicos, o qual tem por finalidade prática coibir atos atentatórios a terceiros; tem finalidade protetiva dos credores. Qualquer pacto em separado só valerá entre os sócios não produzindo efeitos em relação aos terceiros.

12.1.2 Convenção de arbitragem no contrato social

Um dos grandes problemas enfrentados pelo direito societário refere-se à solução de controvérsias. No âmbito da sociedade, questões surgem normalmente em relação ao vínculo social entre os sócios e levam décadas para serem solucionadas.

A prática denota o despreparo dos litigantes e do Judiciário quando a controvérsia tem como pano de fundo questões societárias. Demandas acerca da dissolução do vínculo societário seja por morte do sócio que envolve sucessão, seja pelo exercício do direito de recesso ou mesmo exclusão do sócio; apuração de haveres e liquidação social; afastamento do administrador e mesmo uma simples prestação de contas, arrastam-se anos pelo Judiciário sem uma solução ao menos satisfatoriamente transitória.

Nesse sentido, a convenção e a instituição de arbitragem mostram-se um instrumento hábil e célere na solução de controvérsias que necessitam de presteza na solução, porquanto como já assinalado inúmeras vezes, a dinâmica é a tônica das relações empresariais e econômicas.

No Brasil, a cultura da solução de controvérsias por meios alternativos que não o Judiciário é ainda restrita, mas crescente nesse instituto mundialmente aceito. Sobre o assunto nos manifestamos com detalhes no vol. II, Capítulo 10.

A principal razão da necessidade de adesão à arbitragem em matéria societária repousa no binômio "conhecimentos especializados + celeridade". Nem sempre, contudo, será um procedimento barato.

Se em contratos privados é possível estipular que quaisquer pendências emanadas do negócio jurídico sejam dirimidas por juízo arbitral, o mesmo se pode dizer sobre os contratos sociais. Parece-nos que essa estratégia é absolutamente eficiente para tal prática, levando-se em consideração as vantagens apontadas.

Nesse sentido, os interessados podem inserir no contrato social cláusula compromissória. A renúncia à jurisdição estatal, nesse caso, mostra-se medida proporcional à dinâmica das relações econômicas, substrato da atividade social.

Inclusive, a orientação é no sentido da inserção da cláusula compromissória ampla de orientação para a futura arbitragem, inclusive com escolha da corte, tudo no sentido de atender à tão acentuada dinâmica da atividade econômica.

A convenção da arbitragem nos contratos sociais é obra de reflexão, a cada dia mais dificultosa e necessária porque, como observou Hannah Arendt, à reflexão, *"a imprudência temerária ou a irremediável confusão ou a repetição complacente de 'verdades' que se tornaram triviais e vazias parece ser uma das principais características do nosso tempo"* (1991, p. 13).

12.1.3 Formalidades de constituição

A inscrição da sociedade no registro competente é requisito de sua constituição (art. 967). Essa regra aplica-se também às sociedades simples, posto serem sociedades personificadas. Assim, o lapso temporal de 30 dias fixado no *caput* do art. 998 é regra inócua em termos de aquisição da personalidade jurídica, visando apenas salientar a necessidade de dar publicidade a terceiros das principais cláusulas contratuais e atos constitutivos da sociedade simples.

O § 1º do art. 998 traz requisito de constituição formal da sociedade, prevendo a necessidade de o contrato social vir autenticado para o seu registro, bem como acompanhado de procuração ou autorização, no caso de representação do sócio por terceiro.

Uma vez apresentado o contrato social de acordo com o disposto nos parágrafos anteriores, será inscrito no livro de registro próprio, obedecendo o número de ordem contínua para as pessoas jurídicas inscritas.

No caso de filial ou sucursal da sociedade simples, o art. 1.000 obriga a dois registros: um na circunscrição de sua sede e outro na circunscrição municipal onde vá atuar.

A ausência de inscrição secundária, como se sustenta, caracteriza apenas infração administrativa e não implica na aplicação da regra da responsabilidade ilimitada dos sócios, como ocorre com a sociedade em comum.

A necessidade da inscrição da sucursal, filial ou agência tem a finalidade apenas de preencher o requisito da publicidade.

12.1.4 Modificação do contrato social

A forma de alteração do contrato social é idêntica à adotada para a constituição, necessitando do consenso de todos os sócios. A sociedade simples adota forma singela de constituição, sendo essa regra da unanimidade uma maneira de engessá-la.

A sociedade simples constitui sociedade de pessoas a qual depende da harmonia e compreensão dos sócios para subsistir (COSTA, 2004, p. 121). Em verdade, nada obsta que os sócios deliberem pela exclusão da unanimidade e optem pela maioria de votos para modificar as cláusulas nas matérias elencadas no art. 997, mesmo sendo regras referentes a substância da sociedade. Já a opção dada pelo legislador no *caput* de os sócios deliberarem inclusive por unanimidade com relação às demais matérias representa um retrocesso. A dinâmica da atividade econômica não se subsume ao rigor imposto pela lei, especialmente por não produzir resultados práticos se não dificultar as transformações eventualmente ocorridas durante essa exploração.

A maioria absoluta dos votos a que se refere o artigo é aquela obtida por escrutínio que perfaça mais da metade do capital social, o que já seria suficiente para modificar, inclusive, as questões referentes às matérias insertas no art. 997.

A necessidade de arquivamento das modificações ocorridas no contrato social decorre da mesma regra já vastamente tratada da publicidade, bem como condiciona a alteração à produção de seus efeitos somente após a competente averbação no Cartório.

12.1.5 Direitos e obrigações dos sócios

Com a constituição da sociedade têm início as obrigações dos sócios (art. 1.001). A primeira delas, na verdade, ocorre antes mesmo da constituição formal da sociedade, uma vez que é elemento de sua constituição: a contribuição para a formação do capital social. A celebração do contrato social pode ser posterior à reunião dos sócios. Assim, pode ocorrer que tenham eles prestado, antes mesmo da assinatura do pacto social, a estrutura necessária para a exploração da atividade escolhida.

Portanto, os direitos e obrigações dos sócios não nascem necessariamente com o contrato social. Atente, contudo, que enquanto não houver pacto social, os sócios submetem-se às regras e efeitos da sociedade em comum, posto que a personalização só ocorre com a formalização da entidade.

A opção deixada pelo legislador aos sócios de assinalar prazo para o início das obrigações posteriormente à celebração do contrato social parece inócua, posto que se sustenta que pacto nesse sentido seria ineficaz para fins de exclusão de qualquer tipo de responsabilidade.

O término das obrigações sociais, por sua vez, ocorre quando a sociedade é liquidada, permanecendo efeitos residuais, como os decorrentes de direitos e obrigações de trato sucessivo em aberto.

12.1.6 Substituição dos sócios e transferência das quotas

O art. 1.002 traz mais uma regra que denota a natureza personalista dessa modalidade de sociedade. A exigência de consentimento unânime dos sócios, manifestado por alteração do contrato social para a substituição de consorte, constitui manifestação da necessidade de ajuste do relacionamento pessoal no grupo associativo.

Os sócios podem se retirar a qualquer tempo, com opção de liquidar sua quota, cedê-la para outro sócio e até para terceiro, sendo certo que essa última opção depende do consentimento dos demais sócios.

Para que ocorra a substituição do sócio, é indispensável a manifesta concordância dos demais; só a partir daí o ato começa a produzir seus efeitos. Na verdade, somente após o arquivamento dessa modificação do contrato social no Cartório a substituição opera seus efeitos, mormente em relação a terceiros.

Sem a modificação no contrato social, a cessão das quotas que enseja a substituição do sócio não produz efeitos em relação aos demais e à própria sociedade (art. 1.003). Também não terá eficácia em relação a terceiros, lembrando sempre que a publicidade dos atos é regra aplicável a qualquer modalidade de sociedade. A cessão da posição de sócio é transmitida como um todo unitário, salvo possibilidade negocial em contrário.

O parágrafo único do art. 1.003 criou regra protetiva em favor dos credores e dos sócios que permanecerem na sociedade.[2] O lapso temporal de dois anos assinalado pelo

---

[2] "Agravo de instrumento – Execução – Desconsideração da personalidade jurídica – Deferimento – Indícios suficientes de ocultação de bens e confusão patrimonial pelo ex-sócio – Presença dos pressupostos legais do art. 50 do Código Civil – Responsabilidade correlata que perdura por dois anos após a retirada – **Arts. 1.003, parágrafo único**, 1.032 e 1.080, todos do Código Civil – Inclusão de sócia, pessoa física, doutra empresa (única sócia da devedora) – Descabimento – Vedação à desconsideração *per saltum* – Decisão reformada para permitir a inclusão apenas do ex-sócio da executada no polo passivo da execução – Recurso parcialmente provido" (*TJSP* – AI 2238227-07.2024.8.26.0000, 24-9-2024, Rel. Vicentini Barroso).

"Prazo – Suspensão convencional do processo por sessenta dias para tratativas de acordo – Contagem em dias corridos – Interpretação do art. 219 do CPC – Pedido deduzido entre a prolação da sentença e o início do prazo recursal – Termo final do prazo convencionado recaiu no dia 6 de dezembro de 2021 – Contagem da quinzena legal a partir do dia 7 de dezembro de 2021 – Novo pedido de suspensão de prazo apresentado em 7 de março de 2022 – Ínterim de 41 dias úteis entre o termo final da primeira suspensão e o início da segunda suspensão do processo – Superação do prazo para interposição de recurso de apelação – Apelações interpostas no mês de maio de 2022, quando há muito escoado o prazo – Recursos não conhecidos. Ilegitimidade 'ad causam' – Ação de dissolução parcial da sociedade com apuração de haveres – Inclusão de ex-sócio no polo passivo – Constatação de que ex-sócio se retirou mediante cessão da totalidade de suas cotas sociais a outro sócio, seu filho – Incidência do art. 1.057, *caput* e parágrafo único, e art. 1.003, parágrafo único, ambos do CC – **Responsabilidade do sócio cedente até dois anos após a averbação no registro competente** – Prazo inoponível perante a coautora, menor incapaz (CC, art. 198, I, e art. 208) – Legitimidade passiva do ex-sócio cedente para responder pelas obrigações da sociedade perante a menor incapaz – Legitimidade passiva reconhecida para a fase de apuração de haveres – Apelação desprovida. Dispositivo: negam provimento ao apelo do corréu Octávio e não se conhecem os demais recursos" (*TJSP* – Ap 1000229-41.2020.8.26.0260, 7-11-2023, Rel. Ricardo Negrão).

"Embargos à execução. Pleito de justiça gratuita. Ausência de elementos que afastem a presunção de hipossuficiência firmada por pessoa física. Deferimento. Pretensão à exclusão do polo passivo da execução, vez que a embargante não faz mais parte do quadro societário desde 2006, e não exercia administração da sociedade. Consideração que, para a responsabilização do socio retirante, a **desconsideração da personalidade jurídica, deve ocorrer dentro do prazo de dois anos, contados da retirada do sócio**. Art. 1.003, parágrafo único e 1.032, ambos do Código Civil.

legislador para fins de atribuir responsabilidade solidária entre cedente e cessionário é forma de garantir o cumprimento das obrigações assumidas pelo cedente, perante os demais sócios, a própria sociedade e terceiros.

Essa regra de limitação temporal não era adotada pela Justiça do Trabalho. Com a Reforma de 2017, a CLT passa a prever expressamente que o sócio retirante responde subsidiariamente pelos débitos trabalhistas da sociedade relativamente ao período em que figurou como sócio e somente em ações ajuizadas até dois anos da sua retirada da sociedade. Ainda, o sócio retirante será o terceiro na ordem de preferência da execução, figurando a pessoa jurídica e a empresa e dos sócios atuais. Contudo, caso seja comprovada fraude na alteração societária, o sócio retirante responderá de forma solidária com os demais.

Importante analisar essa norma à luz do art. 1.146, porque na hipótese de alienação do estabelecimento empresarial também há regra semelhante quanto à responsabilidade solidária entre alienante e adquirente, condicionada, entretanto, à escrituração das dívidas contraídas pela sociedade diante do quadro societário substituindo. Entende-se que a responsabilidade solidária em questão se aplica ao sócio cessionário desde que este tenha conhecimento do fato, sendo esse conhecimento decorrente da publicidade dos atos de gestão da entidade.

12.1.7 Formação do capital social

Contribuir para a formação do capital social é obrigação basilar dos sócios. Assim, ao constituírem a pessoa jurídica, os membros devem declinar a forma pela qual trarão os aportes para constituir o capital social. Consoante já observado, o sócio pode contribuir com pecúnia, bens ou serviços, sendo exigência legal que essa contribuição venha discriminada no contrato social não só em relação ao valor, mas também no tocante à forma de integralização.

As contribuições a que o sócio se obriga podem ocorrer à vista ou a prazo. Integralizado o capital social subscrito pelo sócio, sua obrigação nesse ponto estará cumprida, restando-lhe, eventualmente, obrigação suplementar de contribuir em caso de prejuízo ou necessidade.

A integralização a prazo, entretanto, traz consequências graves ao sócio se não se realizar no tempo a que se obrigou. Verificada a mora na integralização do capital por algum dos sócios, abre-se à sociedade três opções, exercitáveis após a constituição em

---

Embargos procedentes. Recurso provido" (*TJSP* – AP 1074065-42.2020.8.26.0100, 8-11-2021, Rel: Luis Carlos de Barros).

"Processual civil. Agravo de instrumento. Esvaziamento do objeto da ação. Supressão de instância. Sócio retirante. Responsabilidade. Dois anos após a averbação do contrato. 1. A concessão do agravo de instrumento não pode ensejar esvaziamento do objeto da ação, sob pena de supressão de instância. 2. **O sócio retirante da sociedade empresária permanece responsável pelas obrigações contraídas por até dois depois de averbada a modificação do contrato**, perante a sociedade e terceiros, conforme preconiza o art. 1.003, parágrafo único, do Código Civil. 3. Recurso conhecido e desprovido" (*TJDFT*– AI 07024177820218070000, 13-4-2021, Rel. Fabrício Fontoura Bezerra).

mora. O faltoso deve ser notificado para a purgação em 30 dias. Essa notificação poderá ser judicial ou extrajudicial. Durante esse lapso temporal, o sócio moroso ficará responsável pelas consequências da mora.

Esgotado esse prazo sem purgação, a maioria dos demais sócios pode definir pela indenização por parte do remisso moroso ou decidir por sua exclusão, pois a não integralização do capital social constitui justa causa para a privação da condição de sócio.

Uma terceira opção pode ser exercitada pelos demais sócios consistindo na redução da quota do sócio remisso ao montante correspondente ao valor já integralizado. Sob essa alternativa, todavia, o capital social sofrerá redução. Os demais sócios poderão, nessa situação, suprir o valor correspondente à diminuição da quota, conforme o disposto no § 1º do art. 1.031.

A obrigação de aportar bens para a formação do capital social possibilita que seja prestado em pecúnia, bens móveis ou imóveis e seus respectivos frutos, créditos ou, ainda, por trabalho. Quando a integralização for feita por bens, estes devem ser passíveis de alienação, sofrendo avaliação pecuniária.

No caso de transferência de domínio, posse ou uso do bem, o sócio indigitado será responsável pela evicção (art. 447 ss.), porque se coloca na posição de alienante. Essa disposição tem sentido protetivo em relação aos demais sócios, que não podem ser prejudicados. O sócio aportante de bens diversos de pecúnia será sempre responsável pela sua respectiva higidez física e jurídica.

Da mesma forma ocorre com relação à solvência de crédito transferido para composição do capital social. Não honrado o crédito no prazo indicado, o sócio respectivo será responsável pela solvência.

Essa regulamentação representa um conjunto de garantias para formação do capital social e consequente promessa de êxito da atividade social.

No caso de contribuição em serviços, a regra da exclusividade estampada no art. 1.006 deve ser interpretada com devida reserva, pois o texto pode levar o hermeneuta à equivocada conclusão de que o sócio de indústria estaria impedido de desenvolver outra atividade econômica. Obviamente, ao assim entender, estaria estabelecida uma restrição odiosa à liberdade individual e à livre iniciativa. A matéria deve ficar clara no contrato social.

O sócio *de indústria* ou *operário,* como é conhecido no direito italiano, para realizar sua contribuição deve desenvolver jornada suficiente para obter o desiderato proposto quando da constituição da sociedade. Deve prestar seu serviço na medida da necessidade para a consecução do objetivo social. Sob essa ótica, nada obsta que o sócio de indústria desenvolva outra atividade econômica, desde que não concorrente à da sociedade da qual participa. Ainda que essa outra atividade seja análoga ou concorrente, a convenção dos interessados pode autorizá-la.

Se o sócio de indústria transgredir eventual proibição, sofrerá, em princípio, os efeitos dessa conduta, podendo perder seus lucros total ou parcialmente ou até mesmo ser excluído do quadro societário. A perda do lucro deve ser calculada proporcionalmente ao prejuízo causado pelo desvio de conduta ou mau desempenho do serviço prometido.

12.1.8 Participação nos lucros e nas perdas

Trata-se de outro direito e obrigação fundamental do sócio de participar dos lucros e perdas. Como regra geral, não havendo disposição em contrário, a participação nos lucros e nas perdas é proporcional às quotas do sócio. Nas sociedades de pessoas, como a simples, prevalece o interesse dos sócios: lucros são destinados a ser repartidos entre eles. Já nas sociedades de capital, normalmente, o lucro é utilizado no próprio desenvolvimento da pessoa jurídica sendo reinvestido para implemento da atividade empresarial.

A razão de o lucro ser destinado aos sócios na sociedade de pessoas funda-se na maior responsabilidade (ilimitada) e no maior risco patrimonial que cada sócio corre, sendo a divisão dos lucros uma forma de remuneração em compensação a esse risco (PAOLUCCI, 2008, p. 131).

Em relação às perdas, a regra é idêntica, participando cada sócio na proporção de sua contribuição social.

A regra é diversa quanto ao sócio de indústria ou operário, porque este participa apenas dos lucros e nunca das perdas. A fórmula apresentada para o cálculo da divisão do seu lucro não é eficiente, posto que calculada pela média do valor das quotas pode resultar em lucro maior para o sócio operário do que para os sócios comuns, ou ser inoperável quando a sociedade for constituída apenas por dois sócios, um operário e outro comum.

Qualquer pacto que exclua o sócio da repartição dos lucros ou o isente das perdas, observada esta em relação ao sócio que contribui exclusivamente com serviços, é considerado leonino e eivado de nulidade (art. 1.008).

Nada impede, entretanto, embora não seja comum, que um mesmo sócio participe em proporção diferente nos lucros e nas perdas. O que o ordenamento veda é a exclusão total de algum sócio na participação dos lucros e das perdas. Participação ínfima ou insignificante nos lucros ou nas perdas pode ser vista como cláusula ineficaz, em fraude à lei. Importa examinar o caso concreto.

A distribuição de lucros ilícitos ou fictícios, decorrentes de documentos sem lastro ou balanços e balancetes-fantasma, acarreta graves consequências aos administradores e aos sócios envolvidos sabedores do vício. Ilícito é o lucro obtido através da prática de crimes, como ocorre, por exemplo, em relação à sonegação fiscal. Fictícios, por sua vez, são os lucros criados por meio de fraude na escrituração, para fins de obtenção de vantagens. A chamada maquiagem do balanço é prática um tanto utilizada para vários fins, como, por exemplo, melhorar cadastros bancários, obter empréstimo, valorizar preço de ações, pois a fraude está sempre um passo à frente da lei.

Segundo Haroldo Malheiros Duclert Verçosa (2006, p. 321), a prática de criação de lucros fictícios é expediente perigoso, pois realizada reiteradamente pode levar a sociedade à quebra, esvaziando progressivamente o patrimônio social.

A pena atribuída ao administrador que assim age é sua responsabilidade solidária pelos resultados da prática ilegal. A má-fé é irrelevante nessa hipótese. Aos sócios beneficiados por essa prática, será também imposta a penalidade, desde que cientes da origem ilícita.

Os sócios que não participam da administração da sociedade dispõem apenas dos balanços patrimonial e de resultado para aferir e auferir os lucros. Trata-se de situação desfavorável porque inviabiliza a análise da veracidade da escrituração contábil, mormente na adulteração não grosseira, forma hábil de lesar o patrimônio alheio e praticar crime.

Ocorrendo indícios de ciência dos sócios da origem ilegal dos lucros, a eles também se aplica a extensão da responsabilidade, tornando-os solidários pela prática e seus resultados.

12.1.9 Administração da sociedade

A administração consiste na atividade executiva da empresa, destinada à realização do interesse para o qual a sociedade foi constituída (GALGANO, 1999, p. 91).

Os negócios da sociedade podem ser decididos pelos sócios e não só pelo administrador. O contrato social pode estipular que determinados negócios deverão ser aprovados por voto dos sócios e não por ato de gestão do administrador.

O consentimento dos sócios, nesse caso, será obtido pela maioria absoluta dos votos, contados segundo o valor das quotas que corresponda a mais da metade do capital social.

O legislador não esclarece, contudo, sobre a forma como serão obtidos esses votos, o método a ser utilizado.

Nas sociedades de capital, as decisões são tomadas em assembleias, o que demanda procedimento complexo, ainda que exista possibilidade de assembleias virtuais. Parte-se da convocação dos sócios para em determinado dia e local discutirem e votarem a matéria em pauta.

Essa forma de escrutínio parece incompatível com a sociedade simples, que é pessoa jurídica singela, na qual não se exigem formalidades senão as mínimas necessárias.

Na sociedade limitada, que também é sociedade de pessoas, o legislador trouxe a opção de substituir as assembleias por reuniões entre os sócios ou, até mesmo, por manifestação escrita dos votantes (art. 1.072) prescindindo-se de outro ato.

Tudo é no sentido de que essa modalidade de decisão não enseja ato algum de agrupamento de sócios. A decisão manifestar-se-á de qualquer modo em atendimento ao requisito da mutabilidade e rapidez das decisões, inerentes a essa espécie societária.

Por outro lado, é importante considerar como será obtida a votação por maioria; se será necessária a consulta a todos os sócios ou se basta a consulta àqueles cujos votos são essenciais para obtenção dessa maioria. Nesse sentido, a doutrina e jurisprudência italianas se dividem. Partindo da adoção do sistema de administração separada, não seria necessário consultar todos os sócios para obtenção da maioria, mas somente aqueles cujos votos sejam necessários para completar maioria absoluta, sendo despicienda a exigência de realização de assembleia ou reunião (FERRI, 1981, p. 150; GALGANO, 1999, p. 120).

De outro lado, persiste a preservação do método colegiado como requisito indispensável do princípio majoritário. O método de decisões colegiadas permite garantir a cada um dos sócios a participação na formação das decisões, possibilitando juízo mais acertado (BOLAFFI, 1947, p. 304; FERRARA JR., 1971, p. 243; COCO, 1967, p. 199 ss.).

O legislador brasileiro não deixa clara sua opção, estabelecendo apenas a necessidade dos votos da maioria absoluta, consoante o art. 1.010. Se esses votos decorrem da consulta a todos os sócios ou só daqueles que detêm quotas suficientes para o resultado prescrito, é questão em aberto para reflexão.

Melhor opção prática, sem dúvida, parece a inserção no contrato social de uma cláusula expressa adotando um dos métodos apontados.

O § 2º do citado art. 1.010 prescreve o método para a obtenção do resultado da votação, induzindo, inclusive, a adoção do sistema colegiado para votação. Havendo empate, cabe à sociedade e não aos sócios deduzirem pedido judicial para a solução da controvérsia, devendo o Julgador decidir levando em consideração o interesse da sociedade, observado o fim para a qual foi constituída.

Por fim, utilizando o sócio de seu voto para a obtenção de resultado ilícito em seu favor, será responsabilizado por perdas e danos. Trata-se, sem dúvida, de favorecer interesse pessoal e não de interesse contraposto ao da sociedade.

As regras do art. 1.010 são teóricas e de pouco alcance prático, dada a natureza singela da sociedade simples, servindo, basicamente, como legislação supletiva.

A sociedade simples pode ser administrada tanto por sócios como por não sócios. Independentemente da sua condição de sócio, o administrador deve se comportar dentro do tradicional padrão do *bonus pater familias* ou *do bom homem de negócios*. Gastone Cottino (2000, p. 89) assevera que o administrador deve ir além desse comportamento e no panorama atual da atividade econômica deve ter capacidade de iniciativa, rapidez de ações e decisões, capacidade de escolha de pessoas e coisas, coragem e conhecimento do mundo dos negócios, embora pareça uma visão ilusória mas não impossível; afinal, a dinâmica e concorrência na atividade econômica exigem competência de gestão para o êxito da empresa.

A administração da entidade, todavia, não pode ser exercida por pessoas legalmente impedidas, entre as quais aquelas que estejam impedidas de ter acesso a cargos públicos (Lei nº 8.112/90), condenada por crime falimentar (Lei nº 11.101/2005), prevaricação (CP, art. 319), peita ou suborno (CP, art. 333, entendidas como corrupção ativa e passiva), crimes contra a economia popular (Lei nº 1.521/51), contra o sistema financeiro (Lei nº 7.492/86), contra a livre concorrência (Lei nº 12.529/2011), contra as relações de consumo (CDC), contra a fé pública (CP, arts. 289 a 311-A) ou contra a propriedade ou, ainda, aqueles com os impedimentos constantes do art. 974.

No demais, o administrador, embora não seja exatamente um mandatário, fica sujeito às normas do mandato no que forem compatíveis com sua atividade e função, observados os poderes que lhe foram conferidos pelos sócios e pela sociedade.

A sociedade simples, como já afirmado, pode ser administrada por terceiro estranho ao quadro social. É permitida a administração por terceiro, assim como ocorre por regra expressa nas sociedades limitadas (art. 1.061).

A necessidade de averbação à margem da inscrição da sociedade do ato de nomeação do terceiro administrador decorre do princípio da transparência e publicidade dos atos praticados pela sociedade.

Dessa exigência decorrem, ainda, consequências graves para o administrador, enquanto perdurar sua mora no cumprimento da obrigação; enquanto não averbada à margem da inscrição o ato constitutivo dessa modalidade de administrador, este responde pessoal e solidariamente com a sociedade. Trata-se de sanção imposta pelo descumprimento de seu primeiro ato de gestão.

Com a constituição da sociedade, o sócio está investido do poder de administrar, podendo iniciar ou terminar qualquer operação de interesse social, submetendo-se à eventual impugnação por parte dos demais sócios que também ocupam a posição de administradores antes mesmo de o ato se concretizar. Trata-se do chamado poder de veto preventivo e a procedência da impugnação dar-se-á mediante a obtenção da maioria de votos.

Os sócios podem modificar essa regra no contrato social, assim, a administração pode competir a apenas um indivíduo; ou instituir administração conjunta com ou sem limitação de campo de atuação (coadministração, administração plural). Podem ainda instituir administração colegiada. O legislador delineia um modelo legal de repartição de competência e consente que os sócios constituam uma pluralidade de variantes.

Os poderes inerentes à condição de administrador encontram seu limite no objetivo social e nas disposições estatutárias, bem como nas regras de gestão empresarial.

O sócio que na condição de administrador realizar operações, sabendo ou devendo saber que estava agindo em desacordo com a maioria, responde por perdas e danos perante a sociedade.

Na administração conjunta, é exigida a participação de todos os sócios para o exercício dos atos negociais; é imprescindível o consentimento de todos para a prática do ato de gestão.

Diversamente do que ocorre na administração separada, na qual cada sócio é investido de poderes amplos de administração, podendo ser exercido individualmente por meio de cada um dos sócios, na administração conjunta, o poder de administrar pertence ao grupo dos sócios e só pode ser exercido por estes em conjunto.

A exceção refere-se a atos de gestão que necessitem ser praticados para salvaguardar direitos da sociedade, incluindo-se os casos urgentes em que a omissão ou retardo de providências possa ocasionar dano irreparável e grave. A matéria é casuística e intuitiva.

Os poderes de gestão do administrador da sociedade simples são os triviais a uma gestão empresarial.

Geralmente, o contrato social enumera alguns desses atos e veda outros expressamente, como faz em relação, por exemplo, à prestação de garantias. Mesmo não havendo previsão contratual acerca da proibição de o administrador onerar com garantias ou alienar bens imóveis da sociedade, aplica-se a regra do art. 1.015, sendo imprescindível para a oneração ou alienação dos bens imóveis a aprovação da maioria dos sócios.

Aqui mais uma vez o legislador não esclarece qual modalidade de maioria se aplica, mas entende-se que sempre que não houver menção expressa acerca da maioria absoluta, aplica-se a maioria simples para a complementação do conceito.

A responsabilidade pessoal do administrador perante a sociedade e terceiros é exceção porque a responsabilidade pelos atos de gestão é da sociedade. Sendo a atividade econômica eminentemente de risco, a realização de bom ou mau negócio nem sempre decorre de culpa de quem o realiza.

A linha divisória entre a culpa e o risco na seara empresarial é tênue e necessita de análise casuística para sua definição. Esta, como se sabe, pode apresentar-se sob a forma de negligência, imprudência ou imperícia, sendo mais perceptível no universo empresarial a imprudência presente na má avaliação do risco do negócio.

O fato é que a norma inserta no art. 1.016 tem importância porque estabelece a responsabilidade ilimitada do administrador, tornando-o solidariamente responsável perante a sociedade e em relação a terceiros prejudicados. A culpa grave deve primordialmente ser considerada aqui, aquela que mais se aproxima do dolo. Cada ramo de atividade possui suas próprias particularidades.

O administrador que se apropria de créditos ou bens sociais em seu proveito ou beneficia terceiros com essa conduta (art. 1.017) sofre a singela sanção de restituir a sociedade ou, na sua impossibilidade, de pagar o equivalente com todos os lucros resultantes, respondendo também por eventuais prejuízos daí decorrentes. Diante dessa redação, parece que o legislador permite que o administrador pratique ato ilícito interpretado apenas como falta grave. É como afirmar que é permitido desviar, desde que haja a restituição.

A fragilidade da norma e a imoral sanção correspondente amedrontam e atentam contra o disposto no art. 1.011. Restituir, ainda que com todos os consectários do prejuízo, não é medida eficiente para a punição diante da gravidade de tal conduta.

O simples desvio já configura ato ilícito, porque debilita o patrimônio social em proveito escuso. Tal conduta caracteriza justa causa para a exclusão do administrador e não simples prática de falta grave, tornada sem efeito por recomposição espúria.

Nas sociedades simples, a condição de administrador, salvo estipulação contratual em contrário, decorre da própria condição de sócio. Entretanto, pode o administrador ser terceiro que não pertença ao quadro societário (art. 1.012).

Embora uma leitura açodada possa induzir possível contradição entre o art. 1.018 e o art. 1.012, tal situação não existe. Não obstante a lei vede a substituição do administrador no exercício de suas funções e o art. 1.012 autorize o exercício da administração por terceiro, não há contradição desde que os artigos sejam interpretados em conjunto.

O que o legislador estatui é que a responsabilidade do administrador permanece, ainda que os sócios contratem terceiro para a função, o chamado "administrador-delegado".

O administrador contratado é um mandatário e, por isso, responde nos termos da representação, sendo sua responsabilidade eventual contratação de terceiro para ser auxiliar. Muito importa examinar os atos constitutivos da entidade e os limites descritos para o administrador.

O sócio administrador não pode ser afastado da direção porque irrevogáveis seus poderes, consoante essa norma cogente. Mesmo que não haja previsão de irrevogabilidade no contrato social, aplica-se o disposto no art. 1.002.

A única forma de os poderes do administrador sócio serem revogados é por decisão judicial. Nem mesmo a unanimidade dos sócios é suficiente para tornar sem efeitos esses poderes, que são inamovíveis.

Cabe à Justiça analisar a ocorrência de justa causa e analisar no caso concreto, ato com gravidade tal que dê suporte fático a essa decisão. A legitimidade para deduzir pedido nesse sentido é de cada sócio individualmente, não havendo necessidade de quórum.

Com relação ao terceiro nomeado administrador por ato em separado ou destacado, a regra muda, uma vez que seus poderes são revogáveis. O parágrafo único não traz o motivo que ensejaria essa revogação, mas deve-se fazer sua leitura em consonância com o *caput* e que se refere à justa causa.

O fundamento da diferenciação trazida nessa regra certamente decorre da pessoalidade inerente à sociedade simples.

Os administradores têm o dever de informar os sócios acerca dos atos de sua administração. As contas consideram-se justificadas quando embasadas em documentos que lhe conferem higidez.

Como obrigação complementar, o administrador está obrigado a anualmente apresentar aos sócios o balanço patrimonial e o de resultado econômico, para que se possa conhecer a origem dos lucros ou perdas e, assim, legitimar a administração.

Os sócios têm o direito de tomar conhecimento dos elementos levados em consideração para a consecução dos atos de gestão. Trata-se do direito de informação.

Tendo o sócio direito a examinar os documentos e os livros empresariais, a possibilidade do conhecimento dos demais atos escriturais (arts. 1.188 e 1.189) também é inerente, o que obriga o administrador a tê-los em boa guarda, bem como a exibi-los quando solicitado.

A negativa dessas informações confere ao sócio o direito de deduzir pedido judicial para esse fim (arts. 1.190 a 1.193).

12.1.10 Relações com terceiros

Administração e representação da sociedade são institutos que não se confundem, embora uma mesma pessoa possa detê-los concomitantemente.

Administrar a sociedade significa adquirir poderes de gestão da empresa. Representar, por outro lado, traduz-se no poder de realizar operações em nome e no interesse da sociedade e de obrigá-la perante terceiros. É nossa preferência fundar em Pontes de Miranda e utilizar o vocábulo correto *presentação* e não *representação*, porque esta pressupõe incapacidade de fato, o que não ocorre com a sociedade. A sociedade é plenamente capaz como sujeito de direito, mas, diante da sua existência imaterial, necessita de alguém para *se fazer presente,* para *presentá-la*; torná-la presente e atuante.

A presentação da sociedade não exige ser conferida necessariamente ao administrador, embora geralmente seja este que a presenta.

Na sociedade simples, consoante já exposto, a responsabilidade dos sócios é subsidiária e ilimitada: uma vez exaurido o patrimônio social, responde o sócio pessoalmente e sem limitação, obedecida a proporção de sua participação pelas dívidas sociais.

A questão da responsabilidade solidária situa-se em nível diverso da subsidiária, porque o efeito da solidariedade, no caso, é responsabilizar cada sócio pelo cumprimento integral da obrigação. Com cláusula de solidariedade, a participação na proporção das perdas tem seu sentido alterado, uma vez que poder-se-á, então, exigir o cumprimento integral da obrigação de qualquer sócio. A solidariedade é tratada nos arts. 264 a 285.

Mesmo sendo ilimitada a responsabilidade dos sócios, os credores devem obedecer ao *benefício de ordem* trazido pelo art. 1.024 para a satisfação de seus créditos. Assim, é imprescindível que primeiramente sejam excutidos os bens da sociedade, a devedora, e no caso de insuficiência patrimonial, estender-se-á a responsabilidade aos sócios.

Não teria sentido se o codificador tivesse eleito uma estrutura diferente, pois a sociedade é sujeito de direito e tem seu patrimônio próprio, formado exclusivamente para a consecução do respectivo objetivo social. Do contrário, não haveria necessidade de ser constituída sociedade para a exploração da atividade empresarial.

A responsabilidade ilimitada dos sócios da simples, portanto, tem natureza subsidiária, suplementar, indireta.

Dispositivo de valor relevante é o do art. 1.025 que deve ser visto em consonância com o art. 1.032, o qual prevê a responsabilidade do sócio retirante pelo prazo de dois anos após a averbação da resolução da sociedade.

O sistema de responsabilidade dos sócios criado pelo legislador, tratando-se de cessão ou retirada das sociedades, foi uma forma de coibir o uso indiscriminado das sociedades como meio de fraudar os credores. As substituições de sócios por "laranjas" ou "bonecos de palha" constituem expediente infelizmente comum no universo negocial.

Com a extensão da responsabilidade dos sócios durante esse período depois da cessão das quotas ou retirada ou, ainda resolução das sociedades, os sócios ingressantes continuam responsáveis pelas obrigações e dívidas já assumidas pela sociedade. Essa responsabilidade é a mesma que o sócio cedente ou retirante tinha na sociedade.

Tormentoso tema em relação a terceiros que continua gerando infindáveis controvérsias é o tratado pelo art. 1.026. Embora o legislador tenha tentado estabelecer uma regra razoável para a satisfação dos credores, o sócio pode ter dívidas particulares cujo patrimônio pessoal não seja capaz de garantir o cumprimento. Nesse caso, o codificador abriu ao credor a possibilidade de penhorar os lucros da sociedade pertencente ao sócio devedor ou na parte que lhe tocar em liquidação. O credor pode deduzir pedido de constrição judicial sobre o lucro a que o sócio tem direito, já concretizado ou na expectativa de lucro em exercício futuro.

Não havendo lucros a serem distribuídos ao sócio devedor ou sendo insuficientes, foi criado um sistema híbrido que corresponde à liquidação da quota (COSTA, 2004, p. 159). Em princípio, deve necessariamente ser esgotada a alternativa da constrição sobre os lucros, para só então o credor deduzir pedido de penhora sobre o valor das quotas. Isso porque esse expediente é uma interferência indevida na economia interna da sociedade, pois corresponde à liquidação parcial da pessoa jurídica, a qual deverá arcar com os recursos correspondentes ao valor das quotas (VERÇOSA, 2006, p. 159).

O pedido do credor para a liquidação da quota garantidora da execução deve ser feito nos termos do disposto no art. 1.026, parágrafo único.

As pretensões patrimoniais dos herdeiros do cônjuge do sócio ou do seu cônjuge que dele se separou judicialmente mereceram tratamento diverso do referente ao credor: o legislador optou pela preservação da empresa (art. 1.027).

Os herdeiros do cônjuge de sócio ou o cônjuge separado não podem, como os credores do artigo anterior, pedir a liquidação da quota e receber o valor correspondente em 90 dias, só podendo concorrer à divisão periódica dos lucros até que se liquide a sociedade. Na verdade, esses credores concorrem até a satisfação do valor devido. Dado o caráter pessoal da sociedade simples, o ingresso de herdeiros na sociedade só é possível mediante previsão no contrato social.[3]

---

[3] "Agravo de instrumento – Ação de restituição de valores – Cumprimento de sentença – Honorários sucumbenciais – Empresa executada – Falecimento de um dos dois sócios – Pedido de desconsideração da personalidade jurídica da empresa executada para inclusão do sócio remanescente no polo passivo. Inclusão no polo passivo que deve ocorrer por sucessão de responsabilidade. Alteração material no quadro societário, resultando em sociedade unipessoal. Decorrência do prazo de 180 dias sem recomposição da pluralidade de sócios ou transformação do registro da sociedade em empresário individual ou EIRELI. Dissolução irregular da sociedade empresária. Art. 1.033, inciso IV e parágrafo único, do CC. Sócio remanescente que passa a responder direta e ilimitadamente pelas obrigações contraídas pela sociedade empresária, independente da origem ou natureza da dívida. Precedentes. Decisão reformada, nos termos deste acórdão. Recurso provido" (TJSP – AI 2196836-48.2019.8.26.0000, 11-12-2019, Rel. Alexandre Lazzarini).

"Apelação cível - Alvará - **Empresário Individual – Falecimento** – Pedido de continuidade das atividades da empresa individual até a realização da partilha dos bens. Possibilidade. Sentença de extinção sob alegação de ser o pedido juridicamente impossível, tendo em vista que a morte do empresário individual acarretaria na dissolução da empresa. Em observância aos princípios da função social da empresa e da preservação das atividades, no presente caso, é recomendável a continuidade da atividade empresarial para preservação dos direitos, o pagamento dos funcionários e fornecedores. Reforma da sentença. Recurso provido" (TJRJ – Ap 0028310-18.2013.8.19.0014, 17-2-2016, Rel. Fabio Dutra).

"Administrativo – Falecimento do empresário individual – Continuidade da empresa individual através de inventário e partilha por sentença judicial – Inaplicabilidade da Lei 11.441/2007 – 1 – A sucessão da titularidade da empresa individual dar-se-á por alvará judicial ou na partilha, por sentença judicial, não se aplicando a Lei 11.441/2007. 2 – 'A jurisprudência do STJ já se posicionou no sentido de que a empresa individual é mera ficção jurídica, criada para habilitar a pessoa natural a praticar atos de comércio, com vantagens do ponto de vista fiscal. Assim, o patrimônio de uma empresa individual se confunde com o de seu sócio (...)' – REsp 487995/AP, DJ 22/05/2006. 3 – A partilha extrajudicial de bens não é adequada para permitir a continuidade da empresa individual por pessoa diversa do titular. Se se tratasse de sociedade limitada, a partilha extrajudicial seria instrumento suficiente para transferência de quotas do sócio falecido para os seus herdeiros, vez que nesta modalidade empresarial é perfeitamente possível a substituição de sócios na empresa. Entretanto, não é o caso do empresário individual. 4 – Apelação a que nega provimento" (TRF – 2ª R. – AC 2012.50.01.100379-9 – (581845), 8-4-2014, Rel. Des. Maria Helena Cisne).

12.1.11 Resolução da sociedade em relação a um sócio

O direito atual não admite mais a concepção da legislação passada segundo a qual a morte de um dos sócios ocasionaria a dissolução da sociedade (art. 1.339, V, do Código de 1916 e art. 335, IV revogado, do CComercial). O legislador no art. 1.028 traz regra geral diversa, determinando, na ausência de outros caminhos apontados nos incisos, apenas a liquidação da quota do falecido sócio.

As sociedades simples geralmente são exploradas por profissionais liberais e a especificidade dessa atividade marca a vontade de pertencer ao grupo, à vontade de trabalharem juntos em pé de igualdade, reforçando o espírito fraternal (GOFFAUX--CALLEBAUT, 2008, p. 62).

Portanto, a pessoalidade, a criação *intuitu personae*, é inerente à sociedade simples, tendo o *affectio societatis* especial relevo nessa espécie societária. Por isso, essa regra geral inserta no *caput* do art. 1.028 prevendo a extinção do seu vínculo social no caso de morte de um dos sócios. Trata-se da conhecida *dissolução parcial* da sociedade, agora mais adequadamente tratada como resolução da sociedade em relação a um sócio, porque com a morte deste não ocorre a dissolução parcial da sociedade, apenas extingue-se o vínculo social do falecido. A liquidação do pertencente ao sócio falecido deve ser feita conforme o procedimento do art. 1.031. A sociedade em princípio sobrevive, ainda que desfalcada de seu acervo patrimonial originário.

Não obstante esse caráter pessoal, os sócios podem, quando da constituição da sociedade, inserir cláusula contratual possibilitando o ingresso de herdeiro do sócio falecido na sociedade (I).

Outra opção para o caso de morte de um dos sócios é que os demais optem pela dissolução da entidade, opção que revela o peso da pessoalidade nessa modalidade societária (II).

Pode ocorrer que não haja cláusula no contrato social prevendo a substituição do sócio falecido pelos herdeiros, prevalecendo então a regra do *caput*. Ainda assim, os sócios remanescentes e os herdeiros podem decidir pela substituição, autorizando os herdeiros a ingressar no quadro social.

A melhor técnica é sempre inserir no contrato social cláusula expressa autorizando ou vedando a substituição dos herdeiros do sócio falecido, pois a questão é tormentosa e de difícil resolução na prática forense, dando margem a inúmeras fricções.

É direito do sócio se retirar espontaneamente da sociedade. Trata-se de direito potestativo, que pode ser exercido a qualquer tempo, enquanto houver a situação jurídica de sócio. É o chamado *direito de recesso*, motivado pela vontade unilateral. Ninguém pode ser compelido a associar-se ou a permanecer associado (art. 5º, XX, da Constituição Federal). A autonomia de vontade prevalece na seara contratual. Em suma: ninguém está obrigado a manter vínculo contratual, observadas, é claro, as consequências do rompimento anormal desse vínculo.

Na retirada espontânea de sócio da sociedade simples, a matéria não demanda complexidade, devendo o retirante apenas observar o trâmite legal para esse fim.

Tratando-se de sociedade por prazo indeterminado, é necessário que o sócio retirante notifique os demais sócios com antecedência mínima de 60 dias, sob pena de o ato não produzir regulares efeitos, não ocorrendo extinção regular do vínculo. Os demais sócios não podem se opor à retirada, limitando-se a exigir o cumprimento das obrigações até então contraídas, conforme o prazo do art. 1.032.[4]

---

[4] "Agravo de instrumento. Incidente de desconsideração da personalidade jurídica. Acolhimento. Insurgência da ex-sócia da empresa executada. Possibilidade de responsabilização do sócio que se retira da sociedade pelo prazo de dois anos após a retirada. Inteligência do **art. 1.032 do Código Civil**. Precedentes deste E. Tribunal de Justiça. Abuso da personalidade jurídica. Desvio de finalidade e confusão patrimonial demonstrados. Inteligência do artigo 50 do Código Civil. Decisão mantida. Recurso não provido. Agravo interno. Pretensão de atribuição de efeito suspensivo ao agravo de instrumento. Recurso prejudicado, ante a análise de mérito do recurso de agravo de instrumento" (*TJSP* – AI 2108927-89.2024.8.26.0000, 23-10-204, Rel. Rodolfo Cesar Milano).

"Agravo de instrumento. Ação de reparação de danos. Aporte financeiro alegadamente realizado pela agravante em favor das empresas requeridas, motivada pela promessa de uma rentabilidade promissora. Insurgência da recorrente em face da decisão que entendeu pela ausência de responsabilidade do agravado (Lucas), vez que teria se retirado do quadro societário da empresa requerida em 2020, bem como determinou à agravante-autora que retificasse o polo passivo da ação. Irresignação imprópria. **Sócio retirante que permanece responsável pelas obrigações sociais contraídas pela sociedade anteriormente à sua retirada, até dois anos após averbada sua saída do quadro societário**. Inteligência do artigo 1.032, do Código Civil. Agravado que se retirou do quadro societário da empresa antes da realização do referido negócio jurídico pela agravante. Decisão que não comporta reforma. Precedente deste E. Tribunal de Justiça. Recurso não provido" (*TJSP* – AI 2291775-15.2022.8.26.0000, 25-9-2023, Rel. Issa Ahmed).

"Ação de dissolução parcial de sociedade limitada. **Direito de retirada**. Sentença que julgou extinto o feito, sem julgamento do mérito, em relação à corré, empresa individual. Manutenção. Ausência de relação jurídica dos autores com a referida corré, que também não é sócia da sociedade dissolvenda. Parcial procedência em relação ao corréu sócio majoritário, para reconhecer a retirada dos autores da sociedade com data-base para eventual apuração de haveres o 60º dia seguinte ao da citação. Insurgência dos autores, que postulam o reconhecimento da retirada em janeiro/2007. Hipótese de parcial provimento para reconhecer o exercício do direito de retirada pelo coautor João Carlos em janeiro/2007, e do coautor José Geraldo em janeiro/2011. Embora não tenham observado a formalidade exigida pela lei, isto é, o envio de notificação, conforme art. 1.029, cc, e art. 605, II, NCPC, é incontroverso que, entre os sócios, a sociedade se dissolveu nas referidas datas, não providenciando o sócio remanescente a regularização perante a junta comercial. Conjunto probatório dos autos, inclusive prova oral produzida em juízo, que corroboram tais datas. Apuração de haveres que deve ter como data base o 60º dia após 31/01/2007 e 31/01/2011, respectivamente. A eficácia da retirada dos autores da sociedade perante terceiros deve observar o disposto no art. 1.032, do CC. Apelação dos autores parcialmente provida" (*TJSP* – AP 1006260-37.2020.8.26.0047, 25-10-2021, Rel. Alexandre Lazzarini).

"**Sociedade – Responsabilidade do ex-sócio** – Obrigações contraídas após sua retirada – Impossibilidade – 'Agravo interno no agravo em recurso especial. Responsabilidade do ex-sócio pelas obrigações contraídas após sua retirada da sociedade. Impossibilidade. Precedente específico. Agravo improvido. 1. O acórdão recorrido encontra-se em perfeita consonância com a jurisprudência desta Corte no sentido de que, 'na hipótese de cessão de quotas sociais, a responsabilidade do cedente pelo prazo de até 2 (dois) anos após a averbação da modificação contratual restringe-se

No caso da retirada espontânea na sociedade por prazo indeterminado, uma vez notificados os demais sócios, estes podem optar pela dissolução da pessoa jurídica, se entenderem, por exemplo, ser essencial a figura do retirante para esse fim.

Questão que apresenta um pouco mais de complexidade refere-se à retirada do sócio de sociedade constituída por prazo determinado, pois nesse modelo, a retirada abrupta pode comprometer a realização do objetivo social. Por essa razão, a lei exige a caracterização da *justa causa*, de motivação no ato de retirada. Essa justa causa é conceito em aberto que deve ser definido no caso concreto. Entende-se que se os demais sócios, nesse caso, após serem notificados, concordarem, não será necessário ao sócio retirante deduzir pedido judicial para esse fim.

Somente na eventualidade de dissídio, o sócio retirante deverá comprovar judicialmente sua causa legítima para abandonar a entidade, nos termos previstos no artigo. A justa causa deve ser entendida como aquela fundada na quebra do equilíbrio no relacionamento pessoal entre os sócios (VERÇOSA, 2006, p. 344).

A prática de falta grave pelo sócio possibilita a maioria do corpo social pleitear sua exclusão judicial. Embora o legislador tenha trazido pela norma do art. 1.030 o fundamento para o ato de exclusão, o fez por uma cláusula aberta, uma vez que não definiu o que configura falta grave. Note que como fundamento para exclusão do sócio, o conceito de falta grave é mais contundente do que o de justa causa, trazido pelo art. 1.004, referente à subscrição de capital. Note que como fundamento para exclusão do sócio, o conceito de falta grave é mais contundente do que o de justa causa, trazido pelo art. 1.004, referente à subscrição de capital.

Por justa causa, na prática, consoante anota Carlos Celso Orcesi da Costa (2004, p. 167), pode-se enumerar atos como malversação ou desvio de fundos, má gestão, erros de gerência, abuso da personalidade, uso da firma para além do objeto social, abuso da personalidade jurídica (art. 50), recebimento de comissões a benefício pessoal, bem como omissões, como a quebra do dever de colaboração, lealdade e confidencialidade, a persistente recusa de cumprimento dos deveres administrativos, entre outros.

Mesmo havendo unanimidade dos sócios, defende-se que o legislador exige que o pedido de exclusão seja submetido a Juízo. O ato de exclusão de sócio é de extrema gravidade e, por isso, o crivo judicial é necessário, possibilitando-se a ampla defesa, sob pena de a maioria dos sócios utilizar o expediente da exclusão para fins de vinditas ou idiossincrasias pessoais.

Questão que causa controvérsia quanto à exclusão do sócio por falta grave refere-se à possibilidade de ser concretizada pela minoria. À primeira vista parece não ser possível, mas se analisado com atenção, o dispositivo autoriza o pedido de exclusão pela minoria,

---

às obrigações sociais contraídas no período em que ele ainda ostentava a qualidade de sócio, ou seja, antes da sua retirada da sociedade' (REsp 1.537.521/RJ, Rel. Min. Ricardo Villas Bôas Cueva, *DJe* 12.02.2019). Destarte, inafastável, no caso em tela, a incidência da Súmula nº 83/STJ. 2. Agravo interno a que se nega provimento'" (*STJ* – Ag Int-AREsp 1403976/SP, 16-5-2019, Rel. Min. Marco Aurélio Bellizze).

considerando que se exclui do cômputo dos votos o equivalente do majoritário do qual se requer a exclusão. Ainda na lição de Carlos Celso Orcesi da Costa (2004, p. 169), se um sócio tiver 60% do capital e outros quatro sócios tiverem 10% cada um, a maioria no caso se estabelecerá com 30%, isto é, a decisão de três dos quatro sócios remanescentes. Trata-se de uma questão de cálculo. Diversamente, não poderia ser deduzido o pedido pela minoria se dos quatro apenas dois votassem pela exclusão, pois ter-se-ia apenas 20%, percentual insuficiente para caracterizar a maioria no escrutínio.

No tocante à exclusão judicial por incapacidade superveniente, aplica-se a causa prevista no art. 3º, quando se tratar de incapacidade civil, posto que a incapacidade pode também ser contratual, como ocorre, por exemplo, no caso de impedimento para o exercício da atividade. Se o advogado tem cassada sua inscrição na OAB, perde sua aptidão para ser sócio de sociedade de advogados, porque é exigida a condição de advogado para integrar sociedade de advogados.

Opera-se a exclusão de pleno direito quando o sócio for declarado falido, segundo o disposto no parágrafo único do art. 1.030. O legislador não andou bem ao assim preceituar, visto que o sujeito da falência é o empresário, pessoa jurídica constituída através da contratação de sociedade; não os sócios. Ademais, os efeitos da falência incidem sobre a prática da empresa, somente há proibição do falido se continuar exercendo a atividade empresarial. Como na sociedade civil a atividade não é empresarial, essa causa de exclusão de pleno direito é temerária e injusta, uma vez que impõe a proibição do exercício da iniciativa privada a pessoa capaz de exercê-la.

Quanto à exclusão do sócio pela liquidação de sua quota, em verdade, o que se verifica é apenas o efeito natural da liquidação; ao fim do processo, o sócio deixa automaticamente de ser sócio.

A saída voluntária ou involuntária do sócio confere-lhe o direito de obter a liquidação da sua quota para pagamento. A forma de liquidação da quota está prevista no art. 1.031 e deve ser realizada com base na situação patrimonial da sociedade.[5]

---

5   "Rescisória – Violação a norma jurídica (**CC, art. 1.031**) – Ação de dissolução total de sociedade – Dissenso entre as partes acerca da liquidação – Ação julgada procedente para declarar a retirada da demandante da sociedade – Condenação da ré ao pagamento de quantia apurada em perícia contábil com lastro no balanço patrimonial – Inobservância ao contrato social, que prevê apuração de haveres mediante balanço especial de determinação – Violação da norma jurídica que autorizaria reforma do capítulo decisório para determinar a prévia liquidação da sentença por arbitramento – Hipótese, contudo, em que pedido inaugural se limita à declaração de inexistência de haveres em favor da ora requerida em razão de saldo negativo apurado na perícia – Observância ao princípio da adstrição e da segurança jurídica – Rescisória improcedente. Dispositivo: julgam improcedente" (*TJSP* – Ação Rescisória 2107442-25.2022.8.26.0000, 23-7-2024, Rel. Ricardo Negrão).
"Ação de dissolução parcial de sociedade – decisão saneadora – Insurgência da autora, ora agravante, contra as questões dirimidas na decisão saneadora, bem como a metodologia determinada para a apuração de seus haveres (balanço de determinação) – Não acolhimento. (...) 2. Extinção da reconvenção – Descabimento – É evidente o interesse processual dos agravados, tendo em vista que a reconvenção não trata apenas do fato do veículo, mas abrange também a indenização por eventuais inconsistências que forem encontradas no balanço a ser realizado nos autos de

No entanto, o contrato social pode dispor diferentemente quanto à liquidação da quota. Essa é exceção que pode redundar em prejuízo para o sócio retirante. Se, por exemplo, no contrato social houver disposição pela liquidação da quota com base no levantamento contábil, o resultado será obtido sem levar-se em consideração a apuração de haveres de todo o patrimônio real e intangível da empresa, como o fundo de comércio, a clientela, marcas etc. (COSTA, 2004, p. 170). A aparência contábil e a verdade patrimonial são elementos que podem não corresponder.

Com a liquidação e pagamento da quota do sócio retirante, voluntária ou involuntariamente, há o correspondente decréscimo no capital social, porque se retira o valor correspondente à sua quota. Essa redução não ocorrerá se os demais sócios concordarem em supri-la mediante o aumento do capital social por nova subscrição e integralização.

Liquidada a quota, o pagamento ao sócio deve ser feito em dinheiro no prazo de 90 dias, após o encerramento da liquidação, salvo disposição em contrário no contrato social. Eventual disposição contratual nesse sentido é válida, desde que não esteja em desacordo com as regras cogentes relativas aos direitos dos sócios. Não é válida, por exemplo, disposição que exclua o direito do sócio de receber a liquidação de sua quota na hipótese de desligamento (art. 1.008).

Retirada, exclusão ou morte do sócio são formas de desligamento da sociedade. O legislador, ao instituir a regra da extensão da responsabilidade patrimonial ao sócio que se retira (art. 1.032), teve por objetivo evitar a utilização da pessoa jurídica como instrumento de fraudes, mormente contra credores.

Principalmente em sede de retirada da sociedade, era muito comum a utilização desse expediente como forma de esvaziar as garantias patrimoniais da sociedade.

Assim, o legislador atribuiu responsabilidade pelo cumprimento das obrigações sociais, tanto àquele que se desliga, como àquele que ingressa na sociedade (art. 1.025).

Para maior eficácia da extensão da responsabilidade, assinalou-se o prazo de dois anos contados da averbada da resolução da sociedade. No caso de retirada ou exclusão, o sócio retirante, enquanto não averbado o seu desligamento responde, inclusive, pelas dívidas posteriores. Na verdade, essa é uma consequência normal da produção de efeitos obtida somente mediante o arquivamento do ato modificativo. A exclusão ou retirada de fato não produz efeitos por si só, senão após sua jurisdicionalização, obtida com o arquivamento do ato. No caso de morte, a responsabilidade será do espólio até a partilha. Depois desta, responderá cada herdeiro dentro do seu respectivo quinhão.

---

origem – Eventual cobrança de valores pelos quais já foram ressarcidos os agravados é matéria de defesa e deverá ser apreciada como mérito da reconvenção pelo juízo de 1º. grau. 3. Método de apuração de haveres – Balanço de determinação – Na omissão do contrato social, como no caso, mais prudente seja mantida a apuração com base no patrimônio líquido contábil da empresa, a ser apurado por meio de balanço de determinação – **Inteligência do art. 1.031, Código Civil, e art. 606, CPC** – Método de fluxo de caixa descontado que se mostra inadequado à espécie – Decisão mantida – Recurso desprovido" (*TJSP* – AI 2210305-59.2022.8.26.0000, 19-10-2023, Rel. Sérgio Shimura).

12.1.12 Dissolução da sociedade

Dissolver a sociedade significa extinguir o vínculo ou vínculos sociais. É princípio constitucional inderrogável a liberdade de iniciativa econômica e utilidade da empresa, utilidade não só econômica, mas também reflexiva dos valores segurança, liberdade e dignidade humana (OPPO, 2001, p. 39). Por isso, o interesse na preservação da sociedade não se restringe unicamente ao interesse interno dos sócios, mas espraia-se para a utilidade social.

O legislador criou mecanismos para a preservação da empresa em dificuldades financeiras, como a recuperação extrajudicial e judicial, expedientes que possibilitam a continuidade da empresa, mantendo a produção e sua utilidade social, com a consequente criação e manutenção de empregos.

Todavia, nem sempre a manutenção dos laços sociais é possível, podendo operar-se a extinção total ou parcial do vínculo social. Quando o rompimento desse vínculo social se opera entre todos os sócios, a dissolução é total; do contrário, será parcial.

O procedimento de dissolução pode ser judicial ou extrajudicial. Dissolução extrajudicial ocorre por deliberação dos sócios com registro em ata, distrato ou alteração do contrato social. A dissolução judicial, por sua vez, dava-se por sentença em ação específica, nos termos do disposto no art. 1.218, VII, do CPC de 1973. No CPC/2015, seguem a regra estabelecida no art. 1.046, § 3º. Aplica-se o procedimento comum estabelecido nesse estatuto.

Paralelamente a casos específicos de certas sociedades, os arts. 1.033 e 1.034 enunciam causas de dissolução comum a todas.

> *I – o vencimento do prazo de duração, salvo se vencido este e sem oposição de sócio, não entrar a sociedade em liquidação, caso em que se prorrogará por tempo indeterminado;*

Tratando-se de sociedade constituída por tempo determinado, exaurido o prazo para sua vigência, opera-se a extinção, mediante instauração de procedimento de liquidação. Vencido o prazo pactuado sem o procedimento extintivo e sem oposição de qualquer sócio, entende-se a sociedade prorrogada por prazo indeterminado. No caso de prorrogação expressa, o prazo deve vir assinalado por outro período certo e determinado ou por prazo indeterminado.

> *II – o consenso unânime dos sócios;*

Na prática, quando a sociedade se encontra em dificuldade, os sócios decidem por sua dissolução antecipada de comum acordo, antes que surjam dificuldades intransponíveis.

Outras causas supervenientes podem ocorrer motivando a desistência do projeto inicial. Nesse caso de dissolução antecipada é imprescindível o consenso unânime dos sócios, não sendo suficiente a maioria dos votos.

Decidida a extinção, os sócios firmam distrato o qual produzirá efeitos a partir de seu arquivamento no órgão competente.

III – a deliberação dos sócios, por maioria absoluta, na sociedade de prazo indeterminado;

Ao possibilitar que a maioria absoluta dos sócios decida pela extinção no caso de pessoa jurídica por tempo indeterminado, o legislador olvidou a vontade dos sócios minoritários. Mesmo detendo participação minoritária, eles podem desejar mantê-la conseguindo meios para tal.

Levando-se em consideração o princípio da preservação da empresa, esse importante aspecto deve ser analisado casuisticamente, possibilitando sempre que possível e viável a manutenção da empresa.

IV – a falta de pluralidade de sócios, não reconstituída no prazo de cento e oitenta dias;[6]

A disposição foi revogada pela Lei nº 14.195/2021.

V – a extinção, na forma da lei, de autorização para funcionar.

Certas atividades necessitam de autorização governamental para seu funcionamento. São situações com preponderância de interesse público, como ocorre com os consórcios, por exemplo. Havendo perda da confiança do Poder Público em relação a determinada entidade, ela poderá ter sua autorização revogada, o que resulta necessariamente na respectiva dissolução.

De acordo com o art. 1.034 do Código Civil:

I – anulada a sua constituição;

A sociedade pode ter sua constituição invalidada pela ocorrência de alguma causa de nulidade ou anulabilidade do ato jurídico de sua constituição. Pode ter sido

---

[6] "Agravo de instrumento – Execução de título extrajudicial – Indeferida a inclusão de pessoa jurídica no polo passivo da lide, sem a instauração do incidente de desconsideração da personalidade jurídica do art. 133 e ss. do CPC – **Pessoa jurídica constituída em junho/2022, depois da revogação da disposição prevista no inciso IV do artigo 1.033 do Código Civil, operada pela Lei nº 14.195/2021** – Sociedade de responsabilidade limitada – Retirada de uma das sócias que não a torna irregular – Sociedade unipessoal de responsabilidade limitada prevista expressamente no art. 1.052, § 1º, do CC, incluído pela Lei nº 13.874/2019 – Prevalência da autonomia patrimonial entre pessoa jurídica e sua sócia, ainda que única – Inclusão da pessoa jurídica no polo passivo da execução que exige a prévia instauração do incidente de desconsideração da personalidade jurídica – Decisão mantida. Nega-se provimento ao recurso" (*TJSP* – AI 2090285-05.2023.8.26.0000, 12-8-2024, Rel. Sidney Braga).
"Agravo de instrumento. Cumprimento de sentença. Pedido de inclusão de sócio de pessoa jurídica inadimplente no polo passivo da execução. 2. Decisão que indeferiu a inclusão do sócio remanescente no polo passivo da execução. 3. Inconformismo do exequente que merece acolhimento. Possibilidade da inclusão do sócio no polo passivo da execução. Hipótese de sucessão processual. Retirada do sócio que se deu na vigência do **inciso IV do art. 1.033 do CC, que foi revogado pela Lei nº 14.195/2021**. 4. Recurso provido. Decisão reformada" (*TJSP* – AI 2232892-41.2023.8.26.0000, 23-10-2023, Rel. Paulo Alonso).

constituída com algum vício intrínseco que contamine sua constituição, o que justifica sua extinção.

II – exaurido o fim social, ou verificada a sua inexequibilidade.

A sociedade pode ter sido instituída para a consecução de uma única finalidade, com objeto e duração determinada. Assim, por exemplo, a formação de sociedade para a realização de uma operação pontual como o financiamento de um filme ou realização de um espetáculo; a realização de uma única obra etc. Exaurido o fim para o qual foi constituída, esvai-se seu objeto social.

Pode ocorrer, ainda, que o objetivo social torne-se inexequível, por inúmeras razões, como, por exemplo, a perda de concessão de exploração da atividade.

Nada obsta que os sócios deliberem e decidam por outras causas de dissolução que não se restringem às hipóteses previstas nos arts. 1.033 e 1.034. Essas causas devem obrigatoriamente vir insertas no contrato social devidamente arquivado para que produzam efeitos (art. 1.035).

Essas causas especiais de dissolução geralmente têm a ver com particularidade do negócio, tais como a previsão de extinção no caso de não se obter financiamento ou determinado patamar de lucros. Recorde que o procedimento é aquele dos arts. 655 a 674 do CPC de 1973, mantidos em vigor.

Ocorrendo uma das causas de dissolução, o primeiro passo é a instauração do processo de liquidação pelo administrador (art. 1.036). Pelo procedimento de liquidação, apura-se o ativo e o passivo da instituição; seu patrimônio líquido é partilhado entre os sócios. Iniciado o procedimento de liquidação, novos negócios não podem ser celebrados, sob pena de assim fazendo, sejam os partícipes, o administrador e o liquidante, responsáveis solidários pelo seu cumprimento.

Cabe ao administrador, se não prevista no contrato a figura do liquidante, proceder à extinção, sob pena de responder pela mora. Os sócios podem requerer isolada ou conjuntamente a liquidação judicial perante a inércia do administrador.

O processo de liquidação, embora a letra da lei remeta a procedimento posterior à dissolução, é anterior a esta. A extinção só ocorre depois de exauridas as obrigações sociais, tais como pagamento dos tributos, credores, partilha entre os sócios.

É muito comum, infelizmente, a dissolução de fato das sociedades, quando os sócios e administrador não procedem à liquidação, restringindo-se em encerrar as atividades sem atender as formalidades legais. Culpa, principalmente, do próprio Estado que cria infindável série de formalidades para essa finalidade, que poderiam tranquilamente ser simplificadas. No caso de dissolução irregular, os sócios ficam responsáveis pessoalmente pelo cumprimento das obrigações, uma vez reconhecida a extensão da responsabilidade patrimonial e desconsiderada a personalidade jurídica da empresa. Observe-se que a extensão da responsabilidade patrimonial não é automática, como imaginam alguns, mas é necessária decisão judicial para que se proceda à desconsideração da personalidade jurídica no caso concreto, para só então daí ser estendida aos sócios a responsabilidade patrimonial decorrente de ato irregular de dissolução.

Na hipótese de dissolução por extinção de autorização para funcionamento, o legislador previu expressamente a atuação subsidiária do Ministério Público (art. 1.037), com legitimidade extraordinária na liquidação da sociedade, caso os administradores não iniciem a liquidação em 30 dias após a perda da autorização ou os sócios não exerçam a prerrogativa do parágrafo único do art. 1.036.

O procedimento de liquidação, nessa hipótese, será necessariamente judicial, cabendo a titularidade da ação ao Ministério Público. Havendo inércia do Órgão Ministerial no prazo assinalado, a autoridade competente pela revogação da autorização nomeará interventor para que proceda a abertura da liquidação da sociedade, ficando responsável pela respectiva administração até a nomeação judicial do liquidante.

A nomeação antecipada de liquidante não é prática usual. Normalmente, na dissolução, a figura do liquidante recai sobre a pessoa do administrador, exceto se foi este quem deu causa ou ao menos participou do insucesso da empreita.

Na hipótese de dissolução parcial, quando ocorre partilha em relação a sócio desistente, o procedimento é mais simples: apurados o ativo e passivo, procede-se ao pagamento do retirante nos termos do previsto para a liquidação da quota conforme o art. 1.031.

Maior complexidade, entretanto, acarreta o procedimento de liquidação decorrente de dissolução total, levando-se em consideração os efeitos materiais, como a demissão dos funcionários e pagamentos de verbas rescisórias.

Os sócios podem da mesma forma destituir o liquidante, mediante motivo justificável. O quórum deve ser o mesmo à nomeação, maioria simples.

A ocorrência de justa causa a justificar a destituição não se opera somente em sede judicial, mas também em nível extrajudicial. Não parece ser a melhor interpretação aquela dada à destituição imotivada do liquidante, uma vez que este assume obrigações e também gera direitos perante a sociedade.

A diferença ocorre somente com relação ao quórum exigido para esse pedido. Na destituição extrajudicial, como se sustenta, é necessário o voto da maioria simples, ao passo que para destituição judicial, basta a iniciativa de um sócio, como prescreve o artigo.

O procedimento de liquidação da sociedade vem regulamentado especificamente pelos arts. 1.102 a 1.112.

12.2 SOCIEDADE EM NOME COLETIVO

A sociedade em nome coletivo é entidade de pessoas com espírito exclusivamente personalista, a ponto de se exigir, na França, o consentimento de todos os sócios para a cessão das quotas entre os próprios membros.

Essa modalidade, que remonta ao período inicial da formação das sociedades, é mantida pelo legislador por motivos exclusivamente históricos. Trata-se hoje de uma velharia legislativa. Sua permanência no ordenamento não mais se coaduna com o universo negocial contemporâneo, porque a responsabilidade dos sócios é ilimitada e solidária. Outrora justificava-se sua previsão, mercê a simplicidade de sua constituição e de seu funcionamento. No entanto, depois do surgimento da sociedade por quotas de responsabilidade limitada, sua sobrevivência não mais se justifica.

A vedação à participação de pessoa jurídica na condição de sócio é resquício da sua pessoalidade acentuada. Como observam Graziani, Minervini e Belviso (2007, p. 203), a sociedade em nome coletivo possui espírito de recíproca confiança lastreada em vínculos de parentesco ou amizade.

Podem contratar, portanto, sociedade em nome coletivo, pessoas naturais que estejam dispostas a suportar todo o peso da responsabilidade patrimonial decorrente do risco da exploração da atividade econômica. Seu desuso a transforma em verdadeiro fóssil jurídico.

A opção de eventual pacto limitativo da responsabilidade patrimonial entre os sócios não opera efeitos em relação a terceiros, valendo, tão somente, em relação aos participantes do negócio jurídico.

À falta de disposição expressa acerca da regulamentação da sociedade em nome coletivo, aplicam-se subsidiariamente as regras relativas à sociedade simples, uma vez que as respectivas estruturas são semelhantes (art. 1.040).

Assim como na simples, na sociedade em nome coletivo a responsabilidade dos sócios é ilimitada e solidária, observados, em ambos os casos, o benefício de ordem na excussão patrimonial. Assim, o credor da sociedade deve primeiramente buscar o patrimônio social, secundariamente serão excutidos os bens particulares dos sócios.

O contrato social da presente modalidade deve conter todos os requisitos essenciais exigidos para qualquer tipo de sociedade. Deve trazer todos os requisitos do art. 997, aplicáveis a sociedade simples.

Firma social é o nome passível de adoção pelas sociedades em nome coletivo, conhecido, no passado, por *razão social*. Adotada a modalidade de denominação social, a firma é formada pelos nomes e sobrenomes dos sócios, ou de alguns deles. Conforme o art. 1.157, a firma constitui modalidade de nome empresarial composta do nome dos sócios ou de um deles acrescido do termo *e companhia*, pouco importando o exercício ou não da gerência.

Não pode a firma conter nome de terceiro estranho ao quadro social, mas admite-se manter o nome de sócio que já se retirou da sociedade ou faleceu, com anuência sua ou e dos seus herdeiros (PAOLUCCI, 2008, p. 143).

Na sociedade coletiva, é expressamente proibida a nomeação de terceiro estranho ao quadro social na função de administrador. Essa regra ressalta mais uma vez o enfatizado caráter personalista.

O uso da firma social é privativo dos administradores designados no contrato social. Perante omissão nesse instrumento, qualquer sócio pode ser administrador isoladamente, aplicando-se subsidiariamente a regra do art. 1.013.

Os administradores na sociedade coletiva possuem idêntica responsabilidade assinalada na sociedade simples, aplicando-se as regras gerais respectivas.

Na sociedade de pessoas, como na em nome coletivo, não se admite o ingresso de terceiro por meio da liquidação da quota do devedor. Como a responsabilidade dos sócios aqui é ilimitada e solidária, admitir-se a cobrança de um sócio pela liquidação de sua quota significaria reduzir a garantia da sociedade.

Assim, somente na hipótese de haver prorrogação tácita ou contratual da sociedade com acolhimento judicial de oposição do credor que a regra é excepcionada.

Essa entidade pode dissolver-se em todos os casos relevantes de direito comum das sociedades, em todas as hipóteses previstas no art. 1.033. O legislador não inseriu nesse rol as causas previstas no art. 1.034, o que é perfeitamente aplicável também às sociedades em nome coletivo. Consoante já exposto, as causas do art. 1.034 estão separadas das do art. 1.033 apenas porque exigem procedimento diverso para sua concretização, judicial ou extrajudicial.

A falência também é causa de dissolução dessa modalidade, desde que atue sob o regime de empresa, aplicando-se as regras específicas da lei de recuperação judicial e quebras.

12.3 SOCIEDADE EM COMANDITA SIMPLES

A sociedade em comandita simples constitui entidade de pessoas na qual a particularidade é ser constituída por duas categorias de sócios: os comanditados e os comanditários (art. 1.045).

Sócio comanditado é aquele empreendedor, o que participa com capital e enceta trabalho direto na atividade econômica. Comanditário é o sócio capitalista, que apenas verte meios econômicos e financeiros no empreendimento. Essas duas categorias de sócios definem a responsabilidade de cada um nessa empreita. Os comanditados são responsáveis solidária e ilimitadamente pelas obrigações sociais e os comanditários obrigam-se somente pelo valor de sua quota.

A exigência de discriminação no contrato social quanto à categoria de sócios está relacionada à atribuição da responsabilidade patrimonial, bem como à vedação do sócio comanditário para praticar atos de gestão.

Após o advento da sociedade limitada, a comandita simples, utilizada inicialmente para os negócios de comércio marítimo e posteriormente para comércio terrestre, perdeu sua utilidade, não mais justificando sua permanência legislativa.

A sociedade em comandita simples se distingue da sociedade simples em razão da possibilidade para exercício da atividade empresarial, assim como da sociedade em nome coletivo, pela categoria de sócio com responsabilidade limitada a sua obrigação social.

A regência supletiva pelas normas da sociedade em nome coletivo é opção legislativa dada à semelhança das duas modalidades. De se observar, entretanto, que a regência supletiva da sociedade em comum é feita pelas normas inerentes à sociedade simples, consoante disposto no art. 1.046. A regra do parágrafo único apenas reforça a semelhança dos direitos e obrigações entre os sócios da sociedade em nome coletivo e os comanditados na comandita simples.

Afora as semelhanças entre os três tipos societários referidos, é fato que tanto a sociedade em nome coletivo como a sociedade em comandita simples são tipos societários menores, praticamente em desuso absoluto.

As duas categorias de sócios na comandita simples foram instituídas precipuamente para criar graus de responsabilidade diferentes entre seus sócios. Os direitos e obrigações dos sócios, portanto, são proporcionais à responsabilidade de cada um.

Os sócios comanditários não detêm poder de gestão e administração porque a responsabilidade dessa categoria é limitada. Será causa de revogação dessa limitação a participação do comanditário nos atos de gestão e na firma social.

Ainda que vedado aos comanditários praticar atos de gestão, podem, ocasionalmente e para um ato específico, ser outorgados poderes para que um ou alguns deles realizem negócio certo e determinado em nome e sob responsabilidade da pessoa jurídica.

Sobrevindo situação que acarrete diminuição do capital social e consequentemente da quota do comanditário, somente após a averbação da modificação do contrato social o ato produzirá efeitos, conforme a regra geral na seara empresarial (art. 1.048).

Em razão de os sócios comanditários terem responsabilidade ilimitada e solidária, o legislador, mais uma vez, condicionou a segurança de terceiros credores à eficácia do registro da redução patrimonial.

Por força de o sócio comanditário participar da sociedade apenas com capital, não tem acesso aos atos de gestão. A gestão cabe ao comanditado que tem a obrigação de apresentar o balanço mensal com dados reais. Se houver distribuição de lucros aos comanditários decorrente de valor apurado em balanço fictício, se recebem de boa-fé, a reposição lhe é facultada (art. 1.049).

Se ocorrer diminuição do capital social por perdas supervenientes, primeiramente cumpre reintegrar os valores ao capital social da sociedade e, após, havendo sobras, distribuí-las ao comanditário.

A morte do sócio comanditário não impede a continuidade da sociedade em comandita simples (art. 1.050). A regra geral é no sentido de os herdeiros do falecido comanditário ocuparem seu lugar. Essa regra é compatível com a natureza dessa modalidade societária, porque os comanditários participam apenas com o capital não sendo o *affectio societatis* elemento inerente a essa categoria.

Com a sucessão dos herdeiros do falecido comanditário, deverá ser nomeado um representante para ocupar o lugar do *de cujus* e representar os demais herdeiros.

O contrato social pode dispor em sentido diverso, vedando o ingresso dos herdeiros do sócio comanditário, hipótese na qual a quota do falecido tem que ser liquidada com pagamento do valor aos herdeiros.

As hipóteses de dissolução da sociedade em comandita simples, seguindo a regência supletiva assinalada, são idênticas às aplicáveis à sociedade em nome coletivo e à sociedade simples já comentadas.

A unipessoalidade superveniente decorrente da falta de uma das categorias de sócio é coerente com a existência de duas categorias de sócio. Ultrapassado o prazo de 180 dias sem o ingresso de um sócio comanditado ou comanditário, extingue-se a pessoa jurídica.

Na ausência de sócio comanditado, os comanditários, diante da sua condição de capitalistas e sem poder de gestão, nomearão um administrador provisório até que novo comanditado ingresse na sociedade e desempenhe a função, observado o prazo de 180 dias, sob pena de extinção da sociedade.

12.4 SOCIEDADE LIMITADA

A criação de um tipo societário com regime de responsabilidade limitada é imperativo econômico para a diminuição do risco da atividade empresarial. Na sociedade limitada existe separação entre o patrimônio social e o dos sócios, cuja responsabilidade é limitada ao valor de sua quota integralizada. A regra é a sociedade ser responsável com seu patrimônio pelo cumprimento das obrigações sociais.

Essa sociedade foi introduzida em nossa legislação pelo provecto e revogado Decreto nº 3.708/1919, que a denominou *"sociedade por quotas de responsabilidade limitada"*. Esse texto legal era propositalmente resumido e prestou excelentes serviços por muitas décadas. O Código de 2002 optou por disciplina pormenorizada, o que nem sempre é eficaz, dificultando o dinamismo ínsito ao direito empresarial.

Entretanto, enquanto o capital social subscrito não for totalmente integralizado, pelo montante em aberto respondem todos os sócios solidariamente; mesmo os sócios que já integralizaram suas quotas são responsáveis pelo valor a completar por parte de outro sócio. Respondendo solidariamente pela integralização da quota do remisso, os que pagaram tal valor têm direito de regresso contra aquele. Portanto, a limitação da responsabilidade plena ocorre somente após a integralização total do capital social.

A sociedade limitada é a modalidade societária mais difundida e utilizada, principal mas não exclusivamente, pelos micro e pequenos empresários. As grandes empresas também vêm optando por essa modalidade, fugindo da burocracia excessiva das sociedades por ações.

Não obstante toda sua flexibilidade e simplicidade na constituição e execução, na prática, a sociedade limitada tem sido utilizada de forma desvirtuada. Ocorre com sociedades fictícias, de mera aparência, de favor, simuladas, quando a pessoa jurídica é explorada apenas por um único sócio, figurando o outro no contrato social, apenas como presta-nome e para diminuição dos riscos ao patrimônio pessoal do empreendedor, o qual, na condição de empresário individual, poderia ter seu patrimônio comprometido.

A difusão da sociedade limitada aparente é tão acentuada que o próprio legislador a reconhece tacitamente, quando no art. 50 menciona hipóteses de "confusão patrimonial". Situações assim só se verificam em escala ampla nas sociedades aparentes, visto que nas sociedades genuínas há sempre vigilância dos demais sócios (BRUSCATO, 2005, p. 26).

Esse uso desvirtuado da limitada levou o legislador a reconhecer a figura do empresário individual de responsabilidade limitada, visto que nem sempre aquele que deseja explorar a empresa quer fazê-lo com a interferência de outrem, com conjugação de outros esforços e capital. Só o faz para restringir periclitação ao seu patrimônio pessoal.

A criação do empresário individual de responsabilidade limitada não colocou em risco a segurança jurídica dos credores, pois o empresário nessa modalidade tem, por um lado, patrimônio especial afetado à exploração da empresa e, por outro, evita grandemente a simulação com sociedades de fachada.

Maior avanço, entretanto, foi trazido pela recente Lei da Liberdade Econômica (Lei nº 13.874/2019), que introduziu a sociedade unipessoal ao nosso ordenamento, onde não há a exigência de constituição de capital mínimo para a exploração da atividade econômica.

12.4.1 Regime jurídico da limitada

Mais uma vez o legislador trata da legislação suplementar no direito de empresa no art. 1.053. A opção pela aplicação suplementar das regras da sociedade simples às limitadas decorre dos pontos em comum entre ambas. Apesar de detalhada, não é exaustiva a regulamentação da sociedade limitada. A pessoalidade nas duas sociedades e a menor complexidade nas respectivas constituições, bem como a flexibilidade para ajustes periódicos, são, com certeza, a razão da opção pela regência suplementar.

A sociedade limitada, como sustenta parcela da doutrina, é entidade de pessoas, embora possa ser sustentada sua natureza híbrida ou somente de capital. A pessoalidade na limitada é acentuada na maioria das oportunidades, sendo o *intuito personae* seu elemento marcante, mas não é essencial que assim seja. A vasta maioria das sociedades limitadas são constituídas por pessoas com liames de parentesco ou laços afetivos acentuados, apresentando constituição social enxuta. Esse liame pessoal também está evidenciado pela impossibilidade de cessão das quotas senão com o consentimento do quórum de mais de um quarto dos sócios (art. 1.057).[7] Porém, atualmente, já são encon-

---

[7] "Apelação. Ação de dissolução parcial de sociedade. Extinção sem resolução do mérito, por falta de interesse de agir. Inconformismo. Acolhimento. Contrato de cessão de quotas celebrado por todos os sócios, com terceiro, em 2016, nunca levado a registro. Nem os sócios cedentes, nem o cessionário, buscaram o cumprimento forçado do contrato, no que tange ao registro da transferência das quotas. Cessionário declarou à polícia, no âmbito de inquérito policial instaurado por provocação dos cedentes, ter havido distrato em relação à sociedade que é objeto da demanda (Transmarc). Ausente o registro, o negócio jurídico de cessão de quotas é ineficaz em relação à sociedade e a terceiros (**art. 1.057, CC**). Cedentes, aqui autor e réus, permaneceram os únicos sócios. Existência de legitimidade e interesse processual do autor para a propositura da ação de dissolução parcial. Procedência do pedido (art. 1.029, CC). Sentença reformada. Recurso provido" (*TJSP* – Ap 1003669-63.2020.8.26.0157, 8-10-2024, Rel. Grava Brazil).
"Ação cominatória (obrigação de fazer), por descumprimento de obrigação de registro de contrato de cessão de quotas de limitada perante o Registro de Comércio. Sentença de procedência. Apelação do autor, em busca de efeitos retroativos e de provimento no sentido de validade da sentença como documento a ser levado ao registro. Impossibilidade de atribuição de efeito retroativo à transferência de quotas. Incidência do art. 36 da Lei 8.834/1994 e dos arts. 1.151 e 1.057 do Código Civil. Eficácia da **cessão de quotas** a partir da data da concessão do respectivo arquivamento pela Junta Comercial. Art. 501 do CPC: 'Na ação que tenha por objeto a emissão de declaração de vontade, a sentença que julgar procedente o pedido, uma vez transitada em julgado, produzirá todos os efeitos da declaração não emitida'. Isto sucede sem mais formalidades, sem nem mesmo necessidade de intimação do réu: 'Para o caso de emissão da declaração de vontade não emitida, a tutela específica é alcançada pela equivalência da sentença ao ato de declaração omitido. Por isso, dispensa-se a execução e, em consequência, a participação do réu para a efetivação da tutela concedida em razão da procedência da ação' (Rinaldo Mouzalas). Sentença parcialmente reformada. Apelação a que se dá parcial provimento" (*TJSP* – Ap 1000016-57.2019.8.26.0458, 13-7-2023, Rel. Cesar Ciampolini).

tráveis grandes conglomerados econômicos que preferem a limitada. Muitas empresas de vulto, que no passado transitavam sob o pálio da sociedade por ações, optam atualmente pela limitada, visando melhor controle do capital societário e a diminuição de trâmites, adotando as normas da S. A. como supletivas. Daí por que não se pode afastar a natureza híbrida dessas sociedades.

No entanto, a pessoa do sócio é quase sempre realce na sociedade limitada, sendo preponderante, com mais frequência, o fator humano sobre o capital. O sócio na limitada empreende seus esforços na exploração da empresa, assim como faz o sócio da sociedade simples. Essa a razão da opção legislativa pela regência suplementar pelas normas da sociedade simples.

Não obstante essa regra, os sócios da limitada podem optar pela regência suplementar das normas das sociedades anônimas. Essa utilização é muito útil nas sociedades de vulto. Esse viés, todavia, só será possível se houver disposição expressa no contrato social.

12.4.2 Contrato social

Os requisitos do contrato social assinalados como imprescindíveis à constituição das sociedades simples são aplicáveis às limitadas. Conforme já examinado, esses requisitos traçam o arcabouço da sociedade e orientam seu sistema funcional. Afora aqueles requisitos, outros podem ser acrescidos a critério dos sócios, desde que não afrontem as características básicas das limitadas.

O uso de firma social é incomum nas limitadas, estando em franco desuso. A firma social é a assinatura do próprio nome para fins de identificação empresarial. O uso da firma era uma forma de o comerciante conferir credibilidade ao seu negócio, pois empenhava sua honorabilidade que inspirava confiança. A sociedade limitada pode adotar firma ou denominação (art. 1.158). Hodiernamente, é muito mais comum a adoção da denominação, porque permite a designação do objeto social na formação de seu nome, característica mais atraente na exploração da empresa do que o antiquado uso de firma.

O capital social representa o valor do patrimônio que ingressou na sociedade em virtude da contribuição dos sócios. Assim, o capital social é porção do patrimônio individual de cada sócio, que o verte para a sociedade com a aquisição de quotas. A

"Apelação cível. Direito societário. Ação anulatória de deliberação em sede de sociedade limitada. Apontado abuso da minoria. Atuação judicial no âmbito das pessoas jurídicas privadas. Princípio da intervenção mínima. Análise restrita à não-observância de preceitos legais e contratuais. Cessão de quotas sociais a empresa oriunda de cisão. **Oposição dos sócios minoritários, que representam mais de um quarto do capital social, ao ingresso de terceiro na sociedade.** Possibilidade. Exegese do art. 1.057 do Código Civil. Personalidade das empresas cindida e cindenda que não se confundem. Abuso no exercício do direito de voto dos sócios minoritários não configurado sob a ótica da falta do dever de lealdade e do interesse social. Validade do voto quando não causa qualquer dano ao interesse social e visa resguardar um direito legítimo de exercer o direito de preferência na aquisição das cotas que foram alvo da cessão contratada entre as sociedades empresárias autoras. Recurso desprovido" (*TJPR* – AP 0025551-31.2018.8.16.0001, 5-10-2021, Rel. Lauri Caetano da Silva).

constituição do capital social é o primeiro passo para a formação do patrimônio social, podendo, inclusive, representá-lo em sua totalidade. O capital social possibilita o início da atividade da empresa e, geralmente, garante por si só sua *performance*. Sua formação decorre da aquisição das quotas pelos sócios que podem ser distribuídas de maneira igual ou desigual. O valor nominal das quotas é sempre o mesmo, ou seja, se a opção for para atribuir o valor de R$ 100,00 por quota, todas as quotas terão esse valor nominal.

A contribuição de cada sócio pode ser feita em dinheiro ou bens com a devida avaliação. *Capital social* é terminologia fundamental no direito societário. Trata-se de centro gravitador das sociedades em geral. Esse capital tem na verdade dois efeitos, um interno e outro externo. Entre os sócios, *interna corporis*, o capital social regula a convivência patrimonial entre eles, sua participação nos riscos e lucros. Para efeito externo, o capital representa um efeito a terceiros que vão negociar com a sociedade. Trata-se, atualmente, de mera apresentação, pois o capital social nominal mui raramente representa efetiva garantia. Essa função de garantia a credores é relativa. Tecnicamente, o montante desse capital representa a responsabilidade de todos os sócios. A lei deveria ao menos estabelecer um valor mínimo para o capital, mas não o fez.

A quota na sociedade limitada representa a contribuição do sócio para a formação do capital social, mas não é só isso. Com a aquisição das quotas, o sócio adquire também uma amálgama de direitos e obrigações, tais como o direito de não concordar com a cessão de quotas e a obrigação de integralizar o valor das quotas subscritas (PAOLUCCI, 2008, p. 335).

A contribuição dos sócios na formação do capital da limitada pode ocorrer por meio da de quotas em dinheiro ou bens. Havendo integralização das quotas por transferência de bens do patrimônio particular do sócio para o da sociedade, o legislador cuidou de conferir que haja a exata estimativa do valor dos bens, sob pena de responderem, todos os sócios, solidariamente, pela inexatidão do valor atribuído. Essa foi a forma encontrada para proteger os credores da sociedade contra fraudes, diante de falsa estimativa dos bens e consequentemente da atribuição de valor simbólico ao capital social.

Na sociedade por ações, no caso de o capital social ser integralizado com bens, exige a lei que seja realizada "*avaliação dos bens, por três peritos ou por empresa especializada*", com apresentação de "*laudo fundamentado, com a indicação dos critérios de avaliação e dos elementos de comparação adotados*". Na limitada não há essa exigência, mas nada impede que a sociedade ou o sócio cauteloso proceda à avaliação desse quilate para precaver-se de eventual sanção por suposta inexatidão do valor atribuído ao bem colacionado.

Uma questão que a ensejar constantes dúvidas refere-se à extensão da responsabilidade solidária; sobre qual valor deve ser calculada essa responsabilidade. Um critério, talvez, seria raciocinar que a responsabilidade solidária seria limitada à diferença entre a estimação inexata e o valor real do bem. Cabe à jurisprudência firmar entendimento acerca dessa norma para fins de conferir eficiência à responsabilidade patrimonial e garantir aos credores a realização de negócios fundados na garantia do patrimônio social real e não aparente.

Conforme a vedação do § 2º, esta é uma sociedade que não admite sócio de indústria nem que qualquer dos sócios ingresse diretamente com prestação de serviços. Há uma única categoria de sócios. De todos os contratantes exige-se contribuição material avaliável em pecúnia. Ao menos formalmente, a nenhum sócio é dado ingressar com prestação de serviços. Ainda, o capital social, em porcentagem ou fração, consiste, como regra, em critério válido para a formação de quórum nas deliberações dos sócios, além de elemento de aferição de lucros e perdas.

12.4.3 Capital social

Nossa lei não estipulou valor mínimo para o capital social dessa pessoa jurídica. Em princípio, o capital deve ser compatível com as atividades e necessidades da empresa, o que nem sempre é verdadeiro.

O Código Civil adotou o sistema da pluralidade das quotas, possibilitando aos sócios o estabelecimento de quotas iguais ou desiguais. Essa possibilidade de quotas com valores diferentes é inovação (art. 1.055). Acompanhando essa perspectiva, o estatuto civil adotou, também, o princípio da indivisibilidade da quota em relação à sociedade, abrindo uma exceção fundamental: *"salvo para efeito de transferência".* Assim, apenas possibilitou a divisão como efeito da transmissão parcial ou parcelada ou de um ato de partilha entre coproprietários (VENTURA, 1989, p. 467). A divisibilidade da quota, portanto, é efeito de sua transferência. No caso de transmissão *causa mortis,* podem os herdeiros, ao invés de manter condomínio das quotas herdadas, dividi-las entre si, de acordo com sua deliberação na partilha.

Na hipótese de condomínio de quota, somente um dos condôminos ou o representante do espólio poderá representá-la perante a sociedade e exercitar os direitos inerentes a sócio. Tratando-se de quota indivisa, a regra da responsabilidade solidária pela integralização é aplicada em relação aos condôminos.

12.4.4 Cessão das quotas

A liberdade de cessão das quotas na limitada é regra geral. A cessão das quotas pode ser total ou parcial e, se realizada entre sócios, prescinde da anuência dos demais consortes. A liberdade de cessão entre os sócios não está condicionada à aprovação dos demais. No caso de cessão para terceiros, no entanto, embora autorizada, fica condicionada a anuência dos titulares de mais de um quarto do capital social, numa manifestação, sem dúvida, do *affectio societatis* na limitada.[8]

---

[8] "**Cessão de quotas sociais** – Ação de regresso – Decreto de procedência – Legitimidade passiva caracterizada – A recorrente foi incluída como ré em reclamação trabalhista, não tendo sido localizados bens penhoráveis componentes no patrimônio da sociedade, de maneira que, tendo pago uma parcela do débito em questão, volta-se, agora, contra o sócio remanescente, buscando exercer alegado direito de regresso derivado da precedente cessão de quotas sociais – Pretensão dirigida diretamente contra o recorrente – Mérito – Pretendido reembolso de valores pagos a partir de acordo celebrado em razão de condenação pronunciada na Justiça do Trabalho – Pagamento parcial do débito de responsabilidade originária da empregadora – Regra inserta no parágrafo único do art. 1.003 do CC/2002 referente a deveres assumidos perante terceiros e a sociedade

Mesmo prestigiando o liame subjetivo de confiança entre os sócios, o legislador agiu bem ao não engessar a circulação das quotas sociais, em prol da sobrevivência da empresa. Com frequência, a empresa depende de injeção de capital ou da experiência de um empreendedor que nem sempre se encontra no quadro social primitivo. A atividade econômica é dinâmica e seus instrumentos devem sê-lo também.

A eficácia da cessão só opera a partir da averbação do instrumento de alteração do contrato social na Junta. Esse também é o marco inicial para o cômputo do prazo de dois anos de solidariedade entre cedente e cessionário pelas obrigações sociais (art. 1.003, parágrafo único).

> ➤ **Caso 4 – Cessão de quotas da sociedade empresária**
> A liberdade de cessão das quotas na limitada é regra geral. A cessão das quotas pode ser total ou parcial e, se realizada entre sócios, prescinde da anuência dos demais consortes. A liberdade de cessão entre os sócios não está condicionada à aprovação dos demais. No caso de cessão para terceiros, no entanto, embora autorizada, fica condicionada à anuência dos titulares de mais de um quarto do capital social, numa manifestação, sem dúvida, do *affectio societatis* na limitada.

12.4.5 Sócio remisso e reposição dos lucros

A intangibilidade do capital social é ressaltada a todo momento nas regras da sociedade limitada. Isso porque, em muitos casos, o seu patrimônio é constituído

---

(como pessoa jurídica), mas não, entre os contratantes (cessionário e cedentes) – Ampliação da responsabilidade patrimonial da sociedade apta a respaldar, frente a uma sub-rogação (art. 346, inciso III, do CC/2002), fosse postulado o reembolso diante desta mesma pessoa jurídica – Frente ao réu (recorrente), por outro lado, impõe-se seja considerado que a autora (recorrida) arcou com sua quota parte no débito, prosseguindo os atos de execução contra o sócio remanescente – Descabimento da restituição do montante pago – Direito de regresso inexistente – Decreto de improcedência – Inversão dos ônus sucumbenciais – Recurso provido" (*TJSP* – Ap 1030654-78.2022.8.26.0002, 30-3-2023, Rel. Fortes Barbosa).

"Recurso Especial – Exceção de pré-executividade – Executada – Sociedade Limitada – Responsabilidade – Ex-Sócio – **Cessão – Quotas Sociais** – Averbação – Realizada – Obrigações Cobradas – Período – Posterior à cessão – ilegitimidade passiva do ex-sócio – 1. Recurso especial interposto contra acórdão publicado na vigência do Código de Processo Civil de 1973 (Enunciados Administrativos nºs 2 e 3/STJ). 2. A controvérsia a ser dirimida reside em verificar se o ex-sócio que se retirou de sociedade limitada, mediante cessão de suas quotas, é responsável por obrigação contraída pela empresa em período posterior à averbação da respectiva alteração contratual. 3- Na hipótese de cessão de quotas sociais, a responsabilidade do cedente pelo prazo de até 2 (dois) anos após a averbação da respectiva modificação contratual restringe-se às obrigações sociais contraídas no período em que ele ainda ostentava a qualidade de sócio, ou seja, antes da sua retirada da sociedade. Inteligência dos arts. 1.003, parágrafo único, 1.032 e 1.057, parágrafo único, do Código Civil de 2002. 3. Recurso especial conhecido e provido" (*STJ* – REsp 1537521/RJ, 12-2-2019, Rel. Min. Ricardo Villas Bôas Cueva).

exclusivamente pelo capital social: a empresa é explorada com suporte no capital social, pois a maioria das limitadas são constituídas por micro e pequenos empresários. Além de o capital social garantir a exploração da empresa, tem a função precípua – quando é o único bem do patrimônio social – de suportar as obrigações perante os credores. Daí a tão decantada intangibilidade do capital social.

No caso de sócio remisso, podem os demais exercitar, além das prerrogativas do art. 1.004 e seu parágrafo único, o direito de, caso disponham de meios, reformular e completar a integralização do capital social. Podem, ainda, transferir a quota do remisso a terceiros, admitindo assim a participação de estranho no quadro societário (art. 1.058).

O sócio remisso pode não ter integralizado valor algum a que se propôs ou pode ter integralizado apenas parcialmente. Na primeira hipótese, o sócio, na verdade, era titular apenas de uma expectativa de direito de tornar-se sócio. Na segunda hipótese, se o sócio remisso já tinha integralizado parcialmente suas quotas, tem o direito de ser reembolsado por esse valor, deduzidos juros de mora, prestações estabelecidas no contrato e despesas.

O Código institui, ainda, medida de preservação do patrimônio social, ao dispor no art. 1.059 o direito de os sócios participarem dos lucros sociais na proporção ajustada no contrato, aplicando-se subsidiariamente a regra do art. 1.007. Havendo lucro, portanto, os sócios têm assegurada sua participação, sob a forma de dividendos, bonificação de quotas ou sua aplicação na atividade social (GONÇALVES NETO, 2004, p. 227).

Mais uma vez, o legislador ressaltou a intangibilidade do capital social, quando veda aos sócios a distribuição disfarçada de lucros ou de retiradas que descapitalizem a sociedade, em detrimento dos credores.

Assim, qualquer quantia retirada ou distribuída entre os sócios que importe no comprometimento e consequente esvaziamento do capital, deve ser reembolsada, ainda que autorizada pelo contrato social e recebida de boa-fé pelos sócios.

12.4.6 Administração da limitada

Na sociedade limitada, o poder de administrar é desvinculado da qualidade de sócio e pode ser exercido pelo sócio indiretamente pelo exercício do direito de voto para escolha do administrador (BUONOCORE, 2000, p. 212), ou, diretamente, quando for nomeado administrador.

Na sociedade simples, o poder de administrar nasce juntamente com a condição de sócio (art. 1.013); todos os sócios, exceto se houver disposição em contrário, são administradores. Na limitada, diversamente, esse poder de administrar não decorre da condição de sócio, sendo outorgado por deliberação assemblear a um ou vários sócios ou a terceiro estranho ao quadro social.[9]

---

[9] "Processual – Societário – **Sociedade limitada** – Demanda principal de exclusão justificada de sócio minoritário. Julgamento de procedência, sem recurso, nessa parte, pelo réu. Desacolhimento outrossim de reconvenção apresentada pelo mesmo sócio minoritário, para a dissolução parcial por

Na antiga regulamentação das sociedades limitadas, a figura do administrador era correspondente à do sócio-gerente. O Código, porém, andou bem ao modificar a nomenclatura para administrador e reservar a expressão *gerente* para identificar o preposto permanente no exercício de funções qualificadas na empresa (art. 1.172).

A forma de administração da sociedade limitada, por sócio ou terceiro, deve vir expressa no contrato social, bem como deverá ser especificado se a administração será exercitada conjunta ou separadamente (art. 1.014). Nada impede, porém, que a designação do administrador seja feita em ato separado, desde que regularmente registrado. Na prática, a designação do administrador vem prevista no contrato social originário e suas modificações, em ato separado, em assembleia ou reunião de sócios por meio de alteração do contrato social.

A administração conjunta enseja a formação órgão colegiado, constituído por vários administradores, cada um com poderes para atuar em determinado setor, como, por exemplo, administrador de vendas, financeiro, de relações industriais ou humanas, de marketing entre outros. Essa é a forma de administração recomendada no presente, porque revela organização, o principal elemento da empresa. A figura do sócio administrador "faz tudo" é ultrapassada, ineficiente e lembra os estabelecimentos folclóricos do passado. Deve-se observar, entretanto, que nessa modalidade de administração os poderes inerentes a cada administrador devem vir claramente definidos e descritos, pois cada um terá responsabilidade sobre os atos que praticar na sua área. O contrato social deve definir os limites dos poderes e de atuação do administrador.

A administração é pessoal e não se transfere, ainda que as quotas do administrador sejam cedidas e um terceiro ingresse na sociedade ocupando o seu lugar de sócio. A nomeação é pessoal e intransferível, não decorrendo da condição de sócio, como afirmado.

De se observar, ainda, que a pessoa jurídica pode participar como sócio não só da limitada, como também da administração, mediante um presentante legal. A gestão por pessoa jurídica não é incomum nas sociedades limitadas, principalmente as estrangeiras, em razão de o patrimônio da administradora garantir os atos de gestão do seu presentante para o exercício da função (GONÇALVES NETO, 2004, p. 242).

---

retirada voluntária. Reconvenção na verdade prejudicada nesse capítulo, por força do acolhimento da dissolução parcial por exclusão forçada. Alegação do réu-reconvinte do direito ao 'pagamento por suas cotas'. Sentença que previu expressamente a apuração dos haveres do sócio excluído. Ausência de interesse recursal. Apelação não conhecida nessa parte. Societário. Distribuição de lucros. Pedido condenatório do sócio minoritário na reconvenção. Imputação à sociedade autora de omissão quanto a pagamentos a tal título entre 2008 e junho de 2013. Omissão da sentença na apreciação da matéria. Nulidade parcial da decisão, como *citra petita*, reconhecida. Julgamento originário pelo Tribunal, nos termos do art. 1.013, § 3º, III, do CPC/2015. Pedido descabido. Réu que durante o período referido foi o administrador da sociedade, com controle sobre os pagamentos. Ausência de referência a qualquer distribuição de lucros que tenha havido. Impossibilidade de admissão outrossim, da recusa da sociedade ao pagamento, sendo ela administrada pelo próprio réu. Apelação provida, na parte conhecida, com declaração de nulidade parcial da r. sentença e julgamento, nesse particular, de improcedência da demanda" (*TJSP* – AC 0066322-45.2013.8.26.0002, 5-11-2019, Rel. Fabio Tabosa).

Na legislação anterior, era necessária a prestação de caução quando da investidura do administrador, então sócio-gerente. A legislação atual não repetiu essa regra, mas nada obsta que no contrato social conste a exigência, principalmente porque o Código autoriza o exercício da administração por terceiro estranho ao quadro social. Geralmente, os administradores que gerem diretamente valores contábeis e patrimoniais são, por contrato, obrigados a apresentar carta de fiança bancária ou outra garantia.

Para que a administração da sociedade seja exercida por administrador não sócio é necessário a aprovação de, no mínimo, 2/3 (dois terços) dos sócios, enquanto o capital não estiver integralizado, e da aprovação de titulares de quotas correspondentes a mais da metade do capital social, após a integralização (art. 1.161, CC).

Não é comum na limitada explorada por micro ou pequeno empresário a nomeação de administrador não sócio. Contudo, a administração profissionalizada tem suas vantagens porque deve ser exercitada por pessoa com conhecimentos específicos de administração. Por outro lado, essa nomeação atribui poderes a pessoa estranha ao quadro social e pela qual a sociedade ficará obrigada perante terceiros. Melhor técnica, parece, ao invés de contratar administrador não sócio, é nomear pessoa com qualificação e conferir-lhe o cargo de gerente, sem poderes de administração.

Designado o administrador em ato separado, é necessária a observância do procedimento previsto no art. 1.062.

Além de constar em ato separado, a investidura do administrador dar-se-á por meio da aposição da sua assinatura no livro de atas da administração, no período não superior a 30 dias contados da nomeação, sob pena de se tornar ineficaz.

A exigência de averbação da nomeação no registro competente, no caso das limitadas, a Junta Comercial, no prazo de dez dias seguintes ao da investidura, é suplementar da obrigação inserta no § 2º do art. 1.075: se a ata da nomeação não for levada a registro nos 20 dias subsequentes à sua realização, por cópia autenticada, para arquivamento na Junta com a qualificação do administrador e prazo de sua gestão, cabe ao administrador nomeado fazê-lo no prazo suplementar de dez dias.

A publicidade acerca dessa nomeação é imprescindível para que terceiros tenham conhecimento da extensão dos poderes com quem tratam.

O tratamento para a constituição e destituição de administrador sócio e não sócio é diverso (art. 1.064). Tratando-se de nomeação feita no contrato social ou em ato separado de administrador sócio ou de terceiro, é necessário que na cláusula conste, além da qualificação completa, a data do início e término de sua gestão, que pode ser por prazo certo ou indeterminado.

O término do mandato é uma das causas de cessação do cargo, nada obstando que o administrador seja reconduzido. Cessada a administração pelo decurso de prazo, deve a ocorrência ser averbada no órgão competente, mediante requerimento apresentado nos dez dias seguintes.

Outra causa de término da administração é a destituição do administrador. O cargo de administrador é conferido àquele que inspira confiança, capacitação e lealdade. Havendo insatisfação dos sócios em relação a ele, podem destituí-lo.

Para destituir sócio-administrador nomeado no contrato, ou eleito em ato separado, sócio ou estranho, são necessários votos correspondentes a mais da metade do capital social (art 1.076, II), podendo o contrato modificar esse quórum, consoante exceção prevista na parte final do § 1º.

Pode, também, o administrador renunciar ao cargo. Sendo a renúncia ato unilateral não receptício, basta a comunicação aos sócios para que opere seus efeitos em relação à sociedade. Já com relação a terceiros, a renúncia só produz efeitos após averbação e publicação.

A ausência de averbação e publicação faz emergir responsabilidade solidária entre administrador e sociedade em relação a eventuais atos praticados pelo administrador, após a sua renúncia de fato.

O Código Civil não dispôs expressamente acerca dos poderes do administrador na limitada, entendendo-se aplicável às normas da sociedade simples, legislação suplementar, em princípio.

Assim, nos termos do art. 1.015, primeira parte, *"no silêncio do contrato, os administradores podem praticar todos os atos pertinentes à gestão da sociedade"*. Conforme exposto, no entanto, é recomendável que os poderes do administrador venham descritos no contrato social, para conhecimento de terceiros e para servir de base a eventual impugnação de sócio.[10]

Cabe geralmente ao administrador o uso da firma ou da denominação social, sendo indispensável a outorga de poderes para sua utilização.

O Código não proibiu o administrador de outorgar procuração *ad negotia*, mas o mandato deve versar sobre determinados atos, não podendo ser utilizado como substitutivo a administração geral da empresa.

O administrador ou administradores detêm o dever, independentemente do regime societário adotado, de atuar com zelo no seu exercício observando todas as obrigações decorrentes do cargo.

O cuidado e diligência do administrador são do homem médio com relação à empresa, numa aplicação do conceito do *bonus pater familias* (art. 1.011).

---

[10] "Apelação Cível – **Direito Empresarial** – Ação de responsabilização pessoal – Prejuízos sofridos pela massa falida – atos praticados pelo sócio administrador – desvio de finalidade – teoria *ultra vires* – responsabilidade solidária e ilimitada – fato impeditivo, modificativo ou extintivo do direito da autora/apelada – comprovação – ausência (art. 373, II, do CPC/2015) – O administrador de sociedade empresária limitada responde pessoalmente pelos prejuízos causados a terceiros pela pessoa jurídica quando agir com excesso de poder, desvio de finalidade, ou, ainda, quando descumprir o seu dever de diligência; À luz do disposto nos artigos 1.011, 1.015 e 1.016, do Código Civil. *In casu*, resta suficientemente comprovado pelos elementos de convicção carreados o desvio de finalidade praticado pelo sócio administrador da massa falida, razão pela qual deve responder pessoalmente pelos débitos contraídos em nome da sociedade, em atenção à teoria *ultra vires*. Sob essa perspectiva, correto asseverar que o recorrente não se desincumbiu do ônus que lhe está designado pelo art. 373, II, do CPC, acerca dos fatos impeditivos, modificativos ou extintivos do direito da autora/apelada" (*TJDFT* – Proc. 00080070820168070015, 14-10-2019, Relª Carmelita Brasil).

Entre os deveres do administrador está o de prestar contas periodicamente (art. 1.065). Pela prestação de contas, revela-se aos sócios a situação econômico-financeira e os resultados de sua atuação.

A prestação de contas deve ocorrer pelo menos uma vez por ano, nos quatro meses subsequentes ao término do exercício social, e devendo ser apresentada em assembleia ou reunião a fim de "l" (art. 1.078, § 2º). Para que a finalidade seja alcançada, o administrador deve apresentar nessa oportunidade inventário, balanço patrimonial e de resultado, ficando suas contas sujeitas à aprovação da comunidade social (art. 1.078, § 3º).

12.4.7 Conselho fiscal

A opção pela Instituição de conselho fiscal nas limitadas é inovação trazida pelo Código Civil. Na legislação anterior, não havia essa previsão, fato que não vedava sua constituição, embora não fosse corrente a criação desse órgão nessa pessoa jurídica.

O conselho fiscal é instituto pinçado das sociedades anônimas. A justificativa de sua existência decorre do distanciamento paulatino dos sócios da administração da sociedade à medida que essa se agiganta. À medida que a administração se afasta da coletividade social adquirindo maior liberdade empresarial, justifica-se a criação de órgão de controle desses atos, sendo insuficiente aos sócios tão somente tomar conhecimento das contas anualmente (VERÇOSA, 2006, p. 209).

Foi sob essa óptica que o legislador possibilitou para as limitadas a existência de um conselho fiscal. A adoção, nos casos concretos, fica adstrita a sociedades limitadas de maior porte.

De se observar que não basta a existência de um conselho fiscal. É imprescindível que seja eficiente e operativo. Deve ser integrado por pessoas com capacidade técnica para o exame das contas e avaliação da administração.

Nas instituições financeiras (Lei nº 4.595/64, arts. 32 e 33) e nas sociedades anônimas (art. 161 da Lei das Sociedades por Ações) a existência de conselho fiscal é obrigatória, não obstante seu funcionamento permanente dependa de opção nesse sentido no estatuto social.

A composição do conselho na limitada deve contar com no mínimo três membros e respectivos suplentes, sócios ou não, residentes no País e eleitos na assembleia anual prevista no art. 1.078.

O § 1º do art. 1.066 enumera as pessoas que não podem participar do conselho fiscal. O impedimento leva em consideração o grau de comprometimento que poderiam ter a ponto de macular sua imparcialidade de fiscalização.

O legislador assegura aos sócios minoritários que representa pelo menos um quinto do capital social o direito de eleger um dos membros do conselho fiscal e seu respectivo suplente. É forma de impedir que os controladores formem o conselho fiscal com integrantes só de sua confiança, podendo tirar proveito dessa situação.

A investidura do conselheiro tem seu procedimento delineado pelo art. 1.067. Membro originário ou suplente eleito seguem o mesmo procedimento de investidura, tornando-se o membro conselheiro após a assinatura do termo de posse lavrado no livro de atas e pareceres do conselho fiscal, o qual ser mantido pela sociedade se conselho houver.

No termo de posse constará a qualificação do conselheiro, bem como o prazo do mandato que geralmente é de um ano, conforme o artigo citado. Nada obsta, porém, que o mandato seja por prazo inferior ou superior a um ano. A prorrogação, embora não seja objeto de regulamentação, parece possível, desde que conte com a aprovação de votos da maioria simples dos sócios.

É de decadência o prazo de 30 dias assinalado no parágrafo único, sendo condição de eficácia da investidura a sua observância.

Pelo desempenho de suas funções, os conselheiros têm o direito de receber remuneração, que deverá ser estabelecida na assembleia anual que os eleger.

Não há valor mínimo ou máximo fixado em lei para essa remuneração, de exclusiva vontade dos sócios, que devem, entretanto, levar em consideração a complexidade e volume do trabalho do conselho.

Podem ser aplicados supletivamente os dispositivos respectivos da lei das sociedades anônimas (Lei nº 6.404/76, art. 162, § 3º), quanto ao direito dos conselheiros de reembolso das despesas de locomoção, estadia e todas as demais realizadas para o desempenho da função.

A forma de pagamento da remuneração também fica a critério dos sócios, não havendo exigência de pagamento periódico.

Questão de extrema importância reside na natureza jurídica dos atos dos conselheiros fiscais, em razão da análise dos efeitos de seus atos.

A doutrina divide-se acerca da natureza opinativa ou vinculativa dos atos. Considerando os atos como opinativos, seu efeito não será vinculante: os sócios não estão obrigados a acatá-los e podem decidir em contrário, desde que obtido o quórum necessário. Por exemplo, podem os conselheiros não concordar com as contas prestadas pelo administrador e os sócios podem acatá-las como boas, contrariando a opinião do conselho. Diversamente, se considerados os atos de natureza vinculativa, os sócios não podem deliberar em sentido contrário. Em princípio, sustenta-se que a vontade dos sócios é soberana, superior à dos conselheiros fiscais, daí não se justificar conferir natureza vinculativa aos atos do conselho fiscal. Todavia, o contrato social pode dispor expressamente sobre a vinculação dos atos do conselho.

Além de eventuais atribuições e competências previstas no contrato social, o legislador traçou um rol mínimo de atos exigido no desempenho da função de conselheiro fiscal (art. 1.069).

O exame dos livros e papéis da sociedade, bem como do caixa e da carteira de títulos, deve ser feito pelos conselheiros trimestralmente. Para tanto, o administrador está obrigado a fornecer aos conselheiros todos os documentos necessários. O mesmo se aplica aos liquidantes, se a sociedade estiver em liquidação. A recusa ou mora no fornecimento dos elementos necessários para que os conselheiros possam cumprir essa exigência impõe responsabilidade ao administrador ou liquidante.

Procedida à análise referente aos documentos e atos assinalados no inciso I, o resultado da análise deve constar do livro de atas e pareceres do conselho fiscal, em ata lavrada para esse fim.

Anualmente, os conselheiros devem elaborar parecer acerca dos negócios e operações sociais do exercício que serviram tomando por base o balanço patrimonial e de resultado econômico. Esse parecer deve constar do livro de atas e pareceres do conselho fiscal e ser apresentado à assembleia geral anual dos sócios, para que estes deliberem a respeito.

Durante o exercício do mandato de conselheiro fiscal, quaisquer irregularidades, erros ou fraudes constatadas pelo conselho devem ser denunciadas à sociedade, inclusive com sugestões de providências para correção ou coibição do ato.

Subsidiariamente, os conselheiros estão obrigados a convocar assembleia de sócios, no caso de mora superior a 30 dias de sua convocação anual. Ainda, verificando o conselho fiscal situação em que se faça necessária a realização de assembleia por motivo grave ou urgente, devem convocá-la, observado o procedimento legal para esse fim.

Encontrando-se a sociedade em processo de liquidação, não há dissolução do conselho durante esse período, ficando seus integrantes obrigados a praticar os atos de sua obrigação, observadas as disposições especiais da liquidação.

O conselho fiscal é órgão auxiliar da sociedade tendo suas atribuições e funções definidas em lei. Os sócios podem ampliá-las de acordo com as necessidades, desde que previstas no contrato social.

As funções e atribuições do conselho são indelegáveis, respondendo os conselheiros pelos atos praticados no desempenho da função. A responsabilidade dos conselheiros pode ter atribuições específicas conferidas individualmente, obedecendo à regra de responsabilidade dos administradores (art. 1.016).

A lei não exige unanimidade nas decisões do conselho. Havendo dissidência, cada conselheiro emite seu parecer, respondendo individualmente pelo que sustenta se houver prejuízo para a sociedade.

O conselho fiscal pode contratar contabilista legalmente habilitado para auxiliar nos atos de fiscalização, tais como examinar livros e contas, desde que haja concordância dos sócios em assembleia, ocasião em que aprovam, também, a respectiva remuneração.

12.4.8 Deliberações sociais

As questões relativas à constituição, modificação e extinção de atos e negócios jurídicos da sociedade são tomadas em colegiado. A votação pode ser presencial ou virtual; o sócio poderá participar e votar a distância em reunião ou em assembleia,[11] devendo ser observados os diversos quóruns para aprovação. A recente Lei nº 13.792/2019 trouxe duas alterações ao regime de deliberação dos sócios de sociedades limitadas, extirpando dúvidas interpretativas então existentes.

---

[11] Art. 1.080-A, inserido pela Lei 14.030/2020.

O contrato social pode estabelecer outras, além das matérias elencadas no art. 1.071, com necessidade de votação colegiada para aprovação. Nada que engesse o dinamismo da sociedade limitada, porém, sob pena de a matéria ser questionada judicialmente. Na seara da lei, por exemplo, a exclusão de sócio é discussão dependente de assembleia (art. 1.085).

A escala de matérias do artigo fica sujeita a decisões tomadas em assembleia ou reunião.

A aprovação das contas da administração é feita em assembleia ou reunião anual realizada para esse fim, sendo obrigação do administrador apresentá-las para aprovação (art. 1.065).

A designação de administrador em ato separado também necessita ser aprovada em assembleia ou reunião, devendo seguir os trâmites legais após a aprovação para surtir seus regulares efeitos (art. 1.062).

Da mesma forma, a destituição dos administradores, em razão da sua gravidade, é ponto que necessita da decisão colegiada (art. 1.063). Uma vez nomeado o administrador, sua remuneração, se não constante do contrato social, é decidida pelos sócios e reduzida a termo na ata da assembleia ou reuniões. A ata, nesse caso, é documento suficiente para retratar o direito do administrador na gestão da sociedade.

Qualquer modificação no contrato social sempre fica submetida à decisão colegiada e ao quórum legal para sua validade e eficácia. Da mesma forma, as questões relativas à incorporação, fusão, dissolução da sociedade ou cessação do estado de liquidação, assim como a nomeação, destituição e julgamento das contas dos liquidantes.

O inciso VIII aponta o pedido de concordata como matéria dependente da deliberação colegiada. Esse tópico sofreu modificação, com o instituto da concordata substituído pela recuperação. Assim, o inciso deve ser compreendido como pedido de recuperação. Cabe, entretanto, perquirir se as duas espécies de recuperação, extrajudicial e judicial, estão agasalhadas pelo inciso. A opção extrajudicial de moratória era desconhecida ao tempo da concordata. Trata-se de procedimento judicial de moratória colocado à disposição da empresa em dificuldades financeiras. Não obstante tratar-se de instituto extrajudicial, em razão da sua grande importância, a aprovação dos sócios é imprescindível, dada suas consequências.

Assim, para ambos os pedidos de recuperação, a deliberação dos sócios em colegiado é indispensável.

A realização de assembleia ou reunião para deliberação social é inovação do ordenamento, devendo ser elogiada. O formalismo atribuído por alguns ao colegiado dos sócios para deliberação não prospera, porque só será imprescindível a realização se a sociedade contar com mais de dez sócios. Nesse caso, a necessidade do ato colegiado justifica-se para possibilitar a ampla discussão das matérias. Do contrário, estando os sócios cientes das matérias inseridas na pauta, podem individualmente manifestar sua aprovação ou desaprovação, prática que dispensa o encontro colegiado se obtida a unanimidade.

A convocação formal também é dispensável mediante a declaração de ciência de todos os sócios acerca do dia, horário e local de realização do encontro, em qualquer de suas duas modalidades.

Dispensa-se a realização de assembleia ou reunião do pedido de recuperação se houver urgência. Nesse caso, é necessário que o administrador tenha autorização de mais da metade dos votos representativos do capital social para deduzir o pedido de moratória.

O resultado das deliberações nos encontros colegiados, tomadas em conformidade com a lei, vincula todos os sócios, inclusive os ausentes ou dissidentes. Trata-se de ato normativo com efeitos vinculativos.

Havendo omissão legal acerca das reuniões, aplica-se o disposto nas assembleias, dada a natureza similar de ato colegiado.

As deliberações tomadas em assembleia ou reunião podem ser objeto de ação de nulidade ou anulação, se descumpridas normas de convocação, instalação ou deliberação. Essa ação tem por finalidade desconstituir o ato colegiado e a voltar ao estado anterior. Se for o caso, a sociedade convocará outra assembleia ou reunião para novamente deliberar sobre as matérias inseridas no ato desconstituído.

Tem legitimidade para propor essa ação o sócio dissidente ou terceiro que comprovar que a deliberação lhe causará prejuízo, como, por exemplo, caracterizar fraude contra credores (VERÇOSA, 2006, p. 184). O prazo para o exercício da ação é decadencial, aplicando-se o disposto no art. 45, parágrafo único.

A convocação de reunião ou assembleia é ato de competência do administrador, que tem o dever legal de convocá-las, nas hipóteses legais. A não convocação nas hipóteses e prazos legais caracteriza infração aos deveres do administrador e submetendo-o aos efeitos de sua inércia.

Por essa razão, o legislador conferiu legitimidade extraordinária aos sócios e conselheiros fiscais, para, perante a inércia, convocar o ato colegiado.

Aos sócios é conferida legitimidade para convocar assembleia ou reunião quando o administrador retardar em mais de 60 dias a convocação nos casos previstos em lei ou no contrato, como, por exemplo, a assembleia anual obrigatória por lei para a prestação de contas.

Quando for deduzido pedido de convocação ao administrador, fundamentado com indicação das matérias a serem deliberadas, não atendido no prazo de oito dias, os sócios detentores de mais de um quinto do capital podem convocar o ato colegiado, conforme as normas respectivas.

Ao conselho fiscal cabe convocar assembleia ou reunião no caso de mora do administrador na convocação a que se refere o inciso V do art. 1.069.

A norma do art. 1.074 tem como pano de fundo a validade dos atos realizados em assembleia ou reunião. Primeiramente, no tocante ao quórum para a realização do ato colegiado. Havendo a presença de no mínimo três quartos do capital social, a ato associativo tem início já em primeira convocação. Não obtido esse quórum, instala-se a assembleia ou reunião com o número de presentes.

O sócio pode ser representado na assembleia ou reunião com mandato com poderes específicos e descrição do que pode ser deliberado. Mandato geral, sem poderes específicos, não pode ser admitido, pois a lei exige a especificação. O instrumento de mandato deve ser levado a registro juntamente com a ata. O contrato social pode limitar o número de outorgantes para cada mandato.

O § 2º cuida do impedimento ou abstenção de voto de sócio, quando a matéria a ser votada referir-se diretamente aos interesses dele, como, por exemplo, no caso de assembleia a destituição por justa causa. Nessa hipótese, o sócio indigitado fica obviamente impedido de votar.

O procedimento para a realização da assembleia ou reunião quanto aos seus atos documentais está descrito no art. 1.075.

O ato colegiado deve ser presidido por sócio escolhido, sendo, na prática, conduzido pelo administrador. O secretário também será escolhido entre os sócios presentes, com a função de reduzir a termo as decisões em ata.

Todas as decisões são reduzidas a termo em ata lavrada, constante do livro específico, assinada pelos membros da mesa e pelos sócios presentes, observado o quórum exigido para a validade das deliberações. Eventuais impugnações também devem constar na ata para fins de documentação, possibilitando eventual sustentação de invalidade ou ineficácia do ato.

É imprescindível, para eficácia das decisões, que cópia da ata seja averbada e arquivada na Junta Comercial, no prazo de até 20 dias após a realização da assembleia ou reunião. A não observância desse prazo não acarreta sua invalidade, mas retarda a eficácia das decisões tomadas.

É direito do sócio solicitar cópia autenticada da ata, após sua averbação no Registro Público de Empresas Mercantis.

O quórum necessário para a aprovação das matérias em assembleia ou reunião está estabelecido no art. 1.076. Nos casos de designação de administrador não sócio, a lei exige votos de 2/3 dos sócios enquanto não integralizado o capital social da limitada ou, mais da metade, encontrando-se integralizado.

A destituição do administrador sócio só se opera mediante a aprovação de titulares de dois terços do capital social, salvo disposição em contrário.

Um rol exemplificativo de quóruns de votação exigidos pela lei vem elencado nos incisos II, III, IV, V, VI e VIII do *caput* do art. 1.071 do Código Civil, afora outros tantos distribuídos no livro do direito de empresa.

Para a modificação do contrato social, bem como para incorporação, fusão e a dissolução da sociedade ou ainda para a cessação do estado de liquidação, é exigida a aprovação de no mínimo três quartos do capital social.

Decisões referentes aos administradores, como nomeação, destituição e remuneração, serão procedidas mediante votos representativos de mais da metade do capital social, maioria absoluta. Igual quórum é exigido para a aprovação do pedido de recuperação extra e judicial.

Nos demais casos em que não haja disposição expressa, será necessária a maioria de votos dos presentes, não havendo disposição em contrário.

A lei confere ao sócio dissidente o direito de retirar-se da sociedade, nos 30 dias subsequentes à realização da reunião ou assembleia.

Não concordando o sócio com qualquer modificação do contrato social votada no ato colegiado, bem como com qualquer das formas de reorganização societária, fusão, incorporação, cisão ou transformação (art. 1.113 ss.), pode deduzir seu pedido de retirada. Não havendo no contrato social previsão do procedimento de liquidação das quotas do sócio retirante, aplica-se o disposto no art. 1.031.

Ao sócio dissidente é garantido o direito de pleitear a invalidade da votação, provada a existência de qualquer das causas previstas nos arts. 166, 167 e 171 do Código Civil.

O extenso art. 1.078 regulamenta o funcionamento da assembleia geral ordinária, aplicando-se também no que couber para qualquer outra reunião ou assembleia.

A regra do *caput* de realização anual da assembleia para tratar das matérias aqui elencadas sofre divergência quanto à possibilidade e sua dispensa, na hipótese do § 3º do art. 1.072. Alguns entendem que a realização de assembleia anual é indispensável, posto que transcende o interesse dos sócios. Os que sustentam a possibilidade de dispensa justificam a legitimidade do procedimento informal na redução de tempo e custos, dependendo da vontade expressa dos sócios pela forma autorizada. A questão deve ser analisada na prática e detectada a viabilidade ou não da dispensa levando-se em consideração o perfil da empresa e seu modo de atuação. A realização da assembleia pode, sem dúvida, onerar injustificadamente uma sociedade composta por dois sócios, por exemplo. O mesmo não pode ser dito a respeito de empresa de maior espectro.

Não obstante a forma do ator, anualmente devem ser prestadas contas aos sócios pelos administradores, com apresentação dos documentos e livros para exame, mediante aviso do administrador nos termos do disposto no § 1º desse artigo. Demonstradas as contas pela apresentação do balanço patrimonial e o de resultado econômico, os sócios deliberam sobre sua aprovação.

Instalada a assembleia, procede-se à leitura dos documentos de comprovação das contas e submetendo-os à votação. Não podem tomar parte nessa votação aqueles que o produziram, os administradores e conselheiros, se houver conselho fiscal, pelo qual as contas passaram antes de apresentadas aos sócios.

As contas aprovadas sem qualquer reserva exoneram de responsabilidade os membros da administração e do conselho fiscal, salvo se os sócios as aprovarem fundados em erro, dolo ou simulação, caso em que recai a responsabilidade sobre os administradores e eventualmente membros do conselho fiscal se adredemente conhecedores do vício.

A ação de invalidação das contas pode ser requerida em até dois anos após a votação, prazo decadencial.

Também na assembleia anual são designados administradores quando for o caso e são votadas outras matérias presentes na ordem do dia.

O legislador desce a inúmeros detalhes na regulamentação das assembleias, reservando ao contrato social a regulamentação das reuniões.

Omisso o contrato social sobre qualquer regra, aplicam-se as disposições do capítulo acerca da assembleia.

A reunião, sem dúvida, é ato menos formal que a assembleia, principalmente no tocante a sua forma de convocação. Mas o espírito da reunião é o mesmo da assembleia: o encontro dos sócios para deliberar sobre matérias postas em votação. Essa discussão aproxima os sócios, que nem sempre mantêm contato interpessoal e instiga decisões mais meditadas.

Quando a sociedade limitada é constituída por dois ou três sócios, geralmente as reuniões são dispensadas, porque o contato mantido é mais estreito propiciando decisões no dia a dia da empresa.

Ao traçar as normas sobre reuniões, os sócios devem ter em mente eliminar formalismos desnecessários e inconvenientes.

A responsabilidade enunciada no art. 1.080 recai apenas sobre os sócios participantes da decisão infringente ao contrato social ou a lei. Sobre os sócios ausentes e os dissidentes não há extensão da responsabilidade, patrimonial, criminal ou administrativa. Somente aqueles sócios que efetivamente deram vida ao ato transgressor tomam para si solidariamente o dever de responder pessoalmente no âmbito dos efeitos do ato.

Mais especificamente na esfera patrimonial, os sócios votantes pela aprovação de algum ato infringente com desvio de finalidade respondem com seu patrimônio pessoal pelos prejuízos causados. De se observar, entretanto, que a decisão tomada por esses sócios vincula a sociedade a qual se obriga perante aqueles que sofreram prejuízo. Assim, os prejudicados demandam contra a sociedade, pois o ato atacado representa a vontade coletiva e esta, por sua vez, volta-se regressivamente contra os sócios que participaram da deliberação. A responsabilidade é solidária.

As deliberações a que se refere o artigo podem produzir efeitos interno e externos. No primeiro caso, atinge as relações jurídicas societárias, como no caso, por exemplo, do sócio que tem negado o direito de receber dividendos já pagos aos demais sócios. Já os efeitos externos atingem terceiros, tais como fornecedores de produtos da sociedade (GONÇALVES NETO, 2004, p. 235).

A questão da extensão da responsabilidade patrimonial em sociedade de responsabilidade limitada deve ser tratada com cuidado e sua declaração de extensão aos sócios somente pode ser feita com base em elementos seguros que justifiquem a quebra da autonomia patrimonial.

12.4.9 Redução e aumento do capital social

A disciplina acerca da modificação do contrato social pela variação do capital social tutela diretamente interesses que transcendem os dos sócios e têm em mira especificamente o credor social (CAGNASSO, 2007, p. 325).

A faculdade de aumentar o capital só pode ser exercida após a sua integralização, podendo ser conferida ao administrador no contrato social. Os sócios podem atribuir poderes ao administrador para que, verificando a necessidade de injeção de recursos, proceder à chamada de capital na sociedade. Essa chamada de capital opera-se mediante a emissão de novas quotas ou aumento do valor das quotas já existentes.

Essa prerrogativa de aumento de capital social conferida ao administrador pelos sócios tem seu suporte na maior capacidade de o administrador avaliar a necessidade, pois é ele quem pratica os atos de gestão. Essa prerrogativa, contudo, constitui opção dos sócios. Se não estiver prevista no contrato social, cabe aos sócios deliberar pela necessidade de chamada de capital.

Duas, portanto, são as modalidades de aumento do capital: pelo aumento do valor das quotas existentes e, nesse caso, os sócios detentores devem integralizar a diferença, ou pela emissão de novas quotas sociais. Optando-se pela emissão de novas quotas, segundo o disposto o art. 1.081, § 1º, os sócios têm o direito de preferência para participar do aumento. Levando-se em consideração o perfil personalista da sociedade limitada, o legislador foi coerente ao criar essa preferência, que deve ser exercida pelos sócios no prazo de até 30 dias após a deliberação pelo aumento e no limite da proporção das quotas de que sejam titulares.[12]

Questão que merece reflexão repousa na possibilidade de cessão de preferência, uma vez que esse aspecto deve ser analisado em consonância com as demais disposições do contrato social. O contrato pode expressamente prever a vedação da cessão de quotas, caso em que, havendo aumento de capital através da emissão de novas quotas, terceiros estão impedidos de adquiri-las. Pode, entretanto, haver modificação do contrato social para abrir essa possibilidade. Nesse caso, é preciso observar o quórum mínimo para a modificação.

Decorrido o prazo de preferência, na emissão de novas quotas, haverá reunião ou assembleia para a aprovação da modificação do contrato social, devendo constar na alteração a subscrição e forma de integralização e titularidade das quotas. Tratando-se de aumento mediante alteração do valor das quotas, da mesma forma é necessária a modificação do contrato social.

Com mais reservas atuou o legislador ao tratar da redução do capital social das limitadas, restringindo às duas hipóteses constantes dos incisos do art. 1.082.

---

[12] "**Sociedade Limitada – Redução de capital social em assembleia** – Registro na junta comercial que não respeitou o trintídio legal previsto no § 1º do art. 1.081 do CC – tutela de urgência concedida ao sócio que posteriormente assumiu a posição de retirante para tornar sem efeito o decidido na assembleia – agravo interposto pelos demais sócios, réus – registro, na junta comercial, de ata de assembleia que delibera pelo aumento de capital social que deve respeitar o trintídio legal previsto no § 1º do art. 1.081 do CC – drástica redução do capital social do sócio que posteriormente se tornou retirante – opção de aumento proporcional que não lhe foi dada – O registro de assembleia de sociedade empresária, que delibera pelo aumento do capital social, deve respeitar o trintídio legal previsto no § 1º do art. 1.081 do CC, a fim de resguardar a todos os sócios, mesmo aos ausentes na assembleia, a opção de aumento proporcional do seu capital social, sob pena de cercear-lhes direito legítimo. Presentes a probabilidade do direito e o risco de dano, na forma do art. 300 do CPC, de rigor a concessão da tutela de urgência. Agravo não provido" (TJSC – AI 4031100-32.2018.8.24.0000, 9-5-2019, Rel. Des. Gilberto Gomes de Oliveira).

A diminuição do capital social esbarra em dois princípios do direito societário: de um lado, o da preservação da empresa em razão principalmente de sua função social e, de outro, a proteção dos credores contra fraudes, levando-se em consideração a limitação da responsabilidade ínsita às sociedades limitadas.

O capital social possui as funções de garantir a produtividade e o cumprimento das obrigações sociais, daí sua intangibilidade como regra. Não há regra acerca do capital social mínimo necessário para a exploração da empresa pela sociedade limitada. Entretanto, esse capital há que ser compatível com o objeto social. Com frequência, diante da ausência de controle da existência real do capital social, sociedades limitadas atuam no mercado sem dispor efetivamente de capital suficiente, causando prejuízos aos credores.

A primeira hipótese trazida pelo artigo como autorizativa da redução do capital social esbarra na infracapitalização da sociedade. Esse fenômeno pode se apresentar sob duas roupagens, formal e material. A primeira situação caracteriza-se pela utilização de expedientes inadequados entre o capital e as obrigações, levando os credores à falsa aparência acerca da situação financeira e patrimonial da sociedade. A situação material, por sua vez, caracteriza-se pela insuficiência de recursos para dar cumprimento ao objeto social previamente estabelecido.

Ao autorizar a redução do capital social quando apuradas perdas irreversíveis, o legislador criou a possibilidade de a sociedade, diante de uma das hipóteses de infracapitalização, transferir o risco a quem não tem que suportá-lo: os credores (BOSCO, 2004, p. 78).

Na prática, essa faculdade de redução do capital dá margens para que a sociedade se furte ao cumprimento de suas obrigações, não obstante os sócios sejam responsáveis se agirem com dolo ou culpa na aprovação da redução.

A hipótese de redução do capital social, por se apresentar excessivo ao objetivo da sociedade, na prática, é de ocorrência diminuta. Não obstante, as regras acerca da publicidade são as mesmas, para garantir eventual oposição de prejudicados. Os valores tidos como excessivos serão devolvidos aos sócios na medida da sua integralização ou, dispensada esta, se ainda não integralizados.

A redução do capital social por "perdas irreparáveis" opera-se mediante a diminuição proporcional do valor nominal das quotas, operando seus efeitos, somente a partir da averbação da ata da assembleia respectiva na Junta Comercial. A redução do capital por ser excessivo opera da mesma forma.

Na verdade, a alteração a ser averbada e arquivada é a modificação do próprio contrato social.

Em ambas as hipóteses, o valor nominal das quotas será proporcionalmente reduzido, podendo ser apresentada impugnação por credor quirografário por título anterior a essa data, no prazo de até 90 dias após a publicação da modificação constante da ata ou do contrato social.

Aqui, a eficácia do ato não decorre da simples publicidade da ata ou do contrato social, mas está condicionada ao esgotamento do prazo para impugnação.

Satisfeitas as condições elencadas no art. 1.084, § 2º, procede-se à averbação da ata ou do contrato social no Registro Público de Empresas Mercantis competente, passando a partir daí a produzir seus efeitos legais.

12.4.10 Dissolução e resolução da sociedade em relação a sócios minoritários

O art. 1.085 trata de mais uma causa de dissolução parcial dos vínculos societários, à medida que preceitua hipótese de rompimento do liame entre um sócio em relação aos demais. Afora as duas outras causas trazidas pelo art. 1.030, exclusão por incapacidade superveniente e por inadimplemento, o legislador conferiu à sociedade o direito de excluir sócio que coloca em risco a continuidade da empresa, em virtude de atos temerários.[13]

---

[13] "Resolução de sociedade – Pedido de resolução da sociedade fundado em argumentos de 'incompatibilidade de conduta do sócio com esta sua condição', 'descumprimento do dever de lealdade para com os demais e a sociedade' ou 'grave violação dos deveres fiduciários básicos' – Sentença, fundamentada nos arts.1.030 e 1.085 – **Fundamentação em que se afirma não existirem provas de atos de atos de 'inegável gravidade' (CC, art.1.085) ou 'falta grave no cumprimento de suas obrigações', nem, tampouco 'incapacidade superveniente' (CC, art. 1.030)** – Recurso que busca a nulidade da sentença em razão de julgamento *extra* ou *ultra petita*, ou a improcedência do feito por absoluta falta de prova da culpabilidade do apelante para que os sócios rescindam extrajudicialmente o conflito – Acolhimento em parte – Impossibilidade de se excluir o sócio, detentor de 50% das cotas sociais – Inaplicabilidade do disposto no art. 1.030 – Inocorrência das hipóteses previstas nos dispositivos mencionados – Efetiva falta de *affectio societatis* e impossibilidade de prosseguimento da sociedade entre detentores, detentores de idêntica participação societária – Sentença reformada – Dissolução total decretada, com fixação da apuração de haveres existentes na data em que se cumpriu a r. sentença, com o registro da Jucesp, transformando a sociedade em sociedade unipessoal – Sucumbência recíproca – Recurso provido em parte. Dispositivo: deram provimento em parte ao recurso, com observação e determinação" (*TJSP* – Ap 1085624-69.2015.8.26.0100, 28-5-2024, Rel. Ricardo Negrão).
"**Dissolução parcial da sociedade** – Retirada do autor apelado – Sociedade Limitada – Reconvenção com pedido de exclusão do autor por justa causa e de responsabilização pelos danos causados pelos atos de má-gestão – Pleito reconvencional não acolhido pelo MM. Juízo 'a quo' – Inconformismo dos réus reconvintes – Não acolhimento. Inocorrência de justa causa. (...) Justa causa que não ficou caracterizada – Arts. 1.030 e 1.085 do Código Civil – Consta dos autos que o autor (...) efetuou 'empréstimos' à sociedade (...), os quais foram compensados com seus haveres – Ocorre que o laudo pericial comprovou que os três sócios, e não apenas o autor, faziam retiradas de valores a título de 'antecipação de lucros'. Além disso, também eram feitos a favor de todos os sócios aportes e retiradas intituladas de 'empréstimos' (ou conta correntes), sem lastro em contratos de mútuo – Administração da sociedade que era de responsabilidade de todos os sócios – No caso, ainda que tenha havido saldo negativo da empresa, o sócio retirante não responde pelo patrimônio negativo da sociedade nem pelo pagamento de débitos trabalhistas da empresa, vez que não demonstrada falta grave – Leitura dos arts. 1.030 e 1.085, Código Civil – Recurso desprovido" (*TJSP* – Ap 1005560-40.2014.8.26.0704, 26-9-2023, Rel. Sérgio Shimura).
"Dissolução parcial de sociedade c.c. apuração de haveres – 'Palumbo motel ltda.' – Procedência. Sociedade Limitada – **Justa causa para exclusão dos sócios apelados, que ficou caracterizada** – Arts. 1.030 e 1.085 do Código Civil – Total desídia por parte dos réus na condução da sociedade, aliada à resistência injustificada na assinatura de cheques para pagamentos de despesas

A primeira exigência é que haja previsão no contrato social de exclusão por justa causa. Sem essa previsão, o procedimento de exclusão é inadmissível. Embora seja uma medida de exceção, em razão de suprimir os direitos do sócio e ser necessário o máximo cuidado na sua aplicação, essa regra engessa desnecessariamente o procedimento, porque bastava a deliberação fundada no motivo justo declinado. Ademais, os sócios podem modificar o contrato social que não contemple a previsão da exclusão por justa causa, mediante o voto de três quartos do capital social, a teor do disposto no art. 1.076, II. Ainda que não exista previsão contratual, casos de real gravidade podem ser examinados pelo Judiciário, sob pena de se desviar o sentido social de existência da pessoa jurídica.

A dificuldade reside em conceituar o que sejam atos de inegável gravidade a fundamentar a justa causa. O provecto Código Comercial previa entre as causas de dissolução judicial da sociedade o abuso, a prevaricação, a violação ou a falta de cumprimento das obrigações sociais ou fuga de algum dos sócios. Esses atos de inegável gravidade podem ser utilizados como suporte para fundamentar a justa causa. Pode também o próprio contrato social discriminar os atos de inegável gravidade que coloquem em risco a empresa e caracterizam a justa causa. Não é qualquer ato que abale o *affectio societatis*

---

ordinárias da sociedade, pondo em risco a continuidade das atividades da empresa – Quebra do 'dever geral de colaboração' para a consecução das atividades sociais – Acolhimento do pedido de dissolução parcial da sociedade, com exclusão dos réus apelados – Apuração de haveres a ser feita em liquidação – Recurso provido" (*TJSP* – AP 0010800-27.2013.8.26.0004, 29-6-2021, Rel. Sérgio Shimura).

"**Ação de dissolução parcial de sociedade** ajuizada por sócio majoritário para exclusão de sócio minoritário – Decisão que determinou ao autor, beneficiário de justiça gratuita, que indicasse, para nomeação, perito disposto a realizar seus serviços graciosamente. Agravo de instrumento. Caso não contemplado expressamente dentre as hipóteses de cabimento de agravo do art. 1.015 do CPC. Inadmissão do recurso que, contudo, poderia impedir o andamento do processo. Justifica-se, por isso, a intervenção do Tribunal, na busca de viabilização do acesso à Justiça e da efetividade processual. Urgência verificada à luz do critério de 'taxatividade mitigada' afirmado pelo STJ nos REsps 1.704.520 e 1.696.396, relatora a Ministra Nancy Andrighi. Em se tratando de ação de dissolução parcial de sociedade, em que não há, propriamente, vencedor e vencido, a todos interessa, inclusive à própria sociedade em dissolução, a apuração de haveres. Mostra-se adequado, portanto, o rateio dos custos periciais pelas partes, na proporção de suas cotas. Jurisprudência das Câmaras Reservadas de Direito Empresarial. Do mesmo modo, perfeitamente viável que o custeio da prova se dê pela própria sociedade dissolvenda, o que, ao fim e ao cabo, resulta no mesmo, na medida em que serão, afinal de contas, os sócios, na proporção de sua participação no capital social, que arcarão com a despesa. Precedentes de Tribunais estaduais. Sendo o autor beneficiário de gratuidade de justiça, pode-se cogitar, também de aplicação do disposto na Lei Estadual 16.428/2017, que criou o Fundo Especial de Custeio de Perícias (FEP), seguindo tabela estabelecida pela Resolução 232 do Conselho Nacional de Justiça. Todavia, antes de se determinar o uso do FEP, caberá fazer-se juízo da razoabilidade da providência, posto que não se pode conceber a realização de perícia se não há perspectiva de apuração de haveres que, ao menos, a paguem, além de indícios de que sobrarão ativos para os sócios. Decisão reformada. Agravo de instrumento provido em parte, com observação. (*TJSP* – AI 2119995-12.2019.8.26.0000, 29-8-2019, Rel. Cesar Ciampolini).

que justifica o procedimento de exclusão. Uma condenação criminal, por exemplo, por crime contra a ordem tributária, pode, em tese, caracterizar causa nesse sentido.

Decidido pela maioria dos sócios, representativa de mais da metade do capital social, que um ou mais sócios estão pondo em risco a continuidade da empresa, deve ser convocada reunião ou assembleia especialmente para o fim da exclusão, sendo obrigatória a ciência do acusado em tempo hábil para permitir seu comparecimento e o exercício do direito de ampla defesa. Procedimento diverso é inválido e não legitima a exclusão.

Sendo a decisão pela exclusão, o sócio indigitado pode recorrer ao Judiciário.

A decisão de exclusão do sócio com fundamento no art. 1.085 torna-se eficaz perante terceiros somente após o registro da alteração contratual. Com relação à sociedade, parece suficiente que a partir do momento da decisão a exclusão opera seus efeitos, assim como ocorre quando o sócio exerce seu direito de retirada.

Quanto às quotas do sócio excluído, aplica-se a mesma disposição para a hipótese de exclusão do sócio remisso: procede-se à liquidação da sua quota nos termos do previsto no art. 1.031. Não é possível derrogar essa regra como forma de penalizar o sócio excluído. A liquidação e pagamento da quota não retira da sociedade o direito de eventualmente pedir indenização em razão da prática dos atos de inegável gravidade pelo sócio, uma vez provado prejuízo para a sociedade.

O Código arrola as causas de dissolução da sociedade simples, estendendo-as às sociedades limitadas. Portanto, dissolvem-se as limitadas quando ocorrer: (a) vencimento do prazo de duração, salvo se, vencido este e sem oposição de sócio, não entrar a sociedade em liquidação, caso em que se prorrogará por tempo indeterminado; (b) o consenso unânime dos sócios; (c) a deliberação dos sócios por maioria, na sociedade por prazo indeterminado; (d) ausência de pluralidade de sócios por prazo superior a 180 dias; (e) a extinção por falta de autorização para funcionamento; (f) anulação da sua constituição; (g) exaurimento ou inexequibilidade do fim social; (h) declaração de falência e (i) outra causa de dissolução prevista no contrato social.

O procedimento de dissolução nas limitadas, assim como nas simples, pode ser judicial ou extrajudicial, de acordo com o consenso ou dissenso dos sócios.

> ➤ **Caso 5 – Dissolução parcial da sociedade empresária**
> O art. 1.085 trata de mais uma causa de dissolução parcial dos vínculos societários, à medida que preceitua hipótese de rompimento do liame entre um sócio em relação aos demais. Afora as duas outras causas trazidas pelo art. 1.030, exclusão por incapacidade superveniente e por inadimplemento, o legislador conferiu à sociedade o direito de excluir sócio que coloca em risco a continuidade da empresa, em virtude de atos temerários.

12.5 SOCIEDADE LIMITADA UNIPESSOAL

Novidade que chegou tarde ao ordenamento jurídico brasileiro é a criação da sociedade unipessoal de responsabilidade limitada. Nos termos do § 1º do art. 1.052, com redação dada pela Lei nº 13.874/2019, a sociedade limitada pode ser constituída por uma ou mais pessoas.

Na Europa[14] e mesmo na América Latina,[15] tal instituto já era reconhecido há tempos, tendo demonstrado a experiência italiana, por exemplo, que a criação da sociedade unipessoal de responsabilidade limitada, em 3 anos de vigência da sua criação (2002 a 2005), quase dobrou o número de empresários que aderiram a essa forma societária.[16]

Isso porque, certamente, essa forma societária facilita e protege aquele que deseja explorar a atividade empresarial sem sócios, com capital social baixo e com o risco inerente ao exercício da empresa moderado. Cuida-se, sem dúvida, daquele empresário que prefere estar só a "mal acompanhado".

É certo que a extinta EIRELI já foi um início para esse fim, isto é, para a exploração individual da empresa, mas, e em contrapartida, a instituição de um capital social mínimo integralizado em 100 salários mínimos, afastava os micro e pequenos empresários dessa opção. Ainda, a restrição para as pessoas naturais serem titulares de apenas uma EIRELI também foi fator determinante para sua extinção, o que não ocorre em relação à sociedade limitada unipessoal, é outro ponto positivo em favor desta.

Assim, a sociedade unipessoal limitada vem para facilitar a abertura de uma empresa sem sócios, com patrimônio particular protegido e sem a necessidade de investir um valor alto logo de início. Disso decorre outro efeito provável que é o aumento de **regularização de atividades regulamentadas como médicos, dentistas, advogados, contadores, entre outros**, que até então só poderiam abrir empresa sozinho por meio da extinta EIRELI, pois o **Regulamento do Imposto de Renda** impede que tais atividades sejam exercidas como Empresário Individual (EI). Nesse cenário, a Sociedade Limitada Unipessoal passa a ser uma alternativa para esses profissionais oficializarem seus trabalhos no formato mais adequado à sua atividade laboral.

Também os micro e pequenos empresários podem expandir suas perspectivas já que, ao investirem na atividade empresarial, terão seus parcos investimentos protegidos pela limitação da responsabilidade quando o exercício da atividade é desenvolvido de forma proba, como deve ser a regra.

Por fim, ainda, nos termos da mesma citada Lei da Liberdade Econômica, na hipótese de sociedade unipessoal limitada, aplica-se à sua constituição, no que couber, as disposições legais acerca do contrato social já instituídas para as sociedades limitadas.

Muito ainda há que se construir nesse novo cenário empresarial que se apresenta no País, mas certo é que vivemos um processo evolutivo de expansão da forma de se explorar a atividade empresarial, caminhando a passos curtos para a formalização da mesma e consequente geração de maior renda e investimentos no País.

---

[14] França, Portugal e Itália.
[15] Chile, Peru e Paraguai, por exemplo.
[16] COTTINO, Gastone. *Trattato di diritto commerciale*. Milano: CEDAM, 2007. p. 17.

12.6 SOCIEDADE ANÔNIMA

Considera-se anônima a sociedade empresária que tem seu capital social dividido em ações, cujos sócios têm responsabilidade limitada ao preço de emissão das ações que subscrever ou adquirir (art. 1º da Lei nº 6.404/76).[17]

Na feliz expressão de Ripert, citado por Renaud Salomon, a sociedade anônima é um *"maravilhoso instrumento do capitalismo moderno"* (2005, p. 246). A sociedade anônima ou companhia, como também é denominada, apresenta quatro características que a particularizam: trata-se de sociedade eminentemente de capital; de risco limitado; empresarial em sua forma, e sempre assim considerada pelo ordenamento, e acentuadamente hierarquizada.

Sendo uma sociedade eminentemente de capital, interessa o capital aportado e não a pessoa que o trouxe. Dada sua natureza, suas ações são livremente circuláveis, não havendo proibição, como regra, salvo se o estatuto dispuser (art. 36, da Lei nº 6.404, de 1976). Portanto, o falecimento de sócio não traz consequências para a sociedade, pois a transmissão da condição de sócio opera-se de pleno direito aos seus herdeiros.

O capital social da companhia é dividido em frações iguais representadas por títulos negociáveis denominados de ações, limitando-se a responsabilidade do sócio ao valor que investiu, ficando a salvo o seu patrimônio pessoal.

As sociedades anônimas são regidas pela Lei das Sociedades por Ações (Lei nº 6.404, de 1976). Essa Lei disciplina rigidamente as companhias, sendo dotada de procedimentos formais para a realização de quase todos os atos. O legislador do presente Código Civil certamente teve nessa lei a inspiração ao enrijecer as disposições acerca das sociedades limitadas, não as levando, porém, ao formalismo exacerbado em razão da diferença de objetivos.

Certo é que o legislador civil assumiu a natureza empresarial da sociedade anônima (art. 982, parágrafo único). Pouco ou quiçá nada restou ao Código Civil para ser aplicado supletivamente nos casos de omissão na Lei das Sociedades Anônimas. Essa norma é extensa e detalhada, podendo inclusive reger supletivamente a própria sociedade limitada.

A Lei das Sociedades Anônimas traça uma estrutura rígida para a exploração da atividade econômica, criando um sistema hierarquizado de poder em seus órgãos sociais, com o intuito de definir a responsabilidade dos administradores com controle eficaz.

12.6.1 Modalidades de companhias

As sociedades anônimas, quanto à formação de seu capital social, são classificadas em companhias abertas ou fechadas (art. 4º da Lei nº 6.404/76). Essa é a classificação que importa investigar.

---

[17] A Lei nº 14.193/2021 instituiu a Sociedade Anônima do Futebol e dispõe sobre normas de constituição, governança, controle e transparência, meios de financiamento da atividade futebolística, tratamento dos passivos das entidades de práticas desportivas e regime tributário específico.

Abertas são aquelas habilitadas a negociar seus valores mobiliários no mercado de capitais, pela Bolsa de Valores ou Mercado de Balcão. O capital social, portanto, é captado junto ao público em geral.

As Bolsas de Valores são instituições privadas formadas pela reunião de sociedades corretoras operando no mercado secundário de ações, realizando a venda e aquisição de valores mobiliários. Sua criação depende de autorização do Banco Central. O Mercado de Balcão é formado por sociedades corretoras e instituições financeiras atuando no mercado primário, no qual se realizam as operações de aquisição originária das ações, assim como sua comercialização em geral de ações não negociáveis na Bolsa.

Por captar seus recursos sem discriminar o potencial do investidor, essa modalidade de companhia submete-se a regras específicas, necessitando de autorização governamental para ser constituída junto à Comissão de Valores Mobiliários (CVM). São também fiscalizadas por órgãos especiais durante seu funcionamento. Nessa perspectiva, o Estado colima jurisdição administrativa sobre as sociedades abertas, considerando-as instituição de interesse público relevante.

Esses cuidados miram proteger principalmente o pequeno investidor, aquele que aporta seus recursos da poupança na perspectiva de obter bons resultados com pequeno investimento.

Consoante assevera Modesto Carvalhosa,

> *"esse controle estatal extravasa o âmbito contratualista voltado para os interesses dos acionistas e credores para se situar na proteção aos investidores do mercado de capitais que devem minuciosamente ser informados sobre a situação patrimonial, econômica e financeira da sociedade, bem como sobre os objetivos da solicitação de capitais para a constituição da companhia ou o seu desenvolvimento e expansão"* (2009, p. 10).

Além da proteção ao pequeno investidor, salienta Luigi Filippo Paolucci, há ainda a função de garantir o correto funcionamento do mercado acionário no geral e de tutelar o público independentemente de seu potencial investidor (2008, p. 165).

A companhia fechada, por sua vez, é formada por capital obtido pela reunião de sócios, não sendo suas ações ofertadas ao público. Em razão de não buscar recursos no mercado de capitais, as companhias fechadas não sofrem tutela estrita; seus interesses são regulados no âmbito interno de sua organização e seu funcionamento é menos complexo em relação às abertas.[18]

Embora pertencentes à mesma modalidade societária, há profunda distinção entre a sociedade anônima aberta e a fechada, consoante ressaltado. Resumidamente, na

---

[18] Alterações recentes foram trazidas pela Lei Complementar nº 182 na Lei nº 6.404/76 (Lei das Sociedades por Ações) e visam à simplificação do funcionamento das companhias fechadas, especialmente aquelas com receita bruta anual de até 78 (setenta e oito) milhões de reais e menos de trinta acionistas. A novel lei também acrescenta um novo dispositivo legal ao texto da Lei das Sociedades por Ações (art. 294-A), que tende a criar condições facilitadas para o acesso de companhias de menor porte ao mercado de capitais, estas, por sua vez, definidas pelo art. 294-B, igualmente acrescido ao texto legal da lei das anônimas.

companhia fechada a autonomia da vontade consagra os interesses privatistas e egoísticos de seus sócios, objetivando primordialmente o lucro pessoal, ao passo que a companhia aberta objetiva outros interesses ligados ao mercado, no qual atua desde a colheita de recursos para a sua constituição até seu autofinanciamento (REQUIÃO, 1975, p. 8).

12.6.2 Constituição das sociedades anônimas

O procedimento de constituição de uma companhia é composto de três fases distintas: (a) providências preliminares (arts. 80 e 81, LSA); (b) constituição propriamente dita (arts. 82 a 93, LSA); e (c) formalidades complementares (arts. 94 a 99, LSA).

12.6.2.1 Providências preliminares

A constituição da companhia, em qualquer de suas modalidades, depende do cumprimento dos seguintes requisitos (art. 80):

> I – subscrição de pelo menos duas pessoas de todas as ações em que se divide o capital social fixado no estatuto. Como em qualquer sociedade, sua constituição exige no mínimo duas pessoas para a exploração de forma colegiada, sendo obrigação destas subscrever integralmente o capital social;
>
> II – ingresso de pelo menos 10% do capital social subscrito em dinheiro. A subscrição das ações nas companhias pode ser feita à vista e a prazo como nas demais espécies societárias. A exigência repousa no depósito de 10% do valor das ações subscritas, em dinheiro, independentemente de a subscrição ser a prazo ou à vista. A justificativa do imperativo repousa na proteção do investimento captado junto ao público em geral, sem distinção do potencial dos investidores;
>
> III – depósito da entrada em dinheiro no Banco do Brasil S/A ou em outro estabelecimento bancário autorizado pela Comissão de Valores Mobiliários. Esse depósito deve ser feito em cinco dias a contar do recebimento, pelo fundador da companhia, em nome do subscritor e em favor da pessoa jurídica em constituição. A companhia dispõe do prazo de até seis meses para concluir sua constituição. Concluída no prazo, o levantamento é autorizado; do contrário, o banco restituirá as quantias diretamente aos subscritores (art. 81).

12.6.2.2 Constituição

A lei prevê duas modalidades de constituição: por subscrição pública e a particular. Ocorre a subscrição pública quando há captação de recursos no mercado de capitais, como ocorre com as companhias abertas. Há constituição particular, entretanto, quando os recursos são aportados pelos fundadores, sem recorrerem ao público investidor. O procedimento de constituição por subscrição pública é complexo se comparado ao particular, que demanda a realização de poucos atos.

> a) *Subscrição pública*: o procedimento depende do prévio registro da emissão na Comissão de Valores Mobiliários (CVM), e somente poderá ser efetuada com a intermediação de instituição financeira (art. 83).

O pedido de registro de emissão é feito perante a Comissão de Valores Mobiliários, devendo vir instruído com o estudo de viabilidade econômica e financeira do empreendimento, projeto do estatuto social (art. 83) e prospecto (art. 84), organizado e assinado pelos fundadores e pela instituição financeira intermediária.

Verificado o pedido de registro, a CVM poderá condicioná-lo a modificações no estatuto ou no prospecto ou denegá-lo caso verifique a inviabilidade ou temeridade do empreendimento, ou, ainda, a inidoneidade dos fundadores.

Deferido o pedido do registro de emissão e da sociedade, passa-se à fase seguinte, que compreende a subscrição das ações representativas do capital social. A instituição financeira intermediária oferece, então, as ações ao público e, com a nova redação dada ao art. 85 pela Lei 13.874/2019, a subscrição poderá ser feita nas condições previstas no prospecto, por carta à instituição, acompanhada das declarações a que se refere esse artigo e do pagamento da entrada. Ainda, de acordo com a nova lei, será dispensada a assinatura de lista ou boletim a que se refere o *caput* do art. 85 na hipótese de oferta pública cuja liquidação ocorra por meio de sistema administrado por entidade administradora de mercados organizados de valores mobiliários. Encerrada a subscrição da totalidade do capital social, os fundadores convocarão Assembleia Geral de Fundação na qual será deliberado acerca da constituição da companhia, bem como avaliados os bens que compõem o capital social, se for o caso (art. 86). Nessa Assembleia, todos os acionistas terão direito a voto, independentemente da espécie de ação da qual são titulares.

Verificando-se que foram observadas todas as formalidades legais e não havendo oposição de subscritores que representem mais da metade do capital social, o presidente declarará constituída a companhia, elegendo-se, na sequência, os administradores e fiscais.

> b) *Subscrição particular*: a subscrição particular, por não ser feita mediante apelo ao público, é simplificada e dispensa exigências feitas no caso de subscrição pública, como, por exemplo, pedido de emissão e registro na CVM. Tampouco é necessária instituição financeira intermediária para a negociação das ações.

A constituição da companhia por subscrição particular do capital pode ocorrer por deliberação dos subscritores em assembleia geral ou por escritura pública, considerando-se fundadores todos os subscritores. Independentemente da opção, todos subscritores deverão assinar os instrumentos de constituição, projeto do estatuto ou escritura pública (art. 88).

12.6.2.3 Formalidades complementares

As providências complementares são comuns à constituição por subscrição pública e particular.

Para que a companhia funcione após sua regular constituição é exigido o arquivamento e a publicação de seus atos constitutivos (art. 94). Essa providência é manifestação clara da proteção de terceiros, efeito comum aos atos registrais. Constituída a companhia por deliberação em assembleia geral, o art. 95 traz o rol de documentos que devem ser arquivados no

Registro do Comércio do lugar de sua sede e, sendo constituída mediante escritura pública, bastará o arquivamento de certidão do instrumento.

Arquivados os documentos relativos à constituição da companhia, os seus administradores providenciarão, nos trinta dias subsequentes, a publicação, bem como a certidão do arquivamento, em órgão oficial do local da sede.

12.6.3 Capital social

O capital social das companhias é o valor correspondente ao montante das contribuições dos acionistas para a constituição da sociedade, ou, na definição de Alfredo de Assis Gonçalves Neto, *"é a expressão em dinheiro correspondente ao montante de contribuições que os sócios fazem para compor o patrimônio mínimo da sociedade, por eles reputado necessário ao exercício das atividades sociais e à produção de lucros"* (2005, p. 50).

Não há exigência de capital mínimo para a constituição das companhias, aspecto que possibilita sua utilização para pequenos negócios, especialmente na modalidade de companhia fechada. Entretanto, a Comissão de Valores Mobiliários (CVM) tem poderes para exigir um patamar mínimo de capital social (§ 6º, do art. 19, da Lei nº 6.385/76) verificando a necessidade decorrente da atividade a ser explorada, protegendo, assim, os interesses do público investidor.

O capital social é instrumento de equilíbrio entre os interesses dos credores e dos acionistas (CARVALHOSA, 2009, p. 108). Sob o prisma do interesse dos credores, o capital tem a função de "garantia mínima" do cumprimento das obrigações sociais, prevendo a lei normas para evitar dispersão do patrimônio. Quanto aos acionistas, tem por função calcular o índice de endividamento, traduzindo o equilíbrio ou desequilíbrio entre os meios próprios e os recursos de terceiros aplicados na atividade empresarial.

Segundo estabelece o art. 7º da Lei nº 6.404/76, o capital social poderá ser formado com contribuições em dinheiro ou em qualquer espécie de bens suscetíveis de avaliação em pecúnia.

Quando a subscrição for realizada em dinheiro, a integralização pode ocorrer à vista ou a prazo, observada a exigência de 10% de entrada desse valor à vista para depósito na Instituição Financeira (art. 85 da LSA).

Na hipótese de a contribuição ocorrer em bens, estes devem ser suscetíveis de avaliação pecuniária, seguindo o procedimento de avaliação determinado no art. 8º da LSA. Assim, a avaliação dos bens será realizada por três peritos ou por empresa especializada, nomeados em assembleia geral dos subscritores. Os peritos ou empresa avaliadora apresentarão laudo fundamentado e documentado devendo estar presentes à assembleia que conhecer do laudo, a fim de prestarem esclarecimentos necessários. Aceitando o subscritor o valor atribuído no laudo, os bens são incorporados ao patrimônio da companhia. Do contrário, não havendo aceitação, ficará sem efeito, ainda que temporariamente, o projeto de constituição da companhia.

Os avaliadores respondem perante a companhia, os acionistas ou terceiros, civil e criminalmente, pelos danos que causarem por dolo ou culpa na avaliação dos bens.

Ocorrendo a integralização por créditos de que seja titular o subscritor, este responde pela existência e solvência do devedor, uma vez que há disposição expressa na LSA nesse sentido (art. 10, parágrafo único).

O capital social deve vir expressamente previsto no estatuto social (art. 5º), exigência idêntica às demais modalidades societárias, e será dividido em ações com valor nominal ou não.

Também nas sociedades anônimas vige o princípio da intangibilidade do capital social (art. 6º), ressaltando, assim, sua função de garantia mínima dos credores. Na prática, entretanto, suas modificações são frequentes, geralmente para aumentá-lo. A modificação do capital social poderá ser realizada, desde que observados os preceitos dos arts. 166 a 174 da LSA e do estatuto social.

12.6.3.1   Aumento do capital social

As companhias necessitam de tempos em tempos reforçar seus fundos para manter o equilíbrio econômico-financeiro. Podem fazê-lo por aumento do capital social. Esse aumento do capital social pode constituir uma sofisticada técnica de engenharia financeira (LEGEAIS, 2007, p. 254).

O ingresso de novos recursos, nos termos do art. 166 da LSA, pode ocorrer pela emissão e subscrição de novas ações; pela incorporação de reservas ao capital social e pela conversão de partes beneficiárias ou de debêntures em ações.

Na hipótese de emissão e subscrição de novas ações, há o ingresso de novos recursos no patrimônio social dentro do limite estabelecido no estatuto. O aumento será deliberado em Assembleia Geral Extraordinária (art. 166, IV, da LSA), observado o capital autorizado no estatuto da companhia.

Trata-se de um autofinanciamento (GONÇALVES NETO, 2005, p. 58), atuando como forma de captação de valores ao invés de a companhia captar empréstimos.

Em princípio, os acionistas nessa modalidade de aumento têm direito de preferência na subscrição das novas ações (arts. 109, IV, e 171, da LSA), podendo tal regra ser modificada por disposição diversa do estatuto social (art. 172 da LSA). A supressão do direito de preferência é manifestação do sacrifício do interesse individual dos acionistas em prol do interesse coletivo da sociedade (MERLE, 2008, p. 684).

É decadencial o prazo para o exercício do direito de preferência e seu exercício será proporcional ao número de ações que os acionistas possuírem na companhia.

O aumento de capital pode ocorrer também por incorporação de lucros e reservas, legais ou estatutárias. Em qualquer hipótese, o aumento deve ser precedido de deliberação e aprovação da Assembleia Geral Extraordinária com a soma das reservas ao capital social, aumentando o valor nominal das ações já existentes, podendo ser emitidas novas ações (art. 169 da LSA).

Havendo a emissão de novas ações, o que não é necessário, uma vez que basta aumentar o valor nominal das já existentes, os acionistas recebem-nas a título de bonificação, sem nada a desembolsar, independentemente de subscrição.

Por fim, pode ocorrer o aumento do capital social por conversão de debêntures e partes beneficiárias em ações, bem como o exercício dos direitos conferidos por bônus de subscrição ou opção de compra de ações (art. 166, III, da LSA). Para que esse aumento ocorra é necessária a previsão do fundo de resgate das debêntures ou das partes beneficiárias na escritura de emissão das debêntures ou no estatuto da companhia. Veja o conceito de debêntures no item 13.1.4.

12.6.3.2 Redução do capital social

A redução do capital social da companhia é geralmente motivada por perdas. Trata-se de medida de saneamento financeiro permitindo adequar o capital social à sua real necessidade.

Cuida-se de medida de exceção, pois o capital da sociedade deve, em princípio, permanecer inalterado. O art. 173 da LSA aponta duas causas voluntárias de redução do capital social, mediante deliberação da Assembleia Geral Extraordinária: perda patrimonial ou capital reputado excessivo.

Ocorrendo perda patrimonial, a redução é permitida até o montante dos prejuízos acumulados, podendo efetivar-se pelo cancelamento de certo número de ações ou pela redução do respectivo valor nominal, se possuírem.

A partir da deliberação de redução, ficam suspensos os direitos correspondentes às ações cujos certificados tenham sido emitidos, até sua apresentação, à companhia para substituição.

Como medida de proteção aos credores, havendo redução do capital social com restituição aos acionistas de parte do valor das ações ou pela diminuição do seu valor, quando não integralizadas, o legislador condiciona a eficácia da deliberação da Assembleia Geral ao transcurso do prazo de 60 dias após a publicação de sua correspondente ata.

Ainda, como causa de redução voluntária do capital social, Alfredo de Assis Gonçalves Neto (2005, p. 70) aponta a hipótese de cisão parcial da sociedade, sem extinção da sociedade cindida (art. 229 da LSA).

Duas outras hipóteses obrigatórias de redução do capital social podem ocorrer: no caso de exercício do direito de recesso pelos acionistas dissidentes de deliberações que o admitem (art. 45, § 6º, da LSA) e em caso de não pagamento das ações pelo acionista, se não for possível obter sua integralização pelos outros meios previstos na lei (art. 107, § 3º, da LSA).

12.6.4 Ações

As ações são as frações em que se divide o capital social da companhia, gerando um complexo de direitos e obrigações aos acionistas, decorrentes do estatuto social (VIVANTE, 1912, p. 263). As ações, portanto, são títulos negociáveis representativos de unidade do capital social e dos direitos e obrigações dos acionistas.

Fábio Ulhoa Coelho (2005, p. 82) anota ter a ação de uma companhia valores diferentes de acordo com os objetivos da avaliação, apontando cinco: nominal, patrimonial, de negociação, econômico e de emissão.

O *valor nominal* da ação é obtido pela divisão do capital social da companhia pelo número de ações que ela tem emitidas. Podem ou não as ações terem valor nominal, sendo a função deste garantir a diluição do patrimônio acionário, na hipótese de emissão de novas ações.

Valor patrimonial da ação é o obtido pela divisão do patrimônio líquido da sociedade pelo número de ações emitidas. Esse valor é utilizado para pagamento dos acionistas no caso de liquidação da sociedade ou de partilha do acervo social remanescente.

Valor de negociação, por sua vez, é o valor de mercado praticado entre quem aliena e quem adquire a ação. A expectativa de ganhos é um dos fatores para estabelecer esse valor, sendo a espécie de ação outro, uma vez que os direitos titularizados nas ações são diversos, dependendo da categoria a que pertencem.

Para se obter o *valor econômico* de uma ação faz-se necessária complexa avaliação realizada segundo critérios técnicos por profissionais especializados, com o objetivo de se apurar o preço que seria pago pela ação por um negociador racional.

Por fim, o *valor de emissão* é o preço da ação no ato de subscrição. Esse valor é definido pela companhia criadora do valor mobiliário.

Importante lembrar que a ação é indivisível em relação à companhia; os direitos a ela inerentes são exercidos pela unanimidade de seus titulares, por meio do representante do condomínio (art. 28 da LSA). Essa regra opera tanto no interesse da sociedade como do acionista: no interesse da primeira porque a subdivisão da propriedade das ações complicaria o pagamento de dividendos, o cômputo dos votos, entre outras razões. No interesse do acionista, porque a ação conserva sua facilidade de circulação (VIVANTE, 1912, p. 273).

12.6.4.1 Categorias de ações

As ações classificam-se de acordo com três critérios: espécie, forma e classe.

Três são as espécies de ações: *ordinárias, preferenciais* e *de fruição*. Essa classificação é feita levando-se em consideração os direitos e vantagens titularizados pelos acionistas.

Ações ordinárias são aquelas que conferem ao titular os direitos comuns de sócios, sem nenhuma vantagem ou restrição. As ações ordinárias da companhia fechada e as ações preferenciais da companhia aberta ou fechada podem ser de uma ou mais categorias.

As ações ordinárias da companhia fechada poderão ser de classes diversas, em função de sua conversibilidade em ações preferenciais; pela exigência de nacionalidade brasileira do acionista ou pelo direito de voto em separado para o preenchimento de determinados cargos de órgãos administrativos.

De se observar a regra do parágrafo único do art. 16, segundo a qual a alteração do estatuto na parte em que regula a diversidade de classes, se não for expressamente prevista e regulada, requererá a concordância de todos os titulares das ações atingidas.

As *ações preferenciais*, por sua vez, são as que conferem aos seus titulares direitos e vantagens, tais como prioridade na distribuição de dividendo, fixo ou mínimo; prioridade no reembolso do capital (art. 17, II e III, da LSA).

O direito a voto pode ou não ser inerente a essa categoria de ação. As ações preferenciais sem direito a voto ou com restrição ao seu exercício somente serão admitidas à negociação no mercado mobiliário se a elas for atribuída pelo menos uma das vantagens elencadas nos incisos do § 1º do art. 17 da LSA.

Todas as vantagens ou privilégios decorrentes das ações preferenciais devem vir expressamente previstos no estatuto social (art. 19 da LSA), sendo direitos mínimos assegurados aos acionistas a participação nos lucros; participação no acervo da companhia, em caso de liquidação; direito de fiscalizar a gestão dos negócios sociais; preferência para a subscrição de ações, partes beneficiárias conversíveis em ações, debêntures conversíveis em ações e bônus de subscrição e direito de recesso nas hipóteses legais (art. 109 da LSA).

Uma espécie de ação preferencial a merecer referência são as *golden shares*, ações preferenciais de classe especial (art. 17, § 7º, da LSA), de titularidade exclusiva do ente governamental desestatizante, que possibilitam ao Estado manter as sociedades privatizadas no seu controle, uma vez que detém o poder de veto da Assembleia Geral (VERÇOSA, 2008, p. 153), isto é, controle gerencial da companhia (SALOMÃO FILHO, 2006, p. 127).

As *ações de fruição* são as resultantes da amortização das ações ordinárias ou preferenciais. A amortização, segundo Alfredo de Assis Gonçalves Neto (2005, p. 82), *"consiste na distribuição aos acionistas, a título de antecipação e sem redução do capital social, de quantias que lhes poderiam tocar em caso de dissolução e consequente liquidação da companhia".*

Havendo posterior liquidação da companhia, os acionistas beneficiados com a antecipação decorrente da amortização das ações de fruição concorrerão com os demais, deduzido o valor antecipado com a amortização, devidamente atualizado.

Quanto à forma de transferência ou circulação, as ações classificam-se em *nominativas* ou *escriturais*. Com a entrada em vigor da Lei nº 8.021/90, as ações endossáveis e ao portador foram excluídas da classificação, consoante dispõe o art. 20 da LSA.

Ações nominativas são aquelas cuja propriedade é conferida ao titular mediante inscrição do nome do acionista no livro de "Registro de Ações Nominativas" ou pelo extrato que seja fornecido pela instituição custodiante, na qualidade de proprietária fiduciante das ações (art. 31 da LSA). A sociedade conhece, assim, a identidade de seus acionários, facilitando suas relações com eles, no tocante a informação, convocação de assembleias, pagamento de dividendos etc. (MERLE, 2008, p. 336).

A transferência das ações nominativas opera-se por termo lavrado no livro de "Transferência de Ações Nominativas", datado e assinado pelo cedente e pelo cessionário, ou seus legítimos representantes. A eficácia da circulação dessa espécie de ação está condicionada a sua inscrição no livro próprio. Assim, se a companhia paga dividendos ao acionista cujo nome consta no livro e a ação não mais lhe pertence, o pagamento será considerado válido, porque sem eficácia a transferência da ação, já que não houve a anotação exigida legalmente, condição de eficácia do ato.

No caso das ações nominativas negociadas na bolsa de valores, a representação do cessionário independerá de instrumento de procuração outorgado por sociedade corretora ou pela caixa de liquidação da bolsa de valores.

Ações escriturais, por sua vez, são aquelas mantidas em conta de depósito, em nome de seus titulares, na instituição que designar, sem emissão de certificados. A companhia pode ter todas as suas ações sob a forma escritural e assim dispensar a manutenção dos livros de registro e transferência de ações ou pode optar por manter as duas categorias de ações: nominativas e escriturais.

A transferência das ações escriturais opera-se pelo lançamento efetuado pela instituição depositária em seus livros, a débito da conta de ações do alienante e a crédito da conta de ações do adquirente, à vista de ordem escrita do alienante, ou de autorização ou ordem judicial, em documento hábil que ficará em poder da instituição.

A companhia responde pelas perdas e danos causados aos interessados por erros ou irregularidades no serviço das ações escriturais, sem prejuízo de eventual direito de regresso contra a instituição financeira.

As ações podem, ainda, ser classificadas em razão de seu valor de face em *ações com valor nominal* ou *ações sem valor nominal*. As primeiras são as ações que trazem o valor da parcela que representam o capital social e as segundas, aquelas que não mencionam um valor de referência do capital social, mas que possibilitam saber esse valor mediante simples operação numérica, obtido pela divisão do capital social pelo número de ações existentes.

As ações com valor nominal possibilitam aos seus titulares evitar perdas no caso de aumento do capital social, com a emissão de novas ações, uma vez que não poderão ter valor inferior às já subscritas (art. 13 da LSA). Havendo aumento do capital social sem a emissão de novas ações, as nominais terão seu valor aumentado na proporção da captação do novo aporte.

As companhias não têm a opção de instituir um regime misto de ações: ou todas terão valor nominal ou nenhuma delas.

12.6.4.2 Circulação das ações

Sendo as companhias sociedades eminentemente de capital, a qualidade de sócio é livremente transferível, sem prévio consenso dos demais sócios. Como regra, as ações da companhia são livremente circuláveis.

Entretanto, é possível impor limites legais e convencionais à circulação das ações. Os primeiros são previstos em lei, como no caso das ações de companhia aberta só serem negociáveis depois de realizados 30% do preço de emissão (art. 29 da LSA) ou da companhia aberta ou fechada não poder negociar com as próprias ações (art. 30 da LSA).

Os limites convencionais são os pactuados no estatuto e restringem a livre transferência das ações (art. 36 da LSA). Luigi Filippo Paolucci (2008, p. 211-212) aponta duas hipóteses de limitação que merecem referência. Quando a transferência se subordina à aprovação do órgão social se fala em cláusula de aprovação (*clausole di gradimento*). Essa limitação à circulação de ações tem em mira tutelar o grupo controlador; na prática, tem por objetivo evitar o risco de perder o controle da companhia.

Outra forma de limitar a circulação das ações por convenção é pela cláusula de preferência (*clausole di prelazione*), segundo a qual a transferência das ações está subordinada a oferta preliminar preferencial aos sócios da companhia. Por essa cláusula, os acionistas têm preferência com relação a terceiros no caso de alienação das ações. O acionista que pretender alienar suas ações não pode fazê-lo livremente, mas é obrigado a comunicar a venda aos outros sócios, mediante proposta que deverá informar o preço, modalidade de pagamento etc.

A introdução ou modificação de cláusula que imponha limites à livre circulação das ações necessita alteração estatutária e, portanto, deve ser deliberada em assembleia geral extraordinária.

12.6.4.3 Oneração das ações

As ações da companhia podem ser objeto de oneração por penhor ou caução, usufruto, fideicomisso, alienação fiduciária ou qualquer outro ônus apto a gravá-las (arts. 39 e 40 da LSA). Desse modo, o acionista pode utilizar suas ações como forma de garantia de suas obrigações.

Como condição de existência para a instituição de penhor ou caução, a lei impõe a obrigação de averbação do respectivo instrumento no livro de Registro de Ações Nominativas ou, tratando-se de ações escriturais, a averbação do instrumento nos livros da instituição financeira.

O acionista não necessita do consentimento da companhia emissora das ações ou dos demais sócios para onerar suas ações.

Quanto às demais modalidades de ônus: usufruto, fideicomisso e alienação fiduciária, é condição de eficácia para a constituição da garantia, se nominativas as ações, a averbação no livro de "Registro de Ações Nominativas" ou, se escritural, a averbação nos livros da instituição financeira. Sem a averbação, os direitos do beneficiário da garantia não são oponíveis perante a companhia.

Também a averbação da promessa de venda da ação e o direito de preferência à sua aquisição são oponíveis a terceiros.

12.6.5 Valores mobiliários

Valores mobiliários *"são títulos de investimento que a sociedade anônima emite para obtenção dos recursos de que necessita"* (COELHO, 2008, p. 191).

A sociedade anônima pode emitir todos os títulos de investimento previstos na lei: ações, partes beneficiárias, debêntures, bônus de subscrição, bem como *commercial papers* e certificados de depósito de valores mobiliários (ADR/BDR).

O mais importante valor mobiliário é a ação, porque a companhia não pode se constituir sem ações, títulos que representam o aporte de capital para sua constituição. Os demais valores mobiliários, na prática, são pouco utilizados e a maioria das companhias não os emite. Da ação tratou-se no item anterior devido a sua importância.

Partes beneficiárias são títulos negociáveis, sem valor nominal e estranhos ao capital social, que conferem aos seus titulares direito de crédito eventual contra a companhia, consistente na participação nos lucros anuais (art. 46 da LSA).

Esses títulos não conferem aos seus titulares direito privativo de acionista, mas tão somente o de fiscalizar os atos dos administradores, podendo, inclusive, não obstante sem direito de voto, participar das assembleias gerais para solicitar informações de seu interesse.

As partes beneficiárias foram criadas como uma forma de "retribuição" aos serviços prestados em prol da companhia e podem ser alienadas pela companhia, nas condições determinadas pelo estatuto ou pela assembleia geral, ou atribuídas a fundadores, acionistas ou terceiros (art. 47 da LSA).

O estatuto fixará o prazo de duração das partes beneficiárias, não podendo ser superior a dez anos, quando emitidas a título gratuito, e sempre que estipular resgate deverá criar reserva legal para esse fim. Também é admissível a conversão desses títulos em ações, desde que com previsão estatutária e mediante a capitalização de reserva criada para esse fim.

As partes beneficiárias conferem também a seus titulares, no caso de liquidação da companhia, o direito de preferência sobre o que restar do ativo até a importância da reserva para resgate ou conversão.

Os requisitos do certificado de partes beneficiárias estão elencados no art. 49 da LSA, e serão sempre nominativos, nos termos do art. 50. Seu registro de emissão, bem como de alienação são feitos em livros próprios e sua negociação é realizada sempre fora do mercado de capitais. Sua emissão poderá ser feita com a nomeação de agente fiduciário dos seus titulares, podendo, inclusive, ser objeto de depósito com emissão de certificado.

Debêntures[19] são títulos representativos de direito de crédito emitidos pela companhia com o intuito de captar recursos de pessoas que queiram investir sem que se tornem necessariamente acionistas. As debêntures são

> "títulos de emissão da companhia, que documentam uma fração do mútuo (a unidade em que se subdivide o mútuo) que ela contrai com as pessoas que os adquirem, contendo uma promessa de pagamento de quantia determinada para uma data, remuneradas com os juros que foram pactuados, com ou sem atualização monetária e, eventualmente, com percentual do lucro da emitente" (GONÇALVES NETO, 2005, p. 99).

A companhia pode efetuar mais de uma emissão de debêntures, sendo cada emissão dividida em séries de igual valor nominal, conferindo aos seus titulares idênticos direitos da série correspondente.

A escritura de emissão das debêntures determina as condições de correção, amortização, resgate e pagamento dos títulos (arts. 55 a 57 da LSA), bem como a possibilidade de conversão das debêntures em ações e suas garantias.

---

[19] A Lei nº 14.801/2024 dispõe sobre as debêntures de infraestrutura; altera as Leis nºs 9.481, de 13 de agosto de 1997, 11.478, de 29 de maio de 2007, e 12.431, de 24 de junho de 2011; e dá outras providências.

É da Assembleia Geral a competência para a criação das debêntures, observadas as prescrições do estatuto, inclusive acerca do limite de emissão desses títulos, que não poderá ultrapassar o valor do capital social da companhia. Duas exceções a essa regra foram inseridas por meio da Lei nº 12.431/2011 quando se tratar de companhias abertas: (a) o conselho de administração poderá deliberar sobre a emissão de debêntures não conversíveis em ações, salvo quando houver disposição estatutária em contrário e (b) se o estatuto social autorizar, poderá o conselho de administração, dentro dos limites do capital autorizado, deliberar sobre a emissão de debêntures conversíveis em ações, especificando o limite do aumento do capital decorrente de tal conversão, bem como características das novas ações emitidas.

Sendo as debêntures emitidas para distribuição no mercado, é imprescindível a nomeação de agente fiduciário, podendo ser qualquer pessoa natural ou jurídica não impedida nos termos do § 3º do art. 66 da LSA.

Os bônus de subscrição são títulos pouco utilizados no mercado de capitais brasileiro e conferem aos seus titulares o direito de subscreverem ações da companhia emissora, quando houver aumento do capital social. São títulos que não asseguram aos seus titulares direito de crédito, mas apenas direito de se tornarem acionistas da companhia em futuro aumento de capital (art. 75 da LSA), mediante o pagamento do preço de emissão das ações.

Compete à Assembleia Geral a decisão sobre a emissão dos bônus de subscrição, decidindo-se nessa mesma ocasião se a emissão ocorrerá a título gratuito ou oneroso.

Outros títulos considerados valores mobiliários da companhia são o *commercial paper* e os certificados de depósitos de valores mobiliários, denominados de *American Depositary Receipts* (ADR) e *Brazilian Depositary Receipts* (BDR).

O *comercial paper* tem a mesma função das debêntures: são títulos emitidos para captação de recursos no mercado em vez de a companhia contratar financiamento bancário, quando tiver problemas de liquidez momentânea. Difere tão somente das debêntures quanto ao prazo de vencimento.

Os ADR e BDR são valores mobiliários emitidos e negociados em um determinado país, por instituição financeira, com lastro em depósito de instituição financeira de outro país, de quaisquer valores mobiliários emitidos por sociedade anônima com sede no território deste último (GONÇALVES NETO, 2005, p. 110).

12.6.6 Organização da companhia

O funcionamento de uma companhia é complexo e exige organização interna para a promoção de seus objetivos. Essa organização deve comportar mecanismos e técnicas destinados a permitir a decisão e a realização dos atos da companhia (GOFFAUX--CALLEBAUT, 2008, p. 125).

Sua estrutura funcional é composta por órgãos, sendo essenciais a Assembleia Geral, a Diretoria e o Conselho Fiscal. Seu sistema de funcionamento é baseado em um órgão colegiado, um administrativo e um de controle.

Pode ainda ser instituído um Conselho de Administração, obrigatório para as companhias de capital autorizado e as sociedades de economia mista e abertas ou quaisquer outros criados no estatuto social, desde que sem as atribuições e poderes conferidos por lei aos órgãos de administração (art. 139, da LSA).

A administração das companhias é feita pelos membros de dois de seus órgãos: a diretoria e o conselho de administração.

12.6.6.1 Assembleia Geral

A Assembleia Geral é órgão colegiado que tem poderes para decidir todos os negócios relativos ao objeto da companhia tomando resoluções que julgar convenientes. É um órgão presentativo da vontade dos acionistas, cujas decisões vinculam todos os sócios, desde que observados os procedimentos legais de convocação e votação.

Algumas matérias são deliberadas exclusivamente pela Assembleia Geral. Consoante elenca o art. 122 da LSA, essas matérias são modificações da sociedade, dissolução e liquidação da mesma, eleição e destituição dos liquidantes e julgamento das contas.[20] As Assembleias nas companhias podem ser gerais, quando destinadas à participação de todos os acionistas, com ou sem direito a voto, e especiais, quando reúnem determinada categoria de acionistas ou terceiros possuidores de outros valores mobiliários da companhia.

As Assembleias nas companhias podem ser gerais, quando destinadas à participação de todos os acionistas, com ou sem direito a voto, e especiais, quando reúnem determinada categoria de acionistas ou terceiros possuidores de outros valores mobiliários da companhia.

As Assembleias Gerais, de acordo com a matéria, subdividem-se em Ordinária (AGO) e Extraordinária (AGE). Ordinária será a Assembleia que tiver por objeto as matérias previstas no art. 132 e extraordinária, nos demais casos.

A Lei das S/A prevê a obrigatoriedade de uma Assembleia geral ordinária anual, realizável nos primeiros quatro meses seguintes ao término do exercício social, com o fim de: I – tomar as contas dos administradores, examinar, discutir e votar as demonstrações financeiras; II – deliberar sobre a destinação do lucro líquido do exercício e a distribuição dos dividendos; III – eleger os administradores e os membros do conselho fiscal, quando for o caso; e IV – aprovar a correção da expressão monetária do capital social.

As demais matérias, especialmente a reforma do estatuto, serão objeto de Assembleia geral extraordinária (art. 135 da LSA).

A convocação de Assembleia Geral, ordinária ou extraordinária, obedecerá ao mesmo procedimento. Compete ao conselho de administração, se houver, aos diretores ou, ainda, ao conselho fiscal ou qualquer acionista, a convocação da Assembleia, observadas as hipóteses enumeradas no art. 123.

---

[20] Alterações trazidas pela Lei nº 14.195/2021.

A convocação da Assembleia é feita mediante anúncio publicado por três vezes, no mínimo, contendo, além do local, data e hora da assembleia, a ordem do dia, e, no caso de reforma do estatuto, a indicação da matéria, observado o interregno legal das publicações (art. 124 da LSA).

O quórum para instalação da Assembleia segue a regra do art. 125: em primeira convocação com a presença de acionistas que representem, no mínimo, 1/4 do total de votos conferidos pelas ações com direito a voto e, em segunda convocação, instalar-se-á com qualquer número.[21] Os acionistas sem direito a voto não estão impedidos de participar da discussão das matérias submetidas à deliberação.

As deliberações das Assembleias Gerais, ressalvadas as exceções previstas em lei, serão tomadas por maioria absoluta dos votos, não se computando os votos em branco. Havendo empate e não dispondo o estatuto de critério de desempate ou de arbitragem, a Assembleia será convocada para votar a deliberação e, persistindo o empate, caberá a decisão a um terceiro escolhido pela companhia ou ao Poder Judiciário. A Lei nº 14.030/2020 modificou o parágrafo único do art. 121 da LSA e dispôs que nas companhias, abertas e fechadas, o acionista poderá participar e votar a distância em assembleia geral, nos termos do regulamento da Comissão de Valores Mobiliários e do órgão competente do Poder Executivo federal, respectivamente.

O prazo para exercício da ação de anulação de deliberações tomadas em Assembleia, por irregularidade de convocação ou instalação, violadoras da lei ou do estatuto ou eivadas de erro, dolo, fraude ou simulação, é de dois anos, contados da deliberação (art. 286 da LSA).

12.6.6.2 Diretoria

A Diretoria é o órgão de representação e gestão da companhia, sendo composta, nos termos da atual redação do art. 143 da LSA, modificado pela LC nº 182/2021, por um ou mais membros, eleitos ou destituíveis, a qualquer tempo, pelo conselho de administração, ou, se inexistente, pela assembleia geral. De acordo com a regra atual, exige-se o mínimo de dois diretores, ou seja, nos termos da modificação proposta, será permitido à companhia funcionar com um único diretor, tal como era permitido ao tempo da antiga lei das anônimas (DL nº 2.627/40).

O estatuto da companhia deve estabelecer o número de diretores, o modo de substituição, o prazo de gestão nunca superior a três anos, permitida a reeleição e as atribuições e poderes de cada diretor (art. 143 da LSA).

Por exercerem função técnica na companhia, não é exigida a qualidade de acionista dos diretores, devendo sempre ser pessoas naturais e possuírem residência no Brasil, prescindindo-se da nacionalidade. A lei admite que até 1/3 dos membros do Conselho de Administração possam ser eleitos diretores da companhia (art. 143, § 1º, da LSA).

São inelegíveis para o cargo as pessoas impedidas por lei especial, ou condenadas por crime falimentar, de prevaricação, peita ou suborno, concussão, peculato, contra a economia

---

[21] Nova redação do art. 125 da LSA, de acordo com a disposto na Lei nº 14.195/2021.

popular, a fé pública ou a propriedade, ou a pena criminal que vede, ainda que temporariamente, o acesso a cargos públicos. Ainda, são inelegíveis os declarados inabilitados por ato da Comissão de Valores Mobiliários (art. 147 da LSA).

Os diretores são eleitos pelo Conselho de Administração, se houver, ou pela Assembleia Geral, inexistindo aquele. Não havendo previsão dos limites de atuação de cada diretor, qualquer deles pode representar a companhia e praticar todos os atos necessários ao seu funcionamento regular. Na prática, entretanto, são atribuídos os poderes de representação por área de atuação do diretor, como medida para o rápido desenvolvimento dos negócios.

Nada impede, entretanto, o estatuto de estabelecer a necessidade de decisão colegiada em relação a determinadas matérias. Nesse caso, as decisões serão tomadas em reunião de diretoria, ato inócuo se a companhia contar apenas com dois diretores, pois havendo divergência de vontades, nada ficará decidido.

Aos diretores aplicam-se as regras concernentes à responsabilidade e deveres inerentes aos administradores (art. 145 da LSA). Assim, os próceres devem atuar com cuidado e diligência na realização dos negócios da companhia, não podendo praticar atos de liberalidade à custa da companhia. Os deveres de lealdade, sigilo e informação também estão implícitos na sua conduta e, assim como os administradores, respondem perante a companhia por infrações a esses deveres e eventuais prejuízos que causarem (arts. 153 e 154 da LSA).

É lícito aos diretores constituir mandatários, observados os limites de suas atribuições e poderes. Os poderes ou atos que os procuradores poderão praticar, bem como a duração do mandato, devem vir expressamente especificados no instrumento de mandato e, sendo mandato judicial, poderá ser por prazo indeterminado.

Tratando-se de cargo de confiança, os diretores podem ser destituídos a qualquer tempo, inclusive sem motivação, pelo órgão que os escolheu. A renúncia ao cargo sempre é possível, produzindo efeitos desde logo. Importante salientar que as irregularidades cometidas por um dos diretores não geram responsabilidade aos demais, porque não é solidária, exceto se o estatuto assim dispuser.

12.6.6.3 Conselho fiscal

O conselho fiscal é o órgão de controle das atividades da companhia. Para desempenhar essa missão, os conselheiros podem proceder a todas as verificações documentais necessárias.

A lei prevê a obrigatoriedade de existência do conselho fiscal, mas não seu funcionamento. O estatuto social deverá contemplar o modo de funcionamento, se permanente ou apenas nos exercícios em que for instalado a pedido de acionistas (art. 161 da LSA). Nesse caso, é necessário quórum de no mínimo um décimo das ações com direito a voto ou cinco por cento das ações sem esse direito, e cada período de seu funcionamento terminará na primeira assembleia geral ordinária após sua instalação. Nas companhias de economia mista, o conselho fiscal tem caráter permanente (art. 240 da LSA).

O conselho fiscal será composto de no mínimo três e no máximo cinco membros e suplentes em igual número, acionistas ou não, eleitos pela Assembleia Geral. Os conselheiros devem ser pessoas naturais, residentes no país, diplomadas em curso de nível universitário, ou que tenham exercido, por prazo mínimo de três anos, cargo de administrador de empresa ou de conselheiro fiscal (art. 162 da LSA).

No conselho fiscal não há hierarquia, agindo cada um dos membros individualmente na solicitação de diligências e esclarecimentos que entender necessários.

A competência do conselho fiscal está descrita no art. 163, resumindo-se basicamente a exames e análises documentais, com o fim de verificar a regularidade dos atos praticados pelos diretores e administradores.

O conselho fiscal tem a obrigação de fornecer ao acionista ou grupo de acionistas que representem, no mínimo, cinco por cento do capital social, sempre que solicitado, informações sobre matérias de sua competência. Também devem estar presentes, ao menos um deles, às assembleias para responderem a eventuais pedidos de informações formulados pelos acionistas.

Os deveres e responsabilidade dos membros do conselho são idênticos aos dos administradores (arts. 153 a 156 da LSA). Os membros do conselho fiscal não podem ser destituídos *ad nutum*, como ocorre com os diretores. Embora a lei não traga disposição nesse sentido, entende-se que essa destituição só pode operar mediante justa causa, porque, de outro modo, não teriam plena autonomia no exercício de suas relevantes funções, ameaçados que estariam com a instabilidade do cargo.

12.6.6.4 Conselho de administração

O conselho de administração é órgão colegiado de caráter deliberativo de existência facultativa, exceto nas companhias abertas e nas de capital autorizado, sendo vedada a cumulação de cargos de presidente do conselho de administração e do cargo de diretor presidente ou de principal executivo da companhia (art. 138, § 3º, da LSA, alterado pela Lei nº 14.195/2021).

Trata-se de órgão integrante da administração da companhia, não se confundindo com a diretoria. Consoante observa Alfredo de Assis Gonçalves Neto, "*a Diretoria é o órgão executor da vontade social, que age e representa a sociedade nas suas relações com terceiros; já o Conselho de Administração é o órgão de deliberação colegiada ao qual se subordinam os diretores na prática de seus atos de gestão*" (2005, p. 175).

O estatuto da companhia deve estabelecer o número de conselheiros, no mínimo três, eleitos pela assembleia geral, por ela destituíveis a qualquer tempo; a forma de substituição dos conselheiros; o prazo de gestão, que não poderá ultrapassar três anos, permitida a reeleição, assim como as normas sobre convocação, instalação e funcionamento do conselho. Esse órgão deliberará por maioria de votos, podendo o estatuto estabelecer quórum qualificado para certas matérias. Também é permitida a previsão da participação de representantes dos empregados, escolhidos pelo voto destes, em eleição direta, organizada pela empresa, em conjunto com as entidades sindicais que os representam.

Somente pessoas naturais podem preencher o cargo de conselheiro, podendo ser acionista ou não, devendo, entretanto, residir no país, aplicando-se do mesmo modo as demais regras impostas aos administradores.

O Conselho de Administração atua por meio de reuniões, devendo o estatuto regulamentar sua frequência e procedimentos.

Ao Conselho de Administração, nos termos do art. 142 da LSA, cabe, entre outras medidas: estabelecer a orientação geral dos negócios da companhia; eleger e destituir diretores e fixar-lhes as atribuições, observado o que a respeito dispuser o estatuto; fiscalizar a gestão dos diretores; examinar, a qualquer tempo, os livros e papéis da empresa, solicitar informações sobre contratos celebrados ou em via de celebração e quaisquer outros atos; convocar a assembleia geral quando julgar conveniente, ou no caso do artigo 132; manifestar-se sobre o relatório da administração e as contas da diretoria; manifestar-se previamente sobre atos ou contratos, quando o estatuto exigir etc.

A responsabilidade dos membros do Conselho de Administração pelos eventuais prejuízos perante a companhia é pessoal e não solidária, cabendo à Assembleia geral deliberar acerca da ação de responsabilidade respectiva (art. 159 da LSA).

12.6.7 Acionista

Os acionistas são todos os titulares das ações da companhia, ou, na definição de Dominique Legeais, são os titulares de valores mobiliários representativos de uma quota do capital social (2007, p. 241).

A qualidade de acionista faz nascer obrigações no momento da constituição da sociedade. O acionista tem uma obrigação essencial: pagar o preço das ações que subscreveu. Não o fazendo nas condições previstas no estatuto ou boletim, ou na chamada, ficará de pleno direito constituído em mora, sujeitando-se ao pagamento de juros, correção monetária e multa que o estatuto determinar, esta não superior a dez por cento do valor da prestação.

Verificada a mora, a companhia poderá, à sua escolha, promover a execução extrajudicial do débito ou determinar a venda das ações em bolsa, por conta e risco do acionista (art. 107 da LSA). Não obtendo resultado com a opção escolhida, a companhia pode desistir do procedimento escolhido e utilizar o outro. Não obtendo a integralização das ações por quaisquer desses meios, pode declarar as ações caducas operando como suas as entradas realizadas, integralizando-as com lucros ou reservas, exceto a legal. Não dispondo a companhia de lucros e reservas suficientes, terá um ano para conseguir comprador, findo o qual deliberará sobre a redução do capital em importância correspondente.

Havendo alienação das ações, o alienante continua solidariamente responsável com os adquirentes, pelo pagamento das prestações até a integralização das ações transferidas. Essa responsabilidade cessa em dois anos a contar da data da transferência das ações.

Todos os acionistas detêm direitos extrapatrimoniais: (a) de participar da vida da sociedade; (b) de negociar suas ações; (c) de recesso; (d) aos dividendos; e (e) a parte do capital social. Esses direitos estão elencados basicamente no art. 109 da LSA.

12.6.7.1 Direitos extrapatrimoniais

12.6.7.1.1 Direito de participar da vida da sociedade: voto, participação e informação

O direito de participar da vida da sociedade confere ao acionista direitos de voto, de participar das assembleias e de informação. Nem todos esses direitos vêm descritos na lei como essenciais, como o direito de voto, porque nem todos os acionistas o detêm.

O direito de voto permite ao acionista imprimir sua vontade e influenciar as escolhas da sociedade, consoante salienta Géraldine Goffaux-Callebaut (2008, p. 126). É prerrogativa normalmente constante da propriedade de ações.

As ações ordinárias conferem direito a voto nas deliberações da assembleia geral. A cada ação ordinária corresponde um voto nas deliberações sociais, podendo o estatuto estabelecer limitação ao número de votos de cada acionista, sendo vedado, entretanto, atribuir voto plural a qualquer classe de ações. O Estatuto Social deverá estabelecer o número de votos atribuído por ação de cada classe de ações ordinárias com direito a voto, observado o limite de 10 votos por ação ordinária, nos termos do *caput* do art. 110-A da LSA, incluído pela Lei nº 14.195/2021.

Em relação às ações preferenciais, o estatuto pode deixar de conferir direito de voto ou conferi-lo com restrições (art. 111 da LSA). Esse direito, entretanto, pode ser adquirido quando a companhia deixa por três anos consecutivos de pagar os dividendos fixos ou mínimos a que os acionistas dessa categoria fizerem jus, preservando-se esse direito até o pagamento.

Não obstante, geralmente os titulares das ações preferenciais não dispõem de direito a voto, detendo direito de intervenção. O direito de intervenção supõe um comportamento mais dinâmico e, de outra parte, quanto ao seu conteúdo, a intervenção apresenta prerrogativas mais importantes do que a participação, tais como, em nossa legislação, a prioridade na distribuição de dividendo e no reembolso do capital (GOFFAUX-CALLEBAUT, 2008, p. 132).

Mas, sem dúvida, o voto é instrumento de poder, permitindo ao acionista emitir seu ponto de vista de maneira eficaz na vida da sociedade.

Outro elemento de participação é assegurado pelo direito de o acionista participar das assembleias. É direito comum a qualquer categoria de acionistas; verdadeira manifestação em prol da transparência e da informação. O acionista tem direito à ciência de todos os documentos e negócios da companhia, podendo, assim, avaliar a gestão social.

O direito de informação permite ao acionista realizar julgamento claro sobre a evolução da companhia, podendo intervir nas assembleias com pedidos de esclarecimentos ou mesmo opinando para a formação da vontade daqueles que irão exercer o direito de voto.

12.6.7.1.2 Direito de negociar suas ações

A sociedade anônima é uma sociedade de capital, na qual a pessoa do sócio pouco importa e, portanto, suas ações são, em princípio, livremente negociáveis, não exigindo maiores formalidades senão sua consignação em livro próprio (§ 1º dos arts. 31 e 35 da LSA).

Entretanto, o princípio da livre negociação pode sofrer certos temperamentos legais ou convencionais. A LSA impõe limitações à circulação de certas ações, como, por exemplo, no tocante às ações nominativas das companhias fechadas (art. 36), ou à interdição da negociação pela companhia de suas próprias ações (art. 30). A negociação das ações pode ainda ser suspensa por períodos que não ultrapassem, cada um, quinze dias, nem o total de noventa dias durante o ano (art. 37).

12.6.7.1.3 Direito de recesso

O acionista tem o direito de retirar-se da sociedade, nos casos permitidos em lei, mediante o reembolso do valor de suas ações. O direito de retirada ou recesso na sociedade por ações consente, na prática, segundo Graziani, Minervini e Belviso (2007, p. 242), ao sócio *desinvestir*, no todo ou em parte, o capital aplicado e, por isso, representa um extremo, mas eficaz meio de tutela do sócio no confronto com o grupo de controle, quando não compartilha das decisões.

Nesse caso, fala-se, popularmente, que o acionista *"vota com os pés (vota con i piedi)"*, no sentido de que expõe radicalmente seu dissenso.

O exercício do recesso reflete diretamente no patrimônio social, porque se resolve no direito ao reembolso, afetando a garantia patrimonial dos credores sociais. Por isso, as hipóteses de recesso são reguladas pela lei de modo a tutelar os credores da sociedade.

O art. 137 da LSA regulamenta-o enumerando as possibilidades: mudança significativa do objeto social, reorganização societária, cessação do estado de liquidação, dissolução da companhia, entre outras.

A dúvida surge quanto à possibilidade de serem estendidas as hipóteses de recesso por disposição estatutária ou assemblear. Alfredo de Assis Gonçalves Neto (2005, p. 133) admite, a nosso ver com razão, a ampliação, visto que o fundamento do recesso está na proteção do acionista minoritário, nada impedindo a extensão da tutela a outros casos não contemplados na lei.

12.6.7.2 Direitos patrimoniais

12.6.7.2.1 Direito aos dividendos e a uma parte do capital social

O principal direito patrimonial do acionista é de receber dividendos. Afinal, esse é o objetivo de seu investimento. O dividendo é a parte do lucro que a companhia distribui a cada um dos acionistas. A distribuição anual dos dividendos é obrigatória, sendo eventual o direito, porque havendo prejuízo no exercício ou mesmo lucro, em algumas situações, pode a companhia deixar de distribuí-lo aos acionistas (art. 202, §§ 3º e 4º, da LSA).

A forma de distribuição dos dividendos está prescrita nos arts. 202 e 205 da LSA, podendo alguns acionistas gozar de direito a dividendo preferencial (art. 203 da LSA). O direito de ser pago antes dos outros acionistas é a contrapartida da abstenção do direito de voto ínsito a determinadas ações preferenciais.

Também é direito do acionista participar do acervo social da companhia, na hipótese de sua dissolução ou liquidação ou, ainda, no exercício do direito de recesso.

12.6.7.3 Poder de controle

Controlar uma sociedade significa exercer sobre ela influência preponderante, ajustando-a, dirigindo-a. Quem possui o controle de uma sociedade tem o poder de ditar as diretivas e utilizar os caminhos de sua preferência (GOFFAUX-CALLEBAUT, 2008, p. 143).

Na sociedade anônima, o acionista ou grupo de acionistas vinculados por acordo de voto, ou sob controle que lhe assegurem, de modo permanente, a maioria dos votos em assembleia geral com o poder de eleger a maioria dos administradores, utiliza efetivamente seu poder para dirigir as atividades sociais e orientar o funcionamento dos órgãos. É considerado acionista controlador (art. 116 da LSA).

Da definição de acionista controlador depreende-se que o controle é modalidade do exercício do poder majoritário, expressando uma escolha e não uma adesão, pois o poder majoritário é exercido, em síntese, por uma minoria de pessoas.

O princípio majoritário não deve ser entendido como uma manifestação democrática. Ao revés, permite, notadamente por seus desvios práticos, a organização da dominação nas companhias (GOFFAUX-CALLEBAUT, 2008, p. 152). Daí a necessidade de serem impostos limites a esse controle, criando normas imperativas ou controlando o uso do poder.

O parágrafo único do art. 116 da LSA ressalta a finalidade do poder do acionista controlador: realizar o objetivo da companhia e cumprir sua função social. Ao titular do poder de controle, portanto, é confiado um interesse parcialmente distinto do seu, que se exprime pela realização de atos vinculados.

Ao acionista controlador que usa indevidamente ou abusa do poder a lei atribui-lhe responsabilidade pelos danos causados. Assim preceitua o art. 117 da LSA, catalogando as modalidades de exercício abusivo do poder, destacando-se: desvio de finalidade da companhia; liquidação de sociedade próspera; eleição de administrador ou fiscal sabidamente inapto, moral ou tecnicamente; aprovação de contas irregulares por favorecimento pessoal etc.

12.6.7.4 Acordo de acionistas

A Lei das S/A oferece um poderoso instrumento de estabilização das relações de poder no interior da companhia. Trata-se do acordo de acionistas, previsto em seu art. 118.

O acordo de acionistas é um ajuste parassocial que cria subvínculos societários entre acionistas, com limitação da matéria objeto do pacto. Tem natureza parassocial porque trata de temas relativos à sociedade, podendo modificar apenas a relação entre as partes, sendo impossível modificar a relação social. O acordo parassocial complementa a regulamentação legal ou estatutária que norteia a sociedade, limitando-se seus efeitos à esfera pessoal dos que a ele se submetem, anota Calixto Salomão Filho (2006, p. 108).

Importante observar que, na hipótese de omissão no acordo de acionistas acerca de determinada matéria lá não expressamente consignada, aplica-se subsidiariamente a Lei das Sociedades Anônimas. Isso porque, consoante já afirmado, sendo o acordo de acionistas uma forma de regulamentação complementar não se permite qualquer espécie de interpretação extensiva ou de outro gênero, considerando, ainda, sua natureza peculiar no sentido de ser um instrumento apto a modificar a forma de organização da sociedade.

O acordo de acionistas, para produzir efeitos entre os participantes ou em relação a terceiros, deve obrigatoriamente ser averbado nos livros de registro da companhia (§ 1º do art. 118).

As principais matérias do acordo de acionistas estão descritas no art. 118 da LSA: preferência e compra e venda de ações e voto. As duas primeiras matérias se referem à alienação das ações e em nada afetam a relação ou estrutura societária, até porque a lei não disciplina essas questões, senão genericamente em seu art. 109.

Podem, assim, determinados acionistas pactuarem o direito de preferência entre si na hipótese de um dos participantes do pacto exercer seu direito de retirada da companhia. Alienação feita sem a observância da preferência pactuada impede a companhia de registrar, no livro próprio, a transferência da titularidade das ações. De se observar, ainda, que com pacto nesse sentido, as ações dos acionistas signatários do acordo não podem ser negociadas no mercado financeiro.

Quanto ao acordo de acionistas tendo por objeto o direito de voto, a questão exige maior atenção porque afeta a relação entre sócio e sociedade. Os acionistas podem acordar no pacto pela uniformização da política administrativa e nesse sentido, por exemplo, pactuam que todos votarão em determinadas pessoas para os cargos de diretoria ou em determinado sentido em matéria posta em discussão.

Fábio Ulhoa Coelho (2008, p. 210-211) faz duas observações sobre o assunto: (a) não pode ocorrer a venda de voto e (b) o voto "de verdade" é insuscetível de ser objeto de acordo.

A venda ou tráfico de voto, decorrente do exercício do direito de voto ou sua abstenção mediante vantagem patrimonial, é, inclusive, crime, nos termos do art. 177, § 2º, do CP. As disposições parassociais não podem contrariar a disciplina obrigatória das matérias insertas no estatuto e, por essa razão, explica Giorgio Oppo (1992, p. 182), o pacto parassocial não pode ser um pacto "antissocial", isto é, um pacto que contradiga a finalidade social.

O "voto de verdade" a que alude Fábio Ulhoa Coelho refere-se aos votos concernentes a matérias homologatórias e não deliberativas, como é o caso da votação das contas dos administradores. Nesse sentido, não pode ser objeto do acordo de acionistas a obrigação de votar sempre pela aprovação das contas da administração.

Os votos proferidos com infração ao acordo de acionistas não serão computados na deliberação, bem como o acionista que assim votar não pode invocar o pacto parassocial como excludente de responsabilidade.

Não é possível a denúncia unilateral imotivada de acordo de acionistas por prazo indeterminado ou sob condição, consoante expressamente previsto no § 6º, do art. 118. Somente por justa causa pode o acionista denunciar o acordo (CARVALHOSA, 1997, p. 21), como a quebra da *affectio*, por conduta incompatível ou deslealdade em face dos pactuantes e do interesse social.

12.6.8 Demonstrações financeiras

Ao fim de cada exercício social é imposto à companhia, por meio de sua diretoria, o dever de prestar contas da gestão, mediante a apresentação das demonstrações financeiras tratadas no art. 176 da LSA. Trata-se de escrituração mais complexa que a exigida para as sociedades de pessoas reguladas pelo Código Civil, por captar a companhia maior volume de investimentos.

Com a prestação de contas anual os acionistas tomam conhecimento das operações realizadas pela companhia, com a indicação das receitas e despesas, elaboradas com base na escrituração, podendo avaliar a realização do objeto social.

Findo o exercício social – de um ano definido pelo estatuto (art. 175 da LSA) –, a diretoria deve apresentar o balanço patrimonial, a demonstração de lucros ou prejuízos acumulados, as demonstrações do resultado do exercício e dos fluxos de caixa.

Essas demonstrações confeccionadas de acordo com regras contábeis (art. 177 da LSA) devem exprimir com clareza a situação do patrimônio da empresa, sendo assinadas pelos administradores e contabilistas legalmente habilitados.

De se observar que os livros da companhia podem ser substituídos por registros mecanizados ou eletrônicos, sendo obrigatórios o Livro de Registro de Ações Nominativas, de Registro de Partes Beneficiárias Nominativas, de Transferência de Ações Nominativas e de Transferência de Partes Beneficiárias Nominativas, além do Livro de Atas das Assembleias Gerais e de Presença dos Acionistas, observadas as normas a serem expedidas pela CVM sobre o tema.

O balanço patrimonial *"é a peça contábil básica na qual se sintetiza inteiramente a posição patrimonial e financeira da sociedade, na data em que é levantado"* (PASQUALIN FILHO, 1982, p. 150). O balanço tem função informativa, devendo satisfazer diversos interesses: o dos credores em conhecer o montante de ativos e o dos investidores em adquirir ou vender ações. O balanço, portanto, revela a situação econômico-financeira da companhia.

Na confecção do balanço devem ser observados alguns princípios. O princípio da clareza impõe seja elaborado de modo inteligível apto a exercer plenamente sua função informativa (PAOLUCCI, 2008, p. 300). Essa exigência vem retratada no art. 178 da LSA, que subdivide a estrutura do balanço em itens de ativo e passivo.

O princípio da veracidade impõe seja o balanço confeccionado de modo a corresponder à situação real e efetiva da pessoa jurídica, sem basear-se em dados alterados ou manipulados, como, por exemplo, fictício aumento das utilidades alcançadas e diminuição das perdas. Outro princípio é o da exatidão, o qual impõe o dever de elaborar esse documento contábil em consonância com os critérios técnicos.

Já o princípio da continuidade impõe que os critérios de valoração dos elementos do balanço não possam ser modificados de um exercício para outro. Por fim, como expressão dos princípios da clareza e veracidade, decorre o da competência, segundo o qual devem ser levados em consideração os dados contábeis das operações do exercício correspondente ao da constituição da obrigação e não de sua liquidação.

A demonstração de lucros e prejuízos acumulados (art. 186 da LSA) é o documento contábil que revela as parcelas dos lucros aferidos pela companhia e não distribuídos aos acionistas ou os prejuízos não absorvidos pelas receitas. Cuida-se de instrumento relevante para definição da política empresarial de investimentos, a ser adotada na sociedade (COELHO, 2008, p. 215).

A demonstração de resultados do exercício (art. 187 da LSA), levando em consideração as receitas e despesas, permite ao acionista apurar o desempenho da companhia no período e avaliar o grau de retorno do investimento.

Por fim, a demonstração das origens e aplicações de recursos demonstra a fonte e forma de captação e seu consequente investimento, sendo dispensadas dessa demonstração as companhias fechadas com patrimônio líquido inferior a dois milhões de reais (§ 6º, art. 176).

Elaboradas as demonstrações financeiras do exercício, serão publicadas com a indicação dos valores correspondentes das demonstrações do exercício anterior.

As demonstrações financeiras serão complementadas por notas explicativas e outros elementos de análise contábil necessários para esclarecimento da situação patrimonial e dos resultados do exercício.

A aprovação das demonstrações financeiras pela Assembleia Geral constitui condição de eficácia de vinculação da companhia perante terceiros. Sem a aprovação, as demonstrações não passam de documento interno ilustrativo das contas da companhia, não liberando os administradores de sua obrigação legal.

A Assembleia Geral pode aprovar, sem reservas, as demonstrações e contas, exonerando assim os administradores e fiscais, salvo erro, dolo, fraude ou simulação. Pode requerer a ratificação dos demonstrativos, sendo então aberto aos administradores o prazo de trinta dias para atenderem a alteração apontada com a republicação das contas (art. 134 e parágrafos).

A exigência de arquivamento da ata da Assembleia Geral Ordinária no registro do comércio e sua publicação complementa as formalidades de publicidade e segurança de seu conteúdo.

12.6.8.1 Lucros, reservas e dividendos

As demonstrações financeiras prestam-se a exteriorizar o estado patrimonial da companhia. As sociedades têm por finalidade a realização de lucros, mas nem sempre o resultado do exercício será positivo.

Verificado pelas demonstrações financeiras um excesso de ativo sobre o passivo, há lucros. Lucro, portanto, constitui o saldo positivo obtido do cômputo das receitas, deduzidas as despesas.

O resultado dessa conta, entretanto, não é suficiente para apurar se a companhia proporcionará renda ao acionista. Para a apuração do lucro líquido, a Lei das S/A determina que do resultado do exercício sejam deduzidos, antes de qualquer outra participação, os prejuízos acumulados e a provisão para o Imposto sobre a Renda (art. 189), bem como, pela ordem, as participações estatutárias dos empregados, administradores e partes beneficiárias (art. 190).

Lucro líquido, portanto, é o resultado do exercício que remanescer depois de deduzidas as participações legais (art. 191).

Apurado lucro líquido no exercício, uma parcela permanecerá obrigatoriamente na companhia e outra será distribuída aos acionistas. Havendo saldo, ainda, cabe à Assembleia Ordinária deliberar quanto à destinação do restante, aprovando ou rejeitando proposta da diretoria. Essas parcelas do lucro líquido denominam-se reservas, apresentando cinco categorias.

A *reserva legal* representa 5% do lucro líquido, desde que não ultrapasse 20% do capital social (art. 193), tendo por finalidade assegurar a integridade do capital social. Somente poderá ser utilizada para compensar prejuízos ou aumentar o capital.

A *reserva* estatutária, por sua vez, é criada pelo estatuto para atender necessidades específicas da companhia, sendo imprescindível a indicação de modo preciso e completo de sua finalidade, bem como dos critérios para determinar a parcela anual dos lucros líquidos que será destinada à sua constituição e seu limite máximo (art. 194).

A *reserva de contingência* é criada por proposta dos órgãos de administração e decisão da Assembleia, com a finalidade de destinar parte do lucro líquido para compensação, em exercício futuro, a diminuição do lucro decorrente de perda julgada provável, cujo valor possa ser estimado, como a sucumbência em ação judicial, por exemplo. A reversão dessa reserva será feita no exercício em que ocorrer o evento ou que deixarem de existir as razões que justifiquem a sua constituição.

As *reservas de retenção* de lucros e de lucros a realizar visam, a primeira, atender as despesas previstas no orçamento de capital previamente aprovado em Assembleia Geral e normalmente sendo utilizada para prover recursos para investimentos em exercícios futuros. A segunda visa impedir a distribuição entre os acionistas de recursos que somente irão ingressar no caixa da sociedade em exercícios futuros, embora já contabilizados (COELHO, 2008, p. 216).

Afora as reservas de lucros, há, ainda, *reservas de capital* e *de reavaliação*. Reserva de capital é a parcela de contas que pode ser utilizada pela companhia para a absorção de prejuízos que ultrapassem os lucros acumulados e as reservas de lucros ou para os resgates de partes beneficiárias ou de ações. É possível, ainda, incorporá-la ao capital social ou pagar dividendos a ações preferenciais, quando essa vantagem lhes for assegurada (art. 200 da LSA). Reserva de reavaliação é a decorrente da *plus valia* atribuída aos bens do patrimônio da companhia em virtude de novas avaliações (GONÇALVES NETO, 2005, p. 241).

A parcela do lucro líquido que cabe a cada acionista é chamada de *dividendo*. Até a edição da atual LSA (1976), a distribuição de dividendos era realizada de acordo com o disposto no estatuto. Entretanto, em razão do poder da maioria de reter os recursos do patrimônio da companhia, o legislador criou o dividendo obrigatório.

Dividendo obrigatório é a parcela mínima do lucro líquido a ser distribuída entre os acionistas, com definição no estatuto. Não prevendo o estatuto o valor dos dividendos obrigatórios para pagamento no exercício, a importância dessa natureza será calculada de acordo com as normas do art. 202: metade do lucro líquido do exercício ou o mínimo de 25% do lucro líquido, quando se tratar de companhia cujo estatuto não tem previsão a respeito e a Assembleia Geral almejar introduzi-la.

Pode o estatuto estabelecer o dividendo como porcentagem do lucro ou do capital social, ou fixar outros critérios para determiná-lo, desde que regulados com precisão e minúcia e não sujeitem os acionistas minoritários ao arbítrio dos órgãos de administração ou da maioria.

O dividendo obrigatório, todavia, não será distribuído no exercício social em que os órgãos da administração informarem à Assembleia Geral ser ele incompatível com a situação financeira. O Conselho Fiscal, com funcionamento regular, deverá prover parecer; na companhia aberta, seus integrantes encaminharão à Comissão de Valores Mobiliários, no prazo de até cinco dias da realização da assembleia, exposição justificativa da informação transmitida à assembleia (§ 4º).

Os lucros assim não distribuídos devem ser retidos como reserva especial e, se não absorvidos por prejuízos em exercícios subsequentes, deverão ser pagos como dividendo assim que permitir a situação financeira (§§ 5º e 6º).

Dividendos prioritários, por sua vez, são os devidos aos titulares de ações preferenciais, podendo ser, de acordo com o previsto no estatuto, fixos ou mínimos. Os fixos conferem ao acionista o direito de receber um determinado valor estipulado em moeda nacional, em percentual do capital social ou do preço de emissão; os mínimos atribuem o direito de recebimento de valor nunca inferior a determinada importância ou capital.

O pagamento dos dividendos prioritários é feito após a constituição da reserva legal, mas antes das reservas de lucros ou, ainda, o estatuto poderá prever seu pagamento à custa de reserva de capital. Se o pagamento dos dividendos prioritários consumir toda a parcela dos lucros, os acionistas titulares de ações ordinárias não receberão qualquer soma naquele exercício. Não constitui essa situação afronta *"à previsão legal dos dividendos obrigatórios, desde que aos titulares de ações preferenciais tenha sido pago o percentual correspondente do lucro líquido ajustado definido pelos estatutos"* (COELHO, 2008, p. 219).

A distribuição de dividendos com inobservância aos preceitos legais e estatutários implica em responsabilidade solidária dos administradores e fiscais, os quais deverão repor à caixa social a importância distribuída, sem prejuízo da ação penal que couber. Os acionistas não são obrigados a restituir os dividendos que receberam de boa-fé, presumindo-se a má-fé quando forem distribuídos sem o levantamento do balanço ou em desacordo com seus resultados (§§ 1º e 2º do art. 201).

12.6.9 Dissolução e liquidação da companhia

As causas de dissolução da companhia, bem como seu procedimento de liquidação e consequente extinção, estão tratados nos arts. 206 a 218 da LSA.

O art. 206 elenca as causas de dissolução. Opera-se extrajudicialmente a dissolução da empresa: (a) pelo término do prazo de duração; (b) nos casos previstos no estatuto; (c) por deliberação da assembleia geral (art. 136, X); (d) pela unipessoalidade; ou (e) pela extinção de autorização para funcionar.

Judicialmente, a companhia dissolve-se: (a) quando anulada sua constituição, em ação proposta por qualquer acionista; (b) quando provado que não pode preencher seu fim, em ação proposta por acionistas que representem 5% do capital social; e (c) em caso de falência.

Administrativamente, a companhia só pode ser dissolvida nos casos em que a autoridade pública, investida do poder de fiscalizar sua atividade, consoante previsão de lei especial, decreta e procede à sua liquidação extrajudicial.

O procedimento de liquidação das sociedades anônimas, assim como nas demais espécies societárias, destina-se a colocar fim ao patrimônio social e extinguir a pessoa jurídica. De se observar que a companhia dissolvida conserva sua personalidade jurídica até a extinção, durante a liquidação.

A liquidação pode ser judicial ou extrajudicial. Nas hipóteses das alíneas do inciso I do art. 206, o procedimento de liquidação, silenciando o estatuto, compete à assembleia geral, que determinará a forma de liquidação, nomeando o liquidante e o conselho fiscal que devam funcionar durante o período de transição. Contando a companhia com conselho de administração, este poderá ser mantido, competindo-lhe, então, nomear o liquidante.

O liquidante nomeado poderá ser destituído a qualquer tempo, pelo órgão que o tiver nomeado. As atribuições do liquidante estão descritas no art. 210 da LSA, observando-se que a ele compete a representação da companhia e prática de todos os atos necessários à liquidação, inclusive alienar bens móveis ou imóveis, transigir, receber e dar quitação. Em casos de urgência e com a finalidade de realizar o pagamento de obrigações inadiáveis, poderá, sem autorização da assembleia, gravar bens e contrair empréstimos.

Durante todo o procedimento da liquidação, todos os atos praticados pelo liquidante em nome da companhia devem vir seguidos da expressão *"em liquidação"* (art. 212 da LSA).

O liquidante está obrigado a semestralmente convocar assembleia geral para prestar contas, apresentando relatório e balanço do estado de liquidação. Terá os mesmos deveres e responsabilidades do administrador.

Respeitados os direitos dos credores preferenciais, o liquidante pagará as dívidas sociais proporcionalmente e sem distinção entre vencidas e vincendas, com desconto em relação a estas. Apurado ativo superior ao passivo cabe ao liquidante, sob sua responsabilidade, pagar integralmente as dívidas vencidas.

A assembleia geral pode deliberar que antes de ultimada a liquidação e depois de pagos todos os credores, sejam feitos rateios entre os acionistas, à proporção que se forem apurando os haveres sociais (art. 215).

Pago o passivo e rateado o ativo remanescente, o liquidante convocará assembleia geral para a prestação final de contas. Uma vez aprovadas, encerra-se a liquidação e a companhia se extingue. Havendo acionista dissidente, poderá intentar a ação competente no prazo de até 30 dias a contar da publicação da ata da assembleia que aprovou as contas do liquidante e extinguiu a companhia.

12.7 SOCIEDADE EM COMANDITA POR AÇÕES

Essa modalidade societária deveria ter sido extinta há muito tempo, juntamente com a sociedade em nome coletivo, porque totalmente obsoleta, em total desuso, em razão de sua inviabilidade em termos de responsabilidade patrimonial.

A sociedade em comandita por ações é entidade empresária e de capital, na qual os acionistas administradores, chamados comanditados, respondem solidária e ilimitadamente pelas obrigações sociais e os demais acionistas, os comanditários, são obrigados nos limites das quotas do capital subscrito.

As sociedades em comanditas por ações, não obstante o Código tenha disciplinado e realizado algumas modificações, é regulada pelas normas relativas à sociedade anônima.

As diferenças básicas entre as sociedades anônimas e as comanditas por ações repousa principalmente na posição dos acionistas comanditados e são: (a) a previsão que na denominação da sociedade em comandita por ações deve ser indicado o nome de ao menos um dos acionistas comanditados; e (b) o ato constitutivo deve indicar nominalmente os acionistas comanditados (PAOLUCCI, 2008, p. 358).

O nome empresarial das comanditas por ações, segundo a modificação inserida no art. 1.161 do Código Civil pela Lei nº 14.382/2022, pode, em lugar da firma, adotar denominação aditada da expressão "comandita por ações", facultada a designação do objeto social.

Nas comanditas por ações existem duas categorias de acionistas: os comanditários e os comanditados. Somente os comanditados podem administrar a sociedade e, como consequência, ter responsabilidade subsidiária e ilimitada pelas obrigações sociais. Os comanditários são acionistas sem poder de gestão, participando apenas com capital.

Havendo pluralidade de acionistas comanditados, todos são considerados administradores, sendo, portanto, solidária e subsidiariamente responsáveis pelas obrigações da sociedade. Como a responsabilidade é subsidiária, os administradores contam com o benefício de ordem para a excussão dos bens.

É imprescindível que conste no contrato social a designação dos comanditados para que terceiros possam conhecer os responsáveis por eventuais obrigações sociais.

Os administradores ou diretores serão nomeados no ato constitutivo da sociedade, sem limitação de tempo, mas podem ser destituídos mediante deliberação de acionistas representando no mínimo dois terços do capital social. Com a destituição do administrador, se a sociedade contava com apenas este, a Assembleia deve providenciar a nomeação de novo prócer, mediante a aprovação unânime dos acionistas.

Com a nomeação de novo administrador, o contrato social necessita ser modificado e arquivado.

Por reunir a assembleia geral acionistas comanditários e comanditados, não podem as decisões tomadas no ato colegiado mudarem o objeto essencial da sociedade, prorrogar-lhe o prazo de duração, aumentar ou diminuir o capital social, bem como criar debêntures ou partes beneficiárias.

O consentimento dos diretores ou administradores é essencial para a validade dos atos modificativos em razão dessa sua condição. Como vimos, os sócios comanditários não detêm poder de decisão, somente podendo contar com seus votos em caráter decisivo, se autorizado pelos administradores, que são comanditados.

12.8 SOCIEDADE COOPERATIVA

As sociedades cooperativas vêm alcançando posição cada vez mais destacada. A expansão do movimento cooperativo consiste em um fenômeno de organização de classes, hoje não mais restrito às classes populares. Também é estratégia procurada pelas classes mais favorecidas como uma forma de fuga do grande capitalista para obtenção de determinados bens ou serviços. É, sem dúvida, uma forma de o indivíduo obter melhoria econômica e social por meio da exploração de empresa fundada no mutualismo, na ajuda recíproca, cooperativismo, enfim. Um por todos e todos por um.[22]

O cooperativismo constitui um sistema reformista da sociedade na busca do justo preço, abolindo o intermediário e o assalariado, com solidariedade e ajuda recíproca (BULGARELLI, 1998, p. 17).

Sociedades cooperativas, segundo definição legal pela Lei nº 5.764, de 1971, são entidades formadas pela reunião de pessoas que reciprocamente se obrigam a contribuir com bens ou serviços para o exercício de uma atividade econômica, de proveito comum, sem objetivo de lucro (art. 3º). Essa definição deixa claro o fim mutualista e não lucrativo. A cooperativa, em princípio, deve garantir a sobrevivência do cooperado. Melhor acentuar seu caráter mutualista e sem fins de especulação privada, porque lucro sempre deve haver para o cooperado na medida em que explora atividade econômica.

A cooperativa de *per si* não tem finalidade lucrativa. O móvel para a filiação do cooperado é a melhoria de sua situação econômica obtida mediante o esforço mútuo e a ausência de intermediário ou atravessador.

O sócio, participante ou associado da cooperativa, o *cooperado*, possui dupla qualidade: integra a entidade como membro, com todos os direitos inerentes desse regime societário, sendo também usuário dos bens e serviços da pessoa jurídica, pois utiliza sua estrutura, técnicas e serviços. É o que se denomina princípio da dupla qualidade no direito cooperativo, o que na prática resulta na abolição do lucro, o qual, se não existisse a cooperativa, seria auferido pelo intermediário (GONÇALVES NETO, 2004, p. 147).

---

[22] Responsabilidade por dívida de cooperativa não alcança conselheiro que não participou da gestão. Disponível em: https://www.stj.jus.br/sites/portalp/Paginas/Comunicacao/Noticias/21062021-Responsabilidade-por-divida-de-cooperativa-nao-alcanca-conselheiro-que-nao-participou-da-gestao.aspx.

Diversamente das sociedades, as cooperativas não têm objeto econômico próprio, pois são mero instrumento destinado à viabilização das atividades dos cooperados. Trata-se de pessoa jurídica *sui generis* que reúne parte das sociedades empresárias e parte das simples, embora o Código Civil a classifique como sociedade simples.

12.8.1 Características

As sociedades cooperativas possuem características próprias trazidas no rol do art. 1.094:

I – variabilidade, ou dispensa do capital social;

O capital social, como reiterado, é o aporte com o qual o sócio participa para a constituição de uma sociedade, representando a garantia dos credores no cumprimento das obrigações sociais. Daí a regra da sua intangibilidade nas sociedades.

Nas cooperativas, a questão do capital social é um pouco diversa. Embora o capital social também seja garantia dos credores, a eventual responsabilidade dos sócios decorre da sua participação nas operações eventualmente prejudiciais a terceiros, pertencendo o associado à categoria de sócio de responsabilidade limitada (art. 1.095, § 1º) ou de forma ilimitada (art. 1.095, § 2º). Não é o capital social aportado que garante o cumprimento das obrigações sociais. Daí ser em princípio o capital até mesmo dispensável, embora na prática tal não ocorra porque a cooperativa, como toda empresa, necessita de bens básicos para a sua atividade.

A variabilidade do capital social confere praticidade às cooperativas na medida em que permite a entrada e saída dos sócios sem a alteração do contrato social. Trata-se de manifestação do "princípio da porta aberta", pois as cooperativas estão abertas ao ingresso e saída de cooperados, não necessitando os aspirantes aguardar a saída de outro para adquirir suas ações (GALGANO, 1999, p. 505), ficando a admissão de novo membro sujeita a aprovação, segundo os critérios previstos no contrato social.

II – concurso de sócios em número mínimo necessário a compor a administração da sociedade, sem limitação de número máximo;

As sociedades cooperativas podem ser singulares, centrais, federações cooperativas ou confederações cooperativas (art. 6º da Lei nº 5.764/71).

As cooperativas singulares devem ser constituídas no mínimo por vinte pessoas naturais, sendo admitidas pessoas jurídicas que tenham por objeto idênticas ou correlatas atividades econômicas ou, ainda, aquelas sem fins lucrativos (I). As cooperativas centrais ou federações cooperativas são constituídas no mínimo por três singulares, podendo, excepcionalmente, admitir associados individuais (II). Por fim, as confederações de cooperativas devem ser constituídas por pelo menos três federações de cooperativas ou cooperativas centrais, da mesma ou de diferentes modalidades (III).

Nas cooperativas, o número de sócios não pode ser inferior ao necessário para compor a estrutura organizacional formada por Assembleia Geral, Diretoria ou Conselho de Administração e Conselho Fiscal. Essa a razão de exigência de número mínimo para sua constituição.

> *III – limitação do valor da soma de quotas do capital social que cada sócio poderá tomar;*

Os associados das cooperativas não podem subscrever mais de um terço do total das quotas-partes emitidas pelas cooperativas (art. 24 da Lei das Cooperativas). A limitação do valor de subscrição é coerente com seu escopo, não se permitindo, assim, que haja um sócio controlador majoritário, mas associados que cooperam mutuamente para a consecução do fim comum.

> *IV – intransferibilidade das quotas do capital a terceiros estranhos à sociedade, ainda que por herança;*

Nas cooperativas, a pessoalidade das relações é evidente. Por essa razão, o legislador proibiu a transferência das quotas do capital social. Na Lei nº 5.764/76, essa proibição não é tão abrangente como a trazida pelo Código, uma vez que, nos termos do art. 4º, IV, dessa norma, a intransmissibilidade opera-se somente com relação a terceiros estranhos à sociedade. Não veda a lei expressamente a transferência das quotas a título de herança, o que guarda certa coerência com o ideal mutualístico das cooperativas. É normal, por exemplo, nas cooperativas agrícolas que os filhos do associado assumam seu lugar, posto que geralmente exploram a mesma atividade do falecido.

Trazendo o Código a vedação expressa à transmissibilidade das quotas aos herdeiros, fica a dúvida acerca da ocorrência da revogação da lei especial pela lei mais nova. Ademais, há que se entender que a regra da intransferibilidade não é cogente, podendo o contrato social abrir a possibilidade da transferência, ao menos para os herdeiros. É conveniente que os estatutos prevejam a sucessão, uma vez que nos termos da lei mais nova está proibida.

> *V – quórum, para a assembleia geral funcionar e deliberar, fundado no número de sócios presentes à reunião, e não no capital social representado;*

A regra do inciso refere-se à representatividade nas cooperativas. Nestas o critério de votação é diverso das demais sociedades. Nas cooperativas, a representação é feita por cabeça e, segundo o art. 40 da Lei nº 5.764/76, o quórum para a instalação das assembleias gerais era de 2/3 do número de associados em primeira e metade mais um em segunda convocação.

> *VI – direito de cada sócio a um só voto nas deliberações, tenha ou não capital a sociedade, e qualquer que seja o valor de sua participação;*

Como visto, nas cooperativas, cada sócio, independentemente do capital que detenha, tem direito de apenas um voto nas deliberações. Esse critério é utilizado para manter clara a cooperação, fundamental nessa pessoa jurídica. A força de uma cooperativa está em seus sócios e não em seu poder econômico, destarte, todos os sócios são tratados igualmente. As cooperativas são criadas para oferecer aos associados oportunidades negociais mais vantajosas nos mais diversos campos mercadológicos, o que independe do valor dos aportes trazidos.

Portanto, fica claro que nas cooperativas a pessoa do associado é base fundamental para a construção do seu sistema organizacional.

> *VII – distribuição dos resultados, proporcionalmente ao valor das operações efetuadas pelo sócio com a sociedade, podendo ser atribuído juro fixo ao capital realizado;*

A obtenção de resultados econômicos para o associado é proporcional às operações que realiza com a cooperativa, qual seja, a sua participação nos lucros e nas despesas é feita por rateio na proporção direta da fruição de serviços do associado na cooperativa.

Dispondo de capital social, a entidade pode remunerar seu associado com os juros legais advindos da sua contribuição para a formação do capital social.

A participação do associado nos lucros e nas perdas não pode ser pactuada em sentido diverso.

> *VIII – indivisibilidade do fundo de reserva entre os sócios, ainda que em caso de dissolução da sociedade.*

O patrimônio líquido da sociedade cooperativa é composto por dois fundos de reserva constituídos por sobras: o de Reserva de Capital ou Legal e o de Assistência Técnica, Educacional e Social (art. 28 da Lei nº 5.764/71). Ambos têm destinação específica e não ficam à livre disposição dos associados.

No caso de dissolução ou liquidação, o acervo a ser dividido entre os associados não abrange esses fundos. Realizado o ativo social para saldar o passivo e reembolsar os associados de suas quotas-partes, o remanescente, inclusive o dos fundos indivisíveis, antes era destinado ao Banco Nacional de Crédito Cooperativo S/A, que com sua extinção passou a ser recolhido ao Tesouro Nacional (art. 68 da Lei nº 5.764/71).

12.8.2 Responsabilidade dos sócios

Quanto à responsabilidade dos sócios, as cooperativas podem classificar-se em cooperativas de responsabilidade limitada e de responsabilidade ilimitada. O artigo repete a regra da Lei das Cooperativas que em seus arts. 11 e 12 apresenta essa classificação.

Tem responsabilidade limitada o associado que responde somente pelo valor de suas quotas e pelo prejuízo verificado nas operações sociais na proporção de sua participação nelas. Necessário observar que, não obstante a responsabilidade trazida seja nominada de limitada, na verdade não é uma limitação pura como ocorre nas demais espécies societárias de responsabilidade limitada, porque os sócios, no caso de prejuízo, respondem pela recomposição destes ilimitadamente na proporção de sua participação na operação. Nas demais sociedades de responsabilidade limitada isso não acontece.

Portanto, a responsabilidade limitada dos sócios ou associados nas cooperativas observa duas ordens distintas: quanto ao pagamento das quotas e quanto aos prejuízos.

Tratando-se de cooperativa com sócios de responsabilidade ilimitada, o que na prática é quase inexistente, os sócios respondem, além das obrigações que assumiram quanto ao pagamento de suas quotas, por todos os demais débitos da cooperativa, em caráter subsidiário. Não há solidariedade entre os associados nesse caso porque cada um responde individualmente pelos prejuízos decorrentes de suas operações, exceto se a obrigação for contraída pela própria cooperativa em negócios que não se identifiquem especificamente com as operações da finalidade social (GONÇALVES NETO, 2008, p. 440).

Não há regra que exija que no nome da sociedade cooperativa esteja inserida a expressão "limitada". É recomendável, entretanto, a utilização, para fins de ciência por terceiros.

12.8.3 Regime jurídico

A cooperativa é regulamentada pela Lei nº 5.764, de 1971, que não foi revogada expressamente, e pelo Código Civil nos arts. 1.090 a 1.096. A regência suplementar é das sociedades simples, seguindo a regra geral no Código Civil. Na verdade, há que se entender como aplicável a lei de 1971, no que não conflitar com o Código. Andou mais uma vez mal o legislador deixando essa problemática a cargo do intérprete.

A Lei das Cooperativas é exaustiva e praticamente não deixa nenhuma questão fora de sua regulamentação. Embora o legislador tenha catalogado como simples, conforme disposto no parágrafo único do art. 982, essa opção não é salutar. O modelo de ambas as pessoas jurídicas é diverso, as cooperativas assemelhando-se mais às sociedades por ações na sua forma de constituição do que às simples, por exemplo. Ainda que classificadas como simples, as cooperativas precisam ter seu registro, em princípio, na Junta Comercial, mas essa é uma questão ainda não claramente resolvida na prática.

As sociedades cooperativas são, de fato, modalidade *sui generis*, com características particulares que as afastam das sociedades empresárias e simples em geral.

As questões não regulamentadas no capítulo VII do Código Civil quanto à constituição das cooperativas, seus órgãos sociais, causas de dissolução e liquidação vêm amplamente contempladas na lei especial, que inexoravelmente continua aplicável.

12.9 SOCIEDADES COLIGADAS

"Um mercado sem pautas ou critérios morais torna-se uma selva desencarnada e cruel, agressiva e injusta" (SCANONE, 1998).

A pessoa jurídica em geral é criada para que com a união de esforços de mais de uma pessoa natural torne-se possível a realização de tarefas que transcendem a capacidade individual. Porém, à medida que a tecnologia e a explosão populacional foram demandando mais e mais soluções de impacto, obras gigantescas, tarefas que ultrapassam até mesmo a imaginação dos futurólogos mais ousados, as grandes empresas têm de se lançar em empreendimentos que transcendem sua própria capacidade.

Assim, com base na necessidade, brotam empresas coligadas, união de sociedades, das mais diversas especialidades, que unem suas capacidades, transitoriamente ou não, para a consecução de uma obra, de uma empreitada.

A coligação também é forma de, secundariamente, diluir e ao mesmo tempo reforçar em favor de terceiros a responsabilidade perante as participantes. A aglutinação empresarial é meio de superar desafios da era tecnológica. Trata-se de meio de racionalizar a atividade empresarial, dinamizando a produção e baixando custos. Destarte, nem sempre a atividade isolada de uma empresa será possível, eficaz e lucrativa. A Lei nº 6.404/76 regula os "grupos de sociedades" e os "consórcios" sob essa perspectiva.

O Código Civil limita-se a definir, apenas, os grupos de fato, no âmbito das sociedades em geral. A Lei nº 8.884/94 submete ao Conselho Administrativo de Defesa Econômica (CADE) a fiscalização desses conglomerados sob o prisma do abuso ou totalização de mercado, lesivos à livre concorrência. São atos potencialmente lesivos aqueles que concluem por excessiva concentração econômica.

O legislador definiu coligação como a reunião de sociedades por relações de capital. Assim, são consideradas coligadas as sociedades unidas umas às outras pela participação no capital. Essa participação, dependendo do vínculo de dependência entre as empresas, define sua natureza, se controlada, filiada ou de simples participação. O conceito de cada uma dessas espécies de sociedades coligadas vem tratado pelo Código.

A primeira leitura do art. 1.097 induz ao critério do percentual da participação de uma sociedade na outra para definir a modalidade de coligação, mas há de se observar que é possível a caracterização do controle com percentual reduzido, embora não seja o que normalmente ocorra. Essa vertente, portanto, não torna seguro esse critério. Um critério mais seguro para definir a natureza da coligada pode ser o da existência de vínculos de dependência; ou se há subordinação ou apenas coordenação ou colaboração. Apenas o do caso concreto pode esclarecer.

É usual no mercado globalizado o fenômeno da colaboração empresária, porque as empresas necessitam cobrir um amplo leque de possibilidades, empreendimentos de porte ciclópico, não podendo ou não desejando fazê-lo sozinhas. Trata-se não só de uma união de capital, esforços e *know-how*, como também de uma forma de dividir a responsabilidade. Para tanto, reúnem-se empresas que, sob diretivas comuns, realizam tarefas mútuas, recíprocas e complementares.

A chamada conexidade importa, portanto, na presença no mercado de mais de uma sociedade, as quais acordam na colaboração dos mais diversos ramos de atividade, mormente na construção civil, para atingirem objetivo comum por meio da celebração de multiplicidade de contratos conexos. Dessa forma são construídas atualmente pontes, estradas, aeroportos, portos, usinas, centros comerciais, metrôs, linhas férreas etc. A colaboração empresária pode ser em nível horizontal ou vertical, dependendo da existência de coordenação ou subordinação entre as coligadas.

A colaboração empresária permite que as sociedades atuem no mercado de forma ampla, sem terem que, necessariamente, se unirem estruturalmente, senão por contratos conexos ou mesclados.

12.9.1 Sociedade controlada

Segundo o art. 1.098 é controlada:

> I – a sociedade de cujo capital outra sociedade possua a maioria dos votos nas deliberações dos quotistas ou da assembleia geral e o poder de eleger a maioria dos administradores;
>
> II – a sociedade cujo controle, referido no inciso antecedente, esteja em poder da outra, mediante ações ou quotas possuídas por sociedades ou sociedades por esta já controladas.

A questão do controle entre as sociedades está ligada à noção de exercício do poder de direção e administração. Será controladora a sociedade que detiver o poder de decisão sobre os assuntos sociais de sua controlada e de eleger a maioria de seus administradores (GONÇALVES NETO, 2008, p. 454).

As sociedades controladoras são conhecidas como *holdings* e podem ser constituídas com o fim exclusivo de exercer o controle de uma ou mais sociedades, podendo também, além de exercer a função controladora, possuir outra atividade.

As controladas, por sua vez, são sociedades que se submetem ao domínio da controlada sob dois aspectos: porque outra sociedade possui a maioria dos votos nas deliberações dos quotistas ou assembleia geral e ainda detém o poder de eleger a maioria dos administradores (I) ou porque a sociedade controladora nos termos referidos está em poder de outra, mediante ações ou quotas.

Outras modalidades de controle não foram contempladas pelo legislador, como, por exemplo, o controle decorrente de relação de capital *interna corporis* como o que resulta de acordos de acionistas ou de quotistas. Ou, ainda, como já analisado no artigo anterior, o controle decorrente não de vínculo societário, mas de relações contratuais entre as pessoas jurídicas.

12.9.2 Sociedades coligadas ou filiadas

Diz-se coligada ou filiada, nos termos do art. 1.099, a sociedade de cujo capital outra sociedade participa, com 10% (dez por cento) ou mais, do capital da outra, sem controlá-la.

O conceito de sociedade coligada ou filiada do artigo foi importado do art. 243 da Lei das Sociedades por Ações. É considerada coligada, portanto, a sociedade cujo capital de outra sociedade participa, com dez por cento ou mais, do capital da outra, sem, entretanto, controlá-la. A participação aqui é de relevância e não de controle e decorre, exclusivamente, da detenção do capital social e não de relação de poder, como ocorre com as controladas.

Essa participação, por exemplo, pode até ser de cinquenta por cento, mas não caracterizar relação de poder e controle porque essa participação compõe-se de ações sem voto, inábeis para assegurar ao seu titular a preponderância nas deliberações sociais (GONÇALVES NETO, 2008, p. 458).

Portanto, sociedades controladas e coligadas têm em comum a participação de outra sociedade em seu capital social, diferindo essencialmente no poder que uma tem sobre a outra de decidir sobre os assuntos sociais e de eleger a maioria de seus administradores.

12.9.3 Sociedade de simples participação

Considera-se de simples participação a associação de uma sociedade a outra mediante a titularidade de menos de dez por cento do capital social com direito de voto.

De se observar que o art. 1.100 fala em dez por cento do capital social com direito a voto. Tal implica considerar que a participação no capital social pode ser superior a dez por cento, porém, as ações ou quotas com direito a voto não podem ultrapassar essa porcentagem instituída como limite pelo legislador. Assim, havendo participação votante e não votante, se ultrapassados esses dez por cento, há coligação e não simples participação. A participação reduzida tem como critério definidor o percentual com o qual a entidade participa na outra sociedade com direito a voto e não, simplesmente, o limite de participação no capital social.

12.9.4 Participação recíproca

O art. 1.101 trata da participação recíproca de capital entre sociedades. A questão mereceu regulamentação preliminarmente pela Lei nº 6.404/76, que vedou a participação recíproca entre sociedades coligadas, salvo quando configuradas situações análogas àquelas em que a lei autoriza a aquisição das próprias ações (art. 244).

O Código alterou as regras concernentes e passou a permitir a participação recíproca até um limite, o do montante de suas reservas. Entretanto, se ultrapassado esse limite, proíbe o legislador qualquer tipo de participação recíproca, sem fazer qualquer distinção de situações de controle ou de simples coligação.

A ressalva quanto à existência de disposição legal em sentido contrário aplica-se somente às sociedades anônimas cuja regulamentação da participação recíproca vem prevista em seu art. 244 e parágrafos.

A comprovação do limite de participação recíproca é feita por ocasião da aprovação de contas de cada exercício social. Uma vez constatado pelo balanço que foi superior ao das reservas, deve ser providenciada a alienação do excesso de quotas ou ações que a sociedade possuir de sua sócia coligada, no prazo máximo de até cento e oitenta dias, contados da verificação.

12.10 LIQUIDAÇÃO DA SOCIEDADE

Liquidação é o processo pelo qual, quando dissolvida ou extinta a sociedade, procede-se à apuração de haveres para pagamento dos credores, se houver, e, eventualmente, dos sócios, sobrando remanescente do patrimônio.

Com a dissolução ou extinção da sociedade, esta não atua mais na busca de seu objeto social, passando, então, a se voltar unicamente para sua própria terminação.

Pressuposto da liquidação, portanto, é a dissolução ou extinção da sociedade. O procedimento de liquidação geralmente vem previsto pelo contrato social, mas, na ausência, aplicam-se supletivamente as regras deste Capítulo IX, do Livro II, do Código Civil.

O primeiro passo para a instauração da liquidação é a nomeação de liquidante, administrador da sociedade ou terceiro, pessoa natural ou jurídica.

O contrato social pode já indicar a pessoa do liquidante, assim como podem também os sócios, na ausência dessa previsão, elegê-lo e nomeá-lo.

Podem ser nomeados um ou mais liquidantes, assim como pode ser nomeada pessoa jurídica para a função, prática esta geralmente utilizada por sociedades de elevada complexidade e especialidade. Na hipótese de o liquidante ser pessoa jurídica, é designada por esta pessoa para presentá-la à frente da liquidação, observando-se que a responsabilidade nesses casos é da entidade nomeada, a qual responde pelos atos de seus presentantes, prepostos ou mandatários.

A liquidação não dissolve a sociedade, que continua existindo até a finalização do procedimento. Durante o período de liquidação, a sociedade mantém sua personalidade jurídica e age pelo seu liquidante na ultimação das negociações pendentes, na realização do ativo, pagamento de passivo e por fim com o rateio do que eventualmente remanescer, entre seus sócios (GONÇALVES NETO, 2008, p. 465).

A investidura do liquidante é o ato que desencadeia o procedimento da liquidação. Trata-se de ato formal que se submete às regras do registro para operar efeitos *erga omnes*. No caso da figura do administrador coincidir com a do liquidante, embora a lei não exija seu ato formal de nomeação, é recomendável que se adote a prática apontada no parágrafo único. Assim, será possível separar os atos de administração dos atos de liquidação, para fins de atribuição de responsabilidades.

O ato de designação ou eleição do liquidante deve ser averbado junto ao Registro competente, observando-se que as regras de liquidação deste capítulo aplicam-se às sociedades empresárias e às simples. No primeiro caso, a averbação ocorre na Junta Comercial; no segundo, no Registro de Pessoas Jurídicas ou, no caso de sociedade de advogados, na Ordem dos Advogados do Brasil. A nomeação torna-se eficaz com essa averbação.

O liquidante pode ser destituído a qualquer tempo, por decisão dos sócios, na forma do disposto no art. 1.038, § 1º e incisos.

A forma de remuneração do liquidante não vem descrita na lei. O art. 667 do CPC de 1939 previa o percentual de 1% a 5% sobre o ativo líquido, atendendo à importância do acervo social e ao trabalho da liquidação. A antiga Lei de Falências, embora tratasse de síndico ou comissário, não trazia também um critério específico para a fixação dessa remuneração.

A atual lei de quebras e recuperação de empresas trouxe critério para a remuneração do administrador, o qual, diante da similitude das atribuições e funções daquele e do liquidante, pode ser adotado seguramente. O art. 24 da Lei nº 11.101, de 2005, determina que o juiz, ao estabelecer a remuneração do administrador judicial, leve em consideração a capacidade de pagamento do devedor, o grau de complexidade do trabalho e os valores praticados no mercado para o desempenho de atividades semelhantes. Limita a 5% do valor devido aos credores na recuperação judicial ou do valor da venda do patrimônio do devedor, em se tratando de falência.

Importante advertir que nem sempre há liquidação na dissolução da sociedade, pois pode ocorrer que no momento da dissolução não exista patrimônio a partilhar e as dívidas já estejam pagas, bastando o distrato levado a registro no Registro competente, para que a sociedade seja extinta. Também nas hipóteses de incorporação ou fusão da sociedade ocorre a extinção da sociedade sem dissolução ou liquidação.

12.10.1 Deveres e responsabilidade do liquidante

Ao liquidante cabe, fundamentalmente, praticar atos para a realização do ativo e a satisfação do passivo (art. 1.103). Para tanto, entre suas obrigações, encontram-se deveres formais e materiais, os primeiros de natureza essencialmente documental e os últimos de ordem prática.

É verdade que as dissoluções de sociedades nem sempre se operam da forma desejada pelo legislador, com a observância dos procedimentos legais e a liquidação, na maioria das vezes, nem ocorre, pois a sociedade dissolve-se de forma irregular. Os sócios e administradores, diante da situação de insolvência que geralmente é a hipótese de maior incidência, simplesmente "fecham as portas" e desistem da empresa, sem as providências oficiais junto aos órgãos públicos. Outras vezes, como já se aventou anteriormente, não existindo patrimônio nem dívidas, os sócios realizam o distrato da sociedade e registram-no, para que se torne eficaz. O fato é que a excessiva burocracia para a extinção de empresas desencoraja o devido procedimento legal.

O primeiro dever do liquidante, antes mesmo de assumir a função, é averbar no registro competente e publicar na imprensa o ato documentado que materializou a dissolução da sociedade: pode ser uma ata de assembleia ou reunião ou um distrato (I). Nem sempre, entretanto, haverá um instrumento retratando a dissolução, como pode ocorrer, por exemplo, no caso de dissolução por decurso de tempo determinado da sociedade ou, ainda, quando a unipessoalidade não é desconstituída no prazo de cento e oitenta dias.

Averbado o instrumento de dissolução, cumpre ao liquidante iniciar propriamente o procedimento de liquidação com a arrecadação dos livros e documentos, bem como os bens, se houver (II). O administrador tem o dever de fornecer todos os documentos de gestão para o liquidante e este deve elaborar o inventário e o balanço geral do ativo e do passivo (III).

Havendo negócios pendentes, o liquidante tem o dever de ultimá-los, praticando todos os atos necessários para a consecução da liquidação, inclusive os de alienação patrimonial, se for o caso (IV). O liquidante não pode praticar atos estranhos ao procedimento de liquidação, como, por exemplo, contrair empréstimos e gravar bens com ônus reais.

Apurado ativo insuficiente, o administrador poderá exigir dos sócios a integralização de suas quotas (V). Se for o caso, pedirá as quantias necessárias, nos limites da responsabilidade de cada um e proporcionalmente à respectiva participação nas perdas, repartindo-se, entre os sócios solventes e na mesma proporção, o devido pelo insolvente.

Não sendo hipótese de integralização e sim de apuração de saldo positivo, o liquidante procederá ao rateio do saldo entre os sócios. Devolverá primeiramente o valor das contribuições por eles prestadas na integralização das suas quotas, devidamente atualizadas e, só posteriormente, então, deverá distribuir o saldo na proporção da participação de cada um no capital social.

Tratando-se de sociedade de responsabilidade ilimitada, os sócios podem ser chamados para responder patrimonialmente pelas obrigações sociais insatisfeitas diante da insuficiência de ativos.

Cabe ao administrador, ainda, convocar assembleia geral ou reunião, semestralmente, para apresentar relatório e balanço do estado de liquidação, prestando conta dos atos praticados durante o semestre, ou sempre que necessário (VI).

Apurado que a sociedade se encontra em estado de insolvência, o liquidante submeterá a situação aos sócios, que poderão deliberar pela autofalência ou recuperação extrajudicial ou judicial, porque a sociedade em liquidação continua existente e tudo deve ser feito para evitar sua quebra (VII).

Finda a liquidação, cabe ao liquidante apresentar suas contas finais e o relatório aos sócios para que os aprovem (VIII). Uma vez aprovados, a ata dessa assembleia ou reunião deve ser averbada a fim de que a liquidação se dê por encerrada (IX).

Com o início do procedimento de liquidação, a sociedade deve adotar junto ao seu nome empresarial a expressão *em liquidação*. A adoção da expressão aponta para o fim da persecução do objetivo social e início da sua extinção, levando essa notícia aos terceiros interessados.

Assim como o administrador, o liquidante não age em nome próprio, mas em nome da sociedade e, portanto, os atos que pratica são atribuíveis a ela. Embora ocorra variação nos deveres do administrador e do liquidante, a responsabilidade pela prática dos atos é idêntica aplicam-se os arts. 1.011, 1.015, 1.016 e 1.017. Respondem por abuso e culpa no desempenho das suas funções. Quaisquer atos extravagantes à função por parte do liquidante vinculam-no pessoalmente com a consequente responsabilidade.

O procedimento de liquidação é constituído, basicamente, de três fases: apuração de haveres, pagamento do passivo e restituição do remanescente aos respectivos titulares.

Para a concretização dessas três fases, o liquidante pode praticar todos os atos necessários para converter o patrimônio social em dinheiro. Daí a permissão para alienar bens móveis e imóveis, transigir e dar quitação, todos atos úteis em prol da liquidação da sociedade.

Os atos estranhos à liquidação são expressamente vedados pelo parágrafo único do art. 1.105. Proíbe-se ao liquidante contrair empréstimos e gravar com ônus reais os móveis e imóveis, exceto no caso de esses atos serem indispensáveis ao pagamento de obrigações inadiáveis, mediante regra modificativa inserta no contrato social ou se consentida essa operação pelo voto da maioria dos sócios.

A liquidação é procedimento para encerramento da sociedade e, por isso, não podem ser praticados atos que apontem para a continuidade da exploração do objeto social, como contrair novas obrigações.

A prática dos atos vedados sujeita o liquidante à responsabilidade pessoal, assim como ocorre com o administrador.

12.10.2 Pagamento das dívidas sociais

O liquidante, no desempenho de suas atribuições, deve proceder com profissionalismo e diligência, ficando atento aos negócios da sociedade.

Assim, vencendo-se as dívidas, devem ser prontamente pagas para que não ocorra mora injustificada e, quiçá, o inadimplemento das obrigações que afluam ao Judiciário.

O Código autoriza o liquidante, no caso de inexistência de numerário suficiente, a pagar proporcionalmente as dívidas sociais vencidas e vincendas, sem distinção, desde que as vincendas sejam pagas mediante a concessão de desconto (art. 1.106). Essa regra deve ser vista com reservas e cabe ao liquidante avaliar a viabilidade de realizar pagamentos de obrigações não vencidas em detrimento das que estão por vencer. A conversão do patrimônio em dinheiro deve ser feita com cautela e sem precipitação, de acordo com as oportunidades que melhor favoreçam a sociedade.

Dispondo a sociedade de ativo superior ao passivo, o liquidante pode, sob sua responsabilidade, pagar integralmente as dívidas vencidas. Assim, o legislador conferiu ao liquidante a prerrogativa de avaliar a viabilidade de pagamento total das dívidas vencidas.

O fato é que a ordem de preferência no pagamento dos credores deve ser obedecida aplicando-se aqui a regra geral de preferência no concurso de credores, razão pela qual os credores com garantia devem ser pagos preferencialmente aos quirografários.

O art. 1.107 prevê a possibilidade de recebimento antecipado do acervo social. Em verdade não se trata de antecipação de pagamento aos sócios, mas de simplificação do procedimento de liquidação, pois o legislador condiciona essa antecipação ao pagamento anterior dos credores. Consoante já exposto, a liquidação abrange três fases constantes de apuração do ativo, pagamento do passivo e devolução do remanescente, se houver. Portanto, fica claro que não se trata de antecipação propriamente dita, mas sim de abreviação do procedimento.

De se observar, entretanto, que essa hipótese só é possível se houver dinheiro em caixa, porque se houver bens *in natura*, é imprescindível a concordância dos sócios em recebê-los, porque não estão obrigados a receber seus haveres de modo diverso daquele previsto em lei.

Realizado o rateio antecipado e surgindo novas dívidas antes de finda a liquidação, como, por exemplo, decorrente de sentença condenatória de natureza indenizatória, o liquidante deve exigir dos sócios a devolução do que lhes foi pago em detrimento dos referidos credores (GONÇALVES NETO, 2008, p. 479).

A maioria de votos prescrita no dispositivo é calculada segundo o valor das quotas de cada sócio.

12.10.3 Prestação de contas e encerramento da liquidação

O pagamento do passivo põe fim à segunda fase da liquidação, exigindo atenção do liquidante. Para a solvência do passivo o liquidante deve identificar todos os credores e os respectivos créditos realizando os pagamentos e observando a ordem de preferência, bem como a disponibilidade de capital.

O liquidante não tem obrigação de localizar todos os credores, senão através da busca razoável, porque a publicação do ato de dissolução da sociedade no Diário Oficial e em jornal de grande circulação (arts. 1.103 e 1.152, § 1º) dá ciência ficta do procedimento de liquidação.

O liquidante deve tomar todas as cautelas em relação a eventuais créditos em litígio e, mediante caução, garantir o respectivo pagamento, sob pena de responder por culpa pelo inadimplemento.

Essa fase da liquidação é de extrema importância e exige dedicação e cautela do liquidante porque pagamentos feitos com inobservância de preferências, bem como rateios indevidos, atribuem-lhe responsabilidade pessoal.

Realizado o pagamento do passivo, a última fase é o rateio do remanescente entre os sócios, se possível. A distribuição do acervo remanescente entre os sócios denomina-se partilha, igualmente como se dá com herdeiros em razão de morte.

Sendo o acervo representado por dinheiro, o procedimento é simples, bastando a divisão do valor entre os sócios na medida da participação social. Diversamente, sendo o acervo constituído de bens, a questão torna-se mais complexa e pode demandar insatisfações que importem até mesmo em litígio acerca do procedimento. Isso porque os sócios não estão obrigados a aceitar seus haveres de forma diversa da legal, que é em numerário. Alienar os bens é a solução mais eficiente, mas o prazo necessário para a obtenção do resultado pecuniário pode ser longo, estendendo a liquidação. Uma alternativa é a distribuição dos bens *in natura* entre os sócios, o que exige a anuência de todos em relação à divisão.

A tarefa do liquidante na fase de partilha do remanescente nem sempre é fácil, podendo exigir arte de negociação e persuasão.

Ultimado o pagamento dos credores e realizada a partilha entre os sócios, o liquidante convocará assembleia para a prestação final de suas contas (art. 1.108).

Nessa assembleia, os sócios deliberam sobre as contas apresentadas. A aprovação sem reserva exonera o liquidante de qualquer responsabilidade (art. 1.078, § 3º).

Na eventualidade das contas não serem aprovadas, os sócios devem deliberar acerca da providência a ser tomada, como, por exemplo, o liquidante proceder à reposição de valores. O quórum para a aprovação das contas é de maioria de votos dos presentes à assembleia.

Com a aprovação das contas a liquidação se encerra, extinguindo consequentemente a sociedade. A eficácia desse ato subordina-se à averbação da ata da assembleia no registro próprio.

Se porventura houver sócio dissidente, terá prazo decadencial de trinta dias, contados da publicação da ata, devidamente averbada, para impugnar em juízo a aprovação das contas. Esse prazo de trinta dias é exíguo, não conferindo proteção ampla aos sócios e credores.

O credor que, depois de encerrada a liquidação, não recebeu o que lhe era devido, poderá exigir dos sócios, individualmente, o pagamento de seu crédito somente até o limite do *quantum* que estes receberam na partilha. Assim, encerrada a liquidação, os sócios passam a responder limitadamente pelos respectivos créditos não satisfeitos, independentemente do regime societário adotado, segundo a regra do art. 1.110.

O legislador andou mal ao generalizar a responsabilidade dos sócios após a partilha, visto que em relação aos sócios de sociedade de responsabilidade subsidiária e ilimitada não há como impor essa regra, porque a liquidação não é forma de extinguir obrigações, mas apenas forma de saldá-las.

Por conseguinte, a regra do citado artigo parece ser inaplicável aos sócios de sociedade de responsabilidade ilimitada, por contrariar a natureza da responsabilidade por opção adotada pelo sócio, contemplando apenas os sócios de sociedade de responsabilidade limitada.

De outra sorte, se os sócios nada receberam a título de rateio após o pagamento dos credores, nada se pode reclamar deles a que título for.

O credor insatisfeito pode propor contra o liquidante ação de perdas e danos, no caso de ser feita a partilha do saldo ativo antes de serem pagos integralmente os débitos da sociedade ou em qualquer outra hipótese que configure apropriação indevida. O liquidante responde passivamente pelas perdas e danos porque é responsável por atos praticados com culpa ou dolo. Provando o liquidante que agiu com toda diligência para encontrar o credor e realizar o pagamento, pode ser exonerado da responsabilidade do seu pagamento.

O prazo prescricional para exercitar essa ação é de um ano, consoante expressamente previsto no art. 206, § 1º, V, do Código Civil. De se observar que esse prazo se aplica tão somente aos credores de dívidas vencidas, pois as vincendas, como inexigíveis, não podem ter computado prazo prescricional. Não existe vencimento antecipado das obrigações com a liquidação, como ocorre com a falência.

12.10.4 Liquidação judicial

A regra geral aponta para o procedimento de liquidação extrajudicial, exceto se suceder alguma das hipóteses de dissolução judicial, a teor do disposto no art. 1.034 ou, ainda, se ocorrer resistência da pessoa jurídica ou de sócios em liquidar-se a sociedade.

Sendo judicial a liquidação, deve ser seguido o procedimento previsto nos arts. 655 a 674 do Código de Processo Civil de 1939, ainda vigentes por força do art. 1.218, VII, do Código de Processo Civil de 1973. Na mais recente lei processual de 2015, os arts. 599 a 609 dispõem sobre a dissolução parcial de sociedade. Esses dispositivos devem ser analisados em cotejo com o que prevê o art. 1.046, § 3º, da mesma lei, que impõe o procedimento comum. Tratando-se de sociedade em estado de falência, aplicam-se as regras da Lei nº 11.101/2005.

Tem legitimidade para a abertura da liquidação o sócio, segundo o disposto no art. 1.036, parágrafo único, sendo admissível também que a sociedade demande ativamente, pois a pessoa jurídica representa o conjunto dos sócios.

Na liquidação judicial, os principais órgãos serão o juiz, que preside o procedimento, e o liquidante, que exerce função administrativa.

O liquidante é nomeado pelo juiz em reunião por ele convocada e presidida, na qual os sócios manifestam sua concordância. A nomeação pode recair sobre um terceiro, o administrador ou um dos sócios.

Os demais atos do procedimento são praticados pelo liquidante, assim como ocorre na liquidação extrajudicial, podendo o procedimento contar com manifestações dos sócios que não são soberanas, mas opinativas. A liquidação judicial produz os mesmos efeitos da extrajudicial.

Todas as assembleias ou reuniões convocadas e realizadas terão suas atas apensadas ao processo principal, mediante cópia autêntica.

12.11 REORGANIZAÇÃO SOCIETÁRIA

Durante sua atividade o empresário pode necessitar da prática de atos negociais para concorrer no mercado cada vez mais competitivo. Isso pode importar na alteração da estrutura da sociedade. Existem destarte formas de reorganização societária que permitem ao empresário melhor se adequar às exigências de nossa era.

O Código trata dos meios de reorganização societária num capítulo próprio, aplicando-se essas regras a todos os regimes societários.

12.11.1 Transformação

A transformação é o meio pelo qual a sociedade modifica sua categoria, sem sofrer dissolução e, consequentemente, sem a necessidade de constituição de outra empresa.

Na transformação, a sociedade altera seu regime jurídico, abandonando a modalidade originária para adotar nova estrutura legal. A transformação modifica a estrutura e as regras a que se subordina a sociedade.

Consequência da transformação, portanto, é a obrigatoriedade de alteração de seu contrato social ou estatuto e adequação de sua estrutura às novas regras.

A transformação altera profundamente as bases do negócio societário, com a substituição do regime jurídico adotado primitivamente. Esse procedimento pode trazer reflexos significativos aos direitos dos sócios, podendo até suprimir alguns, daí a exigência de quórum unânime para sua aprovação.

Com a transformação, a sociedade continua a existir e nem sempre necessita modificar seu nome e número de registro social, dependendo do novel regime adotado.

As restrições que se impõem à transformação repousam na impossibilidade de o empresário individual e as sociedades em conta de participação transformarem-se em sociedade.

O empresário individual não pode transformar-se em sociedade porque o ato recai apenas sobre a modificação de tipo societário, sem dissolução e liquidação, com a preservação da personalidade jurídica. O empresário individual não é, em princípio, pessoa jurídica com todas as suas características, sendo apenas detentor de um patrimônio especial para a exploração da empresa. Se o empresário individual decidir pelo exercício coletivo da empresa, deverá constituir pessoa jurídica contratando sociedade, até então inexistente. A sociedade em conta de participação também não é pessoa jurídica, não passando de um contrato associativo no qual pessoas naturais reúnem-se para explorar a empresa fundada na responsabilidade patrimonial exclusiva de uma ou algumas delas. Assim, para adquirir a condição de empresário coletivo cumpre constituir pessoa jurídica.

As demais modalidades societárias são passíveis de transformação, inclusive, em relação às simples em empresárias. Nessa hipótese, a sociedade simples cancelará sua inscrição junto ao Registro Civil de Pessoas Jurídicas e fará nova inscrição perante a Junta Comercial, ocorrendo processo inverso na transformação de sociedade empresária em simples. Nos demais casos, nos quais a natureza originária é preservada, não há cancelamento da inscrição, apenas averbação no respectivo registro.

A transformação exige em todos os casos a adequação do contrato social ou estatuto com seu arquivamento no registro próprio para seus regulares efeitos.

Em razão de o *status* jurídico dos sócios se alterar com a transformação, é exigido o consentimento unânime. Essa condição somente será afastada se no contrato social existir autorização nesse sentido. O contrato social pode prever a possibilidade de transformação futura da sociedade em outra modalidade e estabelecer quórum específico para a deliberação e aprovação.

Com a previsão no contrato social ou estatuto de cláusula autorizativa, bem como do quórum necessário, maioria simples ou qualificada, a mudança do regime jurídico fica previamente pactuada. Não poderão os sócios, no futuro, bem como os futuros sócios, impedir a concretização da operação, porque já houve autorização no pacto associativo quando da constituição originária. O contrato social ou estatuto é um ato normativo que obriga a todos.

De se observar, entretanto, que não basta a existência de cláusula autorizativa para a transformação para que esta se opere. É necessário que a cláusula defina, também, o critério para a aprovação da operação. Se a cláusula contiver apenas a permissão da transformação, mas não estipular a possibilidade de sua aprovação por deliberação majoritária, continuará sendo exigida a maioria, dada a profundidade do procedimento (COMPARATO, 1978, p. 118-119).

O consentimento do sócio, em qualquer das hipóteses tratadas, deve ser expresso, não se presumindo o seu silêncio como anuência. O silêncio nesse caso é ineficaz.

Ao sócio dissidente quanto à transformação cabe o direito de retirada. Esse direito é exercitado não somente quando o sócio não vota a favor, mas também com relação ao ausente e ao que se abstém de votar. Na ausência de disposição no contrato social acerca da liquidação das quotas do sócio dissidente, aplica-se o procedimento previsto no art. 1.031.

A transformação não afeta o direito dos credores, podendo, apenas, causar efeitos colaterais em relação às garantias de pagamento daqueles que venham a contratar com a sociedade transformada. Como exemplo, podemos citar a hipótese da transformação de sociedade simples, na qual a responsabilidade subsidiária dos sócios é ilimitada, para sociedade de responsabilidade limitada. Mas isso apenas em relação aos novos negócios, pois os anteriores à transformação são cumpridos nos termos primitivamente contratados. Assim, o credor, que tinha no patrimônio da sociedade a única garantia de recebimento de seu crédito, continuará da mesma forma. Todas as obrigações contraídas sob a égide da sociedade primitiva então transformada são mantidas nos termos e com as garantias da contratação, até completada a satisfação dos créditos.

Os efeitos da transformação em relação aos credores são produzidos a partir da averbação da operação de transformação à margem da inscrição da sociedade no órgão competente.

O parágrafo único do art. 1.115 cuida dos efeitos da falência da sociedade transformada, quando na originária havia a responsabilidade pessoal dos sócios pelas dívidas sociais. Nessa hipótese, os sócios da sociedade transformada, sujeitos à responsabilidade pessoal, continuarão responsáveis nos termos da responsabilidade originária quanto aos créditos gerados anteriormente à transformação e somente quanto aos credores que requererem nesse sentido.

12.11.2 Incorporação

A incorporação é modalidade de concentração empresarial. Realiza-se pela absorção completa de uma sociedade por outra, com a unificação de patrimônios e sujeitos de direito respectivos. O processo de incorporação tem início, em geral, com a *due dilligence*, que é procedimento de verificação dos pontos básicos da situação econômica e jurídica da incorporada, como investigação acerca do faturamento, regularidade tributária, ativo e passivo contábil, processos judiciais em curso etc. Apresentado esse resultado, prossegue-se conforme disposto nos arts. 1.113 ss.

Com a incorporação, a incorporadora recebe os sócios não dissentes da incorporada, com a totalidade dos bens, direitos e obrigações. Com a incorporação, a sociedade absorvida deixa de existir no universo negocial, ocorrendo sua extinção sem dissolução e liquidação patrimonial. A transferência de todas as obrigações da incorporada para a incorporadora independe de anuência dos credores, realizando-se automaticamente. Entretanto, os credores prejudicados podem pedir sua anulação, nos termos do art. 1.122.

Ressalte-se que quando há aquisição de todas as ações de uma sociedade por outra, não ocorre incorporação, porque as duas pessoas jurídicas continuam existindo, assumindo a adquirente a condição de subsidiária integral, nos termos do determinado no art. 252 e parágrafos da Lei nº 6.404, de 1976.

A incorporação pode ser realizada entre sociedades da mesma modalidade societária ou entre sociedades de naturezas diversas, desde que observadas as diferentes regras para a sua aprovação. No caso de incorporação de sociedades de natureza díspar, a incorporadora mantém seu regime societário, ficando os sócios da incorporada sujeitos ao regime jurídico desta.

O procedimento da incorporação tem início com a investigação da situação da sociedade incorporada (*due dilligence*) para a verificação da viabilidade da operação.

O resultado desse procedimento preliminar dará as bases da operação de incorporação e de reforma do ato constitutivo. A Lei nº 6.404, de 1976, estabelece a necessidade de apresentação da justificação, que vem a ser um relatório técnico elaborado pelos administradores para ser apresentado aos sócios, com o detalhamento da operação e dos motivos para sua realização. Apresentada a justificação, com os vários *consideranda*, procede-se ao protocolo, que pode ser definido como um contrato preliminar pelo qual incorporada e incorporadora manifestam a vontade de realizar a operação, ficando assim vinculadas.

Embora o Código Civil não traga essa regra, tratando-se de incorporação que envolva sociedade por ações, essas peças são indispensáveis para as tratativas preliminares da operação. Nada impede, igualmente, que mesmo nas incorporações que envolvam outra natureza societária apliquem-se as regras das sociedades por ações, diante da omissão do Código. Trata-se de forma mais segura e mais transparente de realizar o processo.

O art. 1.117 refere-se à aprovação das bases da operação e do projeto de reforma pelos sócios da sociedade incorporada, reiterando no § 1º a necessidade de deliberação no procedimento preliminar. Alfredo de Assis Gonçalves Neto observa que na regra do *caput* o legislador equivocou-se ao referir-se a sociedade incorporada, devendo a leitura ser feita como se incorporadora fosse. O autor argumenta que essa conclusão decorre do fato de a sociedade incorporada desaparecer com a operação e, portanto, não tem que aprovar projeto algum de reforma do seu ato constitutivo (2008, p. 513).

Independente da incorreção do *caput*, é certo que tanto incorporadora como incorporada devem concordar com os termos da negociação. A primeira porque está absorvendo uma empresa com patrimônio e obrigações sociais; a segunda, porque terá modificado seu regime jurídico, fato que pode importar, inclusive, na supressão de direitos dos sócios.

O procedimento da incorporação é complexo e compõem-se de vários atos e contratos. Aprovada a reorganização societária por ambas as sociedades, incorporada e incorporadora, por deliberação dos seus sócios, os administradores serão autorizados a praticar todos os atos necessários para a incorporação efetivar-se. Entre esses atos estão os de avaliação dos bens e do capital, cujo levantamento deve ser feito por peritos. Pela apuração do patrimônio líquido chegarão à conclusão da necessidade de nova subscrição do capital social.

A extinção da sociedade incorporada ocorre quando é feita a averbação da incorporação no registro próprio. Não é a sociedade incorporadora que extingue a incorporada, como mal redigido no texto legal. A extinção da incorporada opera-se de pleno direito no momento em que é averbada a incorporação.

Após a aprovação dos atos de incorporação, o próximo ato do procedimento de reorganização societária é a averbação da operação. A averbação dos atos de incorporação tem como consequência o cancelamento da inscrição da incorporada, acarretando seu desaparecimento do mundo jurídico, com a extinção de sua personalidade. O ato de cancelamento deve indicar ser ele decorrente da incorporação para que os credores possam, eventualmente, reclamar direitos.

Na hipótese de a incorporação operar-se entre sociedades de modalidades diferentes, a averbação deve ser feita tanto no Registro Civil de Pessoas Jurídicas como na Junta Comercial, também para efeitos de publicidade.

Posteriormente à averbação, é necessário que haja a publicação, conforme o art. 1.122, que prevê essa exigência.

12.11.3 Fusão

A fusão ocorre pela somatória de patrimônios líquidos de duas ou mais sociedades, da qual resultará sua extinção, com o nascimento de nova pessoa jurídica. Difere da incorporação porque nesta apenas a sociedade ou sociedades incorporadas desaparecem mediante a absorção pela incorporadora, a qual continua existindo e operando como o mesmo sujeito de direito.

A nova sociedade nascida com a fusão recebe a totalidade de bens, direitos e obrigações das pessoas extintas com a operação, bem como sócios ou acionistas. A liquidação patrimonial das sociedades fundidas não ocorre, porque o patrimônio de todas é preservado na integralidade.

Com a fusão ocorre a assunção dos contratos celebrados com terceiros como um todo, sem necessidade de anuência das partes, porque assim como sucede na incorporação, são mantidos os vínculos obrigacionais com terceiros. As fusões geralmente são realizadas para conquista de mercado, como ocorreu recentemente com as cervejarias, embora algumas vezes os processos de fusão esbarrem no CADE, porque pode ser utilizado como forma de dominar o segmento, eliminando a salutar concorrência.

As deliberações acerca da fusão devem ser tomadas observando-se as regras aplicáveis a cada modalidade societária envolvida. Se a fusão ocorrer entre sociedade simples e limitada, deve ser observado o quórum exigido para cada uma delas para aprovação.

Não há um procedimento padrão para deliberação dos sócios das sociedades; tudo pode acontecer em um ou vários atos assembleares para a aprovação da fusão. Esse projeto precisa conter as cláusulas do ato constitutivo, tanto as legais como as definidas pelos sócios; avaliações patrimoniais das sociedades; capital social de participação de cada sociedade e participação societária de cada sócio, bem como a indicação e modo de investidura dos administradores.

Aprovado o plano de fusão, serão nomeados peritos para proceder à avaliação do patrimônio. Cada uma das sociedades envolvidas participa realizando todos esses atos. Apresentados os laudos, os administradores das respectivas empresas convocam reunião ou assembleia para levar ao conhecimento dos sócios o resultado das avaliações, ocasião em que decidem sobre a constituição definitiva da nova pessoa jurídica.

O § 3º do art. 1.120 apresenta uma obviedade: a proibição de os sócios participarem na votação do laudo de avaliação do patrimônio da sociedade da qual façam parte. Ora, se aos sócios fosse dada essa possibilidade, poderiam açular os envolvidos para supervalorização do patrimônio. Daí a vedação inserta na regra.

O art. 1.121 trata de formalidade complementar inerente a todos os tipos de operação de reorganização societária.

Antes dos administradores procederem à inscrição da nova sociedade surgida com a fusão, é imprescindível que seja realizada a averbação da operação no registro de cada uma das entidades envolvidas, a fim de garantir a aplicação da regra do artigo seguinte. A inscrição no registro próprio de cada sociedade fundida traz como consequência a extinção das envolvidas.

Feitas as inscrições nos registros devidos, compete aos administradores proceder à inscrição da nova sociedade no domicílio de sua constituição. Com essa inscrição nascerá a nova pessoa jurídica, substituindo as anteriores, sucedendo-as em todos os direitos e obrigações.

12.11.4 Cisão

Embora o legislador não regulamente a cisão no capítulo da reorganização societária, refere-se a ela na aplicação da regra geral da anulação das operações de concentração societária. A cisão também é forma de reorganização societária, definida no art. 229 da Lei das Sociedades por Ações.

A cisão é operação por meio da qual uma sociedade transfere parcelas do seu patrimônio para outra ou outras sociedades, já constituídas ou a constituir, podendo se extinguir, se houver transferência de todo o seu patrimônio. Se parcial a transferência, divide-se o capital. Aplicam-se, portanto, quanto à cisão, diante da omissão do legislador no Código, as regras previstas na Lei nº 6.404, de 1976.

12.11.5 Os credores na reorganização societária

O legislador criou regra protetiva aos credores, consoante se depreende dos arts. 1.121 e 1.122. Como o patrimônio das sociedades é sua garantia, qualquer operação que importe em modificação pode vir a prejudicá-los. Por isso a lei exige a publicidade dos atos de concentração ou transformação empresarial.

Aos credores prejudicados com os processos de reorganização societária, transformação, incorporação, fusão ou cisão assiste o direito de pleitearem a anulação do processo.

O prazo decadencial para o exercício da demanda anulatória é de noventa dias, contados da publicação dos atos relativos à reorganização. A situação deficitária para pagamento de todos os credores é suposta na regra, mas não pressupõe a instauração de falência ou insolvência; nesses casos, a regra aplicável é outra (GONÇALVES NETO, 2008, p. 526).

Proposta a demanda anulatória, a sociedade demandada pode consignar em pagamento o crédito reclamado na própria ação ou mediante consignação em pagamento. Cuida-se de meio para elidir a alegada insuficiência patrimonial decorrente do processo de concentração. Relevante destacar que somente em relação aos créditos vencidos pode o credor demandar, pois em qualquer das operações de reorganização há assunção das obrigações. Com a procedência da consignação, a anulação pleiteada fica prejudicada.

No caso de dívidas ilíquidas, a sociedade poderá elidir a anulação, suspendendo esse processo prestando caução em juízo.

Se ocorrer falência de sociedade incorporadora, de sociedade nova ou cindida, no interregno de noventa dias da publicação dos atos relativos ao processo, faculta-se ao credor o direito de pedir a separação dos patrimônios. Assim, torna-se possível que o seu crédito seja pago com o produto da alienação dos bens integrantes do patrimônio que teria pertencido à sociedade anteriormente devedora.

O direito de assim pleitear é individual e não se estende a todos os credores, operando seus efeitos somente em relação àquele que promove a ação. Trata-se de exercício individual de direito conferido a todos.

12.12 GRUPOS DE SOCIEDADES: CONCENTRAÇÃO EMPRESARIAL

Fenômeno típico da sociedade industrial contemporânea é o da concentração empresarial. As empresas operam em mercado dinâmico afetado por novas tecnologias que proporcionam ampliação da demanda e estimulam a concorrência. Nesse sentido, as empresas necessitam adequar suas estruturas para atenderem à produção sempre crescente de produtos e necessidades dos consumidores.

Nem sempre, entretanto, a empresa suporta por si os custos fixos dessa produção, necessitando de uma melhora econômico-financeira. Geralmente, por essa razão, buscam parceiros para associarem-se temporariamente ou não e atingirem o escopo de ampliação das várias modalidades de produção.

O fenômeno da concentração empresarial é, sem dúvida, ferramenta de crescimento em escala, possibilitando a conjugação de recursos e esforços de mais de uma empresa para a consecução de um objetivo que sem essa associação não seria atingível. Qualquer que seja a forma de concentração, este fenômeno apresenta vantagens e desvantagens.

Como vantagens pode-se apontar no escólio de Mauro Rodrigues Penteado: diminuição do custo unitário dos produtos, em decorrência do aumento do volume da produção; ampliação do número de estabelecimentos; estocagem de matérias-primas, para afastar o risco da flutuação de preços; autogeração de recursos para investimentos; eliminação de intermediários; decréscimo dos custos administrativos, relativamente ao valor global das vendas; conquista de mercados em escala nacional e internacional; diluição dos riscos pela programação antecipada das atividades produtivas ou pela diversificação das mesmas; avanços tecnológicos e exercício do poder no mercado, entre outros (1979, p. 5-6).

As desvantagens de tal movimento, entretanto, existem tanto para o mercado de consumo como para as próprias empresas. O maior risco da concentração empresarial no âmbito externo, isto é, para a economia em geral, é a tendência em direção ao monopólio, por meio do uso abusivo do poder econômico (vide referências no Capítulo 1, item 1.4: regime jurídico da livre concorrência). Daí a função fiscalizadora e controladora do Conselho Administrativo da Defesa Econômica (CADE) em nosso país, realizada por avaliações dos resultados das uniões de empresa em termos de domínio do mercado e eliminação da concorrência.

No âmbito interno, a empresa pode sofrer alargamento em sua estrutura física e corporativa que pode resultar em majoração dos custos e perda da flexibilidade de administração, comprometendo o resultado da concentração.

Com vantagens e desvantagens não se pode negar que o fenômeno concentracionista está ligado à evolução do capitalismo e tende a estender também às médias e pequenas empresas, deixando de se restringir aos setores bancários e de grandes empresas em nosso país.

12.12.1 Modalidades de concentração empresarial

Diversas são as maneiras das empresas de se unirem de acordo com suas necessidades. As classificações são inúmeras a ponto de não haver uma sistematização. Assim, podem ser isoladas em três procedimentos básicos: a compenetração, representada pela fusão em sentido amplo; a associação, pela união de empresas e a integração, por meio dos grupos (BULGARELLI, 1975, p. 62) ou sob o enfoque jurídico, pode-se levar em consideração a origem (voluntária ou obrigatória); a intensidade do vínculo (*gentlemen agreements, pools, trade associations, trusts, holding companies* e fusões e incorporações); assim como a natureza do vínculo (real, obrigacional e pessoal) (PENTEADO, 1979, p. 9).

A finalidade didática deste estudo nos permite abordar especificamente a *joint venture* e o consórcio, por serem as principais figuras ligadas ao instituto da concentração empresarial e utilizadas no país.

12.12.2 *Joint venture*

A *joint venture* é modalidade de concentração empresarial encontrada no direito comparado e consiste no empreendimento comercial de duas ou mais pessoas orientado para um único e definido projeto, tendo como elementos necessários o acordo expresso ou tácito, uma finalidade comum, divisão dos lucros e perdas e igual poder das partes na direção do projeto (*Black's Law Dictionary*, St. Paul, Minn: West Group, 7. ed., 1999).

Como modalidade de concentração empresarial sua finalidade é racionalizar esforços das empresas com objetivo de aumentar lucros e competitividade no mercado.

Trata-se de figura semelhante ao consórcio – podendo-se entender este, inclusive, como modalidade de *joint venture* –, posto resultar também da união temporária para a execução de determinado empreendimento. O consórcio difere apenas por não envolver, em princípio, a responsabilidade solidária das partes (PACHECO, 1977, p. 533).

Também se assemelha à *partnership*, diferenciando apenas em relação ao período para o qual são constituídas essas associações. Esta é constituída por um período considerável ou mesmo indefinido, ao passo que a *joint venture* caracteriza-se pela limitação temporal. O caráter pessoal da *partnership* também é um diferencial em relação às *joint ventures*, porquanto com o falecimento de um dos sócios aquela se extingue, o que necessariamente não ocorre com estas.

Fundamentalmente tem-se *joint ventures* contratuais (*non corporate*), regidas por um contrato de associação, com relações obrigacionais sem a formação de um novo ente jurídico e, portanto, sem personalidade jurídica e *joint ventures* societárias nas quais há a criação de um novo ente jurídico para a consecução do objetivo.

12.12.3 Consórcio

O consórcio é modalidade de concentração empresarial temporária, porquanto permite que sociedades se reúnam para formar outra não personificada para a execução de determinado empreendimento. Essa é a letra do art. 278 da LSA, que regulamenta juntamente com o art. 279 a matéria.

Geralmente essa forma de agrupamento empresarial é constituída para a realização de um objetivo (normalmente uma ou mais obras), impossível de consecução pelas consorciadas individualmente.

Os contratos de consórcio têm como característica geral serem *tendencialmente* abertos, também referidos como *intuito rei*. Nesse sentido é possível a participação de novos empreendedores sem que seja necessário o consenso de todos os demais consorciados (PROPERSI; ROSSI, 2008, p. 28). O caráter *intuitu personae* dessa modalidade contratual é exceção, visto que esse fenômeno de concentração temporária de empresas visa a uma melhora econômico-financeira para a realização de objetivo específico, mormente tratando-se de consórcio para execução de obras. Portanto, não havendo disposição que aponte para a natureza *intuitu personae* do consórcio, a regra da alienação prevalece, permitindo a entrada de nova consorciada.

A lei atual das Sociedades Anônimas exige para a execução das obras por consórcio sua organização prévia mediante contrato aprovado por todas as consorciadas, com seu arquivamento no registro do Comércio e publicação da certidão de arquivamento com menção do empreendimento que constitua objeto do consórcio (art. 279, II, da Lei das S.A.), ainda que os integrantes não saibam se realmente vão executar a obra (MARTINS, 1979, p. 494).

O contrato de consórcio deve conter as disposições mínimas estabelecidas pelo art. 279, da LSA. Aqui, o contrato assume uma função essencial na regulamentação dos interesses, pois não existem normas externas a ele para a solução de eventuais controvérsias advindas desse pacto, pois sua natureza refoge às normas ordinárias do direito societário.

A finalidade do arquivamento e publicação da certidão do arquivamento é tornar pública, para conhecimento de terceiros, a concentração empresarial pactuada.

Todos os registros públicos, inclusive o da atividade empresarial, consoante já dito objetivam atribuir autenticidade e legalidade aos atos de empresa, bem como conferir segurança por meio das informações registrárias, uma vez que o registro estabelece presunção relativa de veracidade. Assim está na letra do art. 1º da Lei nº 8.934/94.

Porém, o principal efeito desse é constitutivo. A partir dele os efeitos jurídicos são produzidos. Por essa razão, todas as modificações decorrentes do exercício da atividade da pessoa jurídica só produzirão efeitos a partir do arquivamento na Junta Comercial, aplicando-se, igualmente, aos contratos de consórcio.

Particularmente em relação ao contrato de consórcio, assevera Modesto Carvalhosa (2009, p. 434) a função do registro e da publicidade, que segue a forma estabelecida para o registro de empresas, *"é a de espancar a presunção de solidariedade entre as consorciadas, ou seja, impedir que a congregação consorcial seja confundida com sociedade de fato"*, atendendo, assim, ao regime da publicidade, fundamental para a proteção dos direitos de terceiros e das próprias consorciadas, completa o jurista.

No mesmo sentido se manifesta Mauro Rodrigues Penteado (1979, p. 157): *"O arquivamento dos atos constitutivos no registro do comércio, seguido da publicação da respectiva certidão, terá o condão de gerar os efeitos de publicidade, perante terceiros, da celebração de um contrato típico, de cunho não societário".*

A falta de observância do regime da publicidade, nos termos traçados pelos arts. 279 e 289 da LSA, fortalecida pelas disposições citadas do Código Civil, macula a eficácia do contrato de consórcio em relação a terceiros.

12.12.4 Sociedades de Propósito Específico

As *joint ventures*, consoante já exposto, representam a formalização da atuação em associação, cooperação ou parceria entre duas ou mais empresas para a execução de um empreendimento, projeto ou negócio.

A Sociedade de Propósito Específico – SPE é um dos tipos possíveis de formalização de *joint venture*, assim como é o consórcio. Trata-se de uma sociedade criada para se executar um propósito específico, como denota sua própria nomenclatura, isto é, seu objeto social se detém à exploração de empreendimento ou empreendimentos determinado, delimitado.

As SPEs têm sua previsão no parágrafo único do art. 981 do Código Civil – CC:

> Art. 981. *Celebram contrato de sociedade as pessoas que reciprocamente se obrigam a contribuir, com bens ou serviços, para o exercício de atividade econômica e a partilha, entre si, dos resultados.*
>
> *Parágrafo único. A atividade pode restringir-se à realização de um ou mais negócios determinados.*

Não sendo um tipo societário autônomo, para se constituir uma SPE deve-se adotar modelos societários já existentes. Via de regra, as SPEs podem ser constituídas como sociedades limitadas (arts. 1.052 a 1.087 do CC) e sociedades anônimas fechada ou aberta (Lei nº 6.404/1976). Esses regimes societários são adotados usualmente porquanto protegem seus sócios quanto à sua responsabilidade pessoal por dívidas da sociedade.

As SPEs são muito utilizadas em empreendimentos imobiliários, mas também podem ser estruturadas para empreendimentos conjuntos de menor porte, o que, inclusive, pode aumentar o potencial competitivo de empresas de menor tamanho, ao se unirem em cooperação. O art. 56 da Lei Complementar nº 123/2006, que institui o Estatuto Nacional da Microempresa – ME e da Empresa de Pequeno Porte – EPP, fica previsto a possibilidade destas realizarem atividades sob a égide da SPE, desde que optantes do Simples Nacional.

> Art. 56. As microempresas ou as empresas de pequeno porte poderão realizar negócios de compra e venda de bens e serviços para os mercados nacional e internacional, por meio de sociedade de propósito específico, nos termos e condições estabelecidos pelo Poder Executivo federal.

A constituição das SPEs se dá por meio de contrato social (sociedades limitadas) ou estatuto social (sociedades anônimas), devidamente registrados e arquivados perante a Junta Comercial do Estado e contam com autonomia patrimonial, já que os sócios são possuidores apenas das respectivas quotas sociais.

As SPEs não se confundem com o consórcio, porquanto neste o seu objetivo visará sempre benefícios individuais para as sociedades consorciadas, mantendo estas total autonomia quanto à administração de seus negócios e obrigando-se nos estritos limites previstos no respectivo contrato social, ou seja, no consórcio não há a constituição de uma nova pessoa jurídica. Já com a SPE cria-se uma nova pessoa jurídica, com aporte de recursos das empresas que a compõem e que irão administrar o projeto em comum.

12.13 SOCIEDADES DEPENDENTES DE AUTORIZAÇÃO

A livre-iniciativa é um dos pilares da ordem econômica. Algumas atividades, contudo, em razão de trazerem risco para o mercado, exigem condicionar o exercício da livre iniciativa a prévia autorização governamental em certas áreas de relevante interesse público ou que toquem a segurança nacional. Assim ocorre em relação às instituições financeiras, seguradoras e consórcios, a título de exemplo.

As sociedades que necessitam de autorização para funcionar são regulamentadas por leis especiais que dispõem a respeito do ramo de atividade considerada, à forma de exploração do negócio, à região em que deve atuar etc. Não obstante isso, o Código Civil trouxe disposições gerais que devem ser observadas.

A autorização para funcionamento é concedida exclusivamente pelo Poder Executivo Federal, por meio de órgãos dotados de competências específicas. No caso das instituições financeiras, por exemplo, a atividade depende de prévia autorização do BACEN.

As autorizações são concedidas após a constituição da entidade, porém, previamente ao início da exploração da atividade. Não havendo prazo de validade estipulado na autorização, presume-se em doze meses, contados da data da publicação do ato administrativo autorizatório (art. 1.124).

Esse lapso temporal tem por finalidade permitir ao empresário preencher todas as condições legais para dar início às operações. Nenhuma autorização deve ser concedida por prazo indeterminado, exatamente em razão da natureza da atividade dessas empresas, de relevante interesse público.

Se no prazo assinalado na outorga ou em lei especial ou, ainda, no prazo presumido de doze meses, a sociedade não entrar em operação regular, a autorização caduca. Trata-se de prazo decadencial e, destarte, não pode ser suspenso nem interrompido.

Nada impede, todavia, que ocorra renovação do pedido de autorização. O novo pedido será analisado com avaliação por parte do órgão competente se presentes as condições para a renovação da autorização de funcionamento.

A perda de eficácia pela caducidade é da autorização para exploração de determinada atividade. Tal não implica na extinção da sociedade, que poderá modificar seu objeto, por exemplo, no caso de ter logrado obter nova autorização.

Ao conceder autorização, o Poder Público Federal pratica ato administrativo vinculado; portanto, preenchidas as condições para a concessão da autorização, não pode ser negada.

Da mesma forma, diante da ocorrência de qualquer das causas enumeradas nesse artigo – infração a disposição de ordem pública e prática de atos contrários aos fins declarados no estatuto ou contrato social – ou, ainda, causa prevista em legislação especial, cabe ao Poder Público Federal, mediante ato vinculado, cassar a autorização.

A cassação da autorização é causa de dissolução da sociedade, nos termos do art. 1.033, V. Eventual continuidade da exploração da atividade sem autorização sujeita seus administradores às sanções legais.

O Ministério Público deve ser comunicado da cassação da autorização, porque se a sociedade não entrar em liquidação nos trinta dias subsequentes, cumpre ao representante do *parquet* promovê-la judicialmente (art. 1.037).

12.13.1 Sociedade nacional

A sociedade nacional é definida como aquela organizada em conformidade com a lei brasileira e que tenha no País sua sede administrativa (art. 1.126). Dois critérios foram utilizados pelo legislador para que uma sociedade seja considerada nacional: organização da entidade em conformidade com a lei brasileira e ter sede de sua administração no País.

A organização, conforme a lei brasileira, é feita observando-se as exigências específicas do objeto explorado, como, por exemplo, a necessidade de autorização para os consórcios e instituições financeiras. Em outras situações, a lei pode exigir que todos os sócios sejam brasileiros, como ocorre com as empresas que exploram os meios de comunicação, disposição que está na berlinda para ser alterada (art. 222, *caput*, da CF).

Outro critério é o do funcionamento da sede da administração no País. Por sede administrativa deve-se entender o local onde ocorram efetivamente as decisões dos órgãos diretivos da pessoa. Não se confunde com a sede social. Sede administrativa e sede social podem ou não funcionar no mesmo local. O local onde o poder é exercido vale para efeito de compreensão do conceito de empresa nacional.

Preenchidos os requisitos legais e, eventualmente, outros específicos para determinadas atividades, a sociedade é considerada nacional e estará sujeita às regras gerais do Código.

Especificamente no caso de a lei exigir que todos os sócios sejam brasileiros, na sede da sociedade ficarão arquivadas cópias dos documentos comprobatórios de sua nacionalidade; tratando-se de sociedade por ações exige-se, ainda, que as ações sejam nominativas.

A lei descreve a possibilidade de a sociedade brasileira mudar de nacionalidade, mediante o consentimento unânime de todos os sócios ou acionistas (art. 1.127).

A mudança de nacionalidade pode decorrer da mudança da sede da administração ou resultar de uma das operações de reorganização societária. Em todos os casos, a exigência de aprovação unânime dos sócios é inafastável.

A exigência de unanimidade na aprovação condiciona sua validade ao voto expresso de todos os sócios, não se presumindo o voto do ausente como voto de aprovação.

Os credores da sociedade não podem se opor à mudança de nacionalidade, pois as obrigações e contratos perseguem a sociedade em seu novo território.

Aprovada a mudança de nacionalidade pelos sócios, a sociedade deve se adequar às exigências legais dos regimes societários do outro país.

A regra do art. 1.128 trata das formalidades para a concessão de autorização para funcionamento de sociedade nacional. Refere-se, assim, aos atos procedimentais para a obtenção da autorização de funcionamento.

O pedido de autorização deve vir instruído com cópia do contrato social para as sociedades em geral. Tratando-se de sociedade por ações, o requerimento deve ser instruído com cópia autenticada dos documentos exigidos pela lei especial. Se a modalidade de constituição tiver sido a escritura pública, junta-se ao requerimento a respectiva certidão.

Nenhuma outra exigência além das constantes do artigo e previstas na lei especial pode ser feita pela autoridade administrativa para fins de concessão da autorização, sob pena de abuso de direito.

Constatando a autoridade administrativa que o pedido de autorização não se encontra suficientemente documentado (art. 1.128), ou que o contrato ou estatuto contenha disposição contrária à lei ou ao interesse público, determinará que sejam feitos aditamentos ou correções necessárias, cabendo aos sócios, administradores ou fundadores cumprir as formalidades apontadas (art. 1.129).

Essa prerrogativa outorgada ao Poder Público limita-se ao âmbito da análise que lhe é atribuída para a outorga da autorização, sendo-lhe vedado impor modificações que não sejam pertinentes ao desempenho da atividade a ser exercida.

Supridas as formalidades, a autoridade administrativa concederá a autorização ou poderá, perante interesse público relevante, conceder autorização a título precário por prazo determinado para a sociedade funcionar, concedendo prazo para a sociedade cumprir as formalidades exigidas. Não atendida no prazo estabelecido, a autorização precariamente concedida caduca e a sociedade se dissolve.

A natureza vinculada do ato administrativo de autorização revela-se clara no art. 1.130. A autoridade administrativa tem o poder-dever de recusar a autorização quando a sociedade não preencher as condições legais.

Nenhuma avaliação de conveniência ou oportunidade, por motivo de interesse público que não esteja estabelecido em própria lei, pode ser feita pela autoridade administrativa (GONÇALVES NETO, 2008, p. 547). Tal se transformaria em ato discricionário.

O decreto de autorização é expedido pelo Presidente da República, salvo previsão específica em lei (art. 1.131).

Tal decreto tem sua eficácia condicionada à sua publicidade que deve ser feita no Diário Oficial. A autorização e os atos societários referidos nos arts. 1.128 e 1.129, juntamente com a publicação no Diário Oficial, devem ser arquivados no registro público próprio onde a sociedade fará sua inscrição.

Nos trinta dias seguintes à realização da inscrição, a sociedade deverá publicá-la no Diário Oficial da União, dispensando-se, assim, a publicação com inteiro teor dos seus atos constitutivos.

Realizados todos os atos do procedimento, a sociedade poderá dar início regular à atividade.

As companhias podem explorar a empresa com capital fechado ou aberto. Nas companhias com subscrição particular do capital, não há dificuldades para sua desconstituição na hipótese de não obter a autorização para funcionamento.

No tocante às companhias cujo capital é constituído por subscrição pública, entretanto, em razão desse capital movimentar recursos da poupança popular, a preocupação com a não concessão da autorização é relevante. Se às companhias abertas fosse conferida a prerrogativa de obter a autorização posteriormente à sua constituição, no caso de não obtenção, não só os fundadores, mas principalmente os investidores, seriam afetados.

Ademais, se a concessão da autorização fosse postergada para depois da constituição da companhia aberta, faltariam investidores para subscrever o capital social, pois correriam o risco injustificado de investir num negócio que poderia frustrar-se de plano.

A exigência de instruir o pedido de autorização no caso das companhias abertas, com cópia do projeto do estatuto e do prospecto, é mais uma forma de garantir que aventureiros não se lancem no mercado e prejudiquem investidores. Esses documentos permitem à autoridade administrativa aferir a viabilidade real no negócio sem colocar em risco os recursos dos interessados.

Após a concessão da autorização, segue-se a inscrição dos atos constitutivos no Registro Público de Empresas Mercantis, podendo, então, a companhia aberta dar início regular à sua atividade.

O legislador submeteu as alterações do contrato social das sociedades que dependem de autorização à aprovação do ente público (art. 1.133). Essa regra foi criada como forma de controle da exploração da empresa.

A relevância da atividade econômica dependente de autorização e os riscos que lhe são ínsitos justificam a intervenção estatal, como condiciona a regra.

Somente as modificações contratuais ou estatutárias que visem exclusivamente o aumento do capital social em virtude da utilização de reservas ou de reavaliação do ativo dispensam a aprovação do órgão estatal. De se observar, entretanto, que a dispensa é específica para essa hipótese de aumento do capital social e não para os demais casos. Na hipótese, por exemplo, de aumento do capital social com a finalidade de buscar novos valores para o patrimônio social, a dispensa de aprovação administrativa não se aplica, sendo imprescindível a aprovação.

12.13.2 Sociedade estrangeira

As sociedades estrangeiras são aquelas constituídas em outro ordenamento jurídico, cuja sede se localiza no exterior, mas que mediante autorização estabelecem filial, sucursal ou agência no Brasil. Ainda que já constituída e independentemente do seu objeto, é imprescindível a obtenção de autorização do Poder Executivo para funcionar no país. Essa autorização é necessária não só para o estabelecimento principal como para filiais, sucursais ou agências. O Decreto nº 11.497/2023 delega competência ao Ministro da Indústria e Comércio para decidir e praticar os atos de autorização de funcionamento de sociedade estrangeira em nosso País.

O conceito do *caput* do art. 1.134 abrange sociedades de qualquer natureza: empresarial ou simples, não trazendo limitação alguma quanto ao objeto. O regime jurídico societário do estabelecimento subordinado, entretanto, será o brasileiro, ainda que na matriz o tipo societário seja diverso daquele previsto na legislação brasileira.

Os documentos para a obtenção da autorização para funcionamento no Brasil são a prova da constituição regular da sociedade segundo a lei do país de origem e o inteiro teor do ato constitutivo com suas atualizações, se houver. O requerimento deve vir acompanhado, ainda, da relação dos membros de todos os órgãos da administração da sociedade, com nome, nacionalidade, profissão, domicílio e, salvo quanto a ações ao portador, o valor da participação de cada um no capital da sociedade.

A cópia do ato que autorizou o funcionamento no Brasil, o capital destinado às operações no território nacional também deve acompanhar o pedido de autorização. Essa comprovação pode ser feita mediante apresentação da alteração do contrato social, da ata da assembleia ou reunião, ou qualquer outro documento que sob as leis do país de origem seja apto a demonstrar a decisão de explorar a empresa no Brasil.

Exige o Código, também, que o pedido seja instruído com o ato de nomeação do representante no Brasil, com poderes expressos para aceitar as condições exigidas para a autorização (inc. V). Esse representante pode ser o mesmo que a sociedade constituirá para representá-la no território nacional em todos os atos e negócios, inclusive para questões judiciais, como adiante previsto no art. 1.138. Independentemente da coincidência ou não de ser representante para os fins referidos, seus poderes devem vir expressos nos documentos correspondentes, descrevendo seus exatos limites.

Por último, é exigida a cópia do último balanço. Qualquer documento que comprove as demonstrações financeiras da sociedade no último exercício é apto para atingir sua finalidade: comprovar a capacidade econômico-financeira da pessoa jurídica que deseja explorar atividade econômica no Brasil.

Todos os documentos que instruem o pedido de autorização devem ser autenticados de acordo com as normas do seu país de origem. Serão legalizados no Consulado Brasileiro ali localizado e encaminhados ao Ministério das Relações Exteriores para reconhecimento da assinatura do Cônsul, sendo traduzidos para o vernáculo por tradutor público juramentado.

Assim, como ocorre com as sociedades nacionais, a Autoridade Administrativa, diante do pedido de autorização para funcionamento, analisará o preenchimento das exigências legais para a concessão da licença (art. 1.135). Não se trata de exercício de poder discricionário da autoridade brasileira conceder ou não a autorização pura e simplesmente, segundo seu juízo de conveniência, mas sim de, uma vez atendidas as condições legais, concedê-la. Cuida-se aqui de princípio democrático garantido na constituição sob a égide da livre iniciativa.

A conveniência referida na norma, embora revista-se de certo grau de subjetividade, está obrigatoriamente vinculada ao atendimento dos princípios da atividade econômica insertos na Constituição Federal.

Desse modo, a autoridade administrativa não pode criar condições especiais para determinado pedido, mas deve aplicar as normas limitadoras ou condicionantes para o exercício da atividade econômica objeto de exploração pela sociedade estrangeira desejosa de aqui operar.

Qualquer exigência – ainda que justificada pela conveniente defesa dos interesses nacionais – que não esteja previamente determinada em lei configura ato ilegal da autoridade brasileira, passível de reparação pelo Judiciário.

Preenchidas as condições legais, a autorização deve ser concedida, ali constando a identificação da empresa estrangeira com sua origem, as atividades que pode explorar no Brasil e o montante do capital destinado às respectivas operações.

Posteriormente à concessão da autorização, a sociedade estrangeira autorizada providenciará a publicação dos atos referidos no art. 1.131 e no § 1º do art. 1.134.

A inscrição no registro competente é condição para aquisição de sua personalidade jurídica no território brasileiro (art. 1.136). Não obstante a sociedade estrangeira tenha seu registro no país de origem, é indispensável seu registro no Brasil.

Com a inscrição da sociedade estrangeira na Junta Comercial ou no Registro Civil de Pessoas Jurídicas, dependendo da natureza da atividade a ser explorada, a filial, sucursal ou agência adquire personalidade jurídica segundo as leis nacionais.

A sociedade estrangeira que atua em nosso território submete-se à nossa legislação, bem como sofre a repercussão jurídica dos atos negociais que praticar (art. 1.137), independentemente de sua matriz. Há na realidade constituição de "outra sociedade" no Brasil, com sujeito e patrimônio próprios. Pode, inclusive, sujeitar-se à falência, independentemente de sua matriz e vice-versa.

A inscrição deverá ser feita na sede do registro onde a filial, sucursal ou agência da sociedade estrangeira autorizada for se estabelecer.

O requerimento de inscrição deverá ser acompanhado da publicação exigida no parágrafo único do art. 1.135 e de comprovante de depósito em dinheiro, em estabelecimento bancário oficial, do capital ali declarado.

Com o arquivamento dos documentos exigidos, será procedida a inscrição da pessoa jurídica estrangeira no livro próprio, com o respectivo número de inscrição. Desse termo constarão os elementos presentes nos incisos, os quais basicamente são os mesmos dos contratos sociais das sociedades brasileiras.

Feita a inscrição, o respectivo termo deverá ser publicado no Diário Oficial da União, nos trinta dias subsequentes.

A sociedade estrangeira aqui autorizada a funcionar como sujeito de direito, que é independentemente da sua ligação com a matriz estrangeira, contrai obrigações, devendo cumpri-las, sob pena de sofrer as consequências pela inexecução, nos termos da lei brasileira. Do mesmo modo, como sujeito de direito, exigirá a satisfação dos seus direitos de acordo com as normas do ordenamento jurídico nacional.

A única exceção a essa regra prende-se ao nome empresarial, uma vez que o legislador autoriza a sociedade estrangeira a utilizar no Brasil o nome que tiver em seu país de origem, podendo acrescentar as palavras "do Brasil" ou "para o Brasil" (parágrafo único, art. 1.137).

O legislador impõe à sociedade estrangeira autorizada a obrigação de ter um representante permanente no Brasil, com poderes para resolver quaisquer questões, inclusive as judiciais, em nome da sociedade (art. 1.138).

A nomeação do representante no Brasil pode coincidir, como já referido, com a figura do representante nomeado para requerer a autorização de funcionamento da sociedade.

O representante da sociedade será nomeado por qualquer ato apto a investi-lo na função de mandatário da sociedade estrangeira, submetendo a eficácia do ato ao arquivamento e averbação no registro competente, Junta Comercial ou Registro de Pessoas Jurídicas, dependendo da natureza da pessoa jurídica.

Sem a competente averbação à margem da inscrição e o arquivamento do ato de nomeação, não produzirá efeitos no território nacional e todos os atos eventualmente praticados sem esse lastro jurídico vincularão pessoalmente o representante.

Os poderes do representante devem ser expressos, exigindo a lei, inclusive, que consistam, no mínimo, em receber citação, evitando, assim, o trâmite demorado de uma carta rogatória.

Da mesma forma que o legislador condicionou a modificação do contrato social das sociedades nacionais à aprovação pelo Poder Executivo brasileiro, o fez em relação às sociedades estrangeiras autorizadas (art. 1.139).

As alterações do contrato social de sociedade estrangeira ficam condicionadas à aprovação do Poder Executivo para que possam produzir efeitos no território nacional.

O pedido de aprovação das alterações estatutárias ou contratuais deve observar as mesmas exigências estabelecidas para a obtenção da autorização, inclusive quanto à publicidade.

A ausência de aprovação das alterações sociais pela autoridade brasileira é causa para a cassação da autorização de funcionamento da sociedade estrangeira no Brasil, nos termos do art. 1.125.

Ainda, a divulgação de informações relevantes é exigida pela lei brasileira em relação à sociedade estrangeira autorizada a funcionar no Brasil (art. 1.140). Essas informações relevantes referem-se especificadamente à situação econômico-financeira da empresa e à sua administração.

Uma vez autorizada a funcionar no Brasil, a sociedade estrangeira deverá divulgar os resultados financeiros de sua atividade global, reproduzindo no Diário Oficial da União e do Estado onde estiver sediada todas as publicações, se for o caso.

Igualmente, a sociedade estrangeira deve publicar o balanço patrimonial e de resultado econômico das filiais, sucursais ou agências existentes no País.

A sanção pelo não cumprimento da regra inserta é a mais rígida: a cessação da autorização para funcionamento da sociedade estrangeira no Brasil. De se observar que a perda da licença não opera de pleno direito, exigindo a instauração de processo administrativo que assegure ampla defesa.

O legislador criou na regra inserta no art. 1.141 a prerrogativa de nacionalização da sociedade estrangeira. Mediante autorização do Poder Executivo, a sociedade estrangeira aqui em atividade poderá optar por sua nacionalização, transferindo a sua sede para o Brasil.

Havendo interesse em nacionalizar-se, deverá deduzir o pedido de transferência de sua sede, mediante requerimento instruído com os documentos enumerados no art. 1.134. Esses documentos são aqueles exigidos para o pedido de autorização de funcionamento e devem vir acompanhados da prova da realização do capital, pela forma declarada no estatuto ou contrato social. Ainda, deve acompanhar o requerimento de nacionalização o ato pelo qual foi deliberada a nacionalização.

Preenchidas as condições legais, a autoridade administrativa, por meio de ato vinculado – e aqui lembrando que não é dado ao Poder Público impor condições especiais a uma determinada sociedade estrangeira que não estejam já previstos em lei –, defere ou indefere o pedido de nacionalização.

Deferido o pedido e aceito pelo representante da sociedade requerente, será expedido o decreto de autorização e inscrita a pessoa jurídica no registro competente, acompanhada da publicação do respectivo termo.

A sociedade nacionalizada deverá adaptar seu estatuto ou contrato social às exigências da lei brasileira, inclusive no tocante aos aspectos formais de registro.

Parte III
TEORIA GERAL DOS TÍTULOS DE CRÉDITO

13

TÍTULOS DE CRÉDITO: ATOS UNILATERAIS

13.1 GENERALIDADES. CONCEITO. CARACTERÍSTICAS. O CÓDIGO DE 2002

O Código Civil de 1916 destacou capítulo sob a epígrafe "Dos títulos ao portador" (arts. 1.505 a 1.511) entre as obrigações por *declaração unilateral de vontade*. O Código Civil vigente, levando em conta que passa a tratar da empresa e seus aspectos societários, trata do assunto de forma muito mais abrangente, dentro do Título VII, dedicado aos "*atos unilaterais*".

A matéria referente aos títulos de crédito longe está de se prender proeminentemente ao direito civil; é regulada por legislação própria em suas várias modalidades. Há um direito cambiário com foros de autonomia. Desse modo, os dispositivos do Código de 1916 a respeito guardavam unicamente restrita supletividade, pois pouco era deixado de lado na legislação sobre o tema, decorrente do caldeamento de costumes mercantis. O Código em vigor, porém, procurou traçar toda uma teoria geral dos títulos de crédito nos arts. 887 a 926, a qual deverá ser necessariamente harmonizada com a disciplina dos respectivos títulos, letras de câmbio, notas promissórias, duplicatas, cheques etc. Na verdade, essa matéria, absorvida do direito costumeiro da Idade Média e da Lei Uniforme de 1930, já estava suficientemente disciplinada no ordenamento pátrio, não havendo necessidade de um Código Civil fazê-lo, aumentando os riscos de conflito de interpretação. Melhor seria que toda essa matéria fosse extirpada do Código de 2002, pois sua presença nesse estatuto é injustificável em todos os sentidos. O novel legislador não usou da mínima cautela, não se apercebendo, ou não querendo se aperceber, que a matéria de títulos de crédito está de há muito solidificada por uma massa perfeitamente compreensível de normas em nosso direito.

Ademais, o art. 903 do Código dispõe: "*Salvo disposição diversa em lei especial, regem-se os títulos de crédito pelo disposto neste Código*". Como aduz Newton de Lucca (2003, p. 228) "*a interpretação deste artigo 903 é absolutamente fundamental para todo o correto entendimento e adequada aplicação de todo o Título VIII*".

Se for entendido que se mantêm vigentes todas as leis especiais que regem os títulos de crédito para letras de câmbio, notas promissórias, cheques, duplicatas etc., o dispositivo é inócuo. Se se entender que se aplicam as leis específicas naquilo que não conflitar com o Código deste século, também de pouco alcance será esse diploma, pois a legislação é exaustiva e abrangente, embora trazendo algumas dificuldades interpretativas. Se, por hipótese mais extremada que não entendemos em princípio possível, entender-se que prevalecerá o Código Civil no conflito com as normas específicas, haveria uma revolução em todo direito cambiário e conflitos com a própria Lei Uniforme adotada em nosso ordenamento, o que não é lógico. E o que não é lógico não é jurídico. Qualquer que seja a conclusão, esta é inevitável: o tratamento dos títulos de crédito no Código Civil é de absoluta inconveniência. O microssistema do direito cambiário não merecia mais esse fator inquietador.

Newton de Lucca aponta a opinião do saudoso Mauro Brandão Lopes, para quem essas disposições se aplicariam aos chamados títulos atípicos (loc. cit.). Nessa hipótese, perfeitamente aceitável, também seria pequeno o alcance desses dispositivos. Pode ser entendido também que as normas do Código Civil disciplinam subsidiariamente as regras sobre títulos de créditos espalhadas em várias leis. Parece-nos acolhível essa opinião, a qual, segundo Newton de Lucca, fora abraçada, quando da elaboração do Projeto, por Mercado Jr. (2003, p. 229). Mas toda essa celeuma faz por concluir, sem dúvida, da inutilidade de serem incluídos dispositivos sobre títulos de crédito no Código Civil. Conclui-se, destarte, na melhor forma, que por força do art. 903 do Código Civil de 2002, as disposições relativas aos títulos de crédito não se aplicam aos títulos já existentes e regulamentados. A discussão, porém, longe está de ter uma resposta definitiva, mas a corrente vencedora deve propender para este último sentido.

No sistema do velho Código, não cabia, por outro lado, fazermos nesta obra dedicada primordialmente ao direito contratual mais do que uma análise superficial sobre os títulos de crédito, matéria a que se deve dedicar estudo monográfico. Outro, contudo, passa a ser o enfoque sob o Código de 2002. Advirta-se, contudo, que mesmo no campo do direito mercantil clássico ou do direito empresarial contemporâneo, o direito cambiário se apresenta como universo autônomo, a merecer um estudo setorizado e detalhado. Desse modo, é discutível a utilidade ou eficiência do Código em vigor, assumindo uma legislação que de há muito está solidificada por leis e costumes eminentemente cambiários. Procuremos, porém, para que não se peque por omissão, fazer uma viagem a voo de pássaro pela teoria geral desse importante universo jurídico do direito privado.

Na generalidade das obrigações por declaração unilateral de vontade, incluem-se os títulos de crédito cujo conteúdo básico é o nascimento de uma obrigação materializada em instrumento escrito, firmado pelo emitente, independentemente da aceitação de outro sujeito. Afasta-se, portanto, a ideia de contrato. O título de crédito é fruto de manifestação unilateral de vontade. O título de crédito vale pela declaração do que na cártula se contém, daí a expressão *direito cartular*. Com isso, permitida a circulação, o título de crédito possui efeito obrigatório. Cuida-se, portanto, de meio eficaz de circulação de riquezas e respectivos créditos, uma das estruturas mais potentes de dinamização econômica e social. Nessa premissa, o título de crédito basta-se por si mesmo para o exercício do direito literal e autônomo que nele se estampa.

Nesse diapasão, deflui que o título de crédito é, antes de qualquer definição, um documento. Indispensável que para sua existência haja um documento, uma cártula, sem a qual o conceito e a existência de título de crédito são impensáveis. O título depende, pois, da escrita sob uma forma cujos requisitos na maioria das vezes são minudenciados em lei. Nesse sentido coloca-se o art. 887 do Código, sintetizando a doutrina tradicional: *"O título de crédito, documento necessário ao exercício do direito literal e autônomo nele contido, somente produz efeito quando preencha os requisitos da lei."*

Esse escrito ou *cártula* é indispensável para o exercício dos direitos nele contidos. O devedor, emitente ou outro coobrigado somente deve pagar à vista do título, salvo se este for declarado nulo e disso tiver conhecimento. Desse modo, a declaração deve descrever os direitos que se incorporam ao título. Esses direitos sempre traduzem um crédito em dinheiro ou em espécie. Apresentam a característica de *literalidade* pelo fato de só valerem pelo que está mencionado no documento, e *autonomia*, porque cada obrigação surgida no título independe das demais presentes no mesmo documento. Outra característica importante que deve ser destacada é a solidariedade entre todos os coobrigados que apõem sua assinatura na cártula. A lei cambiária em geral não define o título de crédito em sentido amplo, tendo o Código deste século optado por fazê-lo.

A obrigação de cada sujeito que firma o documento é autônoma, pois o devedor é obrigado a cumpri-la em prol do portador ou beneficiário sem poder opor-lhe meios de defesa que dizem respeito a outros coobrigados. Nesse aspecto, surge a questão da *oponibilidade das exceções*. O devedor cartular somente pode opor as exceções que lhe são próprias, *exceções pessoais*, e as *exceções gerais*, isto é, as que atingem a incolumidade formal e material do título. Nesse molde, por exemplo, qualquer devedor pode alegar ausência de literalidade em razão de o título estar dilacerado, mas somente o agente, vítima de coação quando de sua manifestação de vontade, por exemplo, pode opô-la como meio de defesa, não podendo fazê-lo os demais coobrigados cuja vontade foi perfeita ao contrair a obrigação. O Código Civil de 1916 traduziu o princípio tradicional no direito cambiário no art. 1.507, presente na legislação básica sobre a matéria:

> *"Ao portador de boa-fé, o subscritor, ou emissor não poderá opor outra defesa ao possuidor de boa-fé além daquela assente em nulidade interna ou externa do título, ou em direito pessoal ao emissor, ou subscritor, contra o portador".*

Sob esse aspecto, o mais recente Código dispõe no art. 915:

> *"O devedor, além das exceções fundadas nas relações pessoais que tiver com o portador, só poderá opor a este as exceções relativas à forma do título e ao seu conteúdo literal, à falsidade da própria assinatura, a defeito de capacidade ou de representação no momento da subscrição, à falta de requisito necessário ao exercício da ação".*

Também o art. 906 trata do mesmo tema: *"O devedor só poderá opor ao portador exceção fundada em direito pessoal, ou em nulidade de sua obrigação".*

Como se observa, o Código de 2002, mantendo a mesma ideia, resolveu, porém, descrever as exceções inerentes ao próprio título que podem ser alegadas pelo devedor. Desse modo, o devedor nunca poderá, por exemplo, alegar compensação de crédito que tinha com um precedente portador ou tomador, contra o portador atual do título. O art. 916 ainda acrescenta:

> "As exceções, fundadas em relação do devedor com os portadores precedentes, somente poderão ser por ele opostas ao portador, se este, ao adquirir o título, tiver agido de má-fé".

Como se mostra evidente, a boa ou má-fé será matéria de prova no caso concreto.

Outra característica tradicional dos títulos de crédito é sua *abstração, como regra*. Os direitos creditícios decorrentes do título são, em sua maioria, abstratos, isto é, desvinculam-se das causas que os originaram. Bastam-se por si mesmos, salvo algumas exceções no ordenamento. Essa particularidade não se confunde com a autonomia, porque esta diz respeito aos vários obrigados presentes no título, enquanto a abstratividade reflete o desprezo por qualquer investigação da origem do crédito. Posto em circulação, o crédito desvincula-se do ato ou negócio jurídico que lhe deu origem. No entanto, não são todas as modalidades de títulos de crédito que são abstratas. O ordenamento apresenta também títulos causais, como é o caso da duplicata.

Como o título de crédito embasa sua estrutura na literalidade, o elemento preponderante de sua natureza é o formalismo. Somente havemos de invocar as demais características de autonomia e abstração se o documento obedecer às formalidades legais. Cada espécie de título possui suas próprias exigências formais para valer como tal. Se lhes faltar algum dos elementos considerados essenciais pela lei, o escrito não terá eficácia de título de crédito. A forma prescrita em lei transforma a simples declaração unilateral de vontade em título de crédito.

Atendendo aos princípios de operosidade e proteção social colimados pelo Código, o art. 888 consagra regra da teoria geral do direito, nunca negada: *"A omissão de qualquer requisito legal, que tire ao escrito a sua validade como título de crédito, não implica a invalidade do negócio jurídico que lhe deu origem"*.

A cártula vale por si mesma e enseja a cobrança por via executória. Sua ausência ou defeito formal, porém, não suprime ou faz desaparecer o negócio jurídico que lhe deu origem, isto é, o negócio subjacente originário. Assim, se uma nota promissória foi emitida para representar um mútuo, o simples fato de esse título não apresentar liquidez e certeza por falha formal ou tendo em vista seu desaparecimento, não suprime o direito do credor de provar a existência e higidez do negócio e cobrar o que lhe é devido. Ocorre que, perante a ausência material ou defeito formal no título, deixa o credor de ter a sua disposição a execução aparelhada, que lhe permite um meio mais rápido e eficaz de ajuizar seu crédito. Nessa situação, deverá valer-se dos meios ordinários, provando, por todos os meios possíveis, a existência, validade e eficácia do negócio jurídico que fora estampado em um título de crédito.

O título de crédito, portanto, criado pelos usos mercantis do passado, tem uma finalidade essencialmente dinâmica, conferindo primordialmente a possibilidade de circulação e satisfação dos créditos com maior eficiência e rapidez, sem os entraves burocráticos de um contrato. A rapidez na criação e cobrança dos créditos é, destarte, uma característica principal. A criação do título exige apenas uma manifestação de vontade; não há necessidade de um contrato e a cobrança é executiva, sem maiores entraves. Essas são as razões pelas quais os comerciantes têm preferido sua utilização nos últimos séculos.

Atualmente, com a informática, a matéria ganha até mesmo outros contornos, com a possibilidade de existência de títulos "virtuais", duplicatas e faturas que, por exemplo, existem unicamente nos computadores das empresas e que somente serão materializadas em papel, se necessário, para alguma prova tributária ou para a apresentação em juízo, por exemplo. Por esse meio, evita-se que volume desnecessário de papel seja guardado em arquivo. Aliás, já se promove a feitura de legislação para atender a essa evolução dos títulos de crédito. O Código de 2002 faz referência ao fenômeno:

> *"O título poderá ser emitido a partir dos caracteres criados em computador ou meio técnico equivalente e que constem da escrituração do emitente, observados os requisitos mínimos previstos neste artigo"* (art. 889, § 3º).

Mantém-se a velha tradição sob as vestes da informática.

Desse modo, os títulos de crédito são fontes unilaterais de obrigação, como estudamos na teoria geral.

13.2 NOTÍCIA HISTÓRICA

A teoria dos títulos de crédito é o melhor exemplo de como surgem os institutos de direito mercantil. As necessidades práticas e dinâmicas do comércio são a verdadeira fonte de seus institutos, que se baseiam em usos e costumes. O comércio, em sua fase inicial, necessitava de instrumentos que permitissem a rápida circulação de bens e de créditos, sem maiores formalismos. As feiras que se realizavam regularmente nas cidades apontam as primeiras evidências. As mercadorias deviam estar fisicamente presentes, a princípio, para serem comercializadas. Não havia, no direito romano tradicional, a noção de cessão de bens, que ingressa muito lentamente no Direito.

Outra questão que impedia a circulação imaterial dos bens era a necessidade da proteção da boa-fé do adquirente.

Os títulos de crédito, com a noção moderna, têm origem nas letras (*lettera*) dos comerciantes italianos da Idade Média. Com o esfacelamento do império romano, havia grandes dificuldades de transportar valores por terrenos inóspitos, sujeitos a inimigos e piratas. Criou-se, destarte, a prática de os comerciantes depositarem quantias junto aos banqueiros, que entregavam um documento certificando o fato e atestando a importância. Surgia aí a nota promissória. Por outro lado, os comerciantes sacavam contra os banqueiros ordens de pagamento, dando origem às letras de câmbio. De início, a letra era um simples instrumento que atestava um contrato de câmbio, ou seja, troca de moedas. Ademais, nesses documentos era justificada a cobrança de juros, então condenada pela Igreja, pelo fato de se cobrar pelo serviço de pagamento em praças diferentes.

Com base nessa origem, os costumes foram evoluindo para permitir, além do vencimento à vista do título, vencimentos a prazo ou a certo prazo de vista, surgindo aí o instituto do *aceite*. Surge, então, a possibilidade de ser transferido o documento representativo do crédito por meio do *endosso*, assinatura "*in dorso*", no verso. Essa transferência, no entanto, não tinha, a princípio, a concepção que hoje conhecemos, possuindo ainda a compreensão da cessão civil de direitos. Sob esse prisma, a obrigação do endossatário não era autônoma, pois poder-se-ia alegar contra ele todas as exceções que poderiam ser opostas ao endossante.[1]

Aponta Jorge A. Perrone de Oliveira que somente em meados do século XIX foi atingida a concepção atual dos títulos de crédito, qual seja, o fato de eles representarem um valor independentemente do negócio jurídico que lhes deu causa (1999, p. 17). A cártula passou a incorporar intrinsecamente um valor.

Em nosso direito, o princípio da abstração dos títulos de crédito foi consagrado pelo provecto Decreto nº 2.044, de 1908, um marco fundamental na legislação brasileira. A maioria dos países somente veio a adotar o princípio algum tempo depois, mormente com a adesão à Lei Uniforme de Genebra, de 1930.

Como regra geral, a história dos títulos de crédito aponta quatro fases:

I – período italiano até 1650;
II – período francês, de 1650 a 1848;
III – período germânico, de 1848 a 1930; e
IV – período do direito uniforme, desde 1930 (ROSA JR., 2000, p. 36).

O *período italiano* é assim denominado porque o centro das operações de comércio estava situado nas cidades marítimas da península itálica. As feiras aí realizadas atraíam mercadores distantes. Cada cidade, porém, tinha sua própria moeda e esse fator constituía dificuldade para o comércio. Daí surgir, então, o chamado câmbio manual, por meio do qual um corretor encarregava-se da troca de moedas. No entanto, ainda assim persistia o risco do transporte desses valores. Evolui-se daí para o chamado *câmbio trajetício*, pelo qual o banqueiro recebia moeda de certa espécie em sua cidade e se obrigava a entregar, em outra praça, a pessoa designada pelo credor, a mesma soma de dinheiro em outra moeda. Nesse fenômeno surgia, portanto, o embrião dos títulos de crédito, a fim de facilitar a rápida circulação de valores. Aponta ainda Luiz Emygdio F. da Rosa Jr. que o banqueiro,

---

[1] "Apelação – Ação declaratória – Duplicatas frias – Causa subjacente – Protesto indevido – Endosso translativo – *Factoring* – Duplicata que é título de crédito eminentemente causal, somente podendo ser sacada quando houver uma real operação de compra e venda mercantil ou efetiva prestação de serviço. Apelada que foi vítima de atos fraudulentos praticados por seu funcionário e pela empresa corré que emitiu duplicatas frias, posteriormente repassadas por endosso translativo à apelante. Culpa in vigilando que serviu para afastar o pedido de indenização por danos morais. Possibilidade de a apelante demandar contra aqueles que praticaram o ato fraudulento. Inexistência de relação cambial entre as partes. Inexigibilidade dos títulos. Ação parcialmente procedente. Protestos indevidos. Apelo improvido" (*TJSP* – Ap 0000288-96.2011.8.26.0604 – Sumaré – 24ª CD Priv. – Rel. Salles Vieira – *DJe* 22-9-2014 – p. 1.385).

nessa situação, emitia dois documentos: a *cautio*, que confessava o reconhecimento da dívida e a promessa de entregar o valor equivalente no prazo, lugar e moeda que haviam sido contratados, e a *littera cambii*, uma carta pela qual o banqueiro dava ordem a seu correspondente, domiciliado em outra cidade, para pagar ao credor ou a pessoa por ele designada. Aponta-se que a *cautio* deu origem à nota promissória e a *littera cambii*, à letra de câmbio. Os títulos ainda não tinham a conotação moderna, pois a letra de câmbio da época apenas podia representar uma operação de câmbio a distância. Sua função era basicamente de pagamento e não de instrumento de crédito.

No chamado *período francês*, surge na França a cláusula à ordem, em 1650. A praxe deixara de exigir que a letra de câmbio fosse emitida para lugares distantes, transformando-se em instrumento de crédito e pagamento entre os comerciantes.

O denominado *período alemão* tem início em 1848, ano da promulgação da lei cambial alemã. A letra de câmbio passa a ter a compreensão moderna, de ordem de pagamento, título literal e autônomo.

O último período, o da *Lei Uniforme*, corresponde à uniformização da legislação cambiária, decorrente da aprovação, em 1930, da Lei Uniforme de Genebra, quanto às letras de câmbio e notas promissórias e, em 1931, com a Lei Uniforme sobre cheques. Essa legislação sofreu forte influência da lei alemã de 1848.

João Eunápio Borges (1971, p. 40) recorda que a doutrina afirma que essa divisão é arbitrária e que a verdadeira transformação ocorreu com a introdução do endosso. Antes do endosso, a letra é apenas o instrumento de um contrato de câmbio. Com o endosso e o reconhecimento do direito autônomo do endossatário, a letra adquire as características de título de crédito, título à ordem, passível de circulação, rompendo com a tradição romana que não a admitia.

Nosso Código Comercial de 1850 disciplinava as letras de câmbio e notas promissórias (arts. 314 a 427), no que foi substituído pelo Decreto nº 2.044, de 31 de dezembro de 1908. Essa lei era avançadíssima na época e adaptou-se sem maiores dificuldades à Lei Uniforme de Genebra, introduzida em nossa legislação interna. A adoção pelo país da Lei Uniforme trouxe o inconveniente que diz respeito às "reservas". Isso significa que países signatários dessa convenção se reservaram o direito de regular determinadas matérias, em suas legislações internas, afastando assim a aplicação da Lei Uniforme. Desse modo, quando se examina um dispositivo da Lei Uniforme, há que se verificar se nosso país não fez reserva. Se isso ocorreu, deveremos procurar o dispositivo que trata da matéria na lei interna, basicamente o Decreto nº 2.044/1908. Há particularidades que se referem a essa problemática, cujo âmbito de nosso trabalho não permite adentrar, inclusive sobre discussão, no passado, sobre a vigência interna da Lei Uniforme. Do que se explanou, chega-se à conclusão de que há dispositivos do velho diploma nº 2.044 que continuam em vigor. Agora, novo obstáculo à harmonização surge com a disciplina geral dos títulos de crédito no Código Civil de 2002. Em tese, teremos basicamente três diplomas regulando a mesma matéria, além das legislações específicas sobre cheque, duplicata etc. Em profundo exame sobre a temática, apontando inclusive os erros da tradução da lei internacional, Rosa Jr. (2000, p. 22) relaciona os dispositivos do Decreto nº 2.044/1908 que continuam em vigor, não tendo sido absorvidos pela Lei

Uniforme de Genebra, sem mencionar ainda o Código Civil em vigor. Em mais essa mixórdia legislativa, leve-se em conta que o papel dos usos e costumes é muito forte nesse campo e auxilia bastante o intérprete.

13.3 LEGISLAÇÃO DOS TÍTULOS DE CRÉDITO

Os títulos de crédito sempre tiveram natureza mercantil, a partir de sua origem, como vimos.

A literalidade é uma de suas características mais importantes. Para sua existência é decisivo examinar os dizeres do título. Cada título possui suas próprias exigências formais.

O Código em vigor, como enfatizamos de início, adverte, no art. 903, que, "*salvo disposição diversa em lei especial, regem-se os títulos de crédito pelo disposto neste Código*". Advirta-se, contudo, que nem sempre essa harmonização será fácil, pois difícil já é com os princípios e reservas da Lei Uniforme. De qualquer forma, com a dicção do mais recente Código, pode-se até mesmo concluir que esse diploma se superpõe à legislação especial e traça, a partir de sua vigência, a *teoria geral dos títulos de crédito*. O que não é disciplinado pelo Código Civil continuaria a sê-lo pela legislação especial respectiva de cada título de crédito. Mas, há que se entender, em prol da lógica do sistema, que a legislação especial deve prevalecer perante conflitos com o Código. Aumenta-se a barafunda legislativa que grassa no país.

Como vimos, a legislação fundamental sobre títulos de crédito é o Decreto nº 2.044/1908, denominada Lei Saraiva, que disciplina a letra de câmbio e a nota promissória. A esses títulos e aos demais, no que for pertinente, aplica-se a Lei Uniforme de Genebra, decorrente da Convenção de 1930. O Decreto nº 57.663/66 inseriu a Lei Uniforme em nossa legislação interna. Desse modo, temos com o Código Civil mais uma lei a regular os títulos de crédito, além desses dois diplomas básicos que, por vezes, se interpenetram na aplicação. Sendo o Código de 2002 a lei mais recente, deveria prevalecer no que contraditasse a legislação anterior, inclusive a Lei Uniforme, que não se coloca hierarquicamente em patamar superior. Não se esqueça, porém, que existem múltiplas leis esparsas a regular as duplicatas (Lei nº 5.474/68); os cheques (Lei nº 7.357/85); a cédula de produto rural (Lei nº 8.929/94), entre tantas outras. Em todos os títulos de crédito, porém, respeitadas suas características, aplicam-se as regras básicas de direito cambiário, que o Código pretendeu regular, mas não o faz exaustivamente, pois vários institutos fundamentais continuarão a ter sua base legal na Lei Uniforme e no Decreto nº 2.044/1908.

13.4 REQUISITOS ESSENCIAIS

Como o título de crédito se basta por aquilo que nele se contém, devem constar requisitos essenciais, sem os quais não será considerado eficaz; não terá obedecido aos aspectos de liquidez e certeza. Vimos que a omissão de qualquer requisito essencial não faz desaparecer o negócio jurídico que lhe deu causa (art. 888). O art. 889 dispõe que o título deve conter "*a data da emissão, a indicação precisa dos direitos que confere, e a assinatura do emitente*". Como a própria Lei reconhece no § 3º do artigo, esses requisitos são os mínimos exigidos; as leis que regulam os títulos respectivos poderão exigir outros. Acrescenta o § 1º que o título será a vista se não contiver indicação de vencimento, enquanto o § 2º diz que se considerará lugar da emissão o de pagamento, quando não indicado no título o domicílio do emitente.

A Lei Uniforme, no art. 1º, traça os requisitos básicos da letra de câmbio, que é o título de crédito básico, cujos princípios ilustram todos os demais.² O mesmo já fazia o Decreto nº 2.044/1908, também no art. 1º.³

Desse modo, os requisitos essenciais de cada modalidade de título devem ser procurados na lei específica, como a nota promissória, cheque, duplicata, cédulas de crédito etc. Em qualquer um deles estarão presentes os requisitos referidos do art. 889. Muitos outros deverão participar necessariamente dos títulos, porém. Embora possa haver nuanças de uma modalidade para outra, Wilges Bruscato sintetiza o que, em linhas gerais, o título deve conter (2001, p. 20): (a) denominação do título inserida no seu texto; (b) substância, qual seja, mandato ou ordem, ou promessa de pagamento; (c) quantia, inclusive por extenso; (d) assinatura do sacador ou emitente; (e) identificação do devedor; (f) identificação da pessoa a quem o título deve ser pago; (g) local de pagamento; (h) vencimento; (i) data e lugar da emissão ou saque; (j) assinatura do

---

² "Art. 1º As Altas Partes Contratantes obrigam-se a adotar nos territórios respectivos, quer num dos textos originais, quer nas suas línguas nacionais, a Lei Uniforme que constitui o Anexo I da presente Convenção.
Esta obrigação poderá ficar subordinada a certas reservas, que deverão eventualmente ser formadas por cada uma das Altas Partes Contratantes no momento da sua ratificação ou adesão. Estas reservas deverão ser escolhidas entre as mencionadas no Anexo II da presente Convenção.
Todavia, as reservas a que se referem os arts. 9º, 22, 27 e 30 do citado Anexo II poderão ser feitas posteriormente à ratificação ou adesão, desde que sejam notificadas ao secretário-geral da Sociedade das Nações, o qual imediatamente comunicará o seu texto aos membros da Sociedade das Nações e aos Estados não membros em cujo nome tenha sido ratificada a presente Convenção ou que a ela tenham aderido. Essas reservas só produzirão efeitos 90 (noventa) dias depois de o secretário-geral ter recebido a referida notificação.
Qualquer das Altas Partes Contratantes poderá, em caso de urgência, fazer uso, depois da ratificação ou da adesão, das reservas indicadas nos arts. 17 e 28 do referido Anexo II. Neste caso deverá comunicar essas reservas direta e imediatamente a todas as outras Altas Partes Contratantes e ao secretário-geral da Sociedade das Nações. Esta notificação produzirá os seus efeitos 2 (dois) dias depois de recebida a dita comunicação pelas Altas Partes Contratantes."

³ "Art. 1º A letra de câmbio é uma ordem de pagamento e deve conter estes requisitos, lançados, por extenso, no contexto:
I – a denominação 'letra de câmbio' ou a denominação equivalente na língua em que for emitida;
II – a soma de dinheiro a pagar e a espécie de moeda;
III – o nome da pessoa que deve pagá-la. Esta indicação pode ser inserida abaixo do contexto;
IV – o nome da pessoa a quem deve ser paga. A letra pode ser ao portador e também pode ser emitida por ordem e conta de terceiro. O sacador pode designar-se como tomador;
V – a assinatura do próprio punho do sacador ou do mandatário especial. A assinatura deve ser firmada abaixo do contexto."

devedor, se não for o emitente, ou de seu mandatário especial; (k) número de ordem e (l) domicílio do devedor.

O vigente Código, absorvendo regra tradicional, induz que não havendo indicação de vencimento, o título é a vista (art. 889, § 1º). Se não houver menção expressa de vencimento a vista, contudo, deve haver espaço na cártula para a referência ao vencimento, pois a exigibilidade à vista não é o que ordinariamente ocorre.

13.5 TÍTULO DE CRÉDITO EM BRANCO

Nada impede que o título seja criado ou emitido com espaços em branco ou totalmente em branco. É fundamental para sua exigibilidade, contudo, que a cambial esteja completa no momento da cobrança. Nesse diapasão, surge a problemática de há muito tratada pela doutrina sobre os títulos assinados ou emitidos em branco. Na nota promissória, por exemplo, que contém uma promessa de pagamento, bem como em outros títulos, como cheque e letra de câmbio, apenas a assinatura do emitente é essencial ao título quando de sua formação. O emitente aceita e confia a quem entrega o título o preenchimento da nota, tais como valor, vencimento, lugar de pagamento etc. Importa saber a natureza desse fenômeno.[4]

---

[4] "Direito civil. Apelação cível. Embargos à execução de título executivo extrajudicial. **Nota promissória. Alegação de que assinada em branco sob coação.** Excesso de execução. Recurso desprovido. I. Caso em exame 1. Apelação cível interposta contra sentença que julgou parcialmente procedentes os embargos à execução, reconhecendo excesso de execução, mas chancelando a validade da nota promissória emitida. A parte embargante alegou coação ao assinar a nota promissória em branco, inexistência de débito e excesso de execução. II. Questão em discussão 2. As questões em discussão consistem em saber se caracterizado cerceamento de defesa e, no mérito, se válida a nota promissória, eis que os embargantes agitam a inexistência de débito a alicerçar a sua emissão – em branco e sob coação. III. Razões de decidir 3. Cerceamento de defesa não caracterizado, eis que é poder discricionário do magistrado a realização de provas necessárias e pertinentes à elucidação dos fatos controvertidos. 4. A nota promissória é um título executivo extrajudicial autônomo e abstrato, o qual se torna exigível a partir de seu vencimento. E ainda que permitida a mitigação desta autonomia, posto que o título não circulou, de se ver que não negada pelas partes a existência do negócio jurídico subjacente. 5. Permitido, demais, o posterior preenchimento de nota promissória em branco pelo credor de boa-fé – Súmula 387, STF. 6. A parte credora demonstrou, por sua vez, a existência de débito relativo ao IPTU do imóvel locado, inexistindo prova documental do respectivo pagamento pelos embargantes. 7. Sentença ratificada pelos seus próprios fundamentos – art. 252, RITJSP. IV. Dispositivo e tese 8. Apelação cível desprovida. Tese de julgamento: 'A nota promissória é título executivo extrajudicial autônomo e abstrato que documenta a existência de um crédito líquido e certo, sendo que restou comprovada, de toda sorte, a existência do negócio jurídico subjacente e do débito cuja quitação não restou comprovada pelos devedores'. Dispositivos relevantes citados: CC/2002, art. 320. Jurisprudência relevante citada: STF, Súmula 387" (*TJSP* – Ap 1028841-68.2022.8.26.0114, 10-10-2024, Rel. João Baptista Galhardo Júnior).

"Embargos de declaração – Contradição, omissão ou obscuridade – Inexistência – Embargos à execução – Ação executiva fundada em nota promissória – Incontroversa a existência de relação jurídica entre as partes – Prescrição – Inocorrência – Nota promissória – Título executivo extrajudicial – Não decorrido o prazo prescricional trienal previsto no art. 70, da Lei Uniforme (Decreto nº 57.663/66) – **Nota emitida em branco**, substituindo cheques emitidos anteriormente, caracterizando novação (art. 360, inciso I, do CC) – Assinatura espontânea e consciente, autorizando o portador a preenchê-la – Inexistência de irregularidades – Súmula 387 do STF – Presença de indícios fortes e significativos a sugerir a prática de agiotagem – Inversão do ônus da prova – Inteligência do art. 3º da Medida Provisória 2.172-32/2001 – Prática de cobrança usurária e não autorizada que é manifesta, não tendo sido afastada nem mesmo pelas provas testemunhais – Devidos juros de mora de 1% ao mês e correção monetária a partir da data de vencimento da nota promissória – Penhora sobre imóvel pertencente ao esposo da embargante, que não tem legitimidade ou interesse para defesa de direito alheio em nome próprio (art. 18 do CPC) – Rediscussão da matéria – Inadmissibilidade – Caráter infringente e intenção de prequestionamento – Recurso que não tem o condão de instaurar nova discussão sobre controvérsia jurídica já apreciada – Embargos rejeitados" (*TJSP* – ED 0003525-23.2009.8.26.0180, 29-9-2023, Rel. Mendes Pereira).

"Embargos à execução – Notas promissórias – Sentença de parcial procedência – Apelação da embargante – Pedido de procedência total dos embargos à execução – Não acolhimento – Diante da literalidade e da autonomia da nota promissória, o seu portador nada tem que provar a respeito de sua *causa debendi* – A Súmula 387 do STF permite a assinatura de **nota promissória em branco** para posterior preenchimento pelo credor – No caso dos autos, a embargante não comprovou que o embargado cometeu abuso no preenchimento dos títulos – A embargante não foi induzida a erro ao assinar a confissão de dívida – Sentença mantida por seus próprios fundamentos. Recurso não provido" (*TJSP* – Ap 1000709-21.2022.8.26.0366, 16-3-2023, Rel. Marino Neto).

"Apelação – Ação de cobrança. Cheque devolvido. Decisão de procedência. Reconhecimento de assinatura autêntica aposta no título e entrega à terceiro, com valor em branco. Ausência de vício. Cartularidade. Terceiro de boa-fé. Possibilidade de regresso. Sentença de mantida e confirmada nos termos do art. 252 do RITJSP. Recurso desprovido" (*TJSP* – AP 1000449-51.2018.8.26.0020, 2-7-2021, Rel. Flávio Cunha da Silva).

"Notas promissórias. Ação de cobrança. Fato constitutivo do direito do autor não demonstrado. Preenchimento abusivo das cártulas, aliado a vício de consentimento do signatário, procurador dos réus e pai do autor. Origem, existência e exigibilidade do débito não comprovadas. Autor que, além disso, outorgou quitação ampla aos réus. Há fortes indícios de que as notas promissórias foram firmadas com vício de consentimento. Apurou-se que o procurador dos réus (pai do autor e do corréu) era pessoa idosa e, à época da assinatura dos títulos, se encontrava gravemente enfermo, tendo sido internado em unidade de tratamento intensivo no dia seguinte à assinatura de 'alguns documentos' – de acordo com a prova oral. Ainda de acordo com a prova oral, aqueles documentos teriam sido apresentados 'às pressas' pelo autor a seu pai. Aliada à debilidade do signatário e da pressão exercida no momento das assinaturas está a relação de confiança e de afeto decorrente do vínculo parental. É mesmo de se esperar que, ao assinar notas promissórias em branco (conforme apurado na prova pericial) o pai do autor e do corréu não acreditasse que as notas seriam preenchidas de forma abusiva. Tudo nos autos está a indicar que as notas promissórias emitidas em branco foram preenchidas abusivamente pelo autor, que demonstrou a existência de sociedade com o corréu durante algum tempo, mas não comprovou de forma idônea a que título os réus teriam contraído o débito. Não demonstra como chegou ao elevado valor das notas. Sem comprovar a origem e a existência do débito, e sem prestar qualquer tipo de contas, o autor preencheu as cártulas com valores aleatórios, sem lastro concreto, conforme lhe aproveite. O abuso no preenchimento das notas restou evidenciado, e impede a cobrança do valor fictício nelas estampado. E mesmo se o autor houvesse comprovado o fato constitutivo de seu direito (e não logrou fazê-lo), a pretensão formulada na inicial viria de encontro a óbice intransponível: o autor recebeu valores do corréu, com o fim de encerrar as pendências decorrentes da sociedade extinta, e lhe outorgou quitação geral e ampla. Assim, por mais de um motivo (preenchimento abusivo das notas promissórias; e outorga de quitação ampla), a pretensão formulada na inicial não comporta acolhida. Apelação não provida" (*TJSP* – AP 0215572-28.2008.8.26.0100, 11-11-2020, Relª. Sandra Galhardo Esteves).

Lembre-se de que de há muito o STF firmou o entendimento na Súmula 387: "*A cambial emitida ou aceita com omissões, ou em branco, pode ser completada pelo credor de boa-fé antes da cobrança ou do protesto*".

Sintetizando o pensamento doutrinário, há um mandato claro nessa letra em branco, conferido ao portador de boa-fé. Questões surgirão quando ocorrer abuso nesse mandato, isto é, no preenchimento. Quem recebe um título incompleto ou em branco recebe também a autorização para o preencher. Importa que o faça de boa-fé, de acordo com o mandato recebido. Cabe aos interessados acautelarem-se devidamente, resguardando-se com documento escrito que defina e delimite esse mandato, ou seja, a autorização para o preenchimento da cártula. Lembre-se, porém, de que uma vez em circulação o título, esse negócio inicial é, em princípio, estranho ao portador atual, não podendo o devedor opor-lhe essa exceção. A pendenga resolver-se-á, nesse caso, pelas vias ordinárias entre os participantes do mandato.

A respeito do título de crédito incompleto e do que expusemos aqui, dispõe o art. 891 do Código de 2002:

> "*O título de crédito, incompleto ao tempo da emissão, deve ser preenchido de conformidade com os ajustes realizados.*
>
> *Parágrafo único. O descumprimento dos ajustes previstos neste artigo pelos que dele participaram não constitui motivo de oposição ao terceiro portador, salvo se este, ao adquirir o título, tiver agido de má-fé*".

A disposição harmoniza-se com o art. 10 da Lei Uniforme. Se o portador sabe do ajuste do mandato e se vale de sua posição para cobrar quantia exorbitante, estará consubstanciada sua má-fé, possibilitando matéria de defesa, como aduz a lei.

13.6 SAQUE, ACEITE, ENDOSSO, AVAL E OUTROS INSTITUTOS TÍPICOS DO DIREITO CAMBIAL

13.6.1 Saque

O emitente de um título deve ter plena capacidade, como em todos os atos da vida civil. Ao emitir o título, seja ele letra de câmbio, nota promissória, cheque ou qualquer outro, também o emitente se vincula solidariamente ao título, com relação ao portador de boa-fé, na hipótese de circulação.

No entanto, quando um título de crédito é criado pelo credor, ele terá a posição de sacador. É evidente que um negócio subjacente deve legitimar o saque, ou seja, uma obrigação anterior. O saque, admitido em alguns títulos, como a letra de câmbio e a nota promissória, envolve sempre, no nascedouro, um negócio jurídico que dá origem ao crédito.

13.6.2 Aceite

Quando é o credor que efetua o saque, sendo o sacador, há necessidade de que o devedor concorde com ele, isto é, reconheça a obrigação de pagar estampada no título. Ao firmar o título nessas condições, dá-se o aceite, isto é, o sacado aceita a posição de devedor naquele título. Por meio do aceite, o sacado assume a posição de devedor principal do título, embora todos os futuros apositores de assinaturas na cártula também se vinculem solidariamente. O aceite é ato voluntário que deve ser conferido pelo próprio sacado. O sacador pode emitir a ordem para pagar a um terceiro beneficiário ou a ele próprio.

Nos títulos mais amplos, nos quais figuram o sacador, sacado e o beneficiário, como a letra de câmbio, pode ocorrer que o sacado não concorde em aceitar ou não seja encontrado para tal. Nessa vertente, ocorre a recusa ou falta de aceite. Essa recusa ou falta de aceite somente pode ser comprovada pelo protesto, ato formal que estudaremos adiante. O protesto evidenciará essa situação, sendo essencial para preservar o direito de regresso contra os demais coobrigados do título, se houver. Apresentado o título para aceite, o protesto deve ocorrer no primeiro dia útil imediato.

O aceite pode ser parcial, isto é, o sacado somente aceita parte do débito, ou modificativo, quando o sacado altera a data do vencimento ou o lugar de pagamento. O aceite também pode ser condicional, quando o sacado submete o pagamento a uma condição suspensiva ou resolutiva. Note que *"o sacador não pode lançar uma ordem condicional no título de crédito, mas o sacado pode lançar um aceite condicional"* (BRUSCATO, 2001, p. 33). O sacado vincula-se com o aceite, segundo as condições que declarou.

Note também que o aceite não é essencial para a existência, validade e eficácia da letra, que pode ter vida independentemente dele. Basta a assinatura do sacador ou emitente que, na falta de aceite, será o devedor principal. A firma do sacador na cártula representa promessa ao tomador de que haverá aceite e na hipótese de este não ocorrer, responsabiliza-se o sacador. Tomador é o que recebe o título e se coloca como beneficiário ou possuidor. O sacado, cujo nome consta da letra, é quem deve aceitá-la, por si ou por meio de mandatário especial. Contudo, enquanto não houver aceite, não há responsabilidade do sacado. O aceite deve ser dado no próprio título. Aceite em separado não cria obrigação cambial, apesar de debate na doutrina a esse respeito. No caso de duplicata, a lei permite expressamente que seja dado em separado (art. 7º da Lei nº 5.474/68). A responsabilidade cambial do sacado surge com seu aceite. No caso das duplicatas, título causal representativo de uma venda, a recusa do aceite somente pode ocorrer com base nas situações elencadas na lei (art. 8º da Lei nº 5.474/68).

Um terceiro pode aceitar a letra, assumindo a posição de *interveniente*. Cuida-se do aceite por intervenção. Waldirio Bulgarelli (1987, p. 146) observa que, de acordo com a Lei Uniforme, o aceite por intervenção somente pode ocorrer após o protesto.

O aceite, uma vez dado, é irretratável. A Lei Uniforme permite, contudo, que o aceitante cancele o ato antes da restituição da letra, o que equivale à recusa. O sacado, ao receber a letra, deve devolvê-la imediatamente.

13.6.3 Endosso

Após a criação do título, importa lembrar acerca de sua circulação, outra de suas características importantes. O *endosso* é o modo peculiar de transferência cambiária. É um dos modos de circulação, pois esta também pode ocorrer por *simples tradição* do título. Entende-se que, a princípio, o possuidor do título goza de boa-fé e pode exercer todos os direitos inerentes ao título. Sob esse prisma, o art. 893 do atual Código dispõe que *"a transferência do título de crédito implica a de todos os direitos que lhe são inerentes"*. Desse modo, tradição e endosso são as duas modalidades de transferência do título. Se o portador adquiriu a posse do título de forma injusta ou indevida, o que caracteriza a má-fé, tal é matéria a ser provada pelo devedor e interessados. Mais uma vez enfatiza o atual Código, no art. 901, que ficará desonerado o devedor que paga o título ao legítimo portador, no vencimento, sem oposição, salvo se agiu de má-fé.

Ao endossar o título, assinando-o, o endossante transfere a cártula ao endossatário, com o direito nele incorporado. O endossatário torna-se o legítimo portador. O termo significava a assinatura "no dorso", isto, no verso do título. A Lei Uniforme não fez essa exigência, de modo que o endosso pode-se dar em qualquer local da cártula, no verso ou anverso. Esse também é o sentido do art. 910 do Código, que dispõe que o endosso pode ser dado no verso ou no anverso do próprio título. Somente para o endosso em branco a lei exige que seja no verso ou em folha anexa, denominada alongamento do título, quando há falta de espaço (art. 13 da Lei Uniforme). Endosso em branco caracteriza-se por simples assinatura que autoriza a transferência do título, sem indicação do beneficiário. Após o endosso em branco, o título circula por simples tradição. No endosso em preto, o endossante indica expressamente: "pague-se a Fulano de Tal". No endosso em preto, inaugura-se a denominada *cadeia de endossos*: cada endossatário pode, por sua vez, também endossar. Note que, pelo princípio da autonomia das obrigações cambiárias, a falsidade de uma das assinaturas de endosso não vicia a cadeia de endossos, uma vez que o portador não é obrigado a verificar a autenticidade de cada assinatura (OLIVEIRA, 1999, p. 89). Sob esse prisma, o art. 911, parágrafo único, do Código estatui que aquele que paga título está obrigado a verificar a regularidade da série de endossos, mas não a autenticidade das assinaturas.

Como regra geral, o portador de título com uma série regular e ininterrupta de endossos é considerado o legítimo possuidor do título, ainda que o último endosso seja em branco (art. 911).

Quem recebe o título por endosso em branco pode mudá-lo para endosso em preto, colocando seu nome ou nome de terceiro; pode também endossar novamente o título, em branco ou em preto, ou pode transferi-lo sem novo endosso, mediante simples tradição. Essas regras, consagradas por força de usos e costumes, constam expressamente do art. 913 do Código em vigor.

O endosso não admite condição. Deve ser puro e simples, não se admitindo, da mesma forma, endosso parcial. Nesse sentido se coloca expressamente o art. 912 do Código, ao considerar não escrita qualquer condição aposta no endosso e dando como nulo o endosso parcial. O possuidor de um título endossado em branco é considerado seu legítimo portador, salvo prova em contrário.

A Lei Uniforme admitiu que a letra contenha a cláusula *"não à ordem"*, a qual era vedada pelo Decreto nº 2.044/1908. Essa cláusula, uma vez presente no título, proíbe a circulação por meio do endosso. A transmissão do título, nesse caso, por tradição, tem o efeito de mera cessão civil. Geralmente, a problemática do título de crédito *não à ordem* surge quando a nota promissória, por exemplo, se mostra vinculada a um contrato. É comum essa rotina nos contratos de mútuos bancários. Sem a ressalva expressa da vinculação e a advertência a terceiros, a regra geral é a ampla circulação do título. Como observa Jorge Perrone de Oliveira (1999, p. 91), nada impede, pois, que a vinculação a determinado contrato seja descrita na própria cártula e que, ademais, para maior segurança do devedor, seja colocada a proibição de circulação. O Código Civil cria aqui uma questão a ser analisada, pois o art. 890 considera não escrita cláusula proibitiva de endosso. A princípio, por força do art. 903, essa disposição terá o condão de derrogar a Lei Uniforme. Com a palavra, a jurisprudência.

O endosso, como já dito, instituto de natureza eminentemente cambiária, possui várias distinções da cessão de crédito. O endosso é ato unilateral, enquanto a cessão é negócio bilateral. O endosso confere os direitos cambiários autônomos, estampados no título, enquanto a cessão é restrita aos direitos que descreve. O endosso somente ocorre por meio de ato cambial, no próprio título, enquanto a cessão possui a forma de contrato. Veja o que expusemos acerca da cessão de crédito (*Direito civil: obrigações e responsabilidade civil*, Capítulo 7). O art. 919 observa que a aquisição do título à ordem, por meio diverso do endosso, tem efeito de cessão civil. Há, nesse caso, que se pesquisar a vontade dos interessados, pois o art. 913 permite que o endossatário transfira o título sem novo endosso, sem que com isso se excluam, como regra, os direitos cambiários.

Por outro lado, o denominado *endosso póstumo*, ou seja, o endosso posterior ao vencimento do título, produzirá os mesmos efeitos do anterior (art. 920). A disposição já constava da Lei Uniforme (art. 20), diferentemente do Decreto nº 2.044, que concedia a esse endosso apenas o efeito de cessão civil. No entanto, há um complemento no art. 20 da Lei Uniforme, que não consta no art. 920:

> "Todavia, o endosso posterior ao protesto por falta de pagamento, ou feito depois de expirado o prazo fixado para se fazer o protesto, produz apenas os efeitos de uma cessão ordinária de créditos. Salvo prova em contrário, presume-se que um endosso sem data foi feito antes de expirado o prazo fixado para se fazer o protesto".

Não tendo disposto diferentemente o Código Civil de 2002, há que se entender como aplicável, em regra geral, o complemento da Lei Uniforme. Os efeitos de cessão civil ocorrerão nessas previstas e restritas hipóteses. Com esse efeito de cessão civil, o título não perde sua executoriedade, mas perde a abstração podendo ser invocadas em face do endossatário, considerado cessionário, todas exceções que o devedor tinha contra o endossante (cedente) (OLIVEIRA, 1999, p. 96).

Quem recebe um título mediante endosso, recebe um título literal e autônomo. O endossatário, por seu lado, ao lançar sua assinatura na cártula, também se torna solidariamente responsável pelo valor nele contido. Pode-se afirmar que o título de crédito tem um visco: quem quer que nele aponha sua assinatura ficará obrigado. Esse sentido sempre fora tradicional em direito cartular, tanto que a Lei Uniforme, no art. 15, estipula que, salvo cláusula em contrário, o endossante é garante tanto da aceitação como do pagamento da letra. O Código Civil modifica para o sentido oposto essa óptica: *"Ressalvada cláusula expressa em contrário, constante do endosso, não responde o endossante pelo cumprimento da prestação constante do título"* (art. 914). Desse modo, na regra geral do Código Civil, desprezando norma da Lei Uniforme, o endossante não mais se responsabiliza pelo título, salvo menção expressa. Acrescenta o § 1º do art. 914 que *"assumindo responsabilidade pelo pagamento, o endossante se torna devedor solidário"*. Pergunta-se: aplicar-se-á a regra doravante a todos os títulos de crédito? Pelo art. 15 da Lei Uniforme, o endossante, salvo disposição em contrário, é garante tanto da aceitação como do pagamento da letra. Deve ser estabelecida doravante, nos títulos em que a norma for aplicada, nova praxe nas cártulas, para que o endossante permaneça devedor solidário, apondo-se expressão "endossante solidário" ou equivalente. Certamente, o mercado de títulos de crédito não receberá bem essa norma. Caberá à nova jurisprudência definir o âmbito de sua aplicação. Leve-se em conta, também, que o art. 903 do mais recente Código Civil alerta que, *"salvo disposição diversa em lei especial, regem-se os títulos de crédito pelo disposto neste Código"*. Na singeleza dessa norma, cuja aplicação relega para plano absolutamente secundário as normas sobre os títulos de crédito no Código Civil, o endosso e todos os demais institutos tradicionais de direito cambiário continuarão a ser regulados pela Lei Uniforme e demais leis específicas reguladoras dos vários e conhecidos títulos de crédito.

Com a inovação do Código, coloca-se em relevo a função precípua do endosso, que não é reforçar a garantia, mas transferir a cártula. Desse modo, nesse atual sistema do Código Civil, o endosso não implicará solidariedade, *salvo cláusula expressa em contrário*. A questão crucial desloca-se em definir quais os títulos de crédito que se amoldarão a essa norma.

Lembre-se de que o endossante, ou qualquer coobrigado, pagando o valor do título, tem ação regressiva contra os coobrigados anteriores.

Há que se mencionar, além do endosso propriamente dito, o *endosso-mandato* ou *endosso-procuração* que traz outra série de questões. A Lei Uniforme o menciona no art. 18. Trata-se de endosso que não transfere a propriedade da cártula, mas somente outorga poderes de cobrança ao portador. O endossatário poderá cobrar o título, mas somente em nome do endossante. Desse modo, os coobrigados somente podem opor contra esse endossatário as exceções que oporiam ao endossante. Cuida-se de modalidade de mandato própria do direito cambial. A lei não exige forma específica, basta que fique evidenciado que efetivamente a transferência do título ocorreu sob o mandato. São válidas as expressões: "para cobrança"; "por procuração", "valor em cobrança" etc. A prática é comum quando o título é entregue para cobrança para uma instituição financeira. Esse mandato tem peculiaridades próprias; não se extingue, por exemplo, com a morte do mandante ou superveniência de sua incapacidade, como ocorre com o mandato ordinário. A esse respeito dispõe o art. 917 do Código Civil:

> *"A cláusula constitutiva de mandato, lançada no endosso, confere ao endossatário o exercício dos direitos inerentes ao título, salvo restrição expressa estatuída.*
>
> *§ 1º O endossatário de endosso-mandato só pode endossar novamente o título na qualidade de procurador, com os mesmos poderes que recebeu.*

§ 2º Com a morte ou a superveniente incapacidade do endossante, não perde eficácia o endosso mandato".

Os poderes conferidos ao mandatário, no caso, podem ser inferiores aos contidos no título; eis a razão da menção expressa na lei sobre restrição. O mandante pode, por exemplo, proibir o mandatário de levar o título a protesto.[5]

Mencione-se, ainda, o endosso-caução ou *endosso-penhor.* A Lei Uniforme veio a admitir a espécie, não contemplada na legislação anterior. A modalidade foi consagrada pelos usos. O art. 19 da Lei Uniforme especifica que quando o endosso contém a menção "valor em garantia", "valor em penhor" ou qualquer outra com o mesmo sentido, que implique caução, o portador pode exercer todos os direitos emergentes da letra, mas um endosso feito por ele só vale como endosso a título de procuração. O art. 918 dispõe no mesmo sentido. Acrescenta ainda o § 2º desse artigo, distendendo o que já constava da Lei Uniforme, que *"não pode o devedor opor ao endossatário de endosso-penhor as exceções que tinha contra o endossante, salvo se aquele tiver agido de má-fé".*

Nessa modalidade, o endossante também não transfere a propriedade do título, mas apenas o entrega como garantia de outro negócio. O endossatário pode cobrá-lo nessa condição, tanto que se este fizer novo endosso, este só vale como endosso-mandato. Recebido o valor, é feito o encontro de contas entre os partícipes do contrato de garantia.

---

[5] "Apelação Cível – Ação de cancelamento protesto – Instituição Bancária – Protesto indevido de título – **Endosso-caução** – Responsabilidade – Dano moral – Valor – Arbitramento – Parâmetros – A instituição bancária que recebeu duplicatas mediante endosso-caução deve ser responsabilizada pelos protestos indevidos dos títulos – O protesto indevido de duplicata acarreta injusta lesão à honra do sacado, a ser indenizado – Para o arbitramento do quantum indenizatório deve-se levar em consideração a condição pessoal do ofendido e do ofensor, bem como as circunstâncias do caso" (*TJMG* – AC 1.0407.16.002742-8/001, 22-10-2019, Rel. Domingos Coelho).

"Apelação – Ação declaratória de inexigibilidade de título c.c. – Danos Morais – Duplicatas – Cerceamento de defesa – Inocorrência – Estando os autos devidamente instruídos, cabível o julgamento antecipado da lide – Inteligência do art. 330, I, do CPC – Inocorrência de cerceamento de defesa – Preliminar afastada. (...) Endosso-Mandato. Ilegitimidade Passiva – Reconhecido que o Banco do Brasil S/A, recebeu os títulos por meio de endosso-mandato, com função exclusiva de efetuar a cobrança do título, não sendo, portanto, parte legítima para figurar em ação de inexigibilidade movida pela sacada-devedora – Autora que desistiu do prosseguimento da ação com relação à empresa sacadora – Ilegitimidade passiva do banco reconhecida – Ausência de prática de crime ou de afronta aos dispositivos legais suscitados – Contrato de endosso-mandato que é lícito – Sentença mantida – Apelo improvido" (*TJSP* – Ap 0108184-95.2010.8.26.0100, 3-3-2016, Rel. Salles Vieira).

"**Agravo regimental** – Protesto – Duplicata – Endosso-mandato – Responsabilidade do endossatário – Decisão mantida – 1- O endossatário que recebe o título de crédito por endosso-mandato e o leva a protesto, extrapolando os poderes de mandatário ou por ato culposo próprio, responde por danos materiais e morais (STJ, Recurso Especial nº 1.063.474-RS, julgado em 28/09/2011, sob o rito dos recursos repetitivos). 2- Inviável nova apreciação da matéria pela via do Recurso Especial, nos termos do CPC, art. 543-C. 3- Agravo improvido" (*TJSP* – AgRg 2051957-55.2013.8.26.0000 – Rel. Artur Marques – *DJe* 9-9-2015).

Sob esse prisma, há o art. 895 do Código que se refere à possibilidade de títulos representativos de mercadorias serem dados em garantia ou então serem objetos de medidas judiciais, penhora, por exemplo. Observa esse dispositivo:

> "Enquanto o título de crédito estiver em circulação, só ele poderá ser dado em garantia, ou ser objeto de medidas judiciais, e não separadamente, os direitos ou mercadorias que representa".

Desse modo, para efeito de caução, os títulos e as mercadorias respectivas não podem ser onerados separadamente. Esse artigo complementa o dispositivo anterior, art. 894:

> "O portador de título representativo de mercadoria tem o direito de transferi-lo, de conformidade com as normas que regulam a sua circulação, ou de receber aquela independentemente de quaisquer formalidades, além da entrega do título devidamente quitado".

Nessa categoria de títulos ingressam, por exemplo, o conhecimento de transporte e o *warrant*, que são títulos à ordem, emitidos sobre gêneros ou mercadorias em depósito, bem como a cédula rural pignoratícia, cuja regulamentação em leis próprias não se amolda perfeitamente ao preconizado pelo Código em vigor e merece estudo detalhado.

13.6.4 Aval

O aval representa uma declaração cambial, cuja finalidade é garantir o pagamento de um título de crédito. O pagamento dos títulos de crédito em geral, independentemente de aceite ou de endosso, pode ser garantido por aval. Nesse sentido, o art. 897 do Código Civil dispõe, genericamente, que o pagamento de título de crédito, que contenha obrigação de pagar soma determinada, pode ser garantido por aval. O aval é, portanto, uma garantia pessoal, na qual um terceiro se responsabiliza pelo cumprimento da obrigação estampada no título, nas mesmas condições do devedor ou de qualquer obrigado. É instituto essencialmente cambiário, regido por regras próprias.

Reina muita divergência quanto à origem da palavra. Rosa Jr. (2000, p. 269) refere-se a quatro correntes explicativas. Alguns juristas franceses apoiaram-se na expressão latina *valere*, ou sua equivalente em francês, *faire valoir* ou *à valoir*, tendo o significado do ato que atribui valor a um título de crédito. Segundo outros, aval teria origem na palavra árabe *havala*, que tem sentido de obrigação de garantia. Uma terceira corrente vê a origem no termo italiano *avallo* e francês *à val*, significando *firmare a vallo*, ou seja, assinar abaixo de outra firma. A quarta corrente busca a origem da palavra nos termos latinos *vallatus, vallare*, que evoluíram finalmente para *avallo*, com o sentido de reforço de obrigações.

O aval constitui uma obrigação autônoma e independente. Como já expusemos, todos os signatários de um título, como regra, sacador, endossantes, aceitante e avalistas garantem solidariamente o pagamento. Enquanto nas obrigações civis em geral a garantia é um acessório, na obrigação cambial o avalista equipara-se ao avalizado. O aval é, destarte, modalidade de garantia tipicamente cambial. O avalista obriga-se no mesmo nível de seu avalizado.

O aval surge como uma assinatura aposta ao título, tanto de forma singela, como precedida de uma declaração como "por aval de fulano", "em garantia de". A Lei Uniforme dispõe que o aval deve indicar a pessoa que se avaliza; na falta de indicação, entender-se-á que o aval é do sacador (art. 31). Esse mesmo dispositivo menciona que o aval deve ser colocado na face anterior do título, o que nunca foi muito seguido na prática. Tanto assim é que o Código Civil permite que o aval seja colocado no verso ou anverso (art. 898). Esse mesmo artigo, no § 1º, da mais recente lei, dispõe que se o aval for dado no anverso do título, é suficiente a simples assinatura. Acrescenta ainda o § 2º, que se considera não escrito o aval cancelado. O art. 899, modificando a orientação da Lei Uniforme, diz que o avalista equipara-se àquele cujo nome indicar ("por aval de Fulano"). Na falta de indicação, o aval se referirá ao emitente ou devedor final. O aval, portanto, é uma garantia *in rem*, ao valor do título, e não *in personam*. O aval é, na verdade, um reforço das garantias cambiais, isto é, as já existentes, por sua natureza, no título cambial. Sendo instituto exclusivo dos títulos de crédito, só terá eficácia quando lançado no bojo de um deles.

Os maiores pontos de contato e também de celeuma do aval dirigem-se à fiança. Os institutos afastam-se, porém. Muitas são as diferenças. Apontam-se, exemplificativamente, algumas. A fiança é garantia pessoal, disciplinada doravante exclusivamente pelo Código Civil, não havendo mais que se distinguir a fiança civil da fiança mercantil, diferença ainda persistente no sistema do Código de 1916. Veja o que expusemos no volume III sobre a fiança. O aval é uma declaração cambiária. A fiança é contrato, estando sujeita à autorização conjugal se o fiador é casado, o que não ocorre no aval. No aval, a garantia é de uma obrigação líquida, pois essa é a natureza da obrigação cambiária. A fiança, por outro lado, pode garantir qualquer obrigação, líquida ou ilíquida. A fiança é contrato *intuitu personae*, enquanto o aval é garantia a pessoa indeterminada, ainda que seja em preto. No aval não se permite o benefício de ordem admitido na fiança, porque a obrigação do avalista é solidária. O fiador que paga sub-roga-se em todos os direitos do credor, mas somente poderá demandar de cada um dos outros fiadores a respectiva quota (art. 831); o avalista que paga assume direito autônomo, originário, em relação à pessoa avalizada e aos demais devedores.

Inovando em termos de relações patrimoniais no casamento quanto ao Código revogado, o Código Civil de 2002 colocou no mesmo patamar o aval e a fiança no tocante aos atos para os quais um dos cônjuges necessita da autorização do outro para praticar. Assim, o art. 1.647, III, dispõe que nenhum dos cônjuges pode prestar, sem autorização do outro, aval ou fiança, exceto no regime da separação absoluta. Assim, caberá aos cônjuges avalizar em conjunto ou obter a autorização para o aval, na própria cártula ou em documento autônomo, que deve ser mencionado no título, o que será mais problemático. A matéria das relações patrimoniais entre os cônjuges é, em princípio, totalmente estranha à Lei Uniforme e legislação especial, o que leva a concluir que essa norma se aplica a todos os títulos de crédito, pois não entrará em operação a regra do art. 903. A cautela legal, doravante, exige que todo aval venha em conjunto pelo casal ou acompanhado da respectiva vênia conjugal.

O aval, que é garantia, também não se confunde com o endosso, como vimos, que é forma de transferência do título. Ambos, contudo, são figuras exclusivas do direito cambiário. Enquanto o endosso somente pode ser formalizado por pessoa determinada entre as que figuram no título, beneficiário ou portador, o aval pode ser firmado por qualquer pessoa, estranho ou não à relação cambiária.

O aval deve constar do título ou em folha anexa, segundo o art. 31 da Lei Uniforme. A folha anexa é o chamado alongamento do título, que se faz necessário por falta de espaço.

Também no aval há referência ao aval em branco e ao aval em preto. Neste último, o avalista indica o nome do avalizado ("por aval de ..." ou expressão equivalente). O aval em branco, sem indicação do avalizado, já referido no art. 898 do Código, deve ser dado no anverso, para não se confundir com o endosso (Lei Uniforme, art. 31). Não há nulidade, no entanto, se lançado no verso e puder ser claramente identificado (ROSA JR., 2000, p. 279).

O Código Civil de 2002 veda expressamente o aval parcial (art. 897, parágrafo único). O tema foi objeto de discussão no passado, pois a autorização de aval parcial não constava do Decreto nº 2.044/1908. A Lei Uniforme admitiu-o expressamente no art. 30. Essa permissão sempre foi entendida inconveniente pelas dificuldades práticas que acarreta, razão pela qual o em vigor Código optou pela proibição peremptória. Mais uma vez, coloca-se a pergunta: sobre quais títulos incidirá a norma do Código Civil? Veja o que afirmamos no início deste capítulo.

Outra questão de interesse que o instituto do aval levanta é quanto à possibilidade de aval antecipado, isto é, concedido antes do aceite e do endosso. O art. 14 do Decreto nº 2.044/1908 o admitia expressamente. A Lei Uniforme silencia. A doutrina diverge com acalorados debates sobre sua admissão e sua natureza jurídica. Parece-nos que esse aval não contraria os princípios de autonomia ínsita às obrigações cambiais. Se ao aval antecipado não se seguir a formalização cambial do avalizado; se, por exemplo, aval de futuro endosso que não se completa, esse aval, que era condicional, não terá eficácia. Contudo, a matéria longe está de uma posição majoritária.

A questão dos avais superpostos é outro tema polêmico. Não há dificuldades do ponto de vista do credor, pois, tendo em vista a autonomia das obrigações e solidariedade de todos os coobrigados, de qualquer um deles pode ser exigido o pagamento. O problema situa-se no âmbito dos próprios avalistas, porque é regra cambial a possibilidade de ação regressiva por parte daquele que pagou. Se os avais são simultâneos, não haverá, em síntese, direito de regresso, que supõe uma sucessividade de avais e de coobrigados. Também aqui a doutrina divide-se; uns defendendo que na presença de vários avais devem ser considerados simultâneos; outros entendendo que devem ser considerados sucessivos. O STF, de há muito, editou a Súmula 189, adotando a primeira corrente, entendendo que avais em branco e superpostos consideram-se simultâneos e não sucessivos. Nesse caso, não haverá obrigação cambiária entre eles, respondendo todos pela integralidade do crédito, sem possibilidade de divisão *pro rata*. No entanto, Perrone de Oliveira lembra de rumoroso julgado do próprio STF que decidiu de forma inversa, admitindo que o avalista que pagou pode cobrar do outro avalista a quota-parte devida por esse coobrigado (RE nº 70.715, *RTJ* 55/77) (1999, p. 113). Se não é a decisão mais técnica, é, sem dúvida, a mais justa. Para que sejam evitados entraves, quando há vários avais, os interessados devem indicar claramente a quem é dado o aval, porque é possível ser dado aval a aval já dado. O Código Civil contemporâneo não toma posição expressa a respeito como fez, por exemplo, a Lei do Cheque, que estabeleceu no art. 51, § 3º, que as regras das obrigações solidárias regem as relações entre coobrigados do mesmo grau.

A regra geral, todavia, fora essas situações, é no sentido de o avalista ter ação de regresso contra o avalizado e demais coobrigados anteriores (art. 899, § 1º). Esse mesmo dispositivo, no § 2º, atendendo à autonomia das obrigações cambiais, assevera que subsiste a responsabilidade do avalista, ainda que nula a obrigação de quem a ele se equipara, a menos que a nulidade decorra de vício de forma. Tanto assim é que persiste o aval se dado em referência a um menor, por exemplo.

O aval também pode ser dado posteriormente ao vencimento do título, cujos efeitos são idênticos ao aval anterior.

13.7 TÍTULOS AO PORTADOR

Os títulos de crédito podem ser nominativos, à ordem e não à ordem; e ao portador. *Nominativo* é o título que indica o beneficiário, identificando-o. Tal não significa, contudo, que o título não possa ser transferido. Título *à ordem* é aquele no qual o devedor é nomeado, porém, com a possibilidade de transferência mediante endosso, ou seja, simples assinatura no documento. A cláusula *à ordem* pode vir expressa no texto da cártula, ou decorrer de norma legal, como geralmente ocorre, que a entende presente ainda que não conste expressamente. Título *ao portador* é aquele dirigido ao credor que se apresentar para cobrá-lo. Esse o sentido fixado no art. 1.505 do Código Civil antigo ao estipular que

> "o detentor de um título ao portador, quando dele autorizado a dispor, pode reclamar do respectivo subscritor ou emissor a prestação devida. O subscritor, ou emissor, porém, exonera-se, pagando a qualquer detentor, esteja ou não autorizado a dispor do título".

O título ao portador é um documento pelo qual seu emitente obriga-se a uma prestação ao portador que com ele se apresentar.[6] Qualquer que seja a modalidade do

---

[6] "Apelação – Ação Monitória – Demanda fundada em cheques prescritos – **Títulos ao portador** – Sentença que rejeitou os embargos monitórios – Recurso tirado pelo embargante – Emissão não negada – Alegação de desacordo comercial em relação jurídica mantida com empresa beneficiária original do crédito, situação objeto de análise e decisão judicial – Inoponibilidade, contudo, das exceções pessoais do devedor ao credor, terceiro de boa-fé – Ordem de pagamento à vista – Princípios da autonomia e abstração – Títulos de crédito colocados em circulação que se desvinculam da causa subjacente – Ausência de provas nos autos de recebimento das cártulas por má-fé – Sentença confirmada – Recurso desprovido com majoração da verba honorária de sucumbência" (*TJSP* – Ap 1036988-42.2020.8.26.0506, 20-3-2023, Rel. Irineu Fava).
"Apelação – Embargos à monitória – Cheques – Circulação – Portador de má-fé – Endosso em branco – Caução – Alegação de que os títulos foram emitidos em favor de terceiro, sendo os cheques sustados por desacordo comercial – Anulação da primeira sentença, por este E. TJSP, para viabilizar a ampla produção de provas – Ausência de prova de que os cheques foram dados em caução – Depoimentos de 03 testemunhas, no entanto, que não foram capazes de demonstrar a má-fé do portador dos títulos – Títulos passíveis de circulação – Ausente prova da má-fé do

título, como enfatizado, há sempre dois elementos constantes, quais sejam, um corpo material traduzido em um documento e a substância da obrigação que nele se contém.

A legislação brasileira permite inúmeros títulos ao portador, como títulos da dívida pública, bilhetes de loteria, vales postais. Quando a lei não especifica uma forma, o título ao portador possui forma livre, aspecto que interessa diretamente ao capítulo do Código Civil vertente. Os títulos ao portador não diferem dos contratos; sua diferença consiste na manifestação unilateral de vontade.

Anota o art. 907 do Código que é nulo o título ao portador emitido sem autorização de lei. A proibição já constava do Código anterior, no tocante às obrigações em dinheiro (art. 1.511). A lei pode proibir que determinados títulos de crédito sejam ao portador. Lembre-se de que o título pode ser emitido incompleto ou em branco, devendo estar preenchido quando de sua apresentação.

Apontemos, como faz Serpa Lopes (1962, p. 148), que os títulos ao portador que não seguem os estritos termos da lei cambiária podem apresentar em seu bojo a causa do débito.

> "A causa debendi *só não figura na Letra de Câmbio ao portador, dado ser a cambial um contrato literal, isto é, um contrato que haure vida da sua própria forma literal, e cuja causa debendi parte do próprio título creditório. Mas nada obsta que, fora dos títulos assim criados pela lei, o título ao portador traga em seu contexto a menção da* causa debendi".

Veja, por exemplo, os ingressos de teatro e diversões em geral, os bilhetes de loteria, que conferem um crédito a seus portadores. Geralmente, a forma livre aplica-se aos títulos de bens e serviços. Para a emissão de títulos para pagamento em dinheiro, há necessidade de autorização legal, sob pena de nulidade (art. 1.511 do Código de 1916).

O art. 1.510 do Código de 1916 permitia que o título com o nome do credor trouxesse cláusula autorizando o pagamento ao portador, mas facultava que o devedor exigisse justificação de legitimidade do detentor ou que este prestasse caução. Trata-se do que a doutrina denomina títulos de legitimação. Caracteristicamente, esses títulos não são ao portador, mais se assemelhando aos títulos à ordem. A segunda parte do artigo refletia nuança de direito real sobre o instituto dos títulos de crédito, ao estabelecer que *"aquele cujo nome se acha inscrito no título, presume-se dono, e pode reivindicá-lo de quem quer que injustamente o detenha"*.

Dentro dos princípios firmados no Código Civil de 1916, que não se identificavam com as normas cambiárias estabelecidas na legislação própria, a regra geral era no sentido

---

apelado ao receber o título, deve a ré honrar com o pagamento das cártulas – Negócio jurídico que deu origem ao título, firmado com terceiro, estranho aos autos, que em nada afeta a relação entre a emitente do cheque e o terceiro, possuidor de boa-fé do título – Não cumprido o ônus do art. 333, II, do CPC, pela ré – Monitória procedente – Apelo improvido. (...) Litigância de má-fé – Condenação – Hipótese em que o apelado nada mais fez do que postular, fundado em matéria fática e jurídica, dentre teses possíveis, as que entendeu serem adequadas e razoáveis – Pretensão da apelante afastada – Apelo improvido" (*TJSP* – Ap 9000056-70.2009.8.26.0451, 28-1-2016, Rel. Salles Vieira).

da permissibilidade de emissão de títulos ao portador. As exceções deviam ser buscadas no ordenamento.

O título passa a gerar efeitos jurídicos no momento de sua entrega ao portador. Entenda, porém, que essa entrega deve ser límpida, isenta de vícios de vontade, pois tal aspecto inquina o ato, como em qualquer negócio jurídico. Não se confundem os vícios que podem macular a vontade criadora do título com a falta de autorização do emitente para sua circulação. Nesse sentido, estampava o art. 1.506 que a obrigação subsistia, ainda que o título tivesse entrado em circulação contra a vontade do emitente. Essa proibição de circulação poderia ocorrer antes ou depois de seu pagamento, total ou parcial. A entrega do título ao devedor presume sua quitação. Também o título pode receber a quitação por escrito. Se esses cuidados não forem tomados, ou se o título for furtado, pode a cártula circular contra a vontade do emissor. Nisso não se podem prejudicar os terceiros de boa-fé, daí a razão do art. 905, parágrafo único. Cumpre ao prejudicado que, efetuando o pagamento ao detentor legítimo, volte-se contra quem lhe tenha causado o prejuízo. Somente não estará obrigado a pagar ao terceiro que se apresenta com o título se lograr provar que a detenção deste é ilegítima, de má-fé, o que deve sempre ser provado por quem alega. Má-fé não se presume.

O art. 905 estampa, como regra geral, que o possuidor de título ao portador tem direito à prestação nele indicada, mediante sua simples apresentação ao devedor. Ainda, dispõe o art. 904 que a transferência do título ao portador faz-se por simples tradição, em consonância com o já referido art. 893.

Como o título ao portador se basta para comprovar uma obrigação, sua perda ou extravio requer procedimento tendente a sua substituição. Como a dívida está representada pela cártula, não está o devedor obrigado a pagar se o documento não lhe é apresentado, salvo se for declarado nulo.

Aquele que for injustamente desapossado do título somente mediante intervenção judicial poderá impedir que o ilegítimo detentor receba o que o título estampa (art. 1.509).

No caso de extravio, perda, furto, roubo, apropriação indébita do título ao portador, devidamente justificados, seu proprietário deverá pedir intervenção judicial, assim estabelecida pelo art. 1.509, a fim de ser obtida a caducidade do instrumento desaparecido. O procedimento era estabelecido pelos arts. 907 a 913 do CPC de 1973, sob a epígrafe "Da ação de anulação e substituição de títulos ao portador". Os textos não foram repetidos no CPC de 2015. Há que se seguir o procedimento comum, com publicação de editais (art. 259, II). Esse dispositivo do novel estatuto processual refere-se às ações de recuperação ou substituição de título ao portador. O foro competente é o do juízo do domicílio do emitente. Há que se provar o injusto desaparecimento do documento. Se não for conhecido o detentor do título, basta que se proceda à citação por edital dos terceiros interessados. Com a procedência do pedido, a sentença declarará o título caduco, ordenando ao devedor que lavre outro em substituição, dentro de prazo ali fixado.

Igual procedimento aplicar-se-á a título parcialmente destruído ou dilacerado, almejando sua substituição.

13.8 TÍTULOS NOMINATIVOS

O Código Civil vigente pretendeu regular os títulos nominativos, nos arts. 921 a 925. Normalmente, esses títulos, que podem ter as mais variadas finalidades, possuem regras próprias e integram microssistemas jurídicos, como, por exemplo, as ações de sociedades anônimas. O art. 921 define que o título nominativo é aquele emitido em nome e em favor de pessoa que conste do registro do emitente. Sua transferência não depende de simples tradição, mas de termo, em registro do emitente, assinado pelo proprietário e pelo adquirente (art. 922).

O art. 923 permite que essa modalidade de título seja transferida por endosso em preto, isto é, que contenha o nome do endossatário. Mormente no mercado de capitais, há títulos nominativos que exigem outros requisitos. De qualquer modo, a transferência somente se concluirá com a competente averbação no registro do emitente, que poderá exigir comprovação de autenticidade de assinatura (art. 923, § 1º). O endossatário tem direito a esse registro, se a cadeia de endossos estiver regular e ininterrupta (§ 2º). Nessa condição, o endossatário terá direito a adquirir uma nova cártula em seu nome, devendo a emissão constar no registro do emitente (§ 3º).

Quando a legislação específica o permitir, pode o título nominativo ser transformado em à ordem e ao portador, a pedido do proprietário e a sua custa (art. 924). Há que se examinar o caso concreto.

Finalmente, o art. 925 ressalva que o emitente de boa-fé, que fizer a transferência com as cautelas descritas, fica desonerado de responsabilidade. Não pode ser responsabilizado, por exemplo, se o emitente não averbou devidamente a transferência do título, apesar de procedimento correto seguido pelo interessado.

13.9 VENCIMENTO. PAGAMENTO. PRESCRIÇÃO

Vencimento é, em síntese, o momento em que a obrigação, a soma estampada no título pode ser exigida. Título não pago a partir desse dia, ou mais propriamente, do dia subsequente, caracteriza o inadimplemento, permitindo o ingresso da ação executória. A partir do vencimento, também, inicia-se o prazo prescricional.

Há algumas particularidades a respeito do termo de maturação dos títulos de crédito. Ordinariamente, o vencimento pode ser, levando em conta o título de crédito mais amplo ou mais completo, que é a letra de câmbio: à vista, a dia certo, a tempo certo de data e a tempo certo de vista.

O vencimento *a vista* permite que o título seja exigido desde a emissão ou saque. Nesse título estará mencionada a expressão *"pagável na apresentação"* ou equivalente, ou não faz nenhuma menção quanto ao vencimento. A Lei Uniforme dispõe que a letra a vista deve ser apresentada a pagamento no prazo de um ano, a contar de sua data, salvo se o sacador reduzir ou alongar esse prazo (art. 34).

O vencimento *a dia certo*, que é o mais comum e mais utilizado, traz em seu bojo o dia do vencimento: *"pague-se no dia 30 de dezembro do ano de ..."*.

No vencimento *a tempo certo de data*, é estabelecido um prazo de dias a partir da emissão ou saque do título: *"pague-se a trinta dias da data da emissão"*.

No vencimento *a tempo certo de vista*, é estabelecido um número de dias a partir da apresentação para aceite, naqueles títulos que o admitem: *"pague-se a trinta dias de vista"*.

Como em toda contagem de prazo, exclui-se o dia do início e inclui-se o dia do vencimento. Se o vencimento cair em dia feriado ou sem expediente bancário, o dia do vencimento prorroga-se até o próximo dia útil.

Há situações que afetam os títulos de crédito que promovem o vencimento antecipado, ocorrendo o vencimento extraordinário. Assim é, por exemplo, quando ocorre a falta ou recusa de aceite, provada por protesto perante o sacador. Assim também ocorre no caso de falência quando serão considerados vencidos todos os débitos do falido. Neste último caso, somente o falido tem sua obrigação vencida, mas o decreto de falência não atinge os coobrigados no tocante à antecipação de vencimento.

Com o vencimento, torna-se exigível a quantia descrita no título. O art. 901, parágrafo único do Código, admite que, ao pagar, o devedor pode exigir do credor, além da entrega do título, a quitação regular. Portanto, a emissão dessa quitação passa a ser um direito do devedor, que pode não se contentar apenas com o recebimento da cártula.

O título não é exigível antes do vencimento, nem é o credor obrigado a receber o pagamento. Dispõe o art. 902 do Código que quem paga, antes do vencimento, fica responsável pela validade do pagamento. A regra já constava do art. 22 do Decreto nº 2.044/1908. Fica responsável em provar essa validade, na verdade, não somente perante o credor, mas também perante os demais coobrigados.

Por outro lado, no vencimento, o credor tem a obrigação de receber o pagamento, ainda que parcial (art. 902, § 1º). É regra dos títulos de crédito que o pagamento pode ser parcial, ao contrário das obrigações em geral. O § 2º do art. 902 observa que, no caso de pagamento parcial, no qual não se opera a entrega do título, além da quitação em separado, outra deverá ser firmada no próprio título. Ou melhor, deverá ser anotada no título a quitação parcial. Esses dispositivos já constavam também do Decreto nº 2.044 (art. 22) e da Lei Uniforme (art. 39).

Aponta-se também a possibilidade do *pagamento por intervenção*, regulado nos arts. 59 a 63 da Lei Uniforme. Qualquer pessoa indicada pelo sacador, endossante ou avalista pode intervir para efetuar o pagamento. Na ausência dessa designação, o interveniente pode ser um terceiro, bem como o próprio sacado ou pessoa obrigada na cambial. A lei não permite que o aceitante ou seu avalista sejam intervenientes. O pagador interveniente adquire todos os direitos cambiais. No pagamento por intervenção, o credor não é obrigado a aceitar o pagamento parcial. Como regra, o portador não pode recusar o pagamento integral feito pelo interventor, sob pena de perder seu direito de ação contra os obrigados. De acordo com o art. 59 da Lei Uniforme, o pagamento por intervenção deve ser feito até o dia seguinte ao último no qual é permitido o protesto por falta de pagamento.

Quanto à prescrição dos títulos de crédito, continuam inexoravelmente aplicáveis os dispositivos das leis específicas, pois o Código não se manifesta a esse respeito. Assim, no tocante à letra e câmbio e nota promissória, o prazo prescricional é de três anos, a contar do vencimento, para a ação contra o devedor principal e seu avalista. O prazo é de um ano, a contar do protesto feito em tempo hábil, para a ação do portador contra os codevedores. O prazo é de seis meses, a contar da data em que o coobrigado efetuar o pagamento ou for acionado para efetuá-lo, para a ação de quem pagou contra os demais coobrigados (codevedores).

Quanto ao cheque, a prescrição é de seis meses a partir do final do prazo para apresentação ao sacado, para a ação do portador contra o sacador. O prazo é de 30 dias para apresentação de cheques da mesma praça e de 60 dias para apresentação de cheques de praças diferentes. Entende-se por praça, como regra geral, a cidade ou município. Soma-se a esses dias, o prazo de seis meses. Esgotados esses prazos de apresentação, de 30 ou 60 dias, perde-se o direito de ação contra os codevedores. Permanece, contudo, esse direito com relação ao emitente e avalistas, pelo prazo citado de seis meses.

Para as duplicatas, o prazo prescricional é de três anos, a contar do vencimento, para ação contra o devedor principal e seu avalista. Será de um ano, a contar do protesto tirado no tempo útil de 30 dias, para a ação do credor contra os codevedores. Será também de um ano, a contar da data do pagamento por um dos codevedores ou de quando este for acionado, para a ação contra os demais. A prescrição dos demais títulos consta da legislação respectiva.

14

PROTESTO

14.1 ORIGEM HISTÓRICA

O instituto jurídico do protesto apresenta-se essencialmente ligado aos títulos de crédito e ao direito cambiário. Sua menção e exame devem constar de todo estudo que se faça do direito cambial. O protesto, como todos os institutos mercantis tradicionais, surge nas práticas medievais. João Eunápio Borges menciona o mais antigo protesto conhecido em Gênova, no ano de 1384, de uma letra de câmbio proveniente de Barcelona (1971, p. 114). Há autores que situam a existência do protesto em momento anterior, pois há notícia de protestos lavrados em 1335. Em Pisa, em 1305, já se incluía, entre as funções dos notários, a *praesentatio* e a *protestatio litteram*, havendo referências que na França o instituto também era conhecido na mesma época.

Perante a falta de pagamento do sacado de uma letra de câmbio, aceitante ou não, cumpria ao apresentante do título promover a *protestatio*, ato solene, a ser realizado em curto prazo, perante o notário e testemunhas. Com base nesse ato, o portador podia agir regressivamente contra o sacador da letra, o que podia efetivar-se por meio do ressaque (*recambium*).

Em sua origem, mantido o sentido até a época atual, o protesto tinha por finalidade a conservação de direitos de regresso e a demonstração de que o portador desejava obter o aceite ou o pagamento da letra.

Em nosso país, o Código Comercial de 1850, que substituiu o Alvará de 1789, disciplinou no título XVI que o protesto das cambiais era necessário: nos casos de recusa de aceite; na hipótese de o aceitante estar oculto ou em lugar distante ou não podendo ser encontrado; na hipótese de recusa do aceitante em devolver a letra entregue para aceite ou pagamento; na hipótese de ser desconhecido o domicílio do sacado ou aceitante; no caso de aceite limitado ou restrito à soma sacada; na recusa de pagamento; na falência do aceitante e na falta de aceite na letra de câmbio a tempo certo de vista.

O festejado Decreto nº 2.044, de 31 de dezembro de 1908, revogou os dispositivos do Código Comercial sobre a matéria, tratando do protesto cambial nos arts. 28 a 33.

Esse diploma prendeu-se às antigas tradições medievais, razão pela qual é formalmente rigoroso. Além do Decreto nº 2.044/1908, o protesto também está regido pela Lei Uniforme de Genebra (Decreto nº 57.663/66, arts. 44 ss); Lei das Duplicatas (Lei nº 5.474/68, arts. 13 e 14) e Lei do Cheque (Lei nº 7.357/85, art. 48).

Atualmente, a atenção volta-se para a Lei nº 9.492, de 10 de setembro de 1997, que regula os atos de protesto e se dirige, basicamente, aos tabeliães responsáveis pelos protestos de títulos.

14.2 CONCEITO. NATUREZA JURÍDICA

A Lei nº 9.492/97 define: *"Protesto é o ato formal e solene pelo qual se prova a inadimplência e o descumprimento de obrigação originada em títulos e outros documentos de dívida"*. Essa lei deve ser vista com o aprimoramento sobre garantias trazido pela Lei nº 14.711/2023.

Fiel à origem cambiária do instituto, o protesto tem por base a constatação do descumprimento de uma obrigação cambial. O legislador inova e moderniza o conceito de protesto, ao permitir que também outros documentos de dívida possam ser protestados. Esse aspecto rompe apenas aparentemente com a tradição do instituto. Na verdade, amplia as possibilidades de protestos, dentro dos princípios básicos históricos.

Em matéria cambial, o protesto é prova oficial e insubstituível da falta ou recusa, quer do aceite, quer do pagamento, sendo de suma importância para o portador do título e para seus coobrigados de regresso. Sem o protesto, o portador de um título perderá os direitos contra os devedores de regresso, e, no tocante a esses coobrigados, a lei assegura a cada um deles, mediante o protesto, o meio simples e seguro de exercer seu próprio direito de regresso contra os coobrigados a eles anteriores (BORGES, 1971, p. 108). O protesto produz efeitos cambiários e extracambiários. No âmbito cambiário, por exemplo, como vimos, o endosso efetivado após o protesto, endosso póstumo, produz efeitos de cessão de crédito. O protesto por falta de pagamento assegura ao portador os direitos cambiários em relação aos demais devedores. Lembre-se de que os juros de mora e a correção monetária fluem a partir do vencimento do título e não do protesto.

Segundo a doutrina tradicional, o protesto é um ato formal, com finalidade essencialmente probatória, uma vez que evidencia que o devedor não cumpriu a obrigação constante do título. Trata-se de ato jurídico em sentido estrito. O efeito probante do ato decorre exclusivamente da lei.

Nesta época contemporânea, em nosso país, como mencionamos, houve uma guinada na óptica do protesto, pois ele está regulado pela Lei nº 9.492, de 10 de setembro de 1997, diploma que basicamente pretendeu regulamentar a atividade dos cartórios de protesto, mas que ampliou enormemente, entre nós, o alcance e o conceito do protesto. Ao lado dessa mais recente lei, continuam em vigor os estatutos tradicionais, ligados ao protesto cambial: Decreto nº 2.044/1908; Lei Uniforme de Genebra (Decreto nº 57.663/66); Lei nº 5.474/68 e Lei nº 7.357/85.

14.3 CLASSIFICAÇÃO

Quanto à razão de ser ou motivo do protesto, levando em conta a recente lei regulamentadora que se desprende da origem essencialmente cambial e alarga o espectro do instituto, distingue-se: protesto por falta de aceite; protesto por falta de pagamento; protesto por falta de devolução do título e protesto com finalidade especial.

O *protesto por falta de aceite* ocorre quando a cambial é apresentada para aceite e há recusa por parte do devedor indigitado. Esse protesto somente pode ser ultimado antes do vencimento do título ou após o decurso do prazo legal para o aceite ou para devolução (art. 21, § 1º, da Lei nº 9.492/97).

O *protesto por falta de pagamento* é o destinado a evidenciar que não ocorreu o pagamento de um título. Esse protesto, como é óbvio, somente pode ser ultimado após o vencimento da cambial (art. 21, § 2º, da Lei nº 9.492/97). Nesse aspecto é que se torna possível o protesto de outros documentos de dívida, conforme a mais recente lei.

O *protesto por falta de devolução* ocorre quando o sacado retém a letra de câmbio ou duplicata enviada para aceite, não devolvendo o título no prazo legal. Nessa hipótese, o protesto será lavrado com base na segunda via da letra ou na triplicata (art. 23 da Lei nº 5.474/68).

Por derradeiro, há o *protesto com finalidade especial*, que deve ocupar mais detidamente nossa atenção, tendo em vista a novidade de sua perspectiva. Essa modalidade de protesto é destinada a títulos e documentos que a princípio não eram protestáveis, mas cujo protesto serve para atingir uma finalidade ou completar o sentido das obrigações no universo negocial. Em resumo, permitindo o legislador que outros documentos comprobatórios de obrigações e débitos em aberto sejam protestados, busca-se, por meio do ato jurídico do protesto, o aperfeiçoamento do princípio *"pacta sunt servanda"*. Nessa modalidade de protesto incluem-se, entre outros, sentença com trânsito em julgado, contratos e outros débitos para fundamentar pedido de falência contra devedor comerciante (art. 10 da Lei de Falências revogada e atual Lei nº 11.101/2005, art. 94).

Esse protesto com finalidade especial, antes somente restrito ao âmbito específico da falência, era lavrado em um livro à parte, livro especial, não participando da série de registros ordinários decorrente do direito cambial. Na nova lei, por força do art. 23, todos os protestos, de todas as naturezas, devem assentar-se em um único livro, nele constando o motivo do protesto.

No que concerne à função do protesto, faz-se referência ao protesto necessário e ao protesto facultativo. O *protesto necessário, obrigatório* ou *conservatório* é o que constitui ato essencial para o exercício de um direito cambial do credor. Trata-se, por exemplo, de resguardar o direito de regresso com relação a coobrigados do título e o direito de requerer falência. A Lei Uniforme introduziu a possibilidade da dispensa de protesto no art. 45, mediante cláusula inserida pelo sacador, quando então valerá para todos os coobrigados. Uma vez inserida a cláusula "sem protesto", fica o portador dispensado do protesto com relação a todos os coobrigados, quando aposta pelo sacador, ou algum ou alguns coobrigados mencionados expressamente. A lei adverte, porém, que o portador não fica dispensado da apresentação do título para garantir o direito de regresso. Essa cláusula, todavia, não é normalmente utilizada em nosso meio negocial.

De outro lado se posta o *protesto facultativo ou probatório*. Nesse caso, o titular de um direito que leva o débito a protesto realiza o ato para comprovar que o devedor não cumpriu a obrigação no prazo e na forma devidos. Ontologicamente, porém, toda modalidade de protesto possui, em síntese, a mesma finalidade, qual seja, comprovar que alguém, posicionado em tese e objetivamente como devedor, deixou de cumprir uma obrigação, ainda que seja de fazer, como sucede no protesto por falta de aceite. O protesto tem, portanto, uma finalidade probatória que ressalta à primeira vista no exame do instituto. Sob essa óptica, não há distinção formal entre as diversas modalidades de protesto. A segunda finalidade que se ressalta no protesto é a conservatória de direitos, esta apenas reservada para situações específicas na lei. Por outro lado, quando a obrigação não tem prazo de vencimento, além das funções conservatória e probatória, o protesto gera efeitos moratórios, pois nessa hipótese há uma função constitutiva no ato. Esse, aliás, é o sentido introduzido pelo art. 40 da Lei nº 9.492/97:

> "Não havendo prazo assinado, a data do registro do protesto é o termo inicial da incidência de juros, taxas e atualizações monetárias sobre o valor da obrigação contida no título ou documento de dívida".

Por fim, neste tópico, cumpre lembrar que o protesto cartorial ora tratado não se confunde com o *protesto judicial*, este disciplinado pelos arts. 867 ss do Código de Processo Civil. O protesto cambial ou equivalente, ao contrário do protesto judicial que podia ter essa finalidade, não tinha o condão de interromper a prescrição, conforme, inclusive, Súmula 153 do STF: "*Simples protesto cambiário não interrompe a prescrição*". O Código Civil de 2002, no entanto, admite expressamente a interrupção da prescrição pelo protesto cambial (art. 202, III). Trata-se, sem dúvida, da melhor posição, de há muito reclamada pela doutrina, pois quem leva um título de crédito a protesto não se mostra inerte com relação ao seu direito. A prescrição, como se sabe, deve basicamente punir a inércia do titular de um direito.

14.4 PROTESTO DE OUTROS DOCUMENTOS DE DÍVIDA NA LEI Nº 9.492/97

Essa lei, conforme seu próprio exórdio, teve como finalidade específica definir a competência e regulamentar os serviços concernentes ao protesto de títulos e outros documentos de dívida. É diploma legal dirigido especialmente ao tabelião de Protesto de Títulos (art. 3º). A lei regula tão só o ato do protesto e seu procedimento e não os efeitos do protesto que continuam regulados por leis específicas, de direito cambiário. Apesar de ser uma lei com esse âmbito definido, trouxe outras disposições inovadoras em matéria de protesto no direito brasileiro. Nesse sentido, essa lei veio permitir, no art. 1º, o protesto de *outros documentos de dívida*.

Cumpre evidenciar que até a promulgação dessa lei, o protesto extrajudicial estava restrito e vinculado exclusivamente ao direito cambiário, com exceção à possibilidade de protesto especial com base no art. 10 da antiga Lei de Falências e para execução de contrato de câmbio (art. 75 da Lei nº 4.728/65). Essa vinculação do ato de protesto aos direitos cambiários tem explicação arraigada na origem histórica a que nos referimos.

Doravante, a lei assumiu nova postura ao permitir que outros documentos de dívida possam ser protestados. O legislador não foi expresso e a primeira questão que se antolha é estabelecer qual o alcance da expressão "*outros documentos de dívida*" no contexto da lei. É claro que a exegese do texto somente pode ser vista com relação à finalidade do diploma legal.

Se levarmos em conta a tradição e origem histórica do protesto, é evidente que não é qualquer documento representativo de obrigação que pode ser protestado. O legislador não foi expresso a esse respeito e parece evidente que sua intenção não foi tornar o protesto uma panaceia ou um placebo jurídico. Considerando que o protesto de origem cambiária sempre foi utilizado para títulos representativos de dívida líquida e certa que autorizam a ação de execução; essa mesma teleologia deve ser aplicada a esses outros documentos citados pela novel lei. Desse modo, embora haja quem à primeira vista possa sufragar opinião mais extensiva, o dispositivo do art. 1º deve ser interpretado restritivamente, no sentido de que o protesto é utilizável somente para os títulos cambiários e para os demais títulos executivos judiciais e extrajudiciais, que estão elencados nos arts. 584 e 585 do Código de Processo Civil, de 1973, como defende Hélia Márcia Gomes Pinheiro (2001, p. 20). O art. 584 do CPC/1973 foi revogado pela Lei nº 11.232/2005. Corresponde ao art. 585 do CPC/1973 as disposições do art. 784 do CPC/2015. Essa mesma autora indica que há comentadores que defendem posição extensiva, entendendo que o protesto abrangeria, além dos títulos de crédito em geral, todos os documentos públicos e particulares representativos de dívida. Há que se dizer, todavia, que essa interpretação mais ampla é francamente minoritária e não resiste a um exame mais completo do instituto do protesto.

De qualquer forma, à parte da celeuma que é ora despicienda, Hélia Márcia (2001, p. 21), em seu percuciente estudo sobre o tema, conclui com razão:

> "*A possibilidade de se levar a protesto qualquer documento de dívida líquida e certa é inegável. Sendo que a utilização deste instituto deve atender aos critérios de necessidade e de utilidade para o credor, pois, conforme demonstrado no capítulo II, item 2.2, o protesto extrajudicial é ato jurídico* stricto sensu, *pelo fato de que seus efeitos decorrem exclusivamente da lei*".

Na mesma posição posta-se Míriam Comassetto Wolffenbuttel (2001, p. 75), aduzindo que

> "*a posição que ocupa espaço, hodiernamente, é no sentido de que o legislador, ao se referir a 'outros documentos de dívida', fez alusão a qualquer documento de dívida passível de execução, ou seja, que este documento seja líquido, certo e exigível. Portanto, infere-se que uma das inovações introduzidas pela Lei nº 9.492, de 10 de setembro de 1997, diz respeito à amplitude dos títulos sujeitos a protesto cambiário, uma vez que a lei referiu-se a 'outros documentos de dívidas', não restringindo, portanto, a prática deste ato específico aos títulos de crédito e contas judicialmente verificadas, como ocorria anteriormente ao advento desta legislação*".

Reforçando essa posição, com perspicácia aponta Ermínio Amarildo Darold (2001, p. 24):

> "Pelo sistema processual vigente, a pessoa somente poderá ver-se constrangida ao cumprimento de determinada obrigação quando esteja ela encastelada em regular título executivo. Do contrário, esse constrangimento dependerá de precedente pronunciamento judicial, na via cognitiva, mesmo em ocorrendo prova escrita da obrigação, emanada do próprio devedor, porém destituída dos requisitos da liquidez e certeza".

Prossegue mais adiante:

> "Nem de longe, então, se poderá admitir que essa imprecisão do legislador venha a propiciar entendimento no sentido de que poderão ser protocolizados a protesto documentos não revestidos das formalidades preconizadas por lei aos títulos de crédito, pois o ato de constrangimento, e o protesto o é, somente se faz admissível contra pessoa que se obrigou dentro dos requisitos estabelecidos em lei, requisitos estes geradores da presunção relativa de certeza, liquidez e exigibilidade do crédito, só reunidos nos títulos de crédito. Com efeito, não vislumbro, ab initio, qualquer situação juridicamente viável a justificar a expressão outros documentos de dívida inserida no primeiro artigo da nova lei".

A conclusão, portanto, deixando à margem eventual interpretação mais elástica, é que, doravante, sem dúvida, os documentos descritos no art. 784 do CPC, como títulos executivos extrajudiciais, são protestáveis. Assim, são protestáveis, entre outros, a escritura pública ou outro documento assinado pelo devedor, o documento particular assinado pelo devedor e por duas testemunhas, o instrumento de transação referendado pelo Ministério Público, pela Defensoria Pública ou pelos advogados dos transatores, os contratos de hipoteca, penhor, anticrese, caução, seguro de vida, aluguel ou renda de imóvel etc. Portanto, em matéria de inquilinato, por exemplo, o protesto pode ser tirado em face do inquilino ou do fiador, ou de ambos, existindo contrato escrito. Não se nega também, por igual razão, que são igualmente protestáveis os títulos executivos judiciais, como a sentença condenatória cível, a sentença arbitral, a sentença homologatória de transação ou de conciliação e a sentença estrangeira homologada pelo STJ. No âmbito do Estado de São Paulo, também as despesas de condomínio são passíveis de protesto.

Apresentado o título ou outro documento de dívida para protesto, cumpre ao tabelião examinar os caracteres formais do título, não lhe cabendo examinar os fatores intrínsecos do título ou da dívida, nem cabendo investigar a ocorrência de prescrição ou caducidade (art. 9º da Lei nº 9.492/97). Somente perante vícios formais os títulos serão devolvidos ao apresentante, ficando obstado o protesto. O procedimento do protesto é disciplinado basicamente nessa lei e refoge agora a nosso estudo.

14.5 SENTIDO METAJURÍDICO DO PROTESTO E A POSIÇÃO DO LEGISLADOR

De há muito o sentido social e jurídico do protesto, mormente aquele denominado facultativo, deixou de ter o sentido unicamente histórico para o qual foi criado. Sabemos nós, juristas ou não, que o protesto funciona como fator psicológico para que a obrigação seja cumprida. Desse modo, a estratégia do protesto se insere no *iter* do credor para receber seu crédito, independentemente do sentido original consuetudinário do instituto. Trata-se, no mais das vezes, de mais uma tentativa extrajudicial em prol do recebimento do crédito.

Ora, por rebuços ou não, o fato é que os juristas tradicionais nunca se preocuparam com esse aspecto do protesto, como se isso transmitisse uma *capitis deminutio* ao instituto do protesto e a sua Ciência. Não pode, porém, o cultor do direito e o magistrado ignorar a realidade social. Esse aspecto não passa despercebido na atualidade. Para o magistrado Ermínio Amarildo Darold (2001, p. 17), o protesto

> *"guarda, também, a relevante função de constranger legalmente o devedor ao pagamento, sob pena de ter lavrado e registrado contra si ato restritivo de crédito, evitando, assim, que todo e qualquer inadimplemento vislumbre na ação judicial a única providência formal possível".*

O próprio legislador da Lei nº 9.492/97 dá mostras de seus liames com essa posição, pois poderia ser expresso a respeito dos novos documentos de dívida que podem ser protestados; poderia simplesmente ter feito referências aos dispositivos do estatuto processual citados e não o fez. Com isso, como sói acontecer, o legislador relega à jurisprudência e à doutrina a compreensão da dicção legal do artigo primeiro, quiçá acenando e permitindo adredemente uma posição mais extensiva do intérprete quanto aos documentos protestáveis.

No final do século XX, despontam novos princípios, denominados sociais, no direito privado. A Constituição de 1988 é marco importante nesse aspecto, secundada magnificamente pelo Código de Defesa do Consumidor. O Código Civil em vigor realça essa finalidade social no tocante aos contratos, à propriedade, à família e às sucessões.

As obrigações devem ser cumpridas não em prol unicamente do credor, ideia que transmite o Código Civil de 1916, individualista e patrimonial por essência, mas em benefício também e principalmente da sociedade, que não pode conviver e suportar obrigações descumpridas. Nesse diapasão, a lei deve buscar o novo sentido do brocardo *"pacta sunt servanda"*, colocando no ordenamento os instrumentos para atingi-lo. Há, sem dúvida, um sentido amplamente educativo na coerção sobre o devedor e não um sentido individualista de favorecer unicamente o credor. A ideia é que toda sociedade sofre as consequências de uma obrigação não cumprida. A Lei nº 9.492/97, ao ampliar as possibilidades de protesto a outras modalidades de obrigações, insere-se nesse desiderato, qual seja, instrumentalizar o credor com mais uma ferramenta para que seu crédito seja adimplido. A posição da lei não é nova, pois o Código Civil de 2002 enfatiza a função social do contrato (art. 421) e os princípios de probidade e boa-fé (art. 422). Aliás, o princípio da boa-fé objetiva é norteador de todo direito obrigacional no diploma civil, e a jurisprudência já o aplica amplamente. A nova lei de protestos insere-se nesse ordenamento. A matéria não é nova na legislação, pois os processualistas já se adiantaram e, na última década do século XX, introduziram importantes modificações no CPC, em prol do sentido social no cumprimento das obrigações, dando nova feição à execução específica e autorizando a tutela antecipada. Até então, no sistema do Código Civil de 1916, as obrigações descumpridas ficavam subordinadas tão somente à tradicional indenização por perdas e danos. Modernamente, o devedor cumprirá a obrigação, porque o ordenamento coloca instrumentos à disposição do credor para que o faça; as perdas e danos somente surgem como última alternativa, quando se impossibilita o cumprimento material.

Destarte, não há surpresas nem necessidade de maiores investigações para buscar a *ratio essendi* da inovação da lei que permite o protesto extrajudicial de outros documentos de dívida, fora do âmbito dos títulos cambiários. A tendência é de ser ampliado o universo de documentos representativos de créditos, sujeitos a protesto.

14.6 SUSTAÇÃO E CANCELAMENTO DO PROTESTO

Obrigações inadimplidas geram para o credor o direito de constituir o devedor em mora, por meio do protesto, entre outros meios. Além desse efeito constitutivo, o protesto ainda acarreta restrição de crédito, porquanto origina a inscrição do devedor no cadastro de inadimplentes.

Entretanto, pode ocorrer que um título seja apontado para protesto sem, por exemplo, *causa debendi* ou mesmo por não retratar o montante exato da obrigação ou, ainda, não estar de acordo com o pactuado pelas partes envolvidas na relação negocial. O exercício do direito de protesto, nesses casos, certamente representa abuso do direito do credor e gera efeitos nefastos ao devedor, que não está obrigado a suportá-los.[1]

---

[1] "Apelação. **Ação de sustação de protesto**. Sentença de improcedência. Inconformismo do autor. Não cabimento. Cobranças relativas à débitos posteriores à ação anteriormente proposta. Comprovado nestes autos a participação do autor na fundação da associação e elaboração do estatuto, com participação em assembleia que tratava de assuntos de destinação das contribuições assinando como sócio. Ausência de provas de oposição. Litigância de má-fé mantida. Sentença mantida. Honorários majorados. Recurso não provido" (TJSP – Ap 1075006-21.2022.8.26.0100, 5-11-2024, Rel. Benedito Antonio Okuno).

"Agravo de instrumento – Ação de procedimento comum – Tutela provisória de urgência – **Sustação de protesto**. Agravo de instrumento em face de decisão que deferiu parcialmente tutela de urgência requerida para suspender protesto e a inscrição do nome do ora agravado no cadastro de inadimplentes. Pretensão do agravante à reforma – Descabimento – A concessão da tutela provisória de urgência antecipada é faculdade atribuída ao magistrado, prendendo-se ao seu prudente arbítrio e livre convencimento, dependendo a concessão de elementos que evidenciem a probabilidade do direito e o perigo de dano ou o risco ao resultado útil do processo – Requisitos do art. 300, do CPC preenchidos – Decisão que só pode ser revogada em instância superior se presente ilegalidade ou abuso de poder, não verificados na espécie – Possível afirmar também que, da medida, não exsurge qualquer prejuízo de ordem material para o agravante, a afastar a possibilidade do dano reverso previsto no § 3º do art. 300, do CPC – Protesto que, acaso julgada improcedente a ação, recuperará sua higidez. Decisão judicial motivada, sem contornos de ilegalidade ou abusividade, não se tratando de decisão teratológica a permitir a sua reforma, descabendo antecipação ou pré--julgamento da matéria de mérito em sede incidental. Decisão mantida. Recurso desprovido" (TJSP – AI 3006533-21.2023.8.26.0000, 31-10-2023, Rel. Leonel Costa).

"Apelação – Cambial – Duplicata mercantil – Ação declaratória de inexistência de débito com pedido de tutela de urgência para **sustação de protesto** – Procedência – Título sem causa levado a protesto por indicação – Inexigibilidade do título reconhecida – Ajuizamento da ação contra o banco endossatário também admissível, por deter a titularidade da cártula – Responsabilidade do endossatário quanto à prática deste ato indevido acertadamente reconhecida, por ter recebido

Sendo o apontamento indevido, assiste ao devedor o direito de vê-lo suspenso e, assim, livrar-se do efeito restritivo de crédito pela negativação de seu nome junto aos cadastros de inadimplentes. A medida cabível nesse caso é a sustação de protesto, uma medida cautelar inominada que ganhou esse nome em razão do fundamento do pedido.

A medida cautelar de sustação de protesto deve ser obrigatoriamente proposta antes da sua lavratura, visto que sua posteridade resultaria em inépcia do pedido, porque o protesto já teria se consumado. É medida preparatória da ação principal, geralmente declaratória de inexigibilidade do crédito. Deduzidas as razões da impropriedade do protesto e comprovados o *fumus boni iuris* e o *periculum in mora*, a liminar é deferida e o protesto suspenso até decisão final.

Uma vez lavrado o protesto, não se pode mais cogitar de sua sustação. Havendo razões para fundamentar a insubsistência da obrigação contida no título de crédito, somente por cancelamento é que seus efeitos não persistirão. O cancelamento do protesto pode ser feito pelo próprio cartório que o lavrou, mediante a apresentação do próprio título quitado ou por meio de pedido judicial do interessado para tal.

É bom lembrar que se o protesto for comprovadamente indevido, é cabível, também, pedido de indenização por dano moral, uma vez que foi propagado indevidamente ao público um estado de insolvência do devedor que não era real.

---

o título mediante endosso translativo – Legitimidade passiva do banco configurada – Fixação de honorários recursais nos termos do art. 85, § 11º, do CPC/15 – Recurso improvido" (TJSP – AP 1008444-51.2018.8.26.0009, 15-12-2021, Rel. Thiago de Siqueira).

"Apelação Cível – **Ação anulatória de título c/c sustação de protesto** – Inadimplemento Contratual – Cheques – Ônus da prova – O cheque, dotado de autonomia e abstração, é passível de circulação mediante endosso, conforme preceitua o artigo 17 da Lei 7.357/85, desvinculando-se da *causa debendi*, ou seja, é irrelevante o conhecimento de sua origem – Indemonstrado o inadimplemento da parte demandada, ônus que incumbia ao demandante, a teor do art. 373, I, do CPC, não há fundamentação para sustar o protesto. Apelo desprovido. Unânime" (*TJRS* – AC 70079624979, 21-2-2019, Rel. Des. Gelson Rolim Stocker).

15

ROL DOS TÍTULOS DE CRÉDITO

Os títulos de crédito, conforme já dito, surgiram na Idade Média, proporcionando maior circulação do crédito, contribuindo de forma significativa para o impulsionamento da economia. Dentro dessa perspectiva temporal é que foram criados os tipos legais que promoveram ao longo dos anos a circulação de capital de forma ágil e segura. A letra de câmbio e a nota promissória representaram durante séculos instrumentos hábeis para esse fim. Vários outros títulos de crédito foram criados na legislação brasileira, com regras específicas, mormente em torno do agronegócio, sem fugir dos princípios básicos aqui estudados.

O dinamismo da atividade econômica exigiu, entretanto, que os instrumentos de circulação de riquezas, como contratos e títulos de crédito, ganhassem nova roupagem, com continentes aptos a agilizar esse movimento e manter a segurança do crédito que encerram. A esse respeito, manifesta-se Tullio Ascarelli:

> "[...] *a circulação do crédito é exigida pela economia moderna, cujos primórdios remontam ao nascimento econômico da idade das comunas. Circulação dos créditos vale dizer o máximo de rapidez e de simplicidade no transmiti-los a vários adquirentes sucessivos com o mínimo de insegurança para cada adquirente que deve ser posto, não só em condições de conhecer pronta e eficazmente aquilo que adquire, mas também a salvo das exceções cuja existência não lhe fosse dado notar, facilmente, no ato da aquisição. A satisfação dessa exigência que se fez sentir profundamente no moderno mundo econômico constitui um fator de desenvolvimento deste*" (2009, p. 40).

Por essa razão, por exemplo, o uso da letra de câmbio foi literalmente abandonado, fortalecendo-se a prática da duplicata e do cheque. Com o Código Civil de 2002, a necessidade de transformações introduzidas pelas inovações tecnológicas foi reconhecida, com a possibilidade, inclusive, de títulos virtuais, despojados de seu continente material. É o chamado processo de descartularização ou desmaterialização dos títulos de crédito, tendência atual nessa área, que possibilita atravessar o globo por impulsos eletrônicos.

15.1 LETRA DE CÂMBIO

É dentro da perspectiva traçada que os títulos de crédito em espécie serão abordados e, portanto, abandonado o longo capítulo geralmente destinado às letras de câmbio.

A letra de câmbio sempre foi utilizada como título de crédito didático para o estudo das regras gerais dos diversos atos cambiários, constituição e exigibilidade do crédito, aplicando-se essas regras aos demais títulos de crédito, respeitadas as particularidades de cada um. Trataremos de forma inversa, ressaltando em cada um dos títulos suas particularidades e operatividade e não utilizando por empréstimo aspectos gerais de um título de crédito totalmente em desuso.

O estudo aqui desenvolvido é ilustrativo e tem a finalidade de demonstrar que no tempo certo, a letra de câmbio representou um instrumento eficiente para a circulação de riquezas. A letra de câmbio estabeleceu a base de toda a teoria geral dos títulos de crédito, porém, sua utilidade perdeu-se nos meandros da história.

15.1.1 Conceito e requisitos

A letra de câmbio é uma ordem de pagamento a vista. É declaração unilateral de vontade na qual uma pessoa, denominada sacador, declara a outra, o sacado, que pagará a certa pessoa, chamada tomador, uma quantia certa. Consoante observa Gladston Mamede (2005, p. 195), *"não se trata de uma ordem para pagar, mas de uma declaração, feita pelo sacador, de que o sacado irá pagar a quantia certa, no prazo ou na data, e no local, fixados"*.

Três, portanto, são os protagonistas da letra de câmbio: o sacador, que é o emitente do título; o sacado, que é quem vai pagar, e o tomador, que é o beneficiário do pagamento.

Para ter validade, a letra de câmbio exige a presença dos seguintes requisitos, constantes do art. 1º do Decreto nº 2.044/1908: I) a denominação "letra de câmbio" ou a denominação equivalente na língua em que for emitida; II) a soma de dinheiro a pagar e a espécie de moeda; III) o nome da pessoa que deve pagá-la, podendo essa indicação ser inserida abaixo do contexto; IV) o nome da pessoa a quem deve ser paga, podendo a letra ser ao portador e também ser emitida por ordem e conta de terceiro; e V) a assinatura do próprio punho do sacador ou do mandatário especial, devendo ser firmada abaixo do contexto.[1]

A letra de câmbio que não contiver data certa de vencimento é considerada à vista.

---

[1] "Apelação Cível – Ação de cobrança – Saldo devedor de consórcio – **Letra de câmbio vinculada** – Sentença de parcial procedência – Insurgência do avalista – Alegada prescrição – rejeição – Ajuizamento dentro do prazo prescricional quinquenal do art. 206, § 5º, I, do Código Civil, observada a regra de transição do art. 2.028 do mesmo diploma legal. Julgado mantido. Precedentes deste tribunal em casos análogos. Recurso conhecido e desprovido" (*TJSC* – AC 0021710-32.2007.8.24.0020, 10-10-2019, Rel. Des. Jaime Machado Junior).

"Apelação – Letra de câmbio – Inadimplência – Saque – Protesto – Impossibilidade – Conforme entendimento consolidado na Súmula 60 do Superior Tribunal de Justiça, 'é nula a obrigação cambial assumida por procuração do mutuário vinculado ao mutuante, no exclusivo interesse deste'" (*TJMG* – AC 1.0024.04.354545-8/001, 22-7-2016, Rel. Maurílio Gabriel).

15.1.2 Aceite, endosso e aval

A letra de câmbio é um título endossável e avalizável, contando com a particularidade do aceite.

O endosso transmite a propriedade da letra de câmbio. Para a validade do endosso, é suficiente a simples assinatura do próprio punho do endossador ou do mandatário especial, no verso da letra, tendo o endosso posterior ao vencimento da letra efeito de cessão civil.

O aceite da letra é facultativo quando certa a data do vencimento. A letra a tempo certo da vista deve ser apresentada ao aceite do sacado, dentro do prazo nela marcado; na falta de designação, dentro de seis meses contados da data da emissão do título, sob pena de perder o portador o direito regressivo contra o sacador, endossadores e avalistas.

O aceite, uma vez firmado, não pode ser cancelado nem retirado, provando-se a falta ou recusa pelo protesto.

O pagamento de uma letra de câmbio, independentemente do aceite e do endosso, pode ser garantido por aval. Para a validade do aval, basta a assinatura do próprio avalista ou do mandatário especial, no verso ou no anverso da letra.

15.1.3 Vencimento e pagamento

A letra à vista vence-se no ato da apresentação ao sacado. A letra, a dia certo, vence-se nesse dia. A letra, a dias da data ou da vista, vence-se no último dia do prazo; não se conta, para a primeira, o dia do saque, e, para a segunda, o dia do aceite. A letra a semanas, meses ou anos da data ou da vista vence no dia da semana, mês ou ano do pagamento, correspondente ao dia do saque ou ao dia do aceite. Na falta do dia correspondente, vence-se no último dia do mês do pagamento.

A letra é considerada vencida, quando protestada: I – pela falta ou recusa do aceite; II – pela falência do aceitante.

A letra deve ser apresentada ao sacado ou ao aceitante para o pagamento, no lugar designado e no dia do vencimento, sob pena de perder o portador o direito de regresso

---

"**Apelação cível** – Ação de cobrança – Letras de câmbio sem força executiva – Liquidez – Prescrição quinquenal – Reconhecimento – Recurso adesivo – Preliminar de ilegitimidade ativa – Questão de mérito – Análise ulterior – Honorários – Majoração – I – É de 5 (cinco) anos o prazo prescricional para ajuizamento da ação de cobrança fundada em letra de câmbio sem força executiva, nos termos do art. 206, § 5º, inciso I, do CPC. II – A preliminar de ilegitimidade ativa, fundada na alegação de que a parte autora não comprovou a quitação da dívida junto ao credor originário, por se confundir com o mérito, como tal deverá ser analisada e dirimida. III – A regra contida no § 4º do art. 20, CPC, estipula critério qualitativo para a fixação dos honorários advocatícios sucumbenciais, tendo em vista que determina ao juiz que observe o grau de zelo do profissional, o lugar da prestação do serviço, a natureza e importância da causa, o trabalho realizado pelo advogado e o tempo exigido para o seu serviço (alíneas a, b e c do § 3º, art. 20, CPC). IV – Recurso principal improvido; Apelação adesiva parcialmente provida" (*TJMG* – AC 1.0382.12.014641-2/001, 15-6-2015, Rel. Vicente de Oliveira Silva).

contra o sacador, endossadores e avalistas. É facultada a indicação alternativa de lugares de pagamento, tendo o portador direito de opção. A letra pode ser sacada sobre uma pessoa, para ser paga no domicílio de outra, indicada pelo sacador ou pelo aceitante.

No caso de recusa ou falta de pagamento pelo aceitante, sendo dois ou mais os sacados, o portador deve apresentar a letra ao primeiro nomeado, se estiver domiciliado na mesma praça; assim sucessivamente, sem embargo da forma da indicação na letra dos nomes dos sacados.

A letra à vista deve ser apresentada ao pagamento dentro do prazo nela marcado; na falta desta designação, dentro de 12 meses, contados da data da emissão do título, sob pena de perder o portador o direito de regresso contra o sacador, endossadores e avalistas.

O portador não é obrigado a receber o pagamento antes do vencimento da letra. Aquele que paga uma letra, antes do respectivo vencimento, fica responsável pela validade desse pagamento. É obrigado, entretanto, a receber o pagamento parcial, ao tempo do vencimento.

Presume-se validamente desonerado aquele que paga a letra no vencimento, sem oposição. O pagamento feito pelo aceitante ou pelos respectivos avalistas desonera da responsabilidade cambial todos os coobrigados. O pagamento feito pelo sacador, pelos endossadores ou respectivos avalistas desonera da responsabilidade cambial os coobrigados posteriores.

Se o pagamento de uma letra de câmbio não for exigido no vencimento, o aceitante pode, depois de expirado o prazo para o protesto por falta de pagamento, depositar o valor da mesma, por conta e risco do portador, independentemente de qualquer citação.

A falta ou recusa, total ou parcial, de pagamento, prova-se pelo protesto. No ato do protesto pela falta ou recusa do aceite, a letra pode ser aceita por terceiro, mediante a aquiescência do detentor ou portador. A responsabilidade cambial deste interveniente é equiparada à do sacado que aceita.

O portador da letra protestada pode haver o embolso da soma devida, pelo ressaque de nova letra de câmbio, à vista, sobre qualquer dos obrigados. O ressacado que paga pode, por seu turno, ressacar sobre qualquer dos coobrigados a ele anteriores.

O ressaque deve ser acompanhado da letra protestada, do instrumento do protesto e da conta de retorno, devendo esta indicar: I – a soma cambial e a dos juros legais, desde o dia do vencimento; II – a soma das despesas legais, protesto, comissão, porte de cartas, selos e dos juros legais, desde o dia em que foram feitas; III – o nome do ressacado; IV – o preço do câmbio, certificado por corretor ou, na falta, por dois comerciantes.

15.2 NOTA PROMISSÓRIA

A nota promissória é o título pelo qual uma pessoa, denominada subscritor ou emitente, se compromete a pagar uma certa quantia em dinheiro em determinada data a outra pessoa, dito beneficiário ou credor. É, portanto, uma promessa de pagamento unilateral e desmotivada, porque prescinde da investigação de sua causa, mantendo as características comuns dos títulos de crédito, autonomia e abstração (MAMEDE, 2005, p. 226).

Esse título constituiu não só instrumento de pagamento como também instrumento de crédito. A nota promissória guarda semelhança com a letra de câmbio porque ambas representam uma promessa de pagamento, diferindo, entretanto, porque a nota promissória prescinde de aceite. Em razão da grande proximidade com a letra de câmbio, o texto que as regulamenta é o mesmo: Decreto nº 2.044/1908. Também por ser contemporânea à letra de câmbio, seu uso torna-se cada vez mais restrito, podendo atribuir-lhe função meramente de garantia aos contratos bancários ou nas compras e vendas realizadas entre pessoas conhecidas.

15.2.1 Requisitos essenciais e formais

O art. 54 do Decreto nº 2.044/1908 e o art. 75 da Lei Uniforme de Genebra enumeram os requisitos essenciais que devem ser lançados por extenso no contexto da nota promissória, harmonizando-se com a regra geral do Código Civil expressa no art. 889.[2] Tais requisitos constituem condição formal para a existência válida do crédito

---

[2] "Agravo de instrumento. Execução de título extrajudicial. Exceção de pré-executividade. Decisão agravada que rejeitou a exceção de pré-executividade apresentada. Insurgência dos executados. Alegação de que o título carece de exigibilidade, liquidez e certeza, e sustentam a aplicabilidade do Código de Defesa do Consumidor. Título extrajudicial. Preenchimento dos requisitos exigidos pelo **art. 75 da Lei Uniforme de Genebra**. Nota promissória dada em garantia a instrumento particular de confissão de dívida. Regularidade formal. CDC. Empresa executada que realizou contratação de empréstimo para incremento da atividade empresarial. Ausência de demonstração de hipossuficiência técnica, jurídica ou econômica. Não aplicação do direito consumerista. Juros abusivos, ilegalidade da comissão de permanência e demais tarifas. Impossibilidade de se analisar tais matérias em exceção de pré-executividade, pois está limitado ao juiz a análise das matérias de ordem pública, sem que haja dilação probatória. Recurso desprovido" (*TJSP* – AI 2073162-57.2024.8.26.0000, 22-5-2024, Rel. Márcio Teixeira Laranjo).

"Apelação – ação de execução de título extrajudicial – **Nota promissória** – D. juízo de primeira instância que, acolhendo a arguição de nulidade deduzida pelo Ministério Público, atinente à ausência de indicação da causa debendi pelos credores, julgou extinta a execução – Insurgência dos exequentes – Nota promissória que se reveste de autonomia e abstração – Título não causal – Desnecessidade de indicação do negócio jurídico subjacente pelo credor, ainda que a não circulação do título possibilite a discussão a seu respeito – Informação do título executivo que, todavia, é ônus do devedor – Precedentes deste E. Tribunal de Justiça do Estado de São Paulo – Executada que na presente hipótese nem sequer foi citada – Nota promissória exequenda que preenche todos seus requisitos formais (art. 75, LUG), constituindo regular título executivo extrajudicial, nos moldes do inciso I, do artigo 784, do Código de Processo Civil – Ausência de nulidade formal reconhecível de ofício – Pagamento parcial da nota promissória apontado pelos próprios exequentes na vestibular que, ademais, não retira sua liquidez, certeza e exigibilidade – Afastamento da nulidade reconhecida, com determinação para prosseguimento do processo executivo, que se impõe – Sentença reformada – Recurso provido" (*TJSP* – Ap 1002384-65.2022.8.26.0577, 20-10-2023, Rel. Lavínio Donizetti Paschoalão).

"Títulos de crédito – Ação de execução de título extrajudicial – Sentença de extinção do processo sem resolução de mérito, por ilegitimidade ativa *ad causam* – Preclusão da matéria – Não ocorrência – Ilegitimidade ativa – Inocorrência – **Nota promissória** que é título não causal, dotado de certeza, liquidez, autonomia e exigibilidade – Nota promissória emitida em nome da exequente conforme ajustado em contrato de intermediação imobiliária – Preenchidos os requisitos do

e a ausência de qualquer deles retira do documento sua validade como título de crédito, não implicando em invalidade do negócio jurídico que lhe deu causa (art. 888, CC).

São requisitos essências da nota promissória:

> I – *a denominação de "Nota Promissória" ou termo correspondente, na língua em que for emitida*. A exigência dessa menção por extenso no título tem o objetivo de nominá-lo e distingui-lo dos demais e garantir que o devedor tenha plena consciência do seu ato de firmar promessa de pagamento.
>
> II – *a soma de dinheiro a pagar*. Representa a promessa de pagamento incondicional de quantia determinada. É vedada a inserção de qualquer pacto adjeto condicionando o pagamento à ocorrência de eventos futuros, certos ou não ou restritivos e excludentes de responsabilidade cambial. Além de determinado o valor constante do título deve ser líquido, porque *"não seria nota promissória a que prometesse pagar o que se liquidasse depois, a liquidez do título e a sua autonomia sendo essenciais"*, conclui Margarinos Torres (1935, p. 18). O valor é lançado em moeda corrente brasileira, a menos que se trate de nota promissória emitida em país estrangeiro. Havendo divergência entre o valor projetado no extenso e o numeral, prevalece o valor por extenso, por aplicação da regra do art. 6º da Lei Uniforme de Genebra.
>
> III – *o nome da pessoa a quem se deve pagar*. Trata-se do nome do beneficiário ou do tomador da nota promissória, sendo vedada sua emissão ao portador. Isso não significa que o pagamento da nota promissória será realizado ao beneficiário da mesma, porque se permite a transferência da titularidade por endosso ou, na hipótese de endosso em branco ou ao portador, pela tradição.
>
> IV – *a assinatura do próprio punho do emitente ou do mandatário especial*. A obrigação de pagar só nasce quando o signatário firma o título de forma manuscrita, deixando sua marca pessoal. Não se admite assinatura de outros tipos, senão a manuscrita, excluindo-se, inclusive, a possibilidade de assinatura a rogo. Tratando-se de analfabeto é necessário que confira poderes por instrumento público ao mandatário para que assine em seu nome. Para a validade da assinatura do mandatário, não é necessário que o mesmo tenha poderes especiais para assinar aquela nota promissória: bastam poderes genéricos para atos cambiais (TORRES, 1935, p. 49). Importante lembrar que aquele que assina declaração cambial, como mandatário, ou representante legal de outrem, sem estar devidamente autorizado, fica, por ela, pessoalmente obrigado (art. 46 do Decreto).
>
> Questão que enseja atenção é a referente à assinatura de cambial em branco. Veja o que dissemos a esse respeito na introdução deste capítulo. Como regra, é admissível a assinatura de nota promissória em branco para preenchimento posterior pelo credor. Isso porque é no momento da exigibilidade que se afere a existência dos requisitos essenciais da cambial. O que não pode ocorrer é o abuso no preenchimento da cártula assim emitida, lembrando-se que o art. 891 do CC condiciona a validade do preenchimento ao respeito aos ajustes que foram realizados no negócio de base, *"não se constituindo a lacuna um espaço para o abuso"* (MAMEDE, 2005, p. 235). É prática corrente nos

---

art. 75 da Lei Uniforme de Genebra, aprovada pelo Decreto nº 57.663/1966 – Sentença desconstituída – Recurso provido" (*TJSP* – AP 1006341-94.2020.8.26.0011, 19-8-2021, Rel. José Wagner de Oliveira Melatto Peixoto).

estabelecimentos bancários a assinatura em branco de nota promissória vinculada a contrato, para fins de garantia. Nessa hipótese, a cambial perde sua abstração, podendo o emitente ou garante discutir a *causa debendi* e o modo pelo qual se formou o débito.[3]

V – *data e lugar da emissão*. A Lei Uniforme de Genebra exige, ainda, que a nota promissória traga consignada a data da emissão. Esse requisito é importante porque possibilita a apuração da validade da cártula para fins de exigibilidade do crédito pela via executiva, entre outros conflitos que podem surgir referentes à prescrição, por exemplo. A indicação do lugar da emissão não é requisito essencial, porque a própria norma afirma que a nota promissória sem indicação do lugar onde foi emitida considera o designado ao lado do nome do subscritor, o domicílio do signatário.

VI – *época e lugar do pagamento*. Não é requisito essencial da nota promissória a declinação de data para pagamento, isto porque, não indicando o título a época do pagamento, será considerado à vista, por disposição expressa dos arts. 76 da Lei Uniforme e 54, § 2º, do Decreto, ratificados pela previsão do art. 889, § 1º, do CC. Não constando da cártula o lugar do pagamento, considera-se pagável no domicílio do emitente, também por previsão legal. Entretanto, havendo pacto do lugar do pagamento, a ele estão submetidos o credor e o devedor, cabendo modificação apenas por consenso.

15.2.2 Outras considerações

A nota promissória é título transmissível por endosso. Lança-se o endosso, geralmente, no anverso da cártula, podendo haver uma série deles. O endosso deve ser claro para não ser confundido com simples mandato. Sendo em branco o endosso, o possuidor

---

[3] "Ação de cobrança – **Duplicata sem aceite** – Causa subjacente consistente em suposta aquisição de peças para veículos – Nota fiscal sem assinatura – Provas que não são aptas ao acolhimento da pretensão – Havendo controvérsia sobre a compra das mercadorias, cabia à autora a prova do fato constitutivo de seu direito, do que não se desincumbiu – Recurso improvido" (*TJSP* – AC 1000210-23.2018.8.26.0125, 30-4-2019, Relª Lígia Araújo Bisogni).

"Cambial – Duplicata – Duplicata de prestação de serviços – Ação anulatória de título – Falta de aceite que não importa a nulidade do título – Existência nos autos de documentos comprovando a efetiva prestação dos serviços – Possibilidade das duplicatas e letras de câmbio serem representadas por 'slips', ou seja, boletos bancários ou outros documentos, criados por meios da informática que contenham os requisitos do pagamento de quantia líquida e certa – Conjunto probatório que demonstra que o serviço foi devidamente prestado – Reconvenção procedente – Sentença mantida – Recurso improvido" (*TJSP* – Ap 0054291-90.2013.8.26.0002, 29-6-2016, Rel. J. B. Franco de Godoi).

"**Ação monitória** – Duplicata sem aceite – Causa debendi – Compra e venda de mercadorias – Prova – Ônus – Incontroverso nos autos que os cheques tiveram origem em compra e venda de mercadorias – Alegação da embargante de que as mercadorias não foram entregues – Autora que cumpriu seu ônus de comprovar a regularidade da relação jurídica entre as partes, mediante juntada de nota fiscal, "pedido de compra", e nota de devolução parcial das mercadorias – Prova testemunhal que confirma a entrega das mercadorias, e não foi contraditada em audiência – Inteligência dos arts. 402 e 414, § 1º, do CPC – Monitória procedente – Apelo improvido – Contrarrazões – Litigância de má-fé – Condenação – Inadmissibilidade – Hipótese em que a apelante nada mais fez do que postular, fundado em matéria fática e jurídica, dentre teses possíveis, as que entendeu serem adequadas e razoáveis – Pretensão da apelada, formulada em contrarrazões, afastada" (*TJSP* – Ap 0005036-41.2012.8.26.0248, 13-8-2015, Rel. Salles Vieira).

da nota promissória é legitimado perante qualquer obrigado cambiário e perante todos. É aplicável à nota promissória o endosso posterior ao vencimento, nos termos do art. 8º, § 2º, do Decreto nº 2.044/1908.

Quanto ao aval de nota promissória, as regras são as mesmas referentes a essa garantia em geral, já tratadas anteriormente.

Foi criada pelo Decreto-lei nº 167/67 a nota promissória rural, hoje com as alterações trazidas pela Lei nº 13.986/2020, com a finalidade específica de ser utilizada nas vendas a prazo agrícola, extrativa ou pastoril, quando efetuadas diretamente por produtores rurais ou por suas cooperativas, bem como para recebimentos, pelas cooperativas, de produtos da mesma natureza entregues por seus cooperados e nas entregas de bens de produção ou de consumo, feitas pelas cooperativas aos seus associados. Essa cártula conta com algumas particularidades que a diferem da nota promissória comum, tais como não comportar aval senão o dado pelas pessoas físicas participantes da empresa emitente ou por outras pessoas jurídicas e permitir dentro do prazo de vencimento pagamentos parciais.

15.3 CHEQUE

O cheque é título de crédito regulamentado pela Lei nº 7.357/85 e pela Lei de Genebra no que for compatível. Denomina-se cheque o título pelo qual uma pessoa, seu emitente ou subscritor, ordena a um estabelecimento de crédito, o banco ou outra instituição financeira autorizada, a pagar uma soma determinada a uma terceira pessoa, o beneficiário ou portador ou a sua ordem. O cheque é instrumento normal de pagamento. Corporifica uma ordem escrita dada ao sacado, a fim de que pague a outrem uma determinada quantia, substituindo, assim, o uso da moeda.

O cheque como meio de evitar a circulação de dinheiro para a liquidação de obrigações tem importante função econômica. Evita o acúmulo do dinheiro nos bancos, destacando-se como instrumento de compensação. Por outro lado, o uso exagerado do cheque e sua constante circulação desvirtuaram-lhe a finalidade, atribuindo-lhe função de garantia e não apenas de pagamento. É o que ocorre com o conhecido "cheque pré-datado" (pós-datado seria o correto). Esse é mais um sintoma do dinamismo da atividade econômica que exige adaptações do tráfego social.

A multiplicação dos cheques sem provisão, entretanto, constitui a fraqueza maior desse meio de pagamento e, por tal razão, outros meios são utilizados crescentemente, como os cartões de débito e crédito. Essa é a razão também para alguns estabelecimentos recusarem a aceitação de cheque como forma de pagamento. Essa conduta é legítima, porquanto o cheque representa ordem de pagamento e não pagamento, o qual somente se verifica quando a ordem é cumprida, com a entrega real do dinheiro ou com lançamento em conta da importância mencionada no cheque (MARTINS, 2000, p. 14).

15.3.1 Emissão e forma

Para proporcionar a mesma segurança da moeda e cumprir sua função econômica, o cheque deve conter os seguintes requisitos:

I – *a denominação "cheque" inscrita no contexto do título e expressa na língua em que este é redigido*. Essa exigência mantém harmonia com o sistema dos títulos de crédito, nominando a cártula.

II – *a ordem incondicional de pagar quantia determinada*. Cheque não é dinheiro; é ordem unilateral para pagamento da quantia declinada na cártula. Incondicional porque não se sujeita a nenhuma condição imposta pelo sacador. O emitente deve ter fundos disponíveis em poder do sacado e estar autorizado a sobre eles emitir cheque, em virtude de contrato expresso ou tácito, sendo sua existência verificada no momento da apresentação da cártula para pagamento. Consideram-se fundos disponíveis (art. 4º da LC): (a) os créditos constantes de conta-corrente bancária não subordinados a termo; (b) o saldo exigível de conta-corrente contratual e (c) a soma proveniente de abertura de crédito. A infração desses preceitos não prejudica a validade do título como cheque. Feita a indicação da quantia em algarismos e por extenso, prevalece esta última no caso de divergência. Indicada a quantia mais de uma vez, quer por extenso, quer por algarismos, prevalece, no caso de divergência, a indicação da menor quantia.

III – *o nome do banco ou da instituição financeira que deve pagar (sacado)*. O cheque é emitido contra banco, ou instituição financeira que lhe seja equiparada, sob pena de não valer como cheque.

IV – *a indicação do lugar de pagamento*. O cheque pode ser pagável no domicílio de terceiro, na localidade em que o sacado tenha domicílio, ou em outra, desde que o terceiro seja banco.

V – *a indicação da data e do lugar de emissão*. A importância da data da emissão reside na contagem de prazo para apresentação da cártula (art. 33 da LC), segundo a qual o cheque deve ser apresentado para pagamento, a contar do dia da emissão, no prazo de 30 dias, quando emitido no lugar onde houver de ser pago; e de 60 dias, quando emitido em outro lugar do país ou no exterior. O sacador pode, entretanto, prorrogar o prazo para a apresentação, pós-datando (pré-datando) o cheque, prática essa que traz como consequência a ampliação da real data de apresentação.

VI – *a assinatura do emitente (sacador), ou de seu mandatário com poderes especiais*. O emitente garante o pagamento, considerando-se não escrita a declaração pela qual se exima dessa garantia. Obriga-se pessoalmente quem assina cheque como mandatário ou representante, sem ter poderes para tal, ou excedendo os que lhe foram conferidos. Pagando o cheque, tem os mesmos direitos daquele em cujo nome assinou. A assinatura de pessoa capaz cria obrigações para o signatário, ainda que o cheque contenha assinatura de pessoas incapazes de se obrigar por cheque, assinaturas falsas, assinaturas de pessoas fictícias ou assinaturas que, por qualquer outra razão, não poderiam obrigar as pessoas que assinaram o cheque, ou em nome das quais ele foi assinado.

O título, a que falte qualquer dos requisitos legais, não vale como cheque, salvo nos seguintes casos:

I – na falta de indicação especial, é considerado lugar de pagamento o lugar designado junto ao nome do sacado; se designados vários lugares, o cheque é pagável no primeiro deles; não existindo qualquer indicação, o cheque é pagável no lugar de sua emissão;

II – não indicado o lugar de emissão, considera-se emitido o cheque no lugar indicado junto ao nome do emitente.

Pode-se estipular no cheque que seu pagamento seja feito:

I – *a pessoa nomeada, com ou sem cláusula expressa "não à ordem"*. Trata-se de cheque nominal, designativo de pessoa determinada, natural ou jurídica. Cheque com cláusula "não à ordem" é título que não pode circular por endosso cambiário.[4] Ocorrendo, todavia, a circulação o efeito da infringência será o correspondente ao da cessão

---

[4] "Apelação – Ação monitória – **Cheques** – Preliminar – Cerceamento de defesa – Emissão em branco – I. Sentença de procedência – Recurso do réu – II. Estando os autos devidamente instruídos, cabível o julgamento antecipado da lide, sendo desnecessária a realização de outras provas – Ausência de cerceamento de defesa – Inteligência do art. 355, I, do NCPC – Precedentes deste E. TJ e desta C. 24ª Câmara de Direito Privado – III. Reconhecido que aquele que entrega cheque em branco a outrem, corre o risco de tê-lo preenchido em valor e para finalidade alheia à sua vontade, não podendo se eximir do pagamento do valor constante da cártula – Preliminar afastada'. 'Ação monitória – Cheques – *causa debendi* – terceiro de boa-fé – exceções pessoais – I. Cheque que é título autônomo e abstrato, sendo irrelevante a causa subjacente para o deslinde da questão – Desnecessária qualquer demonstração da origem por parte do credor, que fica desincumbido de tal ônus – Inteligência da Súmula nº 531 do C. STJ -Possibilidade, entretanto, da discussão acerca da *causa debendi*, caso o devedor demonstre cabalmente a existência de fato capaz de elidir a presunção de liquidez e certeza do título de crédito – II. Contra credor terceiro de boa-fé, não cabe alegação de exceções pessoais – Não demonstrada a má-fé do portador do título prevalece a boa-fé do possuidor – **Título passível de circulação, uma vez que não emitido com cláusula 'não à ordem'** – Réu que não nega a emissão dos cheques, mas alega que ele foi preenchido por terceiro e apresentado para pagamento em estabelecimento diverso do da autora – Réu que deve honrar com o pagamento da cártula – Negócio jurídico que deu origem ao título, firmado com terceiro, que em nada afeta a relação entre o emitente do cheque e o terceiro possuidor de boa-fé – Ação monitória procedente – Sentença mantida pelos próprios fundamentos – Art. 252 do Regimento Interno do TJSP – III. Em razão do trabalho adicional realizado em grau de recurso, com base no art. 85, §11, do NCPC, majora-se os honorários advocatícios para 15% sobre o valor da condenação – Apelo improvido" (*TJSP* – Ap 1048363-86.2019.8.26.0114, 19-9-2023, Rel. Salles Vieira).
"Ação de locupletamento ilícito – **Título de crédito** – **Cheque** – Lei 7.357/85 – Ação de caráter cambiário – prevalência dos atributos dos títulos de crédito – literalidade, autonomia, abstração e cartularidade – Ausência de circulação dos cheques, o que, todavia, não obriga o favorecido declinar a causa de sua emissão. Cobrança. Legitimidade. Procedência mantida. Apelação denegada" (*TJSP* – Ap 1000304-63.2016.8.26.0020, 11-2-2019, Rel. Sebastião Flávio).
"Direito empresarial – Cheque – Circulação – Autonomia – Abstração – Inoponibilidade das exceções de caráter pessoal – Terceiro de boa-fé – Ação monitória – A ação monitória é cabível para a cobrança de débito fundado em título que perde a eficácia executiva, inclusive cheques atingidos pela prescrição da ação executiva, visando à constituição de título executivo judicial, nos termos do art. 1.102-C do CPC. Na ação monitória, o cheque conserva as características próprias de título de crédito, como a autonomia, a abstração e a inoponibilidade das exceções pessoais ao terceiro de boa-fé, sendo dispensável a menção ao negócio jurídico subjacente à emissão da cártula. A autonomia não é inerente à criação do título, mas sim à sua circulação. Esse princípio é uma garantia de negociabilidade do título, na medida em que a pessoa que o recebe não precisa questionar a origem de tal crédito. O cheque, como título de crédito típico ou nominado, possui implícita a **cláusula 'à ordem'**, podendo circular por meio de endosso. Somente perde essa característica quando expressamente se insere a cláusula 'não à ordem'. Apelação conhecida e não provida" (*TJDFT* – Proc. 20140110821444APC – (935861), 26-4-2016, Rel. Des. Ana Maria Amarante).

civil, sendo o endossante nesse caso tratado como cedente e o endossatário como cessionário. Retira-se, portanto, a proteção cambiária, como sanção a infringência de cláusula proibitiva do endosso.

II – *ao portador*, valendo como tal o que não contém indicação do beneficiário e o emitido em favor de pessoa nomeada com a cláusula "ou ao portador", ou expressão equivalente, circulando, assim, por mera tradição. Os cheques ao portador exigem a observância de determinado valor; superado este, torna-se nominal por disposição de normas bancárias.

III – *por meio de cheque cruzado*. O emitente ou o portador podem cruzar o cheque, mediante a aposição de dois traços paralelos no anverso do título. O cruzamento é geral se entre os dois traços não houver nenhuma indicação ou existir apenas a indicação "banco", ou outra equivalente. O cruzamento é especial se entre os dois traços existir a indicação do nome do banco. O cruzamento geral pode ser convertido em especial, mas este não pode converter-se naquele. A inutilização do cruzamento ou a do nome do banco é reputada como não existente. O cheque com cruzamento geral só pode ser pago pelo sacado a banco ou a cliente do sacado, mediante crédito em conta. O cheque com cruzamento especial só pode ser pago pelo sacado ao banco indicado, ou, se este for o sacado, a cliente seu, mediante crédito em conta. Pode, entretanto, o banco designado incumbir outro da cobrança. O banco só pode adquirir cheque cruzado de cliente seu ou de outro banco. Só pode cobrá-lo por conta de tais pessoas.[5]

---

[5] "Apelação. Ação de indenização por danos materiais. Sentença de procedência. Recurso do banco réu. **Cheque nominal e cruzado.** Depósito em conta de terceiro. Ausência de endosso pelo beneficiário. Embora a instituição financeira não seja obrigada a verificar a autenticidade das assinaturas do endossante, tem o dever legal, previsto no art. 39, *caput*, da Lei do Cheque, de conferir a regularidade da série de endossos, o que não foi observado na hipótese. Falha na prestação de serviços. Responsabilidade objetiva pelo evento danoso. Fortuito interno, inerente à atividade desenvolvida. Art. 14, do CDC e Súmula 479, do C. STJ. Indenização mantida. Apelação desprovida" (TJSP – Ap 1048785-69.2020.8.26.0100, 8-2-2023, Rel. Fábio Podestá).

"Monitória – **Cheque nominal e cruzado** – Endosso em branco – Portador – 1. O cheque nominal pode ser endossado – 2. Havendo endosso em branco, o portador do cheque é parte legítima para exigir satisfação do crédito por ele representado. 3. Os elementos de prova carreados aos autos dão conta de que o devedor mantinha reiteradas negociações com o credor originário. 4. Sendo assim, impossível se estabelecer que os pagamentos parciais demonstrados se destinaram a quitações parciais do cheque em testilha. 5. Embargos rejeitados. Recurso não provido" (TJSP – AC 1010351-84.2018.8.26.0066, 24-10-2019, Rel. Melo Colombi).

"Apelação cível – Ação Indenizatória – Título de crédito – **Cheque nominal e cruzado** – Endosso Irregular – Pagamento a terceiro – Responsabilidade solidária dos bancos sacado e apresentante – Dano material comprovado – Ressarcimento – Dano Moral Caracterizado – Abalo à imagem profissional – *Quantum* Reduzido – Recursos conhecidos e parcialmente providos – 1 – A obrigação de verificar a regularidade da série de endossos incumbe, tanto ao banco apresentante, antes de apresentar o cheque à câmara de compensação, quanto ao banco sacado, antes de realizar o pagamento, existindo, portanto, responsabilidade solidária entre as duas instituições bancárias. 2 – Restou comprovado o dano material sofrido pela apelada, uma vez que esta foi compelida judicialmente pelo favorecido, a quem o cheque estava nominal, a pagar-lhe o valor representado pela cártula em questão, isso em decorrência da não verificação da regularidade dos endossos por parte dos apelantes. 3 – No presente caso, restou caracterizado o dano moral, tendo a alegada suportado dissabores, sendo indubitavelmente afetada em seu íntimo, haja vista que o fato reper-

IV – *por crédito em conta*. O emitente ou o portador podem proibir que o cheque seja pago em dinheiro mediante a inscrição transversal, no anverso do título, da cláusula "para ser creditado em conta", ou outra equivalente. Nesse caso, o sacado só pode proceder a lançamento contábil (crédito em conta, transferência ou compensação), que vale como pagamento. O depósito do cheque em conta de seu beneficiário dispensa o respectivo endosso.

O cheque pode ser emitido:

I – *à ordem do próprio sacador*. É expediente utilizado pelo sacador para obter numerário para si. Atualmente, os cartões de saque em caixas eletrônicos têm afastado essa prática;

II – *por conta de terceiro*, isto é, determinando que o pagamento seja feito utilizando-se os fundos disponíveis na conta de um terceiro. Para que isso ocorra, é necessário entendimento com o sacado a fim de que o mesmo possa cumprir a ordem contida no título, debitando seu valor na conta de terceiro, sendo rara sua ocorrência (MARTINS, 2000, p. 41);

III – *contra o próprio banco sacador, desde que não ao portador*. Trata-se do chamado cheque bancário, cheque de caixa ou, ainda, cheque administrativo, aquele que é emitido pelo próprio banco contra seu caixa, ocupando o banco a posição de emitente e de sacado. É modalidade negocial que serve de instrumento de segurança para as transações, pressupondo o mercado que o cheque emitido pelo próprio banco e sacado contra seu próprio caixa tem menores chances de inadimplência (MAMEDE, 2003, p. 256).

As obrigações contraídas no cheque são autônomas e independentes, desvinculadas do negócio jurídico que originou o direito de crédito na cártula representado. É uma manifestação da abstração inerente aos títulos de crédito, exceto na duplicata.

Se o cheque, incompleto no ato da emissão, for completado com inobservância do convencionado com a emitente, tal fato não pode ser oposto ao portador, a não ser que este tenha adquirido o cheque de má-fé.

15.3.2 Transmissão e aval

O cheque circula naturalmente pela tradição. Se o cheque contém o nome de um beneficiário, ele se transmite por endosso: *O cheque pagável a pessoa nomeada, com ou sem cláusula expressa "à ordem", é transmissível por via de endosso* (art. 17 da LC).

O endosso transmite todos os direitos resultantes do cheque e, salvo estipulação em contrário, o endossante garante o pagamento. Pode o endossante proibir novo endosso; neste caso, não garante o pagamento a quem seja o cheque posteriormente endossado.

---

cutiu negativamente em sua vida profissional, devendo, porém, ser reduzido o *quantum* para o valor de R$ 5.000,00 (cinco mil reais), posto que, mostra-se exorbitante o valor fixado pelo Juízo *a quo*, com a incidência de juros de mora a partir do evento danoso e correção monetária a partir da data da publicação do acórdão. 4 – Recursos conhecidos e parcialmente providos" (*TJES* – Ap 0021657-44.2011.8.08.0024, 6-5-2016, Rel. Des. Elisabeth Lordes).

É obrigatório o lançamento do endosso por escrito no cheque. Normalmente, é lançado no verso da cártula, dispensando-se, assim, a expressão "por endosso". Feito na face do cheque é necessário consignar a referida expressão, sob pena de confundir-se com o aval cuja regra é a aposição no rosto do cheque.

Vale como em branco o endosso ao portador ou aquele que não designar o endossatário. O endosso ao sacado vale apenas como quitação, salvo no caso de o sacado ter vários estabelecimentos e o endosso ser feito em favor de estabelecimento diverso daquele contra o qual o cheque foi emitido. Consistindo apenas na assinatura do endossante (endosso em branco), só é válido quando lançado no verso do cheque ou na folha de alongamento. Se o endosso é em branco, pode o portador:

I – completá-lo com o seu nome ou com o de outra pessoa;

II – endossar novamente o cheque, em branco ou a outra pessoa;

III – transferir o cheque a um terceiro, sem completar o endosso e sem endossar.

Quando um endosso em branco for seguido de outro, entende-se que o signatário deste adquiriu o cheque pelo endosso em branco. O detentor de cheque "à ordem" é considerado portador legitimado, se provar seu direito por uma série ininterrupta de endossos, mesmo que o último seja em branco. Para esse efeito, os endossos cancelados são considerados não escritos.

O pagamento do cheque pode ser garantido, no todo ou em parte, por aval prestado por terceiro, exceto o sacado, ou mesmo por signatário do título. Entretanto, seu uso não é comum, já que representa uma ordem de pagamento à vista, sacada sobre fundos disponíveis do emitente em poder do sacado. Geralmente, o aval em cheque é utilizado quando a cártula é dada como garantia de dívida, finalidade desvirtuada do instituto.

O aval é lançado no cheque ou na folha de alongamento. Exprime-se pelas palavras *por aval*, ou fórmula equivalente, com a assinatura do avalista. Considera-se como resultante da simples assinatura do avalista, aposta no anverso do cheque, salvo quando se tratar da assinatura do emitente.

O aval deve indicar o avalizado. Na falta de indicação, considera-se avalizado o emitente. O avalista se obriga da mesma forma que o avalizado. Subsiste sua obrigação, ainda que nula a por ele garantida, salvo se a nulidade resultar de vício de forma.

O avalista que paga o cheque adquire todos os direitos dele resultantes contra o avalizado e contra os obrigados para com este em virtude do cheque. Sub-roga-se, assim, nos direitos do portador legitimado a quem pagou o título.

15.3.3 Apresentação e pagamento

O pagamento exterioriza o ciclo final da circulação da cártula. Para que o cheque seja pago, é condição formal sua apresentação ao banco sacado. Quando o titular do cheque apresenta o título ao banco, ele exterioriza o exercício dos seus direitos: receber o valor consignado na cártula.

A apresentação do cheque ao banco o torna vencido. Cheque não apresentado ao banco sacado para pagamento não é suficiente para o portador considerá-lo vencido, tampouco apto para constituir o devedor em mora. Desse modo,

> "a apresentação a pagamento é o ato jurídico formal e complexo, por meio do qual, a um só tempo, o apresentante qualifica-se ante o sacado como portador de uma dívida quesível, manifesta o animus de receber o valor da ordem, habilita-se, em caso de concorrência de dois ou mais cheques cuja provisão não lhes atenda no todo, e dá início ao curso da mora debitoris, uma vez que os juros são contados desde o dia da apresentação" (SIDOU, 1998, p. 126).

O cheque é pagável a vista. Considera-se não estrita qualquer menção em contrário. O cheque apresentado para pagamento antes do dia indicado como data de emissão é pagável no dia da apresentação havendo provisão de fundos. A pós-datação não tem o poder de impedir o pagamento, tampouco de desnaturar o cheque como título cambiariforme ou título executivo.

O cheque deve ser apresentado para pagamento, a contar do dia da emissão, no prazo de 30 dias, quando emitido no lugar onde houver de ser pago; e de 60 dias, quando emitido em outro lugar do país ou no exterior. Quando o cheque é emitido entre praças com calendários diferentes, considera-se como de emissão o dia correspondente do calendário do lugar de pagamento. A apresentação do cheque à câmara de compensação, isto é, depositado em conta equivale à apresentação a pagamento.

A apresentação tardia do cheque tem como consequência apenas a perda da ação regressiva contra os endossantes e avalistas (art. 5º da LC) e não perda do direito de crédito, como pensam os desavisados. Enquanto não prescrito o cheque, o sacado deve pagá-lo, havendo provisão de fundos. Nesse sentido, o art. 32 da LU: "*Se não houver revogação, o sacado pode pagar mesmo depois da expiração do prazo.*"

Mesmo durante o prazo de apresentação, o emitente e o portador legitimado podem fazer sustar o pagamento, manifestando ao sacado, por escrito, oposição fundada em relevante razão de direito, dispõe o art. 36 da LC. A sustação dos cheques, entretanto, tornou-se prática muito comum na esfera comercial e nos bancos, sendo muitas vezes utilizada como meio fraudulento para livrar o mau pagador da obrigação assumida. Por esse expediente, o devedor livra-se tanto do pagamento como da inclusão de seu nome nos bancos de dados de inadimplentes. Além de não pagar a dívida, ainda não é incluído no Cadastro de Emitentes de Cheques sem Fundos do Banco Central, uma vantagem, sem dúvida, pois atualmente o comércio verifica a idoneidade do pagamento através de cheques nesse cadastro.

A sustação de cheques só pode ser feita antes da compensação, por escrito e com a justificativa fundada em *relevante razão de direito*, dispõe a Lei dos Cheques. O que ocorre normalmente é um grande engano quanto às razões para se sustar um cheque. Fala-se e até mesmo adota-se o expediente da sustação quando o cheque é roubado, furtado ou extraviado. Esses três motivos não ensejam a sustação de cheque, mas sim, o cancelamento do título por parte da Instituição Financeira, que deverá adotar o mesmo procedimento da sustação: o pedido por escrito do correntista com a declaração do motivo.

O pedido de sustação de cheque deve ser feito por escrito à Instituição Financeira, com a declaração do motivo em que se funda o pedido, devendo este motivo configurar *relevante razão de direito*, não cabendo à Instituição Financeira julgar a relevância da razão invocada pelo emitente. Só é possível analisar a *relevância* da razão de direito diante da realidade negocial apresentada e quando há lide.[6]

Uma hipótese muito comum e corriqueira é o conhecido *desacordo comercial*, aqueles casos em que fica caracterizado que uma das partes do negócio não cumpriu ou cumpriu defeituosa ou diversamente a obrigação por si assumida. Exemplo disso tem-se no caso da entrega do produto ao comprador fora do prazo ou das especificações do pedido. Aqui, a sustação tem a finalidade de evitar maiores prejuízos ao comprador, pois a lei civil prevê expressamente que uma das partes não pode deixar de cumprir sua obrigação alegando que a outra deixou de cumprir a sua. Ou seja, imagine-se o caso do comprador de determinada matéria-prima que, diante da entrega de mercadoria diversa da comprada, tem que pagar o preço, para só depois, através de ação judicial, discutir que o negócio não se concretizou nos termos do pactuado e só depois de ficar comprovado esse fato, poder pedir o valor que pagou de volta por ser indevido e, ainda, correndo o risco de, mesmo tendo o direito a esse recebimento, o vendedor não ter numerário para saldar essa dívida.

---

[6] "Monitória – Cheque – **Endosso póstumo** – Ausência de certeza de sua ocorrência, já que impossível afirmar que a circulação do título foi posterior a sua sustação – Rejeição dos embargos necessária – Sentença reformada – Sucumbência invertida – Recurso provido" (*TJSP* – AC 1024432-10.2016.8.26.0001, 9-10-2019, Rel. Vicentini Barroso).

"Agravo regimental na apelação cível – Ação Monitória – Endosso Póstumo – Validade – Ilegitimidade ativa afastada – Agiotagem – Não comprovação – Cerceamento de defesa – Inocorrência – Termo inicial dos juros de mora e da correção monetária modificados de ofício – julgamento proferido na forma monocrática – validade – ausência de fatos novos – 1 – O julgamento, na forma monocrática, de recurso cujas razões se contrapõem à jurisprudência dominante desta Corte e do Superior Tribunal de Justiça é válido, vez que privilegia os Princípios da celeridade e economia processual, não implicando em mitigação do duplo grau de jurisdição e nem ofensa à ampla defesa. 2 – Comprovada a existência do endosso-póstumo, ou seja, do endosso dado após o vencimento do título, os seus efeitos são idênticos aos da cessão comum, não havendo falar-se em ilegitimidade ativa do credor. 3 – A mera alegação da prática de agiotagem não induz, por si só, a inversão do ônus da prova. Deve o prejudicado provar, ao menos, a verossimilhança do alegado, o que não foi realizado. 4 – Não ocorre cerceamento de defesa, quando foi oportunizado às partes a produção de provas. 5 – Deve a sentença ser reformada, de ofício, para determinar a incidência de juros moratórios e correção monetária, sobre o valor devido, a partir da data do respectivo inadimplemento da nota promissória. 6 – Não trazendo o Agravante qualquer elemento novo capaz de sustentar a pleiteada reconsideração da decisão que conheceu e negou seguimento ao recurso de Apelação Cível, deve ser desprovido o Agravo Regimental. Agravo regimental conhecido e desprovido" (*TJGO* – AC 201590438850, 4-5-2016, Rel. Doraci Lamar Rosa da Silva Andrade).

"**Agravo de instrumento** – Ação declaratória – Legitimidade – Cheque – Ocorrência – Existência de endosso onde o endossante do título de crédito é litisconsorte passivo necessário com o endossatário na ação que visa a nulidade da cambial. A não formação do litisconsórcio necessário viola o princípio do devido processo legal e seus corolários (contraditório e ampla defesa) – Manutenção da agravada Grassi Lopes no polo passivo – Recurso provido" (*TJSP* – AI 2115169-79.2015.8.26.0000, 28-7-2015, Rel. Roberto Mac Cracken).

Então, pode-se dizer que a *relevante razão de direito* está configurada em todas as hipóteses em que há descumprimento contratual de qualquer natureza (empresarial ou prestação de serviços). Sustado o cheque, o favorecido ou portador tem o direito de conhecer a razão apontada pelo emitente como *relevante* para fundamentar esse pedido, para poder verificar se realmente é caso de sustação ou se a sustação está sendo usada como expediente fraudulento, apenas para inibir o pagamento. Assim, se solicitado, o banco sacado é obrigado a fornecer ao portador ou favorecido as informações acerca do motivo da sustação, não bastando, como ocorre geralmente, o carimbo no verso do cheque indicando a alínea da devolução.

De posse do motivo declarado pelo emitente como apto a justificar a sustação, o favorecido ou portador poderá tomar as medidas cabíveis para o recebimento do valor do cheque sustado, pois se não estiver configurada a *relevante razão jurídica*, além da cobrança do valor, poderá valer-se da via criminal, para apurar a responsabilidade do emitente por fraude realizada através da injustificada sustação. O art. 171 do Código Penal prevê expressamente a figura criminosa da fraude no pagamento por meio de cheque sustado sem relevante razão jurídica como uma modalidade de estelionato.

Em suma, a sustação de cheques nos dias atuais tem sido utilizada indiscriminadamente nas relações comerciais, como forma do mau pagador livrar-se do pagamento da dívida e da inclusão do seu nome nos cadastros de inadimplentes, sem configurar a relevante razão jurídica, única hipótese legal para a sustação. Assim, o portador ou favorecido de cheque sustado, assim desejando, tem o direito de conhecer a razão declinada para a sustação, para que, diante da inexistência de causa a justificar a medida, possa tomar as medidas cíveis e criminais.[7]

---

[7] "Apelação cível. Ação de locupletamento ilício do art. 61 da Lei nº 7.357/1985. **Cheque sustado**. Discussão da *causa debendi*. Possibilidade. Autonomia e a independência do cheque. Presunção relativa. Não ocorrência da circulação do cheque. Impugnação à assinatura do comprovante de recebimento da mercadoria. Ônus da prova do Apelante, que produziu o documento. Sentença de improcedência mantida. Recurso não provido" (*TJSP* – Ap 1001202-18.2019.8.26.0264, 25-9-2023, Rel. Emílio Migliano Neto).
"Apelação Cível – Ação de locupletamento ilícito – **Cheque Sustado** – Irrelevância da *causa debendi* – Regularidade do título – Crédito devido – Em sede de ação cambial, tal como a de locupletamento Ilícito fundada em sustação de cheque, está dispensada qualquer indicação da *causa debendi*, ou seja, do negócio jurídico que deu causa à sua emissão, de sorte que, não comprovado o pagamento, há que ser reconhecido o direito do beneficiário ao crédito nele estampado" (*TJMG* – AC 1.0701.13.016580-9/001, 12-2-2019, Rel. Luciano Pinto).
"Processual civil – Civil – Agravo em recurso especial – Ação declaratória de inexigibilidade de título – **Pagamento com cheque sustado** – Terceiro possuidor de boa-fé – Ausência de negócio subjacente entre as partes – Autonomia do título – Análise soberana dos elementos de convicção dos autos pela corte estadual – Incidência da Súmula nº 7 do STJ – Recurso incapaz de modificar as conclusões da decisão agravada – Agravo regimental não provido – 1 – Conforme destacado na decisão ora agravada, a linha argumentativa lançada no recurso – De que demonstrado está que a ora agravada não era e nunca foi terceiro de boa-fé – Desafia a moldura fático-probatória estabelecida no acórdão recorrido, para o qual o autor opôs exceção pessoal a terceiro de boa-fé. 2 – Não tendo o Tribunal estadual reconhecido o suporte fático invocado pelo recorrente, inexo-

15.3.4 Ação por falta de pagamento

Quem for demandado por obrigação resultante de cheque não pode opor ao portador exceções fundadas em relações pessoais com o emitente, ou com os portadores anteriores, salvo se o portador o adquiriu conscientemente em detrimento do devedor.

Pode o portador promover a execução do cheque, dispensado o protesto:

I – contra o emitente e seu avalista;

II – contra os endossantes e seus avalistas, se o cheque apresentado em tempo hábil e a recusa de pagamento é comprovada pelo protesto ou por declaração do sacado, escrita e datada sobre o cheque, com indicação do dia de apresentação, ou, ainda, por declaração escrita e datada por câmara de compensação.

O portador que não apresentar o cheque em tempo hábil, ou não comprovar a recusa de pagamento pela forma indicada neste artigo, perde o direito de execução contra o emitente, se este tinha fundos disponíveis durante o prazo de apresentação e os deixou de ter, em razão de fato que não lhe seja imputável. A hipótese mais comum é a da falência do sacado. Nesse caso, observa João Eunápio Borges (1972, p. 177-178):

a) se a falência ou qualquer ato impeditivo sobreveio antes de decorrido o prazo de apresentação, não perde o portador o direito contra o emitente;

b) se o emitente houver retirado a provisão antes da falência do sacado, embora esgotado o prazo de apresentação do cheque, conservará o portador o seu direito contra o emitente;

c) somente quando – já decorrido o prazo de apresentação – o pagamento do cheque se tornar impossível, sem que o emitente tenha suprimido a provisão ou de qualquer modo contribuído para essa impossibilidade, é que o portador terá perdido também o direito de agir contra o emitente.

O protesto de cheque realiza-se mediante prenotação em livro especial e deve ser tirado no prazo de 3 (três) dias úteis a contar do recebimento do título. Depois de registrado em livro próprio, será entregue ao portador legitimado ou àquele que houver efetuado o pagamento. Pago o cheque depois do protesto, pode este ser cancelado, a pedido de qualquer interessado, mediante arquivamento de cópia autenticada da quitação que contenha perfeita identificação do título.

Todos os obrigados respondem solidariamente para com o portador do cheque. O portador tem o direito de demandar todos os obrigados, individual ou coletivamente,

---

rável a conclusão sobre a necessidade de revolvimento dos elementos de convicção dos autos para a alteração do julgamento realizado na origem, procedimento sabidamente vedado em recurso especial, a teor do óbice contido na Súmula nº 7 do STJ. 3 – Não sendo a linha argumentativa apresentada capaz de evidenciar a inadequação dos fundamentos invocados pela decisão atacada, o presente agravo não se revela apto a alterar o conteúdo do julgado impugnado, devendo ele ser integralmente mantido em seus próprios termos. 4 – Agravo regimental não provido" (*STJ* – AgRg--AG-REsp 736.974 – (2015/0159246-7), 15-2-2016, Rel. Min. Moura Ribeiro).

sem estar sujeito a observar a ordem em que se obrigaram. O mesmo direito cabe ao obrigado que pagar o cheque. A ação contra um dos obrigados não impede sejam os outros demandados, mesmo que se tenham obrigado posteriormente àquele.

O portador pode exigir do demandado: I – a importância do cheque não pago; II – os juros legais desde o dia da apresentação; III – as despesas que fez; IV – a compensação pela perda do valor aquisitivo da moeda, até o embolso das importâncias mencionadas nos itens antecedentes.

O obrigado contra o qual se promova execução, ou que a esta esteja sujeito, pode exigir, contra pagamento, a entrega do cheque, com o instrumento de protesto ou da declaração equivalente e a conta de juros e despesas quitada.

Prescreve em seis meses, contados da expiração do prazo de apresentação, a pretensão executória assegurada ao portador. A ação de regresso de um obrigado ao pagamento do cheque contra outro prescreve em seis meses, contados do dia em que o obrigado pagou o cheque ou do dia em que foi demandado.

A ação de enriquecimento contra o emitente ou outros obrigados, que se locupletaram injustamente com o não pagamento do cheque, prescreve em dois anos, contados do dia em que se consumar a prescrição prevista no art. 59 e seu parágrafo da LC.

Salvo prova de novação, a emissão ou a transferência do cheque não exclui a ação fundada na relação causal, feita a prova do não pagamento.

15.4 DUPLICATA

15.4.1 Conceito e requisitos

A duplicata é um título emitido pelo credor que declara existir em seu favor crédito originado de compra e venda ou de prestação de serviços, com base em uma fatura da lavra do devedor. A fatura – hoje normalmente substituída pela nota fiscal--fatura – é a relação das mercadorias vendidas ou dos serviços prestados que servem de suporte para a emissão do título causal que é a duplicata.

A duplicata é disciplinada pela Lei nº 5.474/68 e subsidiariamente pela Lei de Genebra[8]. Trata-se originariamente de título causal porquanto guarda vinculação ao negócio jurídico que lhe deu origem, sempre uma compra e venda (art. 1º) ou prestação de serviços (art. 20).

A duplicata nada mais é que a representação da parte financeira da nota fiscal-fatura. A nota fiscal é composta de duas partes: a financeira, que contém praticamente todos os requisitos exigidos pela lei para a duplicata, e a parte comercial, que contém a descrição dos produtos ou serviços.

Para a validade da duplicata como título de crédito, deverá conter os seguintes requisitos (art. 2º, § 1º, da LD):

---

[8] A Lei nº 13.775/2018 dispõe sobre a emissão de duplicata sob a forma escritural; altera a Lei nº 9.482/97 e dá outras providências.

I - a denominação "duplicata", a data de sua emissão e o número de ordem. A denominação do título é regra geral dos títulos de crédito, conhecida como cláusula cambial. A data da emissão é importante requisito por meio do qual se afere se o título foi extraído dentro do prazo legal, bem como para ser fixado o termo inicial do prazo de 30 dias para a remessa da duplicata ao comprador para aceite. O número de ordem determina a quantidade de títulos semelhantes extraídos pelo vendedor. Nos casos de venda para pagamento em parcelas, poderá ser emitida uma única duplicata, em que se discriminarão todas as prestações e seus vencimentos, ou série de duplicatas, uma para cada prestação, distinguindo-se a numeração pelo acréscimo de letra do alfabeto, em sequência (§ 3º, art. 2º);

II – o número da fatura. Esse requisito tem por finalidade mostrar a vinculação imprescindível entre a duplicata e a fatura, provando a realização do negócio entre emitente e sacador. Cada duplicata só pode corresponder a uma fatura (§ 2º, art. 2º);

III – a data certa do vencimento ou a declaração de ser a duplicata à vista. A data do vencimento indica o dia em que a duplicata deve ser paga. Não constando do título data de vencimento, entendemos, assim como ocorre com a nota promissória, ser considerado à vista. Declarar a inviabilidade do título assim emitido e aceito seria uma incoerência, posto que já aceito pelo devedor nesses termos. Importante ressaltar que se tratando de negócio jurídico com pagamento em parcelas, a falta de pagamento de um dos títulos não acarreta o vencimento antecipado dos demais, exceto se as partes pactuaram disposição expressa nesse sentido;

IV – o nome e domicílio do vendedor e do comprador. Trata-se do nome e domicílio do emitente-sacador e do sacado respectivamente. Esse requisito possibilita, em caso de descumprimento da obrigação, a qualificação das partes para fins de protesto ou pleito judicial;

V – a importância a pagar, em algarismos e por extenso. É pelo valor consignado no título que será resgatada a duplicata. Sempre haverá a indicação do valor total da fatura, por disposição expressa do art. 3º da LD, mesmo tendo o comprador direito a qualquer desconto, mencionando o vendedor o valor líquido que o comprador deverá reconhecer como obrigação de pagar. A importância constante da duplicata deve ser a reprodução do quantitativo indicado naquele documento;

VI – a praça de pagamento. A praça de pagamento é o local onde o título deverá ser resgatado, bem como onde poderá ser protestado (art. 13, § 3º). Já em relação à cobrança judicial, o foro competente é o da praça de pagamento ou outra de domicílio do comprador;

VII – a cláusula à ordem. A duplicata é título transmissível por endosso e seu autorizativo encontra-se na denominada "cláusula à ordem". Submete-se, assim, ao regime do Código Civil tratado na parte geral dos títulos de crédito. A duplicata pode circular independentemente do aceite do sacado, podendo, inclusive, ser objeto de cessão de crédito nos termos do direito comum, como ocorre, por exemplo, nas operações de *factoring* (ROSA JR., 2009, p. 694). A aplicação subsidiária da Lei de Genebra nesse caso, em razão de criar um conflito aparente de normas, porque autoriza a aposição de *cláusula não à ordem* (art. 11, alínea 2ª), não se aplica à duplicata;

VIII – a declaração do reconhecimento de sua exatidão e da obrigação de pagá-la, a ser assinada pelo comprador, como aceite, cambial. Como título causal, o negócio jurídico substrato desse título deve ser ratificado pelo sacado por meio do aceite. O reconhecimento de exatidão da obrigação e o compromisso de pagá-la opera-se com o aceite. O sacado poderá não aceitar a duplicata nas hipóteses dos arts. 8º e 21;

IX – *a assinatura do emitente*. A assinatura do emitente é aposta por ocasião do saque da duplicata. É primeira manifestação de vontade para a formação do título, onde o vendedor da mercadoria ou prestador do serviço ou seu procurador com poderes especiais dá ordem para pagamento da obrigação para o sacado. O emitente da duplicata, diversamente do previsto para a letra de câmbio, não tem obrigação subsidiária pelo pagamento da cártula, porquanto a duplicata é título causal e o aceite, obrigatório.

Os empresários individuais ou coletivos, fundações ou sociedades civis ou profissionais liberais que se dediquem à prestação de serviços poderão emitir fatura e duplicata, devendo discriminar a natureza dos serviços prestados e a soma a pagar em dinheiro corresponderá ao preço dos serviços prestados.

Aplicam-se à fatura e à duplicata ou triplicata de prestação de serviços, com as adaptações cabíveis, as disposições referentes à fatura e à duplicata ou triplicata de venda mercantil, constituindo documento hábil, para transcrição do instrumento de protesto, qualquer documento que comprove a efetiva prestação dos serviços e o vínculo contratual que a autorizou.

A Resolução nº 102 do Conselho Monetário Nacional (art. 27 da LD) vincula a duplicata a um modelo padrão, não bastando apenas os requisitos supracitados para a configuração como título de crédito. Imprescindível a adoção do modelo padrão a ser lançado em impresso próprio do vendedor.

É exigida a adoção de livro próprio para o registro das duplicatas, consoante previsto no art. 19 da LD, denominado "Livro de Registro de Duplicatas", consoante já explicado no capítulo destinado aos *Livros Empresariais*. Nesse livro, serão escrituradas, cronologicamente, todas as duplicatas emitidas, com o número de ordem, data e valor das faturas originárias e data de sua expedição; nome e domicílio do comprador; anotações das reformas; prorrogações e outras circunstâncias necessárias, podendo ser substituído por qualquer sistema mecanizado, desde que observados os requisitos.

Nas vendas realizadas por consignatários ou comissários e faturas em nome e por conta do consignante ou comitente, caberá àqueles cumprir os dispositivos desta Lei.

Quando a mercadoria for vendida por conta do consignatário, este é obrigado, por ocasião da expedição da fatura e a duplicata, a comunicar a venda ao consignante, que, por sua vez, expedirá fatura e duplicata correspondente à mesma venda, a fim de ser esta assinada pelo consignatário, mencionando-se o prazo estipulado para a liquidação do saldo da conta. Fica o consignatário dispensado de emitir duplicata quando essa comunicação declarar que o produto líquido apurado está à disposição do consignante.

15.4.2 Remessa e devolução

A remessa de duplicata para aceite poderá ser feita diretamente pelo vendedor ou por seus representantes, por intermédio de instituições financeiras, procuradores ou correspondentes que se incumbam de apresentá-la ao comprador na praça ou no lugar de seu estabelecimento, podendo os intermediários devolvê-la, depois de assinada, ou conservá-la em seu poder até o momento do resgate, segundo as instruções de quem lhes cometeu o encargo.

Na prática, a apresentação para aceite não ocorre, porque os bancos enviam apenas um aviso de cobrança para que o sacado tome ciência do vencimento, valor e local do pagamento do título. Não obstante esse costume, para fins de protesto e cobrança, o aceite é imprescindível, porque sua ausência desautoriza a formação da duplicata, lembrando que o aceite é vinculativo do sacado.

O prazo para remessa da duplicata pelo próprio emitente será de 30 (trinta) dias, contado da data de sua emissão. Sendo feita a remessa por intermédio de representantes, instituições financeiras, procuradores ou correspondentes estes deverão apresentar o título ao comprador dentro de 10 (dez) dias, contados da data de seu recebimento na praça de pagamento. A não apresentação nesses prazos não gera nenhuma sanção, razão pela qual se entende não ser preclusivo. Se o atraso gerar prejuízos ao sacado, este poderá pleitear perdas e danos.

A duplicata, quando não for a vista, deverá ser devolvida pelo comprador ao apresentante dentro do prazo de dez dias, contado da data de sua apresentação, devidamente assinada, aceitando-a expressamente ou devolvendo-a acompanhada de declaração, por escrito, contendo as razões da falta do aceite. Havendo expressa concordância da instituição financeira cobradora, o sacado poderá reter a duplicata em seu poder até a data do vencimento, desde que comunique, por escrito, ao apresentante o aceite e a retenção. Esta comunicação substituirá a duplicata no ato do protesto ou na execução judicial. Outra alternativa, no caso de retenção da duplicata, é a extração de triplicata, com fundamento no art. 23 da LD, que prevê a obrigatoriedade de extração de triplicata nos casos de perda ou extravio do título, atribuindo-lhe os mesmos efeitos e requisitos e impondo obediência às mesmas formalidades daquela.

O comprador só poderá deixar de aceitar a duplicata em razão de recusa motivada, decorrente de seu direito de oposição quando houver divergência entre o contratado e o constante da fatura da duplicata. São motivos para a recusa justificada, tratando-se de duplicata mercantil (art. 8º):

    I – avaria ou não recebimento das mercadorias, quando não expedidas ou não entregues por sua conta e risco;

    II – vícios, defeitos e diferenças na qualidade ou na quantidade das mercadorias, devidamente comprovados;

    III – divergência nos prazos ou nos preços ajustados.

Tratando-se de duplicata de prestação de serviços, o sacado poderá deixar de aceitá-la por motivo de (art. 21):

    I – não correspondência com os serviços efetivamente contratados;

    II – vícios ou defeitos na qualidade dos serviços prestados, devidamente comprovados;

    III – divergência nos prazos ou nos preços ajustados.

Essas causas legítimas de recusa fundam-se no cumprimento regular do negócio jurídico realizado entre emitente e sacado. A obrigação do comprador está condicionada ao exato cumprimento, por parte do vendedor, daquela que lhe incumbe: a entrega da coisa vendida na forma, épocas e preço convencionados (BORGES, 1972, p. 217).

Sendo a atividade econômica dinâmica, outros motivos legítimos podem surgir em decorrência das novas formas de contratação ou da evolução dos bens de consumo, levando-se em consideração serem os motivos constantes do art. 8º enumerados em período onde a produção de bens em massa e a internet eram realidades distantes. O direito deve necessariamente acompanhar a dinâmica social, sob pena de ser socialmente ineficaz, especialmente em sede de direito comercial (empresarial) onde o costume é uma de suas fontes. Nesse sentido, entende-se, no escólio de Gladston Mamede (2003, p. 323), ser o rol legal exemplificativo, sendo lícito ao comprador invocar como causa da recusa da duplicata qualquer motivo que seja adequado para desfazer o negócio e determinar a devolução da mercadoria.

15.4.3 Pagamento, protesto e cobrança

É lícito ao comprador resgatar a duplicata antes de aceitá-la, ou antes da data do vencimento, ou seja, admite-se o pagamento antecipado do título. É exceção à regra geral do art. 902 do Código Civil, que disciplina não ser o credor obrigado a receber o pagamento antes do vencimento do título.

A prova do pagamento é o recibo, passado pelo legítimo portador ou por seu representante com poderes especiais, no verso do próprio título ou em documento, em separado, com referência expressa à duplicata. Constitui, igualmente, prova de pagamento, total ou parcial, a liquidação de cheque, a favor do estabelecimento endossatário, no qual conste, no verso, que seu valor se destina a amortização ou liquidação da duplicata nele caracterizada.

No pagamento da duplicata são autorizadas deduções constantes de quaisquer créditos a favor do devedor, resultantes de devolução de mercadorias, diferenças de preço, enganos, verificados, pagamentos por conta e outros motivos assemelhados, desde que devidamente autorizados.

A duplicata admite reforma ou prorrogação do prazo de vencimento, mediante declaração em separado ou nela escrita, assinada pelo vendedor ou endossatário, ou por representante com poderes especiais. Nesse caso, para se manter a coobrigação dos demais intervenientes por endosso ou aval, é necessária a expressa anuência destes.

O pagamento da duplicata poderá ser assegurado por aval, sendo o avalista equiparado àquele cujo nome indicar; na falta da indicação, àquele abaixo de cuja firma lançar a sua; fora desses casos, ao comprador. O aval dado posteriormente ao vencimento do título produzirá os mesmos efeitos que o prestado anteriormente àquela ocorrência.

O protesto de duplicata é admitido por falta de aceite, de devolução ou pagamento, mediante apresentação da duplicata, da triplicata, ou, ainda, por simples indicações do portador, na falta de devolução do título. O não exercício da faculdade de protestar o título, por falta de aceite ou de devolução, não elide a possibilidade de protesto por falta de pagamento.

Tratando-se de duplicata à vista, o prazo de 30 dias para protesto começa a fluir do ato de sua apresentação.

Não exercendo o portador o direito de protesto da duplicata no prazo de trinta dias, contado da data de seu vencimento, perderá o direito de regresso contra os endossantes e respectivos avalistas. Essa regra é de extrema importância, porque na prática judiciária depara-se com enganos inexcusáveis acerca dessa questão. A perda do prazo de 30 dias para protesto não acarreta a privação do direito de protestar o título; apenas dos coobrigados serem atingidos pelo protesto. Assim, o protesto contra o sacado continua sendo exercício regular do direito de crédito do portador.

A cobrança judicial de duplicata ou triplicata será efetuada de conformidade com o processo aplicável aos títulos executivos extrajudiciais quando se tratar:

I – de duplicata ou triplicata aceita, protestada ou não;

II – de duplicata ou triplicata não aceita, contanto que, cumulativamente:
   a) haja sido protestada;
   b) esteja acompanhada de documento hábil comprobatório da entrega e recebimento da mercadoria;
   c) o sacado não tenha, comprovadamente, recusado o aceite, no prazo, nas condições e pelos motivos previstos nos arts. 7º e 8º da LD.

Contra o sacador, os endossantes e respectivos avalistas, caberá o processo de execução, quaisquer que sejam a forma e as condições do protesto. Processar-se-á também da mesma forma a execução de duplicata ou triplicata não aceita e não devolvida, desde que haja sido protestada mediante indicações do credor ou do apresentante do título, nos termos do art. 14, preenchidas as condições do inciso II do art. 15.

Aplica-se o procedimento comum previsto no Código de Processo Civil à ação do credor contra o devedor, por duplicata ou triplicata que não preencha os requisitos do art. 15, incisos I e II, e §§ 1º e 2º, da Lei nº 5.474/1968, com as alterações trazidas pela Lei nº 14.301/2022, bem como à ação para ilidir as razões invocadas pelo devedor para o não aceite do título, nos casos previstos no art. 8º.

O foro competente para a cobrança judicial da duplicata ou da triplicata é o da praça de pagamento constante do título, ou outra de domicílio do comprador e, no caso de ação regressiva, a dos sacadores, dos endossantes e respectivos avalistas.

A pretensão à execução da duplicata prescreve (art. 18):

I – contra o sacado e respectivos avalistas, em três anos, contados da data do vencimento do título;

II – contra endossante e seus avalistas, em um ano, contado da data do protesto;

III – de qualquer dos coobrigados contra os demais, em um ano, contado da data em que haja sido efetuado o pagamento do título.

A cobrança judicial poderá ser proposta contra um ou contra todos os coobrigados, sem observância da ordem em que figurem no título. Os coobrigados da duplicata respondem solidariamente pelo aceite e pelo pagamento.

15.4.4 Duplicata virtual e boleto bancário

A era digital impõe a adoção de comportamentos compatíveis com a agilidade que o mercado financeiro requer. Os negócios jurídicos realizados por meio da Internet (digitais) têm aumentado significativamente, e a presença dos sujeitos para sacramentar documentalmente as transações tem diminuído na mesma proporção.

Nesse sentido, a duplicata tem operado como um substitutivo das demais cártulas utilizadas para representar crédito. Realizado o contrato, o agente econômico pode enviar dados *on-line* para a instituição financeira, que por sua vez emite uma ficha de compensação e envia ao devedor para pagamento.

Fala-se em duplicata virtual ou escritural e sua representação documental é feita pela emissão do chamado boleto bancário.

A duplicata virtual é criada por meio do envio dos dados do negócio realizado com o devedor a instituição financeira que os armazena no sistema e a partir deles emite a representação da duplicata, o boleto bancário. Esse é o documento que o devedor recebe para o pagamento. Tal procedimento tornou-se corrente no comércio não havendo meios de negá-lo como prática comercial substitutiva da duplicata documental.

Pode também o próprio credor emitir o boleto e encaminhar aos bancos somente para a cobrança, enviando aos bancos em formulário especial a relação, denominada borderô de cobrança, utilizado, em verdade, para registro dos títulos enviados para cobrança.

Em França, foi criada a *lettre de change-relevé*, cumprindo o mesmo papel da duplicata virtual no nosso sistema. Com essa criação foi possível dinamizar a circulação e comunicação bancária dos títulos de crédito, bem como atribuir a segurança necessária às transações assim realizadas (PÉROCHON-BONHOMME, 2006, p. 628).

Nesse quadrante, surge a Lei nº 13.775/2018, que cria a duplicata escritural, virtual ou eletrônica, regulando, assim, essa forma negocial já praticada no mercado e que clamava por autorização expressa.[9]

---

[9] "Apelação cível – Duplicatas mercantis – Ação de cobrança – Sentença de improcedência – Inconformismo do fundo autor – 1. Saque de **duplicata** para cobrança de débitos oriundos de contrato de prestação de serviços de conservação celebrado entre a faturizada (cedente do crédito) e a empresa sacada (ré). Cláusula contratual que, expressamente, proíbe a emissão de duplicatas e a cessão dos créditos decorrentes do contrato sem a expressa anuência da contratante (sacada) – Conquanto nula de pleno direito a cláusula que veda a emissão de duplicata pela sacadora (cedente), nos termos do art. 10, da Lei nº 13.775/2018, permanece hígida a cláusula nona que condiciona a validade da cessão dos direitos do contrato a prévio e expresso consentimento da contratante (sacada) – 2. Hipótese dos autos em que não houve propriamente endosso translativo das duplicatas ao fundo de investimento em direitos creditórios, mas sim cessão civil do crédito. Operações de fomento mercantil com repasse de duplicatas, que possuem natureza de cessão civil, nos termos do artigo 294 do Código Civil.

Permitida a oposição de exceções pessoais pelo emitente em face da faturizadora, ainda que a sacada tenha manifestado aceite do título de crédito, conforme entendimento consolidado no C. Superior Tribunal de Justiça – Cessionário, no caso, que deveria ter a cautela de, previamente, submeter os documentos de que trata a cláusula 9.2 para exame, a fim de obter o prévio e expresso consentimento acerca da cessão dos direitos, nos termos do art. 286, do Código Civil – Ilegitimidade da cessão havida que retira do fundo autor a possibilidade de exigir o pagamento da obrigação – Precedentes deste E. Tribunal de Justiça – Possibilidade, no caso, de ratificação dos fundamentos da r. sentença, nos termos do artigo 252, do Regimento Interno deste E. Tribunal de Justiça – Sentença mantida – Recurso não provido" (*TJSP* – Ap 1000318-34.2023.8.26.0624, 7-10-2024, Rel. Daniela Menegatti Milano).

"Apelação cível. Execução de título de crédito. **Duplicata sob a forma escritural** (ou duplicata virtual, duplicata eletrônica). Indeferimento da inicial. Cumprimento dos requisitos para executar. Juntada de nota fiscal fatura, comprovante de entrega da mercadoria, e instrumento de protesto. Recurso conhecido e provido. Sentença anulada. 1. A duplicata sob a forma escritural (ou duplicata virtual, duplicata eletrônica) está prevista na Lei 13.775/18, e devidamente tipificada. 2. As duplicatas virtuais possuem força executiva, desde que acompanhadas dos instrumentos de protesto por indicação e dos comprovantes de entrega da mercadoria e da prestação do serviço. 3. Protesto por indicação da duplicata virtual dispensa apresentação ao sacado ou falta de devolução do título pelo devedor. A duplicata virtual é emitida e tramita por meios eletrônicos, e não por meios físicos. 4. É facultativa a apresentação de triplicata para instruir ação executiva de duplicata sem perda ou extravio do título, especialmente no caso de duplicata virtual. 5. Nota fiscal-fatura, reproduzida na DANFE, é documento apto a comprovar a emissão da duplicata, especialmente se discrimina o pagamento parcelado no campo de fatura. 6. É dispensada a assinatura do emitente sacador na duplicata virtual, pois, ainda que não assinada eletronicamente, há vontade expressa de sacar o título de crédito, comprovada ainda pelo negócio jurídico que fundamentou a duplicata, especialmente quando o título não circulou. 7. Apelação conhecida e provida. Sentença anulada" (*TJDFT* – Ap 07050014220228070014, 3-5-2023, Rel. João Luís Fischer Dias).

"Apelação – Duplicatas – Ação monitória – Sentença de rejeição dos embargos – Petição inicial instruída com notas fiscais, comprovantes de entrega e recebimento das mercadorias e instrumentos de protesto. Protestos promovidos pela própria sacadora e lavrados a partir de indicações em formato eletrônico, com fundamento na previsão do art. 8º, § 1º, da Lei 9.492/97, com a redação que lhe foi dada pela Lei 13.775/18. Irrelevante o fato da não apresentação das duplicatas. Elementos dos autos que, a toda evidência, atendem ao disposto no art. 700 do CPC. Notas fiscais e instrumentos de protesto demonstrando a relação obrigacional estabelecida entre as partes, com a discriminação dos produtos e respectivos valores. Comprovantes de entrega e recebimento das mercadorias, devidamente assinados, evidenciando a efetiva entrega do produto. Embargante que, embora alegue não ter aposto as assinaturas nos indigitados comprovantes, em momento nenhum nega ter realizado a compra e recebido as mercadorias. Termo inicial para incidência de correção monetária e juros de mora corretamente fixados na data do vencimento da obrigação. Sentença mantida. Negaram provimento à apelação" (*TJSP* – AP 1044064-38.2019.8.26.0576, 1-12-2021, Rel. Ricardo Pessoa de Mello Belli).

"Civil. Processo civil. Preliminar. Inovação recursal. Acolhida de ofício. Execução. Duplicata virtual. Protesto por indicação. Possibilidade. Requisitos. 1. A inclusão de novos argumentos configura inovação recursal, sendo vedado ao Tribunal analisá-los em sede de apelação, porquanto não apreciados na sentença, sob pena de violação aos princípios do contraditório e da ampla defesa, ao se restar caracterizada a supressão de instância. 2. A duplicata não perde a sua validade e/ou exigibilidade quando não possuir aceite ou tenha sido recusada de forma injustificada. Contudo, a ausência de requisitos deve ser suprida pelo protesto da cártula, devidamente acompanhado pelo comprovante de entrega de mercadoria ou prestação do serviço. 3. No caso específico das duplicatas eletrônicas ou virtuais, as alterações impostas pela Lei nº 13.775/08 reconheceram a

Assim, como dito anteriormente, realizada uma operação de compra e venda ou de prestação de serviços, pela nova lei, ao invés de emitir uma fatura e uma duplicata em papel, o vendedor ou fornecedor de serviços transmite por meio eletrônico a uma Instituição Financeira os dados referentes a esse negócio jurídico, isto é, seus requisitos de validade. Recebidos esses dados, a Instituição Financeira, por sua vez, emite também por via eletrônica, um boleto bancário para que o devedor pague a obrigação objeto do contrato. O devedor pode aceitar ou recusar o boleto se houver avaria ou não recebimento da mercadoria, vícios ou defeitos na qualidade ou quantidade da mercadoria, devidamente comprovados ou divergência nos prazos ou nos preços ajustados.

Não havendo pagamento cabe, igualmente, o protesto da duplicata que também será realizado por meio das informações eletronicamente enviadas aos Tabelionato pelo encarregado da cobrança, o banco ou o credor. Persistindo a inadimplência, é cabível a propositura de execução de título extrajudicial cujo título será representado pelo boleto de cobrança bancária acompanhado do instrumento de protesto por indicação e o comprovante de entrega de mercadoria ou da prestação dos serviços.

Em suma, essa é a tratativa da Lei nº 13.775/2018 que avança ao reconhecer práticas comerciais que acompanham o mercado mundial.

Entretanto, a desmaterialização não deve se afastar da sua causa natural – a evolução tecnológica – e ter seu uso dinamizado para práticas ilegais e abusivas, como a emissão de duplicata sem causa, chamada vulgarmente de "duplicata fria", prática definida, inclusive, como crime nos termos do art. 172 do CP.

15.5 OUTROS INSTRUMENTOS DE PAGAMENTO E CRÉDITO

Não obstante os títulos de crédito se encontrem em marcha de revisão, outros instrumentos de pagamento e crédito permitem a circulação de riquezas. São instrumentos cujo alicerce são os títulos de crédito, mas não podem assim serem considerados, por lhes faltar algumas características do regime jurídico das cambiais. Podem ser denominados

---

possibilidade de protesto desses títulos, de forma a possibilitar a sua cobrança através de execução judicial, desde que acompanhados dos instrumentos de protesto por indicação e dos comprovantes de entrega da mercadoria ou da prestação de serviços, nos termos da jurisprudência do Superior Tribunal de Justiça. 4. Preliminar de inovação recursal acolhida de ofício. 5. Recurso parcialmente conhecido e, na parte conhecida, desprovido" (TJDFT – AP 00005823220178070002, 28-7-2021, Rel. Maria de Lourdes Abreu).

"Ação monitória – Duplicata virtual acompanhada da nota fiscal e protesto por indicação – Sentença de procedência – Recurso da embargante – Preliminar de nulidade da sentença por ausência de fundamentação suficiente – Rejeição – Havendo fundamentação suficiente sobre as questões e pedidos deduzidos na petição inicial, ainda que de forma concisa, não há se falar em nulidade da sentença – Preliminar de cerceamento de defesa, em virtude da ausência da prova técnica – Prova documental suficiente para o convencimento do juízo – A empresa autora apresentou documentos que demonstram a entrega das mercadorias e o protesto por indicação da duplicata escritural ou eletrônica, consoante a Lei nº 13.775/2018 e a jurisprudência do Colendo Superior Tribunal de Justiça Sentença mantida – Recurso desprovido, com majoração dos honorários recursais" (*TJSP* – AP 1002462-92.2018.8.26.0191, 15-2-2021, Rel. Marco Fábio Morsello).

de títulos de crédito impróprios (COELHO, 2008, p. 299) ou simplesmente instrumentos de pagamento e crédito.

Para fins didáticos, podem esses títulos ser divididos em três categorias: representativos, de financiamento e de investimento. Ainda, dada sua importância no cenário econômico do país, uma quarta categoria, com características próprias da atividade, trazem ao contexto os títulos de crédito do agronegócio.

15.5.1 Títulos representativos

Os títulos dessa categoria são denominados representativos porquanto retratam a titularidade de mercadorias custodiadas; mercadorias que se encontram sob os cuidados de terceiro não proprietário (COELHO, 2008, p. 300).

Esses títulos são emitidos para representar as mercadorias depositadas à conta de terceiro e sob sua responsabilidade. Nessa categoria enquadram-se, entre outros:

a) Warrants – Decreto nº 1.102/1903 e Decreto nº 57.663/66;
b) *Conhecimento de depósito de mercadorias* – Decreto nº 1.102/1903;
c) Warrant *agropecuário* – Lei nº 9.973/2000;
d) *Certificados de depósito agropecuário* – Lei nº 9.973/2000;
e) *Armazém geral* – Decreto nº 1.102/1903;
f) *Conhecimento de frete* – Decreto nº 19.473/30 (revogado) e art. 744 do CC;
g) *Cédula pignoratícia e Cédula pignoratícia rural* – Lei nº 492/37.

O conhecimento de depósito e *warrant* são títulos emitidos por empresas de armazéns-gerais, quando atuam como depositárias de mercadorias cujo titular não deseja vendê-las imediatamente. Esses títulos diferenciam-se apenas quanto à finalidade a que se destinam, porque decorrem do mesmo ato, o depósito. O conhecimento de depósito destina-se a permitir a transferência do domínio, da titularidade sobre os bens depositados; já o *warrant* tem por finalidade permitir que tais bens sejam objeto de penhor a partir do endosso do título ao mutuante (MAMEDE, 2003, p. 289).

As empresas de armazéns-gerais são constituídas para atuar no mercado específico de guarda e conservação de mercadorias, sendo a atividade regulamentada pelo Decreto nº 1.102/1903. Essas empresas respondem pela guarda, conservação e entrega das mercadorias recebidas em depósito, sob pena de os responsáveis (empresários, gerentes, superintendentes ou administradores) responderem pela infidelidade do depósito ou a título de culpa pela má conservação e demais eventos que possam avariar as mercadorias depositadas.

Esses títulos são criados na mesma oportunidade, quando do depósito da mercadoria, sendo necessário para a sua posterior retirada à apresentação de ambos, embora tenham existências distintas e possam circular separadamente. Duas são as exceções, entretanto: (a) liberação em favor do titular do conhecimento de depósito endossado em separado, antes do vencimento da obrigação garantida pelo endosso do *warrant*, desde que pago o valor dessa obrigação junto ao armazém-geral e (b) execução da garantia pignoratícia, após o protesto do *warrant*, mediante leilão realizado no próprio armazém-geral.

O conhecimento de depósito e *warrant* agropecuários (CDA e WA) têm as mesmas características dos anteriores, mas são emitidos para o depósito de produtos agrícolas e pecuários especificadamente.

O conhecimento de frete ou de transporte é o título representativo de mercadorias transportadas, cabendo sua emissão a empresas de transporte marítimo, fluvial, terrestre ou aéreo. Sua finalidade é provar o recebimento da mercadoria e a obrigação de entregá-la no lugar do destino. É título transferível mediante endosso, possibilitando ao proprietário da mercadoria negociar com seu valor.

15.5.2 Títulos de financiamento[10]

O crédito é fator vital para a exploração da atividade econômica. Muitos empresários dele se valem junto a Instituições Financeiras para poderem movimentar sua empresa. As operações de financiamento, constituídas com base em empréstimos concedidos pelos bancos, ou entidades equiparadas, a pessoa natural ou jurídica, são representadas por títulos denominados cédulas e notas de crédito (MAMEDE, 2003, p. 343).

As cédulas de crédito são os títulos de financiamento com garantia real, sendo as notas de crédito títulos representativos de financiamentos que não gozam de garantia real. As destinações do empréstimo, nas cédulas e nas notas, são temáticas, sendo o fim a que se destina o financiamento elemento que define a natureza do título:

a) *Rural* – Decreto-lei nº 167/67 e Lei nº 8.929/94;
b) *Industrial* – Decreto-lei nº 413/69;
c) *Comercial* – Lei nº 6.840/80; e
d) *Exportação* – Lei nº 6.313/75.

Cédulas de crédito são títulos decorrentes de financiamentos com garantia real, indicada na própria cédula, classificadas em relação à natureza da garantia em:

a) *Cédula hipotecária* – garantida por hipoteca sobre bem imóvel;
b) *Cédula pignoratícia* – garantida por penhor sobre bem móvel;
c) *Cédula fiduciária* – garantida por alienação fiduciária de bens adquiridos com o financiamento ou mesmo bens do patrimônio do próprio devedor; e
d) *Cédula pignoratícia e hipotecária* – garantida por penhor e hipoteca concomitantemente.

A Medida Provisória nº 1.925/99, sucessivamente reeditada e convertida na Lei nº 10.931/04, acrescentou ao rol das cédulas de crédito a bancária. Cédulas de crédito bancário são os títulos representativos de promessa de pagamento lastreada em operação

---

[10] Consultar a Lei nº 13.986/2020, que institui o Fundo Garantidor Solidário (FGS) e dispõe sobre o patrimônio rural em afetação, a Cédula Imobiliária Rural (CIR), a escrituração de títulos de crédito e a concessão de subvenção econômica para empresas cerealistas.

de crédito (operação bancária ativa), com ou sem garantia cedularmente constituída (TOMAZETTE, 2009, p. 325). Essas cédulas, portanto, têm origem em qualquer operação bancária e não somente em financiamento para atividade produtiva, como ocorre com as demais cédulas de crédito.

Ainda, cabe mencionar a Lei nº 13.986/2020, alterada pela Lei nº 14.421/2022, com alteração também pela Lei nº 14.430/2022, que instituiu o Fundo Garantidor Solidário (FGS); dispõe sobre o patrimônio rural em afetação, a Cédula Imobiliária Rural (CIR), a escrituração de títulos de crédito e a concessão de subvenção econômica para empresas cerealistas.

15.5.3 Títulos de investimento

Consideram-se de investimento os títulos que têm por propósito a captação de recursos no mercado, com intuito lucrativo. Entre esses títulos, podem-se arrolar (COELHO, 2008, p. 304):

a) *Certificados de depósito bancário* (CDBs – Lei nº 4.728/65): títulos que asseguram aos seus titulares direito de crédito à remuneração pactuada, podendo ser pré ou pós-fixada;

b) *Letras de câmbio financeira* (Lei nº 4.728/65): emitidas ou aceitas por sociedades de fins econômicos, inclusive as instituições financeiras;

c) *Certificados de recebíveis imobiliários* (CRI – Lei nº 9.514/97): emitidos pelas companhias securitizadoras de créditos imobiliários;

d) *Letras de crédito imobiliário* (LCI – Lei nº 10.931/2004): emitidas por banco com lastro em créditos imobiliários.

15.5.4 Títulos de crédito do agronegócio

O agronegócio, em nosso país, nessas últimas décadas atingiu importância fundamental. Basta dizer que 15% das terras agricultáveis do mundo localiza-se no Brasil. A criação e adaptação dos mecanismos e ferramentas para dar suporte e agilidade às operações do agronegócio são uma realidade em expansão. Não nos cabe, nessa sede, um profundo estudo de cada um dos títulos de créditos e contratos que atendem as operações do agronegócio,[11] mas uma visão introdutória desses instrumentos de crédito é oportuna.

Os títulos de crédito rurais não são novidades no nosso País, tendo sendo o primeiro criado em 1937, com as escrituras de penhor, das quais se extraía das Cédulas Rurais Pignoratícias. O famoso Decreto-lei nº 167/67 expandiu a materialização das cártulas criando as Cédulas de Crédito Rural, a Nota Promissória Rural e a Duplicata Rural. O avanço continua com a Lei nº 11.076/2004[12], que cria, também, os Certificados de

---

[11] Com profunda *expertise* no assunto, consultem REIS, Marcos. *Crédito rural*. 2. ed. São Paulo: Forense, 2021.

[12] Recentemente atualizada pela Lei nº 14.430/2022; a Lei nº 14.937/2024 instituiu a Letra de Crédito do Desenvolvimento (LCD).

Depósito Agropecuário (CDA), o *Warrant* Agropecuário (WA), a Letra de Crédito do Agronegócio (LCA) e o Certificado de Recebíveis do Agronegócio (CRA), além da Nota Comercial do Agro (NCA) e o Certificado de Direitos Creditórios do Agro (CDCA).

Posteriormente, a chamada nova Lei do Agro, Lei nº 13.986/2020, trouxe inúmeras modificações à Lei nº 11.076/2004. O objetivo dessa Lei, como aponta Marcos Reis (2001, p. 282) *"é que esses novos títulos sirvam para aumentar a liquidez e disponibilidade de financiamento para o setor agrícola, reduzindo, assim, custos para o produtor e disponibilizando melhores garantias ao credor".*

Por essa nova lei, é possível, ainda, que alguns títulos de crédito específicos sejam emitidos na forma digital ou eletrônica. Ou seja, embora avancemos em passos lentos, certo é que diante da realidade do agronegócio em nosso país ocupar relevante papel, essa evolução tenta acompanhar a necessidade de munirmos o agronegócio de títulos de crédito e contratos que tornem mais ágeis e seguras as transações comerciais nessa seara.

Parte IV

EMPRESAS EM DIFICULDADES E PROCESSO CONCURSAL

16

EMPRESAS EM DIFICULDADES E PROCESSO CONCURSAL. RECUPERAÇÃO JUDICIAL E FALÊNCIA

16.1 CRISE DA EMPRESA E PROCESSO CONCURSAL

Como um organismo vivo a empresa nasce, vive e pode sofrer desordens diversas, nas quais as mais graves são suscetíveis de provocar o desaparecimento do crédito e do fluxo financeiro. A empresa constitui um centro de produção de bens e serviços e uma ferramenta de trabalho, sendo, desse modo, uma célula do tecido econômico local, regional, nacional, razão pela qual sua sobrevivência é de interesse geral; sua proteção, aos olhos do legislador, é de ordem pública econômica e social.

Uma empresa em crise não paga tributos e não gera os consequentes benefícios advindos desse adimplemento, correndo o risco, ainda, de deixar de pagar seus empregados. Portanto, a crise da empresa é contagiosa: ela deixa de cumprir seus compromissos, colocando seus próprios clientes e fornecedores em dificuldades, propagando o mal a outras empresas, tal como o princípio dos vasos comunicantes.

O legislador tenta por vários meios quebrar a engrenagem do efeito cascata provocado pela empresa em crise. A Lei de Falências (Lei nº 11.101/2005) foi um marco nas mudanças substanciais e fundou-se, primordialmente, na preservação da empresa, criando processos de recuperação extrajudicial e judicial como medidas de alerta no tratamento das empresas em dificuldades e permitindo, em sede de falência, a permanência do seu funcionamento.

Impulsionado pela crise econômico-financeira ocasionada pela Pandemia de Covid-19, e com o intuito de efetivamente aprimorar o instituto da recuperação judicial, o legislador editou a Lei nº 14.112/2020, tendo como objetivo superar algumas ineficiências da lei anterior, acrescentando alguns instrumentos processuais e materiais ao desenvolvimento da recuperação judicial e a falência.

O que se conclui, portanto, é que o direito contemporâneo das empresas em dificuldades é mais ambicioso que o tradicional direito falimentar, que visava principalmente coordenar a liquidação e a extinção das empresas moribundas.

A função social da empresa é a tônica das leis de recuperação e falência do Século XXI, não se restringindo aos interesses privados do empresário e dos credores, pois serve também aos interesses da sociedade. Sob esse aspecto Ecio Perin Junior anota: *"A empresa serve ao empresário e acionistas em geral como fonte de obtenção de lucros decorrentes do capital investido para sua constituição e desenvolvimento; aos credores, como garantia de venda de seus produtos, e por consequência, também à obtenção de lucros; à sociedade serve, uma vez que gera empregos, recolhe tributos e produz ou circula bens ou serviços, exercendo, dessa forma, função social indispensável, que proporciona, em sentido lato, a tutela da dignidade da pessoa humana"* (2009, p. 6).

A preservação do ente coletivo assegura o equilíbrio no campo econômico-social porquanto é instrumento de efetiva circulação de riquezas, gerando empregos, tributos e circulação ou produção de bens ou serviços, constituindo-se num centro de propulsão do progresso.

16.2 OS PROCESSOS CONCURSAIS NA LEI Nº 14.112/2020

O provecto Decreto-lei nº 7.661/45, que regulamentava as figuras da falência e concordata como instrumentos inúteis ao fim que se destinavam, foi substituído pela Lei nº 11.101/05 (LRE), disciplinadora da recuperação judicial e extrajudicial e a falência do empresário e da sociedade empresária que hodiernamente foi atualizada pela Lei nº 14.112/2020.

Essa metamorfose instrumental não alterou a finalidade dos regimes concursais; mudaram apenas os instrumentos. O atendimento às expectativas dos credores e à preservação do crédito público continuam sendo seu alvo; as soluções receberam nova vestimenta, sendo a reestruturação da empresa o caminho eficiente para atender o direito dos credores e direcionar a atividade empresarial sem comprometer a segurança do mercado e sua periferia social (FAZZIO JÚNIOR, 2005b, p. 20).

Diversas são as causas de crise da empresa e, consequentemente, a gravidade e as possibilidades de superação. A atual lei de recuperação prevê três instrumentos aplicáveis de acordo com a gravidade da crise e possibilidade de recuperação, todos processos concursais:

a) recuperação extrajudicial, quando o ente coletivo pode ser preventivamente recuperado, sem fazer uso de desgastante processo judicial;
b) recuperação judicial, quando a empresa é passível de saneamento, por meio de procedimento judicial; e
c) falência, quando a insolvência irremediável já se instalou.

A recuperação extrajudicial, conhecida na França como medida de regulamentação amigável das dificuldades, é composição realizada entre o empresário e seus credores de determinadas categorias para prevenir a insolvência. É modalidade de gestão privada do acordo firmado entre as partes, que atua ainda no estado latente da crise (art. 161). Não obstante seja denominado extrajudicial, o acordo é submetido oportunamente à apreciação judicial para sua homologação.

O processo de recuperação judicial visa o saneamento econômico-financeiro da empresa por meio de procedimento supervisionado pelo Judiciário. O devedor pede a aderência dos credores ao seu plano de recuperação pela via judicial para preventivamente evitar a quebra.

Por fim, a falência já é procedimento que atua na fase patológica da crise. Quando a empresa se torna inviável, os credores têm direito de participar proporcionalmente na concorrência dos ativos por meio do processo de falência.

A natureza concursal universal desses institutos implica no direito de todos os credores do empresário concorrerem, observada a natureza do crédito, a todos os bens remanescentes do devedor insolvente. Especificamente em relação à falência, a liquidação do patrimônio do devedor para satisfazer os interesses dos credores é possível em razão da natureza executória inerente a esse procedimento concursal.

16.3 DISPOSIÇÕES COMUNS À RECUPERAÇÃO JUDICIAL E À FALÊNCIA

16.3.1 Legitimidade e competência

Nem todos os sujeitos que exploram atividade econômica estão subordinados ao regime jurídico da Lei nº 14.112/2020. A legitimidade para obter recuperação empresarial ou sujeitar-se à falência é do empresário, consoante disposto no art. 1º da Lei de Recuperação: *"Esta lei disciplina a recuperação judicial, a recuperação extrajudicial e a falência do empresário e da sociedade empresária, doravante referidos simplesmente como devedor"*.

A definição de empresário, para fins de atribuição dessa legitimidade, é a constante do art. 966 do CC, já referido no Capítulo I: *"Considera-se empresário quem exerce profissionalmente atividade econômica organizada para a produção ou a circulação de bens ou serviços"*. De se observar que o empresário rural também é abrangido por essa definição e, portanto, tem legitimidade para requerer as medidas recuperatórias.

O art. 2º da LRE exclui expressamente dessa tutela a empresa pública e a sociedade de economia mista. A primeira, em razão de seu capital ser integralmente público, não obstante sua natureza impropriamente privada. É o caso da Caixa Econômica Federal, criada por autorização legal, só podendo ser extinta por ato do Poder Público, sendo sua liquidação ou incorporação regulamentada pelo Decreto-lei nº 200/67. A empresa pública é *"filha adotiva do direito privado, com pais naturais públicos"* exercendo atividade econômica identificada com o interesse coletivo. *"É expediente pragmático de interferência estatal na economia. Daí porque não se sujeita ao regime jurídico de insolvência comum às entidades estritamente privadas"* (FAZZIO JÚNIOR, 2005b, p. 54).

A sociedade de economia mista, formada pela conjugação de capital público e privado, embora seja pessoa jurídica de direito privado, está sujeita aos princípios da administração pública, sendo constituída para atender relevante interesse coletivo, como, por exemplo, a Petrobras.

Também não são recepcionadas pela LRE, por estarem sujeitas à legislação específica em matéria de liquidação, as instituições financeiras públicas ou privadas, cooperativas de crédito, consórcios, entidades de previdência complementar, sociedades operadoras de plano de assistência à saúde, sociedades seguradoras, sociedades de capitalização e outras entidades legalmente equiparadas às anteriores.

No tocante à legitimidade ativa, podem requerer a falência o empresário, seus credores, o cônjuge sobrevivente, qualquer herdeiro do devedor ou o inventariante e o sócio cotista ou o acionista do devedor. A denominada *autofalência* é instituto que permite ao próprio empresário, quando estiver em estado financeiro patológico irreversível, pleitear a sua eliminação do mercado. É expediente inócuo de parca utilização, porque o empresário é geralmente resistente à admissão do seu insucesso, procrastinando a declaração da falência de seu negócio, relegando tal iniciativa para os credores. Poderia, entretanto, subtrair-se de uma série de ações executivas individuais com o pedido de autofalência, anota Gian Franco Campobasso (2008, p. 339).

O cônjuge sobrevivente ou qualquer dos herdeiros do devedor empresário individual ou mesmo o inventariante, isoladamente, podem requerer a falência, devendo observar os requisitos do art. 94: (a) ao cônjuge supérstite cabe juntar certidão de casamento e de óbito do empresário individual; (b) ao inventariante, certidão expedida pelo cartório no qual tramita o processo de arrolamento ou de inventário, mencionando a nomeação e a data do termo de compromisso; (c) ao herdeiro, certidão expedida pelo cartório em que tramita o processo de arrolamento ou de inventário, mencionando sua condição.

Autoriza a LRE que o sócio ou o acionista de sociedade por ações, desde que apresente contrato social ou suas ações, requeira falência da sociedade da qual participem. Trata-se de mais uma hipótese improvável, porque só será exercitada quando a maioria dos sócios ou acionistas não considerar oportuno o pedido de autofalência. No caso de o sócio em minoria ter interesse na instauração do processo concursal, tem-se preferido a "dissolução parcial", na verdade a exclusão do sócio, como forma de preservação dos interesses desse minoritário (COELHO, 2005a, p. 265).

O usual é que os credores requeiram a falência do devedor. Têm legitimidade credores empresários ou não, inexistindo restrição ou distinção à origem do título ou à garantia outorgada a seu crédito. Prática comum e que desvirtua a finalidade do processo falimentar tem sido o pedido de falência como substitutivo de cobrança do crédito. O credor amparado pelo caráter coativo da falência utiliza esse expediente como forma de pressionar eficientemente o devedor a pagar a obrigação pecuniária, sob pena de não o fazendo incorrer na nefasta quebra. O credor que assim age carece da ação falimentar, porque sem trazer qualquer circunstância indicativa da insolvência da empresa devedora fundamenta seu pedido na simples impontualidade. Atentos a essa realidade, muitos juízes têm recebido pedidos dessa natureza, como cobrança, ou mesmo indeferido pelo mau vezo, o que parece correto em razão da natureza do instrumento.

No processo concursal há pluralidade de pretensões, sendo o patrimônio do devedor uma unidade econômica. É necessário estabelecer a competência para homologar o plano de recuperação extrajudicial, deferir a recuperação judicial ou decretar a falência, compatibilizando a satisfação dos credores e eventual pluralidade jurisdicional.

Nesse sentido, o art. 3º da LRE fixa como competente para tais fins o juízo do local do principal estabelecimento do devedor ou da filial de empresa que tenha sede fora do Brasil. Por principal estabelecimento, já se comentou nos Capítulos I e II, entende-se o local onde se encontra o centro de poder, a localidade onde as decisões são tomadas. Justifica-se essa regra porque é no principal estabelecimento que se encontram documentos, contabilidade e bens do devedor, facilitando, em princípio, o processamento do processo concursal. A distribuição do pedido de falência ou de recuperação judicial previne a jurisdição para qualquer outro pedido de recuperação judicial ou falência, relativo ao mesmo devedor.

O princípio da indivisibilidade, todavia, comporta exceções. A primeira delas refere-se à não incidência do juízo universal sobre as ações não reguladas na LRE, nas quais o devedor seja autor ou litisconsorte, substituindo-se, apenas, o devedor pelo administrador judicial. Ações trabalhistas refogem também ao juízo universal, prosseguindo em face do administrador judicial perante a justiça especializada, até a formação do crédito que então será inscrita no quadro geral de credores (art. 6º, § 2º, da LRE). Os créditos tributários não são atraídos pelo juízo universal porque dispõem de foro privilegiado, nos termos do art. 187 do CTN e do art. 6º, § 7º-B, trazido pela Lei nº 14.112/2020.

As ações contra o devedor, bem como aquelas referentes aos credores particulares do sócio solidário, iniciadas antes da decretação da falência, ou o deferimento do processamento da recuperação judicial, ficam suspensas desde a declaração da recuperação ou falência até o seu encerramento. Por outro lado, terá prosseguimento em face do administrador, no juízo no qual estiver se processando, a ação que demandar quantia ilíquida.

16.3.2 Verificação e habilitação dos créditos

Os credores da recuperação judicial e da falência pleitearão seus créditos em juízo, mediante a observância do procedimento legal de verificação e habilitação dos créditos. Essas disposições constantes da Seção II da LRE são comuns aos processos de recuperação e de insolvência.

No momento de verificação do crédito é feita a triagem daqueles que concorrerão sobre o patrimônio do devedor em crise ou insolvente e, posteriormente, a consequente habilitação.

A verificação dos créditos resume-se a três etapas: I – publicação da relação de credores (fase administrativa)[1]; II – impugnação ou postulação de inclusão (fase contenciosa); e III – consolidação do quadro geral. Trata-se de etapa declaratória que legitima a cobrança de cada credor, contenciosa, comportando, obviamente, contraditório.[2]

---

[1] O art. 22, I, da Lei nº 11.101/2005, com as alterações da Lei nº 14.112/2020, inseriu nas competências do administrador judicial a obrigação de manter endereço eletrônico específico, para o recebimento de pedidos de habilitação ou divergências.

[2] "Contrarrazões – Preliminar de inadmissibilidade por inadequação da via eleita – Rejeição – **Habilitação de crédito** convertida em ação autônoma e regida pelo rito ordinário (Lei nº 11.101/2005, arts. 10, § 6º, e 63), hipótese em que o pronunciamento judicial que julga extinto o feito com reso-

Esse procedimento será realizado pelo administrador judicial, com base nos livros contábeis e documentos comerciais e fiscais do devedor e nos documentos que lhe forem apresentados pelos credores, podendo contar com o auxílio de profissionais ou empresas especializadas. O administrador, nessa etapa, elabora uma listagem provisória dos supostos credores e créditos, tornando-a pública.

Publicado o edital eletrônico (art. 191, com redação dada pela Lei nº 14.112/2020) com o resumo do pedido do devedor, previsto no art. 52, § 1º, da LRE, os credores terão o prazo de 15 (quinze) dias para apresentar ao administrador judicial suas habilitações ou suas divergências quanto aos créditos relacionados. O administrador judicial, com base nas informações e documentos colhidos e após a publicação do edital do art. 52, realiza julgamento administrativo das insurgências, submetendo ao julgador apenas a decisão final, podendo ser apenas homologatória, no caso de concordância do credor, ou terminativa da lide, havendo discordância.

Após a decisão do administrador, este fará publicar novo edital contendo a relação de credores no prazo de 45 (quarenta e cinco) dias, devendo indicar o local, o horário e o prazo comum em que os credores, o Comitê, o devedor ou seus sócios e o Ministério Público terão acesso aos documentos que fundamentaram a elaboração desse rol.

Contados 10 dias da publicação, qualquer dessas pessoas pode apresentar ao juiz impugnação contra a relação de credores, apontando a ausência de qualquer crédito ou

---

lução de mérito tem natureza jurídica de sentença e o recurso cabível contra ele é a apelação (CPC, arts. 203, § 1º, e 1.009, *caput*) – Recurso conhecido. Apelação – Recuperação judicial encerrada – Habilitação de crédito convertida em ação autônoma julgada parcialmente procedente – Habilitação dedicada apenas e tão somente à verificação dos créditos que estão sujeitos aos efeitos da recuperação judicial e, por conseguinte, ao correspondente plano, bem como dos seus respectivos valores e classificação no concurso de credores – Medidas voltadas à satisfação do crédito afinal inscrito no quadro geral de credores, inclusive ao cálculo do crédito tal como novado pelo plano de recuperação judicial, que extrapolam os estreitos limites da habilitação e devem ser buscadas pelos meios próprios – Litigância de má-fé das recuperandas não configurada – Arbitramento de verba honorária que depende da litigiosidade do incidente – Caráter litigioso não evidenciado na espécie – Recuperanda que manifestou expressamente, desde logo, ausência de oposição à pretensão da habilitante – Decisão mantida – Recurso desprovido" (TJSP – Ap 1015433-23.2020.8.26.0100, 10-4-2023, Rel. Maurício Pessoa).

"Agravo de instrumento – **Recuperação Judicial** – Homologação do plano – Controle de legalidade pelo poder judiciário – Possibilidade – Crédito não habilitado – Nulidades afastadas – Manutenção da decisão agravada – Multa – Litigância de má-fé – Dolo processual – Ausência – Desprovimento do recurso – Conquanto a Assembleia Geral de Credores seja soberana em suas decisões, o juiz pode controlar a legalidade do plano de recuperação judicial, velando pela higidez das manifestações expendidas – É descabida a participação de pretenso credor na assembleia geral de credores, cuja habilitação foi julgada improcedente – Afastadas as nulidades apontadas, é de rigor a manutenção das decisões assembleares – A litigância de má-fé está intrinsecamente atrelada ao dolo processual, que se configura com a comprovação cabal da utilização de meios escusos para causar danos processuais à parte 'ex adversa' – Recurso improvido" (TJMG – AI-Cv 1.0024.12.074413-1/018, 9-1-2020, Rel. Carlos Levenhagen).

manifestando-se contra sua legitimidade, valor ou classificação. As impugnações serão processadas nos termos dos arts. 13 a 15 da LRE e autuadas em separado.

A habilitação de crédito deve ser ajuizada nesse prazo, sob pena de ser recebida como retardatária. Na recuperação judicial, os titulares de créditos retardatários, excetuados os titulares de créditos derivados da relação de trabalho, não terão direito a voto nas deliberações da assembleia geral de credores. O mesmo se aplica ao processo de falência, salvo se, na data da realização da assembleia geral, já houver sido homologado o quadro--geral de credores contendo o crédito retardatário. Na falência, os créditos retardatários perderão o direito a rateios eventualmente realizados e ficarão sujeitos ao pagamento de custas, não se computando os acessórios compreendidos entre o término do prazo e a data do pedido de habilitação. Pode o credor, nesse caso, requerer a reserva de valor para satisfação de seu crédito. São consequências significativas advindas do descuido do credor.

A habilitação pelo credor não retardatário deverá conter:

> I – o nome, o endereço do credor e o endereço em que receberá comunicação de qualquer ato do processo;
>
> II – o valor do crédito, atualizado até a data da decretação da falência ou do pedido de recuperação judicial, sua origem e classificação;
>
> III – os documentos comprobatórios do crédito e a indicação das demais provas a serem produzidas;
>
> IV – a indicação da garantia prestada pelo devedor, se houver, e o respectivo instrumento;
>
> V – a especificação do objeto da garantia que estiver na posse do credor.

As habilitações de crédito retardatárias, se apresentadas antes da homologação do quadro-geral de credores, serão recebidas como impugnação e processadas na forma dos arts. 13 a 15 da LRE.

Após a homologação do quadro-geral de credores, aqueles que não habilitaram seu crédito poderão ainda, observando, no que couber, o procedimento comum, requerer ao juízo da falência ou da recuperação judicial a retificação do quadro-geral para inclusão do seu respectivo crédito.

Os credores cujos créditos forem impugnados serão intimados para contestar a impugnação, no prazo de 5 (cinco) dias, juntando os documentos que tiverem e indicando outras provas que reputem necessárias. Transcorrido esse prazo, o devedor e o Comitê, se houver, serão intimados pelo juiz para se manifestar no prazo comum de cinco dias. Encerrado esse prazo, o administrador judicial será intimado pelo juiz para emitir parecer no prazo de cinco dias, devendo juntar à sua manifestação o laudo elaborado pelo profissional ou empresa especializada, se for o caso, e todas as informações existentes nos livros fiscais e demais documentos do devedor acerca do crédito, constante ou não da relação de credores, objeto da impugnação.

A impugnação será dirigida ao juiz por petição, instruída com os documentos que tiver o impugnante, o qual indicará as provas consideradas necessárias. Cada impugnação será autuada em separado, com os documentos a ela relativos, mas as diversas impugnações versando sobre o mesmo crédito terão uma só autuação.

Caso não haja impugnações, o juiz homologará como quadro-geral de credores a relação dos credores de que trata o art. 7º, § 2º, da LRE, ressalvado o disposto no art. 7º-A da LRE.

Transcorridos os prazos previstos nos arts. 11 e 12 da LRE, os autos de impugnação serão conclusos ao juiz, que:

> I – determinará a inclusão no quadro-geral de credores das habilitações de créditos não impugnadas, no valor constante da relação referida no § 2º do art. 7º da LRE;
>
> II – julgará as impugnações que entender suficientemente esclarecidas pelas alegações e provas apresentadas pelas partes, mencionando, de cada crédito, o valor e a classificação;
>
> III – fixará, em cada uma das restantes impugnações, os aspectos controvertidos e decidirá as questões processuais pendentes;
>
> IV – determinará as provas a serem produzidas, designando audiência de instrução e julgamento, se necessário.

O juiz determinará, para fins de rateio, que o quadro geral de credores deverá ser formado, composto pelos créditos não impugnados constantes do edital de que trata o § 2º do art. 7º da LRE, pelo julgamento de todas as impugnações apresentadas no prazo legal e pelo julgamento realizado até então das habilitações de crédito recebidas como retardatárias. Sendo retardatária, a impugnação não impedirá o pagamento da parte incontroversa. Cabe agravo da decisão judicial sobre a impugnação. Recebido o agravo, o relator poderá conceder efeito suspensivo à decisão que reconhece o crédito ou determinar a inscrição ou modificação do seu valor ou classificação no quadro-geral de credores, para fins de exercício de direito de voto em assembleia geral.

O administrador judicial será responsável pela consolidação do quadro-geral de credores, a ser homologado pelo juiz, com base na relação dos credores. O quadro-geral, assinado pelo juiz e pelo administrador judicial, mencionará a importância e a classificação de cada crédito na data do requerimento da recuperação judicial ou da decretação da falência, será juntado aos autos e publicado no órgão oficial, no prazo de cinco dias, contado da data da sentença que houver julgado as impugnações.

O administrador judicial, o Comitê, qualquer credor ou o representante do Ministério Público poderá, até o encerramento da recuperação judicial ou da falência, observado, no que couber, o procedimento comum previsto no Código de Processo Civil, pedir a exclusão, outra classificação ou a retificação de qualquer crédito, nos casos de evidenciamento de falsidade, dolo, simulação, fraude, erro essencial ou, ainda, documentos ignorados na época do julgamento do crédito ou da inclusão no quadro--geral de credores.

A ação para essa hipótese será rescisória da admissão do crédito, sendo proposta exclusivamente perante o juízo da recuperação judicial ou da falência ou, nas hipóteses previstas no art. 6º, §§ 1º e 2º, da LRE, perante o juízo que tenha originariamente reconhecido o crédito. Proposta a ação, o pagamento ao titular do crédito por ela atingido somente poderá ser realizado mediante a prestação de caução suficiente para o crédito questionado.

A Lei nº 14.112/2020 trouxe interessante regulamentação, trazendo um capítulo próprio acerca do incentivo ao uso de mecanismos de autocomposição de interesses, em prol de soluções e mais rápidas e eficazes nas soluções dos conflitos. Assim, com a mudança legislativa, admite-se a conciliação e a mediação em todos os processos da Lei nº 11.101/2005. Os arts. 20-A a 20-D desta lei, já com a novel atualização legislativa, regulamentam a questão.

De acordo com a regulamentação, as conciliações e mediações podem ser realizadas de forma antecedente ou incidental no processo de recuperação. Cabe ao Administrador a fiscalização dos procedimentos realizados nos juízos de autocomposição.

16.3.3 Administrador judicial

O administrador judicial é a pessoa designada para auxiliar o juiz na administração da recuperação judicial e na falência. É figura substitutiva do *comissário* nas extintas concordatas e do *síndico* na falência pela lei anterior. Não foi somente a designação que sofreu modificações: a LRE simplificou seu processo de escolha e reduziu sua autonomia em relação à anteriormente atribuída ao síndico, posto não possuir poderes para a prática de atos de administração.

O administrador judicial será profissional idôneo, preferencialmente advogado, economista, administrador de empresas ou contador, ou pessoa jurídica especializada. Sendo pessoa jurídica, declarar-se-á, no termo de compromisso (art. 33, LRE), o nome de profissional responsável pela condução do processo de falência ou de recuperação judicial, que não poderá ser substituído sem autorização do juiz. A anacrônica disposição da lei de falências revogada que impunha a nomeação de comissário e síndico aos maiores credores e residentes no foro do processo concursal, além de possibilitar abusos e distorções, não se justificaria nos dias atuais, porque o avanço da internet elimina barreiras de tempo e espaço. Daí, certamente, a simplificação do processo de escolha.

Não se podem confundir as atribuições do administrador judicial com as do administrador da empresa, que continua sendo seu gestor. Ao administrador judicial compete, sob a fiscalização do juiz e do Comitê, além de outros deveres que esta Lei lhe impõe:

I – na recuperação judicial e na falência:
   a) enviar correspondência aos credores constantes na relação de que trata o inciso III do *caput* do art. 51, o inciso III do *caput* do art. 99 ou o inciso II do *caput* do art. 105 da LRE, comunicando a data do pedido de recuperação judicial ou da decretação da falência, a natureza, o valor e a classificação dada ao crédito;
   b) fornecer, com presteza, todas as informações pedidas pelos credores interessados;
   c) dar extratos dos livros do devedor, que merecerão fé de ofício, a fim de servirem de fundamento nas habilitações e impugnações de créditos;
   d) exigir dos credores, do devedor ou seus administradores quaisquer informações;
   e) elaborar a relação de credores de que trata o § 2º do art. 7º da LRE;
   f) consolidar o quadro-geral de credores nos termos do art. 18 da LRE;

g) requerer ao juiz convocação da assembleia geral de credores nos casos previstos na LRE ou quando entender necessária sua ouvida para a tomada de decisões;

h) contratar, mediante autorização judicial, profissionais ou empresas especializadas para, quando necessário, auxiliá-lo no exercício de suas funções;

i) manifestar-se nos casos previstos na LRE;

j) estimular, sempre que possível, a conciliação, a mediação e outros métodos alternativos de solução de conflitos relacionados à recuperação judicial e à falência, respeitados os direitos de terceiros, na forma do § 3º do art. 3º da Lei nº 13.105, de 16 de março de 2015 (Código de Processo Civil);

k) manter endereço eletrônico na internet, com informações atualizadas sobre os processos de falência e de recuperação judicial, com a opção de consulta às peças principais do processo, salvo decisão judicial em sentido contrário;

l) manter endereço eletrônico específico para o recebimento de pedidos de habilitação ou a apresentação de divergências, ambos em âmbito administrativo, com modelos que poderão ser utilizados pelos credores, salvo decisão judicial em sentido contrário;

m) providenciar, no prazo máximo de 15 (quinze) dias, as respostas aos ofícios e às solicitações enviadas por outros juízos e órgãos públicos, sem necessidade de prévia deliberação do juízo;

II – na recuperação judicial:

a) fiscalizar as atividades do devedor e o cumprimento do plano de recuperação judicial;

b) requerer a falência no caso de descumprimento de obrigação assumida no plano de recuperação;

c) apresentar ao juiz, para juntada aos autos, relatório mensal das atividades do devedor, fiscalizando a veracidade e a conformidade das informações prestadas pelo devedor;

d) apresentar o relatório sobre a execução do plano de recuperação, de que trata o inciso III do caput do art. 63 da LRE;

e) fiscalizar o decurso das tratativas e a regularidade das negociações entre devedor e credores;

f) assegurar que devedor e credores não adotem expedientes dilatórios, inúteis ou, em geral, prejudiciais ao regular andamento das negociações;

g) assegurar que as negociações realizadas entre devedor e credores sejam regidas pelos termos convencionados entre os interessados ou, na falta de acordo, pelas regras propostas pelo administrador judicial e homologadas pelo juiz, observado o princípio da boa-fé para solução construtiva de consensos, que acarretem maior efetividade econômico-financeira e proveito social para os agentes econômicos envolvidos;

h) apresentar, para juntada aos autos, e publicar no endereço eletrônico específico relatório mensal das atividades do devedor e relatório sobre o plano de recuperação judicial, no prazo de até 15 (quinze) dias contado da apresentação do plano, fiscalizando a veracidade e a conformidade das informações prestadas pelo devedor, além de informar eventual ocorrência das condutas previstas no art. 64 desta Lei;

III – na falência:
   a) avisar, pelo órgão oficial, o lugar e hora em que, diariamente, os credores terão à sua disposição os livros e documentos do falido;
   b) examinar a escrituração do devedor;
   c) relacionar os processos e assumir a representação judicial e extrajudicial, incluídos os processos arbitrais, da massa falida;
   d) receber e abrir a correspondência dirigida ao devedor, entregando a ele o que não for assunto de interesse da massa;
   e) apresentar, no prazo de 40 (quarenta) dias, contado da assinatura do termo de compromisso, prorrogável por igual período, relatório sobre as causas e circunstâncias que conduziram à situação de falência, no qual apontará a responsabilidade civil e penal dos envolvidos, observado o disposto no art. 186 da LRE;
   f) arrecadar os bens e documentos do devedor e elaborar o auto de arrecadação, nos termos dos arts. 108 e 110 da LRE;
   g) avaliar os bens arrecadados;
   h) contratar avaliadores, de preferência oficiais, mediante autorização judicial, para a avaliação dos bens caso entenda não ter condições técnicas para a tarefa;
   i) praticar os atos necessários à realização do ativo e ao pagamento dos credores;
   j) proceder à venda de todos os bens da massa falida no prazo máximo de 180 (cento e oitenta) dias, contado da data da juntada do auto de arrecadação, sob pena de destituição, salvo por impossibilidade fundamentada, reconhecida por decisão judicial;
   l) praticar todos os atos conservatórios de direitos e ações, diligenciar a cobrança de dívidas e dar a respectiva quitação;
   m) remir, em benefício da massa e mediante autorização judicial, bens apenhados, penhorados ou legalmente retidos;
   n) representar a massa falida em juízo, contratando, se necessário, advogado, cujos honorários serão previamente ajustados e aprovados pelo Comitê de Credores;
   o) requerer todas as medidas e diligências que forem necessárias para o cumprimento da LRE, a proteção da massa ou a eficiência da administração;
   p) apresentar ao juiz, para juntada aos autos, até o 10º (décimo) dia do mês seguinte ao vencido, conta demonstrativa da administração que especifique com clareza a receita e a despesa;
   q) entregar ao seu substituto todos os bens e documentos da massa em seu poder, sob pena de responsabilidade;
   r) prestar contas ao final do processo, quando for substituído, destituído ou renunciar ao cargo.
   s) arrecadar os valores dos depósitos realizados em processos administrativos ou judiciais nos quais o falido figure como parte, oriundos de penhoras, de bloqueios, de apreensões, de leilões, de alienação judicial e de outras hipóteses de constrição judicial, ressalvado o disposto nas Leis nºs 9.703, de 17 de novembro de 1998, e 12.099, de 27 de novembro de 2009, e na Lei Complementar nº 151, de 5 de agosto de 2015.

Além desses atos, o administrador judicial pode praticar todos os necessários à obtenção de resultados profícuos, não só no processo de recuperação, como no de insolvência, porque todos os recursos que ingressam na massa falida são disponibilizados para o pagamento dos credores. Exemplo de medida de redução de custos tomada pelo administrador judicial ocorreu na recuperação judicial da Viação Aérea São Paulo (VASP), por meio da disponibilidade via internet, no *site* da empresa, de várias informações, como atas de assembleia, lista de credores apresentada pela empresa, relatório de ativos, plano de recuperação, entre outras, possibilitando o acesso dos credores, eliminando as barreiras geográficas e os custos de deslocamento das informações.

É dever do administrador judicial, portanto, tomar todas as providências necessárias para o bom êxito nos processos concursais. Sua atividade investigativa na arrecadação de bens na falência pode resultar na descoberta de fraudes como o desvio de bens da massa falida para terceiros "presta-nomes", ensejando ações revocatórias e até mesmo a desconsideração da personalidade jurídica para responsabilização solidária dos administradores da sociedade e extensão dos efeitos da falência para outras empresas (KUGELMAS; PINTO, 2009, p. 228).

A função do administrador judicial é indelegável, podendo, porém, contratar profissionais para auxiliá-lo. As remunerações dos auxiliares do administrador judicial serão fixadas pelo juiz, que considerará a complexidade dos trabalhos a serem executados e os valores praticados no mercado para o desempenho de atividades semelhantes.[3] Importante salientar o papel relevante do perito contador na LRE. Suas funções foram ampliadas com o intuito de auxiliar tecnicamente o administrador, fortalecendo, assim, o substrato dos atos de natureza técnica-contábil.

Um equívoco comum verificado nos processos de recuperação é o administrador ser declinado como réu nas ações contra a empresa recuperanda. O administrador

---

[3] "Recuperação judicial – **Remuneração do Administrador Judicial** – Decisão que majorou os honorários em razão da extensão das tarefas fiscalizatórias – Decisão lastreada em recursos anteriores julgados por esta C. Câmara, que assinalou a provisoriedade do arbitramento inicial dos honorários e a manutenção do processo de soerguimento com as atividades fiscalizatórias de acordo com art. 61 da Lei 11.101/05 – Aplicação do art. 24 da Lei 11.101/2005 – Trâmite prolongado do procedimento concursal, por um lapso superior ao que era inicialmente previsto, comportando acréscimo proporcional, avaliada, conjuntamente, a complexidade de questões levantadas – Acolhimento das razões apresentadas na contraminuta e do parecer do Ministério Público – Decisão mantida – Recurso improvido" (*TJSP* – AI 2057495-65.2023.8.26.0000, 13-6-2023, Rel. J. B. Franco de Godoi).

"Agravo de instrumento – Recuperação judicial – **Remuneração do administrador judicial** – Verba fixada em aproximadamente 4,9% do valor dos créditos sujeitos ao plano. *Munus* público cuja remuneração deve levar em conta, de um lado, a complexidade do trabalho, os encargos e as responsabilidades assumidas pelo auxiliar, e, de outro, a condição financeira da recuperanda. Valor fixado que se distancia do teto legal (§ 1º do art. 24 da Lei 11.101/2005). Consolidação do passivo após a publicação da segunda relação de credores que mostra que o total da remuneração ajustada equivale a aproximadamente 3,3% do passivo. Patamar razoável. Recuperação que abrange grupo empresarial no sistema da consolidação substancial. Precedentes. Recurso desprovido" (*TJSP* – AI 2222720-16.2018.8.26.0000, 28-2-2019, Rel. Azuma Nishi).

judicial na recuperação judicial não representa a empresa nem mesmo judicialmente, porque há continuidade de seu funcionamento e, assim, é a própria pessoa jurídica que deve ser demandada. Ele deve ter ciência de todos os processos, podendo intervir dentro das regras procedimentais, se entender necessário.

Sendo necessária a obtenção de informações dos credores, devedores e dos administradores da empresa, se houver recusa, o juiz, a requerimento do administrador judicial, intimará aquelas pessoas para que compareçam à sede do juízo, sob pena de desobediência, oportunidade em que as interrogará na presença do administrador judicial, tomando seus depoimentos por escrito.

Na falência, o administrador judicial não poderá, sem autorização judicial, após ouvidos o Comitê e o devedor no prazo comum de 2 (dois) dias, transigir sobre obrigações e direitos da massa falida e conceder abatimento de dívidas, ainda que sejam consideradas de difícil recebimento, porque não dispõe de poderes de gestão, consoante já referido.

O administrador judicial que não apresentar, no prazo estabelecido, suas contas ou qualquer dos relatórios previstos nesta Lei será intimado pessoalmente a fazê-lo no prazo de 5 (cinco) dias, sob pena de desobediência. Decorrido esse prazo, o juiz destituirá o administrador judicial e nomeará substituto para elaborar relatórios ou organizar as contas, explicitando as responsabilidades de seu antecessor. A decisão que destituí-lo deve ser motivada, não só em decorrência do comando constitucional (art. 93, IX), mas porque enseja a ruptura de uma relação de confiança.

A remuneração do administrador será arbitrada pelo juiz assim como sua forma de pagamento, observadas a capacidade de pagamento do devedor, o grau de complexidade do trabalho e os valores praticados no mercado para o desempenho de atividades semelhantes. Em qualquer hipótese, o total pago ao administrador judicial não excederá 5% do valor devido aos credores submetidos à recuperação judicial ou do valor de venda dos bens na falência. Serão reservados 40% do montante devido ao administrador judicial para pagamento, quando atendidos os créditos extraconcursais e, o restante, após a aprovação das contas.

Havendo substituição do administrador judicial, a sua remuneração será proporcional ao trabalho realizado, salvo se renunciar sem relevante razão ou for destituído de suas funções por desídia, culpa, dolo ou descumprimento das obrigações fixadas na LRE, hipóteses em que não terá direito a pagamento. Também não terá direito a remuneração o administrador que tiver suas contas desaprovadas[4].

---

[4] Administrador responde com depositário por bens perdidos na falência, mas a responsabilização deve ocorrer em ação própria. Disponível em: https://www.stj.jus.br/sites/portalp/Paginas/Comunicacao/Noticias/2023/03012023-Administrador-responde-com-depositario-por-perda--de-bens-na-falencia--mas-em-acao-propria.aspx.
Remuneração do administrador judicial não pode se sujeitar à forma fixada no plano de recuperação. Disponível em: https://www.stj.jus.br/sites/portalp/Paginas/Comunicacao/Noticias/2023/17022023-Remuneracao-do-administrador-judicial-nao-pode-se-sujeitar-a-forma--fixada-no-plano-de-recuperacao.aspx.

Caberá ao devedor ou à massa falida arcar com as despesas relativas a essa remuneração, bem como das pessoas eventualmente contratadas para auxiliá-lo. Não dispondo o devedor de meios para arcar com a remuneração, tratando-se de recuperação judicial, revela-se a inviabilidade do projeto, sendo caso de falência. Mostra-se que a empresa não poderá prosseguir, pois não há recursos para sua subsistência. Entretanto, nada obsta que os credores, intimados a se manifestar acerca da insuficiência de numerário para pagamento dessas quantias, adiantem tais valores, na esperança de ingresso de futuros recursos, originados de algum fato superveniente. Mas tal possibilidade revela-se tão improvável no regime da nova Lei quanto o foi na da anterior (VERÇOSA, 2007, p. 178).

16.3.4 Comitê de credores

O Comitê de credores é órgão facultativo na recuperação judicial e na falência. Sua criação justifica-se somente quando houver complexidade do procedimento concursal e vulto de investimentos na empresa. Trata-se de mais um instrumento de controle posto à disposição dos credores. Por essa razão, o foco principal da devedora durante o período de fiscalização do Comitê é gerar credibilidade nas medidas tomadas, na mudança de paradigmas de sua administração e na reconstrução do seu relacionamento com os credores, por meio da transparência de seus atos (MENDES, 2009, p. 405).

O Comitê de Credores será constituído por deliberação de qualquer das classes de credores na assembleia geral e terá a seguinte composição:

> I – 1 (um) representante indicado pela classe de credores trabalhistas, com 2 (dois) suplentes;
>
> II – 1 (um) representante indicado pela classe de credores com direitos reais de garantia ou privilégios especiais, com 2 (dois) suplentes;
>
> III – 1 (um) representante indicado pela classe de credores quirografários e com privilégios gerais, com 2 (dois) suplentes;
>
> IV – 1 (um) representante indicado pela classe de credores representantes de microempresas e empresas de pequeno porte, com 2 (dois) suplentes.

A falta de indicação de representante por quaisquer das classes não prejudicará a constituição do Comitê, que poderá funcionar com número inferior ao previsto no *caput* do art. 26.

O juiz determinará, mediante requerimento subscrito por credores que representem a maioria dos créditos de uma classe, independentemente da realização de assembleia: I – a nomeação do representante e dos suplentes da respectiva classe ainda não representada no Comitê; ou II – a substituição do representante ou dos suplentes da respectiva classe.

O Comitê de Credores terá as seguintes atribuições, além de outras previstas na LRE:

> I – na recuperação judicial e na falência:
> a) fiscalizar as atividades e examinar as contas do administrador judicial;
> b) zelar pelo bom andamento do processo e pelo cumprimento da lei;

c) comunicar ao juiz, caso detecte violação dos direitos ou prejuízo aos interesses dos credores;

d) apurar e emitir parecer sobre quaisquer reclamações dos interessados;

e) requerer ao juiz a convocação da assembleia geral de credores;

f) manifestar-se nas hipóteses previstas na LRE;

II – na recuperação judicial:
a) fiscalizar a administração das atividades do devedor, apresentando, a cada 30 (trinta) dias, relatório de sua situação;

b) fiscalizar a execução do plano de recuperação judicial;

c) submeter à autorização do juiz, quando ocorrer o afastamento do devedor nas hipóteses previstas na LRE, a alienação de bens do ativo permanente, a constituição de ônus reais e outras garantias, bem como atos de endividamento necessários à continuação da atividade empresarial durante o período que antecede a aprovação do plano de recuperação judicial.

As decisões do Comitê, tomadas por maioria, serão consignadas em livro de atas, rubricado pelo juízo, que ficará à disposição do administrador judicial, dos credores e do devedor. Havendo unanimidade, não há exigência de consigná-las. Esse livro tem como utilidade a documentação das decisões do comitê. Caso não seja possível a obtenção de maioria em deliberação desse colegiado, o impasse será resolvido pelo administrador judicial ou, na incompatibilidade deste, pelo juiz.

Nada obsta que o Comitê apresente plano de recuperação diverso do apresentado pelo devedor, como fizeram, por exemplo, os credores na recuperação da Parmalat Alimentos, fundamentados no § 3º do art. 56 da LRE. Diante desse fato, a Parmalat, após a reabertura da Assembleia Geral, apresentou nova proposição de plano, sendo, então, aprovado pela maioria dos credores (MENDES, 2009, p. 414).

Não havendo Comitê de Credores, caberá ao administrador judicial ou, na incompatibilidade deste, ao juiz, exercer suas atribuições.

Os membros do Comitê não terão sua remuneração custeada pelo devedor ou pela massa falida, mas as despesas realizadas para a execução de ato previsto na LRE, se devidamente comprovadas e com a autorização do juiz, serão ressarcidas atendendo às disponibilidades de caixa.

Não poderá integrar o Comitê ou exercer as funções de administrador judicial quem, nos últimos cinco anos, no exercício do cargo de administrador judicial ou de membro do Comitê em falência ou recuperação judicial anterior, foi destituído, deixou de prestar contas dentro dos prazos legais ou teve a prestação de contas desaprovada. Ficará também impedido de integrar o Comitê ou exercer a função de administrador judicial quem tiver relação de parentesco ou afinidade até o terceiro grau com o devedor, seus administradores, controladores ou representantes legais ou deles for amigo, inimigo ou dependente.

A substituição do administrador judicial ou dos membros do Comitê pode ser requerida pelo devedor, qualquer credor ou pelo Ministério Público, dispondo o juiz do prazo de vinte e quatro horas para decidir. No ato de destituição, o juiz nomeará novo administrador judicial ou convocará os suplentes para recompor o Comitê. Na falência, o administrador judicial substituído prestará contas no prazo de 10 (dez) dias, nos termos dos §§ 1º a 6º do art. 154 da LRE.

O administrador judicial e os membros do Comitê responderão pelos prejuízos causados à massa falida, ao devedor ou aos credores por dolo ou culpa, devendo o dissidente em deliberação do Comitê consignar sua discordância em ata para eximir-se da responsabilidade.

Serão intimados pessoalmente, logo que nomeados, o administrador judicial e os membros do Comitê de Credores, para, em quarenta e oito horas, assinar, na sede do juízo, o termo de compromisso de bem e fielmente desempenhar o cargo e assumir todas as responsabilidades a ele inerentes. Não assinado o termo de compromisso no prazo previsto, o juiz nomeará outro administrador judicial.

16.3.5 Assembleia geral de credores

A assembleia geral de credores é conclave formado por credores concorrentes nos processos de recuperação judicial e no de falência. Possui função consultiva-deliberativa, podendo decidir sobre:

I – na recuperação judicial:
   a) aprovação, rejeição ou modificação do plano de recuperação judicial apresentado pelo devedor;
   b) a constituição do Comitê de Credores, a escolha de seus membros e sua substituição;
   c) (Vetado).
   d) o pedido de desistência do devedor, nos termos do § 4º do art. 52 desta Lei;
   e) o nome do gestor judicial, quando do afastamento do devedor;
   f) qualquer outra matéria que possa afetar os interesses dos credores;
   g) alienação de bens ou direitos do ativo não circulante do devedor, não prevista no plano de recuperação judicial;

II – na falência:
   a) (Vetado)
   b) a constituição do Comitê de Credores, a escolha de seus membros e sua substituição;
   c) a adoção de outras modalidades de realização do ativo, na forma do art. 145 da LRE;
   d) qualquer outra matéria que possa afetar os interesses dos credores.

A assembleia geral de credores será convocada pelo juiz por edital publicado no diário oficial eletrônico e disponibilizado no sítio eletrônico do administrador judicial, com antecedência mínima de 15 (quinze) dias, o qual conterá:

I – local, data e hora da assembleia em 1ª (primeira) e em 2ª (segunda) convocação, não podendo esta ser realizada menos de 5 (cinco) dias depois da 1ª (primeira);

II – a ordem do dia;

III – local onde os credores poderão, se for o caso, obter cópia do plano de recuperação judicial a ser submetido à deliberação da assembleia, sendo obrigatório afixar de forma ostensiva na sede e filiais do devedor cópia do aviso de convocação da assembleia.

Além desses casos, credores que representem no mínimo 25% do valor total dos créditos de determinada classe poderão requerer ao juiz a convocação de assembleia geral, correndo as despesas com a convocação e sua realização por conta do devedor ou da massa falida, salvo se convocada por requerimento do Comitê de Credores.

A assembleia será presidida pelo administrador judicial, que designará secretário dentre os credores presentes. Nas deliberações sobre o afastamento do administrador judicial ou em outras em que haja incompatibilidade, a assembleia será presidida pelo credor presente que seja titular do maior crédito.

A assembleia instalar-se-á, em 1ª (primeira) convocação, com a presença de credores titulares de mais da metade dos créditos de cada classe, computados pelo valor, e, em 2ª (segunda) convocação, com qualquer número. Importante salientar que a prática tem demonstrado participação de aproximadamente 5% a 10% da universalidade de credores nas Assembleias, não obstante representem percentual relevante do montante dos créditos envolvidos no processo (MENDES, 2009, p. 405).

Para participar da assembleia, cada credor deverá assinar a lista de presença, que será encerrada no momento da instalação. O credor poderá ser representado na assembleia geral por mandatário ou representante legal, desde que entregue ao administrador judicial, até 24 horas antes da data prevista no aviso de convocação, documento hábil que comprove seus poderes ou a indicação das folhas dos autos do processo em que se encontre o documento. A não apresentação desse documento em tempo hábil enseja a vedação de ingresso na Assembleia.

Os sindicatos de trabalhadores poderão representar seus associados titulares de créditos derivados da legislação do trabalho ou decorrentes de acidente de trabalho que não comparecerem, pessoalmente ou por procurador, à assembleia. Para exercer essa prerrogativa, o sindicato deverá apresentar ao administrador judicial, até dez dias antes da assembleia, a relação dos associados que pretende representar, e o trabalhador que conste da relação de mais de um sindicato deverá esclarecer, até 24 horas antes da assembleia, qual sindicato o representa, sob pena de não ser representado por nenhum deles. Nada impede, entretanto, que o próprio trabalhador compareça à Assembleia e exerça seu direito de voto, bem como outorgue poderes para se fazer representar por procurador.

Do ocorrido na assembleia, lavrar-se-á ata que conterá o nome dos presentes e as assinaturas do presidente, do devedor e de dois membros de cada uma das classes votantes, que será entregue ao juiz, juntamente com a lista de presença, no prazo de 48 horas.

O voto do credor será proporcional ao valor de seu crédito, ressalvado, nas deliberações sobre o plano de recuperação judicial, o disposto no § 2º do art. 45 da LRE. Na recuperação judicial, para fins exclusivos de votação em assembleia geral, o crédito em moeda estrangeira será convertido para moeda nacional pelo câmbio da véspera da data de realização da assembleia.

Terão direito a voto na assembleia geral os credores admitidos na falência e os credores sujeitos aos efeitos da recuperação, os admitidos no processo. Os credores com créditos impugnados devem ter o mesmo direito de participação do credor com crédito habilitado, enquanto não há decisão na oposição, bem como os credores retardatários. Fábio Ulhoa Coelho esclarece, contudo, terem os credores retardatários direito de voz na Assembleia dos Credores em ambos os processos concorrenciais, mas não o de voto conferido na falência somente após a homologação do quadro geral de credores contendo seu crédito, ocasião em que adquirem tal direito. Na recuperação judicial, o direito de voto nunca é adquirido pelo credor retardatário (2005a, p. 104-105).

Consoante disposto no art. 39, da LRE, *as pessoas arroladas no quadro-geral de credores ou, na sua falta, na relação de credores apresentada pelo administrador judicial na forma do art. 7º, § 2º, da LRE, ou, ainda, na falta desta, na relação apresentada pelo próprio devedor nos termos dos arts. 51, incisos III e IV do caput, 99, inciso III do caput, ou 105, inciso II do caput, todos da LRE, acrescidas, em qualquer caso, das que estejam habilitadas na data da realização da assembleia ou que tenham créditos admitidos ou alterados por decisão judicial, inclusive as que tenham obtido reserva de importâncias, observado o disposto nos §§ 1º e 2º do art. 10 da LRE.*

Não terão direito a voto e não serão considerados para fins de verificação do quórum de instalação e de deliberação os titulares dos créditos excetuados na forma dos §§ 3º e 4º do art. 49, da LRE.[5] Os sócios do devedor, bem como as sociedades coligadas,

---

[5] "Agravo de instrumento – Oposição ao julgamento virtual indeferida diante dos efeitos da Covid-19 e não se tratar de recurso que exija a presença dos Advogados ou a possibilidade de sustentação oral – Julgamento virtual mantido. Agravo de instrumento – recuperação judicial – Insurgência contra decisão judicial que fixa critérios de quantificação de créditos ilíquidos para fins de participação com direito de voz e voto na assembleia geral de credores – Impropriedade – Ao credor cuja existência e valor do crédito discute-se durante o curso da recuperação, não é permitida a participação na assembleia geral (LREF, art. 6º, § 3º; art. 7º, § 2º e art. 39) – Exercício do direito de voto que deve observar os dispositivos legais pertinentes – Decisão reformada – Critérios sugeridos pelas Agravantes não aplicáveis – Agravo parcialmente provido. Dispositivo: Deram parcial provimento ao recurso" (*TJSP* – AI 2156609-79.2020.8.26.0000, 2-8-2021, Rel. Ricardo Negrão).
"Recuperação Judicial – **Assembleia geral de credores** – Plano – 'Agravo interno no recurso especial. Recuperação judicial. Assembleia geral de credores. Plano de recuperação judicial. Julgamento prévio das impugnações. Desnecessidade. Agravo não provido. 1. A jurisprudência desta Corte firmou-se no sentido de que a homologação do plano de recuperação judicial da empresa não está vinculada à prévia decisão de 1º grau sobre as impugnações dos créditos porventura existentes, cabendo a retificação do quadro geral de credores, se necessário, após o julgamento de tais incidentes. Precedentes. 2. As consequências do superveniente julgamento da impugnação apresentada pelo agravante serão apreciadas pelo Juízo de origem oportunamente, não fazendo parte da controvérsia debatida no recurso especial. 3. Agravo interno a que se nega provimento'" (*STJ* – Ag Int-REsp 1276135/MT, 23-5-2019, Rel. Min. Raul Araújo).
"Recurso especial. **Recuperação judicial** Cessão fiduciária sobre direitos sobre coisa móvel e sobre títulos de crédito. Credor titular de posição de proprietário fiduciário sobre direitos cre-

ditícios. Não sujeição aos efeitos da recuperação judicial, nos termos do § 3º do art. 49 da Lei nº 11.101/2005. Matéria pacífica no âmbito das turmas de direito privado do STJ. Pretensão de submeter aos efeitos da recuperação judicial, como crédito quirografário, os contratos de cessão fiduciária que, à época do pedido de recuperação judicial, não se encontravam registrados no cartório de títulos e documentos do domicílio do devedor, com esteio no § 1º do art. 1.361-A do Código Civil. Insubsistência. Recurso especial provido. – 1. Encontra-se sedimentada no âmbito das Turmas que compõem a Segunda Seção do Superior Tribunal de Justiça a compreensão de que a alienação fiduciária de coisa fungível e a cessão fiduciária de direitos sobre coisas móveis, bem como de títulos de créditos (caso dos autos), justamente por possuírem a natureza jurídica de propriedade fiduciária, não se sujeitam aos efeitos da recuperação judicial, nos termos do § 3º do art. 49 da Lei nº 11.101/2005. 2. O Código Civil, nos arts. 1.361 a 1.368-A, limitou-se a disciplinar a propriedade fiduciária sobre bens móveis infungíveis. Em relação às demais espécies de bem, a propriedade fiduciária sobre eles constituída é disciplinada, cada qual, por lei especial própria para tal propósito. Essa circunscrição normativa, ressalta-se, restou devidamente explicitada pelo próprio Código Civil, em seu art. 1.368-A (introduzido pela Lei nº 10.931/2004), ao dispor textualmente que 'as demais espécies de propriedade fiduciária ou de titularidade fiduciária submetem-se à disciplina específica das respectivas leis especiais, somente se aplicando as disposições desse Código naquilo que não for incompatível com a legislação especial'. 2.1 Vê-se, portanto, que a incidência subsidiária da Lei adjetiva civil, em relação à propriedade/titularidade fiduciária sobre bens que não sejam móveis infungíveis, regulada por leis especiais, é excepcional, somente se afigurando possível no caso em que o regramento específico apresentar lacunas e a solução ofertada pela 'lei geral' não se contrapuser às especificidades do instituto por aquela regulada. 3. A exigência de registro, para efeito de constituição da propriedade fiduciária, não se faz presente no tratamento legal ofertado pela Lei nº 4.728/1995, em seu art. 66-B (introduzido pela Lei nº 10.931/2004) à cessão fiduciária de direitos sobre coisas móveis, bem como de títulos de crédito (bens incorpóreos e fungíveis, por excelência), tampouco com ela se coaduna. 3.1 A constituição da propriedade fiduciária, oriunda de cessão fiduciária de direitos sobre coisas móveis e de títulos de crédito, dá-se a partir da própria contratação, afigurando-se, desde então, plenamente válida e eficaz entre as partes. A consecução do registro do contrato, no tocante à garantia ali inserta, afigura-se relevante, quando muito, para produzir efeitos em relação a terceiros, dando-lhes a correlata publicidade. 3.2 Efetivamente, todos os direitos e prerrogativas conferidas ao credor fiduciário, decorrentes da cessão fiduciária, devidamente explicitados na lei (tais como, o direito de posse do título, que pode ser conservado e recuperado 'inclusive contra o próprio cedente'; o direito de 'receber diretamente dos devedores os créditos cedidos fiduciariamente', a outorga do uso de todas as ações e instrumentos, judiciais e extrajudiciais, para receber os créditos cedidos, entre outros) são exercitáveis imediatamente à contratação da garantia, independente de seu registro. 3.3 Por consectário, absolutamente descabido reputar constituída a obrigação principal (mútuo bancário, representado pela Cédula de Crédito Bancário emitida em favor da instituição financeira) e, ao mesmo tempo, considerar pendente de formalização a indissociável garantia àquela, condicionando a existência desta última ao posterior registro. 3.4 Não é demasiado ressaltar, aliás, que a função publicista é expressamente mencionada pela Lei nº 10.931/2004, em seu art. 42, ao dispor sobre cédula de crédito bancário, em expressa referência à constituição da garantia, seja ela fidejussória, seja ela real, como no caso dos autos. O referido dispositivo legal preceitua que essa garantia, 'para valer contra terceiros', ou seja, para ser oponível contra terceiros, deve ser registrada. De se notar que o credor titular da posição de proprietário fiduciário sobre direitos creditícios (excluído dos efeitos da recuperação judicial, segundo o § 3º do art. 49 da Lei nº 11.101/2005) não opõe essa garantia real aos credores da recuperanda, mas sim aos devedores da recuperanda, o que robustece a compreensão de que a garantia sob comento não diz respeito

controladoras, controladas ou as que tenham sócio ou acionista com participação superior a 10% (dez por cento) do capital social do devedor ou em que o devedor ou algum de seus sócios detenham participação superior a 10% (dez por cento) do capital social, poderão participar da assembleia geral de credores, sem ter direito a voto e, portanto, não serão considerados para fins de verificação do quórum de instalação e de deliberação.

Essa disposição também se aplica ao cônjuge ou parente, consanguíneo ou afim, colateral até o segundo grau, ascendente ou descendente do devedor, de administrador, do sócio controlador, de membro dos conselhos consultivo, fiscal ou semelhantes da sociedade devedora e à sociedade em que quaisquer dessas pessoas exerçam essas funções. Além disso, não terá direito a voto e não será considerado para fins de verificação de quórum de deliberação o credor cujo plano de recuperação judicial não alterar o valor ou as condições originais de pagamento de seu crédito.

Não será deferido provimento liminar, de caráter cautelar ou antecipatório dos efeitos da tutela, para a suspensão ou adiamento da assembleia geral de credores em razão de pendência de discussão acerca da existência, da quantificação ou da classificação de créditos. Essa vedação encontra sua justificativa nos exíguos prazos no processo de recuperação e na celeridade na falência. Na prática, esse impedimento proporciona a realização das Assembleias, que estaria ameaçada por liminares concedidas no último momento antecedente à realização do conclave.

A assembleia geral será composta pelas seguintes classes de credores:

I – titulares de créditos derivados da legislação do trabalho ou decorrentes de acidentes de trabalho, votando com sua classe e com o total de seu crédito, independentemente do valor;

II – titulares de créditos com garantia real, votando com sua classe até o limite do valor do bem gravado e com a classe prevista no inciso abaixo pelo restante do valor de seu crédito;

à recuperação judicial. Assentado que está que o direito creditício sobre o qual recai a propriedade fiduciária é de titularidade (resolúvel) do banco fiduciário, este bem, a partir da cessão, não compõe o patrimônio da devedora fiduciante. A recuperanda, sendo, pois, inacessível aos seus demais credores e, por conseguinte, sem qualquer repercussão na esfera jurídica destes. Não se antevê, por conseguinte, qualquer frustração dos demais credores da recuperanda que, sobre o bem dado em garantia (fora dos efeitos da recuperação judicial), não guardam legítima expectativa. 4. Mesmo sob o enfoque sustentado pelas recorrentes, ad argumentandum, caso se pudesse entender que a constituição da cessão fiduciária de direitos creditícios tenha ocorrido apenas com o registro e, portanto, após o pedido recuperacional, o respectivo crédito, também desse modo, afastar-se-ia da hipótese de incidência prevista no caput do art. 49 da Lei nº 11.101/2005, in verbis: 'Estão sujeitos à recuperação judicial todos os créditos existentes na data do pedido, ainda que não vencidos'. 5. Recurso especial provido, para restabelecer a decisão de primeiro grau que acolheu a impugnação apresentada pelo Banco recorrente, para excluir dos efeitos da recuperação judicial seu crédito, garantido pela cessão fiduciária" (STJ – REsp 1.412.529 – (2013/0344714-2), 2-3-2016, Rel. Min. Paulo de Tarso Sanseverino).

III – titulares de créditos quirografários, com privilégio especial, com privilégio geral ou subordinados;

IV – titulares de créditos enquadrados como microempresa ou empresa de pequeno porte.

O quórum para aprovação de proposta é obtido pelos votos favoráveis de credores que representem mais da metade do valor total dos créditos presentes à assembleia geral, exceto nas deliberações sobre o plano de recuperação judicial nos termos da alínea *a* do inciso I do art. 35 da LRE, a composição do Comitê de Credores ou forma alternativa de realização do ativo, nos termos do art. 145 da mesma Lei.

Na escolha dos representantes de cada classe no Comitê de Credores, somente os respectivos membros poderão votar.

Nas deliberações sobre o plano de recuperação judicial, todas as classes de credores referidas no art. 41 da LRE deverão aprovar a proposta. Em cada uma das classes de credores com garantia real, quirografários, com privilégio especial, geral ou subordinado, a proposta deverá ser aprovada por credores que representem mais da metade do valor total dos créditos presentes à assembleia e, cumulativamente, pela maioria simples dos credores presentes. No caso de credores de créditos trabalhistas ou decorrentes de acidente de trabalho, a proposta deverá ser aprovada pela maioria simples dos credores presentes, ou por termo de adesão dos credores, que representem mais da metade do valor dos créditos sujeitos à recuperação judicial.

16.4 RECUPERAÇÃO EXTRAJUDICIAL

A melhor maneira de resolver as dificuldades da empresa é detectar problemas ainda embrionários. Nesse sentido é preciso que o empresário disponha de um sistema de informação confiável sobre a saúde financeira da empresa, que revele as anomalias ainda cedo. Constatada a ameaça precocemente, o ordenamento dispõe de mecanismos eficazes para impedir o ente de ingressar no impiedoso universo da insolvência: a recuperação extrajudicial e a judicial.

A recuperação extrajudicial é ferramenta de alerta que pode ser utilizada pelo empresário em conjunto com grupo de credores, por meio da qual aprovam um plano de recuperação para reagir a perigo que ameaça a higidez financeira da entidade e a consequente solvência dos créditos. Cuida-se de medida saneadora de preservação da empresa que se assemelha ao *pré-package plan* americano e ao *règlement amiable* francês. A situação lembra, a distância, o instituto da "continuação de negócios" na falência, que podia ser deferido pelo juiz, segundo a antiga lei falencial.

Trata-se de modalidade de composição amigável entre o empresário e seus credores, com a finalidade de encontrar uma saída negociada para a crise, evitando intervenção judicial para reajustar e reestruturar os débitos e regular os pagamentos. Nesse modelo, tenta-se criar condições de barganha estruturada entre devedores e credores, com o objetivo de maximizar o valor da empresa (PERIN JUNIOR, 2009, p. 58-59).

Nada obsta que o empresário procure seus credores e conjuntamente elaborem plano de recuperação, pactuando condições que propiciem o adimplemento de obrigações e evitem a quebra. Tais requisitos só necessitam ser considerados quando o devedor e os credores desejarem submeter plano à homologação judicial, com fim de constituir título executivo judicial, nos termos do ordenamento processual.

A recuperação extrajudicial é expediente viável para as microempresas e as empresas de pequeno porte que atravessem momento de crise passageira, porque seus passivos geralmente envolvem créditos trabalhistas, de fornecedores e de instituições financeiras. Não obstante os primeiros não estejam sujeitos ao plano de recuperação, é situação favorável para a renegociação dos passivos originados dos contratos de empréstimos, inclusive com bancos e com seus fornecedores. O devedor pode, inclusive, selecionar os casos mais críticos, restringindo a negociação a estes, porque o impacto causado pelos rumores de crise afasta fornecedores e compradores. Nesse caso, nada há a observar em relação aos requisitos legais previstos na LRE para a recuperação extrajudicial (DOMINGUES, 2009, p. 116-117).

16.4.1 Abrangência e requisitos

Nos termos do art. 161 da LRE, o devedor que preencher os requisitos do art. 48 poderá propor e negociar com credores plano de recuperação extrajudicial e requerer sua homologação judicial. A legitimidade para requerer a homologação é só do devedor, não se estendendo tal prerrogativa aos credores, como ocorre nos Estados Unidos. Podem requerê-la empresários que exerçam regularmente suas atividades há mais de 2 (dois) anos e que atendam aos seguintes requisitos subjetivos, cumulativamente:

> I – não ser falido e, se o foi, estejam declaradas extintas, por sentença transitada em julgado, as responsabilidades daí decorrentes;
>
> II – não ter, há menos de 5 (cinco) anos, obtido concessão de recuperação judicial;
>
> III – não ter, há menos de 5 (cinco) anos, obtido concessão de recuperação judicial com base no plano especial destinado a microempresas e empresas de pequeno porte;
>
> IV – não ter sido condenado ou não ter, como administrador ou sócio controlador, pessoa condenada por qualquer dos crimes previstos na LRE.

Além desses requisitos, outros, de ordem objetiva, devem ser observados:

> I – o plano não pode dispor de pagamento antecipado de nenhuma dívida, nem tratamento desfavorável aos credores que a ele não estejam sujeitos (art. 161, § 2º);
>
> II – não pode abranger créditos constituídos posteriormente ao pedido de homologação (art. 163, § 1º);
>
> III – só poderá considerar a alienação de bem gravado ou a supressão ou substituição de garantia real com a concordância expressa do credor garantido (art. 163, § 4º); e
>
> IV – só poderá dispor acerca do afastamento da variação cambial nos créditos em moeda estrangeira com a anuência expressa do respectivo credor (art. 163, § 5º).

O acordo para a reestruturação afasta de sua composição os créditos de natureza tributária, e os créditos detidos pelos credores proprietários. A sujeição dos créditos de natureza trabalhista e por acidentes de trabalho exige negociação coletiva com o sindicato da respectiva categoria profissional (Lei nº 11.101/2005, arts. 49, § 3º, 86, II, e 161, § 1º).

16.4.2 Processamento do plano de recuperação

Duas são as espécies de homologação em juízo do plano de recuperação extrajudicial: a facultativa e a obrigatória. A homologação facultativa, regulada pelo art. 162 da LRE, é a decorrente de plano de recuperação cuja adesão dos credores atingidos pela medida é total. A obrigatória, por sua vez, ocorre quando o devedor consegue obter adesão de parte significativa dos credores, hipótese prevista no art. 163 da LRE.

Nos termos do art. 162, o devedor poderá requerer a homologação em juízo do plano de recuperação extrajudicial juntando sua justificativa e o documento que contenha seus termos e condições, com as assinaturas dos credores que a ele aderiram.

Como no pedido de homologação facultativa há a concordância e adesão de todos os credores, o juiz apenas observará a regularidade do pacto, investigando a ocorrência ou não de simulação de créditos ou vício de representação dos credores que subscreverem o plano.

O devedor poderá, também, requerer a homologação de plano de recuperação extrajudicial que obrigue a todos os credores por ele abrangidos, desde que assinado por credores que representem mais da metade de todos os créditos de cada espécie por ele abrangidos. O plano poderá abranger a totalidade de uma ou mais espécies de créditos previstos no art. 83, incisos II, IV, V, VI e VIII (créditos com garantia real, com privilégio especial e geral, quirografários e subordinados), ou grupo de credores de mesma natureza e sujeito a semelhantes condições de pagamento, e, uma vez homologado, obriga a todos os credores das espécies por ele abrangidas, exclusivamente em relação aos créditos constituídos até a data do pedido de homologação.

Não serão considerados para fins de apuração do percentual de 3/5 os créditos não incluídos no plano de recuperação extrajudicial, os quais não poderão ter seu valor ou condições originais de pagamento alteradas. Para fins exclusivos de apuração desse percentual, não serão considerados: I – o crédito em moeda estrangeira convertido para moeda nacional pelo câmbio da véspera da data de assinatura do plano; e II – os créditos detidos pelos sócios ou acionistas de sociedade empresária falida ou requerente do benefício e pessoas jurídicas a eles ligadas (art. 43 da LRE).

Para a homologação do plano de recuperação obrigatório, além dos documentos previstos no art. 162 para a facultativa, o devedor deverá juntar:

    I – exposição da situação patrimonial do devedor;

    II – as demonstrações contábeis relativas ao último exercício social e as levantadas especialmente para instruir o pedido, na forma do inciso II do *caput* do art. 51 da Lei; e

    III – os documentos que comprovem os poderes dos subscritores para novar ou transigir, relação nominal completa dos credores, com a indicação do endereço de cada um, a natureza, a classificação e o valor atualizado do crédito, discriminando sua origem, o regime dos respectivos vencimentos e a indicação dos registros contábeis de cada transação pendente.

O pedido de homologação do plano de recuperação extrajudicial (facultativo ou obrigatório) não acarretará suspensão de direitos, ações ou execuções, nem a impossibilidade do pedido de decretação de falência pelos credores não sujeitos ao plano. Entretanto, aplica-se à recuperação extrajudicial a suspensão de que trata o art. 6º da Lei nº 11.101/2005, exclusivamente em relação aos atos de constrição que recaiam sobre bens de capital essenciais à manutenção da atividade empresarial durante o prazo de 90 dias, sendo ratificada pelo Juiz se comprovado o quórum inicial de mais da metade dos credores. Após a distribuição do pedido de homologação, os credores não poderão desistir da adesão ao plano, salvo com a anuência expressa dos demais signatários.

Recebido o pedido de homologação do plano de recuperação extrajudicial (facultativa ou obrigatória), o juiz ordenará a publicação de edital eletrônico, convocando todos os credores do devedor para apresentação de suas impugnações ao plano de recuperação extrajudicial, de acordo com as matérias do § 3º do art. 164. No prazo do edital, deverá o devedor comprovar o envio de carta a todos os credores sujeitos ao plano, domiciliados ou sediados no país, informando a distribuição do pedido, as condições do plano e prazo para impugnação. Pensamos ser o meio eletrônico admissível para tal fim, comprovado o recebimento, mediante apresentação de aceite do *e-mail* pelo credor.

Os credores terão prazo de trinta dias, contado da publicação do edital, para impugnarem o plano, juntando a prova de seu crédito. Para opor-se à homologação do plano, os credores somente poderão alegar: I – não preenchimento do percentual mínimo previsto no art. 163; II – prática de qualquer dos atos previstos no inciso III do art. 94 ou do art. 130 da Lei, ou descumprimento de requisito previsto na LRE; e III – descumprimento de qualquer outra exigência legal.

Sendo apresentada impugnação, será aberto prazo de cinco dias para que o devedor sobre ela se manifeste. Decorrido esse prazo, os autos serão conclusos imediatamente ao juiz para apreciação de eventuais impugnações e decidirá, em cinco dias, acerca do plano de recuperação extrajudicial, homologando-o por sentença se entender que não implica prática de atos realizados com a intenção de prejudicar credores (art. 130 da LRE) e que não há outras irregularidades que recomendem sua rejeição.

Havendo prova de simulação de créditos ou vício de representação dos credores que subscrevem o plano, a homologação será indeferida. Da sentença cabe apelação sem efeito suspensivo ou pode o devedor, cumpridas as formalidades, apresentar novo pedido de homologação de plano de recuperação extrajudicial.

Os efeitos do plano operam-se após sua homologação, sendo lícito, contudo, que o plano estabeleça a produção de efeitos anteriores à homologação, desde que exclusivamente em relação à modificação do valor ou da forma de pagamento dos credores signatários. Caso o plano seja posteriormente rejeitado pelo juiz, aos credores signatários devolve-se o direito de exigir seus créditos nas condições originais, deduzidos os valores efetivamente pagos.

Se o plano de recuperação extrajudicial homologado envolver alienação judicial de filiais ou de unidades produtivas isoladas do devedor, o juiz ordenará a sua realização, observado, no que couber, o disposto no art. 142 da LRE.[6]

---

[6] "Agravo de Instrumento. Falência. Decisão que acolheu sugestão da administradora judicial, para permitir a alienação de direitos creditórios pelo mecanismo 'stalking horse'. Inconformismo do credor quirografário. Não acolhimento. **O art. 142, da Lei n. 11.101/2005, prevê formas alternativas (de caráter residual, sem qualquer hierarquia entre elas, portanto) de alienação dos ativos na falência, dentre elas, 'qualquer modalidade, desde que aprovada nos termos desta Lei' (inciso V).** Embora possível que a aprovação da modalidade extraordinária ocorra em assembleia geral de credores ou conste do plano, faculta-se, ao juiz, em consideração ao parecer da administradora judicial e do Comitê de Credores, se existente, e desde que haja justificativa, autorizar a medida, independente de assembleia. Inteligência dos arts. 142, § 3º-B, III, e 144, da Lei n. 11.101/2005. Hipótese de alienação de direitos creditórios, advindos do reconhecimento, em favor das falidas, por sentença transitada em julgado, do direito de excluir o ICMS da base de cálculo do PIS e do COFINS, gerando crédito (precatório) ou direito de compensação. Situação peculiar. Impossibilidade de se avaliar, com precisão, o direito creditório, que sequer é objeto de liquidação judicial. Pertinência, no caso, do 'stalking horse', não só diante da dificuldade de valoração do ativo e de se encontrar interessados na aquisição, mas, sobretudo, porque, com a oferta vinculante, garante-se a venda por valor mínimo, mais promovendo, do que inibindo a competição. A vilania não se aplica em processos de falência (art. 142, V, da Lei n. 11.101/2005). De qualquer forma, na modalidade 'stalking horse', a oferta vinculante representa, apenas, valor de partida, que pode ser coberto durante o processo competitivo. Observância dos princípios da maximização e da célere alienação dos ativos na falência. É correto garantir, à proponente, além do direito de preferência (cobrir eventuais ofertas), a compensação dos gastos com a avaliação do ativo (cláusula de 'break up fee'). Observa-se, apenas, que, se a oferta vinculante não vingar, a i. Magistrada de primeira instância deverá investigar os valores que serão ressarcidos à proponente, inclusive se razoáveis e proporcionais. Decisão mantida. Recurso desprovido, com observação" (*TJSP* – AI 2064157-45.2023.8.26.0000, 15-6-2023, Rel. Grava Brazil).
"**Recuperação Judicial** – Plano de recuperação – Deságio (20%), prazo de pagamento (120 meses, em parcelas trimestrais), correção monetária pela TR e juros de 0,5% ao mês durante a carência e de 0,75% ao mês após este termo, que não se mostram abusivos e não ultrapassam o limite do suportável, ainda considerando que a maioria reputa condizente com seus interesses. Recuperação judicial. Alienação de ativos da devedora que, se não previamente relacionados no plano, depende de autorização do Juízo, ouvidos o administrador judicial e o comitê de credores, se existente. Inteligência dos artigos 66, 142 e 28 da Lei nº 11.101/2005. Cláusula 4.3 declarada ineficaz. Recuperação judicial. Plano de recuperação. Previsão de prazo de pagamento aos credores trabalhistas que ultrapassa o critério mínimo estipulado no art. 54 da Lei de Recuperação e Falência. Prazo ânuo que deve ser contado a partir da homologação do plano ou do encerramento do 'stay period', independentemente de prorrogação deste, o que ocorrer primeiro. Enunciado nº I do Grupo de Câmaras Reservadas de Direito Empresarial desta Corte nesse sentido. Hipótese em que se deve considerar a segunda opção. Correção, de ofício, para determinar a incidência, na referida classe, de correção monetária e juros a partir do momento em que seus créditos deveriam ser quitados. Recuperação judicial. Leilão reverso. Possibilidade, desde que não importe em tratamento desigual entre os credores. Previsão, no caso concreto, de livre oferta a todos os credores, sem qualquer distinção, além da imprescindível publicidade. Ausência de nulidade. Recuperação judicial. Disposição que impede o prosseguimento de ações contra coobrigados em geral, abrigando-os

16.5 RECUPERAÇÃO JUDICIAL

A recuperação judicial, segundo o art. 47 da LRE, *tem por objetivo viabilizar a superação da situação de crise econômico-financeira do devedor, a fim de permitir a manutenção da fonte produtora, do emprego dos trabalhadores e dos interesses dos credores, promovendo, assim, a preservação da empresa, sua função social e o estímulo à atividade econômica.*

Trata-se de processo de recuperação propriamente dito e não de saneamento, como ocorre em relação à recuperação extrajudicial. O empresário, quando se dispõe a utilizar desse mecanismo, ainda é um agente econômico empresarial viável, não obstante já enfrente reais dificuldades econômicas e financeiras. O momento não é mais de alerta, mas de comprometimento da continuidade da exploração da empresa, embora não insolvente.

A avaliação do momento de crise que enseja o uso da recuperação judicial é imprescindível, assim como os motivos que levaram ao desequilíbrio financeiro. Não só os interesses do devedor e credor são avaliados, mas também o social, de fundamental importância para a conservação da empresa.

A malsinada concordata, que anteriormente ocupava o lugar da recuperação, era um instrumento inútil para fins de recuperação; prestava-se apenas para alongar o endividamento da empresa e enriquecer devedores inescrupulosos. Os critérios para seu deferimento eram somente de natureza formal, não de avaliação do conteúdo e viabilidade real de recuperação. A concordata, de há muito, era instituto anacrônico e prejudicial no sistema jurídico brasileiro. Por isso Rubens Requião salientava acerca da concordata: *"A complacência de muitos magistrados e o desinteresse no cumprimento de normas necessárias relaxam as malhas do instituto, tornando-as flácidas, permitindo aos menos honestos as mais deslavadas fraudes. Por esse motivo, em nosso País, as concordatas, sobretudo a concordata preventiva, caíram em descrédito, contra elas se levantando acerbas críticas"* (1995, p. 5).

O processo de recuperação judicial surge em substituição à concordata como tentativa de ser instrumento realmente apto e eficiente para recuperar empresas em crise com viabilidade econômico-financeira. Cabe aos operadores do direito a utilização do instituto de maneira a atingir sua finalidade – preservação da empresa e sua repercussão social –, principalmente aos magistrados, que necessitam ser especializados, uma análise não perfunctória do plano, mas uma aferição da viabilidade real da recuperação, ainda que necessitem de auxílio de profissionais capacitados para guiá-los nessa missão.

A preservação da empresa é a tônica dos processos de recuperação, mas não se pode manter a todo custo um agente econômico inidôneo. Waldo Fazzio Júnior aponta

---

sob os efeitos da recuperação judicial. Jurisprudência consolidada nesse sentido. Ineficácia da Cláusula 7 declarada. Recuperação judicial. Plano de recuperação. Descumprimento de qualquer obrigação contida no Plano de Recuperação que, nos termos do que dispõe o art. 61, § 1º, da lei de regência, pode acarretar a convolação da recuperação em falência. Cláusula que prevê a instalação de assembleia geral de credores em hipótese de descumprimento do plano. Ineficácia parcial da Cláusula 8 declarada. Recurso parcialmente provido, com correções do plano, inclusive de ofício" (*TJSP* – AI 2076234-62.2018.8.26.0000, 5-12-2019, Rel. Araldo Telles).

parâmetros objetivos para a aferição da viabilidade de recuperação empresarial que precisam estar presentes complementarmente para que a recuperação seja entrevista como recomendável (2005b, p. 139):

a) importância social e econômica da atividade do devedor no contexto local, regional ou nacional;
b) mão de obra e tecnologia empregadas;
c) volume do ativo e do passivo;
d) tempo de constituição e funcionamento do negócio; e
e) faturamento anual e nível de endividamento da empresa.

O êxito do uso da recuperação como instrumento para superação da crise econômico-financeira do agente econômico vai depender da mudança da mentalidade empresarial para reverter a patologia financeira, sem utilização indevida ou abuso do direito à recuperação, aliados ao comprometimento do Judiciário por meio de atuação diligente dos juízes na aplicação da lei e na construção jurisprudencial. A criação de Varas e de Câmaras Especializadas para evitar dispersão jurisprudencial também é medida que contribuirá enormemente para a eficiência e eficácia na aplicação da Lei nº 11.101/05.

Dois casos de recuperação judicial exitosa servem de paradigma diante das diversas questões controvertidas que ensejaram durante o processamento: Parmalat Brasil S/A, Indústria de Alimentos e Bombril Holding S/A.

16.5.1 Pressupostos, extensão e meios de recuperação

Os pressupostos para o devedor pleitear recuperação judicial são idênticos aos da recuperação extrajudicial, já tratados no item 16.4.1 e constantes do art. 48 da LRE. O mesmo ocorre em relação à extensão dos efeitos ou abrangência da recuperação judicial em cotejo com a extrajudicial e são tratados no art. 49, remetendo-se o leitor àquela abordagem.

No regime anterior, o devedor tinha duas alternativas como "meio de recuperação": obter remissão parcial de encargos ou dilatar os prazos para pagamento. Com a nova lei, vários são os meios de recuperação judicial que podem ser, inclusive, combinados. Nos termos do art. 50, constituem meios de recuperação judicial, observada a legislação pertinente a cada caso, dentre outros:

I – concessão de prazos e condições especiais para pagamento das obrigações vencidas ou vincendas;

II – cisão, incorporação, fusão ou transformação de sociedade, constituição de subsidiária integral, ou cessão de cotas ou ações, respeitados os direitos dos sócios, nos termos da legislação vigente;

III – alteração do controle societário;

IV – substituição total ou parcial dos administradores do devedor ou modificação de seus órgãos administrativos;

V – concessão aos credores de direito de eleição em separado de administradores e de poder de veto em relação às matérias que o plano especificar;

VI – aumento de capital social;

VII – trespasse ou arrendamento de estabelecimento, inclusive à sociedade constituída pelos próprios empregados;

VIII – redução salarial, compensação de horários e redução da jornada, mediante acordo ou convenção coletiva;

IX – dação em pagamento ou novação de dívidas do passivo, com ou sem constituição de garantia própria ou de terceiro;

X – constituição de sociedade de credores;

XI – venda parcial dos bens;

XII – equalização de encargos financeiros relativos a débitos de qualquer natureza, tendo como termo inicial a data da distribuição do pedido de recuperação judicial, aplicando-se inclusive aos contratos de crédito rural, sem prejuízo do disposto em legislação específica;

XIII – usufruto da empresa;

XIV – administração compartilhada;

XV – emissão de valores mobiliários;

XVI – constituição de sociedade de propósito específico para adjudicar, em pagamento dos créditos, os ativos do devedor;

XVII – conversão de dívida em capital social;

XVIII – venda integral da devedora, desde que garantidas aos credores não submetidos ou não aderentes condições, no mínimo, equivalentes àquelas que teriam na falência, hipótese em que será, para todos os fins, considerada unidade produtiva isolada.

Esses meios catalogados pelo legislador no rol exemplificativo do art. 50 foram objeto de apreciação nos capítulos anteriores, especialmente no capítulo societário.

16.5.2 Pedido e processamento

O pedido de recuperação judicial deverá ser instruído com (art. 51):

I – a exposição das causas concretas da situação patrimonial do devedor e das razões da crise econômico-financeira;

II – as demonstrações contábeis relativas aos 3 (três) últimos exercícios sociais e as levantadas especialmente para instruir o pedido, confeccionadas com estrita observância da legislação societária aplicável e compostas obrigatoriamente de: (a) balanço patrimonial; (b) demonstração de resultados acumulados; (c) demonstração do resultado desde o último exercício social; (d) relatório gerencial de fluxo de caixa e de sua projeção; (e) descrição das sociedades de grupo societário, de fato ou de direito. As microempresas e empresas de pequeno porte poderão apresentar livros e escrituração contábil simplificados nos termos da legislação específica;

III – a relação nominal completa dos credores, sujeitos ou não à recuperação judicial, inclusive aqueles por obrigação de fazer ou de dar, com a indicação do endereço físico e eletrônico de cada um, a natureza, conforme estabelecido nos arts. 83 e 84 desta Lei, e o valor atualizado do crédito, com a discriminação de sua origem, e o regime dos vencimentos;

IV – a relação integral dos empregados, em que constem as respectivas funções, salários, indenizações e outras parcelas a que têm direito, com o correspondente mês de competência, e a discriminação dos valores pendentes de pagamento;

V – certidão de regularidade do devedor no Registro Público de Empresas, o ato constitutivo atualizado e as atas de nomeação dos atuais administradores;

VI – a relação dos bens particulares dos sócios controladores e dos administradores do devedor;

VII – os extratos atualizados das contas bancárias do devedor e de suas eventuais aplicações financeiras de qualquer modalidade, inclusive em fundos de investimento ou em bolsas de valores, emitidos pelas respectivas instituições financeiras;

VIII – certidões dos cartórios de protestos situados na comarca do domicílio ou sede do devedor e naquelas onde possui filial;

IX – a relação, subscrita pelo devedor, de todas as ações judiciais e procedimentos arbitrais em que este figure como parte, inclusive as de natureza trabalhista, com a estimativa dos respectivos valores demandados;

X – o relatório detalhado do passivo fiscal; e

XI – a relação de bens e direitos integrantes do ativo não circulante, incluídos aqueles não sujeitos à recuperação judicial, acompanhada dos negócios jurídicos celebrados com os credores de que trata o § 3º do art. 49 desta Lei.

Todos esses documentos servirão de suporte para o juiz e os credores analisarem a situação econômico-financeira da empresa e a viabilidade do processamento da recuperação.

O legislador determina, ainda, a apresentação da relação de bens pessoais dos sócios controladores e administradores do devedor. Essa imposição tem por fim propiciar aos credores o exame patrimonial daqueles que podem outorgar garantias reais ou fidejussórias.

Os documentos de escrituração contábil e demais relatórios auxiliares, na forma e no suporte previstos em lei, permanecerão à disposição do juízo, do administrador judicial e, mediante autorização judicial, de qualquer interessado.

Interessante e eficiente inovação trazida pela Lei nº 14.112/2020 por meio do novel art. 51-A da LRF foi a possibilidade do juiz, reputando necessário, nomear profissional de sua confiança, com capacidade técnica e idoneidade, para promover a constatação exclusivamente das reais condições de funcionamento da requerente e da regularidade e completude da documentação apresentada com a inicial. Essa medida ajudará a inibir pedidos maquiados e trazer subsídio técnico para amparar o juízo na análise do pedido[7].

---

[7] "Agravo de instrumento. Recuperação judicial. Deferimento do processamento. Requisitos formais. Insurgência contra decisão que deferiu o processamento da recuperação judicial. A decisão de processamento do pedido de recuperação judicial diz respeito apenas e tão somente à verificação dos requisitos formais previstos nos artigos 48 e 51 da Lei 11.101/2005. Recuperanda que apre-

Estando em termos a documentação exigida no art. 51, o juiz deferirá o processamento da recuperação judicial e, no mesmo ato:

> I – nomeará o administrador judicial, observado o perfil constante do art. 21 da LRE;
>
> II – determinará a dispensa da apresentação de certidões negativas para que o devedor exerça suas atividades, observado o disposto no § 3º do art. 195 da Constituição Federal e no art. 69 desta Lei;
>
> III – ordenará a suspensão de todas as ações ou execuções contra o devedor, na forma do art. 6º da Lei, permanecendo os respectivos autos no juízo onde se processam, ressalvadas as ações previstas nos §§ 1º, 2º e 7º do art. 6º e as relativas a créditos excetuados na forma dos §§ 3º e 4º do art. 49, todos da LRE;
>
> IV – determinará ao devedor a apresentação de contas demonstrativas mensais enquanto perdurar a recuperação judicial, sob pena de destituição de seus administradores;
>
> V – ordenará a intimação eletrônica do Ministério Público e das Fazendas Públicas federal e de todos os Estados, Distrito Federal e Municípios em que o devedor tiver estabelecimento, a fim de que tomem conhecimento da recuperação judicial e informem eventuais créditos perante o devedor, para divulgação aos demais interessados.

O juiz ordenará, ainda, a expedição de edital, para publicação no órgão oficial, que conterá:

> I – o resumo do pedido do devedor e da decisão que defere o processamento da recuperação judicial;
>
> II – a relação nominal de credores, em que se discrimine o valor atualizado e a classificação de cada crédito;

---

sentou todos os documentos exigidos pela Lei 11.101/2005. A perícia prévia para o deferimento do processamento da recuperação judicial, prevista no artigo 51-A da Lei 11.101/2005, constitui faculdade do magistrado. Administrador Judicial que já verificou as condições de funcionamento da recuperanda, inclusive com fotografias do único estabelecimento empresarial remanescente. A discordância da agravante quanto à relação de credores apresentada, a forma como discriminou os débitos bancários, e possíveis inconsistências dos créditos serão conferidos oportunamente por aquele que tem atribuição para tanto, o Administrador Judicial" (*TJSP* – AI 2203233-21.2022.8.26.0000, 20-10-2023, Rel. J.B. Paula Lima).

"Agravo de instrumento – Recuperação Judicial – Decisão de origem que deferiu o processamento da recuperação judicial do (...), em consolidação processual, e indeferiu o pedido do credor/agravante de realização de perícia prévia com fulcro no art. 51-A da Lei nº 11.101/2005, incluído pela Lei nº 14.112/2020 – Insurgência do banco credor – Alegação de necessidade de perícia prévia para constatação de eventual fraude contábil e verificação das reais condições de endividamento das recuperandas. Oposição ao julgamento virtual – Rejeição – Hipótese que não se enquadra nos casos previstos do art. 937 do CPC, tampouco no art. 146, § 4º, do Regimento Interno deste E. TJSP – Prevalência dos princípios da efetividade e da celeridade no julgamento de procedimentos recuperacionais e falimentares – Precedentes desta C. 2ª Câmara Reservada de Direito Empresarial – Julgamento virtual mantido. Preliminar de preclusão – Rejeição – Credor/Agravante que busca a reforma da r. decisão agravada para retornar o procedimento" (*TJSP* – AI 2046406-45.2023.8.26.0000, 31-5-2023, Rel. Jorge Tosta).

III – a advertência acerca dos prazos para habilitação dos créditos, na forma do art. 7º, § 1º da LRE, e para que os credores apresentem objeção ao plano de recuperação judicial apresentado pelo devedor nos termos do art. 55 desta Lei.

Deferido o processamento da recuperação judicial, os credores poderão, a qualquer tempo, requerer a convocação de assembleia geral para a constituição do Comitê de Credores ou substituição de seus membros, observado o disposto no § 2º do art. 36: quórum de credores que representem no mínimo 25% do valor total dos créditos de uma determinada classe.

Cabe à Assembleia Geral, nos termos do art. 35, I da LRE, deliberar sobre: (a) aprovação, rejeição ou modificação do plano de recuperação judicial apresentado pelo devedor; (b) a constituição do Comitê de Credores, a escolha de seus membros e sua substituição; (c) o pedido de desistência do devedor, nos termos do § 4º do art. 52 da LRE; (d) o nome do gestor judicial, quando do afastamento do devedor; e (e) qualquer outra matéria que possa afetar os interesses dos credores.

O devedor não poderá desistir do pedido de recuperação judicial após o deferimento de seu processamento, salvo se obtiver aprovação da desistência na assembleia geral de credores.

16.5.3 Plano de recuperação e processamento

O plano de recuperação é a alma da recuperação judicial porque nele se estrutura a reorganização da empresa. Apresentando o devedor um plano consistente, a probabilidade de a empresa superar a deficiência financeira é auspiciosa. O correto diagnóstico das causas da crise e de sua natureza, aliadas a instrumentos de recuperação adequados, é da essência de um plano viável. Um plano formal, sem esse diagnóstico, simplesmente com o intuito de prorrogação de prazos para pagamento, está fatalmente fadado ao insucesso, um retrocesso à antiga concordata.

A fundamentação do plano deve demonstrar inicialmente ao juiz os motivos pelos quais a empresa ficou em situação difícil e como ela safar-se-á, a capacidade de reverter o quadro crítico dos responsáveis pela gestão nessa fase de recuperação e de seus delegados diretos e sua respectiva idoneidade. Ainda, expor a necessidade de prazo para a recomposição financeira da empresa (MILITELLI, 2009, p. 444).

O plano de recuperação será apresentado pelo devedor em juízo no prazo improrrogável de 60 (sessenta) dias da publicação da decisão que deferir o processamento da recuperação judicial, sob pena de convolação em falência, devendo conter:

I – discriminação pormenorizada dos meios de recuperação a ser empregados, conforme o art. 50 da Lei, e seu resumo;

II – demonstração de sua viabilidade econômica; e

III – laudo econômico-financeiro e de avaliação dos bens e ativos do devedor, subscrito por profissional legalmente habilitado ou empresa especializada.

Pela experiência prática no assunto, aconselha Marco Militelli que o plano contenha: (a) histórico da empresa apresentado em tópicos ressaltando principais momentos passados; (b) histórico das qualidades dos gestores; (c) breve relato sobre o mercado da empresa e de seus produtos; (d) detalhamentos das dívidas existentes, contendo credores, valores e garantias existentes, incluindo a respectiva classificação; (e) posicionamento pretendido para a empresa com fundamentação; (f) expectativas de metas a serem alcançadas quando, de acordo com o plano, ocorrerão os pagamentos; e (g) demonstrativos de resultados da empresa, projetados depois do processo de mudanças implantado, incluindo o pagamento de débitos a serem abrangidos no plano de recuperação (2009, p. 444).

O juiz ordenará a publicação de edital contendo aviso aos credores sobre o recebimento do plano de recuperação e fixando o prazo para a manifestação de eventuais objeções.

O plano de recuperação judicial não poderá prever prazo superior a um ano para pagamento dos créditos derivados da legislação do trabalho ou decorrentes de acidentes de trabalho vencidos até a data do pedido de recuperação judicial. Não poderá, ainda, prever prazo superior a trinta dias para o pagamento, até o limite de cinco salários mínimos por trabalhador, dos créditos de natureza estritamente salarial vencidos nos três meses anteriores ao pedido de recuperação judicial.

Qualquer credor poderá manifestar ao juiz sua objeção ao plano de recuperação judicial no prazo de trinta dias contados da publicação da relação de credores, inclusive apresentando plano alternativo a ser analisado conjuntamente e por ocasião da convocação judicial da assembleia geral de credores para deliberar sobre o plano de recuperação. A data designada para a realização da assembleia geral não excederá 150 dias contados do deferimento do processamento da recuperação judicial.

O plano de recuperação judicial poderá sofrer alterações na assembleia geral, desde que com expressa concordância do devedor e em termos que não impliquem diminuição dos direitos exclusivamente dos credores ausentes.

Rejeitado o plano de recuperação, o administrador judicial submeterá, no ato, à votação da assembleia-geral de credores, a concessão de 30 dias para que seja apresentado plano de recuperação judicial pelos credores, devendo tal proposta ser aprovada por credores que representem mais da metade dos créditos presentes à assembleia-geral. O plano geral apresentado pelos credores deve obedecer as condições descritas no § 6º do art. 56 da LRF.

Questão controvertida tem recaído sobre as certidões negativas de débitos tributários. Após a juntada aos autos do plano aprovado pela assembleia geral de credores ou decorrido o prazo de cinco dias previsto no art. 57 sem objeção de credores, o devedor apresentará certidões negativas de débitos tributários nos termos dos arts. 151, 205, 206 da Lei nº 5.172, de 25 de outubro de 1966.

Consoante dispõe o art. 187 do CTN, a cobrança do crédito tributário não está sujeita à recuperação judicial. A primeira análise que se faz, portanto, é sobre o sentido lógico de se exigirem as certidões de dívida ativa para a concessão da recuperação judicial. Ao art. 155-A do CTN foi acrescido o § 3º, dispondo acerca da edição de lei específica para tratar sobre as condições de parcelamento dos créditos tributários do devedor em recuperação judicial, o que até o momento ainda não ocorreu. Se a lei exclui o crédito tributário dos processos concursais, inclusive no da falência, devem eles ter influência nesses procedimentos, consoante se impõe pelo art. 57 da LRE? Qual a extensão dessa regra? Ao que tudo indica, com lastro no posicionamento da doutrina e jurisprudência acerca da matéria sob a égide da anterior lei de falências, o art. 57 é uma legítima sanção política, contrariando, inclusive, o fim proposto pela LRE, a preservação da empresa.

O art. 191-A do CTN ratifica a obrigação imposta pelo comentado art. 57 da LRE, reiterando, sem dúvida, a obrigação de pagar tributo por via oblíqua. Daí a certeza da sanção política, configurada na restrição imposta ao contribuinte-devedor de valer-se de prerrogativa conferida pelo ordenamento de recuperar a sanidade financeira da sua empresa. A exigência de certidões (obrigação de fazer), no caso, é exigência de pagamento de tributos (dar). O Fisco dispõe de meio legal e legítimo de cobrança de seus créditos, a execução fiscal que não sofre, sequer, sobrestamento por força do ajuizamento da recuperação, exceto havendo parcelamento nos termos do CTN. Se o Fisco dispõe de meio adequado para cobrar seu crédito, a regra do art. 57 é abusiva, ultrapassando o limite do razoável, ferindo o princípio da proporcionalidade.

Conclui-se, assim, que o Fisco deve atender o princípio da proporcionalidade cobrando suas dívidas pela via direta, a execução fiscal, sob pena de violar o disposto no art. 47 da LRE, que encontra no art. 170 da CF seu amparo. Nesse sentido, foi concedida a dispensa de certidões nos processos de recuperação da PARMALAT, BOMBRIL e VARIG, por exemplo.

Cumpridas as exigências legais, ressaltada por nós a dispensa da apresentação das certidões fiscais, o juiz concederá a recuperação judicial do devedor cujo plano não tenha sofrido objeção de credor ou tenha sido aprovado pela assembleia geral de credores. O juiz poderá conceder a recuperação judicial com base em plano que não obteve aprovação na forma do art. 45 da LRE, desde que, na mesma assembleia, tenha obtido, de forma cumulativa:

> I – o voto favorável de credores que representem mais da metade do valor de todos os créditos presentes à assembleia, independentemente de classes;
>
> II – a aprovação de 2 (duas) das classes de credores nos termos do art. 45 da LRE ou, caso haja somente 2 (duas) classes com credores votantes, a aprovação de pelo menos 1 (uma) delas;
>
> III – na classe que o houver rejeitado, o voto favorável de mais de 1/3 (um terço) dos credores, computados na forma dos §§ 1º e 2º do art. 45.

A recuperação judicial somente poderá ser concedida com base no exposto se o plano não implicar tratamento diferenciado entre os credores da classe que o houver rejeitado.

O plano de recuperação judicial implica novação dos créditos anteriores ao pedido, e obriga o devedor e todos os credores a ele sujeitos, sem prejuízo das garantias, observado o disposto no § 1º do art. 50 da Lei acerca da supressão ou substituição de garantia real. De se observar, entretanto, que essas novações são condicionais porque eficazes só na hipótese do plano de recuperação ser bem-sucedido.

A decisão judicial que conceder a recuperação judicial constituirá título executivo judicial, nos termos do ordenamento processual.

Contra a decisão que conceder a recuperação judicial caberá agravo, que poderá ser interposto por qualquer credor e pelo Ministério Público.

Se o plano de recuperação judicial aprovado envolver alienação judicial de filiais ou de unidades produtivas isoladas do devedor, o juiz ordenará a sua realização, observado o disposto no art. 142 acerca da forma de alienação. O objeto da alienação estará livre de qualquer ônus e não haverá sucessão do arrematante nas obrigações do devedor, inclusive as de natureza tributária, observado o disposto no § 1º do art. 141 da LRE.

A unidade produtiva isolada de que trata a lei poderá abranger bens, direitos ou ativos de qualquer natureza, tangíveis ou intangíveis, isolados ou em conjunto, incluídas participações dos sócios (art. 60-A da LRF).

Proferida a decisão concessiva, poderá o juiz determinar a manutenção do devedor em recuperação judicial até que sejam cumpridas todas as obrigações previstas no plano que vencerem até, no máximo, dois anos depois da concessão da recuperação judicial, independentemente do eventual período de carência. Durante esse período, o descumprimento de qualquer obrigação prevista no plano acarretará a convolação da recuperação em falência, nos termos do art. 73 da LRE, reconstituindo-se os direitos e garantias dos credores nas condições originalmente contratadas, deduzidos os valores eventualmente pagos e ressalvados os atos validamente praticados no âmbito da recuperação judicial.

No caso de descumprimento de qualquer obrigação prevista no plano de recuperação judicial, qualquer credor poderá requerer a execução específica ou a falência com base no art. 94 desta Lei.

Cumpridas as obrigações vencidas no prazo legal, o juiz decretará por sentença o encerramento da recuperação judicial e determinará:

> I – o pagamento do saldo de honorários ao administrador judicial, somente podendo efetuar a quitação dessas obrigações mediante prestação de contas, no prazo de 30 (trinta) dias, e aprovação do relatório;
>
> II – a apuração do saldo das custas judiciais a serem recolhidas;
>
> III – a apresentação de relatório circunstanciado do administrador judicial, no prazo máximo de 15 (quinze) dias, versando sobre a execução do plano de recuperação pelo devedor;
>
> IV – a dissolução do Comitê de Credores e a exoneração do administrador judicial;
>
> V – a comunicação ao Registro Público de Empresas e à Secretaria Especial da Receita Federal do Brasil do Ministério da Economia para as providências cabíveis.
>
> Parágrafo único. O encerramento da recuperação judicial não dependerá da consolidação do quadro-geral de credores.

Durante o procedimento de recuperação judicial, o devedor ou seus administradores serão mantidos na condução da atividade empresarial, sob fiscalização do Comitê, se houver, e do administrador judicial, salvo se qualquer deles:

> I – houver sido condenado em sentença penal transitada em julgado por crime cometido em recuperação judicial ou falência anteriores ou por crimes contra o patrimônio, a economia popular ou a ordem econômica previstos na legislação vigente;

II – houver indícios veementes de ter cometido crime previsto nesta Lei;

III – houver agido com dolo, simulação ou fraude contra os interesses de seus credores;

IV – houver praticado qualquer das seguintes condutas:

    a) efetuar gastos pessoais manifestamente excessivos em relação a sua situação patrimonial;

    b) efetuar despesas injustificáveis por sua natureza ou vulto, em relação ao capital ou gênero do negócio, ao movimento das operações e a outras circunstâncias análogas;

    c) descapitalizar injustificadamente a empresa ou realizar operações prejudiciais ao seu funcionamento regular;

    d) simular ou omitir créditos, sem relevante razão de direito ou amparo de decisão judicial;

V – negar-se a prestar informações solicitadas pelo administrador judicial ou pelos demais membros do Comitê;

VI – tiver seu afastamento previsto no plano de recuperação judicial.

Note-se que o legislador manteve o administrador da empresa, geralmente um dos sócios, na gestão da empresa, como regra. Essa regra só produzirá os efeitos desejados se não houver problemas de direcionamento e posicionamento, porquanto se referem à direção dada à empresa e a seus produtos no mercado. Essa manutenção pode ter impacto direto no clima organizacional e, consequentemente, no futuro da empresa, porque é imprescindível incutir nos credores confiança e segurança na condução do plano de recuperação.

Verificada, todavia, qualquer das hipóteses anteriormente pontuadas, o juiz destituirá o administrador, que será substituído na forma prevista nos atos constitutivos do devedor ou do plano de recuperação judicial.

Quando do afastamento do devedor, nas hipóteses previstas no art. 64 da LRE, o juiz convocará a assembleia geral de credores para deliberar sobre o nome do gestor judicial que assumirá a administração das atividades do devedor, aplicando-se-lhe, no que couber, todas as normas sobre deveres, impedimentos e remuneração do administrador judicial. Note-se que o gestor e o administrador judicial são pessoas com funções distintas. O gestor tem a função de administrar a empresa ao passo que o administrador judicial, a recuperação.

Enquanto a assembleia geral não deliberar sobre a escolha de gestor, caberá ao administrador judicial as funções deste. Havendo indicação do gestor pela assembleia geral de credores e este recusar ou estiver impedido de aceitar o encargo para gerir os negócios do devedor, o juiz convocará, no prazo de 72 horas, contado da recusa ou da declaração do impedimento nos autos, nova assembleia geral.

Embora a recuperação não tenha o efeito de afastar o devedor da administração da empresa, como regra, há restrição a sua liberdade de agir. Assim, o devedor, após a distribuição do pedido de recuperação judicial, não poderá alienar ou onerar bens ou direitos de seu ativo não circulante, salvo evidente utilidade reconhecida pelo juiz, depois de ouvido o Comitê, com exceção daqueles previamente relacionados no plano de recuperação judicial. Realizada a alienação ou garantia mediante ordem judicial, não poderá ser anulada ou tornada ineficaz após a consumação do negócio com o recebimento dos recursos correspondentes pelo devedor.

Os créditos decorrentes de obrigações contraídas pelo devedor durante a recuperação judicial, inclusive aqueles relativos a despesas com fornecedores de bens ou serviços e contratos de mútuo, serão considerados extraconcursais, em caso de decretação de falência, respeitada, no que couber, a ordem estabelecida no art. 83 da LRE. Os créditos quirografários sujeitos à recuperação judicial pertencentes a fornecedores de bens ou serviços que continuarem a provê-los normalmente após o pedido de recuperação judicial poderão ser tratados com privilégio geral de recebimento em caso de decretação de falência, no limite do valor dos bens ou serviços fornecidos durante o período da recuperação. Por essa regra o legislador tenta incentivar a concessão de crédito ao devedor, sem a qual não terá como vencer a crise econômico-financeira. Por conseguinte, esses créditos serão considerados extraconcursais (art. 84), os quais no passado eram créditos da massa, com direito ao recebimento na frente dos demais credores relacionados no art. 83.

O juiz determinará ao Registro Público e Empresas e à Secretaria Especial da Receita Federal do Brasil a anotação da recuperação judicial nos registros correspondentes.

Importante avanço foi trazido com a inserção da Seção IV-A, e seus arts. 69-A a 69-F, que trata do financiamento ao devedor durante a recuperação, mediante autorização do judicial. Foi uma forma encontrada para incentivar os fornecedores a continuarem a prover o devedor em recuperação de bens e serviços necessários para a continuidade viável da exploração da empresa. Aliadas a essa prerrogativa, foram inseridas, de igual, as chamadas consolidação processual e substancial, como forma de operacionalizar essa situação. Eis o texto legal[8]:

Seção IV-A
Do Financiamento do Devedor e do Grupo Devedor durante a Recuperação Judicial

Art. 69-A. Durante a recuperação judicial, nos termos dos arts. 66 e 67 desta Lei, o juiz poderá, depois de ouvido o Comitê de Credores, autorizar a celebração de contratos de financiamento com o devedor, garantidos pela oneração ou pela alienação fiduciária de bens e direitos, seus ou de terceiros, pertencentes ao ativo não circulante, para financiar as suas atividades e as despesas de reestruturação ou de preservação do valor de ativos.

Art. 69-B. A modificação em grau de recurso da decisão autorizativa da contratação do financiamento não pode alterar sua natureza extraconcursal, nos termos do art. 84 desta Lei, nem as garantias outorgadas pelo devedor em favor do financiador de boa-fé, caso o desembolso dos recursos já tenha sido efetivado.

Art. 69-C. O juiz poderá autorizar a constituição de garantia subordinada sobre um ou mais ativos do devedor em favor do financiador de devedor em recuperação judicial, dispensando a anuência do detentor da garantia original.

---

[8] Recuperação em consolidação processual não impede posterior análise do pedido de cada litisconsorte. Disponível em: https://www.stj.jus.br/sites/portalp/Paginas/Comunicacao/Noticias/2023/26092023-Recuperacao-em-consolidacao-processual-nao-impede-posterior--analise-do-pedido-de-cada-litisconsorte.aspx. Acesso em: 10-1-2024.

§ 1º A garantia subordinada, em qualquer hipótese, ficará limitada ao eventual excesso resultante da alienação do ativo objeto da garantia original.

§ 2º O disposto no *caput* deste artigo não se aplica a qualquer modalidade de alienação fiduciária ou de cessão fiduciária.

Art. 69-D. Caso a recuperação judicial seja convolada em falência antes da liberação integral dos valores de que trata esta Seção, o contrato de financiamento será considerado automaticamente rescindido.

Parágrafo único. As garantias constituídas e as preferências serão conservadas até o limite dos valores efetivamente entregues ao devedor antes da data da sentença que convolar a recuperação judicial em falência.

Art. 69-E. O financiamento de que trata esta Seção poderá ser realizado por qualquer pessoa, inclusive credores, sujeitos ou não à recuperação judicial, familiares, sócios e integrantes do grupo do devedor.

Art. 69-F. Qualquer pessoa ou entidade pode garantir o financiamento de que trata esta Seção mediante a oneração ou a alienação fiduciária de bens e direitos, inclusive o próprio devedor e os demais integrantes do seu grupo, estejam ou não em recuperação judicial.

16.5.4 Recuperação para microempresas e empresas de pequeno porte

As microempresas e empresas de pequeno porte são essenciais ao desenvolvimento da economia. Além de produzirem riquezas significativas no conjunto, são fontes de empregos que absorvem a maior parte da mão de obra decorrente das demissões das grandes empresas. Justifica-se, assim, o tratamento diferenciado para se criar um ambiente propício de crescimento e incrementar a competitividade.

O empresário ou a sociedade empresária que explorem a atividade empresarial sob o regime tributário de microempresa ou empresa de pequeno porte podem optar pela recuperação judicial especial prevista no art. 70 da LRE. Trata-se de procedimento simplificado. Desse modo, as microempresas e as empresas de pequeno poderão apresentar plano especial de recuperação judicial, desde que afirmem sua intenção de fazê-lo na petição inicial de que trata o art. 51 da LRE. Nada obsta utilizem a recuperação judicial "normal", não fazendo sentido, diante da simplificação do procedimento especial, criado em observância às disposições dos arts. 179 da CF e 970 do CC.

O primeiro requisito da recuperação especial é o enquadramento no conceito de microempresário e empresário de pequeno porte, nos termos da lei vigente.

O plano especial de recuperação judicial será apresentado no prazo de sessenta dias, nos termos do previsto no art. 53 da LRE, e se limitará às seguintes condições:

I – abrangerá todos os créditos existentes na data do pedido, ainda que não vencidos, excetuados os decorrentes de repasse de recursos oficiais, os fiscais e os previstos nos §§ 3º e 4º do art. 49;

II – preverá parcelamento em até 36 (trinta e seis) parcelas mensais, iguais e sucessivas, acrescidas de juros equivalentes à taxa Sistema Especial de Liquidação e de Custódia – SELIC, podendo conter ainda a proposta de abatimento do valor das dívidas; [Algumas críticas são dirigidas aos juros no plano especial. A taxa de 1%, por ultrapassar o percentual de correção da caderneta de poupança, representaria um abuso, sendo o patamar de 6% ao ano o recomendável (MANDEL, 2005, p. 144)];

III – preverá o pagamento da 1ª (primeira) parcela no prazo máximo de 180 (cento e oitenta) dias, contado da distribuição do pedido de recuperação judicial;

IV – estabelecerá a necessidade de autorização do juiz, após ouvido o administrador judicial e o Comitê de Credores, para o devedor aumentar despesas ou contratar empregados.

Pelo que se depreende do conteúdo do plano especial, essa recuperação atua no parcelamento das dívidas quirografárias e, portanto, não acarreta a suspensão do curso da prescrição nem das ações e execuções por créditos não abrangidos pelo plano.

A iniciativa da recuperação especial, assim como na comum, é restrita aos devedores. Na recuperação especial não será convocada assembleia geral de credores para deliberar sobre o plano, e o juiz a concederá se atendidas as exigências legais. Ocorrendo a reclassificação do regime tributário, não há perda da recuperação em processamento, porquanto o devedor é definido no momento em que é requerido o benefício.

Embora não haja remissão nesse procedimento especial, é evidente que a petição do requerente deve preencher os requisitos do art. 48 e ser instruída com a documentação do art. 52.

O juiz também julgará improcedente o pedido de recuperação judicial e decretará a falência do devedor se houver objeções, nos termos do art. 55 da LRE, de credores titulares de mais da metade de qualquer uma das classes de créditos revistos no art. 83, computados na forma do art. 45, todos da LRE.

16.5.5 Convolação da recuperação judicial em falência

A preservação da empresa é o centro catalisador da LRE. Contudo, não se pode manter uma empresa irrecuperável atuando no mercado. O pedido de recuperação é indicativo da crise financeira, razão pela qual, não cumprida a recuperação, o devedor terá sua falência decretada. Mas não só no caso de mudança de estado econômico-financeiro a LRE prevê a convolação.

O juiz decretará a falência durante o processo de recuperação judicial (art. 73)[9]:

I – por deliberação da assembleia geral de credores, na forma do art. 42 da LRE. Verificando os credores a patente insolvência do devedor e a consequente impossibilidade de reversão da crise econômico-financeira, podem votar pelo indeferimento do plano, observado o quórum que represente mais da metade do valor total dos créditos;

---

9   Confissão da impossibilidade de cumprir plano de recuperação não justifica antecipação da falência. Disponível em: https://www.stj.jus.br/sites/portalp/Paginas/Comunicacao/Noticias/2023/27022023-Confissao-da-impossibilidade-de-cumprir-plano-de-recuperacao-nao--justifica-antecipacao-da-falencia.aspx. Acesso em: 10-1-2024.

II – pela não apresentação, pelo devedor, do plano de recuperação no prazo do art. 53 da Lei. Não há nenhuma hipótese de prorrogação desse prazo;

III – quando não aplicado o disposto nos §§ 4º, 5º e 6º do art. 56 desta Lei, ou rejeitado o plano de recuperação judicial proposto pelos credores, nos termos do § 7º do art. 56 e do art. 58-A desta Lei; [Não aprovando a Assembleia o plano apresentado pelo devedor, tampouco sendo apresentado um alternativo, o juiz deve sentenciar a falência];

IV – por descumprimento de qualquer obrigação assumida no plano de recuperação, na forma do § 1º do art. 61 da LRE. Essa hipótese de convolação é evidente, porque trata de hipótese de descumprimento do próprio plano de recuperação (art. 94, III, g);

V – por descumprimento dos parcelamentos referidos no art. 68 desta Lei ou da transação prevista no art. 10-C da Lei nº 10.522, de 19 de julho de 2002; e

VI – quando identificado o esvaziamento patrimonial da devedora que implique liquidação substancial da empresa, em prejuízo de credores não sujeitos à recuperação judicial, inclusive as Fazendas Públicas.

A falência é reservada ao devedor insolvente, situação diversa da do devedor em recuperação, que atravessa crise econômico-financeira reversível. O grau de dificuldade financeira é diverso nos institutos: na falência é gravíssimo, a ponto de ser irreversível; na recuperação a reversibilidade da crise é a razão da medida. Portanto, quando o legislador impõe ao juiz o dever de decretar a falência pela não apresentação do plano no prazo legal, pela sua rejeição e pelo descumprimento de qualquer obrigação do plano que não o pagamento, atribui ao devedor a condição de insolvente, pressuposto da falência.

A premissa e o resultado dessa regra são discrepantes e desproporcionais, visto que a única hipótese de convolação justificável seria a ausência de pagamento das obrigações assumidas no plano, retratando uma causa provável de insolvência.

Nas hipóteses apontadas, proporcional seria indeferir a recuperação ou mesmo considerá-la não cumprida, mas sem a "pena" da falência. A falência é medida extrema de consequências sociais significativas e, portanto, não deve ser utilizada como forma de punir o devedor que não é insolvente.

16.5.6 Cumprimento da recuperação

Com o pagamento de todas as obrigações constantes do plano, a recuperação considera-se cumprida. O ato que põe fim ao processo saneador é a sentença de encerramento da recuperação. Por essa sentença, há a declaração de cumprimento do plano e não das obrigações novadas propriamente ditas. O ato judicial reconhece que o plano foi satisfeito dentro da perspectiva proposta.

A sentença de encerramento deve conter (art. 63 da LRE): (a) ordem para pagamento do saldo de honorários devidos ao administrador judicial e das custas judiciais eventualmente não recolhidas; (b) apresentação do relatório sobre a execução do plano; (c) exoneração do administrador judicial e, havendo Comitê, sua dissolução e, por fim, (d) comunicação à Junta Comercial e a Secretaria Especial da Receita Federal do Brasil do Ministério da Fazenda para as providências cabíveis.

De se observar a existência das duas formas de encerramento da recuperação: (a) pelo cumprimento no prazo de até dois anos e (b) por desistência da devedora aprovada pelo Comitê de Credores. Nessa hipótese, a sentença é homologatória da desistência e o devedor retorna à condição jurídica anterior, especificamente em relação às obrigações então novadas em decorrência da recuperação.

16.6 DA FALÊNCIA

"Eis aí um mau companheiro de negócios, um falido, um sujeito pálido, esbanjador, que mal ousa mostrar a cabeça no Rialto" (SHAKESPEARE, 1995, p. 55).

16.6.1 Considerações gerais

A falência é medida excepcional reservada para as empresas com situação econômico-financeira irremediável. Segundo princípio inserto na LRE, havendo problemas crônicos na empresa de modo a inviabilizar a recuperação, o Estado deve promover sua retirada do mercado, de forma eficiente e rápida, a fim de evitar a proliferação dos resultados danosos a outros que com a empresa negociem.

A legislação falimentar tem como objetivo fundamental criar mecanismos céleres e previsíveis para a solução da insolvência, funcionando como um minimizador dos impactos sociais daí decorrentes, inclusive atuando como redutor do custo do crédito. A legislação anterior prestigiava a falência, abortando tentativas de reestruturação de empresas viáveis. A LRE, por sua vez, mudou essa essência guardando consonância com a realidade social e econômica da época atual, preservando a empresa enquanto viável sua recuperação.

A falência, ao promover o afastamento do devedor de suas atividades, visa preservar e otimizar a utilização produtiva dos bens, ativos e recursos produtivos, inclusive os intangíveis da empresa; permitir a liquidação célere das empresas inviáveis, com vistas à realocação eficiente de recursos na economia, e fomentar o empreendedorismo, inclusive por meio da viabilização do retorno célere do empreendedor falido à atividade econômica, como dispõe o art. 75 da LRE. Geralmente, o devedor não aceita que a empresa que dirige encontra-se em dificuldades insuperáveis, ignorando os sintomas e, consequentemente, colocando em risco o mercado no qual opera. A má fase da empresa pode decorrer de fatores diversos, sendo certo, entretanto, que na maioria das vezes decorre da inabilidade na sua gestão, de mau direcionamento estratégico dos negócios. O processo de decadência de uma empresa é gradual e em determinado momento provoca a ruptura da base de sustentação dos negócios. Por essas razões, o devedor é afastado de suas atividades quando atinge a fase crônica e irreversível da insolvência.

Um dos principais efeitos da decretação da falência é o vencimento antecipado das dívidas do devedor e dos sócios ilimitada e solidariamente responsáveis, com o abatimento proporcional dos juros, e convertendo todos os créditos em moeda estrangeira para a moeda do País, pelo câmbio do dia da decisão judicial, para todos os efeitos da LRE.

Na hipótese de convolação da recuperação em falência, consideram-se habilitados os créditos remanescentes da recuperação judicial, quando definitivamente incluídos no quadro geral de credores, tendo prosseguimentos as habilitações em curso, em manifesto apreço ao princípio da economia processual.

Os pedidos de falência estão sujeitos a distribuição obrigatória, respeitada a ordem de apresentação. As ações que devam ser propostas no juízo da falência estão sujeitas a distribuição por dependência. Os processos de falência e os seus incidentes preferem a todos os outros na ordem dos feitos, em qualquer instância. Essa regra, na prática e especialmente em razão de poucas comarcas disporem de varas especializadas, é inócua.

A decisão que decreta a falência da sociedade com sócios ilimitadamente responsáveis também acarreta a falência destes, que ficam sujeitos aos mesmos efeitos jurídicos produzidos em relação à sociedade falida e, por isso, deverão ser citados para apresentar contestação, se assim o desejarem. Trata-se de regra sem implicação prática porque se refere às sociedades em nome coletivo, em comandita simples em relação ao comanditado e por ações em relação ao acionista-diretor. Essa regra é aplicável ao sócio que tenha se retirado voluntariamente ou que tenha sido excluído da sociedade, há menos de dois anos, quanto às dívidas existentes na data do arquivamento da alteração do contrato, no caso de não terem sido solvidas até a data da decretação da falência. Ademais, o legislador criou aqui a "falência" de pessoa física, figura já existente na insolvência da pessoa natural.

As sociedades falidas serão representadas na falência por seus administradores ou liquidantes, os quais terão os mesmos direitos e, sob as mesmas penas, ficarão sujeitos às obrigações que cabem ao falido. A responsabilidade pessoal dos sócios de responsabilidade limitada, dos controladores e dos administradores da sociedade falida, estabelecida nas respectivas leis, será apurada no próprio juízo da falência, independentemente da realização do ativo e da prova da sua insuficiência para cobrir o passivo, observado o procedimento comum previsto no Código de Processo Civil. Prescreverá em dois anos, contados do trânsito em julgado da sentença de encerramento da falência, a ação de responsabilização. As hipóteses de responsabilização são tratadas na legislação societária, já abordadas no Capítulo II.

O juiz poderá, de ofício ou mediante requerimento das partes interessadas, ordenar a indisponibilidade de bens particulares dos réus, em quantidade compatível com o dano provocado, até o julgamento da ação de responsabilização. Trata-se de medida extrema reservada quando há fundado receio de frustração da execução da sentença condenatória responsabilizando os sujeitos anteriormente declinados. O pedido deve ser deduzido no juízo da falência, sem efeito suspensivo, observado o disposto no art. 50 do Código Civil para fins de concretização da desconsideração da personalidade jurídica da sociedade falida.

16.6.2 Classificação dos créditos

A falência não altera o direito material dos credores, assegurando tratamento paritário àqueles com créditos da mesma natureza. Todavia, estabelece uma ordem de pagamento por ocasião da venda dos bens do falido. Essa hierarquia para o pagamento dos créditos é estabelecida em razão da importância do crédito no contexto social, não obstante, na prática, reflita uma causa de desencanto e desinteresse dos credores em participar do rateio falimentar, porque dificilmente os credores quirografários, aqueles sem qualquer garantia ou preferência, serão contemplados no rateio, absorvendo os credores das primeiras categorias o valor arrecadado (GOUVÊA, 2009, p. 211).

Existem duas categorias de créditos na falência: os concursais e os extraconcursais. Os primeiros são os decorrentes dos créditos já existentes à época da decretação da quebra e estão sujeitos à habilitação. Os extraconcursais são gerados pela própria massa e, por conseguinte, não estão sujeitos à habilitação, sendo seu pagamento precedente aos concursais.

A classificação dos créditos concursais na falência, segundo o art. 83 da Lei nº 11.101/2005, obedece à seguinte ordem:

I – os créditos derivados da legislação trabalhista, limitados a 150 (cento e cinquenta) salários mínimos por credor, e aqueles decorrentes de acidentes de trabalho;

Por ter natureza alimentar, o crédito trabalhista e o decorrente de acidente de trabalho prefere a qualquer outro. A inovação recai sobre a instituição do limite legal de 150 salários mínimos por credor. Todo empregado com crédito em valor inferior ou igual concorre nessa classe preferencial pela totalidade do seu direito. Sendo o empregado titular de crédito superior a esse valor, passará a concorrer em duas classes distintas: na classe privilegiada até o valor de 150 salários mínimos e o excedente na classe dos credores quirografários. A inserção desse teto foi necessária porque, sob a égide da lei de falência anterior, os altos executivos e administradores das sociedades consumiam o produto da arrecadação com seus créditos decorrentes da relação de trabalho. O patamar instituído parece suficiente, levando-se em consideração o binômio "crédito alimentar – estado de insolvência".

II – os créditos gravados com direito real de garantia até o limite do valor do bem gravado;

Essa preferência se deve ao fato do credor ser pago com o valor resultante da venda dos bens que servem de garantia. Estão compreendidos nessa categoria os credores hipotecários, anticréticos e os pignoratícios. Na legislação anterior, os créditos tributários antecediam os com garantia real e a razão da modificação dessa ordem, certamente, deveu-se ao fato de serem as Instituições Financeiras, geralmente, os credores com garantia real. Ao elevar esses créditos à posição mais privilegiada, o legislador intencionou diminuir o risco de recuperação do crédito e, consequentemente, o *spread* de risco praticado. Esse mecanismo criado é fundamental para permitir a recuperação do crédito e definir o comportamento dos agentes financeiros no mercado. Somente a prática, entretanto, poderá definir a eficiência desse minimizador dos impactos da perda. Em relação a esse crédito não há rateio nem limite, como ocorre com o trabalhista, porque o credor receberá o valor correspondente ao obtido com a venda do bem garantidor de seu crédito. Se esse valor for superior ao do crédito, o administrador judicial deverá ratear o excedente entre os demais credores, observada a classificação; sendo o valor insuficiente, o credor passa à categoria de quirografário para pleitear o saldo.

III – os créditos tributários, independentemente da sua natureza e do tempo de constituição, exceto os créditos extraconcursais e as multas tributárias;

Os créditos fiscais e parafiscais, observada a exceção, embora não sujeitos à habilitação no juízo da falência, inserem-se na classificação para fins de disputa de preferência com outros credores. A decretação da falência não suspende as execuções fiscais ajuizadas, nem está o Fisco proibido de promovê-las após a decretação da quebra. As penas pecuniárias estão excluídas dessa categoria de créditos.

IV – (revogado);
V – (revogado);
VI – os créditos quirografários, a saber:

Quirografário é o crédito não sujeito a nenhum tipo de privilégio ou preferência, decorrentes, por exemplo, de títulos de crédito ou contratos particulares sem garantia real. São eles:

a) aqueles não previstos nos demais incisos deste artigo;
b) os saldos dos créditos não cobertos pelo produto da alienação dos bens vinculados ao seu pagamento; e
c) os saldos dos créditos derivados da legislação trabalhista que excederem o limite estabelecido no inciso I do caput desse artigo;
VII – as multas contratuais e as penas pecuniárias por infração das leis penais ou administrativas, incluídas as multas tributárias;
VIII – créditos subordinados a saber:

Subordinados são os créditos pagos em decorrência das sobras posteriores à satisfação integral dos credores da falida, inclusive dos juros posteriores da massa. Sua expectativa de recebimento é mínima.

a) os previstos em lei ou em contrato; e
b) os créditos dos sócios e dos administradores sem vínculo empregatício suja contratação tenha observado as condições estritamente comutativas e as práticas de mercado.

Importante observar que não são oponíveis à massa os valores decorrentes de direito de sócio ao recebimento de sua parcela do capital social na liquidação da sociedade, bem como em relação às cláusulas penais dos contratos unilaterais que não serão atendidas se as obrigações neles estipuladas se vencerem em virtude da falência.

Serão considerados créditos extraconcursais, conforme o art. 84 da Lei 11.101/2005, sendo pagos com precedência sobre os concursais, na ordem a seguir, os relativos a:

I – (Revogado);
I-A – às quantias referidas nos arts. 150 e 151 desta Lei;
I-B – ao valor efetivamente entregue ao devedor em recuperação judicial pelo financiador, em conformidade com o disposto na Seção IV-A do Capítulo III desta Lei;
I-C – aos créditos em dinheiro objeto de restituição, conforme previsto no art. 86 desta Lei;
I-D – às remunerações devidas ao administrador judicial e aos seus auxiliares, aos reembolsos devidos a membros do Comitê de Credores, e aos créditos derivados

da legislação trabalhista ou decorrentes de acidentes de trabalho relativos a serviços prestados após a decretação da falência;

I-E – às obrigações resultantes de atos jurídicos válidos praticados durante a recuperação judicial, nos termos do art. 67 desta Lei, ou após decretação da falência;

II – às quantias fornecidas à massa falida pelos credores;

III – às despesas com arrecadação, administração, realização do ativo, distribuição do seu produto e custas do processo de falência;

IV – às custas judiciais relativas às ações e às execuções em que a massa falida tenha sido vencida;

V – aos tributos relativos a fatos geradores ocorridos após a decretação da falência, respeitada a ordem estabelecida no art. 83 desta Lei.

16.7 PEDIDO DE RESTITUIÇÃO

Dentre as incumbências do administrador está a de arrecadar todos os bens do devedor que se encontrem em seu estabelecimento. O administrador não tem o poder de decidir o que pertence à massa falida, tem apenas o dever de arrecadar. A arrecadação é um ato de constrição judicial do patrimônio da executada, na execução concursal falimentar, abrangendo todos os bens de sua propriedade, além dos que se encontram nos seus estabelecimentos empresariais (COELHO, 2005a, p. 238).

A restituição possibilita impedir os devedores insolventes de má-fé de aumentar seu patrimônio por meio de aquisições a prazo desnecessárias, evitando, assim, que a massa de credores seja aumentada.

O proprietário de bem arrecadado no processo de falência ou que se encontre em poder do devedor na data da decretação da falência poderá pedir sua restituição. Cuida-se de medida judicial colocada à disposição do proprietário de bem que se encontre na posse do devedor no momento da arrecadação.

Também pode ser pedida a restituição de coisa vendida a crédito e entregue ao devedor nos 15 (quinze) dias anteriores ao requerimento de sua falência, se ainda não alienada. Nessa hipótese torna-se geralmente difícil a restituição em natura, porque como a venda é realizada anteriormente ao pedido de falência e a restituição só pode ser pedida depois de decretada a falência, o lapso temporal possibilita ao devedor a venda do bem antes de ser decretada a falência. Vendido o bem a terceiro de boa-fé, cabe o pedido de restituição em dinheiro, consoante hipótese do inc. I, do art. 86.

Proceder-se-á à restituição em dinheiro:

I – se a coisa não mais existir ao tempo do pedido de restituição, hipótese em que o requerente receberá o valor da avaliação do bem, ou, no caso de ter ocorrido sua venda, o respectivo preço, em ambos os casos no valor atualizado;

II – da importância entregue ao devedor, em moeda corrente nacional, decorrente de adiantamento a contrato de câmbio para exportação, na forma do **art. 75, §§ 3º e 4º, da Lei nº 4.728, de 14 de julho de 1965**, desde que o prazo total da operação, inclusive eventuais prorrogações, não exceda o previsto nas normas específicas da autoridade competente;

III – dos valores entregues ao devedor pelo contratante de boa-fé na hipótese de revogação ou ineficácia do contrato, conforme disposto no art. 136 da LRE;

IV – às Fazendas Públicas, relativamente a tributos passíveis de retenção na fonte, de descontos de terceiros ou de sub-rogação e a valores recebidos pelos agentes arrecadadores e não recolhidos aos cofres públicos.

O pedido de restituição deverá ser fundamentado, descrevendo a coisa reclamada. O juiz mandará autuar em separado o requerimento com os documentos que o instruírem e determinará a intimação do falido, do Comitê, dos credores e do administrador judicial para que, no prazo sucessivo de 5 (cinco) dias, se manifestem, valendo como contestação a manifestação contrária à restituição. Contestado o pedido e deferidas as provas porventura requeridas, o juiz designará audiência de instrução e julgamento, se necessária. Não havendo provas a realizar, os autos serão conclusos para sentença.

A sentença que reconhecer o direito do requerente determinará a entrega da coisa no prazo de 48 horas. A sentença que negar a restituição, quando for o caso, incluirá o requerente no quadro-geral de credores, na classificação que lhe couber, na forma da LRE.

Da sentença que julgar o pedido de restituição caberá apelação sem efeito suspensivo. Poderá o autor do pedido de restituição, antes do trânsito em julgado da sentença, prestar caução. O primeiro efeito do pedido de restituição é a suspensão da disponibilidade da coisa até o trânsito em julgado.

Quando diversos requerentes houverem de ser satisfeitos em dinheiro e não existir saldo suficiente para o pagamento integral, far-se-á rateio proporcional entre eles. Nesse caso, os credores ficam sujeitos às dificuldades decorrentes da disponibilidade de caixa que houver para satisfação concomitante, observado o rateio proporcional entre credores não sujeitos aos efeitos da falência (art. 151 da LRE).

O requerente que tiver obtido êxito no seu pedido ressarcirá a massa falida ou quem tiver suportado as despesas de conservação da coisa. Sendo o primeiro efeito do pedido de restituição a indisponibilidade do bem, cabe ao administrador judicial, de posse do bem, adotar as medidas de guarda e conservação até eventual sentença favorável. Os custos dessa manutenção serão ressarcidos caso haja procedência do pedido, cabendo ao proprietário proceder ao reembolso para poder retirar o bem, sob pena de retenção da coisa até o competente reembolso.

Nos casos em que não couber pedido de restituição, fica resguardado o direito dos credores de propor embargos de terceiro, observada a legislação processual civil. Nesse caso, os embargos não são manejados com o fim específico de proteger a posse da turbação ou esbulho, mas apenas porque descabível a restituição. Não há alternativa do uso das medidas: não estando configurada nenhuma das hipóteses de restituição, somente então dispõe o credor da via dos embargos de terceiro, submetido ao juízo universal da falência.

16.8 PROCEDIMENTO PARA A DECRETAÇÃO DA FALÊNCIA

A falência como medida extrema que retira do mercado empresa em crise irremediável pode ser decretada em situações excepcionais, presumidas pelo legislador como caracterizadoras do "estado de insolvência" do devedor. Quando se fala em estado de insolvência do devedor para fins de decretação da quebra, a referência não é no seu sentido econômico, mas jurídico.

O legislador criou presunção legal de insolvência para fins de decretação da falência. Trata-se de hipóteses de insolvência jurídica, fundadas na impontualidade injustificada do devedor, na frustração de execução e atos de falência, insertas no art. 94 da LRE.

Será decretada a falência do devedor que:

> I – sem relevante razão de direito, não paga, no vencimento, obrigação líquida materializada em título ou títulos executivos protestados cuja soma ultrapasse o equivalente a 40 (quarenta) salários mínimos na data do pedido de falência;

A impontualidade injustificada caracteriza-se pelo não pagamento de obrigação líquida constante de título executivo judicial ou extrajudicial no vencimento e com valor superior a 40 salários mínimos. Quaisquer dos títulos executivos aptos a ensejar processo de execução individual atendem ao pressuposto para o pedido da execução concursal.

A lei exige que o pedido seja deduzido com fundamento em título executivo de valor igual ou superior a 40 salários mínimos. O teto estabelecido pelo legislador é inovação decorrente dos abusos perpetrados sob a égide da anterior lei de falências. Credores utilizavam o pedido de quebra para cobrança de dívidas de valores que não justificavam a decretação da quebra, não obstante casos dessa natureza obtivessem êxito. A lei abre a possibilidade aos credores de reunirem-se em litisconsórcio a fim de perfazer o limite mínimo para o pedido de falência com base na impontualidade injustificada.

O pedido de falência será instruído com os títulos executivos na forma do parágrafo único do art. 9º da LRE, acompanhados, em qualquer caso, dos respectivos instrumentos de protesto para fim falimentar nos termos da legislação específica. O protesto prova a impontualidade no pagamento e a ele nos referimos no capítulo próprio dos títulos de crédito.

Assim, para o credor deduzir pedido de falência com fundamento na impontualidade injustificada do devedor (art. 94, I), deve embasar seu pedido em título executivo judicial ou extrajudicial, com valor igual ou superior a 40 salários mínimos e protestado; do contrário, dispõe dos meios ordinários para a execução individual[10].

> II – executado por qualquer quantia líquida, não paga, não deposita e não nomeia à penhora bens suficientes dentro do prazo legal;

Essa hipótese denuncia a insolvência do devedor que, demandado por quantia líquida de qualquer valor, não paga e não garante o juízo. Trata-se de insolvência presumida revelada por execução frustrada.

---

[10] Vício em título protestado não impede falência se demais títulos alcançam valor mínimo legal. Disponível em: https://www.stj.jus.br/sites/portalp/Paginas/Comunicacao/Noticias/2023/20032023-
-Vicio-em-titulo-protestado-não-impede-falencia-se-demais-titulos-alcancam-valor-minimo-
-legal.aspx. Acesso em: 10-1-2024.

O pedido de quebra não é feito na própria execução frustrada, mas deduzido perante juízo competente, devendo ser instruído com cópia da execução frustrada ou certidão descritiva do cartório judicial. Não há valor mínimo, tampouco é exigido o protesto, como ocorre na hipótese de impontualidade injustificada.

> III – *pratica qualquer dos seguintes atos, exceto se fizer parte de plano de recuperação judicial:*
> a) procede à liquidação precipitada de seus ativos ou lança mão de meio ruinoso ou fraudulento para realizar pagamentos;
> b) realiza ou, por atos inequívocos, tenta realizar, com o objetivo de retardar pagamentos ou fraudar credores, negócio simulado ou alienação de parte ou da totalidade de seu ativo a terceiro, credor ou não;
> c) transfere estabelecimento a terceiro, credor ou não, sem o consentimento de todos os credores e sem ficar com bens suficientes para solver seu passivo;
> d) simula a transferência de seu principal estabelecimento com o objetivo de burlar a legislação ou a fiscalização ou para prejudicar credor;
> e) dá ou reforça garantia a credor por dívida contraída anteriormente sem ficar com bens livres e desembaraçados suficientes para saldar seu passivo;
> f) ausenta-se sem deixar representante habilitado e com recursos suficientes para pagar os credores, abandona estabelecimento ou tenta ocultar-se de seu domicílio, do local de sua sede ou de seu principal estabelecimento;
> g) deixa de cumprir, no prazo estabelecido, obrigação assumida no plano de recuperação judicial.

Essas condutas basicamente são atos que importam no esvaziamento patrimonial do devedor. Assim agindo, o devedor demonstra sua intenção inequívoca de não pagar seus credores, mesmo dispondo de meios. São denominados atos de falência e, por serem em regra realizados de má-fé, merecem a punição da quebra.

Citado, o devedor poderá apresentar contestação no prazo de 10 dias e, no caso de pedidos baseados na impontualidade injustificada e execução frustrada, poderá, nesse prazo, depositar o valor correspondente ao total do crédito, acrescido de correção monetária, juros e honorários advocatícios, hipótese em que a falência não será decretada e, caso julgado procedente o pedido de falência, o juiz ordenará o levantamento do valor pelo autor. A LRE nada dispõe acerca da forma de citação a ser realizada. Na lei anterior, havia disposição expressa sobre a modalidade de citação a ser seguida: pessoal do devedor, aceitando a doutrina e jurisprudência, a citação por AR, desde que o recebimento fosse assinado pelo próprio devedor ou seu representante legal. Diante desse silêncio, resta indagar qual modalidade será aceita[11].

---

[11] Correção de créditos na recuperação judicial pode ter critério diverso da lei, desde que expresso no plano. Disponível em: https://www.stj.jus.br/sites/portalp/Paginas/Comunicacao/Noticias/2023/13072023-Correcao-de-creditos-na-recuperacao-judicial-pode-ter-criterio-diverso--da-lei--desde-que-expresso-no-plano.aspx. Acesso em: 10-1-2024.

A possibilidade de pagamento prevista no parágrafo único, do art. 98, repete disposição da lei anterior, que igualmente previa a figura do chamado depósito elisivo. Optando o devedor por pagar o valor do crédito demandado, não há necessidade de sua manifestação nos autos, sendo suficiente o pedido de depósito.

Dentro do prazo de contestação, o devedor poderá ainda, na hipótese de impontualidade injustificada, pleitear sua recuperação judicial (art. 95 da LRE), observados os requisitos legais para esse procedimento. Preenchidas as exigências legais, o Juiz tem o dever de suspender o pedido de falência e processar a recuperação, de acordo com seu rito legal. Trata-se de causa legal de suspensão da falência, prevista no inc. VII do art. 96 da Lei, e que vem ao encontro da finalidade da LRE: a preservação da empresa viável.

Também no caso de impontualidade injustificada, a falência não será decretada se o requerido provar: (a) falsidade de título; (b) prescrição; (c) nulidade de obrigação ou de título; (d) pagamento da dívida; (e) qualquer outro fato que extinga ou suspenda obrigação ou não legitime a cobrança de título; (f) vício em protesto ou em seu instrumento; (g) cessação das atividades empresariais mais de dois anos antes do pedido de falência, comprovada por documento hábil do Registro Público de Empresas, o qual não prevalecerá contra prova de exercício posterior ao ato registrado. Não será, ainda, decretada a falência de sociedade anônima após liquidado e partilhado seu ativo, nem do espólio após um ano da morte do devedor.

Essas matérias são consideradas excludentes da falência, não obstando a decretação da bancarrota se, ao final, restarem obrigações não atingidas pelas defesas em montante que supere o limite legal.

A sentença constitui o estado de falência e inaugura o processo da execução coletiva. Outro efeito é constituir a massa falida subjetiva, em relação aos credores e objetiva quando pertinente ao patrimônio sob regime falimentar. A sentença que decretar a falência do devedor, dentre outras determinações:

> I – conterá a síntese do pedido, a identificação do falido e os nomes dos que forem a esse tempo seus administradores;
>
> II – fixará o termo legal da falência, sem poder retrotraí-lo por mais de 90 (noventa) dias contados do pedido de falência, do pedido de recuperação judicial ou do 1º (primeiro) protesto por falta de pagamento, excluindo-se, para esta finalidade, os protestos que tenham sido cancelados;
>
> III – ordenará ao falido que apresente, no prazo máximo de 5 (cinco) dias, relação nominal dos credores, indicando endereço, importância, natureza e classificação dos respectivos créditos, se esta já não se encontrar nos autos, sob pena de desobediência;
>
> IV – explicitará o prazo para as habilitações de crédito, observado o disposto no § 1º do art. 7º da LRE;
>
> V – ordenará a suspensão de todas as ações ou execuções contra o falido, ressalvadas as hipóteses previstas nos §§ 1º e 2º do art. 6º da LRE;
>
> VI – proibirá a prática de qualquer ato de disposição ou oneração de bens do falido, submetendo-os preliminarmente à autorização judicial e do Comitê, se houver, ressal-

vados os bens cuja venda faça parte das atividades normais do devedor se autorizada a continuação provisória;

VII – determinará as diligências necessárias para salvaguardar os interesses das partes envolvidas, podendo ordenar a prisão preventiva do falido ou de seus administradores quando requerida com fundamento em provas da prática de crime definido na LRE;

VIII – ordenará ao Registro Público de Empresas e à Secretaria Especial da Receita Federal do Brasil que procedam à anotação da falência no registro do devedor, para que dele constem a expressão "falido", a data da decretação da falência e a inabilitação de que trata o art. 102 desta Lei;

IX – nomeará o administrador judicial, que desempenhará suas funções na forma legal;

X – determinará a expedição de ofícios aos órgãos e repartições públicas e outras entidades para que informem a existência de bens e direitos do falido;

XI – pronunciar-se-á a respeito da continuação provisória das atividades do falido com o administrador judicial ou da lacração dos estabelecimentos, observado o disposto no art. 109 da Lei;

XII – determinará, quando entender conveniente, a convocação da assembleia geral de credores para a constituição de Comitê de Credores, podendo ainda autorizar a manutenção do Comitê eventualmente em funcionamento na recuperação judicial quando da decretação da falência;

XIII – ordenará a intimação eletrônica, nos termos da legislação vigente e respeitadas as prerrogativas funcionais, respectivamente, do Ministério Público e das Fazendas Públicas federal e de todos os Estados, Distrito Federal e Municípios em que o devedor tiver estabelecimento, para que tomem conhecimento da falência.

O juiz ordenará a publicação de edital eletrônico com a íntegra da decisão que decreta a falência, e a relação de credores apresentada pelo falido. A intimação eletrônica das pessoas jurídicas de direito público integrantes da administração pública será direcionada, nos termos dos incisos I e III do § 2º do art. 99 da LRF.

Da decisão que decreta a falência cabe agravo e da sentença que julga a improcedência do pedido cabe apelação.

16.9 DIREITOS E DEVERES DO FALIDO

O falido fica inabilitado para exercer qualquer atividade empresarial a partir da decretação da falência, até a sentença que extingue suas obrigações. Findo o período de inabilitação, o falido poderá requerer ao juiz da falência que proceda à respectiva anotação em seu registro.

Desde a decretação da falência ou do sequestro, o devedor perde o direito de administrar os seus bens ou deles dispor. O falido poderá, contudo, fiscalizar a administração da falência, requerer as providências necessárias para a conservação de seus direitos ou dos bens arrecadados e intervir nos processos em que a massa falida seja parte ou interessada, requerendo o que for de direito e interpondo os recursos cabíveis.

A decretação da falência impõe aos representantes legais do falido os seguintes deveres:

I – assinar nos autos, desde que intimado da decisão, termo de comparecimento, com a indicação do nome, da nacionalidade, do estado civil e do endereço completo do domicílio, e declarar, para constar do referido termo, diretamente ao administrador judicial, em dia, local e hora por ele designados, por prazo não superior a 15 (quinze) dias após a decretação da falência, o seguinte:
    a) as causas determinantes da sua falência, quando requerida pelos credores;
    b) tratando-se de sociedade, os nomes e endereços de todos os sócios, acionistas controladores, diretores ou administradores, apresentando o contrato ou estatuto social e a prova do respectivo registro, bem como suas alterações;
    c) o nome do contador encarregado da escrituração dos livros obrigatórios;
    d) os mandatos que porventura tenha outorgado, indicando seu objeto, nome e endereço do mandatário;
    e) seus bens imóveis e os móveis que não se encontram no estabelecimento;
    f) se faz parte de outras sociedades, exibindo respectivo contrato;
    g) suas contas bancárias, aplicações, títulos em cobrança e processos em andamento em que for autor ou réu;

II – entregar ao administrador judicial os seus livros obrigatórios e os demais instrumentos de escrituração pertinentes, que os encerrará por termo;

III – não se ausentar do lugar onde se processa a falência sem motivo justo e comunicação expressa ao juiz e sem deixar procurador bastante, sob as penas cominadas na lei;

IV – comparecer a todos os atos da falência, podendo ser representado por procurador, quando não for indispensável sua presença;

V – entregar ao administrador judicial, para arrecadação, todos os bens, papéis, documentos e senhas de acesso a sistemas contábeis, financeiros e bancários, bem como indicar aqueles que porventura estejam em poder de terceiros;

VI – prestar as informações reclamadas pelo juiz, administrador judicial, credor ou Ministério Público sobre circunstâncias e fatos que interessem à falência;

VII – auxiliar o administrador judicial com zelo e presteza;

VIII – examinar as habilitações de crédito apresentadas;

IX – assistir ao levantamento, à verificação do balanço e ao exame dos livros;

X – manifestar-se sempre que for determinado pelo juiz;

XI – apresentar ao administrador judicial a relação de seus credores, em arquivo eletrônico, no dia em que prestar as declarações referidas no inciso I do caput deste artigo;

XII – examinar e dar parecer sobre as contas do administrador judicial.

A falta de cumprimento de quaisquer desses deveres, após intimado o falido pelo juiz a fazê-lo, caracteriza crime de desobediência.

A presença do falido no foro da falência é justificável em razão do falido dever cumprir pessoalmente todas essas obrigações. Essas informações constituem a base da fase de conhecimento do procedimento falimentar, no qual se arrecadam bens, fixam-se as causas da falência, distribuem-se responsabilidades e delimitam-se os direitos e obrigações da massa (VALVERDE, 1955, p. 256).

16.10 ARRECADAÇÃO E CUSTÓDIA DOS BENS

Com a decretação da falência o falido é desapossado de seus bens, formando-se a massa falida objetiva, sendo necessário ao administrador judicial imitir-se na posse dos bens sujeitos ao concurso de credores. Ato contínuo à assinatura do termo de compromisso, o administrador judicial efetuará a arrecadação dos bens e documentos e a avaliação, separadamente ou em bloco, no local em que se encontrem, requerendo ao juiz, para esses fins, as medidas necessárias. O falido poderá acompanhar a arrecadação e avaliação, podendo requerer, se necessário, providências conservatórias dos bens arrecadados.

A arrecadação e custódia dos bens da massa são medidas extremamente importantes, porque é sobre o dinheiro obtido da venda deles que repousa a expectativa dos credores de receber.

Os bens arrecadados ficarão sob a guarda do administrador judicial ou de pessoa por ele escolhida, sob responsabilidade daquele, podendo o falido ou qualquer de seus representantes ser nomeado depositário dos bens. Nomeado depositário, o falido só poderá realizar atos de conservação porque, além da posse, o falido perde também a faculdade inerente ao domínio e ao direito de uso dos bens.

O produto dos bens penhorados ou por outra forma apreendidos entrará para a massa, cumprindo ao juiz deprecar, a requerimento do administrador judicial, às autoridades competentes, determinando sua entrega. Não serão arrecadados os bens absolutamente impenhoráveis.

Ainda que haja avaliação em bloco, o bem objeto de garantia real será também avaliado separadamente, para os fins de garantir os créditos com privilégios. A avaliação em bloco refere-se à avaliação do estabelecimento empresarial que, se passível de alienação, normalmente, em razão do aviamento, resulta em valor mais significativo para ingresso na massa.

O estabelecimento será lacrado sempre que houver risco para a execução da etapa de arrecadação, para a preservação dos bens da massa falida ou dos interesses dos credores. Não havia na legislação anterior a medida da lacração do estabelecimento (arts. 99, XI, e 109), providência que era determinada pelos juízes com o intuito de preservar os bens para arrecadação. O costume, mais uma vez como fonte do direito comercial, serviu de suporte para o legislador traduzir essa providência como necessária à eficaz arrecadação. Não se divisa efeito prático nessa providência, porque não é um simples aviso judicial na porta do estabelecimento que impedirá a retirada de bens corpóreos.

O auto de arrecadação, composto pelo inventário e pelo respectivo laudo de avaliação dos bens, será assinado pelo administrador judicial, pelo falido ou seus representantes e por outras pessoas que auxiliarem ou presenciarem o ato. Não sendo possível a avaliação dos bens no ato da arrecadação, o administrador judicial requererá ao juiz a concessão de prazo para apresentação do laudo de avaliação, que não poderá exceder trinta dias, contados da apresentação do auto de arrecadação.

Serão referidos no inventário: I – os livros obrigatórios e os auxiliares ou facultativos do devedor, designando-se o estado em que se acham, número e denominação de cada um, páginas escrituradas, data do início da escrituração e do último lançamento, e se os livros obrigatórios estão revestidos das formalidades legais; II – dinheiro, papéis, títulos de crédito, documentos e outros bens da massa falida; III – os bens da massa falida em poder de terceiro, a título de guarda, depósito, penhor ou retenção; IV – os bens indicados como propriedade de terceiros ou reclamados por estes, mencionando-se essa circunstância.

Em relação aos bens imóveis, o administrador judicial, no prazo de quinze dias após a sua arrecadação, exibirá as certidões de registro, extraídas posteriormente à decretação da falência, com todas as indicações que nele constarem.

O juiz poderá autorizar os credores, de forma individual ou coletiva, em razão dos custos e no interesse da massa falida, a adquirir ou adjudicar, de imediato, bens arrecadados, pelo valor da avaliação, atendida a regra de classificação e preferência entre eles, ouvido o Comitê. Não é incomum serem os bens do falido de valor irrisório diante do passivo. Nesse caso, a adoção de medidas para alienação onera injustificadamente a massa e, portanto, configura hipótese autorizativa de alienação sumária da massa objetiva. O juiz deve autorizar a adjudicação pelos credores dos bens arrecadados, observadas as regras do concurso de credores.

Os bens arrecadados poderão ser removidos, desde que haja necessidade de sua melhor guarda e conservação, hipótese em que permanecerão em depósito sob responsabilidade do administrador judicial, mediante compromisso. Quando o imóvel ocupado pelo falido é de sua propriedade, é comum que os bens corpóreos lá permaneçam, inclusive porque não geram despesa para a massa com locação. Somente na hipótese de ameaça de má conservação justifica-se um novo custo com armazenagem.

Os bens perecíveis, deterioráveis, sujeitos à considerável desvalorização ou que sejam de conservação arriscada ou dispendiosa, poderão ser vendidos antecipadamente, após a arrecadação e a avaliação, mediante autorização judicial, ouvidos o Comitê e o falido no prazo de quarenta e oito horas. Essa é outra medida que além de não gerar novos custos com armazenamento, evita outras perdas para os credores, que dependem do produto da alienação para o recebimento de seus créditos.

O administrador judicial poderá alugar ou celebrar outro contrato referente aos bens da massa falida, com o objetivo de produzir renda, mediante autorização do Comitê. Essa é uma das regras mais importantes do processo falimentar, porque possibilita a fruição da massa objetiva. Muitos estabelecimentos de falidos possuem utilidade para outros empresários que podem, por exemplo, desejar arrendá-los e continuar a exploração da atividade, inclusive mantendo o corpo laboratório ou mesmo locar determinado equipamento. Trata-se de forma eficiente de ingresso de ativo para a massa, sendo conveniente aos credores, por meio do Comitê, admitir medida dessa natureza. Falências ocorrem a todo momento e a pior das consequências é o desemprego que gera. Por vezes, em pequenos centros urbanos, a empresa que quebra é a responsável pelo sustento de toda a comunidade. Sendo possível, deve ser mantido ao menos parte do quadro laboratório, locação e arrendamentos do estabelecimento e de bens corpóreos. São medidas que devem ser admitidas e até mesmo incentivadas pelo administrador judicial.

Nessa hipótese, o bem objeto da contratação poderá ser alienado a qualquer tempo, independentemente do prazo contratado, rescindindo-se, sem direito a multa, o contrato realizado, salvo se houver anuência do adquirente.

Se não forem encontrados bens para serem arrecadados ou se os encontrados forem insuficientes para as despesas do processo, o administrador deverá informar imediatamente ao juiz que, ouvido o Ministério Público, fixará o prazo de 10 dias para manifestação dos credores que poderão requerer o prosseguimento da falência, desde que arquem com a quantia necessária às despesas e aos honorários do administrador judicial. Não havendo manifestação dos interessados, o administrador judicial promoverá a venda dos bens arrecadados no prazo máximo de 30 dias, para os bens móveis, e 60, para os imóveis.

16.11 EFEITOS DA DECRETAÇÃO DA FALÊNCIA SOBRE AS OBRIGAÇÕES DO DEVEDOR

A falência constitui um novo estado jurídico do devedor e, consequentemente, afeta intensamente as relações obrigacionais do falido. A sentença constitui o estado de falido e cria um conjunto de efeitos, que podem resumir-se em: (a) formação da massa falida subjetiva; (b) suspensão das ações individuais; (c) suspensão condicional da fluência dos juros; (d) exigibilidade antecipada dos créditos contra o devedor, sócios ilimitadamente responsáveis e administradores solidários; (e) suspensão da prescrição; e (f) arrecadação dos bens do devedor.

A decretação da falência sujeita todos os credores, inclusive os de dívidas não vencidas, mas com vencimento antecipado em razão da quebra, os quais somente poderão exercer os seus direitos sobre os bens do falido e do sócio ilimitadamente responsável na forma que a LRE estabelecer. A universalidade da falência fica claramente revelada nessa asserção, contida no art. 115 da lei, bem como quando sujeita a satisfação das obrigações ao patrimônio do falido.

A decretação da falência suspende o exercício do direito de retenção sobre os bens sujeitos à arrecadação, os quais deverão ser entregues ao administrador judicial. A autotutela realizada por meio do direito de retenção é excepcionada no juízo falimentar, porque todos os bens do falido devem ser arrecadados para compor a massa falida. Os titulares do direito de retenção devem proceder à devolução do bem e habilitarem-se no concurso falimentar.

Da mesma forma fica suspenso o exercício do direito de retirada ou de recebimento do valor de suas quotas ou ações, por parte dos sócios da sociedade falida. Por óbvio a regra aplica-se a sócio de sociedade empresária falida, sendo interpretado restritivamente no caso de o direito de recesso ser exercitado antes da falência. O crédito decorrente dos haveres do sócio retirante encontra-se na categoria dos créditos subordinados.

Os contratos bilaterais não se resolvem pela falência e podem ser cumpridos pelo administrador judicial se o cumprimento reduzir ou evitar o aumento do passivo da massa falida ou for necessário à manutenção e preservação de seus ativos, mediante autorização do Comitê. O contratante pode interpelar o administrador judicial, no prazo de até 90 dias, contado da assinatura do termo de sua nomeação, para que, dentro de 10 dias, declare se cumpre ou não o contrato.

A decretação da falência não é condição resolutiva dos contratos bilaterais em execução. Caberá ao administrador judicial avaliar no caso concreto as consequências do cumprimento para a massa e, então, decidir acerca da continuidade da execução ou pela extinção. A declaração negativa ou o silêncio do administrador judicial confere ao contraente o direito à indenização, cujo valor, apurado em processo comum, constituirá crédito quirografário.

Sendo unilateral o contrato, o administrador judicial necessita de autorização do Comitê para cumpri-lo se esse fato reduzir ou evitar o aumento do passivo da massa falida ou for necessário à manutenção e preservação de seus ativos, realizando o pagamento da prestação pela qual está obrigada.

Ainda, são efeitos da falência sobre as obrigações do devedor:

I – O vendedor não pode obstar a entrega das coisas expedidas ao devedor e ainda em trânsito se o comprador, antes do requerimento da falência, as tiver revendido, sem fraude, à vista das faturas e conhecimentos de transporte, entregues ou remetidos pelo vendedor. A regra geral acerca da sobrevinda do estado de insolvência na compra e venda é disciplinada pelo art. 495 do CC: *"Não obstante o preço ajustado para o pagamento, se antes da tradição o comprador cair em insolvência, poderá o vendedor sobrestar a entrega da coisa, até que o comprador lhe dê caução de pagar no tempo devido"*. A tradição, portanto, é o limite para o exercício legítimo do direito de retenção. Antes da tradição, o vendedor pode obstar a entrega da coisa; com a tradição, não;

II – tendo o devedor vendido coisas compostas e o administrador judicial resolver não continuar a execução do contrato, poderá o comprador colocar à disposição da massa falida as coisas já recebidas, pedindo perdas e danos. A venda de coisa composta sem a entrega em sua totalidade, evidentemente, revela a inutilidade do bem para o adquirente, que pode, nessa situação, devolver os componentes já entregues e pleitear perdas e danos;

III – não tendo o devedor entregue coisa móvel ou prestado serviço que vendera ou contratara a prestações, e resolvendo o administrador judicial não executar o contrato, o crédito relativo ao valor pago será habilitado na classe própria. O diploma revogado continha regra diversa: decidindo o síndico pela interrupção do contrato, cabia à massa restituir ao comprador o valor das prestações recebidas. A dificuldade de cumprimento dessa regra levou o legislador de 2005 a optar pela habilitação;

IV – o administrador judicial, ouvido o Comitê, restituirá a coisa móvel comprada pelo devedor com reserva de domínio do vendedor se resolver não continuar a execução do contrato, exigindo a devolução, nos termos do contrato, dos valores pagos. Trata-se de regra geral sobre venda com reserva de domínio: a propriedade do bem é do vendedor, operando-se a transferência com o cumprimento do contrato. Estranha a condição imposta ao administrador de ouvir o Comitê, já que não há como modificar a regra no caso de o administrador decidir por não continuar a execução do contrato;

V – tratando-se de coisas vendidas a termo, que tenham cotação em bolsa ou mercado, e não se executando o contrato pela efetiva entrega daquelas e pagamento do preço, prestar-se-á a diferença entre a cotação do dia do contrato e a da época da liquidação em bolsa ou mercado. O legislador modificou a regra geral de liquidação nos contratos de entrega futura nos quais o valor é liquidado levando-se em consideração o dia da entrega. Criou-se uma "indenização" injustificável, já que operações com liquidação futura sempre são de risco. Pela regra criada, se com a liquidação houver saldo credor, ingressará na massa; apurando-se saldo devedor, habilita-se o crédito do vendedor;

VI – na promessa de compra e venda de imóveis, aplicar-se-á a legislação respectiva;

VII – a falência do locador não resolve o contrato de locação e, na falência do locatário, o administrador judicial pode, a qualquer tempo, denunciar o contrato. Falindo o locador, o contrato de locação não se resolve, devendo o locatário pagar os alugueres ao administrador judicial para ingresso na massa. Falindo o locatário, cabe ao administrador avaliar a viabilidade da continuidade da locação: decidindo pela continuidade, deverá obviamente não interromper o pagamento dos alugueres. Por outro lado, a lei confere ao administrador judicial o direito de denunciar o contrato a qualquer tempo;

VIII – caso haja acordo para compensação e liquidação de obrigações no âmbito do sistema financeiro nacional, nos termos da legislação vigente, a parte não falida poderá considerar o contrato vencido antecipadamente, hipótese em que será liquidado na forma estabelecida em regulamento, admitindo-se a compensação de eventual crédito que venha a ser apurado em favor do falido com créditos detidos pelo contratante;

IX – os patrimônios de afetação, constituídos para cumprimento de destinação específica, obedecerão ao disposto na legislação respectiva, permanecendo seus bens, direitos e obrigações separados dos do falido até o advento do respectivo termo ou até o cumprimento de sua finalidade, ocasião em que o administrador judicial arrecadará o saldo a favor da massa falida ou inscreverá na classe própria o crédito que contra ela remanescer. A adoção desse regime jurídico, entretanto, depende de iniciativa do incorporador, cabendo instituir o patrimônio de afetação, consoante estabelecido no art. 31-A da Lei nº 4.591/1964;

X – com a decretação da falência cessam os efeitos dos mandatos conferidos pelo devedor antes da falência para a realização de negócios, cabendo ao mandatário prestar contas de sua gestão. O mandato conferido para representação judicial do devedor continua em vigor até que seja expressamente revogado pelo administrador judicial. Para o falido, cessa o mandato ou comissão que houver recebido antes da falência, salvo os que versem sobre matéria estranha à atividade empresarial;

XI – consideram-se encerradas as contas correntes com o devedor no momento de decretação da falência, verificando-se o respectivo saldo. Apurado saldo credor, a Instituição realiza o respectivo pagamento que entrará para a massa falida; sendo devedor o saldo, o credor deverá habilitar-se na falência do devedor.

Compensam-se, com preferência sobre todos os demais credores, as dívidas do devedor vencidas até o dia da decretação da falência, provenha o vencimento da sentença de falência ou não, obedecidos os requisitos da legislação civil. As dívidas compensáveis devem ser líquidas, vencidas e de coisas fungíveis. A preferência instituída por essa regra deve ser observada com reservas, porque, se bem manejada, torna-se relevante instrumento de conluio para recebimentos de créditos.

Também por essa razão, o legislador vetou a compensação das dívidas transmitidas por assunção de dívida ou cessão de crédito. Assim, não se compensam:

> I – os créditos transferidos após a decretação da falência, salvo em caso de sucessão por fusão, incorporação, cisão ou morte; ou
>
> II – os créditos, ainda que vencidos anteriormente, transferidos quando já conhecido o estado de crise econômico-financeira do devedor ou cuja transferência se operou com fraude ou dolo.

Se o falido fizer parte de alguma sociedade como sócio comanditário ou cotista, para a massa falida entrarão somente os haveres que na sociedade ele possuir e forem apurados na forma estabelecida no contrato ou estatuto social. Se o contrato ou o estatuto social nada disciplinar a respeito, a apuração far-se-á judicialmente, salvo se, por lei, pelo contrato ou estatuto, a sociedade tiver de liquidar-se, caso em que os haveres do falido, somente após o pagamento de todo o passivo da sociedade, entrarão para a massa falida.

Nos casos de condomínio indivisível de que participe o falido, o bem será vendido e deduzir-se-á do valor arrecadado o que for devido aos demais condôminos, facultada a estes a compra da quota-parte do falido nos termos da melhor proposta obtida. Tratando-se de condomínio divisível, apura-se a parte correspondente ao falido, ingressando para a massa falida.

Contra a massa falida não são exigíveis juros vencidos após a decretação da falência, previstos em lei ou em contrato, se o ativo apurado não bastar para o pagamento dos credores subordinados. Excetuam-se desta regra os juros das debêntures e dos créditos com garantia real, mas por eles responde, exclusivamente, o produto dos bens que constituem a garantia. Os juros moratórios são devidos em razão do atraso no cumprimento da obrigação e computados até a data da falência, sendo seu pagamento realizado se houver, no rateio, pagamento dos credores subordinados.

Na falência do espólio, ficará suspenso o processo de inventário, cabendo ao administrador judicial a realização de atos pendentes em relação aos direitos e obrigações da massa falida.

Nas relações patrimoniais não reguladas expressamente na LRE, o juiz decidirá o caso atendendo à unidade, à universalidade do concurso e à igualdade de tratamento dos credores, observado o disposto no art. 75 desta Lei. Essa regra de encerramento ou clausura deve-se ao fato de ser impossível prever a variedade de questões que podem surgir do curso da falência. Cabe ao juiz, se ausente norma específica, decidir de acordo com os princípios gerais do direito falimentar.

O credor de coobrigados solidários cujas falências sejam decretadas tem o direito de concorrer, em cada uma delas, pela totalidade do seu crédito, até recebê-lo por inteiro, quando então comunicará ao juízo. Se o credor ficar integralmente pago por uma ou por diversas massas coobrigadas, as que pagaram terão direito regressivo contra as demais, em proporção à parte que pagaram e àquela que cada uma tinha a seu cargo.

Se a soma dos valores pagos ao credor em todas as massas coobrigadas exceder o total do crédito, o valor será devolvido às massas na proporção estabelecida no § 2º do art. 127 da Lei. Se os coobrigados eram garantes uns dos outros, o excesso de que trata o § 3º do mesmo artigo pertencerá, conforme a ordem das obrigações, às massas dos coobrigados que tiverem o direito de ser garantidas.

Os coobrigados solventes e os garantes do devedor ou dos sócios ilimitadamente responsáveis podem habilitar o crédito correspondente às quantias pagas ou devidas, se o credor não se habilitar no prazo legal.

16.12 INEFICÁCIA E REVOGAÇÃO DE ATOS PRATICADOS ANTES DA FALÊNCIA

A crise na empresa desenvolve-se em etapas. Num primeiro momento opera-se a queda nas vendas, seguindo-se a falta de liquidez e insuficiência de capital de giro. Daí em diante os contornos de uma crise econômico-financeira já são patentes e nesse período o empresário procura socorrer-se lançando mão de expedientes variados para obter crédito e prover os meios de iliquidez que faltam. Operam-se vendas a subcusto e os expedientes ruinosos para ostentar capacidade de pagar que não existe. Desvios e ocultações de ativo e tratamento favorecido a credores prediletos e coniventes são realizados e evidentemente desbastam o patrimônio do devedor, diminuindo as garantias dos credores (ABRÃO, 1993, p. 121-122).

Com o intuito de combater tais atos o legislador impõe que os efeitos da sentença declaratória de falência retroajam a período anterior ao nascimento do respectivo processo, consoante prevê o art. 129 da LRE. Assim, os atos praticados no período suspeito serão considerados ineficazes em relação à massa falida. Cuida-se de ineficácia, de ausência de produção de efeitos, não podendo se confundir com invalidade do ato que atua na esfera de seu ingresso válido no mundo jurídico. Ato ineficaz não é desfeito; ele continua a existir validamente, mas não produz seus efeitos perante determinado destinatário. O termo legal da falência é assinalado pelo juiz na sentença declaratória sendo o marco para se apurar a ineficácia do ato falencial.

O art. 129 traz hipóteses de ineficácia dos atos praticados pelo falido que independem da investigação do dolo ou da culpa na conduta. São atos objetivamente ineficazes; basta a realização do suporte fático de qualquer das hipóteses para que seja declarado ineficaz em relação à massa falida. São ineficazes em relação à massa falida, tenha ou não o contratante conhecimento do estado de crise econômico-financeira do devedor, seja ou não intenção deste fraudar credores:

> I – o pagamento de dívidas não vencidas realizado pelo devedor dentro do termo legal, por qualquer meio extintivo do direito de crédito, ainda que pelo desconto do próprio título. Por não ter exigibilidade à época do pagamento é ato praticado em detrimento do acervo. O pagamento de dívida não vencida é conduta incomum no comércio, ainda mais quando o empresário encontra-se em crise econômico--financeira. O valor do pagamento feito a esse título deve retornar à massa para o rateio aos credores na forma legal;
>
> II – o pagamento de dívidas vencidas e exigíveis realizado dentro do termo legal, por qualquer forma que não seja a prevista pelo contrato. Importante investigar,

nessa hipótese, se esse pagamento trouxe prejuízo à massa, porque pode a hipótese sem que a massa tenha sofrido prejuízo. Exemplo disso ocorre quando o falido paga a obrigação com prestação de serviço, desde que dispondo de mão de obra ociosa. Dessa forma não há prejuízo caracterizado, mas, ao contrário, benefício para a massa porquanto se extinguiu a obrigação sem sua oneração (MARTINS, 2007, p. 475);

III – a constituição de direito real de garantia, inclusive a retenção, dentro do termo legal, tratando-se de dívida contraída anteriormente; se os bens dados em hipoteca forem objeto de outras posteriores, a massa falida receberá a parte que devia caber ao credor da hipoteca revogada. O reforço de garantia no termo legal é censurado porque altera a *par conditio creditoris*, a igualdade de direitos no concurso de credores;

IV – a prática de atos a título gratuito, desde dois anos antes da decretação da falência. Trata-se de ineficácia de ato de liberalidade, evidentemente estranha na atividade empresarial, porquanto proporciona o enriquecimento sem a contraprestação;

V – a renúncia à herança ou a legado, até dois anos antes da decretação da falência. Essa regra deve ser interpretada em consonância com o contido no art. 1.813 do CC, segundo o qual o recebimento da herança é facultativo, mas sua renúncia não poderá ser prejudicial aos credores do herdeiro, admitindo-se que os credores venham a aceitá-la em seu lugar, no limite necessário à liquidação integral dos seus ativos;

VI – a venda ou transferência de estabelecimento feita sem o consentimento expresso ou o pagamento de todos os credores, a esse tempo existentes, não tendo restado ao devedor bens suficientes para solver o seu passivo, salvo se, no prazo de 30 (trinta) dias, não houver oposição dos credores, após serem devidamente notificados, judicialmente ou pelo oficial do registro de títulos e documentos. Consoante já abordado no Capítulo I, a alienação do estabelecimento exige a observância de requisitos de ordem formal e material, encontrando-se entre eles o consentimento unânime dos credores quando ao alienante não restarem bens suficientes para solver seu passivo (art. 1.145 do CC). A anuência tácita opera-se com a ausência da manifestação dos credores no prazo de 30 dias após a notificação;

VII – os registros de direitos reais e de transferência de propriedade entre vivos, por título oneroso ou gratuito, ou a averbação relativa a imóveis realizados após a decretação da falência, salvo se tiver havido prenotação anterior. Os registros imobiliários extemporâneos são ineficazes em relação à massa porque translativos de propriedade. Consoante regra de direito material contida no art. 1.245 do CC, a transferência da propriedade imobiliária se dá com o registro do título translativo no Cartório de Registro de Imóveis, quando realizada por ato *inter vivos*.

A ineficácia poderá ser declarada de ofício pelo juiz, alegada em defesa ou pleiteada mediante ação própria ou incidentalmente no curso do processo, dispõe o parágrafo único do art. 129 da LRE. Essa regra conflita com o contido no art. 1.245, § 2º, segundo o qual, enquanto não se promover por ação própria a decretação de invalidade do registro e o respectivo cancelamento, o adquirente continua a ser havido como dono do imóvel. Esse conflito não traz consequências relevantes posto não alterar o resultado da declaração de ineficácia.

São revogáveis os atos praticados com a intenção de prejudicar credores, provando-se o conluio fraudulento entre o devedor e o terceiro que com ele contratar e o efetivo prejuízo sofrido pela massa falida. Ao lado da já examinada ineficácia objetiva revelada nas hipóteses do art. 129 tem-se a subjetiva constante do art. 130, que exige a apuração por meio de ação revocatória, na qual se investigará a ocorrência de seus elementos subjetivo (*consilium fraudis*) e objetivo (*eventus damni*). O dano deve ocorrer em relação à massa, porque o que se protege pela revocatória é o interesse da massa e não do falido.

Nenhum dos atos referidos nos incisos I a III e VI do art. 129 da Lei que tenham sido previstos e realizados na forma definida no plano de recuperação judicial e extrajudicial será declarado ineficaz ou revogado.

A ação revocatória, de que trata o art. 130, deverá ser proposta pelo administrador judicial, por qualquer credor ou pelo Ministério Público no prazo de três anos contado da decretação da falência.

A ação revocatória pode ser promovida: I – contra todos os que figuraram no ato ou que por efeito dele foram pagos, garantidos ou beneficiados; II – contra os terceiros adquirentes, se tiveram conhecimento, ao se criar o direito, da intenção do devedor de prejudicar os credores; III – contra os herdeiros ou legatários das pessoas indicadas nos incisos I e II. A ação revocatória não é dirigida contra o falido, porque não tem legitimação processual em decorrência da decretação da quebra.

A ação revocatória, acompanhando a regra, correrá perante o juízo da falência e obedecerá ao procedimento comum previsto no Código de Processo Civil.

A sentença que julgar procedente o pedido na ação revocatória determinará o retorno dos bens em espécie à massa falida, com todos os acessórios, ou o valor de mercado, acrescidos das perdas e danos, cabendo apelação da sentença. O objetivo da ação revocatória é a tutela específica; sendo esta impossível, resolve-se em perdas e danos.

Reconhecida a ineficácia ou julgado procedente o pedido da ação revocatória, as partes retornarão ao estado anterior, e o contratante de boa-fé terá direito à restituição dos bens ou valores entregues ao devedor. Ao terceiro de boa-fé é garantido, a qualquer tempo, propor ação por perdas e danos contra o devedor ou seus garantes.

Na hipótese de securitização de créditos do devedor, não será declarada a ineficácia ou revogado o ato de cessão em prejuízo dos direitos dos portadores de valores mobiliários emitidos pelo securitizador.

O juiz poderá, a requerimento do autor da ação revocatória, ordenar, como medida preventiva, na forma da lei processual civil, o sequestro dos bens retirados do patrimônio do devedor que estejam em poder de terceiros. A competência para apreciar tal pedido é do juízo falimentar. Trata-se de medida cautelar de conservação do bem que deve atender aos requisitos exigidos pelo Código de Processo Civil.

O ato pode ser declarado ineficaz ou revogado, ainda que praticado com base em decisão judicial, observado o disposto no art. 131 da Lei. Revogado o ato ou declarada sua ineficácia, ficará rescindida a sentença que o motivou.

16.13 REALIZAÇÃO DO ATIVO

Logo após a arrecadação dos bens, com a juntada do respectivo auto ao processo de falência, será iniciada a realização do ativo. Esse procedimento consiste na conversão em dinheiro dos bens arrecadados para pagamento do passivo. A vigente lei antecipou o momento de realização do ativo, tendo início depois da arrecadação dos bens, ainda no momento cognitivo da falência. A revogada lei de falência autorizava a realização do ativo somente após o término do procedimento de verificação de créditos e do inquérito judicial. A anticipação do momento gera eficiência ao procedimento porque a demora na realização do ativo sempre importa em perdas para os credores, porquanto a guarda e conservação dos bens é custosa e os bens sofrem obsolescência, perdendo valor no mercado.

A realização do ativo terá início independentemente da formação do quadro-geral de credores, devendo ser realizada em consonância às formas de alienação dos bens, observando-se a seguinte ordem de preferência:

> I – alienação da empresa, com a venda de seus estabelecimentos em bloco ou;
>
> II – alienação da empresa, com a venda de suas filiais ou unidades produtivas isoladamente. Em ambos os casos, a alienação da empresa terá por objeto o conjunto de determinados bens necessários à operação rentável da unidade de produção, que poderá compreender a transferência de contratos específicos;
>
> III – alienação em bloco dos bens que integram cada um dos estabelecimentos do devedor;
>
> IV – alienação dos bens individualmente considerados.

Na realização do ativo, o administrador judicial tem o dever de identificar as alternativas que importem na obtenção de mais recursos para a massa. Portanto, convindo à realização do ativo, ou em razão de oportunidade, pode ser adotada mais de uma forma de alienação.

A regra da sucessão na falência é excepcionada no caso de alienação do estabelecimento realizada por arrematação. Na alienação conjunta ou separada de ativos, inclusive da empresa ou de suas filiais:

> I – todos os credores, observada a ordem de preferência do concurso, sub-rogam-se no produto da realização do ativo;
>
> II – o objeto da alienação estará livre de qualquer ônus e não haverá sucessão do arrematante nas obrigações do devedor, inclusive as de natureza tributária, as derivadas da legislação do trabalho e as decorrentes de acidentes de trabalho, exceto quando o arrematante for:
>
>> I – sócio da sociedade falida, ou sociedade controlada pelo falido;
>>
>> II – parente, em linha reta ou colateral até o 4º (quarto) grau, consanguíneo ou afim, do falido ou de sócio da sociedade falida; ou
>>
>> III – identificado como agente do falido com o objetivo de fraudar a sucessão.

Outra hipótese de exclusão da sucessão cujos reflexos sociais são inegáveis recai sobre a contratação dos empregados do devedor pelo arrematante. Esses empregados serão admitidos mediante novos contratos de trabalho e o arrematante não responde por obrigações decorrentes do contrato anterior. Trata-se de maneira de estimular a aquisição da *empresa* e consequentemente maximizando o ativo para pagamento dos credores.

O juiz, ouvido o administrador judicial e atendendo à orientação do Comitê, se houver, ordenará que se proceda à alienação do ativo em uma das seguintes modalidades:

I – leilão eletrônico, presencial ou híbrido;

II – (revogado);

III – (revogado);

IV – processo competitivo organizado promovido por agente especializado e de reputação ilibada, cujo procedimento deverá ser detalhado em relatório anexo ao plano de realização do ativo ou do plano de recuperação judicial, conforme o caso;

V – qualquer outra modalidade desde aprovada nos termos da LRF.

O juiz deve ponderar qual dos meios pode trazer melhores resultados para a massa, considerando o custo com a realização e a possibilidade de atração de eventuais lançadores. Em qualquer modalidade de alienação, o Ministério Público será intimado por meio eletrônico, sob pena de nulidade.

A realização da alienação em quaisquer dessas modalidades deverá ocorrer no prazo máximo de 180 dias, contado da data da lavratura do auto de arrecadação.

A alienação dar-se-á pelo maior valor oferecido, ainda que seja inferior ao valor de avaliação. Questão que exige reflexão repousa na expressão "maior valor oferecido". Sustenta-se que tal valor não pode ser irrisório ou vil, isto é, muito abaixo do valor do bem, sob pena de configurar enriquecimento injustificado do arrematante, a teor do disposto no art. 884 do CC, e empobrecimento injustificado da massa. A alienação judicial deve representar uma solução razoável para o devedor e credor e não uma oportunidade de enriquecimento ilícito para os velhacos e espertalhões. À falta de licitantes de boa-fé, será da maior conveniência realizar-se nova tentativa de alienação em outra data (GOUVÊA, 2009, p. 312).

Em qualquer das modalidades de alienação prevista na LRE, poderão ser apresentadas impugnações por quaisquer credores, pelo devedor ou pelo Ministério Público, no prazo de quarenta e oito horas da arrematação, hipótese em que os autos serão conclusos ao juiz, que, no prazo de cinco dias, decidirá sobre as impugnações e, julgando-as improcedentes, ordenará a entrega dos bens ao arrematante, respeitadas as condições estabelecidas no edital.

Havendo motivos justificados, o juiz poderá autorizar, mediante requerimento fundamentado do administrador judicial ou do Comitê, modalidades de alienação judicial diversas das previstas no art. 142 da LRE.

O juiz homologará qualquer outra modalidade de realização do ativo, desde que aprovada pela assembleia geral de credores, inclusive com a constituição de sociedade de credores ou dos empregados do próprio devedor, com a participação, se necessária, dos atuais sócios ou de terceiros. Para a aprovação de forma alternativa de realização do ativo é necessária a aprovação de credores que representem 2/3 dos credores presentes na Assembleia.

No caso de constituição de sociedade formada por empregados do próprio devedor, estes poderão utilizar créditos derivados da legislação do trabalho para a aquisição ou arrendamento da empresa.

Não sendo aprovada pela assembleia geral a proposta alternativa para a realização do ativo, caberá ao juiz decidir a forma que será adotada, levando em conta a manifestação do administrador judicial e do Comitê.

Em qualquer modalidade de realização do ativo adotada, fica a massa falida dispensada da apresentação de certidões negativas. Se não houvesse essa dispensa, poderia a alienação ser frustrada.

As quantias recebidas a qualquer título serão imediatamente depositadas em conta remunerada de instituição financeira, atendidos os requisitos da lei ou das normas de organização judiciária. O art. 133, § 3º, do CTN cria regra aplicável à realização do ativo, segundo a qual o produto da alienação judicial de empresa, filial ou unidade produtiva isolada em processo de falência deverá permanecer em conta de depósito à disposição do juízo da falência pelo prazo de um ano, contado da data da alienação, somente podendo ser utilizado para pagamento de créditos extraconcursais ou de créditos que preferem ao tributário.

16.14 PAGAMENTO AOS CREDORES

Realizadas as restituições, pagos os créditos extraconcursais e consolidado o quadro-geral de credores, as importâncias recebidas com a realização do ativo serão destinadas ao pagamento dos credores, atendendo à classificação dos créditos concursais, respeitadas as decisões judiciais que determinam reserva de importâncias.

É o momento esperado pelos credores e de atribuição do administrador judicial que se defronta com um quadro hierárquico cuja observância é da essência do rateio. A ordem de pagamento é a inserta nos arts. 83 e 84, que estabelecem a classificação dos créditos.

Observada essa ordem, algumas considerações ainda devem ser feitas acerca do pagamento aos credores. Havendo reserva de importâncias, os valores a ela relativos ficarão depositados até o julgamento definitivo do crédito e, no caso de não ser este finalmente reconhecido, no todo ou em parte, os recursos depositados serão objeto de rateio suplementar entre os credores remanescentes.

Os credores serão intimados para procederem ao levantamento dos valores que lhes couberam em rateio. Findo o prazo decadencial e não procedendo o levantamento, os recursos serão objeto de rateio suplementar entre os credores remanescentes.

As despesas cujo pagamento antecipado seja indispensável à administração da falência, inclusive na hipótese de continuação provisória das atividades, serão pagas pelo administrador judicial com os recursos disponíveis em caixa.

Os credores restituirão em dobro as quantias recebidas, acrescidas dos juros legais, se ficar evidenciado dolo ou má-fé na constituição do crédito ou da garantia. Trata-se de medida para preservar a integridade da massa.

Apesar de incomum, pagos todos os credores, havendo saldo, será entregue ao falido.

16.15 ENCERRAMENTO DA FALÊNCIA E EXTINÇÃO DAS OBRIGAÇÕES DO FALIDO

Concluída a realização de todo o ativo, e distribuído o produto entre os credores, o administrador judicial apresentará suas contas ao juiz no prazo de trinta dias. Caso o administrador deixe de fazê-lo, será intimado pessoalmente para apresentar suas contas, sob pena de destituição (art. 23 da LRE).

As contas, acompanhadas dos documentos comprobatórios, serão prestadas em autos apartados que, ao final, serão apensados aos autos da falência.

Prestadas as contas o juiz ordenará a publicação de aviso de que as contas foram entregues e se encontram à disposição dos interessados, que poderão impugná-las no prazo de 10 (dez) dias. Decorrido o prazo do aviso e realizadas as diligências necessárias à apuração dos fatos, o juiz intimará o Ministério Público para manifestar-se no prazo de cinco dias, findo o qual o administrador judicial será ouvido se houver impugnação ou parecer contrário do Ministério Público.

Cumpridas essas providências, o juiz julgará as contas por sentença. A sentença que rejeitar as contas do administrador judicial fixará suas responsabilidades, poderá determinar a indisponibilidade ou o sequestro de bens e servirá como título executivo para indenização da massa. Dessa sentença cabe apelação.

Julgadas as contas do administrador judicial, este apresentará o relatório final da falência no prazo de dez dias, indicando o valor do ativo e o do produto de sua realização, o valor do passivo e o dos pagamentos feitos aos credores, e especificará justificadamente as responsabilidades com que continuará o falido.

Após a apresentação do relatório final, o juiz encerrará a falência por sentença, determinando a intimação eletrônica às Fazendas Públicas Federal, Estadual e Municipal em que o devedor tiver estabelecimento e determinará a baixa da falida no Cadastro Nacional da Pessoa Jurídica (CNPJ), expedido pela Secretaria Especial da Receita Federal do Brasil. Da sentença cabe apelação.

Extingue as obrigações do falido:

I – o pagamento de todos os créditos;

II – o pagamento, após realizado todo o ativo, de mais de 25% (vinte e cinco por cento) dos créditos quirografários, facultado ao falido o depósito da quantia necessária para atingir a referida porcentagem se para isso não tiver sido suficiente a integral liquidação do ativo;

III – (revogado);

IV – (revogado);

V – o decurso do prazo de 3 (três) anos, contado da decretação da falência, ressalvada a utilização dos bens arrecadados anteriormente, que serão destinados à liquidação para a satisfação dos credores habilitados ou com pedido de reserva realizado;

VI – o encerramento da falência nos termos dos arts. 114-A ou 156 desta Lei.

Configurada qualquer dessas hipóteses, o falido poderá requerer ao juízo da falência que suas obrigações sejam declaradas extintas por sentença, permitindo-lhe, assim, voltar a exercer a atividade empresarial. A secretaria do juízo fará publicar imediatamente informação sobre a apresentação do requerimento a que se refere o artigo, e, no prazo comum de 5 dias, qualquer credor, administrador judicial e o Ministério Público, poderão manifestar-se exclusivamente para apontar inconsistências formais e objetivas.

Findo o prazo, o juiz, em 15 dias, proferirá sentença e, se o requerimento for anterior ao encerramento da falência, declarará extintas as obrigações na sentença de encerramento.

A sentença que declarar extintas as obrigações será comunicada a todas as pessoas e entidades informadas da decretação da falência. Da sentença cabe apelação. Após o trânsito em julgado, os autos serão apensados aos da falência.

Cabe ação rescisória da sentença que decreta a falência, nos termos do disposto no Código de Processo Civil, a pedido de qualquer credor, caso se verifique que o falido tenha sonegado bens, direitos ou rendimentos de qualquer espécie anteriores à data do requerimento a que se refere o art. 159, da LRF.

De se observar, entretanto, que a sentença extintiva das obrigações do falido opera seus efeitos no âmbito empresarial, persistindo as limitações em sede criminal, caso o falido esteja sendo processado por crime falimentar. A imposição de penalidade em sede penal impede o falido de exercer a empresa.

Verificada a prescrição ou extintas as obrigações, o sócio de responsabilidade ilimitada também poderá requerer que seja declarada por sentença a extinção de suas obrigações na falência.

BIBLIOGRAFIA

ABRÃO, Nelson. *Curso de direito falimentar*. São Paulo: RT, 1993.

ABRIANI, Niccolò; COTTINO, Gastone; RICOLFI, Marco. *Trattato di diritto commerciale* – diritto industriale. Padova: CEDAM, 2001.

ALMEIDA, António Pereira de. *A limitação da responsabilidade do comerciante individual*: novas perspectivas do direito comercial. Coimbra: Almedina, 1988.

ALMEIDA, Marcus Elidius Michelli. *Abuso do direito e concorrência desleal*: atualizado com o novo Código Civil. São Paulo: Quartier Latin, 2004.

ARENDT, Hannah. *A condição humana*. 5. ed. Rio de Janeiro: Forense Universitária, 1991.

ASCARELLI, Tullio. *Teoria geral dos títulos de crédito*. Campinas: Servanda, 2009.

BITTAR, Carlos Alberto. *Teoria e prática da concorrência desleal*. São Paulo: Saraiva, 1989.

BOLAFFI, Renzo. *La società semplice*. Milano: Giuffrè, 1947.

BORGES, João Eunápio. *Títulos de crédito*. 2. ed. Rio de Janeiro: Forense, 1972.

BOSCO, Lucas Ramírez. *Responsabilidad por infracapitalización societária*. Buenos Aires: Hammurabi, 2004.

BRUSCATO, Wilges Ariana. *Empresário individual de responsabilidade limitada*. São Paulo: Quartier Latin, 2005.

BULGARELLI, Waldírio. *Direito comercial*. 16. ed. São Paulo: Atlas, 2001.

BUONOCORE, Vicenzo. *Il códice civile commentario* – diretto da Peiro Schlesinger. Le società – disposizioni generali. Milano: Giuffrè, 2000.

CAGNASSO, Oreste. *Trattato di diritto commerciale*. Diretto da Gastone Cottino. Milano: CEDAM, v. 5, t. I, 2007.

CAMPOBASSO, Gian Franco. *Diritto commerciale* – contratti. Titoli di credito. Procedure concorsuali. 4. ed. Torino: UTET Giuridica, 2008.

CARVALHOSA, Modesto. *Comentários à Lei das Sociedades Anônimas*. 5. ed. 2. tir. São Paulo: Saraiva, 2009. 1º v.

CARVALHOSA, Modesto. *Comentários à Lei das Sociedades Anônimas*. 3. ed. São Paulo: Saraiva, 2009. 4º v., t. II.

CARVALHOSA, Modesto. *Acordo de acionistas*. RDM 106 (1997).

CERQUEIRA, João da Gama. *Tratado da propriedade industrial*. Rio de Janeiro: Forense, 1946. v. I.

CHAPUT, Yves. *La clientèle appropriée*: fonds de commerce, fonds civil, franchise et commerce électronique. Paris: Litec, 2004.

CLÉMENT, Édith Blary; DÉFOSSEZ, Françoise Dekeuwer. *Droit commercial*: activités commerciales, commerçants, fons de commerce, concurrence, consummation. 9. ed. Paris: Montchrestien, 2007.

COCO, Giovanni Silvio. *Sulla volontà colletiva in diritto privato*. Milano: Giuffrè, 1967.

COELHO, Fábio Ulhoa. *Comentários à nova lei de falências e de recuperação de empresas*: Lei nº 11.101, de 9-2-2005. 2. ed. São Paulo: Saraiva, 2005a.

COELHO, Fábio Ulhoa. *Curso de direito comercial*. 9. ed. São Paulo: Saraiva, 2005.

COELHO, Fábio Ulhoa. *Manual de direito comercial*. 20. ed. São Paulo: Saraiva, 2008.

COMPARATO, Fábio Konder. *Ensaios e pareceres de direito empresarial*. Rio de Janeiro: Forense, 1978.

COSTA, Carlos Celso Orcesi. *Código Civil na visão do advogado*: direito de empresa. São Paulo: RT, 2004. v. IV.

COTTINO, Gastone. *L'imprenditore*: diritto commerciale. 4. ed. Padova: CEDAM, 2000. v. I, t. I.

DAROLD, Ermínio Amarildo. *Protesto cambial*. Curitiba: Juruá, 2001.

DIDIER, Paul. *Droit commercial*: introduction, les entreprises. Paris: Thémis, 1970.

DOMINGUES, Alessandra de Azevedo. Da concordata à recuperação: investigando a recuperação extrajudicial. In: LUCCA, Newton de; DOMINGUES, Alessandra de Azevedo (coord.). *Direito recuperacional*: aspectos teóricos e práticos. São Paulo: Quartier Latin, 2009.

FAZZIO JÚNIOR, Waldo. *Manual de direito comercial*. 5. ed. São Paulo: Atlas, 2005.

FAZZIO JÚNIOR, Waldo. *Nova lei de falência e recuperação de empresas*. 2. ed. São Paulo: Atlas, 2005b.

FERRARA JR., Francesco. *Gli imprenditori e le società*. 5. ed. Milano: Giuffrè, 1971.

FERRI, Giovani. Delle società. Disposizioni generali. Soc. semplici. Soc. in nome collettivo. Soc. in accomandita semplice. In: Scialoja, A.; BRANCA, G. (dir.). *Commentario del Codice Civile*. 3. ed. Bologna-Roma: Zanichelli-Società Editrice del Foro Italiano, 1981. livro V.

GAGLIANO, Pablo Stolze; PAMPLONA FILHO, Rodolfo. *Novo curso de direito civil*. São Paulo: Saraiva, 2002.

GALGANO, Francesco. *Derecho comercial*: las sociedades. Santa Fé de Bogotá: Themis, 1999. v. II.

GHIROTTI, Enrico. *Il patto di non concorrenza nei contratti commerciali*. Milano: Giuffrè, 2008.

GOFFAUX-CALLEBAUT, Géraldine. *Du contrat en droit des sociétés*. Paris: L'Harmattan, 2008.

GONÇALVES NETO, Alfredo de Assis. *Direito de empresa*. 2. ed. São Paulo: RT, 2008.

GONÇALVES NETO, Alfredo de Assis. *Lições de direito societário*. 2. ed. São Paulo: Juarez de Oliveira, 2004.

GONÇALVES NETO, Alfredo de Assis. *Lições de direito societário*: sociedade anônima. São Paulo: Juarez de Oliveira, 2005. v. II.

GOUVÊA, João Bosco Cascardo de. *Recuperação e falência* – Lei nº 11.101/2005. Rio de Janeiro: Forense, 2009.

GRAZIANI, A.; MINERVINI, G.; BELVISO, U. *Manuale di diritto commerciale*. 13. ed. Padova: CEDAM, 2007.

KUGELMAS, Alfredo Luiz; PINTO, Gustavo Henrique Sauer de Arruda. Administrador judicial na recuperação judicial: aspectos práticos. In: LUCCA, Newton de; DOMINGUES, Alessandra de Azevedo (coord.). *Direito recuperacional*: aspectos teóricos e práticos. São Paulo: Quartier Latin, 2009.

LEGEAIS, Dominique. *Droit commercial et des affaires*. 17. ed. Paris: Dalloz, 2007.

LOPES, Miguel Maria de Serpa. *Curso de direito civil*. 4. ed. Rio de Janeiro: Freitas Bastos, 1993. v. 4.

LUCCA, Newton de. *Comentários ao novo Código Civil*. Rio de Janeiro: Forense, 2003. v. XII.

MAMEDE, Gladston. *Direito empresarial brasileiro*: títulos de crédito. 2. ed. São Paulo: Atlas, 2005. v. 3.

MANDEL, Julio Kahan. *Nova lei de falências e recuperação de empresas anotada*. São Paulo: Saraiva, 2005.

MARTINS, Antonio. *Comentários à lei de recuperação de empresas e falência* – Lei nº 11.101/2005. In: SOUZA JUNIOR, Francisco Satiro de; PITOMBO, Antônio Sérgio A. de Moraes (coord.). 2. ed. São Paulo: RT, 2007.

MARTINS, Fran. *Títulos de crédito*. 11. ed. Rio de Janeiro: Forense, 2000. v. II.

MARTINS, Fran. *Comentários à Lei das Sociedades Anônimas*. São Paulo: Forense, 1979. v. III.

MENDES, Luis Cláudio Montoro. Casos de recuperação judicial. In: LUCCA, Newton de; DOMINGUES, Alessandra de Azevedo (coord.). *Direito recuperacional*: aspectos teóricos e práticos. São Paulo: Quartier Latin, 2009.

MENDONÇA, J. X. Carvalho de. *Tratado de direito comercial brasileiro*. 6. ed. Rio de Janeiro: Freitas Bastos, 1957. v. II.

MERLE, Philippe. *Droit commercial*: sociétés commerciales. 12. ed. Paris: Dalloz, 2008.

MILITELLI, Marco. Prática da gestão para recuperação de empresas em dificuldades. In: LUCCA, Newton de; DOMINGUES, Alessandra de Azevedo (coord.). *Direito recuperacional*: aspectos teóricos e práticos. São Paulo: Quartier Latin, 2009.

MONTORO, André Franco. *Introdução à ciência do direito*. 25. ed. São Paulo: RT, 2000.

NADER, Paulo. *Introdução ao estudo do direito*. 23. ed. Rio de Janeiro: Forense, 2003.

NISSEN, Ricardo Augusto. *Sociedades irregulares y de hecho*. 2. ed. Buenos Aires: Hammurabi, 2001.

OLIVEIRA, Jorge Alcebíades Perrone. *Títulos de crédito*. 3. ed. Porto Alegre: Livraria do Advogado, 1999.

OPPO, Giorgio. Le convenzioni parasociali tra diritto delle obligazioni y diretto delle società. *Diritto delle società*: scriti giuridici II. Padova: CEDAM, 1992.

OPPO, Giorgio. *Principi*. Trattato di diritto commerciale – diretto da Vicenzo Buonocore. Torino: Giappichelli Editore, seção I, 2001. t. 4.

PACHECO, José da Silva. *Tratado de direito empresarial*. Sociedades anônimas e valores mobiliários. São Paulo: Saraiva, 1977. v. 2.

PAOLUCCI, Luigi Filippo. *Manuale di diritto commerciale I* – L'impresa e le società. Padova: CEDAM, 2008.

PASQUALIN FILHO, Roberto. Exercício social e demonstrações financeiras. In: VIDIGAL, Geraldo de Camargo; MARTINS, Ives Gandra da Silva (coord.). *Comentários à Lei das sociedades por ações*. São Paulo: Resenha Universitária, 1982.

PAVONE LA ROSA, Antonio. *Il registro delle emprese*. Trattato di diritto commerciale – diretto da Vicenzo Buonocore. Torino: Giappichelli Editore, seção I, 2001. t. 4.

PENTEADO, Mauro Rodrigues. *Consórcios de empresas*. São Paulo: Pioneira, 1979.

PERIN JUNIOR, Ecio. *Preservação da empresa na Lei de Falências*. São Paulo: Saraiva, 2009.

PÉROCHON, Françoise; BONHOMME, Régine. *Entreprises en difficulté. Instruments de crédit et de paiement*. 7. ed. Paris: LGDJ, 2006.

PINHEIRO, Hélia Márcia Gomes. *Títulos de crédito*. São Paulo: RT, 2001.

POLETTI, Ronaldo. *Introdução ao estudo do direito*. 3. ed. São Paulo: Saraiva, 1996.

PROPERSI, Adriano; ROSSI, Giovanna. *I consorzi*. 20. ed. Milano: Il Sole 24 Ore, 2008.

REQUIÃO, Rubens. A sociedade anônima como instituição. *Revista de Direito Mercantil – RDM*, nova série, ano XIV, v. 18, 1975.

REQUIÃO, Rubens. *Curso de direito comercial*. 25. ed. São Paulo: Saraiva, 2003. v. 1.

REQUIÃO, Rubens. *Curso de direito falimentar*. 14. ed. São Paulo: Saraiva, 1995. v. 2.

ROSA JR., Luiz Emydio F. da. *Títulos de crédito*. 6. ed. São Paulo: Renovar, 2009.

SALOMÃO FILHO, Calixto. *Direito concorrencial*: as estruturas. 2. ed. São Paulo: Malheiros, 2002.

SALOMÃO FILHO, Calixto. *O novo direito societário*. 3. ed. São Paulo: Malheiros, 2006.

SALOMON, Renaud. *Précis de droit commercial*. Paris: Presses Universitaires de France, 2005.

SCANONE, J. C. y otros. *Ética y economia*. Buenos Aires: Bonum, 1998.

SHAKESPEARE, William. *Il mercante di Venezia*. Roma: Tascabili Economici Newton, 1995.

SIDOU, J. M. Othon. *Do cheque*: doutrina, legislação, jurisprudência. 4. ed. Rio de Janeiro: Forense, 1998.

SOARES, José Carlos Tinoco. *Crimes contra a propriedade industrial e de concorrência desleal*. São Paulo: RT, 1980.

SOARES, José Carlos Tinoco. *Estudo e regime das marcas coletivas e de certificação e denominações de origem*: conveniência de sua adoção. RT nº 562, 1982.

SOARES, José Carlos Tinoco. *Lei de patentes, marcas e direitos conexos*. São Paulo: RT, 1997.

SZALEWSKI, Joanna Schmidt; LUC PIERRE, Jean. *Droit de la propriété industrielle*. 4. ed. Paris: LexisNexis Litec, 2007.

TARTUCE, Flávio. *O novo CPC e o direito civil*. São Paulo: Método, 2015.

TOLEDO, Paulo F. C. Salles de; ABRÃO, Carlos Henrique (coord.). *Comentários à Lei de recuperação de empresas e falência*. São Paulo: Saraiva, 2005.

TOMAZETTE, Marlon. *Curso de direito empresarial*: títulos de crédito. São Paulo: Atlas, 2009. v. 2.

TORRES, Margarinos. *Nota promissória*: estudos da lei, da doutrina e da jurisprudência cambial brasileira. 4. ed. São Paulo: Saraiva, 1935.

VALVERDE, Trajano de Miranda. *Comentários à Lei de Falências*. 2. ed. Rio de Janeiro: Forense, 1955. v. 1.

VENOSA, Sílvio de Salvo. *Direito civil*: Parte Geral. 18. ed. São Paulo: Atlas, 2018. Vol. 1.

VENOSA, Sílvio de Salvo. *Direito civil*: Obrigações e Responsabilidade Civil. 18. ed. São Paulo: Atlas, 2018. Vol. 2.

VENOSA, Sílvio de Salvo. *Direito civil*: Contratos. 18. ed. São Paulo: Atlas, 2018. Vol. 3.

VENOSA, Sílvio de Salvo. *Direito civil*: Reais. 18. ed. São Paulo: Atlas, 2018. Vol. 4.

VENOSA, Sílvio de Salvo. *Direito civil*: Família. 18. ed. São Paulo: Atlas, 2018. Vol. 5.

VENOSA, Sílvio de Salvo. *Direito civil*: Sucessões. 18. ed. São Paulo: Atlas, 2018. Vol. 6.

VENOSA, Sílvio de Salvo. *Direito Empresarial*. 8. ed. São Paulo: Atlas, 2018.

VENTURA, Raúl. *Sociedades por quotas*. 2. ed. Coimbra: Almedina, 1989.

VERÇOSA, Haroldo Malheiros Ducler. *Comentários à Lei de Recuperação de Empresas e Falência*. 2. ed. São Paulo: RT, 2007.

VERÇOSA, Haroldo Malheiros Ducler. *Curso de direito comercial*. São Paulo: Malheiros, 2006. v. 2.

VERÇOSA, Haroldo Malheiros Ducler. *Curso de direito comercial*. São Paulo: Malheiros, 2008. v. 3.

VIVANTE, Cesare. *Trattato di diritto commerciale*: le società commerciali. 4. ed. Bologna: Casa Editrice Dottor Francesco Vallardi Milano, 1912.

WOLFFENBUTTEL, Míriam Comassetto. *O protesto cambiário como atividade natural*. Porto Alegre: Frater et Labor, 2001.

ÍNDICE REMISSIVO

A

Aceite, 13.6.2
    endosso e aval, 15.1.2
Ações
    sociedades em comandita por, 6.3
Administração da limitada, 12.4.6
Administração da sociedade, 12.1.8
    pessoas naturais incumbidas da, 12.1.1. (VI)
Agronegócio
    títulos de crédito, 15.5.4
Alienação
    de bens sociais, 3.4.1
    do estabelecimento, 4.3
    efeitos da, 4.3.2
Alteração do nome empresarial, 6.6
Apresentação e pagamento, 15.3.3
Atividades não empresariais, 2.2
    de comércio, 1.2
    de concorrência desleal por confusão, 1.4.2
    de concorrência por denegrição e vanglória, 1.4.2
    de correção profissional, 1.4.2
    dos prepostos praticadas dentro e fora do estabelecimento, 7.6
Atos unilaterais, 13
Autorização,
    procedimento judicial de, 3.2.1
Aval, 13.6.4, 15.1.2
    e outros institutos típicos do direito cambial, 13.6

B

Balanço
    de resultado, 8.2.4
    patrimonial, 8.2.4
Bens
    do superveniente incapaz, 3.2.2
Bens sociais
    alienação de, 3.4.1
Boleto bancário, 15.4.4

C

Caducidade da marca, 9.4.2
Cancelamento do protesto, 14.6
Capacidade empresarial, 3
    prova da aquisição antecipada e perda superveniente da, 3.3
Capital da sociedade, 12.1.1 (II)
Capital social, 12.4.3
    formação do, 12.1.6
    redução e aumento do, 12.4.9
Cártula, 15.3.3
Cessão das quotas, 12.4.4
Cheque, 15.3
    ação por falta de pagamento, 15.3.4
    requisitos, 15.3.1
Cisão, 12.11.4
Comandita
    por ações, 6.3
    simples – sociedade em, 12.3
Companhia, 6.3

Compra e venda, 4.3.1 (nota 1)
　de bem móvel, 12.1.9
Concentração empresarial, 12.12
Concorrência,
　desleal, 1.4.1 (nota 2), 1.4.2
　interdição da, 4.3.3
Cônjuges, sociedade entre, 3.4
Conselho Fiscal, 12.4.7
Consórcio, 12.12.3
Constituição das sociedades, 10.3
Contabilista, 7.5
Contrato, 1.4.1
　de sociedade, 10.1
　de sociedade simples, 12.1.1
　de trespasse, 4.3.1 (nota 1)
Contrato social, 12.1.1, 12.4.2
　modificação do, 12.1.4
Cooperativa, 6.3
Credores
　proteção dos, 11.1.2
Criações
　não patenteáveis, 9.2.2
　patenteáveis, 9.2.2

D

Deliberações sociais, 12.4.8
Departamento de Registro Empresarial e Integração (DREI), 5.1
Desenhos industriais, 9.3
Diário
　livro, 8.2.1
Direito cambial, 13.6
Direito comercial
　ao direito de empresa – escorço histórico, 1.2
　fontes do, 1.3
Direito de empresa
　do direito comercial ao, 1.2
　introdução ao, 1
Direito societário, 10
Dissolução
　da sociedade, 12.1.11, 12.1.12
　e resolução da sociedade em relação a sócios minoritários, 12.4.10
　parcial de sociedade, 10.1 (nota 1)
DREI (Departamento de Registro Empresarial e Integração), 5.1

Duplicata, 15.4
　conceitos e requisitos, 15.4.1
　pagamento, protesto e cobrança, 15.4.3
　remessa e devolução de, 15.4.2
　virtual, 15.4.4

E

Empresa
　e empresário, 2
　impedidos de exercer a, 3.1
　incapacidade superveniente para o exercício da, 3.2
Empresário, 2
　caracterização do, 2
　individual – nome do, 6.2
　inscrição do, 2.3
　o pequeno, 2.1.1
　rural, 2.1.1
Empresas mercantis
　estrutura do registro de, 5.1
Endosso, 13.6.3, 15.1.2
Escrituração, 8
　requisitos da, 8.3
　responsabilidade pela, 8.4
Estabelecimento
　alienação do, 4.3
　atos dos prepostos praticados dentro e fora do, 7.6
　conceito, 4.1
　empresarial, 4
　secundário, 2.3.3
　virtual, 4.4
Exceção ao sigilo, 8.5.2
Execução por título extrajudicial, 15.3.3 (nota 8)
Exibição parcial ou total dos livros, 8.5.1

F

Fontes
　formais, 1.3
　materiais, 1.3
Forma da inscrição e efeitos, 2.3.2
Formação de patrimônio, 11.1.2
Fusão societária, 12.11.3

G

Gerente, 7.3
Guarda e conservação dos livros, 8.6

I

Inalienabilidade do nome empresarial, 6.4
Incapacidade superveniente para o exercício da empresa, 3.2
Infração à ordem econômica, 1.4.1
Ingresso de novo sócio, 11.2.3
INPI (Instituto Nacional de Propriedade Intelectual (INPI), 9.2.1
Inscrição
    do empresário, 2.3
    forma da, 2.3.2
    requisitos da, 2.3.1
Instituto Nacional de Propriedade Intelectual (INPI), 9.2.1
Interdição da concorrência, 4.3.3
Invenção e modelo de utilidade, 9.2
Inventário, 8.2.3

L

Lei de Propriedade Industrial, 9.2.2
Letra de câmbio, 15.1
Limitada
    administração da, 12.4.6
    sociedade, 12.4
Liquidação da sociedade, 11.2.3
Livre concorrência
    regime jurídico da, 1.4
Livro(s)
    de balancetes diários e balanços, 8.2.2
    de inventário, 8.2.3
    diário, 8.2.1
    empresariais, 8.2
    empresariais – sigilo dos, 8.5
    exibição parcial ou total dos, 8.5.1
    guarda e conservação dos, 8.6
Lucros
    reposição dos, 12.4.5
Lucros e perdas
    participação nos, 12.1.7

M

Marca(s), 9.4
    caducidade, 9.4.2
    classificação e apresentação da, 9.4.1
    perda de direitos, 9.4.3
    proteção, 9.4.2
    requisito da veracidade, 9.4
    titularidade, 9.4.2
Matéria do comércio, 1.2
Modelos de utilidade, 9.2

N

Nome coletivo
    sociedade em, 12.2
Nome empresarial, 6
    alteração do, 6.6
    conceito e função, 6.1
    formações do, 6.3
    inalienabilidade do, 6.4
    proteção ao, 6.5
Nota promissória, 13.5 (nota 4), 15.2
    requisitos essenciais e formais, 15.2.1

O

Objeto social, 12.1.1
Ordem econômica
    infração à, 1.4.1

P

Pagamento, 13.9
Participação
    nos lucros e perdas, 12.1.7
    sociedade em conta de, 11.2
Patente
    efeitos da, 9.2.5
    titularidade da, 9.2.1
Patenteabilidade
    procedimento da, 9.2.4
    requisitos da, 9.2.3
Patrimônio
    especial e seus efeitos, 11.2.2
    formação de, 11.1.2
Pequeno empresário, 2.1.2
Perda superveniente da capacidade empresarial, 3.3

Personalidade jurídica, 10.4
    desconsideração da, 10.4.1
Poderes de representação e responsabilidade, 7.4
Portador
    títulos ao, 13.7
Preposto(s), 7
    figura dos, 7.1
    representação, 7.2
Prescrição, 13.9
Princípio *pacta sunt servanda*, 14.3
Procedimento judicial de autorização, 3.2.1
Propriedade industrial, 9
    direitos da, 9.1
    tutela da, 9.1
Proteção, 9.4.2
    dos credores, 11.1.2
Protesto, 14
    com a finalidade especial, 14.3
    de outros documentos de dívida, 14.4
    facultativo ou probatório, 14.3
    judicial, 14.3
    por falta de aceite, 14.3
    por falta de pagamento, 14.3
    sentido metajurídico do, 14.5
Prova escrita da existência da sociedade, 11.1.1
Publicações
    verificação da regularidade das, 5.3
Publicidade dos atos de modificação patrimonial, 3.4.2

Q

Quota(s)
    cessão das, 12.4.4
    de cada sócio no capital social, 12.1.1 (IV)
    transferência de, 12.1.5

R

Regime jurídico
    da limitada, 12.4
    da livre concorrência, 1.4
Registro, 5
    atos e fatos abrangidos pelo, 5.2
    condições para efetivação do, 5.4
    de Empresas Mercantis e Atividades Afins, 5.1
    de sociedades que envolvam sócios incapazes, 3.2.3
    efeitos quanto a terceiros, 5.5
    público de empresas mercantis, 5.1
Relação(ões)
    com terceiros, 12.1.9
    econômicas, 1.3
    entre os sócios e com terceiros, 11.2.1
Remessa e devolução de duplicata, 15.4.2
Reorganização societária, 12.11
Reposição dos lucros, 12.4.5
Requisitos da inscrição, 2.3.1
Resolução da sociedade em relação a um sócio, 12.1.10
Responsabilidade
    dos sócios, 11.1.3
    pela escrituração, 8.4
    solidária, 4.3.1

S

Saque, 13.6.1
Sigilo
    dos livros empresariais, 8.5
    exceção ao, 8.5.2
Sociedade(s)
    administração da, 12.1.9
    Anônima, 6.3; 12.6
    capital da, 12.1.1 (III)
    civis ou simples, 10.2
    classificação das, 10.2
    coligadas, 12.9
    coligadas ou filiadas, 12.9.2
    comercial, 10.1 (nota)
    concentração empresarial, 12.12
    constituição das, 10.3
    controlada, 12.9.1
    cooperativa, 12.8
    de propósito específico, 12.12.4
    de simples participação, 12.9.3
    denominação, objeto, sede e prazo da, 12.1.1 (II)
    dissolução da, 12.1.11, 12.1.12
    dissolução e resolução em relação a sócios minoritários, 12.4.10
    em comandita por ações, 6.3; 12.7
    em comandita simples, 12.3
    em comum, 11.1
    em conta de participação, 11.2
    em nome coletivo, 12.2

empresárias, 10.2
entre cônjuges, 3.4
estrangeira, 12.13.2
limitada, 12.4
limitada unipessoal, 12.5
liquidação da, 11.2.3; 12.10
mercantis, 10.2
não personificadas, 11
participação recíproca, 12.9.4
personificadas, 12
simples, 12.1

Sócio(s)
consenso unânime dos, 12.1.11 (II)
deliberação dos, 12.1.11 (III)
direitos e obrigações, 12.1.4
falta de pluralidade de, 12.1.11 (III)
ingresso de novo, 11.2.3
participação nos lucros e nas perdas, 12.1.1 (VII)
prestações a que se obriga, 12.1.1 (V)
relação com terceiros, 11.2.1
remisso, 12.4.5
responsabilidade dos, 11.1.3
substituição dos, 12.1.5

Sócios minoritários
dissolução e resolução da sociedade em relação a, 12.4.10

Sucessão e responsabilidade solidária, 4.3.1
Sucessões, 12.1.10 (nota 2)
Superveniente incapaz
bens do, 3.2.2
Sustação e cancelamento do protesto, 14.6

T

Terceiros
efeitos do registro quanto a, 5.5
relações com, 12.1.9
relações entre os sócios e com, 11.2.1

Titularidade, 9.4.2
da patente, 9.2.1

Título(s)
ação declaratória de inexigibilidade de, 15.1.2
ao portador, 13.7
de financiamento, 15.5.2
de investimento, 15.5.3
nominativos, 13.8
representativos, 15.5.1
sem aceite, 15

Títulos de crédito, 13
ação declaratória de inexigibilidade de, 13.5
agronegócio, 15.5.4
em branco, 13.5
legislação dos, 13.3
requisitos essenciais, 13.4
rol dos, 15

Transmissão e aval, 15.3.2
Trespasse
contrato de, 4.3.1 (nota 1)
Tutela da propriedade industrial, 9.1

V

Vencimento, 13.9

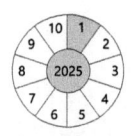